소설신론

개정판

소설신론

초판 1쇄 발행 2004년 4월 30일
초판 11쇄 발행 2022년 2월 28일
개정판 1쇄 발행 2024년 12월 30일

지은이 조남현

펴낸곳 서울대학교출판문화원
주소 08826 서울 관악구 관악로 1
도서주문 02-889-4424, 02-880-7995
홈페이지 www.snupress.com
페이스북 @snupress1947
인스타그램 @snupress
이메일 snubook@snu.ac.kr
출판등록 제15-3호

ISBN 978-89-521-3209-3 93800

개정판

소설신론

조남현 지음

小說 新論

서울대학교출판문화원

머리말

이 책은 1982년 9월에 출간되었던『小說原論』과 2004년 4월에 간행되었던『소설신론』의 연장선에 있다. 그러고 보니 꼭 40년 전에 나온『小說原論』은 내 나이 30대 중반에 그야말로 의욕과 야심이 동력이 된 저서였고, 이제 70대 중반에 내놓는『소설신론』(개정판)은 정전을 지향하고자 하는 소명의식이 가장 큰 집필 동기가 된 것이라고 하겠다.『小說原論』은 너무 이른 나이에,『소설신론』(개정판)은 너무 늦은 나이에 내놓는 것이 아닌가 하는 자책감이 든다. 민망하기도 하다.『小說原論』이 간행된 지 몇 년 지나면서, 또『소설신론』이 간행된 지 몇 년 지나면서 앞으로 개정판 출간의 기회가 주어진다면 보다 완성도가 높은 책으로 만들어야겠다는 생각이 잠재의식으로 남았던 것이 아닌가 싶다.

『小說原論』이 간행되었던 1980년대에는 소설가들도 의욕적이고 활기에 찬 태도를 보여 주었다. 출판사들은 출판사들대로 독자들은 독자들대로 베스트셀러와 스테디셀러를 만들어 내었고, 지식사회에서도 동시대에 출간된 걸작들을 교양필수 과목으로 여길 정도로 큰 호응을 보여 주었다. 그에 비한다면『소설신론』(개정판)이 간행되는 2020년대에는 정통 소설양식이 독자들의 무관심과 낮은 판매고, 지식사회의 냉대 등의 현실을 마주하고 있어 안타까움마저 든다.

『小說原論』은 해외이론의 수집과 소개에 힘썼고『소설신론』에서는 이론을 살펴보는 자리에서 우리 현대소설의 용례를 많이 제시함으로써 거꾸로 이론을 검증해 보려고 하였다. 소설원론과 한국현대소설개론을 합쳐 놓은 것이 아닌가 할 정도로 한국소설에 대한 관심을 크게 늘리고자 했다. 그럼에도 결과적으로는 해외소설이론 또는 소설이론의 소개 쪽으로 기울었음을 부정하기 어렵다. 우리 현대소설을 인용하고 활용하며 모델로 삼고자 하는 태도를 계획적으로나 적극적으로 확립하지는 못했던 점을『소설신론』을 내고도 아쉬워했다. 한국현대소설의 본질과 특질을 알리고 싶은 마음으로 기운 적도 있으나 동서양 소설이론에 대한 오래된 관심도 떨칠 수가 없었다. 고심 끝에 책 제목을 『소설신론』(개정판)으로 결정했다.

『소설신론』이 '소설이란 무엇인가' 하는 문제에 일차적인 관심을, '한국 현대소설이란 어떤 것인가' 하는 문제에 이차적인 관심을 둔 것이라면, 개정판은 두 질문에 대한 답을 동시에 들려주려고 하는 데다 목표를 둔 것이라고 자임할 수 있다. 독자들이 이 책을 통람한 후 '소설양식의 본질'과 '한국현대소설의 특징'에 대한 이해를 동시에 꾀할 수 있다면 더 이상 바랄 것이 없겠다. 저술의도가 크게 달라진 만큼 또 그에 따라 내용도 대폭 바뀐 만큼 책의 제목이나 차례를 어떻게 조정할까 고민도 많이 했다. 그런 결과 책의 제목은 그대로 두고, 차례는 『소설신론』에서의 10장 37절 체재를 허물고 대신 30장 체재로 재구성했다. 각 장의 제목을 작성하는 것도 결코 쉽지가 않았다. 몇 번을 다듬고 고쳤는지 모를 정도다.

한국현대소설에 대한 활용의지를 강화하는 가운데 『소설신론』(개정판)을 양적으로 늘리고 질적으로 끌어올리는 수준에서 자제하게 만든 데는 졸저 『소설의 본질』(2018)의 공이 있다. 이 책의 전체 내용은 『소설신론』(개정판)에 부분적으로 소개되어 있다. 『소설의 본질』에서도 우리 현대소설을 적지 않게 인용하기는 하였지만 소설양식의 본질이나 특질을 직접 언급한 것으로 한정했다.

『소설의 본질』은 『小說原論』과 『소설신론』을 쓰고 난 다음에 내 스스로 갖게 된, 또 일부 독자들이 지적했던 '주관성 약화'를 일시에 해결하려는 의도로 쓴 것이라고 볼 수도 있다. 『소설의 본질』에서 제시된 열아홉 가지 정의는 내가 평론가로서, 국문학자로서 수십 년간 공부하고 고심한 끝에 제시할 수 있었던 소산이다. '주관성 발휘'를 자제하는 기조에서 많은 자료를 수집하고 소개하는 데 치중하다 보니 『小說原論』과 『소설신론』이 딱딱하고 어렵다는 평가마저 들어오게 되었다.

소설이론을 통해 한국현대소설을 재조명하기도 하고 거꾸로 한국현대소설을 통해 소설이론을 검증해 보기도 했다. 同時啐啄의 이치로 보아도 좋을 것이다. 원래 소설에 대한 이론이나 원론은 흔히 우리가 고전이나 명작이라고 부르는 소설작품들이 유능한 이론가의 도움을 받아 생산된 것이라고 할 수 있다. 서양의 소설이론이나 원론을 받아들인 지 1세기가 넘어간 마당에 이제는 '소설이론은 서양의 명작이 낳는 것이다'라는 고정관념에서 벗어날 필요가 있다. 전 세계에 통용될 만한 이론을 매개할 수 있는 한국소설이 점점 늘어가고 있기 때문이다.

『小說原論』을 쓸 때의 신천지 탐사 기분은 『소설신론』에 와서는 한국소설을 이론(theoria)이나 원론(poetics)에 기여하게 만들고 싶은 마음으로 이어졌다. 『小說原論』에서 취했던 이론의 양적 확대의 태도는 『소설신론』에서는 이론의 질에 대한 관심으로 바뀌었다. 개정판에서는 이론의 질에 대한 관심을 강화하고자 했다.

이러저러한 기회로 우수한 신작소설을 읽으면서 한국에서도 20세기와 21세기의 소설이 주제, 서술방법, 독자들의 호응도, 작가의 자의식 등의 면에서 확실히 달라졌다는 판단에 닿기도 한다. 허쉬(Eric Donald Hirsch)가 『해석의 목표(The Aims of Interpretation)』(1976)에서 1970년대 미국의 문학연구가 반합리주의(anti-rationalism), 유행심리(faddism), 극도의 상대주의(extreme relativism) 등과 같은 폐단을 보이는 것에 동료 일부가 분개했노라는 대목이 나온 것을 보았다.[1] 수십 년 전 미국 한구석에서 일어난 일이긴 하지만 우리와 전혀 관계없는 일이라고 치부할 수만은 없다. 반합리주의, 유행심리, 극도의 상대주의 등과 같은 내용의 비판은 수학공식이나 과학적 법칙으로 드러나는 객관적 진리표현방식이 가능하지 않은 인문학의 분야에서는 어느 시대 어느 지역에서든 쉽게 들을 수 있다. 문제는 이런 폐단이 객관적 탐구를 끝까지 가로막거나 뒤틀어 버리는 데 있다.

이러한 폐단이 빚어지게 된 요인의 하나는 기본에 대한 공부가 약한 데서 찾을 수 있을 것이다. 만일 비평이든 학술논문이든 작가론이든 작품론이든 시대론이든 유파론이든 (한국)소설을 대상으로 한 글이 위의 폐

1 E. D. Hirsch, *The Aims of Interpretation*, Yale University Press, p. 13.

단을 한 가지라도 드러내고 있다면, 이는 바로 소설의 기본이나 근본에 대한 공부가 단단하지 못한 데서 연유한 것일 수 있다. 소설의 기본이나 근본에 대한 공부의 한 갈래는 고전이나 명작의 정독에서 이루어질 수 있고 또 이루어져야 한다. 한국을 대표하는 소설들이 일반독자들 사이에서 보다 많이 읽히고 유통되는가 하면, 지식사회에서 보다 많이 활용되는 장이 열리는 데 이 책이 보탬이 되었으면 하는 바람이다. 개정판 출간의 기회를 주신 서울대학교출판문화원과 의욕적으로 치밀하게 편집업무를 마무리해 준 김지선 편집 담당자께 감사의 말씀 드린다.

2024년 12월

조남현

차례

1장 중국의 소설인식론의 추이

고대중국에서 소설양식의 본질과 기능에 대한 논의는 제자백가 중심의 철학론에 포함되어 있었거나 주변에 있었다. 20세기 이전까지 중국의 소설양식은 오늘날의 소설양식 못지않게 다양하고 복잡한 나머지 그 정체성을 파악하기 어려운 면이 있기는 하였지만, 소설본질론과 소설효능론이 철학론의 한 형식으로 출발했던 것은 부정할 수 없다.

노신(魯迅, 1881~1936)의 『중국소설사략』(1923)과 마찬가지로 방정요(方正耀)의 『중국소설비평사략』(1990)도 '소설(小說)'이란 말이 가장 먼저 나타난 것은 장주(莊周, B.C. 369~289)의 『장자』라고 하였다. 잡편 외물 제26에서는 다음과 같은 구절이 보인다.

> 무릇 작은 낚싯대에 가는 줄을 매고, 작은 도랑에 가서 낚시질을 하는 사람들은 붕어 같은 작은 고기나 잡을 수 있을 뿐, 이처럼 큰 고기를 잡기란 힘들다. 이와 마찬가지로 작은 이야기를 꾸며서 높은 칭찬이나 구하는 사람들은 큰 깨달음과는 거리가 멀다(夫揭竿累, 趣灌瀆 守鯢鮒 其於得大魚難矣 飾小說而干縣令 其於大達亦遠矣).[1]

---

1 방정요, 『중국소설비평사략』, 홍상훈 역, 을유문화사, 1994, p. 35.
이 구절은 다음과 같은 임나라 공자의 낚시질 설화(장자, 잡편 외물 제26)에 들어 있다. "任나라 公子가 큰 낚시와 굵은 낚싯줄을 만들고 오십 마리의 거세한 소를 미끼로 꿰어, 會稽山에 앉아 東海에다 낚싯대를 드리우고 날마다 낚시질을 했으나, 1년이 다 되도록 고기 한 마리도 잡지 못했다. 그러다가 마침내 커다란 고기가 그 미끼를 물어서, 낚싯바늘을 물고 물속으로 들어가 치달리다가 다시 치솟아 올라 지느러미를 흔드니, 하얀 파도가 산같이 일어나고 바닷물이 일렁거렸는데, 그 소리가 마치 귀신이 우는 것처럼 천리 밖까지 두려움을 전했다. 任나라 공자는 이 고기를 잡아, 배를 갈라 말려서 魚脯를 만들었다.(중략) 그런데 후세에 이

앞의 구절은 홍상훈의 번역을 따른 것으로, 『중국소설사략』의 번역자 조관희가 "하찮은 의견을 치장하여 높은 명성과 훌륭한 명예를 얻으려 한다"[2]고 한 반면, 『중국소설비평사략』의 번역자 홍상훈은 "현령(縣令)"을 '작은 관직'으로 해석하는 일반적 경향에 대해 장자 시대에는 아직 관직이 제대로 정비되지 않았기 때문에 바른 해석이 아니라고 했다. 조관희는 '소설'에 대해 "이 말의 실제적인 의미를 고찰해 보면, 하찮은 이야기라고 하는 것은 도술(道術)이 없다는 것으로서 이것은 이른바 후대에 일컬어지는 소설과는 다른 것"[3]이라고 해석하였다.

이때 소설의 '소'는 양적으로 적은 것보다는 질적으로 낮은 것을 뜻한 만큼, 장자는 '소설'을 도나 덕과는 거리가 먼 부정적 개념으로 여겼다고 할 수 있다. 천하를 돌아다니며 통치나 경륜의 방법을 가르쳤던 공자와 맹자 중심의 제자백가를 겨냥하여 소설이란 말을 사용한 것으로 볼 수도 있다.

순자(荀子, B.C. 298?~238?)도 자신의 정통성을 확립하기 위해 다른 사람들을 사이비나 이단으로 몰아세우는 데 적극적인 태도를 취했다. 그는 『순자』 비십이자편(非十二子篇)에서 타효(它囂), 위모(魏牟), 진중(陳仲), 사추(史鰌), 묵적(墨翟), 송견(宋鈃), 신도(愼到), 전병(田駢), 혜시(惠施), 등석(鄧析), 자사(子思), 맹가(孟軻) 등의 학자를 비판하였다. 특히 타효(它囂)와 위모(魏牟)에 대해서는 "지금 세상에 사설을 꾸미고 간언을 꾸며 천하를 소란하게 하고, 간사한 속임수와 거짓과 왜곡된 자질구레한 방담으로 천하를 혼란시키면서 옳고 그름과 다스려지고 혼란한 것의 소재가 어디

르러, 작은 재주로 풍자를 일삼는 사람들이 서로 놀라워하며 그 이야기를 했다. 무릇 작은 낚싯대에 가는 줄을 매고, 작은 도랑에 가서 낚시질을 하는 사람들은 붕어 같은 작은 고기나 잡을 수 있을 뿐, 이처럼 큰 고기를 잡기란 힘들다. 이와 마찬가지로 작은 이야기를 꾸며서 높은 칭찬이나 구하는 사람들은 큰 깨달음과는 거리가 멀다. 그러므로 任나라 공자의 이야기를 들어 본 적이 없는(역주: 任나라 공자처럼 큰 배포를 가지고 있지 않은) 사람은 함께 세상을 經綸하기에는 역시 크게 부족한 그릇이라 하겠다."

2 노신, 『중국소설사략』, 조관희 역주, 살림출판사, 1998, p. 21.

3 같은 책, p. 21.

에 있는지조차 모르는 사람들이 있다"[4]고 혹평하였다. 순자가 타효와 위모를 향해 제시한 사설(邪說), 간언(姦言), 율우(矞宇), 외쇄(嵬瑣) 등의 낱말은 수십 년 전 장자가 말한 '소설'의 유사어라고 할 수 있다.

바르지 않은 말을 가리키는 '사설', 거짓말을 가리키는 '간언'과 달리 오늘날에는 잘 쓰이지 않는 '율우'는 거짓자랑을, '외세'는 허망한 이야기를 뜻한다. 오늘날 소설은 진선미를 갖춘 이야기라는 긍정적인 뜻과 함께 거짓말의 대명사라는 부정적인 뜻으로도 사용되고 있다. 대다수 독자들은 소설을 읽고 '이 소설은 가짜 이야기다'는 반응을 보이기보다 '듣고 볼 만한 가치가 있는 이야기다'라는 반응을 보인다. 물론 같은 작품이라고 하더라도 독자의 감상력 수준에 따라 독서 후 반응은 달라질 수 밖에 없다. 상식적인 말이기는 하지만 어떤 수준의 소설을 읽고 또 어떤 유형의 소설을 읽느냐에 따라 독자반응은 차이가 날 수 밖에 없다.

순자는 해폐편(解蔽篇)에서 장자를 포함하여 제자백가의 한계를 날카롭게 지적했다.

> 옛날 천하를 두루 돌아다니며 유세를 일삼던 사람들 가운데 마음이 가려진 사람들이 있었으니, 그들이 바로 세상을 어지럽히는 학자들이다. 그 가운데 묵자(墨子)는 실용주의에 마음이 가려져서 상하·귀천을 분별하는 예의의 수식을 몰랐고 송자(宋子)는 과욕주의에 마음이 가려져서 소득의 가치를 몰랐으며, 법사상가인 신자(愼子)는 법률주의에 마음이 가려져서 어진 이를 알아보지 못하였고 신자(申子)는 권세주의에 마음이 가려져서 인간의 지능의 소중함을 몰랐으며, 혜자(惠子)는 명사주의(名辭主義)에 마음이 가려져서 사물의 실질적인 면을 몰랐고 장자(莊子)는 무위자연의

4 최대림 역해, 『순자』 2판, 홍신문화사, 2009, p. 73.
假今之世 飾邪說文姦言 以澆亂天下 矞宇嵬瑣使天下混然不知是非治亂之所存者有人矣.

천의 사상에 마음이 가려져서 인위적인 노력의 가치를 몰랐다.[5]

위모, 진중, 묵자, 송견, 신도, 전변, 신자, 혜시, 등석 등의 전문이론이나 중심사상은 명예의 근거가 되었지만, 합리적 사고나 종합적 사고에 방해가 되기도 했다. 공자를 중심으로 놓고 보면 맹자도 이단이고 주변이었으며, 순자를 포함한 제가백가도 이단에 속했다. 제자백가의 시대에는 각자 자신의 정통성을 확보하기 위해 상대방을 이단으로 몰아버리는 태도가 횡행했다. 오늘날 민주사회에서 한 개인이나 집단이 정당성을 확보하기 위해 타인이나 타집단과 치열하게 싸우는 정치논쟁의 원형이라고 할 수도 있다. 물론 제자백가의 이론이나 주장은 당시에 치열하게 우열을 다툰 끝에 성패로 나누어지기도 했지만 오늘날 이들 이론이나 주장은 대부분 고전으로 읽히고 있다.

공자(孔子, B.C. 552~479)의 제자 자하는 "소도라도 꼭 볼만한 것이 있기는 하나 큰일을 당했을 때 이를 활용하려 하면 통하지 않을 염려가 많다. 따라서 군자는 이런 짓을 하지 않는다"[6]와 같이 소설 대신 '소도(小道)'라는 용어를 제시한 바 있다.

소도는 여러 각도의 해석을 맞는다. "소도라 할지라도 거기에는 반드시 볼만한 것이 있을 것이니, 그것을 멀리까지 따라간다면 집착할까 무서워서 군자는 그런 것에 종사하지 않는 것"이라고 번역한 차주환은 소도를 "인륜의 대도 이외의 농업·의술·점술과 같은 백가중기(百家衆技)를 말하는 것"[7]이라고 풀이하였다. "비록 소도라 할지라도 반드시 볼만한 것이 있다. 그러나 원대한 뜻을 이루는 데 방해가 될까 두려우므로, 군자는 이를 하지 않느니라"고 번역한 이기석은 소도를 "한 가지 전문적인 특기"로 설명하면서 군자는 한 가지 전문적인 일에 마음을 쓰지 않아

5 같은 책, pp. 336~337.

6 『論語』, 子張篇.
子夏曰 雖小道 必有可觀者焉 致遠恐泥是以君子不爲也.

7 공자, 『공자의 인생 수업 논어』, 차주환 역, 을유문화사, 2015, p. 327.

야 한다고 해석하였다.[8] 이런 주해들을 통해 군자는 학문을 바탕으로 도를 세우고 세상의 근본을 지키는 사람인 데 반해, 군자가 못 되는 사람들은 소도를 선택하고 그를 업으로 삼은 사람이라고 구별할 수 있게 된다.

방정요는 "이 문장에서 자하가 말한 '작은 도리'라는 것은 농사꾼(農圃)이나 무당(醫卜)들의 도리를 말하는 것으로 군자들이 말하는 세상을 다스리는 도리 및 자연이나 사회 발전의 법칙으로서 도리와 상대되는 개념이다"라고 하거나, "공자와 그 제자들은 나라를 다스리고 세상을 구하는(治國濟世) 학설을 큰 도리라고 여겼으며, 이것을 제외한 모든 잡설들은 다 '작은 도리'라고 여겼다"와 같이 소도의 제한성을 인정하면서도, "소설은 본래 기예백가(技藝百家) 가운데 구체적인 한 유파가 아니었으며, '작은 도리'를 소설과 연계시킨 것은 후대 사람들이 잘못 추측하여 만들어 낸 말이다. 그것은 아마 '소설'을 작은 도리라고 여겨야만 비로소 큰 도리와 상대적으로 이야기할 수 있었기 때문일 것이다"라고 말하며 '소도'는 소설의 어원이자 별칭이라는 속설을 부정하였다.[9]

하기는 도라는 말 자체가 원칙, 의무, 철리 등 여러 가지로 해석되어 온 만큼 도와 반대되거나 타자개념이 된 소도도 사용자에 따라 뜻이 달라지는 속성을 지닌다. 당대의 중국에서건 후세의 한국에서건 소도를 추상어로 보는 시각과 구체어로 풀이하는 태도가 엇갈려 있다. 『논어』는 '군자학'이라고 할 수 있을 정도로 군자의 조건이라든가 당위성에 대한 논의를 제시하는 데 역점을 두면서 이런 논의의 효과를 올리기 위해 '군자와 소인 비교론'에도 힘을 기울였다. "子曰 君子周而不比 小人比而不周(제1편 爲政)"에서는 군자와 소인의 원만함/편벽성을 비교하였고, "子曰 君子懷德 小人懷土 君子懷刑 小人懷惠(제4편 里仁)"에서는 군자가 덕과 국법을 생각하는 데 반해 소인은 땅과 혜택으로 상징되는 실리를 생각한다고 말했다. "子曰 君子喩於義 小人喩於利(제4편 里仁)"는 군자는 의를 깨우치는 데 반해 소인은 이익에 밝다고 대비한 것으로, 바로 앞의 구

8 이기석·한백우 역해, 『신역 논어』, 홍신문화사, 2007, p. 424.

9 방정요, 앞의 책, p. 36.

절과 동일한 주장을 펼치고 있다. "子曰 君子坦蕩蕩 小人長戚戚(제7편 述而)"는 군자는 너그러우며 공평한 데 반해 소인은 손해를 볼까 봐 근심한다고 하였다. "子曰 君子求諸己 小人求諸人(제15편 衛靈公)"에서는 군자는 자신을 책망하는 데 반해 소인은 타인을 책망하려 한다고 대비했다. "子曰 君子不可小知而可大受也 小人不可大受而可小知也(제15편 衛靈公)"에서는 군자는 작은 지식은 없는 대신 큰일은 맡길 수 있는 데 반해 소인은 큰일은 맡길 수 없는 대신 작은 지식은 갖고 있다고 비교했다. 공자가 말한 이 구절은 제19편 자장(子張)에서 공자의 제자 자하가 말한 "雖小道必有可觀者焉 致遠恐泥 是以君子不爲也"와 같은 뜻을 담고 있다. 공자나 자하는 소인들이 소지(小知)라든가 소도(小道)에 대해 오히려 군자보다 익숙한 데가 있다고 인정하였다. 공자가 인정한 소인의 "작은 지식"은 자하에게 와서 "소도" 즉 "작은 기술이나 지식"으로 변용되었다. 앞서 논한 대로 차주환이 "농업·의술·점술과 같은 백가중기"라고 풀이하고 방정요가 "농사꾼이나 무당들의 도리"라고 해설한 것처럼 생활하는 데 직접 필요한 기술이나 지식을 총칭하는 개념이라고 하겠다.

공자는 소설의 원형으로 '소도' 이외에 '도청도설(道聽塗說)'을 제시했다. 그가 "길거리에서 얻어들은 말은 덕을 버린 것이나 다름없다"[10]고 한 것은 길에서 들은 이야기에는 별로 의미가 없음을 강조한 것이다. 도나 덕에 반대되는 개념이라는 점에서 소도는 도청도설과 통한다. 공자는 문학을 학문의 연장선에 놓고 봄으로써 문학을 재도(載道)의 수단이나 계몽의 방안으로 여기는 입장을 확립하여 도, 즉 삶과 사회의 규범을 보다 쉽게 구체적으로 설명하는 것에서 문학의 가장 중요한 기능을 찾았다. 이러한 재도의 문학관은 공자 이후의 중국 문인들은 말할 것도 없고 조선조의 유학자들에게도 전통이나 법칙으로 작용한 나머지 오늘날 우리가

10 『論語』, 陽貨篇.
子曰 道聽而塗說 德之棄也.
차주환은 "큰 길에서 듣고 작은 길에서 말하고 하는 것은 덕을 버리는 것이다"(공자, 앞의 책, pp. 307~308)고 옮겼고 이기석은 "큰 길에서 듣고 작은 길에 와서 이야기한다면 덕을 버리는 것이니라"(이기석·한백우, 앞의 책, p. 398)고 번역했다.

소설을 보는 시각과 상당한 거리가 있는 소설관을 빚어내기에 이른다. 또한 문학을 학문의 연장선에 놓고 보는 태도는 실록우위론(實錄優位論)을 촉진시키는 반면, 허구의 묘리에 대한 각성이나 활용의지를 오랫동안 외면하게 하였다.

『논어』 술이(述而)편에서 소설을 암시하는 말로 '괴력난신(怪力亂神)'을 찾을 수 있다. 이 말은 공자의 제자가 "선생님은 괴력난신을 말씀하지 않습니다"[11]고 지적한 데서 나온 것이다. 괴력난신은 '괴력'과 '난신'으로 이분할 수 있지만 괴, 력, 난, 신으로 사분할 수도 있다. 차주환은 "선생님께서는 괴이한 일, 힘쓰는 일, 난동질 및 귀신에 관해서는 말씀하지 않으셨다"[12]고 옮겼다. 공자가 살았던 때 소설의 내용은 대체로 괴력난신의 수준에 머물렀던 것으로 설명되고 있다. 공자가 괴력난신을 말하지 않았다는 것은 공자가 당시 소설의 내용에 대해 부정적인 태도를 취했다는 뜻이 된다.

공자가 말한 '소도'는 소가지도(小家之道)를 줄인 것으로, 또 순자가

11 『論語』, 述而篇.
子不語怪力亂神.

12 차주환 역, 앞의 책, p. 122.
『삼국유사』 기이 제1의 첫머리는 다음과 같다. "첫머리에 말한다. 대체로 옛날 성인은 예절과 음악을 가지고 나라를 세웠고, 인과 의를 가지고 백성들을 가르쳤다. 그 때문에 괴상한 일이나 힘이나 어지러운 일, 귀신에 대해서는 말하지 않았다."(일연, 『三國遺事』, 이민수 역, 을유문화사, 2013, p. 19) 그런데 이민수는 역자 주 2번에서 怪力亂神은 怪異, 勇力, 悖亂, 鬼神을 말한다고 하였다.
이규보의 『東明王篇』은 "세상에서 동명왕의 신이한 일이 이야기되고 있는데, 비록 배운 것 없는 미천한 남녀들까지도 제법 그에 관한 일들을 얘기할 수 있을 정도이다. 내가 일찍이 이야기를 듣고는 웃으며 '선사(先師) 공자님은 괴력난신(怪力亂神)을 말씀하지 아니하셨는데, 이 동명왕 설화는 실로 황당하고 기궤(奇詭)하니 우리들의 논의할 바가 아닌 것이다'고 말한 일이 있었다"(이규보·이승휴, 『동명왕편·제왕운기』, 박두포 역, 을유문화사, 1974, p. 49)는 서술로 시작한다. 박두포는 역주에서 "괴(怪)는 요괴스런 일, 역(力)은 용력, 난(亂)은 인륜에 어긋나는 일, 신(神)은 귀신을 각각 이르는 데 이들은 모두가 사람의 마음을 어지럽게 하는 일들이니, 공자는 이런 일에 대한 언급을 피해야 한다고 하였음"(같은 책, p. 51)이라고 설명하였다.

말한 소가진설(小家珍說)[13]과 통하는 것으로 볼 수 있다. 이때 소가진설은 수준 낮은 학자들의 이상한 학설로 해석할 수도 있으나, 소설로 대치해도 무방하다. 순자는 묵자를 실용주의자, 송자를 과욕주의자, 신자(愼子)를 법률주의자, 신자(申子)를 권세주의자, 혜자를 명사주의자(名辭主義者), 장자를 무위자연가(無爲自然家)로 몰아 이들은 자기가 말하는 것을 도라고 하지만 실은 모두가 도의 일부분(道之一隅)에 지나지 않는다고 폄하하였다.[14] 소도는 순자가 지적한 실용주의, 법만능론, 권세주의, 형식주의, 천의사상 등과 같은 제자백가의 사상을 담은 것인지 아니면 묵자가 드러낸 부지문(不知文), 신자(愼子)가 드러낸 부지현(不知賢)과 부지지(不知知), 혜자가 드러낸 부지실(不知實), 장자가 드러낸 부지인(不知人) 등과 같이 인간사회에서 중요한 것을 놓치고 있기에 소도라고 한 것인지 알 수가 없다.

장자의 소설, 공자의 소도·도청도설·괴력난신, 순자의 소가진설·사설·간언·율우·외세 등은 공통적으로 소설의 '소'가 질적으로 낮은 것을 가리켰음을 일깨워 준다. 물론 그 후 환담(桓譚, B.C. 23~A.D. 50)과 같은 이론가에 의해 소설의 '소'에 '짧은 것', '단일한 것'이란 뜻이 추가되었다. 동한인 환담은 『신론(新論)』에서 소설양식의 구성방법과 사회적 기능에 대해 "만약 소설가가 토막 지어진 작은 이야기들을 종합해서 그것에다 비유를 취해 짧은 글을 짓는다면, 그 글에는 몸을 다스리고 집안을 정리함에 있어 볼 만한 것들이 있다"[15]고 주장하였다.

---

13 최대림 역해, 『순자』 2판, 2009, p. 364.
故可道而從之 奚以損之而亂 不可道而離之 奚以益之而治 故智者論道而已矣 小家珍說之所願 皆衰矣.

14 같은 책, pp. 336~337.

15 小說家 合殘叢小語 近取譬喩 以作短書 治身理家 有可觀之辭.
위의 구절이 수록된 원서는 없어지고 『文選』 31권 江文通 雜體詩 '李都尉從軍' 李善注에 보인다고 하였다(노신, 앞의 책, pp. 31~32). 여기서는 '合殘叢小語'가 '合叢殘小語'로, '譬喩'는 '譬論'으로 되어 있다고 하였다. 조관희는 『중국소설사략』의 원문은 "소설가"로 시작하였지만 본래 "若其小說家"로 되어 있어 "소설가와 같은 무리들"로 옮길 수 있다고 하면서 "소설가와 같은 무리들은 자질구레하고 짧

앞선 인용문에서 "토막 지어진 작은 이야기들을 종합한다(合殘叢小語)"는 것은 소설을 만들기 위해 우선 소재를 모으는 일이 필요함을 지적한 것이며, "비유를 취한다(近取譬喩)"는 것은 소설양식의 유전인자인 상상력이나 허구성과 연결된다. "몸을 다스리고 집안을 정리함(治身理家)에 있어 볼만한 것들이 있다"는 주장은 공자가 시인했던 소설의 순기능을 더욱 강화하고 있다. '치신이가는 오직 경사류(經史類)만이 할 수 있다'는 당시의 통념에 비추어 보면, 소설도 치신이가의 기능을 담당할 수 있다는 환담의 생각이 충분히 새로운 것이라고 할 수 있다. 그럼에도 소설의 사회적 효능을 치신이가의 측면에서만 논한 것은 공자류의 재도(載道) 중심의 문학관에서 벗어난 것으로 보기는 어렵다.

청나라 때 나부거사(羅浮居士)는 「신루지서(蜃樓志序)」에서 "소설이란 무엇인가? 大言과 구별해서 말함이다. 小에 대해 말하려면, 무릇 정확하여 변할 수 없는 도리나 나라를 잘 다스려 백성이 순종하는 것, 그리고 漢儒들이 유가에 대해 해석한 경전과 宋儒들의 도덕 수양 등에 대해서는 전혀 말하지 말라"고 하면서 "그 일은 집안 식구들의 日用飮食의 왕래나 접대 등의 사소한 일이므로, 그래서 이를 일컬어 '小'라고 했고, 그 말은 한 구석의 남녀들이 자질구레한 한담이므로, 그래서 이를 일컬어 '說'이라 했다"[16]와 같이 '소'와 '설'을 따로 떼어 설명하고 나서 "가장 평이하고 가장 명백한 것이 바로 소설의 요체(最淺易 最明白者 乃小說正宗也)"라는 간명한 정의에 도달하였다. 이러한 정의는 소설은 의미가 있든 없든 길든 짧든 '이야기'를 들려주는 양식이라는 초보석이며 동서고금을 뛰어넘는 통념으로 이어진다.

기전체단대사(紀傳體斷代史) 형식으로 전한(前漢) 시대의 역사를 적은 『한서(漢書)』를 추려 『한서예문지(漢書藝文志)』를 완성하고 소설가와 소설

은 말들을 모아, 가까운 것에서 비유적인 표현을 취해 짧은 글을 만들었으니, 자기 한몸을 수양하고 집안을 건사하는 데 볼만한 말이 있었다"와 같이 번역하였다.(같은 책, p. 21)

16 최봉원 외, 『중국역대소설서발역주』, 을유문화사, 1998, pp. 342~343.

편목을 기재한 다음, 반고(班固, 32~92)[17]는 소설양식과 소설가의 원형을 다음과 같이 밝히고 있다.

> 오른편에는 소설 15가와 1380편을 기록하였다. 소설가는 대체로 패관에서 비롯되며, 소설은 항간에 떠도는 이야기와 길에서 들을 수 있고 말할 수 있는 것들로 만들어진다. 공자는 비록 소도라도 볼만한 것이 있기는 하나 큰일을 당했을 때 이를 활용하려 하면 통하지 않을 염려가 많다고 하였다. 그래서 군자들은 소도를 참고하지 않으려 하지만 없어지지 않는다. 마을의 소지식인들이 언급하는 것들이라 하더라도 책으로 묶으면 잊혀지지 않는 법이다. 간혹 한마디라도 취할 것이 있다고 한다면 이는 또한 나무꾼이나 미친 사람의 의견일 뿐이다.[18]

반고는『한서예문지』에서 유흠(劉歆)의『칠략(七略)』중 제자략(諸子略)을 인용하여 유가(儒家), 도가(道家), 음양가(陰陽家), 법가(法家), 명가(名家), 묵가(墨家), 종횡가(縱橫家), 잡가(雜家), 농가(農家), 소설가(小說家) 등 열 가지로 분류하였는데, 이 중 볼만한 것은 소설가를 제외한 나머지 아홉 가(家)라고 하면서 소설가는 소도로 볼만한 것이 못 된다고 단정하였다. 중국의 사상은 노자·장자·열자의 도가가 중심이 된 '소극피세파(消極避世派)'와 유교가 주도하는 '적극용세파(積極用世派)로 나누어진다. '적극용세파'에는 공자·맹자·순자 중심의 유가(仁義·忠恕·孝悌·禮樂), 묵자 중심의 공리파(兼愛相同, 節用行義), 등석·혜시·공손룡 중심의 명가(循名責實 明

17 방정요, 앞의 책, p. 39.
자는 孟堅, 東漢 扶風 安陵人, 典校秘書를 역임.

18 방정요, 앞의 책, p. 40에서 재인용.
漢書藝文志 諸子略 小說十五家 千三百八十篇序.
小說家者流蓋出于稗官 街談巷語道聽塗說者之所造也 孔子曰 雖小道必有可觀者焉 致遠恐泥是以君子弗爲也然亦弗滅也 閭里小知者之所及 亦使綴而不忘 如或一言可采 此亦芻蕘狂夫之議也.

同異 辯物指 離堅白), 관중·신불해·상앙·신도·한비자 중심의 법가(立公棄私, 一斷於法, 正君臣之分 明賞罰之序), 음양가 등이 들어간다. 종횡가는 귀곡자와 소진·장의 중심의 합종연횡책을 말하고, 잡가는 『여씨춘추』를 쓴 여불위(呂不韋)와 『회남자』를 쓴 유안(劉安)이 대표한다. B.C. 500년경에 유가·도가·법가로 출발한 제자백가는 그 후 음양가·명가·묵가·종횡가·잡가·농가·소설가가 더해지는 변화를 맞게 된다.[19]

오늘날 소설양식은 아홉 가지 유파를 다 담아낼 수 있을 정도로 다양해지기는 했지만 기본적으로는 잡가에 가깝다. 이때 잡가는 "처음에는 유(儒)·묵(墨)·도(道)·양(楊)·법(法)·명(名)·병(兵) 등 제가의 설을 절충한 학파에 붙여진 이름이었으나 후에는 어느 학파에도 속하지 않는 사상가를 총칭하였다. 그러나 보통 대표적인 사람으로서 송경자(宋牼子)·안자(晏子)·시자(尸子)·자화자(子華子)의 이름이 알려져 있다"[20]와 같이 설명된다.

소설가의 원형이 '패관'이고 소설의 원형은 '가담항어도청도설'이라는 반고의 설명을 통해 오늘날 소설양식의 기원을 찾아낼 수 있다. 패관은 왕이 세간의 여론과 풍속을 알아보기 위해 설립한 임시직 사관으로, 보다 구체적이면서도 많은 자료를 수집해서 정식 사관에게 제공하는 역할을 맡았다. 현실성이 있는 것이든 없는 것이든, 또 가치가 있든 없든, 길에 떠돌아다니는 이야기들을 일단 널리 수집하는 것은 사관이 보다 확실한 근거 아래 한 시대의 역사를 객관적으로 정확하게 서술할 수 있는 기반을 제공하기 위해서였다. 패관은 민간의 풍속과 삶의 형편을 제대로 파악하기 위해 신화·전설·민담 등도 수집대상에 포함시켰다. 패관문학에 대해서는 구비문학의 한 분야인 설화문학과 유사한 것으로 보는 견해와 잡록과 잡식을 총집한 수필문학의 유사개념으로 보는 견해가 있다. 패관문학은 '소설은 역사기록의 보조양식이거나 대체양식이다'라는 본질론을 낳았다.

청나라 때 허보선(許寶善)은 「오목성심편서(娛目醒心編書)」에서 정사의

19 임동석, 『중국학술강론』, 고려원, 1986, pp. 197~201.

20 김익달 편, 『철학대사전』, 학원사, 1963, p. 943.

반대개념으로 여겨진 패사의 순기능을 한껏 강조하였다.

> 패사가 세상에 유행한 것이 얼마인지 모른다. 혹자는 희귀하고 이상야릇한 말을 짓고, 혹자는 艷麗하고 음탕한 말을 지었는데, 그 일은 반드시 사실인 것은 아니고, 그 말은 반드시 모두가 고상한 것은 아니다. 글을 읽으면 깜짝 놀라고 현혹되지만, 사람의 마음이 바르게 되기는 어렵고 사악해지기는 쉽다. (중략) 눈을 즐겁게 할 수 있고, 마음을 각성시킬 수 있으며, 인과응보의 이치가 깜짝 놀라고 현혹되는 것에 내포되어 있고, 독자를 점차 성현의 영역에 빠져들면서도 스스로 느끼지 못하도록 하니, 인심과 풍속에 도움이 없지 않다. 그러므로 급히 판각하여 세상에 내놓는 것이니, 세상의 군자들이 패사라 여겨 소홀히 하지 않기를 바란다.[21]

허보선은 패사가 이상한 말, 음탕한 말, 고상하지 않은 말로 나타나 사람을 사악하게 만든다고 부정평가하였으나, 각성, 인과응보론 교육, 인심과 풍속에의 기여의 형식으로 나타나기도 한다는 식으로 긍정평가하기도 하였다. 청대에 황제의 칙명에 의해 『사고전서총목제요』의 편찬 책임을 맡은 기윤(紀昀, 1724~1805)은 반고와 여순(如淳)의 말을 인용한 다음, 패관을 옛 제도라든가 번잡하다는 이유로 폐기할 것은 아니라고 하면서 "이 가운데 품위 있는 것은 가려내어 기록하여 견문을 넓히기를 하였으나 음란하고 더럽고 황당하여 사람들의 이목을 어지럽히는 것은 몰아내고 싣지 않았을 것(今甄其近雅馴者以廣見聞惟猥鄙荒誕徒亂耳目者則黜不載焉)"[22]이라고 하였다.

고려 말에 익재 이제현(益齋 李齊賢)은 자신의 수필집 『역옹패설(櫟翁稗說)』에 대해 서문에서 '패(稗)'를 '비(卑)'로 읽어야 하는 이유를 "그 뜻을

---

21 최봉원 외, 앞의 책, pp. 255~256.

22 노신, 앞의 책, p. 28.

살펴본다면 피(稗)라는 것은 벼(禾) 중에서 비천(卑賤)한 것이다. 내가 어려서는 독서할 줄 알았으나 장성하여서는 폐지하였으며, 지금 늙어서는 도리어 체계 없는 잡문을 즐겨 써놓았으니 실(實)이 없어서 피(稗)와 같이 천(卑)하다. 그런 까닭에 그 기록한 것을 이름하여 비설(稗說)이라고 한다"[23]와 같이 설명했다. 남만성은『역옹패설』의 내용을 "거기에 역사의 이야기가 나오고, 경사(經史)의 견해가 나오고, 왕가의 세계(世系)가 나오고, 저명한 공경(公卿)들의 언행이 이야기되는가 하면, 해학(諧謔)이 나오고, 시문(詩文)의 평론이 나온다. 그야말로 아무런 구애도 받지 않고 일정한 주제도 없이 자유자재하게 쓰고 싶은 것을 쓰고, 말하고 싶은 것을 말한 수필이다"[24]라고 정리하여 패설의 내용을 짐작케 한다.

조선조의 문집 제목으로 '패관'이란 말이 들어가 있는 것으로 중종 때 어숙권(魚叔權)의『패관잡기(稗官雜記)』가 있다. 김두종의 해제는 "권두에 명제(明帝) 주원장(朱元璋)의 홍무 원년으로부터 시작하여 근세조선의 건국과 함께 명나라에 왕래하게 되던 사절들과 또는 요동·일본·대마도·유구 등 지역에 관련된 유사·시화·풍속 등을 자세히 기록하였을 뿐 아니라 그 당시의 사환(仕宦)·일사(逸士)·시인·문호들의 언행과 또는 재인·기예(技藝)·축첩·동요(動搖) 등에 관한 사실들을 듣고 보는 그대로 기록하였으므로 필요한 사료로서 후세에 널리 이용되었다"[25]와 같이 패관의 내용을 구체적으로 설명하였다.

당나라의 역사학자 유지기(劉知幾, 661~721)는『사통(史通)』의「잡설」편에서 당에서 송·원에 이르기까지의 문언소실을 편기(偏紀), 소록(小錄), 일사(逸事), 쇄언(瑣言), 군서(郡書), 가사(家史), 별전(別傳), 잡기(雜記), 지리서(地理書), 도읍부(都邑簿) 등과 같이 열 가지로 분류했다. 편기는 "작가가 살고 있는 시대를 저울질하듯 고르게 기록하는 것을 목표로 하는 것"이요, 소록은 "어떤 인물에 관해 자기가 아는 바만을 기록하는 것"이

23 이제현,『櫟翁稗說』, 남만성 역, 을유문화사, 1971, p. 16.

24 같은 책, p. 5.

25 고전국역총서 49,『대동야승 1』, 민족문화추진회, 1982, p. 416.

요, 일사는 "사관이 기록한 것 중 빠진 부분을 보충하는 것"이요, 쇄언은 "거리나 마을에 떠도는 짧은 이야기"요, 군서는 "지방의 산수와 인물을 연결 지어 기록한 것"이요, 가사는 "훌륭한 가문의 선열에 대한 기록을 남기는 것"이요, 별전은 "현명한 선비나 정숙한 여인과 같은 인물에 대해 기록하는 것"이요, 잡기는 "괴이한 사물에 대한 많은 기이한 이야기를 남기는 것"이요, 지리서는 "국토와 산천과 풍속을 기록한 것"이요, 도읍부는 "제왕의 고을과 역대 성현의 흔적을 찾아가는 것"이라고 설명했다.[26] 소록·가사·별전은 인물소설로, 군서·지리서·도읍부는 지역소설로 묶을 수 있다. 그런가 하면 편기와 쇄언은 시대소설로 묶을 수 있고 일사는 역사소설을 지향하는 것으로 볼 수 있다. 위의 열 가지 문언소설 명칭 중 오늘날 소설유형의 명칭으로 고스란히 이어진 것은 한 가지도 없다.

명나라 때 호응린(胡應麟, 1551~1602)[27]은 『소실산방필총 이십구편(少室山房筆叢 二十九篇)』에서 소설을 지괴(志怪), 전기(傳奇), 잡록(雜錄), 총담(叢談), 변증(辯證), 잠규(箴規) 여섯 가지로 구분한 바 있다. 그가 예로 든 작품집을 보면 각 소설양식의 성격을 짐작하게 된다.

① 지괴: 「수신기(搜神記)」, 「술이기(述異記)」, 「유양잡조(酉陽雜俎)」

② 전기: 「비연외전(飛燕外傳)」, 「양태진외전(楊太眞外傳)」, 「곽소옥전(霍少玉傳)」

③ 잡록: 「세설신어(世說新語)」, 「어림(語林)」, 「북몽쇄언(北夢瑣言)」

④ 총담: 「용재수필(容齋隨筆)」, 「몽계필담(夢溪筆談)」, 「도산청화(道山淸話)」

⑤ 변증: 「서박(鼠璞)」, 「계협편(鷄肋編)」, 「변의지(辨疑志)」

⑥ 잠규: 「안씨가훈(顔氏家訓)」, 「원씨세범(袁氏世范)」, 「권선록(勸

---

26 방정요, 앞의 책, pp. 44~46.

27 같은 책, pp. 185~186.
자는 元瑞, 호는 石羊生 또는 少室山人이며, 절강성 난계 사람이다. 『소실산방필총』은 경전·역사·제자서 등 세상 풍속을 고증하거나 비평한 것이다.

善錄)」[28]

호응린은 이상의 작품집을 검토한 끝에 지괴(괴이한 일을 기록한 것이거나 귀신담), 전기(비범한 인물의 삶), 잡록(언어·정사·왕·선비·관리 등에 대한 야사), 총담(무(巫)·의술·점성술 등에 대한 책을 읽고 쓴 것, 천문·지리·수학·역사 등에 대한 기록·풍자), 변증(경전과 역사서의 요점, 옛글 의미의 고증, 오래된 사물에 대한 고증), 잠규(유가 찬양, 입신처세의 방도, 격언) 등의 성격을 유추해 내었다. 호응린은 유지기의 10분법과 나엽의 8분법을 종합하여 6분법을 제시하면서 "소설은 제자백가서의 한 종류에 속한다. 학설과 도를 논한 점에서 경전에 근접하고 주소(注疏)와 비슷하다. 사건의 흔적을 기술한 점에서 역사와 통하기도 하고 지전(志傳)과 비슷하기도 하다. (중략) 각 양식이 가장 혼효되기 쉬운 것이 소설임을 알지 못했을 것이다"[29]와 같이 소설양식의 종합문학적 성격을 밝혀 놓았다. 주소(注疏)는 사서오경과 같은 경전을 해석한 것(注)과 다시 이를 더욱 치밀하게 설명한 것(疏)을 아우르는 사전적 의미를 지닌 것으로, 이 단어에서 소설의 주요 양식은 경전이나 사서(史書)에 작가 나름대로 주석을 다는 행위 끝에 나온 것이라는 추측도 해볼 수 있다.

호응린은 소설은 경전·주소·역사·지전과 같은 네 가지 양식과 비슷하다고 본 것이다. 지괴와 전기는 현실성이 약한 로망스에, 잡록과 총담은 잡동사니를 가리키는 미셀러니(miscellany)에, 변증과 잠규는 교훈적이거나 계몽적인 것을 살려 내기 위한 기록으로 무게 있는 수필을 가리키는 에세이(essay)나 삼언, 좌우명과 같은 아주 짧은 형식의 아포리즘(aphorism)에 가까운 것으로 볼 수 있다. 호응린이 제시한 소설의 여섯 가지 하위양식 중에서 잠규가 시적 양식과 가장 근접하는 것이라고 하겠

---

28 같은 책, pp. 187~188.

29 같은 책, p. 190.
小說 子書類也 然談說理書或近於經又有類注疏者 紀述事迹或通於史又有類志傳者. (중략) 而不知最易混淆者小說也.

다. 노신의 『중국소설사략』에서는 당·송의 중심 소설유형인 전기(傳奇)는 육조 시대의 중심양식이었던 귀신·지괴서에 근원을 둔 것으로, 당나라에 들어와 허구로서의 소설 쓰기를 의식하면서 서술이 복잡해지고 문장과 이야기의 곡절도 다양해졌으나 그중 수준이 낮은 것과 비속한 것을 가려 전기로 부르게 되었다고 하였다.[30] 오늘날 소설유형과 연결지어 보면 지괴는 환상소설이나 낭만소설에, 전기는 영웅소설이나 역사소설에 가깝다. 잡록과 총담은 세태소설, 자전소설 등으로 나타나기 쉬우며 변증과 잠규는 종교소설, 사상소설, 이념소설로 구체화되기 쉽다.

청나라 때 기윤은 소설을 서술잡사(敍述雜事), 기록이문(記錄異聞), 철쇄어(綴瑣語)의 세 가지로 나누었다.[31] 기윤의 3대 유형론은 호응린의 6대 유형론을 압축해 놓은 것이라고 할 수 있다. 호응린이 말한 지괴와 전기는 기윤의 기록이문에 해당되는 양식이다. '서술잡사'는 소설은 삶의 내용을 이루는 온갖 사건을 일단 대상으로 받아들여야 한다는 점을 암시하였고, '철쇄어'는 소설이 구체적이면서도 일상적인 표현법을 취해야 한다고 주장하였다. 잡사를 서술한다는 것은 곧 한 시대·집단·개인에게 발생하였거나 발생할 법한 일을 자세히 적겠다는 리얼리즘 정신으로, 철쇄어의 방법은 소설양식의 대중화 성향을 뜻하는 것으로 볼 수 있다. 이때 '서술'과 '기록'과 '철'에는 별 차이가 없다. 문제는 대상이요, 소재가 되는 '잡사', '이문', '쇄어'가 차이를 분명하게 드러내느냐의 여부에 있다. 대체로 서술잡사는 리얼리즘소설로, 기록이문은 환상소설로, 철쇄어는 대중소설로 나타나기 쉽다.

당대(唐代)에 접어들면서 그때까지 계속 부정되었던 소설의 기능이 비로소 긍정적인 방향으로 다시 논의되기 시작했다. 당대에는 소설로부터 권선징악의 효과를 기대하는 사람들이 차츰 늘어나기는 했지만, 정통파 문인들은 아직도 소설경시의 태도에서 벗어나지 않았다. 서양의 로망스와 유사한 전기체(傳奇體) 소설을 전통적인 문학양식에서 제외시키려

30 노신, 앞의 책, pp. 159~161.

31 같은 책, p. 28.

는 태도가 당대에 계속되었고 송대에도 이어졌다.

소설양식이 본격적으로 긍정되거나 격상되기 시작한 것은 명대(明代)에 들어오면서였다. 이탁오(李卓吾, 1527~1602)는 "동심은 곧 진심이며 바로 이 진심에 근거를 두고 나온 글이야말로 지문(至文)"이라고 전제하면서 지문의 예로 전기와 잡극, 『수호전』 등을 꼽았다. 그는 소설양식을 유교 경전을 비롯한 여러 경전과 같은 수준에 놓았다. 동심설에 근거를 둔 이탁오의 소설격상론은 공안파 원씨 삼형제에게로 이어졌는데, 삼형제 중 원굉도(袁宏道, 1568~1610)는 "마음에서 저절로 우러나오는" 글이 가장 좋은 글이라고 하면서 『수호전』과 『금병매』 등은 "진인의 진성(眞聲)으로 이루어진 걸작"이라고 평가하였다. 이탁오의 견해에 찬성하는 사람 중에는 나관중의 『삼국지연의』를 사마천의 『사기』와 같은 무게로 놓고 보는 이도 있다.[32]

이탁오는 "동심이란 거짓 없고 순수하고 참된 것으로, 최초 일념의 본심이다. 동심을 잃으면 참된 마음을 잃는 것이며, 참된 마음을 잃으면 '참된 사람(眞人)'을 잃는 것이다"와 같이 동심은 인간의 본심이고 진성(眞性)이며 진정(眞情)이라는 요지의 동심설을 원굉도에게 전수했다. 이탁오는 일단 성선설에서 출발하였으나 사람이 살아가는 과정은 바로 이 진성·진정성이 더럽혀지는 과정으로 파악하였다. "이제 막 지식이 생기고 세상사를 약간 알게 되면서 사회의 견문이 이목을 통해서 들어오고, 무언의 암시가 내심으로 들어오면 동심이 오염되기 시작한다. 좀 더 자라면 대대로 선해지는 도리를 부형(父兄)과 사장(師長)이 주입시키고, 이런 교훈들이 들어와 내심을 주재하여 동심을 잃어버린다"고 주장하였다.[33]

이탁오는 사람이 사회화하는 과정에서 동심을 상실하는 원인을 고찰하여 사회의 관습에, 특히 명교의 주입과 도덕 상벌의 동기가 앞에

---

32 정범진, 「중국소설의 관념적 변천에 관하여 관한 연구」, 『대동문화연구』 14집, 1981, pp. 66~71.

33 엔리에산(鄢烈山)·주지엔구오(朱健國), 『이탁오 평전』, 홍승직 역, 돌베개, 2005, pp. 284~285.

서 이끄는 작용을 하는 것에 그 탓을 돌렸다. "좋은 시를 왜 꼭 옛날 좋은 것을 골라 놓은 것에서 찾아야 하며, 좋은 글을 왜 꼭 선진 시대의 것에서 찾아야 하는가? 후대로 내려와 육조(六朝) 시대에 이르러 근체(近體)로 변화했고, 당대(唐代)에 전기(傳奇)(극본)로 변했고, 송(宋)·금(金) 시대에 원본(院本)(전통극의 각본)으로 변했고, 원대(元代)에 잡극(雜劇)으로 변했고, 『서상기』로 『수호전』으로, 지금의 과거 시험 문장으로 변하였으니, 모두 고금의 훌륭한 글이어서 그것이 나온 시대의 선후로 좋고 나쁨을 따질 수는 없다. 그러므로 나는 동심으로부터 느껴지는 것에 의해 스스로 글을 쓴다." 이렇게 이탁오는 고금의 시문을 꿰뚫어 논하면서 동심의 중요성을 역설했다.[34]

그의 품평은 문체의 높고 낮은 구분이 있음을 인정하지 않았고, 또한 시대의 선후로 존중과 폄하의 한계를 두지도 않았다. 그의 입장에서 보면, 문체는 변화·발전하는 것이고 시대마다 그 시대의 체제가 있어서 동심을 지키고 진실한 감정을 표현하기만 하면 훌륭한 문장인 것이다. 옛사람을 박하게 대하지 않으면서 지금 사람을 아끼는 이탁오의 선명한 태도와 통속적 문체를 중시하는 대담한 시각은 원굉도에게 깊은 인상을 남겼다. 나중에 원굉도는 그의 문집에서 통속문학에 대한 자기의 애호를 조금도 숨기지 않고 나타냈다.[35]

강소 소주 사람으로 명대의 유명한 소설가요, 소설비평가였던 풍몽룡(馮夢龍, 1575~1646)은 화본소설 120편을 정리하여 『고금소설』이라는 제목 아래 『유세명언(喻世明言)』, 『경세통언(警世通言)』, 『성세항언(醒世恒言)』의 세 종류의 소설집을 편찬하면서 각각의 서문에서 자신의 소설관을 피력하였다.[36]

풍몽룡은 『고금소설 서』에서 시내암과 나관중이 중원인의 사기를 북돋기 위해 『삼국지』, 『수호지』 등을 지어 큰 읽을거리를 만들었다고 하면

---

34 같은 책, pp. 285~286.

35 같은 책, pp. 287~289.

36 방정요, 앞의 책, p. 192.

서 이 책들을 보면 "겁쟁이는 용기를 갖게 되고, 음탕한 사람은 정절을 깨닫게 되며, 경박한 사람은 돈후한 성품을 갖게 되고, 우둔한 사람도 긴장시켜 땀을 흘리게 할 수도 있다"고 하여 전(傳)의 계몽적 효능을 극대화하고자 하였다. 『효경』이나 『논어』를 암송한다고 해도 소설만큼 감동이 빠르고 깊을 수가 없다고 하였다. 통속연의라는 것이 어떻게 시작되었는지는 알 길이 없으나, 남송 공봉국의 자료에 따르면 설화인이 있었다고 한다.[37] 오늘날 이야기꾼의 원형적 존재라고 할 수 있는 설화인(說話人)에 의해 역사서를 보다 쉽게, 또 재미있게 각색한 통속연의체가 시작되었다고 추측한 것은 소설양식의 대중성이 일종의 유전인자임을 인정한 것이나 마찬가지다.

『경세통언 서』에서는 "통속연의의 일종은 드디어 경서와 사전문의 궁벽함을 도와줄 수 있게 하였다(通俗演義一種 遂足以佐經書史傳之窮)"고 하여 경사전(經使傳)을 보완해 주는 데서 통속연의의 위상을 찾았다. 이어 "이야기가 거짓인 것도 반드시 한번쯤 독자의 마음을 격동시켜 권선징악이나 비분강개의 의미를 깨우쳐 줄 수 있는 것이다. 이야기가 거짓일지라도 그 속의 이치는 진실한 것일 수 있는 것이다. 즉 풍화에 해가 되지 않고, 성현의 말씀에 거슬림이 없으며, 시경이나 서경과 같은 경전이나 정사에 어긋나지 않는다면 왜 버리겠는가"[38]라고 한 것은 허구의 묘리를 깨닫고 허구의 조건을 제시한 것이 된다.

『성세항언 서』에서는 육경과 국사를 보충하기 위해 『성세항언』 40종이 출간되었음을 밝히면서 '명', '통', '항'의 뜻을 실명해 놓았다. '명'은 어리석은 사람들을 깨우쳐 인도할 수 있다는 취지로, '통'은 속된 무리들이 이해할 수 있도록 적당하게 풀었다는 의미이며, '항'은 그것을 익혀도 싫증 나지 않고 오래도록 전해질 수 있게 한다는 뜻으로 풀었다(明者取其可以導愚也 通者取其可以適俗也 恒則習之而不厭傳之而可久).

『성세항언 서』에 오면서 소설양식은 더욱 격상하게 된다. 유교를 받

37 최봉원 외, 앞의 책, pp. 132~133.

38 같은 책, pp. 136~137.

들던 시대에도 계몽과 백성 교화에 도움이 된다는 이유로 불교와 도교가 공존했던 것처럼 소설도 어리석은 사람을 이끌고 세속을 바르게 하는데 도움을 주어 육경과 국사와 나란히 있을 수 있다는 것이다. 『유세명언』, 『경세통언』, 『성세항언』을 육경과 국사의 보충으로 삼는 것 또한 가능한 일이 아니겠는가와 같은 질문을 던졌다.[39] 풍몽룡은 경전을 육경으로 정했지만, 중국에서 경은 시대에 따라 삼경·사경·오경·육경·십삼경 등과 같이 나타났다. 『철학대사전』에서는 육경을 중국 고대 사대부 계급의 기본교양인 육예(禮樂射御書數)와 동의어로 보았다. 한대에 이르러 詩, 書, 禮, 樂, 易, 春秋를 의미하기도 하였다. 樂經이라는 것이 존재하지 않으므로 오경으로 불리기도 하였다.[40]

'명'은 소설의 계몽적 기능을, '통'은 대중적 이해의 효과를, '항'은 초시공적 고전으로서의 가치를 가리킨다. 풍몽룡의 설명은 소화주인(笑花主人)의 『금고기관 서(今古奇觀 序)』로 이어지는데, 이 글에서는 "소설이란 정식 역사가 기록하지 못한 것을 기록하는 것(小說者 正史之餘也)"이라든가 "송대 효종이 내시들에게 민간을 돌아다니며 기이한 이야기를 수소문해서 내일 한번씩 진상하도록 했으니 그것을 가리켜 이야기꾼(說話人)이라 했고 이때부터 통속연의라는 것이 성행했다" 등과 같은 주장을 들어볼 수 있다. "그러나 그 이야기가 대부분 천박하고 더구나 기휘(忌諱)까지 사용하고 있어서, 그것을 읽으면 마치 밀랍을 씹는 것처럼 맛이 없어서 결국에는 족히 볼만한 것이 못되었다"고 부정하기는 하였지만,[41] 시내암의 『수호지』와 나관중의 『삼국지연의』를 비롯한 각종 통속소설들이 긍정적 가치를 지니고 있음을 인정하였다.

양계초(梁啓超, 1873~1929)는 「소설과 대중통치의 관계론(論小說與群治之關係)」에서 한 나라의 국민·도덕·종교·정치·풍속·학문·예술·인심·인격 등을 새롭게 하려면 어쩔 수 없이 소설은 새롭게 해야 한다고 주장했

39 같은 책, pp. 139~143.

40 김익달 편, 앞의 책, p. 857.

41 방정요, 앞의 책, pp. 193~195.

다. 그러한 주장의 근거로 "소설은 불가사의한 힘을 지니고 있기에 사람의 길을 지배한다"는 점을 들었다. 양계초는 소설의 사회적 효능에 대해 정치사상을 새롭게 하기, 사회기풍을 새롭게 하기, 백성들의 지혜를 개화시켜 주기 세 가지로 요약했다.[42]

그런데 이러한 소설혁명론은 양계초가 당대 중국사회의 총체적 부패상의 근원을 소설에서 찾아야 한다고 인식한 데서 비롯된 것이다. 양계초는 소설의 영향을 받아 잘못된 폐풍으로 미신과 놀이에 빠져 많은 돈을 낭비하는 것, 과거에 급제하여 개인의 복록과 쾌락만을 도모하는 것, 국민들이 간교하고 가혹해지는 것, 청춘남녀가 사랑만을 큰일로 알아 날로 국가의 기운이 쇠퇴해지는 것, 의화단과 같은 무리가 일어나 외국의 도적들을 불러일으키는 것 등을 예시하면서 『수호전』, 『삼국지연의』 등으로부터 나쁜 영향을 받아 진선미가 다 깨지고 말았다고 주장함으로써[43] 소설의 절대적인 영향력을 인정하는 결과가 되었다. 소설이 난해한 사상소설부터 저속한 대중소설까지 포괄할 수 있다는 점은 긍정적인 영향뿐만 아니라 부정적인 영향을 준다는 것을 뜻한다. 드물기는 하지만 어느 시대 어느 지역에든 특정 소설을 읽고 비윤리적이거나 불법적인 행위를 저지르는 사람들이 있었던 것이 사실이다.

소설혁명론은 도우증(陶祐曾)에 이르러 정치와 법률확장, 교육제창, 실업진흥, 군사조직, 풍속개량 등의 전제조건으로 소설확장, 소설제창, 소설진흥, 소설조직, 소설개량 등이 있어야 한다는 식으로 나타났다.[44] 도우증은 「소설의 세력 및 그 영향」에서 소설을 20세기의 하나의 큰 괴물이라고 하면서, 이 괴물은 사람의 가슴 속을 찌르고, 눈을 놀라게 하고, 의식을 시원하게 하고, 지식을 늘려 준다는 식으로 소설의 영향력을 과장하였다. "동서세계의 극렬한 풍조 팽창, 고금 이해의 경계 파악, 민

---

42 같은 책, p. 460.

43 같은 책, p. 464.

44 심형철, 「중국 근대 소설론과 五四期 소설론의 관계양상에 관한 시론」, 『동아문화』 35집, 1997, p. 7.

족운동의 방침 변화, 신과 같은 능력으로 인간 교화" 등과 같이 도우증이 제시한 소설양식 기능론은[45] 과신과 과장의 태도가 낳은 것이라고 하겠다. 도우증의 주장을 따라가다 보면 소설은 정치 교과서, 경제 교과서, 역사서, 종교경전 등의 역할을 대신해 줄 수 있는 것이 된다. 도우증은 양계초가 선두에 서서 주장한 공리주의적 소설관으로부터 큰 가르침을 받았다.

양계초(梁啓超)(1873~1929)는 음빙실주인(飮氷室主人)이라는 필명을 사용했다. 그는 만청 자산계급 유신파의 지도자 중 한 명으로, 저명한 계몽 사상가이자 문학가, 소설 비평가였다. 양계초는 일찍이 강유위(康有爲)와 더불어 유신변혁운동에 참여했고, '시계혁명(詩界革命)', '문계혁명(文界革命)' 및 '소설계혁명(小說界革命)'의 구호를 연달아 제창했는데, 그중 '소설계혁명'이 가장 큰 호응을 받았다. 그는 1896년에 쓴 「변법통의(變法通議)」에서 소설이 내용을 개혁하자고 주장했으며, 아울러 1897년에는 「구학보(舊學報)」와 「청의보(淸議報)」의 서문에서 "일본의 변법은 민간 가요와 소설의 힘 때문에 이루어졌다"고 주장하면서 소설 창작에 유신사상을 선전하는 내용을 적극적으로 배합하려고 했다. 그는 무술변법이 실패한 뒤에도 소설가들에게 소설이라는 형식으로 구국의 사상을 선전함으로써 민중을 일깨워 개량운동에 참가할 수 있게 하라고 호소했다.[46]

소설양식의 절대적인 영향력을 논했던 양계초는 "모든 문장 가운데 그 오묘함을 다하고 기교의 신묘함을 부여해 줄 수 있는 것으로는 소설만한 것이 없다. 그러므로 소설은 문학 가운데 최고 경지라고 한다"와 같은 소설최상승설을 펼쳤는데, 이것을 이어받은 여러 학자들 중에 도우증도 있었던 것이다. 도우증이 「논문학상소설지위치(論文學上小說之位置)」에서 제기한 소설최상승설을 끝에 두면서 정범진은 소설에 대한 중국인들의 기본인식의 변화과정을 다음과 같은 공식으로 제시하였다.[47]

---

45 방정요, 앞의 책, p. 467.

46 같은 책, p. 457.

47 정범진, 앞의 글, p. 75.

군자불위(君子弗爲)의 시대 → 가관지사(可觀之辭)의 시대 → 작의호기(作意好奇)의 시대 → 지문일전(至文逸典)의 시대 → 문학지최상승(文學之最上乘)의 시대

소설을 보아서는 안 된다는 관념이 지배했던 시대는 소설에 가히 볼 만한 것이 있다는 부분긍정의 시대로 넘어갔으며, 그 후 작가들이 기이한 것을 좋아했던 시대는 소설이 최고의 문학양식이라는 절대긍정의 시대로 이어지게 된다. 그런데 정범진이나 양계초, 도우증처럼 "문학지최상승의 시대"로 끝을 낼 수 있을 것인가는 묻지 않을 수 없다. "문학지최상승의 시대"는 소설이 수많은 독자층을 확보하고 그 효능이 극대화되며 소설가들이 큰 관심을 받는 시대를 말하는 것으로, 21세기에 들어 20년이 지난 지금 이 시점의 한국에서도 소설이 이런 평가를 받을 수 있을지는 의문이다. 신작소설을 실어 놓은 문예지들이 여전히 많이 나오고, 소설집 출간도 줄어들고 있지 않은 듯하지만 시장과 전문독자들, 지식사회의 호응은 결코 크지 않다는 소설가 측의 한숨이 나오고 있기 때문이다.

정범진과는 약간 다른 시각에서 방정요의 『중국소설비평사략』은 환기이론 → 실록이론 → 전도이론 → 허실이론 → 사실이론 등과 같이 기본적인 소설관의 변화과정을 제시하였다. 환기이론(幻奇理論)은 진대(晋代)에서 당·송에 이르기까지의 지배적인 소설관으로, 이때의 소설양식은 도학이나 현학(玄學)과 같이 세상을 환상적이고 기이한 것으로 본 것을 기록한다.[48] 환기이론은 어떤 종교나 미신을 배경으로 해서도 나올 수 있는 것으로 자연과학적 안목을 보여 줄 때도 있다.[49] 환기이론과 관계있는 소설양식으로는 지괴소설, 전기소설, 환상소설, 낭만소설, 영웅소설, 종교소설, 도교소설, 과학소설 등이 있다.

실록이론(實錄理論)은 소설은 사실을 기록해야 한다는 이론이다.[50] 작

48 방정요, 앞의 책, pp. 70~102.

49 같은 책, pp. 71~77.

50 같은 책, pp. 103~131.

품의 본래 이야기에는 근거가 있어야 한다는 것으로, 이는 사론과 문론의 확장이다. "소설에 기록된 언어와 이야기는 근거가 있어야 한다. 소설의 내용은 경전이나 역사기록과 맞아야 한다. 소설의 내용은 도록과 서적에서 근거를 찾을 수 있는 것이어야 한다"[51]와 같은 주장으로 요지가 정리된다. 실록이론에 해당하는 현대소설로는 역사소설, 실록소설, 전기소설 등을 들 수 있다.

전도이론(傳道理論)은 사상통제가 심했던 명대의 이론가들이 소설은 도를 전달해야 할 것이라고 주장한 것을 가리킨다.[52] 이때의 도는 진리, 사상, 교육적 내용 등으로 풀이된다. 사상통제가 심했기에 소설가는 군자나 성형처럼 묘사하고 서술할 수밖에 없었다는 것이다. 전도이론은 충효와 절의를 선양하는 소설의 기능을 긍정한 것, 소설이 교화에 도움을 준다는 점을 긍정한 것, 소설이 가지는 권선징악의 효과를 긍정한 것 등으로 대별된다.[53] 전도이론에 해당하는 현대소설로는 사상소설, 이데올로기소설, 계몽소설, 학자소설, 교육소설 등을 들 수 있다.

명대 이전의 오래된 논쟁거리였던 허실이론(虛實理論)은 환기이론, 실록이론과 같이 오래 되었으며 또 쉽게 답을 얻을 수 없는 갈등을 반영한다.[54] 사실상 허실이론에 대해서는 정답을 내릴 수 없다. 21세기에 들어선 오늘날에도 소설을 쓸 때 실존인물과 실제 사건을 중시해야 하는지 아니면 허구적 요소를 살리는 데 힘써야 하는지에 대해 작가에 따라 다른 답을 제시하기 때문이다. 허실이론은 가장 허구적인 것이 가장 진실한 것이라는 주장, 허구와 사실이 겸비되어야 한다(眞幻幷兼)는 주장, 허구와 사실을 반씩 섞어야 한다(虛實相半)는 주장 등으로 발전한다.[55] 허실이론은 '작의호기론(作意好奇論)'으로 바꾸어 부를 수 있는데, 작의호기론은 호응린이 「이유철유(二酉綴遺)」에서 "당나라에 이르러 작가들이 의식

51 같은 책, p. 119.
52 같은 책, pp. 196~225.
53 같은 책, pp. 204~ 212.
54 같은 책, pp. 226~256.
55 같은 책, pp. 233~253.

적으로 기이한 것을 좇아 하게 되면서 소설을 빌어 자신의 뜻을 기탁했다"고 설명한 데서 유래한 것이다.[56]

소설은 작가의 현실인식이나 사상을 있는 그대로 표현해야 한다는 사실이론(寫實理論)은 명대의 대표적인 논쟁거리로,[57] "소설은 작가가 마음 속의 울분을 토한다"는 의미의 발분설(發憤說), 작가가 품고 있는 생각을 간접적으로 의탁해서 표현해야 한다는 기의설(寄意說), 독자에게 사실인 것처럼 실감 있게 표현해야 한다는 기진설(奇眞說) 등으로 나누어진다.[58]

환기이론은 진나라에서 당·송에 이르기까지 지배했던 소설이론이고 전도이론은 명나라 이론가들의 주장을 모은 것이지만, 이 모든 이론들이 특정 시대에만 제시되었다가 사라져 버린 것은 아니다. 환기이론 → 실록이론 → 전도이론 → 허실이론 → 사실이론과 같이 왕조의 교체에 따른 발전도식은 환기이론/실록이론/전도이론/허실이론/사실이론과 같은 병행구도로 바꿀 수 있으며 또 바꾸어야 한다. 각 이론에 부합하는 대표적인 소설유형으로 환기이론(공상소설)/실록이론(역사소설)/전도이론(이데올로기소설)/허실이론(오락소설)/사실이론(리얼리즘소설)과 같이 동시대적 공존관계로 쉽게 바꿀 수도 있을 것이다. 이러한 소설유형들은 오늘날에 와서도 분명하게 재현되고 있는 만큼 오히려 소설양식의 유전인자를 한 자리에 모아 놓은 것이 아닐지 생각하게 만든다.

---

56 같은 책, p. 229.

57 같은 책, pp. 257~293.

58 같은 책, pp. 270~277.

2장 조선조 소설관의 양면성

우리 역사에서는 고려 말 이규보(李奎報, 1168~1241)의 『백운소설(白雲小說)』이란 책명에서 '소설'이라는 말의 첫 용례를 꼽고 있다. 이규보는 이 책에서 신의론(新意論)에 바탕을 둔 자신의 특유한 작시법을 소개하고, 당시 다른 문인들의 작품에 대한 실제 비평을 꾀하는 가운데 지은이의 창조성을 강조한 신의론과 중국 고전의 활용을 필수로 여긴 용사론(用事論)의 폐단을 골고루 지적한 구불의체(九不宜體)[1]를 제시하였다. 물론 이때 '소설'이란 명칭은 허구성과 이야기의 요소를 중심된 것으로 삼는 오늘날 소설개념과는 거리가 있다. 한마디로 이 시기의 '소설'은 잡록을 일컫는 개념으로 사용되었다.[2] 오늘날 홍만종(洪萬宗, 1643~1725)의 『시화총림(詩

---

1 車柱環 역주, 『詩話와 漫錄』, 민중서관, 1965, pp. 30~31.
구불의체를 요약하면 다음과 같다.
- 재귀영거체(載鬼盈車體): 한 작품에 옛사람의 이름을 많이 쓰는 것.
- 졸도이금체(拙盜易擒體): 옛사람의 생각을 훔쳐 쓴 것이 잘 되어 있지 않은 것.
- 만노불승체(挽弩不勝體): 근거 없이 강운을 쓰는 것.
- 음주과량체(飮酒過量體): 자기 재주를 헤아리지 못하고 압운을 크게 어긋나게 쓴 것.
- 설갱도맹체(設坑導盲體): 험한 글자를 많이 써서 사람들을 곧잘 미혹시키는 것.
- 강인종기체(强人從己體): 말이 순하지 않은데 억지로 인용하는 것.
- 촌부회담체(村父會談體): 상말을 많이 쓰는 것.
- 능범존귀체(凌犯尊貴體): 공자와 맹자를 범하기 좋아하는 것.
- 양유만전체(莨莠滿田體): 절차탁마를 하지 않아 수사가 거친 것.

2 같은 책, pp. 9~11.
차주환은 이 책의 해설부분에서 조상들의 문집에 나타나는 漫錄과 유사한 제목으로 雜記, 新聞, 纂聞, 野錄, 雜錄, 漫記, 野記, 雜誌, 筆記, 紀聞, 別記, 叢錄, 贅言, 隨筆, 夜話, 聞畧, 野聞, 餘話, 秘錄, 雜言, 雜抄, 叢譚, 異林, 類說, 瑣談, 野談, 漫筆, 說林, 小說, 稗說, 叢話, 軟談 등 오십여 가지를 제시하였다. 이들 제목은 '소설'과 비슷한 뜻을 지닌다.

話叢林)』에 전하는 『백운소설』과는 달리 원래의 것은 시화를 포함한 잡록으로 꾸며졌으리라고 추측하고 있다. 이규보보다 후대에 살았던 이제현(李齊賢, 1287~1367)의 『역옹패설(櫟翁稗說)』에서 '패설'은 이규보가 사용한 '소설'과 동의어가 된다. 이규보의 '소설'이나 이제현의 '패설'은 자신이 쓴 글에 대한 겸손의 태도를 반영한 것이지만, 실제 책 내용은 동호인들이 보아야 이해가 될 만큼 깊이 있고 고급스러운 내용으로 되어 있다. 『역옹패설』의 전집(前集)은 왕, 귀족, 정치인 이제현의 언행 등 정사 중심의 기록이며, 후집(後集)은 시와 시인에 대한 시화(詩話) 중심으로 꾸며졌다. 제목은 야사처럼 보이나 내용은 사(史)와 론(論)으로 짜여져 있다.

그런데 조선조 중기 이후 특히 어숙권(魚叔權)과 이수광(李睟光, 1563~1628)이 상정한 소설개념을 보면, 고려 말에서 조선조 후기에 걸쳐 사용된 '소설'이란 말은 실제로 시화나 잡록 이상의 뜻을 내포하고 있었음을 알게 된다. 어숙권은 "우리나라에는 소설이 적다(東國少小說)"고 전제하면서 소설의 예로 이인로(李仁老)의 『파한집(破閑集)』, 최자(崔滋)의 『보한집(補閑集)』, 이제현(李齊賢)의 『역옹패설(櫟翁稗說)』, 강희안(姜希顔)의 『양화소록(養花小錄)』, 서거정(徐居正)의 『동인시화(東人詩話)』와 『태평한화(太平閑話)』, 『필원잡기(筆苑雜記)』, 강희맹(姜希孟)의 『촌담해이(村談解頤)』, 김시습(金時習)의 『금오신화(金鰲新話)』, 이청파(李靑坡)의 『극담(劇談)』, 성현(成俔)의 『용재총화(慵齋叢話)』, 남효온(南孝溫)의 『육신전(六臣傳)』과 『추강냉화(秋江冷話)』, 조위(曹偉)의 『매계총화(梅溪叢話)』, 최부(崔溥)의 『표해록(漂海錄)』, 정미수(鄭眉壽)의 『한중계치(閑中啓齒)』, 김정(金淨)의 『제주풍토기(濟州風土記)』, 조신(曹伸)의 『소문쇄록(謏聞鎖錄)』 등을 들었다.[3]

"중국에서는 명·청 2대에 걸쳐 이러한 雜記를 총괄하는 명칭으로 小說이라는 두 글자를 썼다는 점이다. 명대에 나온 顧氏文房小說, 청대에 나온 五朝小說 등은 그 좋은 예다"(p.10). "여기서 사용된 小說이라는 용어는 현대문학에서 문학 장르의 명칭으로 사용되는 것과 동일시하여서는 안 될 것은 말할 것도 없다. 소설은 小智者의 말이지 大雅之堂에 오를 大經大法을 논한 經世文章이 아니라는 뜻을 취해서 쓴 것이라 하겠다"(p. 11).

3 고전국역총서 49, 『대동야승 1』, 「稗官雜記」 권4, 민족문화추진회, 1982, pp. 774~

어숙권의 「패관잡기(稗官雜記)」가 수록되어 있는 『대동야승(大東野乘)』에는 성종 때 성현(成俔)의 「용재총화(慵齋叢話)」, 서거정(徐居正)의 「필원잡기(筆苑雜記)」, 남효온(南孝溫)의 「추강냉화(秋江冷話)」와 「사우명행록(師友名行錄)」, 조신(曹伸)의 「소문쇄록(謏聞瑣錄)」, 차천로(車天輅)의 「오산설림초고(五山說林草藁)」, 이륙(李陸)의 「청파극담(靑坡劇談)」, 이자(李耔)의 「음애일기(陰崖日記)」, 허봉(許篈)의 「해동야언(海東野言)」, 이중열자(李中悅子)의 「을사전문록(乙巳傳聞錄)」, 김안로(金安老)의 「용천담적기(龍泉談寂記)」, 심수경(沈守慶)의 「견한잡록(遣閑雜錄)」, 이이(李珥)의 「석담일기(石潭日記)」, 우성전(禹性傳)의 「계갑일록(癸甲日錄)」, 정철(鄭澈)의 「시정비(時政非)」, 신흠(申欽)의 「상촌잡록(象村雜錄)」, 조경남(趙慶男)의 「난중잡록(亂中雜錄)」, 신령(申靈)의 「재조번방지(再造蕃邦志)」, 이정형(李廷馨)의 「동각잡기(東閣雜記)」, 정홍명(鄭弘溟)의 「기옹만필(畸翁漫筆)」, 유성룡(柳成龍)의 「운암잡록(雲巖雜錄)」, 이기(李墍)의 「송와잡설(松窩雜說」, 권응인(權應仁)의 「송계만록(松溪漫錄)」, 윤근수(尹根壽)의 「월정만필(月汀漫筆)」, 윤두수(尹斗壽)의 「오음잡설(梧陰雜說)」, 이제신(李濟臣)의 「청강쇄어(淸江瑣語)」, 신익성(申翊聖)의 「연평일기(延平日記)」, 윤순거(尹舜擧)의 「혼정편록(混定編錄)」, 이덕형(李德泂)의 「죽창한화(竹窓閑話)」와 「송도기이(松都記異」, 김시양(金時讓)의 「자해필담(紫海筆談)」과 「하담파적록(荷潭破寂錄)」 등 59권이 들어 있다.

김두종의 해제에 의하면 『대동야승』에는 중종 때의 기묘사화와 명종 때의 을사사화 등과 같은 여러 사화(士禍)에 대한 기록, 임진왜란과 병자호란에 대한 기록, 당파싸움에 대한 기록 외에 역대 왕조들의 일화, 명인들의 전기, 인정과 풍속의 자료 등이 들어 있다.[4] 어숙권이 소설이라고 부른 열여덟 권의 책과 야사집 『대동야승』에 수록된 59권 중 겹치는 것은 성현의 「용재총화」, 서거정의 「필원잡기」, 남효온의 「추강냉화」, 조신의 「소문쇄록」 정도다. 이 정도면 어숙권이 '소설'을 '수필'과 거의 비슷하게 그 범위를 아주 넓게 잡았다는 주장을 하기는 어렵다.

775.

4 같은 책, p. 5.

『대동야승』에 수록된 성현의 「용재총화」는 고려문사, 이름난 문신과 선비 문장의 장단점, 명필가, 음악가, 도읍지, 한성의 가경, 처용놀이, 대관(臺官)과 간관(諫官), 감찰, 승정원, 중국의 사신들 면면(1권), 집현전, 성균관, 조선의 문벌(門閥), 명일(名日), 안평대군, 성종의 학문, 장악원, 예조, 성현의 장악원 제조 임무(2권), 강감찬 장군, 고려 장사랑(將仕郎)과 영태(永泰), 고려 원수 이방실, 고려의 신돈(辛旽), 고려 정승 한종유, 최영 장군, 포은 정몽주, 야은 길재, 충선왕, 안성군 이숙번, 춘정 변계량, 황희, 맹사성, 성현의 조상들과 처족(3권) 등을 대상으로 한 이야기를 들려준다. 정사에 남은 왕후장상들과 기관과 제도, 여항의 풍속 등을 다루는 데 힘썼다.

5권에 들어오면 기술방법에 큰 변화가 일어난다. "옛날에 청주인, 죽림호, 동경귀 등 세 명이 아울러 말 한 마리를 샀었는데", "옛날에 어떤 사람이 집에서 기르는 비둘기를 남몰래 가지고 시골로 내려가다가", "옛날에 두 형제가 있었는데 형은 어리석고 동생은 민첩하였다", "옛날에 어떤 선비가 사위를 맞이하였는데", "상좌(上座)가 사승(師僧)을 속이는 것은 옛날부터 흔히 있는 일이었다", "이장군이 있었는데 젊고 훤칠하여 풍채가 옥과 같았다" 등과 같은 '옛날이야기 형식'의 이야기를 여러 편 볼 수 있다. 필부필부가 이끌고 가는 소담(笑談)이라든가 남녀관계담이 중심을 이루었다. 그리고 윤수령, 안생, 장님들, 여진사람 김속시, 정파의 심생과 유생, 무인 봉석주와 김사문, 윤사문 등이 주인공인 일화를 들 수 있다. 여기에 기생 어우동의 생애담도 주가되어 있다.

5권의 이야기들은 앞의 1~4권보다 허구성과 흥미 제공이라는 소설의 성격을 잘 드러내고 있다. 6권에서는 무인·유생·사문·생원·참판·기생·승려 등의 이야기를 여러 편 들려주었다. 7권은 사문이나 승려를 주인공으로 한 이야기를 여러 편 들려주는 가운데 내불당·원각사·언문청·태종의 출판정책 등에 대해 상세하게 설명하였다. 8권은 불교숭상 풍속, 동빙고와 서빙고, 우리나라의 저서 실태 등을 설명해 주었고, 대제학 박연, 승지 기지와 경숙 등에 대한 일화를 들려주었다. 성현은 우리나라는 문장가가 적고, 저서는 더욱 적다고 하면서 최치원의 『계원필경(桂苑筆

耕)』, 이규보의 『이상국전후집(李相國前後集)』, 이인로의 『파한집(破閑集)』, 이제현의 『역옹패설(櫟翁稗說)』, 정도전의 『삼봉집(三峰集)』, 황희의 『방헌집(厖軒集)』, 신숙주의 『보한재집(保閑齋集)』 등 일흔 권의 저서명을 소개했다.

9권은 조선인과 중국인을 다각도로 비교하는 것으로 시작하여 전국의 온천, 성균관의 공자숭배 풍습, 집현전(세종) ㅡ 겸예문(세조) ㅡ 홍문관(성종)의 활동, 성 밖의 사대원(四大院), 예조의 애로사항, 성종 때의 문무연회, 성균관의 제도, 장인의 임무, 제액(題額) 등에 대해 설명하였고 김문평, 송사문, 이집, 중추 안윤보, 이광성, 어효천, 서장관 김현보, 축산군, 정랑 민보익 등 문신들의 일화를 들려주었다.

10권은 하륜과 정안군, 홍문관 서리 김순강, 승지 김세적, 파산군 조득림, 상사 최세원, 유생 신린, 사문 이함녕, 첨지 이정보, 제학 최흥효, 고은 안지, 사문 설장수 등 왕자에서 평범한 유생까지 폭넓게 대상을 설정하여 그 일화를 소개하였다. 세조의 신하사랑, 질그릇, 경복궁 서쪽의 수맥, 세종의 조지서 설치, 성종의 악원겸관 설치, 동잠실과 서잠실, 제단, 김계온의 청구풍아, 상사 최세원, 세종의 왜구정책, 일본국 황제의 존재, 건주위와 모린위 같은 접경지대의 풍속, 거족의 실례 등 군왕의 정사에서부터 백성들의 풍속까지 다룬 것은 역사를 정리하는 데 귀중한 자료가 된다. "세종이 조지서(造紙署)를 설치하고 표전지(表箋紙)와 자문지(咨文紙, 중국과 왕복하던 문서에 쓴 종이)를 감조(監造)하고, 또 서적 찍는 모든 색지(色紙)를 만드니 그 품질이 같지 않았다. 고정지·유엽지(柳葉紙)·유목지(柳木紙)·의이지(薏苡紙)·마골지(麻骨紙)·순왜지(純倭紙)가 그 정묘함이 지극하여 찍어 낸 서적도 역시 좋았다. 지금은 다만 고정지와 유목지뿐이요, 자문지·표전지도 또한 옛날의 정묘함과 같지 못하다"[5]와 같은 대목은 크게는 조선의 역사 작게는 조선 문화사의 귀중한 자료로서 기능한다. 이때 표전지는 왕실의 경사에 올리는 축하문을 만드는 데 필

---

5 같은 책, p. 239.

요한 종이를 뜻한다. 이 기록을 통해 조선조 초기에 종이의 재료로 귀리, 버들잎, 율무, 삼베 등을 썼음을 알 수 있게 되어 옛사람들이 종이를 어떻게 마련했을지에 관한 궁금증을 덜게 된다.

조신의『소문쇄록』은 고구려와 신라와 백제의 차이점, 효령대군의 정자 희우와 월산대군의 정자 망원, 경상감사 하연과 경상도 도사 남지의 교분, 문장력과 기억력이 뛰어난 서하 임원준에 대한 세종의 총애, 김종서와 정인지의 대립, 고려와 조선의 명필가들, 고려조의 문성공 안향의 가문, 문익점의 무명씨 유입과정과 무명의 화폐 기능, 목은집의 내용, 폐비 윤씨의 묘를 이장하자는 연산군에게 반론을 제기한 예조참판 신종호, 서울과 연경의 거리, 일본 지리, 대마도의 지리와 도주, 연산군의 정비와 신비의 강직함, 연산군의 만행과 폐위, 성종과 연산군 시절의 매계공 조위의 일생, 문정공 안지와 안평대군과 세조의 관계, 조신의 활동상, 월산대군과 조신의 친분, 제주도 — 중국 — 서울을 경과한 교리 최부의 표류기 등을 기록해 놓았다. 조신의『소문쇄록』(pp. 378~398)은 소설 양식의 기본적 특질인 허구성이라든가 재미를 갖춘 이야기를 보여 주지 않고 있어 어숙권이 어떤 근거로『소문쇄록』을 소설의 범주에 넣었는가 하는 의문을 갖게 한다. 어숙권이 '소설'을 '잡록'의 유사어로 인식하고 사용한 데 머문 것일 수도 있다.

고려 말 이인로의『파한집』에서 조신의『소문쇄록』까지 열여덟 권의 문집을 '소설'로 지목한 어숙권의 문집『패관잡기』는 제목부터 소설론에 근접하고 있다. '패관'은 소설가의 원형에, '잡기'는 소설의 원형에 해당하기 때문이다. 열여덟 권의 저자 범주에 드는 김시습, 최부, 조신, 남효온, 김정 등의 존재에 대한 논급이 바로 이 책의 여러 곳에서 발견된다. 예컨대 김시습은 유양양(柳襄陽)에게 보낸 편지에서 자기서사를 꾀하고 있다. 태어난 지 8개월 만에 능히 글을 알았고, 다섯 살에 중용과 대학을 수찬하여 신동 소리를 들은 끝에 세종대왕에게 불려가 많은 즉흥시를 지어 내어 큰 인물이 되라는 격려와 장차 중용하겠다는 약속을 듣는다. 김시습은 "세조 초에 옛 친구인 큰 인물들이 모두 저승으로 가고, 또 이교가 크게 일어나고 유학은 점점 쇠하여 가니, 나의 뜻은 이미 황량해져서 드디어 머리 깎은 사람과 짝하여 산수에 노니니, 사람들이 내가 부처를 좋아한다고 하나 이도(異道: 불교)로써 세상에 드러나고 싶지는 않다. 그러므로 세조가 교지를 전하여 여러 차례 불렀으나 매번 나아가지 않고, 처신을 더욱 상도(常道)에 벗어나게 하여 사람 축에 들지 않게 하였으므로 어떤 이는 나를 바보라 하고 어떤 때는 나를 미치광이라고 하였다"[6] 고 고백하였다. 어숙권은 세조도 나중에는 김시습을 미친 중으로 불렀다고 전한다. 이런 기록들은 『금오신화』의 저자 김시습에 대한 작가연구에 결정적인 자료로 기능하게 된다. 어숙권은 최부의 『표해록(漂海錄)』의 소재가 될 만한 사건들을 구체적으로 기록하였다.[7] 어숙권은 『제주풍토기』를 쓴 김정이 시와 문에 능하기는 하지만, 그의 저작은 대부분 유실되어 남은 것이 별로 없다고 하면서 애정을 갖고 여러 편의 시를 소개하였다.[8] 『소문쇄록』의 저자 조신에 대해서는 연경에 가서 안남국의 사신 여시거(黎時擧)와 수십여 편의 시를 주고 받은 일과 성종조에 통신사 신숙주를 따라 일본에 가기 전에 임금으로부터 운을 받아 시를 지어 올린 과정을 소개하였다.[9]

그런데 실제로 한국소설사에서 김시습의 『금오신화』는 매우 중요한 의미를 지닌 것으로 평가되고 있는 반면, 위에 열거한 나머지 자료들은 소설사의 본격적인 대상에서 제외되어 왔다. 어숙권은 어떤 논리적 근거 아래 『파한집』, 『용재총화』 등의 잡록과 『금오신화』를 같은 '소설'로 묶었을까. 이러한 질문에 대한 답을 구하는 것, 즉 잡록류와 『금오신화』의 공통점을 찾아내는 것이 바로 조선조 중기 소설본질론의 핵심을 잡아 내는 작업이 될 것이다. 잡록류처럼 사실을 제시하는 데 역점을 두었든, 『금오신화』처럼 비현실적인 이야기를 꾸며 낸 것이든 두 서술양식에는 분명 '이야기'라는 공통점이 있다.

---

6 같은 책, p. 442.

7 같은 책, pp. 473~474.

8 같은 책, pp. 550~553.

9 같은 책, pp. 476~477, 505.

이수광(李睟光, 1563~1628)도 어숙권과 비슷한 견해를 펼친 바 있다. 그는 "우리 조선에는 200년 동안에 전하는 저서가 매우 적어서 소설도 볼 만한 것이 없다(我朝二百年間著書傳世者甚罕而小說之可觀者亦無幾)"고 서두를 떼면서 서거정의 『필원잡기』, 조신의 『소문쇄록』, 성현의 『용재총화』, 차천로의 『오산설림』, 김시습의 『금오신화』 등 열여덟 종의 책을 '소설'에 포함시켰다.[10] 어숙권과 이수광이 '소설'의 범주에 포함시켰던 책들의 제목으로는 패설, 소록, 잡기, 신화, 총화, 쇄록, 한화, 전, 야언, 설림 등이 있다.

김안로(金安老, 1481~1537)는 『용천담적기(龍泉談寂記)』의 서문에서 문집 집필의 동기와 방법, 심적 효과를 밝히면서 그 문집이 포함될 '패관소설'의 효능을 제시하였다.

> 긴 밤과 기나긴 낮을 뜻 둘 곳이 없어 때로 예전에 친구들이 하던 이야기를 기억하며 붓 나가는 대로 기록하여 친구들과 이야기하고 농담하는 것을 대신할까 한다. 또한 새로 얻은 것이 있으면 그 끝에 보충하여 번민을 덜고 적요하고 울적한 것을 위로하는 데 도움이 되게 하였다. 비록 이런 것으로 마음을 썼다고 할 수는 없지만 장기나 바둑을 두거나 낮잠을 자는 것보다는 낫지 않겠는가. 어떤 사람이 말하기를 "패관소설도 충분히 박식을 도우고 잃어버리거나 떨어진 것을 주어 모을 수 있어서 역사의 편집을 맡은 사람들이 반드시 참고하여야 할 것이 있으니 어찌 끝끝내 감추어 두어 사유물로만 할 수 있겠는가" 하니 나는 다음과 같이 답하였다. "아직 그렇게 할 수는 없고 다만 책상 안에 두어서 나의 자손들로 하여금 오늘날의 나의 불우(歷落)하고 간신(艱辛)한 꼴을 알게 하여 자손들이 마땅히 힘쓰도록 할 뿐이다."(1552년 12월 보름 적음)[11]

10 이수광, 『지봉유설』(상), 남만성 역, 을유문화사, 1994, p. 591.

11 고전국역총서 51, 『대동야승 3』, 민족문화추진회, 1982, p. 460.

『용천담적기』에 수록된 서른다섯 종의 이야기에는 사실담이 상대적으로 많은데, 무명의 인물에 대한 이야기가 정몽주, 세종대왕, 김시습, 성종, 성현, 연산군 등을 대상으로 한 실존인물담보다 많았다.

어떤 종류의 소설을 접했느냐에 따라 소설관이 달리 형성된다는 것은 이미 조선조에 입증된 바 있다. 김기동이 『한국고대소설개론』(대창문화사, 1956)에서 한문소설을 크게 전기소설(傳奇小說), 의인소설(擬人小說), 풍자소설, 연애소설 네 가지로 나누고, 국문소설을 역사소설, 군담소설, 연애소설, 도덕소설, 가정소설, 괴기소설, 동물소설 등 일곱 종으로 나눈 것과 신기형이 『한국소설발달사』(창문사, 1960)에서 고대소설을 염정소설, 가정소설, 도덕소설, 괴담소설, 기봉소설(奇逢小說), 우화소설, 역안소설(譯案小說), 불교소설, 궁정소설, 군담소설 등으로 나눈 것을 보면 소설 독서의 범위가 한 개인의 소설관을 좌우하는 것임을 알게 된다.

이덕형(李德泂, 1566~1645)은 소설의 교훈적 기능을 더 크게 살리려고 했다. 이덕형은 『송도기이(松都記異)』에서 선조 37년(1604)에 시재어사로 송도에 있었을 때 여든 살 정도의 견문이 많은 두 노인에게서 이야기를 들어 기록한 적이 있다고 하면서 "100년 동안의 고사는 원래 사실과 거짓이 뒤섞여 있으므로 중고 이래의 일 중에서 두드러지게 이목에 띄는 것을 뽑아서 소설을 만들어 심심풀이로 보도록 한다. 말은 비록 속되고 거칠지만 역시 세상을 가르치는 데는 도움되는 바 없지 않다"[12]와 같이 옛이야기는 심심풀이와 세상의 가르침이라는 효과를 갖는다고 하였다. 이덕형은 재미와 의미의 겸비라는 동서고금의 소설 효능을 인정하였다.

어숙권, 이수광, 이덕형 등은 소설이 인간에게 줄 수 있는 효능의 실체를 분석하여 그에 대한 긍정평가를 내리려 한 것에 비해 김만중(金萬重, 1637~1692)은 『서포만필』에서 『동파지림』을 인용하여 연의, 즉 역사소설이 역사보다 훨씬 구체적이면서도 호소력 있게 독자들에게 수용되는 것이라고 결론지었다. 김만중은 마을 어린애들이 나관중의 『삼국지연의』

12 차주환 역주, 『시화와 만록』, 민중서관, 1966, pp. 232~233.

를 들으면서 유비가 패했다고 하면 얼굴을 찡그리며 눈물을 흘리고, 조조가 졌다고 하면 즉시 기뻐하고 쾌재를 불렀다는 사례를 들면서 진수(陳壽)가 쓴 정사인 『삼국지』나 『자치통감』을 강설할 경우에도 그렇게 하기는 어렵다고 하여 연의체의 존재이유를 변호했다.[13] 김만중은 연의체를 고급소설에 포함시키지 않고 통속소설에 두었다. 여기서 말하는 통속소설은 오늘날의 그것과 완전히 같은 것은 아니다. 이때의 통속이라는 말은 소설이 경전이나 역사서보다는 많은 독자들에게 읽힌다는 의미를 내포하며 소설이 재미있게 읽힐 수 있음을 암시한다.

명나라 때 장대기(蔣大器)는 「삼국지통속연의서」에서 나관중이 역사가 지나치게 야사화되고 저속한 표현으로 실리는 것을 우려하면서 『삼국지통속연의』를 지은 것처럼 설명하고 있다.[14] 김성탄(金聖嘆, 1608~1661)은 『삼국지연의서』에서 "근래에 『삼국연의』를 얻어 읽어 보니 그것은 사실에 의거해서 진술했기 때문에 억지로 꾸며 낸 것과는 다르며 경전(經典)이나 정사(正史)와 그 면모가 매우 밀접하다", "이 책은 학자들, 학식이 부족한 사람들, 영웅호걸, 평범한 사람 그 누가 읽어도 즐겁다", "연의를 짓는 것은 문장의 기묘함으로써 사실의 기묘함을 전달하는 것(作演義者以文章之奇 而傳其事之奇)", "억지로 지어낸 사실이 없이 다만 사실 그대로를 기록하여 그 시작과 그 시작과 끝을 뒤섞을 뿐(第貫穿其事實 錯綜其始末而已)" 등의 주장을 통해 주로 연의체의 긍정적 성격을 밝히고 있다.[15]

『양진연의(兩晉演義)』라는 소설을 쓴 오옥요(吳沃堯, 1866~1910)는 서

---

13 김만중, 『서포만필』, 홍인표 역주, 일지사, 1987, p. 385.

14 최봉원 외, 『중국역대소설서발역주』, 을유문화사, 1998, pp. 34~35.
"이전 시대부터 일찍이 野史를 가지고 評話를 지어서, 樂師들에 의해 그 내용이 연출되었는데, 거기에 사용되는 말이 저속하고 조잡하여 野史로서의 성격을 상실하게 되었고, 사대부들은 대부분 그것을 배척하였다. 이에 東原의 羅貫中은 평양의 陳壽의 역사기록에다 여러 나라의 사서를 참고하여, 漢나라 靈帝 中平 元年(184년)부터 晋나라 太康 元年(280년)까지의 사실을 유의하여 다듬어, 이를 『三國志通俗演義』라고 제목하였다. 그 문장은 그다지 심오하지 않았지만, 표현은 그렇게 저속하지 않았다. 사건들은 사실을 기록한 것이어서 거의 역사에 가까웠다."

15 같은 책, pp. 48~50.

문에서 『삼국연의』가 세상에 나와 사대부에서부터 노비에 이르기까지 모두 책을 갖게 되었을 정도로 인구에 회자하였으나 "갈수록 억지로 갖다 붙이는 데 능하게 되고 역사의 진상은 숨어 밝혀지지 않고 일반 근거 없는 말들만 사람의 이목을 어지럽혔다(每下愈況 動以附會爲能 轉使歷史眞象隱而不彰 而一般無稽之言 徒亂人耳目)"[16]와 같이 지적하여 소설은 대중성에 집착한 나머지 진실왜곡이라는 폐단을 보일 수 있음을 암시하였다.

이수광은 "대개 역대의 소설이나 여러 가지 서적이 있는 것은 고실을 듣고 고증함이 많게 하는 데 도움을 주고자 하기 때문으로 그 효용이 적다고 할 수 없다(夫歷代之有小說諸書 所以資多聞證故實亦不可少也如)"고 하면서 "전조의 『파한집』, 『역옹패설』과 아조의 『필원잡기』, 『용재총화』 등 십여 편이 남아 있는 정도"[17]라고 개탄했다. 이수광은 송나라 때 『소설』이란 책을 자주 인용하였는데, 은나라 주왕의 아내 달기가 사람의 피를 잘 먹었다든가, 당나라 때 희종이 말에 밟혀서 죽었다든가 하는 믿기 어렵거나 맹랑한 이야기들이 여러 가지 소개되었다.[18] 또한 『소설』을 빌려 달고(達苦)라는 말의 유래를 설명하는가 하면,[19] 병을 물리치는 비결 여덟 가지를 제시했다.[20] 이처럼 이수광이 크게 기대고 있는 '소설'에는 근거가 없고 과장되고 우스운 이야기가 들어 있는가 하면, 사람들에게 유익한 정보와 지식이 담겨 있기도 하였다.

이상에서 밝힌 바와 같이 조선조 소설양식에 비교적 긍정의 눈길을 보내 준 일부 선비들도 소설을 독립된 예술양식으로 본 것은 아니었다. 그들은 공통적으로 소설의 본질과 존재이유를 역사서술을 보충하려는 의도에서 찾았다. 그들은 소설에서 픽션의 요인보다 논픽션으로서의 요인을 더 중시하였다.[21]

---

16 같은 책, p. 374.

17 이수광, 『지봉유설』 서, 남만성 역, 을유문화사, 1994, p. 485.

18 이수광, 『지봉유설』 (하), 남만성 역, 을유문화사, 1994, pp. 266~267.

19 같은 책, p. 280.

20 같은 책, p. 314.

21 "소설은 역사서술의 보조양식"이나 "소설은 역사서술의 대체양식"이라는 명제는

조선조 선비들 사이에서는 소설양식에 대해 부정적 인식이 더 큰 세력을 유지하였던 것이 사실이다. 이식(李植, 1584~1647)은 『삼국지연의』, 『열국연의』, 『수당연의』 등과 같은 연의체 소설이 민간에 확대되면서 내용이나 표현방법 면에서 역사에 연의가 침투하여 결국 적지 않은 혼란이 빚어졌다고 주장하였다. 앞서 청나라 때 오옥요의 주장을 소개한 것처럼 소설로 인해 역사적 사실이 적지 않게 왜곡되거나 변형되어 버렸다는 점을 주목할 필요가 있다. 이식은 "전해 온 지 오래되어 진짜와 가짜가 병행하여 연사에 실려 있는 말이 비슷한 글에 채입되어 문장하는 선비도 조심하지 않고 섞어 쓴다. 진수의 『삼국지』는 사마천과 반고의 다음에 오는 것이기는 하나 연의에 가려 사람들에게 다시 읽히지 않는다"[22]고 개탄하면서 연의에 대해서는 분서와 유사한 조치가 있어야 할 것이라고 강경발언을 서슴지 않았다. 이식이 소설양식에 의한 역사의 왜곡과 변형을 심각하게 본 점은 오늘날에도 깊이 새겨 둘 만하다. 이식의 강경발언은 자신의 새로운 역사해석 능력을 현시하기 위해 객관적인 역사적 사실마저 부정하거나 왜곡하는 오늘날의 일부 한국 역사소설가들이 경청할 만하다.

소설양식은 역사를 상상력을 동원해 접근한 것이라는 인식은 동서양이 똑같이 지니고 있었다. 이식만 해도 역사서술가의 입장에서 소설을 해석했기 때문에 소설의 본질과 기능을 논하는 데 있어 경직된 태도를 벗어나지 못했다. 그는 허구적 접근법, 주제의식, 상상력과 같은 개념이 사료에 대해 신선하면서도 타당한 해석을 유도할 수 있는 것임을 깨닫지 못했다. 나관중의 역사소설 『삼국지연의』가 진수의 역사 『삼국지』를 대신하여 역사서술(historiography)로 인정되고 있는 것은 대중에게 호소력이 강한 소설 특유의 서술방법 덕분이다. 역사소설가들이 재미있게 읽히는 것, 많이 읽히는 것에 초점을 맞추다 보면 역사적 사실을 외면하거나

조남현, 『소설의 본질』, 서정시학, 2018, pp. 55~86을 참조하라.

22 이식, 『澤堂集』, 散錄 (이종술·이민수 편역, 『한국의 사상대전집 19』, 동화출판공사, 1977, p. 488에서 재인용).

왜곡하는 결과를 가져오기 쉽다. 그때 소설가는 일반 대중의 호응을 취하는 반면, 역사학자들로부터는 외면을 당할 수도 있다. 평론가들로부터 고평을 받은 역사소설들은 대개 소설가들이 어떤 사관(史觀)을 선택할지 고민하는 과정을 겪은 후에 나오기 마련이다. 그런데 이때의 사관은 기본적인 역사적 사실과 잘 어울리기보다는 어긋날 가능성이 높다. 『단종애사』(1929)를 쓴 이광수의 인도주의사관이든, 『운현궁의 봄』(1934)을 쓴 김동인의 영웅사관이든, 『임꺽정』(1940)을 쓴 홍명희의 민중영웅사관이든, 『아리랑』을 쓴 조정래의 투쟁사관이든 작가 나름의 사관과 역사적 사실의 조화에 적지 않게 부심했을 것이다.

그러나 이식은 "잡가, 소설, 『태평광기』와 같은 것은 간혹 남녀의 풍요가 있어서 오히려 취할 만하고, 기타 허황하고 괴이한 이야기들은 한가한 것을 깨뜨리고 졸음을 멈추게 하나 참을 어지럽힐 힘은 부족하다. 단, 배움에 뜻을 둔 사람은 이런 것에 기운을 허비할 수 없다"[23]와 같이 소설을 부분긍정하는 태도를 보이기도 하였다. 이식은 연의체와 역사기록(historiography)을 동일시하는 독자들은 결과적으로 역사를 잘못 파악하고 선악관을 제대로 정립할 수 없다고 우려하였다. 옛날이나 오늘날이나 일반 독자들은 정사(正史)에 흥미나 대중성이 가미된 연의체에 더욱 쉽게 다가가기 마련이다.

또한 이식은 허균을 예로 들어 『수호전』의 치명적 폐해를 지적하였고 여기서 소설배척론으로 나아갔다.

> 보수적인 경학자들과 문인들은 연의소설 가운데서도 특히 『수호전』을 도적을 가르치고 반역을 선동하는 책이라 하여 격심하게 배격하였는데, 이식은 그러한 배격론의 선발주자였다. 그는 『수호전』 작자의 자손 3대가 벙어리가 되어 그 보응을 받았다는 이

---

23 같은 책, p. 488에서 재인용.
雜家小說太平廣記之類間有男女風謠尙可觀採其他荒怪之說聊以破閒止睡不足亂眞但有志於學者不可費日力於此也.

야기를 전하고, 허균이 『수호전』을 좋아하여 소설 속 두령의 별명을 가져다 호를 삼아 장난을 하는가 하면, 『홍길동전』을 지어 『수호전』을 본뜨고, 그를 추종하던 무리가 실제로 그것을 답습하여 한 고을이 박살났고, 자신도 반역하여 처형당했으니 이는 3대 벙어리의 보응보다 더 심하다고 하였다. 이식의 이 말은 후에 소설을 배척하는 논의의 강력한 배경이 되었다.[24]

허균은 정치적 행위 때문에 자신의 창작소설이 당대 선비들 사이에서 저평가가 이루어질 위험에 빠지게 되었다. 기본적으로 허균을 정적으로 몰아가는 많은 기록들 가운데 작가 미상의 『일사기문(逸史記聞)』에서 '소설가 허균'과 '정치인 허균'이 충돌하고 있음을 확인할 수 있다.

허균은 초당(草堂) 허엽(許曄)의 아들로, 명문에 태어났고 또 그의 문장은 당해 사람의 입에 오르내렸으나, 천성이 요망하고 행실 또한 괴이하였다. 상(喪)을 입는 동안에 기생을 가까이하는가 하면 참선도 하고 부처도 섬기는 등 보고 들어서 깜짝 놀랄 일이 한두 가지가 아니었다. 그는 만년에 대북(大北)에 투신하여 이이첨을 깍듯이 섬겨 폐모론을 담당하였다. 그는 괴상한 무리들을 불러 모아 낙천군 김개, 사간 김광업 등으로 심복을 삼았는데, 그 종적이 간교하고 비밀스러워 단서를 알 수 없었다. 그의 문으로 폭주하여 열 명씩 백 명씩 떼를 지어 다투어 소장을 올려 폐모하기를 주청하였다. 혹 성균관에 근거를 두어 출세의 디딤돌을 삼기도 하고, 미리 과거 제목을 내서 등제(登第)의 길을 도모하기도 하였다.[25]

허균은 폐모론 주도, 괴상한 무리 규합, 경운궁 시서 사건, 과거시험 관리 부정 등의 잘못을 저지른 것으로 공론화되어 있다. 허균과 정치적 입장을 달리하는 선비들이 써놓은 당시의 여러 기록들은 허균에 대해 형조판서까지 지냈으나 당파싸움에 전력투구하는 존재로 그려 놓았다. 이

24 조태영, 「한국 고전소설 비평의 양상」, 이상택 외, 『한국 고전소설의 세계』, 돌베개, 2005, pp. 288~289.

25 고전국역총서 62, 『대동야승 14』, 민족문화추진회, 1982, pp. 599~600.

식에 의해 허균은 중국 소설 『수호전』으로부터 '악영향을 받은' 대표적인 사례로 평가되었다.

소설 부정론자를 포함한 대다수의 선비들은 사실을 있는 그대로 기록하는 논픽션에 순치(馴致)될 것을 어려서부터 교육받아 온 나머지 논픽션이 우위의 양식이라는 고정관념을 별 반성 없이 굳게 지녀 오게 된 것이다. 따라서 그들은 보다 진실에 가까운 내용을 전하기 위해 의도적으로 거짓된 이야기를 꾸미는 이른바 허구의 묘리에 눈을 뜨지 못하였다. 자연히 당시의 소설가들은 존경보다는 천시의 대상이 되기 일쑤였다. 소설가라는 말은 옛날에는 사용되지 않았다. 대신 소설가의 유사 명칭으로 패관(稗官), 전기수(傳奇叟), 강사자(講史者), 이야기꾼, 강독사(講讀師), 강담사(講談師) 등이 사용되었다.

홍만종(洪萬宗, 1643~1725)은 『순오지』에서 시내암(施耐庵, 1296~1370)이 『수호전』을 쓰게 된 비사를 소개하면서 "『수호전』은 시내암 한 사람의 작품이 아니고 나씨가 3대를 내려오면서 합작으로 지은 것"이라는 허균의 주장을 부정하였다. 그리고는 명나라 말엽에 소설 쓰기가 성행하였던 현상을 지적하였다.

> 명나라 말엽에 이르러서는 모든 문사들이 더욱 화려한 문장을 좋아해서 모든 글을 공중누각으로 꾸며서 책을 한 권씩을 만들어 놓았다. 그런 때문에 저 벼슬하는 관리들까지도 정치하는 것은 제쳐 놓고 무슨 신기한 이야기에만 귀를 기울이다가 그 속에서 한 가지 조건을 얻게 되면 여기에 있는 말 없는 말을 주워 모아 여러 편의 글을 만들어 놓았다. 그런 때문에 소위 소설이란 그 종류가 얼마나 많았던지 온 집안에 가득 차 있어 무엇이 무엇인지 알 수가 없게 되었다. 이것은 한갓 일 좋아하는 자의 소일거리인데, 습속을 이루게 되자 이것이 경쟁하다시피 되어 드디어 세상길을 쇠약하게 만들어 종묘와 사직까지 자빠뜨리는 데 이르러 마치 진나라 때 청담파들이 세상을 그르친 일과 마찬가지로 되어 버렸으니 실로 탄식할 일이 아니겠는가(爲好事者之傳玩而仍

成習俗競相慕效遂使世道萎靡竟致宗社之尾裂有若晋代之祟以淸談誤世可勝歎哉).[26]

위에서 한문 원문을 밝혀 놓은 부분은 홍만종이 소설 쓰는 행위를 일로 보는 대신 놀이의 연장선에 올려 놓고 본 것임을 알게 해준다. 관리들이 다투어 가며 소설 쓰기에 몰두한 나머지 나라가 문약에 빠지고 말았다는 홍만종의 주장은 명대의 소설이론은 전도이론이 중심이라는 방정요의 주장과 대조된다.

조태영은 홍만종은 조선 사상사에서 도가의 계보를 잇는 중요한 인물로, 소설을 도가적 취향에 따라 개방적이고 적극적인 태도로 수용하였고 스스로도 도가적 관심을 담은 방대한 잡기소설을 저술하기도 하였다고 지적하면서, 홍만종은 소설 배격론자도 소설 옹호론자도 아니었으나 단순한 오락거리를 만들어 내는 상투적인 통속소설들이 범람하는 현상을 비판하였다고 주장했다.[27] 중국에서도 도가는 제자백가의 한 유파로 여겨지기는 했지만 지배담론에 들어가지는 못했다. 조선조에서 도가의 계보를 이은 것이라면 당시 지식사회의 주류에 들어갔다고 보기는 어렵다.

이덕무(李德懋, 1741~1793)는 "소설은 사람의 마음을 가장 잘 파괴할 수 있는 것인 만큼 젊은이들이 보게 해서는 안 된다(小說最壞人心術 不可使子弟開看)"고 서두를 떼면서 다음과 같이 말했다.

> 안타깝다. 시내암이나 김성단 같은 사람의 재주와 지혜를 갖고 본분에 힘쓴다면 존경하지 않을 수 없다. 심한 경우에는 음란하고 더러운 것을 보태고 편벽되고 괴이한 것을 지어내어 사람들의 눈을 즐겁게 하려고 힘쓸 뿐 수치스러움을 모른다.
>
> 나는 일찍이 소설목록에서 연의체가 있는 것을 보았는데 내용은

26 홍만종, 『순오지』 하권, 『홍만종전집』, 태학사, 1980, pp. 90~91. 번역은 이민수의 『순오지』, 을유문화사, 1971, pp. 260~261을 따랐다.

27 조태영, 앞의 글, pp. 291~293.

보지 못하고 제목만 보기는 했지만 그 괴이함이 극에 달했다. 내가 어려서 읽었던 10여 종의 소설은 모두 남녀의 풍속과 사랑을 다룬 것이며 표현도 길거리에서 들을 수 있는 비속한 것이었다. 눈이 즐거운 때도 있었으나, 실제로 그런 일들이 일어나지 않았던 것을 알게 된 후에는 차츰 역겨움이 커졌고 마침내는 재미를 느끼지 못하게 되었다. (중략) 소설이라는 것은 어지러운 글이다. 원래는 나라를 어지럽힌다. 정당하지 못한 일을 저지른 사람은 백성들을 어지럽게 한 데 대한 벌을 받아야 한다. 한나라의 당론(黨論), 진나라의 청담(淸談), 당나라의 시율(詩律)에서는 오히려 기운과 절조라든가 풍류를 배울 만한 것이 있었음에도 나라를 망치고 도를 해치고 말았다. 소설이 어찌 이 세 양식에 비할 바 있겠는가. 옛날에 패관을 두어 야담을 수집한 것은 비록 번잡한 것이 많았으나 군자가 취할 바가 있었고 전기와 지괴는 박물자(博物者)가 취했다. 오직 소설이라는 것은 위로는 당론이나 청담이나 시율에 미치지 못하고, 가운데로는 패관이나 야담에 미치지 못하고 아래로는 전기나 지괴에 미치지 못하였다(惟此小說上不及黨論淸談詩律中不及稗官野談下不及傳奇志怪).[28]

이러한 이덕무의 소설 비판을 통해 당시 소설에 관한 몇 가지 고정관념을 확인할 수 있다. 당시 소설이 가장 많이 취했던 소재의 하나는 남녀의 애정문제였으며, 그다음으로 소설에 자주 쓰이는 말들은 일상어와 구어의 수준에 머물러 있었음을 알게 된다. 앞의 인용문 가운데 가장 주목해야 할 것은 소설을 상중하의 세 등급으로 나누어 본 부분이다. 소설은 위로 당론(黨論)·청담(淸談)·시율(詩律)만 못하고 가운데로 패관이나 야담에 닿지 못하며, 아래로는 전기(傳奇)·지괴(志怪)에 미치지 못한다는 주장은 소설이 고급 양식도 될 수 있고 저급 양식도 될 수 있다는 새로운

28 李德懋, 『靑莊館全書』, 卷之五, 嬰處雜稿一歲精惜譚.

주장으로 이어지게 된다. 한마디로 소설의 종합문학적 가능성을 드러낸 것이라고 할 수 있다. 오늘날의 개념으로 바꾸면 당론은 정치·사회에 관한 논설이 될 것이고, 청담은 철학·종교·예술에 대한 담론이 될 것이며, 시율은 시가 될 것이다. 물론 당론은 제대로 된 논의나 토론을 뜻하는 것으로 볼 수 있다. 조선조의 붕당정치는 오늘날의 정당정치와는 거리가 있는 것으로, 이때 당론은 정당 간의 논쟁으로 국한하기는 어렵다. 청담은 현실·세속·명리 등을 초월한 대화를 뜻하는 것으로 고담준론(高談峻論)과 같은 긍정평가를 받기도 했지만, 한담(閑談)이라든가 공리공론(空理空論)과 같은 부정평가를 더 많이 받았다.

물론 당시 선비들은 시가 소설보다 고급의 양식이라는 데 이의를 드러내지 않았다. 당론과 청담은 흥미 제공보다 주제 전달에 더욱 힘쓰는 양식이다. 당론이나 청담의 형태를 직접 보이는 소설들은 관념소설이나 사상소설에 해당된다. 이어 이덕무는 허황하고 사실무근한 이야기를 담은 소설을 저급의 소설로 보았는데, 이러한 형태의 소설은 오늘날 통속소설이나 대중소설과 연결 지어 볼 수 있다. 원래 이덕무는 재미만 추구하는 소설가와 소설을 부정하였다.

이덕무는 앞선 인용문의 직전에 소설에 얽혀 빚어질 수 있는 의혹을 지은이·평자·읽는이의 세 측면에서 고루 살펴 "허(虛)를 세우고 공(空)을 천착하고 귀신(鬼)과 꿈(夢)을 이야기하는 것은 지은이의 의혹이면서 첫 번째 의혹이고, 들떠서 잡되고 허황한 내용을 도와주고 천박하고 더러운 것을 고취하는 것은 평자의 의혹이면서 두 번째 의혹이며, 귀한 시간을 허비하고 경전을 가까이하지 못하는 것은 읽는이의 의혹이면서 세 번째 의혹이다"라고[29] 설파했다.

이때의 '허'와 '공'은 비현실적인 사건이나 세계를 가리킨다. 유교경전과 사서와 시를 정통 교과목으로 여긴 유학자들의 눈에는 비현실적이

29 같은 책, 같은 곳.
小說有三惑 架虛鑿空談鬼說夢 作之者一惑也 羽翼浮誕鼓吹淺陋 評之者二惑也 虛費膏晷魯莽經典 看之者 三惑也.

며 공상적인 세계를 제시한 소설들이 비속하고 음란한 것으로 비칠 수 밖에 없었다. 이덕무가 말한 허·공·귀·몽의 세계는 실재계와 대립되는 자리에 서 있는 것으로, 유럽에서 이러한 세계는 로망스로, 조선조에서는 일부 고전소설의 중심사건으로 나타나곤 했다. 한국인에게 잘 알려진 「심청전」, 「흥부전」 등의 고전소설은 비현실적 모티프를 내포한 데서 하나의 공통점을 갖는다.

부정론자들은 소설을 음란하고 황당한 이야기로 여겨 이러한 내용의 소설들이 유교주의적 질서를 헤치는 것을 염려하였다. 또 소설이 어느 정도 경전과 사서를 제치고 많은 사람들에 의해 수용되었던 현상에 대해서도 대다수 유교적 지식인들은 우려하는 시선으로 보았다. 긍정론자들도 아직은 소설을 자족적이면서도 독립된 서술양식으로 평가하지 않았다. 긍정론자들도 소설을 역사서술의 보조양식으로 파악하는 태도에서 크게 나아가지 못하였다.

"그중 연의소설을 가장 천하게 평가한 것은 그것의 탈규범성이 가장 심했기 때문만이 아니라, 그것이 가장 대중적인 유행문학이었기 때문이기도 하다. 이 두 가지 면에서 연의소설이 주는 지배체제와 기존 질서에 대한 위협이 다른 무엇보다 크다고 여겼던 것이다. 이러한 소설의 위협에 대한 조선조 지배층의 대응은 갈수록 삼엄해지지만 그렇다고 시대의 추세인 소설의 번성을 막을 수는 없는 일이었다"[30]고 조태영이 이덕무의 연의소설 배격론의 배경을 유추한 것은 소설의 힘을 인정하게 만든다.

정조가 왕권, 주자학, 남인 세력을 지키기 위해 취한 문체반정론(文體反正論)의 첫걸음은 패관잡설 배격론에서 찾을 수 있다.

> 정조는 당시의 문체가 경박하고 느긋하지 못해서 관각(館閣)의 문학을 맡을 큰 문장가가 없다고 개탄하였다. 그런 문풍(文風)의 근원을 명말청초의 문집들과 패관 잡설들이라고 지목하고, 문체의 폐단을 발본색원하는 방책으로 중국에서 그러한 책들을 구입

30 조태영, 앞의 글, p. 296.

> 해 들여오지 못하게 하는 금령을 내리기까지 하였다. 정조는 소설을 인심을 좀먹는 것으로, 이단과 다름이 없다고까지 배척하였다. (중략) 정조가 문체 문제를 가지고 일대 정치적 파란을 일으킨 것은 크게 보아서는 명청(明淸) 패사소품(稗史小品)의 혁신적 문체 속에 들어 있는 반정통적 사상의 유행이 몰고 올 체제 위협의 위험성에 대한 대응이었다고 할 수 있다. 패사소품 문체의 성행이 주자 성리학을 종지로 하는 정통 이념체계와 지배체제를 위협하게 되리라는 것을 정조는 당연히 직시하였던 것이다. (중략) 남인 정파의 측근들이 서교(천주교) 신앙 문제로 노론의 공격을 받아 위기에 몰리는 상황에 처했을 때, 정조는 국면을 전환하기 위한 비상책을 쓸 수밖에 없었다. 당시에 노론계 신진들이 패사소품 문제에 급진적으로 경도되고 있었기 때문에 문체반정책은 국면을 전환할 수 있는 시의적절한 대응책이었다. 문체 문제를 강하게 걸어 노론 강경파의 예봉을 둔화시키고, 노론 신진들을 순치시켜 그들을 왕권에 더욱 밀착시키면서, 동시에 궁지에 몰린 남인계 측근들이 화를 비껴갈 수 있게 한 것이다. 이러한 요인들에 의하여 다시 한번 소설배격론은 격화되었고, 이로 인하여 부정적으로나 긍정적으로나 소설에 대한 인식과 비평 논리가 더욱 치밀해지는 결과가 초래되었다.[31]

조광국은 김시습(1435~1493)이나 허균(1569~1618), 신광한(1484~1555), 김만중(1637~1692), 박지원(1737~1805) 등과 같은 비판적 지식인들이 고전소설의 주요 작가라는 점과 몰락 양반이 영웅소설의 작자일 가능성이 높다는 점을 지적하면서 "판소리나 판소리계 소설의 작자층은 주로 광대였으며, 이에 중인층이 가세하였다. 이러한 현상은 18세기 중엽까지 일반적이었던 것으로 보인다"고 하였고[32] "『완월회맹연(玩月會盟宴)』은

---

31 같은 글, pp. 294~295.

32 조광국, 「한국 고전소설의 작자」, 이상택 외, 『한국 고전소설의 세계』, 돌베개,

180권 180책의 낙선재본과 180권 93책의 서울대본이 현존하는 최대 거질의 작품인데, 이 작품은 안겸제의 모친인 이씨 부인(1694~1743)이 궁중으로 흘려 넣어 명성을 떨치기 위해 지었다고 한다"[33]와 같이 18세기 이후에 등장한 상층 규방여성작가의 존재에도 주목하였다.[34]

이창헌은 고전소설 유통방식을 구체적으로 소개하면서 주요 유통방식의 하나인 방각소설이 20세기 초 개화기에 들어와 활판인쇄술의 보급으로 대치되었다고 주장했다. 그는 소설의 비상업적 유통방식에도 주목하여 돈을 주지 않고 빌려 보는 '차람(借覽)', 일정한 돈을 받고 소설을 필사해서 빌려주는 '임사(賃寫)', 주로 몰락양반가가 소장한 소설을 대상으로 서책 매매를 한 '서쾌(書儈)' 등을 예로 들면서[35] 소설가의 원형적 존재로 이야기꾼을 들었다.

> 소설의 상업적 유통 가운데 구비적 유통은 전문적인 이야기꾼인 강담사(講談師), 강창사(講唱師), 강독사(講讀師)에 의해 이루어졌다. 강담사는 '이야기 주머니', '이야기꾼', '이야기보따리'라고도 불리는 사람들로, 가장 일반적인 형태의 '이야기꾼'을 지칭한다. 강창사는 강담사보다 전문적이고 직업적인 예능인으로, 이야기를 창(唱)으로 구연하는 판소리 광대가 대표적인 예이다.[36]

이창헌은 방각소설(坊刻小說)은 주문에 따른 생산이 아니라, 시장을 전제로 한 상업적 출판물이라는 점을 강조하면서 방각소설이 시장을 겨냥한 근대 출판방법을 열어 놓았다고 해석했다. 근대사회에서 문학의 유통이라는 모습을 본격적으로 보여 주는 것이라 하겠다. 그리고 「임경업

2005, pp. 97~98.

33 같은 글, p. 102.

34 같은 글, pp. 88~105.

35 이창헌, 「한국 고전소설의 표기 형식과 유통 방식」, 이상택 외, 『한국 고전소설의 세계』, 돌베개, 2005, pp. 234~236.

36 같은 글, p. 237.

전」(1780), 한문본 「구운몽」(1803), 「전우치전」(1847), 「삼설기」(1848) 등이 방각본으로 간행되었다고 밝혔다.

방각소설은 1780년 「임경업전」의 간행 이후,[37] 19세기 중엽에 서울·전주·안성 등지를 중심으로 활발하게 간행되었다. 이창헌은 1909년 출판법 시행 이후 신구서림, 한남서림, 지물서포, 회동서관, 북촌서포, 박성칠서점, 태화서관 등이 방각소설을 취급하였다고 지적했다.[38] "활판본의 보급은 방각본 값보다 싼 값으로 독자에게 소설을 보급할 수 있었다는 점에서, 그리고 급증하는 독자들의 수요를 충분히 감당할 수 있었다는 점에서, 많은 결함에도 불구하고 소설 독자층을 확장하는 데 큰 공헌을 하였다 하겠다"[39]와 같이 방각본 소설은 자연스럽게 활판인쇄로 대체되었다고 하였다.

회동서관(匯東書舘)에서는 구연학의 번안소설 『설중매』(1908), 최찬식의 창작소설 『추월색』(1912), 이해조의 번역소설 『철세계』(1912) 등을 출간했고,[40] 신구서림(新舊書林)에서는 이해조의 창작소설 『구의산』(1912), 『탄금대』(1912), 『봉선화』(1913), 『소학령』(1913), 『비파성』(1913) 등이 줄지어

---

37 구인환 엮음, 『임경업전』, 신원문화사, 2004, pp. 59~63.
"조선시대 때의 군담소설로, 지은이와 집필연대는 알려져 있지 않다. 고종 12년(1875)에 나온 경판 방각본은 열두 장이고, 한문본으로는 「임충민공실기」, 「임충신전」, 「임장군전」 등이 있는데, 이 중 「임충민공실기」는 정조의 명으로 편찬한 것이다. (중략) 이 작품은 『임진록』이나 「박씨전」과 같이 역사적 사실을 초월해서 작지의 독창적인 허구성을 가미해서 쓴 역사소설이 아니고, 객관적 태도에서 임경업의 역사적 사실을 표현한 역사소설임을 알 수 있다. 조선시대의 소설에 있어서 역사적인 영웅이나 명장을 모델로 했거나, 허구적인 영웅을 모델로 했건, 대부분 주인공에게 초인간적인 능력을 발휘할 수 있는 도술을 부여해서 표현한 것에 비해 이 작품은 그러한 도술적인 표현을 전혀 찾아볼 수 없다. 어디까지나 현실적 인간으로서 임경업의 일생을 표현했다. (중략) 또한 이 작품의 독특한 특징으로, 조선시대 소설의 공통적 마무리인 해피엔드가 아니고, 비명의 폭사로 끝나는 수법을 들 수 있다."

38 이창헌, 앞의 글, pp. 243.

39 같은 글, p. 249.

40 『추월색』의 간기 바로 뒷면에 있는 회동서관의 발매광고 "最新刊諺書類"에는 이인직의 『치악산』, 이해조의 『고목화』, 『월하가인』 등이 들어 있다.

출간되었다.

방각소설을 취급하였다가 활판본을 보급한 이들 서점들은 고전소설과 현대소설들을 이어 주는 역할을 하였다. 특히 회동서관과 신구서림은 신소설의 출간에 적극성을 보이기도 하였다. 개화기에 간행된 소설집류 끝 페이지의 간기(刊記)에서는 저작자, 발행자, 인쇄자, 인쇄소, 발행소, 발매소 등을 밝혀 놓았다. 저작자는 작가나 저자를 가리키고 발행자는 출판사 책임자를 말하며, 발매소는 오늘날의 총판도매상이나 서점에 해당한다.

실제로 개화기에는 저작자와 발행자가 구분되어 있지 않은 경우가 많았다. 개화기에 가장 많은 소설을 발표한 이해조는 작품이 처음 출간될 때 저작자로 대접을 받지 못한 경우가 많았다. 『원앙도』·『홍도화』·『화세계』의 저작자 겸 발행자는 민준호로, 『고목화』는 노익형으로, 『산천초목』은 남궁준으로, 『쌍옥적』·『월하가인』·『화의 혈』은 김용준으로 되어 있다. 노익형은 박문서관을, 민준호는 동양서원을, 남궁준은 유일서관을, 김상만은 광학서포를, 주한영은 중앙서관을, 고유상은 회동서관을 대표하는 출판인이었다. 이들 출판인들은 오늘날 출판업의 개척자라고 불러도 좋을 것이다.

특히 남궁준, 김용준, 노익형 등은 단순한 사업가의 틀에서 벗어나 1907년 2월에 일본을 향한 철도상환을 위해 모인 애국결사체인 광무사의 발기인(44명)으로 참여한 적이 있다. 발기인에는 양기탁, 최재학, 이종일, 이해조 등이 들어 있다. 활자본 소설집이 간행되기 위해서는 출판사 옆에 인쇄소가 있어야 했다. 1900년대에서 1910년대 사이에는 대동인쇄주식회사, 보성사, 신문관인쇄소, 일한도서주식회사, 교동우문관, 문명사, 보명사, 동문관, 탑인사, 휘문관 등 여러 인쇄소가 문을 열었다. 오늘날의 관점에서 보면 이들 출판사들과 인쇄소들은 비록 영세하고 문학적 인식의 수준도 그리 높지 않았지만, 기본적으로 우리 현대문학의 출현과 발전에 다대한 기여를 했음에 틀림없다.

3장 한국 근대의 소설관

몇몇 조선조 선비들 사이에서 전개되었던 소설양식 찬반론은 19세기 말로 접어들면서 소설의 존재이유를 긍정하는 쪽으로 기울어지게 되었다. 그 이전에는 소설이 방각(坊刻)이나 필사(筆寫)의 방법을 통해 유포되었기 때문에 유포의 속도도 늦고 범위도 좁았으나, 개화기에 와서는 신문·잡지·단행본 등 일시에 대량보급할 수 있는 인쇄매체가 출현하면서 소설의 공기능에 대한 긍정의 폭이 넓어지게 되었다.

소설 유포방법의 변화는 소설의 본질과 기능에 대한 관념을 바꾸어 놓는 계기가 될 수 있었다. 우리나라의 경우 19세기 말엽에 신문·잡지 등의 매스미디어가 출현하기 시작하면서, 소설은 독자와 소비자를 갖게 되었다. 소설은 읽히고 팔리게 되었으며, 『한성신보』, 『대한일보』, 『대한매일신보』, 『황성신문』, 『제국신문』, 『만세보』, 『중앙신문』, 『경향신문』, 『대한민보』, 『대한신문』 등과 같은 1894~1910년의 신문에는 백이십 편이 넘는 소설이 발표되었다. 애국계몽기인 1906~1910년에는 『조양보』, 『대한자강회월보』, 『태극학보』, 『장학월보』 등 이십여 가지의 잡지에 오십 여 편의 소설이 게재되었다. 신문연재본을 묶은 것이든 전작 소설집이든, 단행본은 1907년부터 간행되었다. 이인직의 『혈의 누』(1907), 『귀의 성』(1907), 신채호의 『을지문덕』(1908), 이해조의 『빈상설』(1908), 『자유종』(1910), 『원앙도』(1911), 안국선의 『금수회의록』(1908) 등이 간행된 후 1912년과 1913년에는 근 백여 권의 소설집이 발간되었다. 신문이나 잡지에 실린 소설들이 '소설'이란 호칭을 선호한 것과 달리 『혈의 누』와 그 이후에 나온 『귀의 성』, 『자유종』, 『모란병』, 『은세계』, 『목단화』, 『추월색』, 『구의산』 등은 '신소설'이란 호칭을 선호했다. 이해조는 1911년에서 1914년까지 매일신보 연재소설을 묶어 이십여 권의 단행본을 내는 기록을 세우기도 하였다.

매스미디어의 출현 외에 소설양식에 대한 역할기대를 높여 준 요인으로 국권 상실과 회복 운동으로 이어졌던 역사적 상황을 들 수 있다. 동서양을 막론하고 소설양식은 한 나라나 민족이 위기에 빠졌을 때 긍정적 기능을 확대하곤 했다. 위기사를 맞았을 때 작가들이 직접적이든 간접적이든, 또 적극적이든 소극적이든 위기 극복의지를 구현한 예는 적지 않다. 위기사는 소설양식을 주체로 세워 주는 것임을 한국·중국·일본이 잘 보여 주고 있다. 특히 개화주의자들은 자신의 생각을 대중화하는 데 소설양식이 가장 효과적인 것임을 인식하여 그를 적극 활용하는 데까지 나아갔다. 한국의 개화기는 청일전쟁, 러일전쟁, 갑신정변, 임오군란, 갑오경장, 독립협회 결성, 동학농민운동, 의병항쟁, 을사조약 등과 같이 위기사가 줄지어 나타났던 시기다. 이인직, 이해조, 안국선, 장응진, 최찬식 등과 같은 주요 작가들마저도 한일합병을 전후로 하여 당시의 현실을 부분적으로 다루거나 왜곡하는 결과를 빚고 말았다.

개화기에는 조선조 못지않게 다양한 소설유형이 나타났다. 20년도 안 되는 사이에 신소설, 정치소설, 역사소설, 전기소설, 가정소설, 사실소설, 풍자소설, 탐정소설, 실업소설, 사회소설, 종교소설, 과학소설, 연극신소설, 국문소설, 토론체소설, 윤리소설, 골계소설 등과 같이 다양한 소설유형이 나타났다는 것은 개화기소설의 발전을 입증해 주는 것으로 볼 수 있지만, 보편성을 획득하며 후대로 이어진 것보다는 일시적으로 출판사나 작가가 자신의 작품을 규정하는 데 쓰이는 것이 많았다. 『병인간친회록』(1909)은 '풍자소설'로, 『귀의 성』(1907)은 '가정소설'로, 『금수회의록』은 '골계소설'로, 『다정다한』(1907)은 '사실소설(寫實小說)'로, 번역소설인 『철세계』는 '과학소설'로 규정되었다. 그런가 하면 번역소설 『애국정신』, 번안소설 『설중매』, 이인직의 창작소설 『은세계』에는 '정치소설'이란 호칭이 붙었다. 정치소설은 일본처럼 작가가 자국을 자랑스럽게 생각할 경우 선전소설, 애국소설, 계몽소설, 국책소설 등으로 나타나기 쉬우나, 작가들이 우국(憂國)을 동기로 하거나 비판의 태도를 취할 경우에는 한국의 개화기소설처럼 풍자소설이나 저항소설로 나타나곤 한다. 정치소설이 다양한 구현방법을 취할 수 있다는 점을 받아들이면 『자유종』,

『금수회의록』, 『혈의 누』, 『화의 혈』, 「소경과 안즘방이문답」, 「몽조」, 「병인간친회록」 등은 정치소설의 범주에 들어가게 된다.

소설은 부녀자들이나 즐기고 점잖은 선비는 볼 것이 못 된다는 전통적인 통념이 극복되기 시작했다. 경사시(經史詩)를 최상의 인식형태나 교과목으로 보면서 소설을 제외시켜 오거나 이러한 양식들에 소설양식이 대립했던 것으로 파악했던 통념도 파괴되는 징후를 보였다. 소설이 경사자집(經史子集)의 반열에 들어가고 '최상승 양식'으로 평가되는 현상이 한국에서도 나타났다. 소설은 최상승의 양식이라는 인식은 국난을 맞으면서 작가들과 이론가들 사이에서 일반화되기에 이르렀다. 이러한 인식과 주장은 정치소설의 출현으로 구체화되기도 했다. 조선조의 유몽인, 양성지, 이수광 등이 주장했던 세교(世敎), 풍교(風敎), 명교(名敎)의 기능은 개화기에 와서 확대되기에 이르렀다. 소설양식을 재평가해야 한다든가 고평해야 한다는 주장은 여러 소설의 서발(序跋)과 본문에서 쉽게 찾아볼 수 있다.

박은식(朴殷植, 1859~1925)은 『서사건국지』(1907)의 서문에서 "소설이라고 하는 것은 사람들을 가장 쉽게 감동시키고 사람들에게 가장 깊게 파고들어 풍속계급(風俗階級)과 교화정도(敎化程度)에 관계하는 것이 매우 크다"고 지적하면서 "한 나라에서 어떤 소설이 성행하는가를 보면 그 나라의 인심풍속과 정치사상이 어떠한 것인가를 알게 된다"고 주장하였다. 따라서 영국·프랑스·독일·미국 등과 같은 개화국에서는 소설의 선본(善本)을 통해 "필부필부의 경종과 독립자유의 대표를 만들어 내고", "일본도 유신지시(維新之時)에 일반학사(一般學士)가 소설에 급급용력(汲汲用力)하여 국성(國性)을 배양하고 민지(民智)를 개도하였다"고 사례를 들었다. 소설을 일반인들을 계몽하는 수단으로 보는 것은 세계적인 추세라는 암시가 들어 있다. 이 글은 "우리나라에서는 『구운몽』, 『사씨남정기』 수종 외에 소설의 선본(善本)이 없다시피 하다"고 밝히면서 국문소설 대개가 세상에 오히려 해를 많이 끼쳤다는 고대소설 부정론에 도달하고 있다. 즉 "국문소설은 소위 소대성전이니, 소학사전이니, 장풍운전이니, 숙영낭자전이니 하는 종류가 여염집에 성행하여 필부필부의 숙속다반(菽粟茶

飯)을 공(供)하니 이는 모두 황탄무계(荒誕無稽)하고 요미불경(遙靡不經)하여 인심을 방탕으로 흐르게 하고 풍속을 파괴하여 정교(政教)와 세도(世道)에 관해 거짓됨과 해로움이 적지 않다"고 밝히고 있다.[1] 정치소설을 자칭한 『서사건국지』는 바로 이런 종류의 소설들과 다르다는 것이다. 『서사건국지』의 서문은 근대소설 긍정론을 주입시키기 위해 의도적으로 고대소설 부정론을 펼친 것으로 보인다.

우리 것을 발양시키고 고무시켜야 할 애국계몽운동기에도 우리 고전소설은 격하하면서 서양의 역사적 인물의 전기나 역사서는 떠받드는 풍조가 있었다. 물론 이러한 풍조는 독립에 필요한 힘을 갖추려는 시도로 풀이할 수 있다. 1907년 12월 21일자 『대한매일신보』에서는 "유래 춘향전이니 조웅전이니 ᄒᆞᄂᆞᆫ 황음허탄(荒淫虛誕)ᄒᆞᆫ 언문고담책을 여항간(閭巷間)에셔 성풍히 애독ᄒᆞᄆᆡ 부인의 사상과 우부(愚夫)의 지개(志概)가 인차이부패(因此而腐敗)ᄒᆞ더니 유지자들이 차를 개탄ᄒᆞ야 구미열강에 건국ᄒᆞ며 애국ᄒᆞ던 영웅의 사적을 순국문으로 신번발간(新繙發刊) 부인사계(婦人社界)에 애람(愛覽)을 공(供)ᄒᆞ니 종차(從此)로 애국사상이 감발(感發)ᄒᆞ고 풍습이 개량ᄒᆞ리로다"[2]와 같이 고대소설을 황음과 부패의 한 원인으로 파악하고 구미열강의 건국사와 영웅담을 애국사상과 건전한 풍습의 한 동력으로 파악한 것은 시대의 요청이요, 추세이기는 했다.

당시 신소설 작가들 중에서 고대소설 전체에 대해 가장 높은 목소리로 비판한 사람은 이해조(李海朝, 1869~1927)였다. 이해조는 당대 출판계와 독자들의 기호가 고대소설 쪽으로 기울어지는 것을 경계한 흔적을 남기고 있다.[3] 그는 자신이 창작한 토론체소설 『자유종』에서 한 토론자의

---

1 정치소설 『서사건국지』는 융희 원년(1907년)에 대한매일신보사에서 간행되었다. 이 책은 서문에서 본문까지 현토체로 표기되어 있다.

2 『대한매일신보』, 1907. 12. 21.

3 이해조, 『자유종』, 광학서포, 1910, p. 14.
"문부관리들 참 싹ᄒᆞᆫ 것이 국문은 쓰든지 아니 쓰든지 그 잡담소셜이나 금ᄒᆞ얏스면 됴켓소. 그것 발매ᄒᆞᄂᆞᆫ쟈들이 투젼장ᄉᆞ나 다름업나니, 투젼은 ᄌᆡ물이나 상ᄒᆞ려니와 음담소셜을 정신 좇ᄎᆞ 바리오. 문부관리들 그 안이 답답ᄒᆞ오 청년남녀의

입을 통해 『춘향전』, 『심청전』, 『홍길동전』과 같은 고전소설을 비하하는 태도를 취했다.

> 춘향젼을 보면 뎡치를 알겟소. 심쳥전을 보고 법률을 알겟소. 홍길동전을 보아 도덕을 알겟소. 말ᄒᆞᆯ진대 츈향젼은 음탕교과셔오 심청젼은 처량교과셔오 홍길동젼은 허황교과셔라 ᄒᆞᆯ것이니, 국민을 음탕교과로 가ᄅᆞ치면 엇지 풍속이 아름다오며 처량교과로 가ᄅᆞ치면 엇지 장진지망이 잇스며 허황교과로 가ᄅᆞ치면 엇지 졍대ᄒᆞᆫ 긔상이 잇스릿가. 우리나라 란봉남ᄌᆞ와 음탕ᄒᆞᆫ 녀ᄌᆞ의 제반 악징이 다 이에서 나니 그 영향이 엇더ᄒᆞ오.[4]

『춘향전』을 음탕교과서로, 『심청전』을 처량교과서로, 『홍길동전』은 허황교과서로 규정지으면서 고대소설의 도덕적 기능을 부정의 시선으로 되새기고 있는 이해조의 태도는 당시 소설의 반도덕적인 효과를 비판하거나 기존 체제에 대한 위협을 지적했던 이식·이덕무과 같은 조선 유학자들의 견해를 상기시킨다. 이해조는 소설을 통해 정치도 법률도 도덕도 알 수 있는데, 『춘향전』이나 『심청전』, 『홍길동전』과 같은 이름난 고전소설은 이러한 기능을 제대로 행사하지 못하였다고 본 것이다. 그는 과거에 대한 준열한 비판을 통해 새로운 현재를 일구어 보겠다는 발상 아래 고대소설을 더욱 통렬하게 비판하였다. 이해조[5]의 소설관이 곧 개화기

정신일ᄂᆞᆫ 것을 엇지 참아 안져 보기만 ᄒᆞ오."

4 같은 책, pp. 10~11.

5 이해조의 삶은 흥선대원군과 운명을 같이한 조부 이재만의 처형(1883), 부친 이철용의 화야의숙 설립(1906), 실천적 애국결사체인 광무사 참여(1907), 제국신문사 기자(1907), 대한협회 평의원 및 교육부 사무장(1908), 기호흥학회 평의원, 월보 편집원, 겸임 교감(1908), 매일신문 편집 참여(1910년대 전반기), 친일 유생 단체 대동사문회 가담 등과 같은 내용으로 요약된다. 이해조는 매일신문에 관계하고 있을 무렵에 「화세계」, 「월하가인」, 「화의 혈」, 「구의산」, 「소양정」 등 당대 작가들 중 가장 많은 소설을 바로 그 신문에 집중적으로 연재했다. 그는 가장 많은 신소설을 써낸 만큼 다양한 소설유형을 보여 주기도 했다. 「자유종」은 토론체소

문학적 지식인들의 소설관을 대변하는 것이라고 할 수 있을 정도로 이해조는 신소설 작가들 가운데서 가장 많은 소설을 발표하는 동시에 가장 적극적으로 새로운 소설관을 펼쳤다.

이해조는 소설을 제재에 따라 정치를 언론한 것, 정탐을 기록한 것, 사회를 비평한 것, 가정을 경계한 것, 윤리이나 과학, 교제를 다룬 것 등으로 나눌 수 있다고 한 만큼 상쾌하고 악착하고 슬프고 즐겁고 위태하고 우스운 것 등이 모두 좋은 재료가 된다고 하였다. 말하자면 소설양식은 가담항어나 도청도설이라는 소설의 어원이 일러주고 있는 것처럼 인간 삶의 현장에 더욱 밀착되어야 한다고 주장한 셈이다. 자신이 쓴『화의 혈』이라는 소설에서는 허언낭설은 한 구절도 기록지 않겠으며 일동일정(一動一靜)을 일호의 차이 없이 편집하여 선악 간 족히 밝은 거울이 될 것을 자임하였다.[6]

이해조의 『화의 혈』은 한일합병 후 총독부 기관지 『매일신보』에 1911년 4월 6일에 연재되기 시작하여 6월 21일에 끝난 소설이다. 언변이 좋고 권모술수에 능한 야심가 리도사가 당시 실력자 신대신에게 묘책이 있는 것처럼 자천하여 동학군 토벌 책임을 맡은 시찰이 된 후, 사리사욕을 채우기 위해 온갖 불법을 저지르던 끝에 수감된 후 출옥하고 나서는 거지가 되는 것으로 끝맺음한 소설이다. 악인이 불행을 맞는다는 전형적인 권선징악형의 소설이다. 이해조는 리시찰을 동학운동의 원인을 제공한 탐관오리 못지않은 악인으로 묘사하는 데 힘을 기울였다. 리시찰은 벼슬아치들의 약점을 잡아 많은 재물을 긁어모은다든가, 선무의 노력은

설이자 사상소설로, 「화의 혈」은 정치소설·복수담·동학소설 등의 유형이 합성된 것으로 볼 수 있다. 「화의 혈」에도 공안소설의 색채가 있거니와, 이해조의 소설 가운데 공안소설의 색채가 뚜렷한 것으로는 「구마검」, 「화세계」, 「구의산」 등이 있다. 「춘외춘」은 계모형소설로, 「소양정」은 가정소설로, 「원앙도」는 정치소설로 분류된다. 그는 한일합병 이전에는 창작활동보다는 기자, 교육자, 실천적 계몽가로서의 사회활동이나 사상운동에 주력했으나, 한일합병을 계기로 계몽주의자로서의 소설가에서 이야기꾼으로서의 소설가로 변신하고 말았다.

6 이해조, 『화의 혈』, 보급서관, 1912, p. 1.

포기한 채 무죄한 백성들을 동학 관련자로 몰아 마구 포살한다든가 하는 만행을 저지른 끝에 "막중 국세를 중간에서 농락한 죄"로 3년간 감옥살이를 할 때 한곳에 수감된 동학당 수백 명으로부터 욕설을 듣고 구타를 당하기도 한다. 이해조는 불법을 자행한 부패관리가 정부와 백성의 처벌을 받는다는 결말을 설정함으로써 동학군에 대한 긍정적 인식의 폭을 넓혀 보일 수 있게 되었다. 물론 한일합병 직후 조선의 탐관오리를 고발하는 데 초점을 맞추어 비판적 리얼리즘을 행사한 것은 정직한 작가로서의 입상과는 다소 거리가 있다. 이해조의 소설이 한일합병 전에 나왔더라면 현실을 거짓없이 그리면서 비판해 보겠다는 작가의 정신이 더 빛났을지도 모른다.

『화의 혈』의 끝은 허구성이라는 소설의 본질에 눈을 뜨고 있는 것으로 맺어지고 있다. 소설이라 하는 것은 빙공착영(憑空捉影)으로 인정에 맞도록 편집하여 풍속을 교정하고 사회를 경성하는 것을 가장 큰 목적으로 삼아, 이런 방법의 기록을 통해 재미와 영향을 줄 수 있다고 하였다.[7] '빙공착영'은 허구성을 가리키는 것으로 볼 수도 있지만, 중국소설이론의 환기론(幻奇論)이나 허실론(虛實論)에 근접하는 것으로 볼 수도 있다. 서문에서 제시된 "일동일정의 일호차착 없는 편집"이라든가 "사실의 적확"과 같은 것은 소설을 사실기록으로 오해하는 것을 막기 위해 허구이론을 내세운 결과일 수 있다. 조선조 선비들의 세교(世敎)나 풍교(風敎)이란 말 속에는 현상유지에의 의지가 담겨 있는 것으로, 이해조의 풍속 교정과 사회경성이란 말 속에는 현실개혁에의 의지가 포함되어 있는 것으로 구분할 수 있다. 이처럼 이해조는 소설을 사회개혁의지가 내포된 계몽수단으로 활용하려는 데까지 나아갔다.

번안소설 『설중매』를 쓴 구연학(具然學)이 풍속개량의 효험을 빨리 나타낼 수 있는 순서를 연희(演戲), 소설, 연설, 교육의 차례로 놓고 보았던 것[8]은 효험의 강도나 지속성과는 별 관계가 없다. 예술이나 문학의 영

7 같은 책, p. 100.

8 구연학, 『설중매』, 회동서관, 1908, pp. 48~49.

향력을 의도적으로 강조하기 위한 것이긴 하지만 정답으로 놓긴 어렵다. 받아들이는 사람에 따라 차례가 달라질 수 있으며 시대에 따라 얼마든지 순서가 뒤바뀔 수 있다. 실제로 구연학의 번안소설 『설중매』에서는 온건한 계몽주의자이며 대중연설을 잘하는 리태순을 주인공으로 설정해 놓았다. 리태순은 독립협회의 사상적 방향을 온건한 쪽으로 돌리기 위해 애를 쓰는 것으로 그려져 있다. 그는 오늘날 독립협회가 부진을 면하지 못하는 이유로 학문가와 실지가의 극심한 대립, 문벌 중시 풍조, 당파 싸움의 고질화, 격렬한 언론의 폐해 네 가지를 지적했는데, 여기서 '격렬한 언론'이란 일본과 친일 정치가에 대한 공격의 태도를 말한다. 리태순은 약육강식이나 생존경쟁의 원리가 지배하는 국제사회에서 살아 남으려면 '힘'이 있어야 하는데, 이러한 '힘'은 앞서 말한 네 가지 문제점에 대한 개량책과 같은 것에 의지해야 한다고 주장한다. 리태순은 여러 동지들과 모인 자리에서 여성교육론과 여성해방론을 주장하는 열린 태도를 취하면서도 안타고니즘, 래디칼리즘, 평등주의 등은 단호히 배격하는 모순을 보이기도 한다.

『대한매일신보』 1910년 7월 20일 자 논설 「소설과 희대(戲臺)가 풍속에 유관」은 한 나라의 풍속을 개량하려면 소설의 개량과 희대 즉 연극의 개량이 선행되어야 한다는 주장을 수미쌍관의 형식으로 펼쳐 놓고 있다. 소설과 연극은 보통 사람들의 느낌을 가장 잘 불러일으키고 가장 보고 싶어하고 기호하면서 그 원동력인 사람들의 감정을 쉽게 변하게 하는 것이라고 주장하였다. 조선조 소설과 중국소설에 나타난 춘향이, 무송, 장비, 심청이, 사씨 등의 작중인물들을 예로 들면서 그 인물들이 주는 효과를 긍정평가하였다. 서양의 소설과 연희는 '국민의 사상의 고통', '국민의 의기의 발양', '문명자유에의 인도' 등의 힘을 지니고 있는데, 우리 소설과 희대는 "한 가지도 기상이 활발하여 사람이로 하여곰 긔운이 발생케 할거슨 업고 다만 음란하고 괴패한 습관만 자라게 하니 인심의 효리와 민생의 곤난함이 모다 이를 인하여 되는 거시 아니라 할 수 업스니"와 같이 사회기상, 사회관습, 인심 등을 부정적인 쪽으로 몰아간다고 비판하였다. 이처럼 개화기에는 서양소설은 긍정하고 우리 고소설은 부정하는 태도가 일반화되어 있었다. 이러한 배경의 한 가지로 고소설 전문출판사와 신소설 전문출판사 사이의 경쟁심을 들 수 있다.

중국인 양계초의 소설이론이 개화기의 작가 및 이론가들에 의해 수용된 흔적은 여러 군데 남아 있는데, 신채호(申采浩, 1880~1936)에게서도 그 흔적을 찾아볼 수 있다. 신채호[9]는 「近今國文小說著者의 注意」(『대한매일신보』, 1908. 7. 8.)라는 글에서 소설은 '국민의 혼'이라는 전제를 세우면서 새로운 소설이 출현해야 하고 지식인들이 가지고 있었던 재래의 소설관을 수정해야 한다고 주장했다. 천하대사업을 국민을 진보시키는 것, 도덕을 일으키는 것, 지식을 계발하는 것 등으로 정리한 다음, 천하대사업은 장군이나 영웅이 만드는 것이 아니라 부유주졸(婦孺走卒)이 만드는 것, 사회대추향(社會大趨向)은 종교·정치·법률 등이 바로잡는 것이 아니라 언문소설이 바로잡는 것이며 인심을 바꿀 수 있는 능력은 소설만이 갖추고 있는 만큼 소설을 가볍게 보지 말라고 충고하였다. 이러한 충고 끝에 "소설은 국민의 혼"이라는 혁명적인 선언으로 나아갔다. 한국에 전

---

9 신채호는 독립협회 가입 및 투옥(1898), 황성신문 논설기자(1905), 대한매일신보 주필(1906), 비밀애국단체 신민회 참가(1907), 해삼위에서 이동휘·이갑 등과 함께 광복회 조직(1911), 북경에서 신한혁명당 조직(1915), 임시정부 전위원회 위원장 피선(1919), 신간회 참가(1927), 일본경찰에 체포(1928), 여순감옥으로 이감(1930), 조신일보에 「조선사」 연재(1931), 옥사(1936) 등과 같은 고난과 투쟁으로 이어지는 생애를 보냈다. 신채호는 한일합병 전에는 「수군 제일 위인 이순신」(1908), 「을지문덕」(1908), 「동국거걸 최도통전」(1909~1910) 등과 같은 위인전을 써내었으며, 중국에서 활동할 때는 「꿈하늘」(1916), 「용과 용의 대격전」(1928) 등과 같은 이데올로기소설이자 역사소설을 써내었다. 그는 1915년과 1928년 사이에 「조선사 연구초」, 「조선상고사」, 「고구려사」 등 여러 편의 역사서를 집필했다. 신채호에게는 소설·역사·논설을 쓰는 것 자체가 조선독립운동을 중심으로 한 사상활동을 적극적으로 펼치는 것이 된다. 신채호의 소설 중 주목할 만한 것으로는 구국을 위한 영웅대망론을 구체화한 「을지문덕」, 상고사를 소재로 하여 투쟁사관을 잘 드러낸 「꿈하늘」, 우화소설이자 이데올로기소설인 「용과 용의 대격전」 등을 꼽을 수 있다. 신채호는 귀감이 되는 독립운동과 사상활동으로, 또 주체성이 뚜렷한 아나키스트로서의 활동으로 자신의 소설 창작활동을 일층 끌어올리는 결과를 보여 주었다. 그는 무력투쟁을 아끼지 않은 '사상가 작가'의 원형적 존재로 평가되고 있다.

하는 소설 대부분이 음담과 괴화이고 인생을 파괴한다는 근거를 제시하며 고전소설 부정론으로 나아갔다.[10] 역사학자 신채호에 의해 근대화 논리, 민중사관, 과도기라는 인식 등이 한 고리에 묶이기 시작하면서 소설 양식에 거는 기대가 지나치게 커지고 말았다. 이해조는 은연중에 당시의 신소설을 고전소설의 대안으로 제시하였지만 신채호는 '국민의 혼'에 대한 모델소설을 분명하게 제시하지는 못했다.

고전소설이 발전적으로 계승되어 오던 중 계몽의지를 중심으로 한 시대적 요청을 받으면서 여러 가지 서사양식이 나오게 되었다. 고전소설(리얼리즘 한계, 로망스적 수법) → 신문소설 문답체(역사·사회적 상황제시, 내러티브로서의 한계) → 역사·전기서(거대서사 지향, 허구성 한계) → 잡지게재 소설(대체로 단형화) → 단행본(로망스 중심, 내러티브의 한계)과 같은 전개과정을 제시해 볼 수 있다. 이 과정에서 레너드 데이비스가 근대소설의 출현방법으로 제시한 진화형(the evolutionary model), 삼투형(the osmotic model), 혼합형(the convergent model)[11]이 모두 일리를 지니고 있음이 확인된다. 진화형은 근대소설은 고대소설의 발전의 결과라는 인식으로, 삼투형은 소설은 사회나 사상의 큰 변화의 산물이라는 인식으로, 합성형은 소설양식은 종합문학적인 양식이라는 인식으로 정리된다.

고전소설의 현실성 결여는 직후에 온 신문소설이나 논설이 보여 준 문답체에 의해 보충되었다. 신문논설보다 현실을 더 잘 통찰하고 파악한 것은 없다. 그러나 서사적 구성을 흡수한 논설은 길이가 짧다는 한계를 넘어서지 못하였다. 역사서와 전기는 서사적 논설에서 비유나 상징을 통해 싹이 보였던 허구를 상실했다. 대신 길이도 늘어나고 리얼리즘 정신에다가 영웅대망론 같은 현실극복의지가 포함되었다. 잡지게재소설에 와서는 허구성은 유지되었으나 길이는 도로 짧아졌다. 잡지 편집자들은 소설을 계몽의 수단으로 여겼기 때문에 소설양식의 발전에는 별 관심이 없었다. 잡지게재소설이 짧아진 이유의 하나로 지면의 근본적 제약이

10 『대한매일신보』, 1908. 7. 8.

11 Lennard J. Davis, *Factual Fictions*, Columbia University Press, 1983, pp. 2~7.

라는 점이 있기는 하나, 논설이라는 글쓰기의 성행이라는 점도 들 수 있다. 논설, 역사서, 전기, 성공한 잡지게재소설 등에서 일구었던 현실 통찰과 반영, 계몽의지 등은 우화소설, 토론체소설, 몽유록계소설 속으로 숨어버렸다. 한일합병의 분위기가 짙어지면서 현실통찰과 현실반영의지는 이야기하고 싶은 충동 속으로 숨어들게 된다. 신채호, 안국선, 이해조, 장지연 등이 이끌었던 서사적 논설, 역사서, 전기, 토론체, 몽유록계 등은 1910년대에 들어서면서 사라져 버리고 말았다. 개화기소설에는 처음부터 삼투형의 예가 많을 수밖에 없었다. 삼투형은 과도기적인 것이 되기 쉬운 운명을 지니고 있었다.[12]

이해조, 신채호, 박은식 등의 고대소설 비판론에서 한 걸음 더 나아가 김동인(金東仁, 1900~1951)은 소설의 예술양식으로서의 특질을 검토한 후 한국인들의 전통적인 소설관을 날카롭게 비판하였다. 김동인은 조선조의 독자들은 물론이고 20세기 초 대부분의 독자들도 소설로부터 "흥미·기적에 근사한 사건의 출현, 내용이 점점 미궁에 빠져드는 것, 인물의 재생, 내용의 외부적 미, 선악 이개인물(二個人物)의 경쟁, 선자필흥 악자필망(善者必興 惡者必亡), 선자필재자가인 악자필우남간녀(善者必才子佳人 惡者必愚男奸女) 등을 구한다"고 하였다.[13] 이렇듯 독자들이 받아들이고 기대하는 소설양식의 일곱 가지 특질은 물론 고전소설의 문제점을 지적한 것이기도 하다. 고전소설은 현실성이 떨어지는 사건을 설정하는 경향을 보였고, 인물의 존재방식을 비현실적으로 그려 내는 습성을 취했으며, 선자와 악자를 외양과 내면이 일치되는 쪽으로 구현하곤 했다는 것이다.

이어 "소설을 이해하지 못하는 원인은 조상에게 있고 압제정치에 있고 진취사상이 없는 공자교에 있다"고 한 것은 소설양식 경시론이 지배했던 조선왕조의 문화적 분위기를 비판한 것이었다. 김동인은 소설을 이

12 조남현, 「한국 근대소설 형성과정과 작가의 초상」, 『한국현대문학사상 탐구』, 문학동네, 2001, p. 55.

13 김동인, 「소설에 대한 조선사람의 사상을…」, 『학지광』 1919. 1, p. 45.

해하지 못하는 존재나 원인으로 우리 조상, 압제정치, 보수적인 공자교 등을 들면서 여기에 양반, 학자, 신사, 교사, 예수교 교역자 등을 추가했다. 조상·압제정치·공자교는 조선왕조의 존재들이며 양반·학자·신사·교사·예수교 교역자 등은 개화기에 나타난 존재들이다. 김동인이 비판적으로 지적한 소설 부정론자들은 그때그때의 보수적인 지배층이거나 신흥 지배세력으로 볼 수 있다. 이들을 제외하면 소설 긍정론자로는 중간층 이하밖에 남지 않는다. 그런데 이들 존재들은 교육을 많이 받지 못했거나 생업에 몰두한 나머지 소설을 읽을 여유를 갖지 못한 것이 사실이다. 김동인은 독자의 존재라든가 읽히는 소설을 크게 의식한 나머지, 훗날 역사소설이나 야담류를 쓰는 데 몰두하였다. 오히려 이들 소설 부정론자들을 끌어들이려는 노력을 했더라면 김동인은 보다 무게 있는 소설을 많이 쓸 수 있었을지도 모른다.

김동인은 소설가, 즉 예술가는 참사랑, 사회개량, 신인합일을 수행하는 자라는 식으로 종교인, 사회운동가, 성인의 반열에 놓기를 서슴지 않았다. 그러면서 읽지 않는 독자, 오해하는 독자와 함께 통속작가도 부정하고는 통속소설에는 "비열하고 더럽고 추한 것밖에는 없다"고 하면서 거기에는 "독창의 섬(閃), 사상의 봉(烽), 사랑의 엄(芽)이 없다"고 깎아내렸다. 김동인은 한 나라, 한 국가의 정신사조는 창조하고 계승하는 것으로, 작가들이 이를 수행해야 한다고 주장했다. 김동인은 현실 속의 소설가보다는 이상적인 소설가에게 방점을 찍었다.

김동인은 소설을 미의 양식으로 보고자 하면서도 사상의 지배·창조·개조·박멸 등은 거의 전적으로 소설가가 맡고 있는 것이라고 주장했다. 그는 당시에 유행하던 초인생주의·인도주의·허무주의·자연주의·로만쓰주의·데가단주의·향락주의·개인주의·사회주의·낙천주의·염세주의 등 십여 가지 사조를 들면서, 이러한 사조들의 창조자 자리에 철학자·사회학자·종교가 대신 문학가를 앉혀 놓았다. 시대를 초월해서 나타나는 사조는 진정한 문예사조라고 할 수 없다. 인도주의·허무주의·개인주의·낙천주의·염세주의는 초시대적인 사조인 만큼 자연주의·로만쓰주의(낭만주의)·데카단주의(퇴폐주의)·향락주의(탐미주의)·사회주의 등이 시대사조요, 문예사조라고 할 수 있다. 이들 사조들은 일제강점기의 한국문학에서 1920~1930년대에 나타났다. '초인생주의'는 프리드리히 니체류의 '초인주의'를 가리킨 것으로 볼 수도 있지만 모호한 용어에 가깝다. 휴머니즘의 번역어인 인도주의도 문학의 유전인자로 볼 수 있지만, 허무주의는 염세주의와 동의어로 김동인이 이 글을 발표했던 1919년 전후의 문예사조로는 적합한 것일 수 있다.

그는 한 시대를 풍미하는 사상의 창조, 낡은 사상의 개조 및 박멸은 철학적·사회학적 논문과 소설을 통해 이루어진다고 보면서도, 끝에 가서는 소설가답게 논문보다는 소설을 읽으라고 하였다.[14] 가장 큰 이유로는 논문보다 소설이 이해하기 쉽다는 점을 꼽았다. 그가 소설이 "위대하고 숭엄한 양식"이라고 찬사를 보낸 것은 소설이 논문보다 이해하기가 훨씬 쉬우면서도, 품고 있거나 표출하고 있는 사상은 동일한 질량이라고 생각했기 때문이다. 「소설에 대한 조선사람의 사상을……」을 발표했을 당시 김동인은 아직 소설을 발표하지 않았다. 이 글을 발표한 직후 『창조』에 발표했던 「약한 자의 슬픔」(1919. 2~3), 「마음이 옅은 자여」(1919. 12~1920. 5) 등이 문제작의 수준에 올라서지 못한 만큼, 김동인의 소설관은 창작경험의 산물이기보다는 일본 유학시절에 터득한 이론에 가깝다. 물론 김동인의 소설관은 당시에 가장 새롭고 수준 높은 것이었음은 부인할 수 없다.

1년 정도 뒤에 소개된 현철(玄哲, 1891~1965)의 「소설개요」에서도 사상의 기록으로서 소설양식의 성격이 크게 부각되어 있다. 이 글은 소설의 다섯 가지 성분으로 사건의 마련, 인긴됨, 장소와 시간, 문장, 우주관·사회관·인생관을 꼽는 데서 시작한다. 흔히 말하는 소설의 3요소에 문체와 사상이 추가되었다. 그는 소설에는 반드시 인생관이 있어야 한다고 하면서도 "소설가가 붓을 들 때에 일부러 윤리사상에 적합하도록 쓰며 권징주의(勸懲主義)에 표제를 붙이면 이는 소설이 아니요 수신담이며

14 같은 글, p. 46.

설교책"[15]이라고 경계했다. 현철은 소설에서 사상은 필요조건이기보다는 충분조건에 가깝다고 하였고 김동인과 마찬가지로 소설은 사상의 표출과 전달을 목표로 한다고 하였다.

염상섭(廉想涉, 1897~1963)[16]의 소설관은 당시 작가들의 소설관을 잘 반영하였다. 염상섭은 「조선과 문예·문예와 민중」(『동아일보』, 1928. 4. 10~17), 「소설과 민중」(『동아일보』, 1928. 5. 27~6. 3) 등의 평론을 통해 현대는 소설의 시대며 소설은 민중적인 양식임을 거듭 강조했다. 염상섭이 사용한 '민중적'이라는 말은 '수준이 낮은 독자', '교화적 요소보다는 흥미적 요소를 많이 찾는 독자' 등과 같은 의미를 지니고 있다. 일제 치하에서 어렵게 리얼리즘을 견지해 온 작가답게 염상섭은 소설은 "실인생에 즉(卽)한 생활기록이라는 말이오, 또 정치·긴밀한 묘사로되 보는 사람의 심금을 건드리는 배가 잇서 미감(美感)을 환기하고 인생의 진상과 현실상을 해부 비판하야 인생 행로의 귀추를 보이고, 실제 생활에 교도적(敎導的) 이익을 주는 것이라 함이다"[17]고 정의하였다. 염상섭은 "읽은 뒤에 생각케 하는 것, 불의 부정에 대(貸)하여 의분 증오의 념을 환기케 하는 것, 자기의 감정을 순화하고 자성케 하는 것, 지금까지 모르든 깊고 넓은 인생의 형용을 깨닫게 하는 것, 자기의 소아(小我)를 버리고 대아(大我)를 체득하면서 이상의 세계에 비약한 용기를 주는 것 (중략) 이러한 모든 점

---

15 『개벽』, 1920. 7, p. 127.

16 1920~1930년대에 가장 많은 장편소설을 써내었던 염상섭은 『동명』 기자(1921), 『시대일보』 사회부장(1924. 3~9), 『조선일보』 학예부장(1929. 9~1931. 6), 『매일신보』 정치부장(1935~1936. 3), 만주국 『만선일보』 편집국장(1936. 3~1939. 9), 『경향신문』 편집국장(1946. 10~1947. 7) 등과 같이 언론인으로서의 화려한 경력을 지니고 있다. 염상섭은 『시대일보』 사회부장으로 있을 때 명작 「만세전」을 연재하였고(1924. 4. 6~6. 7), 『조선일보』 학예부장으로 있을 때 명작 『삼대』를 연재한(1931. 1. 1~9. 17) 바 있다. 1948년에 『신민일보』 편집국장으로 있을 때 『자유신문』에 문제작 『효풍』을 연재(1948. 1. 1~11. 13)하였다. 염상섭은 기자직이 작가로 성공하는 데 크게 기여한 보기 드문 경우에 들어간다. 이해조·이광수와 마찬가지로 염상섭도 작가는 일단 많이 써야 문제작이 나올 가능성이 커진다는 이치를 실천으로써 일깨워 주고 있다.

17 『동아일보』, 1928. 6. 2.

에서 결정되어야 할 것이다"[18]와 같이 소설의 주요 기능으로 정의감, 자기 순화, 새로운 각성, 대아의 체득 등을 강조하였다. 이러한 주요 기능론은 작가로서의 경험법칙의 소산으로, 소설가는 소설을 써가는 사이에 자신을 파악하게 되며 자신을 에워싼 세계를 깨닫게 된다는 것이다. 작품을 쓰기 전부터 소설기능론을 갖고 있는 것이 아니라 작품을 써가는 사이에 깨닫게 된다는 것은 새로운 이론이다. 물론 이러한 주요 기능은 독자들 사이에서 행사되고 감지되는 것이기는 하지만, 소설가 자신의 변화를 유도하는 쪽으로도 논리를 전개한 것이라고 할 수 있다.

염상섭은 이러한 효능을 진주목걸이로, 통속소설이나 대중소설로서의 효능은 유리목걸이로 비유하였다. 염상섭은 직업으로서 소설 쓰기의 측면을 인정하면서도 소설양식의 고급예술로서 기능행사를 하나의 목표로 설정하였다. 「소설과 민중」(『동아일보』, 1928. 5. 27~6. 3)에서 높이 평가해야 할 것은 고전소설에서 '근대성'의 요인을 찾아내는 데 힘써 서양문화의 이식문화론에서 벗어나려고 했다는 점이다. 『춘향전』을 "인물 본위와 도의관념으로 평등사상을 고조한 것"으로, 『홍길동전』을 "서얼의 천시압박에 대한 반동사상을 표백한 것"으로, 『심청전』을 "미천한 소녀로도 덕행의 응보로서 능히 왕후의 존귀를 있음을 묘사한 것"으로 해석하여 데모크라시 정신의 발로로 평가하였다.

1910년 이해조가 『춘향전』을 음탕교과서, 『심청전』을 처량교과서, 『홍길동전』을 허황교과서라고 규정한 데 반해, 염상섭은 『춘향전』을 평등사상 고조, 『심청전』을 덕행의 묘사, 『홍길동전』을 불평등에의 반동으로 평가하였다. 이해조가 대부분의 보수적인 조선조 양반의 시선으로 작품들을 보았다면, 염상섭은 근대 지식인의 진취적인 안목으로 작품을 보았다. 『춘향전』의 경우 20세기에 나온 패러디소설이나 영화를 보면 염상섭의 시각이 우세한 것으로 나타나지만, 그렇다고 이해조류의 시각이 완전히 외면 당하고 있다고 할 수도 없다.

---

18 『동아일보』, 1928. 6. 3.

팔봉 김기진(金基鎭, 1903~1985)의 「대중소설론」(『동아일보』, 1929. 4. 14~20)은 통속소설론인 「문예시대관 단편」(『조선일보』, 1928. 11. 9~11)에 이어 발표된 것이다. 김팔봉은 통속소설과 대중소설을 분명히 구분하였지만, 결과적으로 오늘날처럼 확연히 구분되고 있지는 않다. 김팔봉은 당대의 1급작가인 이광수와 염상섭을 무명작가 최독견과 묶어 '통속작가'로 꼽으면서 이 중에서도 이광수가 가장 인기를 끄는 이유로 "사랑하고 탄식하고 감사하고 슬퍼하고 기도하는 원망하는 것의 연쇄인 센티멘털리즘"을 지적하였고, 이러한 판단을 확대하여 통속소설의 2대 요건으로 "센티멘털리즘과 평이하면서도 화려한 문장"을 들었다. 김팔봉은 통속소설의 요건을 다음과 같이 정리하였다.

- 보통인의 견문과 지식의 범위: 부귀, 공명, 연애와 여기서 생기는 갈등/남녀, 고부, 부자 간의 신·구 도적관의 충돌과 이해의 충돌/××의 불합리와 여기서 생기는 비극(예: 인신매매)
- 보통인의 감정: 감상적(感傷的)/퇴폐적
- 보통인의 사상: 종교적/배금주의적/영웅주의적/인도주의적
- 보통인의 문장에 대한 취미: 평이/간결/화려[19]

오늘날 '보통인'은 말할 것도 없고 '보통 사람'이란 말도 잘 쓰지 않는다. '보통인'의 대용어라고 할 수 있는 일반인·범인·평민·서민·대중·민중 등은 정치적 함의나 색채가 있다. 물론 1920년대 김팔봉은 '보통인'에게 긍정적 의미를 담으려 했다. 김팔봉은 많은 독자를 확보하고 있는 통속소설을 당시 일반 독자들로부터 큰 호응을 받지 못한 마르크스주의 문학의 한 활로로 생각하였다. 읽히지 않는 문학, 반응이 없는 문학은 불필요하다는 관념을 지니고 있었던 김팔봉은 '고전소설 = 통속소설'이라는 공식과 마찬가지로 '신문소설 = 통속소설'이라는 공식도 성립될 수 있

19 『조선일보』, 1928. 11. 10.

다고 주장하였다. 김팔봉은 개화기의 베스트셀러였던 최찬식의 『추월색』(1912), 번안소설 「재봉춘」(1915) 등의 소설들을 '고담책', '이야기책'이라고 부른다면서 바로 '이야기책'은 대중소설을 뜻한다고 해석하였다. 그는 대중을 프롤레타리아의 양축인 노동자와 농민으로 좁혀 '대중소설 = 노동자와 농민의 소설'이라는 공식을 세우게 되었다.

한국인들 사이에서 회자되어 온 『춘향전』, 『심청전』, 『구운몽』, 『옥루몽』 등에 대해서도 통속소설이면서 대중소설이라고 부른 것을 보면 김팔봉은 통속소설이나 대중소설을 부정적으로만 사용한 것은 아니다. 김팔봉의 '대중'은 염상섭의 '민중'과 유사하다. 1970년대와 1980년대에 와서 '민중문학'은 투쟁의식이 있는 문학으로, '대중문학'은 교환가치가 높은 문학으로 인식되었다. '민중문학'은 현실참여문학이나 리얼리즘문학의 대용어로, '대중문학'은 통속문학이라든가 삼류문학의 대용어로 사용되곤 했다. 그러니까 1920년대 김팔봉이 사용한 대중소설은 1970년대와 1980년대의 민중문학과 대중문학의 합성어로 볼 수 있다.

김팔봉은 「대중소설론」(『동아일보』, 1929. 4. 19)에서 당시로서는 진취적이고 이상적이며 민주주의적인 소설관과 작가관을 펼쳤다. 그는 "무엇을 써야 할 것인가"라는 소제목 아래 "그들의(노동자와 농민) 흥미를 맞추어 가면서 그들을 비열한 향락취미와 충효의 관념과 노예적 봉사정신과 숙명론적 사상으로부터 구출하여 오자"고 하여 소설가들에게 봉건주의 관념의 탈피를 요구했다. 김팔봉은 봉건주의 탈피라는 목표를 관념적 수준으로 제시한 것에 멈추지 않고, 구체적인 서술방법과 결말처리방법을 일러주는 데까지 나아갔다. "물질생활의 불공평과 제도의 불합리로 말미암아 생기는 비극을 주요소로 하고서 원인을 명백히 인식하게 할 일", "미신과 노예적 정신, 숙명론적 사상을 가진 까닭으로 현실에서 참패하는 비극을 보이는 동시에 새로운 희망과 용기에 빛나는 씩씩한 인생의 기대를 보여 줄 일", "남녀·고부·부자 간의 신구 도덕관 내지 인생관의 충돌로 일어나는 가정적 풍파는 좋은 제목이로되 반드시 신사상 승리로 만들 일", "빈과 부의 갈등으로 말미암아 일어나는 사회적 사건도 좋은 제목이로되 정의로써 최후에 문제를 해결할 일" 등과 같이 소설가와 소설양식에 이상적이고 올바른 현실인식방법과 효과적인 플롯설정방법을 제시하였다. 특히 새로운 사상이나 정의의 승리로 작품을 매듭지어야 한다는 제안은 소설양식의 순기능을 확대한 것이라고 할 수 있다.

김팔봉은 당시 조선인들의 비극적 삶과 현실의 원인을 물질생활의 불공평, 제도의 불합리, 미신, 노예적 정신, 숙명론, 여러 측면의 신구 도덕관의 충돌 등으로 파악하였다. 그러면서 그가 신사상이나 정의의 승리로 끝맺음하라라고 요구한 것은 1920년대 경향소설이나 프로소설의 존재가치를 적극적으로 지지하는 논리의 소산이다. 김팔봉은 소설을 열심히 읽으면 일반 대중이라도 비극적 현실의 원인 파악과 해결책 모색을 쉽게 해낼 수 있다고 판단한 것이다. 이어 김팔봉은 "어떻게 쓸 것인가"의 문제를 제기하여 문장은 무엇보다 노동자와 농민이 읽을 수 있도록 해야 한다고 전제하면서 평이성, 적당한 길이, 화려한 문장, 간결한 묘사와 설명, 성격묘사나 심리묘사보다는 사건의 서술 위주를 문장구성의 주요 요건으로 들었다.

이재선은 고전소설과 현대소설을 관류하는 특질을 여덟 가지로 제시하였다. "첫째, 전기적인 단궤의 직선구조를 특징으로 하고 있다. 특히 조선시대의 소설 대부분은 그 표제나 제명부터 '전(傳)' 등으로 이루어져 있다." "둘째, 소설의 심미적인 가치보다는 교훈주의적인 가치를 강조하고 있다. 다시 말하자면 권징적인 관념이 강세를 보인다는 점이다." "셋째, 해학과 그로테스크 리얼리즘의 성향이다. 웃음 속에는 긴장된 삶으로부터의 자기 갱신적인 의미 이외에도 현실비판의 강한 리얼리즘의 정신이 내재한다." "넷째, 삶이나 세계의 인식에서 나타나는 수동적인 운명론을 지적할 수 있다." "다섯째, 전통의 창조적인 계승이나 재조정보다는 외향적인 수용성을 더 강하게 지니고 있다. 특히 현대소설이 그러하다." "여섯째, 내향적인 투시보다는 외향적인 성향이 강세를 이룬다." "일곱째, '어떻게 쓸 것인가' 하는 소설의 시학 내지는 표현론적 관심보다는 '무엇을 쓸 것인가' 하는 문제에 귀결되는 양상이 두드러진다는 점이다. 이는 우리의 경세적(經世的) 문학관과 깊은 관련이 있다. 이 점은 결국 우리 현대소설이 소설의 시대적 기능 내지는 메시지 전달의 성격을 많이 가진다는 의미다." "그 밖에 우리 현대소설의 특수성으로는 현재에도 단편소설이 주류를 이룬다는 것도 지적될 수 있다."[20]

지금까지 검토한 것처럼, 한 개인의 소설본질론은 어느 시대의 소설, 어느 나라의 소설을 논의 대상으로 삼았느냐에 따라 달라진다. 어느 시대의 소설이나 어느 나라의 소설을 다 만족시킬 만큼 소설의 본질을 설명할 수 있는 이론은 생각하기 어렵다. 한 시대나 한 나라의 소설작품을 모두 읽고 난 다음 귀납적 추리를 거쳐 소설본질론에 닿는 것이 가장 신뢰할 만한 것임은 다 알고 있으나, 이런 방법은 사실상 현실화되기 어렵다. 결국 제한된 명작들을 근거로 하여 한 시대나 사회를 풍미하는 소설본질론의 제시를 목표로 할 수밖에 없다.

20 이재선, 『한국문학의 원근법』, 민음사, 1996, pp. 50~53.

4장 소설의 본질

소설양식에 대한 전통적이며 일반화된 인식은 크게 두 가지로 나누어진다. 소설은 사실기록을 목표로 하는 역사서술(historiography)의 보충양식이거나 대체양식이라는 명제에서 출발하여 소설을 한 사회나 시대를 기록하는 것으로 보는 견해가 그 하나요, 소설은 현실성과 관계없이 재미를 안겨 주는 이야기라고 보는 견해가 다른 하나다.

전통적으로 문학비평은 소설을 현실과 떨어져 있게끔 만드는 어떤 이론도 거부해 왔다는 지적[1]이 있기는 하지만, 소설이라고 해서 시대·사회·현실·동시대인을 있는 그대로 그려 낸다는 의미의 모방론(theory of mimesis)에 갇혀 있는 것은 아니다. 시대·사회·현실·동시대인을 벗어나, 인간이란 무엇이며 삶이란 무엇인가 하는 난문에 매달려 소설을 쓰는 경우도 있다. 이는 철학적 상상력 또는 종교적 상상력으로 소설을 쓰는 것이라고 할 수 있다. 이와 대조적으로 모방론은 사회학적 상상력이라고 할 수 있다. 현상이 복잡하면 할수록 본질 추출이 어려워진다는 이치는 소설에도 그대로 적용된다. 기존의 소설본질론을 벗어나는 소설작품이 계속 발표되고 읽히는 현실이기에 소설본질론을 꾸미는 것은 쉽지 않다.

불턴(Marjorie Boulton)은 소설과 허구를 동일시했지만 "거짓은 남을 속이는 대신 허구는 남을 즐겁게 해준다(to entertain)"와[2] 같이 거짓과 허구의 차이를 재미있게 밝혔다. 불턴은 고금의 주요 대사전에 기대어 "소설은 허구적 산문으로 된 긴 길이의 이야기로, 이 속에서 현실적 삶을 대표하는 인물들과 사건들이 다소간 복잡하게 얽힌 구성에 따라 그려진

---

1 Murray Krieger, "Fiction, history and empirical reality", *Critical Inquiry* vol. 1, no. 2, The University of Chicago Press, 1974, p. 336.

2 Marjorie Boulton, *Anatomy of Novel*, Routledge & Kegan Paul Ltd., 1975, p. 4.

것"(『소옥스퍼드 영어사전』), "대체로 길고 복잡한 산문형식의 이야기로 연속되는 사건들을 통해 인간체험을 다룬 것"(『웹스터 판 새 대학사전』), "삶과 성격의 다양함을 그리는 뜻에서 상상적인 인간들의 모험이나 감정을 다루는 허구적 산문담"(『콜린스 사전』) 등의 정의를 제시했다.[3] 이러한 정의들은 소설이 산문형식·허구성·이야기 등의 요소로 짜여야 한다는 조건을 공통적으로 내보이고 있으며, '이야기'는 인물·사건·플롯 등이 서로 어울려 만들어 내는 것이라고 하였다.

피르마트(Gustavo Perez Firmat)가 소설을 카멜레온과 같은 양식[4]이라고 비유한 것은 소설은 이상의 간명한 정의들로는 본질 규명이 어렵다는 점을 인정한 것이나 마찬가지다. 피르마트는 소설의 본질을 규명하는 자리에서 일단 귀납적 방법을 가장 바람직한 것으로 보았다. 그러나 지금까지의 소설들을 전부 다 수집하여 그들 사이의 공통점을 추출하는 식으로 소설의 본질을 찾아내는 것은 사실상 불가능하다. 이제껏 장르비평의 이론가들이 그렇게 해왔던 것처럼 우수한 작품들을 추려 모아 그들의 공통분모를 도출하는 일이 소설본질론의 정석이기는 하다.

카멜레온(chameleon)이라는 비유는 소설과 비소설의 차이를 분명하게 밝혀 주지 못하는 한계를 드러낸다. 그럼에도 피르마트는 카멜레온을 중심개념으로 하여, 첫째 장르는 발전하는 것이 아니므로 소설은 아주 다양한 허구적 형태를 포괄적으로 지칭하는 것, 둘째 소설은 복합형태의 장르이므로 실제 소설의 역사는 기술하기 어려운 점, 셋째 소설은 독자들 각자가 정한 방법으로 읽힐 수밖에 없는 것[5]과 같이 세 가지 내용으로 소설양식의 속성을 정리했다. 이 중 두 번째와 세 번째의 주장은 소설에는 우열이 있는 법이라는 기본이치마저 깨버리는 것이 될 수 있다. 피르마트의 카멜레온 이론은 다층적인 장르, 정밀한 플롯이 있는 역동적 장르, 복잡한 장르, 연애 이야기, 산문장르 등과 같이 소설을 복잡한 장르

3 Ibid., pp. 10~11.

4 Gustavo Perez Firmat, "The novel as genres", *Genre* vol. 12, p. 273.

5 Ibid., p. 291.

로 본 바흐찐(Mikhail Bakhtin)을 떠올리게 한다.[6]

제럴드 그래프(Gerald Graff)는 소설의 외연은 갈수록 확대되어 가는 것임을 일깨워 주는 가운데 다수의 소설이론가들과 마찬가지로 허구를 소설의 대용어로 취하였다. 그래프는 소설양식에 대해 "문학의 한 장르·플롯·사건·우화·인물·배경·장면 등의 요소들로 짜여진 문학의 한 양식", "창안된 많은 요소들을 내포한 이야기나 스토리"[7] 등과 같이 정의하고 있다. 그래프는 과거의 이론가들이 사건·플롯·이야기 등 요소 그 자체를 강조하였던 것과는 달리 이러한 요소들이 수단이 되어 나타날 수 있는 사상적 요소를 강조하였다. 소설에서 사상적 요소를 중시한 것은 소설의 외연을 넓게 그어 놓은 것으로, 그래프는 20세기 소설이 고전이나 전통적인 소설보다 더욱 계몽적인 양식이 되었다며 그 이유로 작가들 사이 경쟁이 치열해진 점, 실험적인 글이 인습적인 서사구성을 부정함으로써 긴밀한 주제 단위를 필요로 하게 된 점을 들었다.[8] 20세기에 들어와 사상적 요소를 중시하게 된 것은 소설기능의 확대가 이루어졌다는 것을 의미한다. 기능확대론은 소설본질론을 다시 쓰도록 권유한다. 20세기에 나타났던 소설기능의 확대현상은 20세기 소설본질론이 19세기까지의 소설본질론을 수정하는 터전에서 이루어진다는 것을 의미한다.

한국의 경우, 1930년대 후반 백철과 김남천이 장편소설 양식을 염두에 두면서 종합문학론이 제기되었다. 특히 백철은 「종합문학의 건설과 장편소설의 현재와 장래」(『조광』, 1938. 8)에서 헤겔, 루카치 등과 같은 외국 이론가와 임화, 한설야, 김남천 등과 같은 국내이론가의 장편소설론을 검토한 후 근대적이며 종합적인 소설양식으로서 장편소설을 이상적인 것으로 제시하기에 이른다.

'소설의 어의와 정의'라는 부제가 붙어 있는 「소설이란 무엇인가」(『신

6 미하일 바흐찐, 『장편소설과 민중언어』, 전승희 외 역, 창작과비평사, 1988, pp. 24~25.

7 Gerald Graff, *Literature Against Itself*, The University of Chicago Press, 1979, p. 151.

8 Ibid., p. 164.

문예』, 1959. 10)에서 김동리는 대부분의 소설이론가들처럼 여러 가지 정의를 종합하는 방법을 취했다. 그는 우선 노벨(새로운 이야기), 픽션(지어낸 이야기), 로망(속어로 된 이야기), 소설(항간의 이야기)을 종합하여 "항간의 실정을 살펴서 속어문장(俗語文章)으로 지어낸 새로운 이야기가 소설"[9]이라고 정의했다. 또한 소설과 희곡의 차이와 설화·전설·사화·야담 등 소설의 옛날 명칭을 검토해 본 후 '소설은 이야기다', '소설은 일정한 설화체에 의한 서술이다', '소설은 실사회에 뿌리박고 있는 인생을 내용으로 한다', '소설은 작자의 주관을 전제하는 창조다' 등과 같은 여러 정의를 종합하여 "소설은 인생(사회)을 서술한 창조적 이야기다"[10]와 같은 정의에 도달했다. 김동리는 선배 이론가들의 유력한 소설본질론을 종합하는 태도를 취해 '주관'이라든가 '창조'라는 말을 통해 단순한 이야기와 소설의 차이를 밝히고자 했다. 주관행사나 창조행위는 입으로만 주장한다고 해서 그냥 형성되는 것은 아니다.

필자의 최근 저서 『소설의 본질』(서정시학, 2018)은 동서양에서 수천년의 역사를 거쳐 온 소설양식의 본질을 규명하는 과정에서 서양의 소설론 중심과 이론가 주도를 극복하고자 한 시도의 산물이다. 그리하여 "이단과 소외의 담론", "선비와 욕망의 존재론", "선비의 비판정신", "역사서술의 보조양식", "역사서술의 대체양식", "인간심리의 해부도", "고전의 활용", "사상과 형식의 실험실", "반항의 정신과 방법", "시적 특질의 내면화", "총체성의 인식", "이념선택과 초월", "기억과 상상력", "현상학적 시각", "진실탐구와 시련", "자기해방의 글쓰기", "부조리의 투시", "약자의 변론서", "대중성의 양면" 등과 같은 열아홉 가지 명제를 제시할 수 있었다.

"이단과 소외의 담론"이라는 명제는 "사서오경 같은 경전들은 한 사회를 움직이고 사람들을 조종하는 원칙, 법, 도덕률을 제시한다. 사(史)는 과거와 현재에 대한 사실기록을 목표로 삼는다. 제자백가서들은 경을

9 『신문예』, 1959. 10, p. 58.

10 같은 책, p. 60.

지향하면서도 시에 대해서도 관심을 가졌다. 이에 반해 소설의 원형들은 경(經)을 흔들고 경에 이의를 제기하였다. 사가들이 소설양식을 일등 자료로 평가하지 않는 것은 지금도 마찬가지다"는 판단의 산물이다.[11]

"선비의 욕망과 존재론"이라는 명제는 "김시습·김만중·허균·박지원 등은 소설 쓰기를 통해 자신의 현실인식과 이상주의적 사고를 정리하고 펼칠 수 있었고 발전시킬 수 있었다. 이들은 소설 쓰기는 흥미 있는 이야기를 만들어 내는 것을 넘어서 삶·사회·국가란 무엇인가를 가르치는 것이라고 생각했다. 20세기에 들어서 이광수, 염상섭, 유진오, 심훈, 이기영, 김남천, 채만식, 한설야 등이 소설 쓰기를 통해서 계몽을 제일로 삼는 최고의 지식인이요, 사상가가 될 수 있었다"는 판단의 산물이다.[12]

"선비의 비판정신"이라는 명제는 "선비의 후계자인 지식인의 역할의 하나는 현실비판이다. 선비들은 군주제나 봉건제도 아래서 지배자와 그들이 주도하는 정치현실을 비판하는 데 한계를 보였지만 현대사회에 올수록 지식인들은 민주주의가 확산되면서 현실비판의 기능을 당연한 것으로 여기게 되었다. 이러한 현실비판의 기능은 동서를 막론하고 소설가들에게서 쉽게 확인할 수 있었다"와 같이 설명된다.[13]

"역사서술의 보조양식"이라는 명제는 "소설은 역사서술의 한 방안이며 양식이다. 역사가들이 정치와 경제 중심, 공동체 중심, 주류 중심, 발전론 중심으로 기술하는 데 반해 소설은 개인의 역사를 생활 중심, 개인 중심, 비주류 중심, 실패론 중심으로 기술한다"와 같이 설명되었다.[14] "역사서술의 대체양식"이라는 명제는 "전 세계의 독자들은 소설을 통해 역사적 사실을 파악하고 역사의 기능인 권선징악과 감계를 경험한 바 있다. 소설을 통해 역사기술을 꾀하는 역사소설은 가장 오래된 소설유형으로 앞으로도 계속 쓰일 것이며 많이 읽힐 것이다. 많은 자료를 수집하는

---

11 조남현, 『소설의 본질』, 서정시학, 2018, p. 13.

12 같은 책, pp. 37~38.

13 같은 책, p. 57.

14 같은 책, p. 71.

노력을 보인 소설들은 역사가들에게 참고문헌을 제공하게 된다"와 같이 설명되었으며 이는 앞으로도 좀처럼 지워지지 않을 것이다.[15]

"인간심리의 해부도"라는 명제는 "심리학적 연구방법이나 정신분석학적 연구방법은 소설이나 희곡의 인물들에 대한 연구에서 획기적인 성과를 거둔 것은 틀림없지만 오늘날 소설은 정신분석학적 촉수가 닿지 못하는 인간심리를 만들어 내고 있다. 명작 한 편이 추가될 때마다 새로운 인간심리가 하나 더 추가될 수 있다는 통념은 과장된 것만은 아니다"와 같이 소설양식의 존재이유를 가장 잘 대변해 준다.[16]

"고전의 활용"이라는 명제는 "고전이란 개념은 후대가 선대를 맹목적으로 부정하고 습관적으로 극복하는 것이 무위로 돌아가기 쉬운 것임을 일깨워 준다. 과거에 원형이 존재한다는 발상에서 출발한 원형이론이 나오고, 고전에 대한 모방을 새로운 창조행위의 한 비결로 본 포스트모더니즘이 나온 이래 고전의 가치는 높아졌다"는 고전 활용의 당위성을 인식하는 데서 출발하였다.[17] 현대소설은 점점 더 소재제한론과 주제한정론에 직면하게 되는데, 그 해결책의 하나로 '과거는 미래의 교사다'는 온고이지신의 논리를 생각할 수 있다는 것이다. 새로운 소설의 창작을 표어로 내세우는 포스트모더니즘은 아이러니컬하게도 혼성모방, 상호텍스트성과 같이 과거에서 미래를 돌파해 가는 방법을 찾으려고 한다.

"사상과 형식의 실험실"이라는 명제는 "고전이나 명작은 그때그때 사상이나 형식 면에서 실험을 꾀하거나 성공시켰다는 공통점을 지니고 있다. 사상이나 형식 면에서의 실험정신은 좋은 소설의 충분조건이기보다는 필요조건에 가깝다"는 판단의 결과라고 할 수 있다.[18]

"반항의 정신과 방법"이라는 명제는 "작가들이나 소재가 된 사람들이나 현실을 부정하든가 현실을 초극하는 과정에서 그러한 현실을 벗어

---

15 같은 책, p. 89.
16 같은 책, p. 130.
17 같은 책, p. 133.
18 같은 책, p. 172.

낸 사람과 제도와 관습에 직간접적으로 반항하는 자세를 취하였다. 오늘날 소설가들 중에는 자신들이 불합리하다고 생각하는 강자, 부자, 권력자, 제도, 관념 등을 향해 '나는 반항한다. 그러므로 소설을 쓴다'고 자임하는 사람들이 훨씬 더 많다"[19]와 같이 소설양식의 휴머니즘적 성격을 잘 부각시켜 준다. "시적 특질의 내면화"라는 명제는 "시적 자질이란 무엇인가. 미문, 압축된 표현, 언어사랑, 무한한 상상력의 반영, 대상의 깊이 있는 천착 등을 지적할 수 있다. (중략) 우리 소설사에서 염상섭, 채만식, 이효석, 박태원, 황순원, 이문구, 조세희, 오정희, 김연수 등이 잘 보여준 것처럼 소설은 시의 표현방식이라든가 시의 구성방식 등을 수용할수록 성공가능성이 높은 법이다. 언어에 적극적인 관심을 가지면서 정화하고 아름다운 표현에 힘써야, 즉 시적 표현에 힘써야 사상도 깊어지는 것임을 여러 작가들이 입증해 주었다"와 같은 내용을 골자로 한다.[20]

"총체성의 인식"이란 명제는 "기본적으로 질적 개념이나 양적 개념이냐 하는 논란을 불러일으키고 있는 총체성은 totality나 wholeness의 번역어다. 이 말이 총체성 대신 완전성이라든가 완결성으로 번역되었더라면 혼란은 좀 줄어들었을 것이다. 그리고 유토피아와 같은 완전한 사회나 이상사회로 이해되었을 것이다. 총체성은 일반어로 사용되기도 하고 전문용어기도 하다. 일반어로 사용될 때는 전체성·전면성이란 뜻을 갖지만 문학이론에서는 완결성·완전성이란 질적 개념으로 쓰이곤 한다"와 같은 보충설명의 도움을 받아야 한다.[21]

"이념선택과 초월"이란 명제는 "한국현대소설은 개화파와 수구파의 대립, 계몽주의, 민족주의와 사회주의의 대립과 협조, 반일과 대일협력의 대립, 좌우세력의 충돌, 반공주의, 독재정치와 산업입국론, 민주주의 운동, 진보와 보수의 대립 등의 이데올로기적 배경에서 진행되었고 발전

---

19 같은 책, pp. 175~176.

20 같은 책, p. 197.

21 같은 책, p. 219.

되었다"는 내용을 골자로 한다.[22] 그런데 이데올로기의 문제를 정면에서 다룬 박경리, 이병주, 김원일, 조정래, 황석영, 현길언 등은 특정 이데올로기의 고수나 선전은 예술정신의 유지와 고양에 오히려 방해가 된다는 인식을 보여 주었다. 이데올로기는 소설가에게 필요조건이기보다는 충분조건에 가깝다.

"기억과 상상력"이란 명제는 "기억은 창작의도에 맞게 재구성되거나 축소되거나 증대되기도 한다. 기억은 소재를 모으는 과정일 될 수도 있고, 과거 사실을 확인하는 장치일 수도 있고, 글쓰기의 충동으로 재생될 수도 있다. 개인사적 차원의 기억은 반성, 향수, 자부심, 한 등을 수반하곤 한다. 작가는 기억을 통해 이야깃거리를 풀어 놓으면서 상상력의 도움을 받아 주제가 있는 이야기나 재미있는 이야기나 진실을 찾는 데 힘쓰는 이야기를 만들어 놓는다. 공상·환상·몽상 등과 같은 상상력의 친족개념들은 이야기의 재미를 높여 주기도 하지만 진실탐구라는 이야기의 목표를 뒷받침해 주기도 한다"와 같이 소설창작의 한 비의를 열어 보이기도 한다.[23]

"현상학적 시각"이라는 명제는 "소설은 진실의 탐구나 전달을 목표로 삼고 허구를 방법으로 삼는다. 소설에 의해 사실이 만들어지는 경우가 많다. 역사기록이나 신문기사나 자서전에 의해 1차로 확정된 사실은 소설에 의해 2차로 확정된다. 개방/은폐, 진리/허위, 삶/죽음 등의 세계를 내세우며 진실이나 진리를 제시하는 것을 가장 큰 목소리로 표방했던 것은 리얼리즘이었지만 사실이나 진실의 발견과 표출에 대한 철학은 현상학에서 찾아볼 수 있다"와 같이 허구성이라든가 리얼리즘 같은 소설의 유전인자를 보다 적극적으로 드러낸다.[24]

"진실탐구와 시련"이라는 명제는 "현대인들의 삶이 세련되고 화려하고 풍요로워 보이는 것과 진실된 삶을 살아가는 것은 별개의 문제다. 그

22 같은 책, pp. 231~232.

23 같은 책, p. 247.

24 같은 책, pp. 263~264.

런 만큼 소설의 본질의 하나를 리얼리즘의 구현에서 찾는 것은 당연한 일이다. 특정이익 때문에 현실을 회피하고, 특정이념 때문에 현실을 왜곡하고, 정치권력에 굴복하고, 대중적 취미에 영합하는 것은 리얼리즘을 지키지 못하게 하는 요인으로 작용한다. 진리, 진실, 양심 등에 대한 최소한의 열정과 소명의식이 없으면 소설의 정체성을 지키기 어렵다"고 결론 지었다.[25]

"자기해방의 글쓰기"라는 명제에서 '자기해방'은 국내외 명작들의 저변에 깔려 있는 창작동기인 분노, 원한, 증오심, 복수심, 명예욕, 죄의식, 피해망상 등이 도달하는 개념이 된다. 특히 6·25전쟁에 참전했거나 피난살이를 혹독하게 체험한 작가들은 힘들여 전쟁소설을 쓰고 난 직후에 창작동기의 중압감에서 벗어나 해방감을 느끼게 되었음을 직간접적으로 털어놓곤 했다.[26]

"부조리의 투시"라는 명제는 "부조리란 말의 출현 배경에는 인간은 죽음에의 존재라는 대명제에서 출발한 실존주의 특유의 존재론이 있기는 하지만, 소설가들은 부조리란 개념을 여러 측면에서 탐구하고, 개인과 사회의 내부에서 찾아내는 노력을 기울여 왔고 계속 기울여야 한다. 부조리란 말이 화두가 되고 아포리아가 된 이상, 적절한 해답을 찾느냐의 여부보다 해답을 찾기 위해 노력하는 과정 그 자체가 더욱 가치 있는 것인지 모른다"와 같이 소설가의 또 하나의 유전인자에 가깝다.[27]

"약자의 변론서"라는 명제는 "소설은 강자와 약자, 부자와 빈자, 지배자와 피지배자, 적과 동지, 주체와 타자 등의 갈등을 다루어 왔다. 시간이 갈수록 약자, 빈자, 피지배자 등을 프로타고니스트로 내세우는 경향을 더욱 강하게 드러낸다. 약자의 범주에 드는 인물들을 긍정적으로 표현하기 위해서 강자, 부자, 지배자 등의 부도덕·불합리·불법의 측면

25 같은 책, p. 302.

26 같은 책, p. 314.

27 같은 책, p. 326.

을 부각시키거나 비판하는 방법을 구사하기도 한다"와 같이 설명된다.[28] 1910년대에서 1960년대까지 조선인들 대다수가 피해자였고 약자였으며 낙오자였다. 자주 등장했던 농민, 노동자, 도시빈민, 대다수 지식인 등을 바로 이러한 범주로 묶을 수 있다.

"대중성의 양면"이라는 명제는 "기본적으로 모든 작가들은 자신의 작품이 많이 읽히고 논의되기를 꿈꾸는 의미에서의 대중지향성을 갖는다. 대중지향성이란 목표는 같지만 방법은 다양할 수 있다. 소설유형은 모험소설·신문소설·오락소설·범죄소설 등처럼 대중의 눈높이에 맞추려고 한 것과 성장소설·사상소설 등과 같이 대중계몽성이 강한 것으로 나눌 수 있다. 아무리 쉽게 씌어진 것이라고 해도 일단 소설집이라는 책자로 꾸며진 것은 서사성을 응용해서 만든 영화·텔레비전 드라마 등의 대중수용성을 도저히 따라잡을 수 없다. 대중계몽성과 대중지향성을 다 살려내고 조화시키면서 소설 쓰기를 해나가야 하는 것은 소설가의 과제요 숙명이다"고 결론을 내렸다.[29]

『소설의 본질』은 이상의 열아홉 가지 명제의 논거를 제시하는 과정에서 우리 현대소설 이문열의 『영웅시대』(1984)와 『시인』(1994), 조정래의 『아리랑』(1995), 이청준의 「소문의 벽」(1971), 박상우의 『비밀문장』(2016), 정찬의 『그림자 영혼』(2000)과 「죽음의 질문」(1998), 임철우의 「직선과 독가스」(1984)와 『백년여관』(2004), 양귀자의 「밤의 일기」(1985)와 『슬픔도 힘이 된다』(1985), 이청준의 『자서전들 쓰십시다』(2000)와 『씌어지지 않은 자서전』(1994), 「비화밀교」(1985), 「벌레 이야기」(1985), 『자유의 문』(1998), 이승우의 「오래된 일기」(2008)와 『생의 이면』(1992), 김원우의 「빈풍토설초」(1998), 최인훈의 『소설가 구보씨의 일일』(1976), 김연수의 「남원고사」(2005), 서정인의 「장명등」(2003), 서하진의 「인터뷰」(2008), 김용성의 『기억의 가면』(2004), 김경욱의 「위험한 독서」(2008), 조성기의 「홍소령기」(1987)와 『통도사 가는 길』(1996), 『우리는 아슬아슬하게 살아간다』(2016),

28 같은 책, p. 329.

29 같은 책, p. 366.

이병주의 『소설·알렉산드리아』(2006)와 『행복어사전』(1982), 윤후명의 『여우사냥』(1997), 염상섭의 「묘지」(1922), 박완서의 『나목, 도둑맞은 가난』(1981)과 『해산바가지』(2003), 백가흠의 『힌트는 도련님』(2011), 이인성의 『한없이 낮은 숨결』(1989), 황석영의 「객지」(1971), 조세희의 『난장이가 쏘아올린 작은 공』(1978) 등 많은 우리 현대소설을 참고하였다. 이들 작품들은 소설의 본질적 특징에 관해 직접적인 언명을 꾀한 것과 소설의 본질이 자연스럽게 감지될 수 있을 정도로 완성미를 갖춘 것으로 이분할 수 있다. 물론 드물기는 하지만 두 가지를 다 갖춘 경우도 있다.

5장 서양의 소설인식론의 추이

유럽에서 소설의 발달과정은 신화 → 서사시 → 로망스 → 소설 등과 같은 도식으로 정리되고 있다. 서사시는 호메로스의 『일리아스』, 『오디세이』에서 확인할 수 있는 것처럼 신화와 동시대의 단계에 놓이기도 한다. 신화와 서사시의 차이는 여러 각도에서 설명할 수 있겠지만, 어떤 존재를 주인공으로 설정하였느냐 하는 점이 이를 밝히는 데 가장 큰 기준이 되기도 한다. 신화의 주인공은 신 또는 신적인 존재이고, 서사시의 주인공은 영웅적 존재이며, 로망스[1]의 주인공은 대체로 귀족계급에 속했다. 이에 반해 소설의 주인공은 선남선녀(善男善女), 필부필부(匹夫匹婦), 갑남을녀(甲男乙女), 장삼이사(張三李四)라고 할 수 있을 정도로 직업·계층·신분·집단 등을 가리지 않는다. 루시앙 골드만 이후로 보편화된 '문제적 인물'이란 용어는 소설의 주인공이 일정한 직업·신분·성향 등으로 특화되지 않는다는 의미를 지닌다.

서양의 경우, 고대 서사시와 현대소설은 주인공 설정의 면에서 큰

---

1 Ernst Robert Curtius, *European Literature and the Latin Middle Ages*, translated by Willard R. Trask, Harper & Row Publishers, 1963, pp. 30~35.
"romance란 말은 중세 초기에 새로운 라틴 지방어(프로방스어라고 하는 설이 많다)에 부여한 명칭이다. 고상하면서도 난해한 라틴어에 의도적으로 대신해서 쓴 말이다. 실제로 romance란 말은 romanicus에서 파생된 것으로 추정되며, 프랑스의 romanz, 스페인의 romance, 이탈리아의 romanzo란 말도 전부 romanicus에서 퍼져 나간 것으로 해석된다. 그래서 그 후 enromancier, romancar, romanzare 같은 말은 '지방어로 책을 쓰는 행위'를 뜻하기도 하였다. 또 이렇게 해서 만들어진 책을 romant, roman, romance, romanzo로 불렀다. 이때부터 romance와 romantic이란 말은 혼용되었다. 유럽 문학사에서는 로망스의 가장 오래된 표본으로 842년에 발표되었다고 하는 *Strassburg Oaths*를 꼽는다. 로망스의 출발을 프랑스는 11세기경으로, 스페인은 12세기경으로, 이탈리아는 성 프란시스의 『태양찬가』가 나온 1220년으로 잡는다."

차이를 드러내고 있다. 이상훈은 「삶과 죽음의 노래, 영웅과 분노의 노래」라는 『일리아스』 해설에서 "10년간 이어진 트로이 전쟁 막바지 51일 동안에 일어나는 이야기를 다룬 총 15,693행의 장대하고도 위대한 서사시 『일리아스』는 전사의 공훈을 중심으로 한 '삶과 죽음의 노래'이자 '영웅의 분노의 노래'이기도 하다. 『오디세이』와 함께 유럽문학에서 가장 오래된 작품이다. 기원전 8세기 중반에 만들어진 것으로 여겨지는 데 시인 호메로스의 작품인지, 구승문학으로 성립했는지, 글로 쓰인 작품인지에 대해 여러 가지 의견이 있다"[2]고 밝혔다.

제1권 아킬레우스의 분노, 제2권 아가멤논의 꿈, 제3권 메넬라오스와 파리스의 결투, 제5권 디오메데스의 격전, 아프로디테와 아레스의 도전, 제7권 헥토르와 아이아스의 결투, 제8권 트로이를 돕는 제우스, 오디세우스와 디오메데스의 모험, 제11권 아가멤논의 용맹, 제13권 함선들을 둘러싼 격전, 제14권 제우스 유혹에 넘어가다, 제16권 파트로클로스의 죽음, 제18권 아킬레우스의 슬픔, 제19권 아가멤논과 화해하는 아킬레우스, 제20권 신들의 싸움, 제22권 헥토르의 죽음, 제24권 헥토르 시신을 돌려받으러 적진으로 등과 같이 구성되어 있는 것처럼 『일리아스』는 실존인물, 전설상의 인물, 그리스 신화 속의 제신이 동시에 등장하는 특징을 보인다.

"제20권 신들의 싸움"에는 많은 신들이 등장하는 장면이 나온다.

> 이에 구름을 모으는 제우스가 말했다.
>
> "대지를 뒤흔드는 신이여, 그대는 벌써 알고 있구려. 내가 가슴속에 품고 있는 생각을, 무엇 때문에 이렇게 여러 신을 불러 모으게 되었는가를 말이다. 아무래도 인간들이 너무 많이 죽어가는 것 같아 걱정이 되어서 그러는 것이다. 하지만 어쨌거나 나는 올림포스 봉우리에 앉아 기다리기로 하겠다. 거기서 상황을 내려다보면 마음이 편할 테니까. 그러니 다른 신들은 모두 트로이

---

2 호메로스, 『일리아스』 3판, 이상훈 역, 동서문화사, 2017, pp. 544~553.

군과 아카이아군을 찾아가서 저마다 마음 내키는 대로 어느 쪽이든 좋아하는 편을 도와주어도 상관없다. 만일 아킬레우스가 트로이인들과 싸움을 시작하게 되면, 그들은 잠시도 걸음이 빠른 펠레우스의 아들 아킬레우스를 감당하지 못할 것이다. 전에도 그의 모습만 눈에 띄면 벌벌 떨 정도였으니까. 지금 그는 친구의 죽음에 매우 노여워하고 있으므로 자칫하면 정해진 운명을 넘어 성벽까지도 파괴해 버리지나 않을까 걱정이다."

크로노스의 아들은 이렇게 말하고 그칠 새 없는 싸움을 불러일으켰다. 그래서 여러 신들도 저마다 다른 마음을 먹고 싸움터로 나아갔다. 그중에서도 헤라는 배들이 모여 있는 쪽으로 팔라스 아테나와 대지를 뒤흔드는 포세이돈, 그리고 영리한 행운의 신 헤르메스 등과 함께 떠나갔다. 이 신은 마음속이 약삭빠르기로 남에게 뒤지지 않았다. 게다가 헤파이스토스까지 불끈 용기를 내어 의기도 양양하게 따라갔는데, 절룩거리는 다리 밑으로 가느다란 정강이가 바쁘게 움직이고 있었다.

트로이 쪽으로는 번쩍이는 투구의 무신 아레스와 아직 앞머리도 자르지 않은 젊은이 아폴론, 게다가 활을 쏘는 아르테미스와 레토와 크산토스, 미소를 좋아하는 아프로디테 등이 달려갔다. 신들이 언젠가는 죽을 인간들에게서 멀리 떨어져 있는 동안에는 아카이아 쪽이 훨씬 우세했다. 아킬레우스가 오래도록 고뇌한 것도 많은 전쟁에서 손을 떼고 물러나 있다가 갑자기 나타났기 때문이다. (중략)

신들이 서로 싸우기 시작하는 바람에 그토록 무시무시한 소리가 일어났던 것이다. 포세이돈에게 포이보스 아폴론이 날개 달린 화살을 들고 맞서면, 전쟁의 신 에뉘알리오스는 빛나는 눈의 여신 아테나가 상대하고, 헤라는 황금화살을 가진 소란스러운 아르테미스, 바로 멀리 활을 쏘는 여신이 대항했다. 그리고 레토는 믿음직스러운 대단한 행운의 신 헤르메스가 맡고, 헤파이스토스에게는 깊이 소용돌이치는 큰 강이 맡아 싸웠는데, 신들은 크산

토스라 부르고 인간들은 스카만드로스라 흔히 부르는 하신이다.[3]

본래 그리스신화의 신들은 인간과 흡사한 존재로 서술되어 왔거니와 『일리아스』에서도 남녀 신들은 인간과 마찬가지로 서로 갈등하고 대립하고 있는 것으로 그려져 있다. 제우스의 허용에 따라 신들은 아카이아군과 트로이군으로 갈라졌다. 포세이돈 ↔ 아폴론, 아테나 ↔ 에뉘알리오스, 헤라 ↔ 아르테미스, 헤르메스 ↔ 레토, 헤파이스토스 ↔ 크산토스 등과 같은 대립이 간취된다. 신화라고도 할 수 있는 서사시 『일리아스』를 통해 모든 인간존재들은 자기 세력을 유지하기 위해 다른 존재들과 끊임없이 갈등하고, 대립하고 투쟁하는 것을 본능으로 삼고 있음을 확인시켜 준다. 이런 경쟁심·대립·갈등은 신화→서사시→로망스→노벨에 이르는 서사양식의 유전인자가 된다.

존 화이트(John White)는 허드(E. W. Herd)가 「신화비평 그 한계와 가능성」이란 논문에서 신화적 소설을 ① 공인된 신화를 다시 설명하는 것, ② 독자의 관심을 끌기 위해 또 주제나 상황에 의미를 부여하기 위해 신화를 문학적 비유의 수단으로 활용한 작품, ③ 신화를 작품의 구성요소로 사용한 것, ④ 소설 내부에서 작가에 의한 의식적 변화 없이 설정된 신화적 구조, ⑤ 스스로 새로운 신화를 창조하였다고 주장하는 작가가 만들어 낸 상황 등 다섯 가지 그룹으로 나눈 것을 인용하였다. 존 화이트는 유형 ①은 대부분의 비평가가 동의하고 있는 바라고 했고 유형 ②와 ③은 서로 배치되는 바가 없다고 하였고 유형 ③과 ⑤나 ④와 ⑤를 구별하기는 쉽지 않다고 하였다.[4] 그런 후에 존 화이트는 소설과 신화의 관계를 ① 고전신화의 완전한 재설명, ② 신화를 서술한 부분과 오늘날의 세계에 관심을 갖고 있는 부분을 병치시킨 것, ③ 근대세계를 다룬 것으로 작품 전체를 관통하는 신화를 만들어 낸 것을 포함한 소설, ④ 신화적 모

3 같은 책, pp. 428~430.

4 John J. White, *Mythology in the Modern Novel*, Princeton University Press, 1971, pp. 51~52.

티프가 서사의 한 부분(단순한 사건, 인물, 제한된 집단의 한 인물)을 예시한 소설[5]과 같이 네 가지로 정리하였다.

신화를 직간접적으로 활용한 국내 작가의 소설로는 김성한의 「제우스의 자살」(1955), 김동리의 『사반의 십자가』(1957), 이문열의 『사람의 아들』(1979), 조성기의 『라하트 하헤렙』(1985), 이승우의 『에리직톤의 초상』(1990) 등이 있다.

잘 알려지지 않은 에리직톤의 신화를 1980년대 우리 사회의 수직·수평운동과 연결짓고 있는 이승우의 『에리직톤의 초상』에서는 주요 인물의 한 명인 신태혁이 신화의 성격을 설명하거나 모세와 에리직톤 신화의 재해석 필요성 등을 주장하는 것을 들을 수 있다.

> 신화는 대부분의 경우 그 신화가 만들어진 시대의 인간적 상황을 유추해 볼 수 있는 하나의 희미한 지도에 불과하다. 신화는 흔히 생각하는 것처럼 객관적이고 우주적인 세계상을 제시해 보여 주는 것이 아니라. 단지 그 신화가 생겨난 특정한 시대와 특정한 세계에 있어서의 인간들의 자기이해 또는 세계이해를 보여 주는 흔적에 다름 아니라는 것이 나의 견해이다. 따라서 그 시대의 사고와 세계관과 언어로 기록된 모든 신화들은 오늘의 사고과 세계관과 언어로 재해석하지 않으면 안 된다. 이는 성서에 대해 볼트만이 주장하는 '비신화화(非神話化)'의 논리와 마찬가지이다. 신화를 벗겨야 한다. 그럼으로써만이 우리는 실체에 도달할 수 있다. 따라서 에리직톤에 대한 재해석은 곧 에리직톤에 대한 비신화화를 말한다. 에리직톤은 신들을 멸시하는 저속한 인물이었다고 신화는 기록한다. 그런데 그가 그런 악명을 뒤집어쓴 것은 무엇 때

5 Ibid., pp. 52~54.
"근대세계를 다룬 것으로 작품 전체를 관통하는 신화를 만들어 낸 것을 포함한 소설"로 제임스 조이스의 『율리시즈』, 토마스 만의 『닥터 파우스트』, 존 업다이크의 『켄타우로스』, 알랭 로브 그리에의 『고무』 등을 들었다.

문인가? 기록은 시어리어즈(Ceres)라는 여신이 매우 아끼는 숲에 들어가서 이른바 신성한 나무라 불리우는 커다란 교목에 도끼질을 한 때문이라고 되어 있다. 신성한 것에 손을 대는 것은 부정하다는 금기를 범했다는 뜻일 게다. (중략) 에리직톤의 신화와 그 틀을 같이 하는 신화를 나는 출애굽기에서 발견한다. 출애굽의 영웅 모세는, 종종 내게는 에리직톤과 겹친다. 에리직톤이 실패한 싸움에서 모세는 승리한다. 내가 이해하는 한 그들 둘 사이에는 그 차이가 있을 뿐이다. 신화가 유지되느냐, 해체되느냐, 그것만이 이 둘을 구별한다. (중략) 여기서 비로소 억압적인 잘못된 신화가 해체되면서 경이적인 새로운 신화가 싹트기 시작한다. 새로운 신화 속에서 신적인 힘은 이제 억압적인 절대권력을 더 이상 후원하지 않는다. 우리는 여기서 잘못된 권력구조를 영속적으로 보장해 주는 대신 억눌린 자들의 옹호자, 노예들의 구원자로 다시 태어나는 신적 권위를 만난다. 신화에 기댄 절대 권력은 사실상 붕괴되고 만다. 이제 안정과 질서의 신화는 자유와 해방의 삶으로 대치된다. 모세에게 와서 비로소 에리직톤은 명예를 회복한다. 모세는, 그런 점에서 에리직톤의 아들이다. 아니다. 모세는 비신화화한 에리직톤이다.[6]

이승우는 주제나 상황에 의미를 부여하기 위해 신화를 문학적 비유의 수단으로 활용한 작가로, 신화를 서술한 부분과 1980년대 한국사회에 대한 관심을 표출한 부분을 병치시키고 있다. 신들의 세계에서 소외되어 있으면서도 다른 신의 터부를 인정하려 들지 않는 가운데 새로운 세계를 모세를 통해 열어 보이려는 에리직톤의 경우를 들어 절대권력의 붕괴를 예견한다. 이 소설은 신, 폭력, 원죄, 인간의 자존심과 수치심 등의 문제를 편지, 강의, 설교, 토론 등의 형식에 담아 놓아 진지한 소설의

6 이승우, 『에리직톤의 초상』, 살림, 1990, pp. 213~216.

선본으로 나아가고자 했다.

서양소설의 발달과정은 주인공의 사회적 신분이 하락하는 과정이라고 할 수 있다. 신에서 영웅으로, 영웅에서 귀족으로, 다시 귀족에서 평민으로 신분상의 하락이 계속되어 왔던 것이다. 유럽소설이 시간이 지나면서 보다 많은 사람들과 연관된 삶의 문제를 다루려고 했던 경향은 한국에서도 일어났다. 개화기소설이 양반을 주인공으로 설정했다면 1920년대에 오면 빈민, 농민, 노동자, 소지식인 등을 주인공으로 한 소설이 주류를 이룬다. 레슬리 휘들러, 아놀드 케틀, 데비드 골드노프와 같은 서양의 소설이론가들이 노벨로서 소설의 발생 배경으로 봉건사회의 해체, 부르주아의 득세, 시민사회의 성립, 자연과학의 발흥 등을 제시한 것은 주인공의 확대현상을 암시한다. 노벨이 주류를 이루고 리얼리즘이 대세가 되었던 18세기 이후 소설의 주인공은 보통사람, 평민, 서민, 상민 등으로 일컬어지는 존재로 확대되고 다시 이들 존재들은 하층민, 낙오계층, 타자, 서브알턴(subaltern), 소수자 등으로 확대되기에 이른다.

종래에는 구비문학의 한 양식으로나 취급되어 왔던 신화가 특히 신화비평의 이론가들에 의해 기록문학의 원형을 담고 있는 서술양식으로 재평가되고 있다. 신화는 신에 대한 기록이라는 성격이 강한 희랍·로마 신화와 신의 말씀을 기록하는 데 힘쓴 구약·신약 성서로 구분된다. 노스럽 프라이(Northrop Frye)의 『비평의 해부』는 신화는 문학의 모태, 종교의 원천, 역사기술의 원초형태라는 인식으로 지탱되고 있다. 그는 신화를 문학의 자궁이라고 규정하면서 한 사회의 종교적 신념, 역사적 전통, 우주론적 사고 등을 내포하고 있는 원형으로 파악하였다.

신화의 구성원리를 유추와 동일성으로 본 프라이는 신화를 크게 두 가지로 나누었다. 상승운동의 구조를 취하는 신화는 희극·천국의 이미지, 전원시·로망스의 양식으로 재현되며 하강운동의 구조를 취하는 신화는 비극·불합리·고통·아이러니·풍자 등의 양식으로 재현된다. 상승운동은 희극적 운동으로, 협박적인 착종상태에서 해피엔딩과 모든 사람이 행복하게 살 수 있는 천국으로 가는 것을 말하며, 하강운동은 비극적 운동으로, 순결의 상태에서 파국으로 치닫는 것을 말한다. 노스럽 프라이는 신화가 분만한, 그러면서 오늘날까지 가장 중요한 문학양식으로 취급되어 온 것으로 '낭만적 양식', '비극적 양식', '희극적 양식', '아이러니 또는 풍자적 양식'의 네 가지를 들었다. 이 네 가지 양식은 다시 사계절의 순환논리에 대입되어 희극은 봄의 양식, 로망스는 여름의 양식, 비극은 가을의 양식, 아이러니와 풍자는 겨울의 양식으로 정리된다.[7]

로망스의 모태는 신화임을 자연스럽게 확인할 수 있게 되었다. 프라이의 설명에 의하면, 로망스는 상승운동의 신화를 모체로 삼고 있는 것으로 '여름'의 양식이며 동시에 '순결의 추론'에 근거를 둔 서사구조다. 프라이가 신화비평론의 관점에서 설명한 로망스는 다음과 같이 정리될 수 있다.

> ① 로망스는 모든 문학양식 중에서 욕망충족의 꿈(the wish-fulfillment dream)에 가장 가까운 양식이다. 그래서 사회적으로 기묘하게도 모순적인 역할을 보인다. 모든 시대에서 지배적인 사회계급이나 지식계급은 그들의 이상을 일종의 로망스의 형태로 투사하려는 경향을 보인다. 반면에 로망스는 미덕을 갖춘 남주인공과 미모의 여주인공이 그들의 이상과 악인이 그들 남녀의 우세를 위협하는 것을 그려낸다. 이것은 중세 때의 기사담(chivalric romance), 르네상스 때의 귀족소설(aristocratic romance), 18세기 이후의 부르주아소설(bourgeois romance), 그리고 근대 러시아의 혁명소설(revolutionary romance) 이 공유하고 있는 특징이기도 하다(p. 186).
>
> ② 로망스의 완결된 형태는 분명 성공적인 탐색과정을 나타내는 것으로, 이런 완결된 형태는 세 가지 주요 단계를 거친다. 위험으로 가득찬 여행과 예비적인 작은 모험들이 나타나는 단계, 주인공이나 적이 죽든가 아니면 쌍방이 다 죽는 전투 장면이 제시되는 결정적인 투쟁의 단계 그리고 주인공이 승리감을

7 Northrop Frye, *Anatomy of Criticism*, Princeton University Press, 1971, p. 162.

만끽하는 단계가 있다. 우리는 이런 세 가지 단계를 그리스어로 갈등(agon), 치열한 투쟁(pathos), 발견(anagnorisis)으로 부를 수 있다(p. 187).

③ 로망스에서의 영웅은 신화적인 메시아나 천상에서 내려온 전달자에 비유된다. 그리고 그 적은 지하세계의 악마의 힘으로 유추된다. 그런데 이 두 존재 사이의 싸움은 인간들이 살고 있는 바로 이 세상에서 전개된다. 이 세상은 중간에 위치하면서 자연순환의 운동을 하는 것으로 설명된다. 그러므로 자연순환의 반대축은 주인공과 그 적의 대립으로 비유된다. 적은 겨울, 어둠, 혼란, 불모, 소멸, 노년의 이미지 등을 떠올리게 하며 주인공은 봄, 새벽, 질서, 풍요, 활기, 젊음 등을 연상케 한다(pp. 187~188).

④ 우리가 다루고 있는 희극·로망스·비극·아이러니와 같은 네 가지 양식은 중심적인 통합신화의 네 가지 양상으로 보일 수 있다. 갈등(conflict, agon)은 로망스 즉 신비로운 모험의 과정인 로망스의 원형적인 주제의 근거가 된다. 파국(catastrophe, pathos)은 승리할 때나 패배할 때나 비극의 원형적 주제가 된다, (중략) 혼란과 무정부 상태가 세계를 지배한다는 인식은 아이러니와 풍자의 원형적 주제가 된다. 발견(recognition, anagnorisis) 혹은 신비로운 주인공과 신분을 에워싼 승리 속에서 떠오르는 새로운 사회에 대한 인식은 희극의 원형적 주제가 된다(p. 192).[8]

로망스는 시대와 공간을 초월해서 반복해서 나타난다. 이러한 주장은 리얼리즘소설과 반대되는 자리에 서 있는 소설들을 통해 입증된다. '로망스적인 것의 반복 출현설'은 포스트모더니즘 시대에서도 지속되고

8 Ibid., pp. 186~192.

있다. 오늘날 소설작품들 가운데는 대중소설, 영화소설, 중간소설, 모험소설, 공상소설, SF 등에서 볼 수 있는 것처럼 로망스적인 요소로 가득 찬 것들이 실제로 적지 않기 때문이다. 대다수 작가들의 우려에도 불구하고 로망스적인 것이 오히려 소설의 유전인자로 인식될 수 있다.

로망스와 노벨의 차이점을 밝히는 작업은 서구소설사를 이해하는 과정뿐 아니라 고전소설과 개화기 이후 근대소설의 차이를 밝히는 데도 하나의 기준을 제공한다. 노벨이란 어떤 개념인가?

> 프랑스에서는 낭만적 로망(romantic roman)과 사실주의적인 누벨(realistic nouvelle)을 구분하려는 시도들이 있었지만(장 르노 드 세그레, 1656) 결국 실패하고 말았다. 프랑스와 독일에서는 로망이라는 단어는 우리가 노벨이나 로망스로 범주화하는 모든 긴 서사양식을 가리키는 이름으로 남아 있다. 그렇기 때문에 앵글로-아메리칸 비평가들은 유럽대륙 비평가들이 단일체로 보는 것과 달리 두 가지의 상이한 서사유형으로 설명하고자 한다. (중략) 최근 학자들이 잘 보여 주었던 것처럼 17~18세기 작가들 대부분은 자신들이 노벨이나 로망스를 쓰고 있음을 명시적으로든 암시적으로든 부정했다. 자신들을 가볍고, 공상적이고, 불확실하고 때로는 부도덕한 앞 시대의 작품들과 분리하기 위해 그들은 자신들의 작품들에 "역사(histories)", "전기(lives)", "회고록(memoirs)" 등의 이름을 붙였다.[9]

월러스 마틴에 의해 유럽대륙의 이론가들과 앵글로아메리칸 이론가들 사이에서 로망·노벨·로망스 등이 혼용되고 있음을 확인되고 있다. 이런 현상은 노벨은 장편소설을 가리킨다는 일부 한국 이론가들의 통념과는 거리가 있다.

---

9 Wallace Martin, *Recent Theories of Narrative*, Cornell University Press, 1986, p. 43.

한형곤의 「보카치오의 생애와 작품에 대하여」에 의하면 『데카메론』은 1349년에 착수하여 1353년에 끝낸 것으로, 열흘 동안 전개되는 이야기 모임에서 나온 백 가지 이야기와 열 편의 발라드로 구성되어 있다. 『데카메론』을 읽으면 보카치오(Giovanni Boccaccio)의 무한한 상상력에 놀라겠지만 모든 이야기가 보카치오의 창작물이라고 하기는 어렵다. 전설처럼 떠돌아다니는 이야기들과 13세기 이탈리아 중부 지방에 떠돌던 이야기들, 심지어는 작가 자신이 이전에 썼던 소설 등에서 유래한 것이 많다.[10]

정숙하고 기품 있는 18세~28세 사이 귀족의 딸 일곱 명과 25세 미만의 젊은 남자 세 명이 성당에서 합류하여 화자가 되어 차례로 들려주는 『데카메론』의 모든 이야기들은 '줄거리 + 앞의 이야기에 대한 반응 + 화자의 소개 + 이야기'와 같은 구조로 짜여 있다. 둘째 날에는 "여러 가지 일로 괴로움을 겪는 사람들이 뜻밖에 행복을 얻는다는 이야기들"을,[11] 셋째 날에는 "무척 바라던 것을 손에 넣은 사람들과 한 번 잃었던 것을 다시 찾은 사람들의 이야기들"을,[12] 넷째 날에는 "각자 사랑이 불행하게 끝난다는 이야기들"을,[13] 다섯째 날에는 "몇 가지 잔혹하고 불행한 사건이 일어난 뒤 연인들에게 행복이 찾아온다는 이야기들"을,[14] 여섯째 날에는 "궁지에 몰린 사람들이 절묘한 경구로 반박하고, 임기응변의 대답과 뛰어난 통찰력으로 피해와 위험을 벗어난다는 이야기들"을,[15] 일곱째 날에는 "여자들이 사랑을 구하기 위해 또는 자기 한 몸을 구하기 위해서 남편을 속인다는 이야기들"을,[16] 여덟째 날에는 "여자가 남자를, 남자가 여자를 속이거나 남자끼리 속인다는 이야기들"을,[17] 열째 날에는

---

10 조반니 보카치오, 『데카메론』, 한형곤 역, 동서문화사, 2014, pp. 814~815.

11 같은 책, p. 79.

12 같은 책, p. 195.

13 같은 책, p. 290.

14 같은 책, p. 369.

15 같은 책, p. 445.

16 같은 책, p. 486.

17 같은 책, p. 555.

"사랑과 그 밖의 사건에서 상상 밖의 아량을 베풀었다든가 너그러운 행위를 한 이야기들"을 들을 수 있다.[18]

첫째 날에는 사기꾼 공증인이 거짓고해로 수도사를 속이고 죽어서도 성인으로 추앙받는다는 이야기, 한 후작부인이 자기 미모에 반한 호색한 프랑스 왕의 성적 요구를 물리친다는 이야기, 재물욕심에 빠진 수도사를 풍자하는 이야기, 탐욕스러운 귀족을 정직한 궁정인이 깨닫게 해준다는 이야기 등을 들을 수 있다. 둘째 날에는 음탕한 과부가 노상강도에게 다 털린 상인을 구조해 주고 욕정도 채운다는 이야기, 어느 젊은이가 나중에 영국의 왕녀로 밝혀지는 여성 수도원장의 배우자가 되고 그의 큰아버지들도 작위를 받는다는 이야기 등을 들을 수 있다. 셋째 날에는 어느 젊은 남자가 수도원에서 여러 수녀들의 욕정을 채워 주고 관리인으로 있다가 늙어서 귀향한다는 이야기, 수도사가 신자의 아내와 간통한다는 이야기, 음욕을 이기지 못하는 수도원장을 그린 이야기 등을 들을 수 있고 넷째 날에는 사랑하는 남녀가 동반자살한다는 이야기, 기사의 아내가 남편에게 죽임을 당한 정부와 운명을 같이한다는 이야기 등을 들을 수 있다. 다섯째 날에는 명문가의 규수가 총명한 평민출신의 남자가 왕의 승정을 도와 귀족이 되면서 결혼한다는 이야기, 귀족 자손이 평민출신의 여자와 사랑에 성공한다는 이야기, 귀족의 딸로 왕에게 바쳐진 신분이었으나 마을청년을 사랑하여 시련을 겪은 끝에 왕의 허혼을 받는다는 이야기, 귀족집안의 관리인 청년이 주인집 딸을 사랑하여 임신시킨 것 때문에 사형 당하기 직전 15년 전 헤어진 귀족의 아들임이 밝혀져 석방된다는 이야기 등을 들을 수 있다. 일곱째 날에는 탈선한 유부녀가 남편을 재치 있게 속인다는 여러 편의 이야기들을 들을 수 있다. 여덟째 날에는 신부가 귀족 미망인을 연모하다가 미망인의 하녀와 동침하는 현장을 주교에게 들킨다는 이야기, 온순한 학자가 연모하던 미망인으로부터 망신을 당하자 복수극을 펼친다는 이야기 등을 들을 수 있다. 아홉째 날

18 같은 책, p. 703.

에는 수녀·원장·신부 등의 음행을 고발한 이야기들을 들을 수 있고, 열째 날에는 농부의 딸로 모멸감을 참아 내며 마침내 후작의 부인이 된다는 이야기 등을 들을 수 있다.

보카치오의 『데카메론』을 노벨라의 본보기로 여기고 있으면서 노벨라를 쇼트스토리라고 한 릴로이 가르시아(Reloy Garcia)는 쇼트스토리에 대해 "플롯은 에피소드(episodic)요, 시간은 연대기적(chronological)이다"와 같이 설명하였다.[19]

"우리를 즐겁게 해주는 스토리와 테마의 유형으로 성서의 이야기(the Biblical tale), 연대기(the chronicle), 로망스(the romance), 우화(the parable), 교훈담(the exemplum), 도덕적으로 결함이 있는 지저분한 이야기(the dirty story with a moral pit), 무예를 닦는 기사의 모험담(the knight-errant's adventure) 등이 있다"는 식으로 로망스의 유사개념을 제시하였다.[20]

쇼트스토리의 주요 형태로 소묘(the sketch), 공포소설(the horror story), 잘 짜여진 소설(the well-made story), 우화소설(the allegorical tale), 탐정소설(the detective story) 등을 예시한 것 중 단편소설의 통념에 맞는 것은 "소묘"와 "잘 짜여진 소설" 정도다.[21]

"제3장 노벨라 또는 쇼트스토리"에서는 노벨라 자체도 모호한 개념으로 노벨라와 쇼트스토리를 구분하는 것도 쉽지 않다고 한 후, 노벨라는 보통 3만 단어를 기준으로 하나 만 5천 단어에서 4만 단어까지로 설정해야 한다는 의견도 있다고 하면서 이태리어 노벨라(novella)는 스토리,

---

19 Reloy Garcia and Liyod Hubenka, *The Narrative Sensibility*, David McKay Company, 1976, p. 2.
이 책은 제1장 "소설의 뿌리(the roots of fiction)"(pp. 3~53)에서 「구약성서」, 테오프라스투스의 성격 묘사, 「신약성서」, 「천일야화」, 보카치오의 「데카메론」, 제프리 초서의 「켄터베리 이야기」, 미구엘 드 세르반테스의 「돈키호테」, 존 버니언의 「천로역정」, 조너선 스위프트의 「걸리버 여행기」 등과 같은 기록이나 작품을 제시했다.

20 Ibid., p. 3.

21 Ibid., p. 56.

쇼트스토리, 이야기(tale) 등의 뜻을 갖는다고 하였다.[22]

우리 식으로 계산하면 『데카메론』이 둘째 날, 셋째 날, 넷째 날, 다섯째 날, 여덟째 날, 열째 날에 들려준 이야기는 평균적으로 200자 원고지 40~50장으로 되어 있고, 첫째 날, 여섯째 날, 일곱째 날, 아홉째 날에 들려준 이야기는 평균적으로 20~30장 정도로 되어 있다. 첫째 날 아홉 번째 이야기는 5장 정도로, 세 번째 이야기와 여섯 번째 이야기는 15장 정도로 되어 있다. 여섯째 날 첫 번째, 세 번째, 다섯 번째, 여덟 번째 이야기는 10장 정도로 추정된다. 둘째 날의 일곱 번 째 이야기는 110장 정도의 분량을 보인 것으로, 여덟째 날의 일곱 번째 이야기는 125장 정도의 분량을 보인 것으로 계산된다. 한마디로 노벨라는 콩트 정도의 길이로 되어 있다.

릴로이 가르시아는 쇼트스토리와 노벨라를 다음과 같이 여러 각도에서 비교하였다.

> 쇼트스토리는 직접성(directness)과 간결성(brevity)으로부터 개성을 획득해서 효과의 단일함을 노린다. 쇼트스토리는 초점(focus)과 폭로(revelation)의 예술이다. 왜냐하면 쇼트스토리는 제한된 시공간 안에서 최소의 인물들과 사건들로 줄여야 한다. 쇼트스토리에서 주제는 인물이나 문맥(context)보다 중요하게 생각된다. 반면에 노벨은 도덕적 진화의 예술이다. 사회적·심리적 인간관계를 보다 복합적으로 다룬다. 노벨의 작가들은 세대 전체를 다루기도 하고, 한 개인의 성장과정을 그리기도 하고, 한 사회의 모든 풍습을 자세히 다루기도 한다. 노벨과 영화나 서사시와의 관계는 쇼트스토리와 스냅사진이나 서정시와의 관계와 같다. 노벨라는 쇼트스토리와 노벨의 중간으로 직접성(directness), 명료함(clarity), 제한된 범위(limited scope)로 가기도 하고 보다 큰 범위나 복잡성으로 가기도 한다. 노벨라는 쇼트스토리보다는 훨씬 더 강한 심

---

22 Ibid., p. 269.

리적 발전과 문맥상의 발전을 보이지만 노벨보다는 덜하다.[23]

릴로이 가르시아의 비교를 종합해 보면 노벨은 장편소설, 노벨라는 중편소설, 쇼트스토리는 단편소설로 바꿀 수 있다. 한국문단에서 장편소설, 중편소설, 단편소설이 정도의 차이는 있지만 기본적으로 공존관계를 이루기 시작한 것은 1970년대부터였다.

스잔느 퍼그손(Suzanne C. Ferguson)은 「쇼트스토리의 정의: 인상주의와 형식」이란 글에서 쇼트스토리에 대해 "통일체(unity)(Poe, Brander Matthews 등), 플롯 압축의 기법(A. L. Bader, Norman Friedman, L. A. G. Strong), 인물의 변화나 폭로(Theodore Stroud), 주제(Frank O' Connor), 톤(Gordimer), 서정주의(Moravia)" 등의 특징을 들었고 근대 노벨과 근대 쇼트스토리 사이에 공통되는 형식적 특징으로 ① 시점의 한계와 전경화(limitation and foregrounding of point of view), ② 내적 체험의 표현과 지각에 대한 강조(emphasis on presentation of sensation and inner experience), ③ 전통적 플롯의 여러 가지 요소들의 삭제와 변형(the deletion or transformation of several elements of the traditional plot), ④ 사건과 존재에 대한 표현과정에서 은유나 환유에의 의존도 증가(increasing reliance on metaphor and metonymy in the presentation of events and existents), ⑤ 연대기적 시간질서의 부정(rejection of chronological time ordering), ⑥ 형식과 문체의 절제(formal and stylistic economy), ⑦ 문체의 전경화(the foregrounding of style)를 열거하면서 이러한 일곱 가지 특징은 인상주의와 연결된다고 하였다.[24] 릴로이 가르시아가 노벨과 쇼트스토리의 차이점을 규명한 데 반해 스잔느 퍼그손은 형식적 특징을 제시하는 데 힘썼다. 이때의 형식적 특징이란 소설을 만드는 데 필요한 서술방법을 가리키는 것으로, 시점이나 내적 체험, 플롯, 은유와 환유, 시간적 배경의 주관적 설정, 문체

23 Ibid., p. 270.

24 Michael J. Hoffman and Patrick D. Murphy, *Essentials of the Theory of Fiction*, Duke University Press, 1988, pp. 458~459.

의 중요성 등과 같은 것을 말한다.

패트릭 브래디(Patrick Brady)는 노벨의 기원을 17세기까지 끌어내릴 수 있다고 주장하였다.

> 노벨은 실제의 삶과 풍속과 동시대를 그리는 것이며 로망스는 일어나지 않았거나 일어났을 법한 것을 고상하고 숭고한(lofty and elevated) 언어로 그린 것이다. 1643년에 노벨에 대해 "적지 않은 길이의 허구 산문서사로 실제 인생을 대변하는 인물과 사건을 다소간 복잡한 플롯으로 그려 낸 것(A fictitious prose narrative of considerable length, in which characters and actions representative of real life are portrayed in a plot more or less complexity)"이라는 정의를 발견할 수 있다. 픽션의 세 가지 양식인 서사시·로망스·노벨은 각각 고대·중세·근대의 특징을 드러내는 질서 속에서 광범위하게 계승되어 온 것처럼 보인다. 서사시가 고대 희랍의 가장 고상한 장르인 것에 반해 노벨은 오늘날 지배적인 장르가 되었다. 노벨의 기원에 대한 논쟁이 계속되고 있는 동안, 스페인의 *Don Quijote*(1604~1614), 프랑스의 *La Princesse de Clève*(1678), 영국의 *Moll Flanders*(1722), 독일의 *Die Abenteuer des D. Sylvio von Rosalba*(1764) 등의 출현을 놓고 그 기원을 가정하게 될 것이다.[25]

세르반테스의 『돈키호테』를 노벨의 기원으로 잡는 것이 일반론으로 되어 있기는 하나, 유럽 여러 나라는 수십 년의 시차를 두면서 노벨의 기원으로 자국의 작품들도 제시하고 있다. 근대 이후의 소설은 허구성을 적극적으로 인식한 데서 비롯된 것임을, 또 결국 허구의 개념은 시간의 문제를 떠나서는 생각할 수 없음을 힘주어 말한 바 있는 멘디로우(A. A. Mendilow)는 로망스의 주요 형태를 기사의 모험담(knightly adventure), 전

25 Patrick Brady, *Structuralist Perspectives in Criticism of Fiction*, Peter Lang Publishers Ltd, 1978, p. 77.

원적인 몽상의 세계(pastoral dreamworld), 영웅소설(heroic fiction)로 정리했다.[26]

우리 고전문학에서는 허구적 성격이 강한 『소대성전』, 『홍길동전』, 『임진록』 등과 비교적 사실담에 가까운 『임경업전』, 『홍경래전』 등의 영웅소설을 통해 로망스의 성격을 잘 파악할 수 있다. 근대사회로 접어들면서 '영웅'의 개념과 '영웅소설'의 개념도 달라지기 시작했다. 조선조에서 영웅소설이 군담소설에서 많이 나타났던 것처럼 영웅은 주로 무신으로 출현하는 것이긴 하지만, 현대세계에서 영웅은 위대한 정치가, 기업가, 전승한 장군, 뛰어난 예술가, 초인적인 기록을 남긴 스포츠맨 등으로 나타났다. 이러한 영웅적 존재들은 일반인들이 해내기에는 벅찬 초인적인 성취를 남기는 공통점을 보여 준다. 이 과정에서 영웅이 보여 준 세계는 현실과 비현실을 오가는 세계로 묘사된다.

로망스와 소설의 차이를 명확하게 밝힌 논문 중의 하나로 모리악 쉬로더(Mauriac Z. Schroder)의 「소설장르론(The novel as a genre)」을 들 수 있다. 쉬로더는 로망스는 '인프레이션의 양식'이며 노벨은 '데프레이션의 양식'이라고 날카롭게 비교했다. 그는 로망스에 나오는 청년들은 전부 영웅이고 경쟁자는 모두 악마로 묘사되며, 영웅의 연인인 처녀들은 모두 자연의 걸작으로 묘사되고 있다는 근거에서 로망스를 인프레이션의 양식으로 비유하였다. 말하자면 낭비·과잉·허풍 등의 분위기를 보여 주었다는 것이다. 이에 반해 노벨은 구성의 면에서 긴밀성을, 감성·사고의 면에서 질제를 줄기로 삼기 때문에 데프레이션의 양식으로 파악했다.[27]

쉬로더는 로망스가 승리로 끝나는 모험(triumphant adventure)과 영웅적인 주인공(heoric protagonist)의 이야기로 꾸며지는 데 반해, 소설은 성장(formation)이나 교육(education)의 구조를 중시한다고 비교하였다.[28] 또

---

26 A. A. Mendilow, *Time and the Novel*, Humanities Press, 1965, p. 13.

27 Mauriac Z. Schroder, "The novel as a genre", *The Theory of the Novel*, edited by Philip Stevick, The Free Press, 1967, p. 22.

28 Ibid., p. 16.

그는 소설(노벨)은 아이러니칼한 허구형태를 본질로 삼는 것으로, 아이러니의 형질이 없는 로망스와 철학적인 이야기의 중간 지대에 놓인다고 하였다. 실제로 쉬로더는 소설의 여러 유형 중에서 교양소설(Bildungsroman)을 가장 주목하였다.[29] 교양소설은 교육소설(Erziehungsroman), 발전소설(Entwickelungsroman), 성장소설(novel of formation) 등과 유사한 것으로, 한 개인의 정신적 성장과정을 그리는 데 초점을 맞춘 소설유형이다. 독일문학권에서는 교양소설, 발전소설 등을 애용하고 있는 데 반해 영미문학권에서는 성장소설이라는 용어를 애용하고 있다. 교양소설이나 발전소설이 인식이나 사상의 발전을 가리키는 것에 비해 성장소설은 육체의 성장이나 나이에 따른 정신의 성장을 가리키는 쪽으로 기울어져 있는 차이를 보인다. '성장'이란 개념이 교양·발전·교육보다 포괄적이고 일반적이라고 할 수 있는 만큼 성장소설의 해당작이 교양소설이나 발전소설의 해당작보다 훨씬 많을 것으로 볼 수 있다.

로망스는 현실도피의 문학양식으로 생각되어 왔다. 역사적·사회적 상황이나 시대적인 문제들을 관심대상으로 삼지 않았다는 점에서 노벨과 분명하게 대조된다. 그러나 로망스가 현실·시대·역사를 뛰어넘는 모습을 보인다고 하여 로망스를 사람들에게 무익한 양식이라고 생각해서는 안 된다. 로망스는 역사의 변화라든가 시대의 변천으로부터 영향을 받지 않는 세계를 다루고 있긴 하지만, 이러한 세계는 시대와 공간을 초월해서 존재하는 '인간정신의 영원한 성향(eternal tendency of the human mind)'[30]을 반영하는 것으로 해석할 수 있다. 이러한 성향을 노스럽 프라이류의 신화비평에서는 '원형'으로 부르고, 칼 구스타브 융류의 분석심리학에서는 '심리유형'으로 부른다. 반영론이나 리얼리즘과는 등지고 있는 로망스에서 성격유형을 찾아낼 수 있다는 쉬로더의 태도는 "소설은 알려진 세계의 묘사와 해석에 한층 몰두하고, 로망스는 그 세계의 숨은 꿈을 분명히 하는 데 전념한다. 로망스는 항상 소망의 실현에 관심이 있는데,

29 Ibid., p. 20.

30 Ibid., p. 16.

그것은 여러 가지 형식을 취하게 된다. 영웅적인 것, 전원생활, 이국 취미, 신비, 꿈, 어린 시절, 정열적인 완전한 사랑이 바로 그것들이다"[31]와 같이 명쾌한 결론에 닿은 길리언 비어와 동일한 주장으로 묶을 수 있다. 모리악 쉬로더와 길리언 비어는 로망스는 노벨이 나타나기 이전의 미성숙한 소설양식이라는 점에 동의한 것이며 노스럽 프라이와 칼 구스타브 융은 로망스를 단순한 노벨 이전의 양식으로 해석하기보다는 인간의 무의식세계가 침강된 양식으로 파악하고 있다.

이상에 제시된 로망스의 여러 특질들은 바로 낭만주의의 특질에 해당되는 것들이기도 하다.[32] 비어는 프라이가 생각해 낸 로망스 반복출현설을 부정하지는 않았으나, 로망스는 한 시대에 유행할 뿐 다음 대에 가서 계속 읽힌다는 보장은 거의 없다고 주장한 것이나 마찬가지다.

모방정신의 유무로 로망스와 노벨의 차이를 규명하려 한 아우어바흐(Erich Auerbach)는 남녀사랑이라든가 전쟁소설(fabula milesiaca)로 압축되는 로망스는 마법(magic), 모험(adventure), 신화(mythology)로 가득 채워지고, 에로틱한 장면들이 지나치게 많기 때문에 리얼리즘 정신과 배치되는 것이라고 하였다.[33] 아우어바흐는 일상생활 반영(imitation of everyday life)의 여부로 로망스와 노벨의 경계선을 삼았다.

> 평범하게 사실적인 모든 것, 일상생활에 속한 모든 것은 희극적 양식 이외의 어떤 수준에서도 취급될 수 없었는데 희극적 양식은 문제적인 것을 탐구하는 것을 허용하지 못했다. 이런 결과로 리

31 질리안 비어, 『로망스』, 문우상 역, 서울대학교출판부, 1982, p. 16.

32 Arnold Hauser, *Sozialgeschichte der Kunst und Literatur*, Verlag C. H. Beck, 1969, p. 684.
아놀드 하우저는 낭만적인 것의 특질을 ① 유토피아와 동화적인 세계에로의 도피, ② 무의식과 상상적인 것, 신비로운 것에로의 도피, ③ 어린 시절의 추억과 자연에로의 도피, ④ 꿈과 광기의 추구 등으로 제시했다.

33 Erich Auerbach, *Mimesis*, translated by Willard R.Trask, Princeton University Press, 1974, p. 30.

> 얼리즘의 영역은 좁아지게 되었다. 만일 우리가 리얼리즘이란 단어를 보다 엄격하게 사용한다면 다음과 같은 결론을 내릴 수밖에 없다. 일상적인 직업과 사회계급(상인, 기술자, 농민, 노비), 일상적인 현장과 장소(집, 가게, 경작지, 창고), 일상적인 관습과 제도(결혼, 자녀, 직업, 생계). 즉 한마디로 일반인들과 그들의 생활을 문학적으로 진지하게 다룰 수는 없었다고 결론내릴 수 밖에 없다. 이런 점에 연결지어 보면 고대의 리얼리스트들은 그들이 표현한 사실들과 조건들의 저변에 있는 사회적 동력을 명료하게 밝혀내지 않았다는 점을 확인하게 된다. 이런 일은 심각하고 문제적인 것의 영역에서만 이루어질 수 있다.[34]

일상생활을 정시하지 못한 나머지 로망스는 역사의식의 결여를 빚어내었다는 아우어바흐의 추상적 견해는 로망스의 주인공은 대체로 법·출세·생계 등의 문제엔 신경 쓰지 않고 감기나 복통 따위를 앓는 일도 거의 없다는 머조리 블턴의 구체적인 지적과 궤를 같이한다.[35]

오늘날 로망스는 연애소설, 모험소설, 탐정소설, 역사소설, 무협소설, 공상과학소설 등과 같은 구체적인 소설유형을 통해 재생되고 있다. 이러한 소설유형들은 역사·사회적 현실에 지친 사람들에게 위안을 주기도 하지만 드물게 현실해석의 수준을 보여 주기도 한다.

게오르그 루카치(Georg Lukács, 1885~1971)의 『소설의 이론(Die Theorie des Romans)』(Luchterhand, 1971)[36]은 서사시와 소설을 비교함으로

---

34 Ibid, p. 31.

35 Marjorie Boulton, *Anatomy of Prose*, Routledge & Kegan Paul Ltd, 1968, p. 115.

36 루카치는 1962년판 서문에서 이 책은 1920년에 카시러 출판사에서 단행본 형식으로 첫 출간한 것이라고 밝혔다. 이 책은 1부 "전체 문화의 완결성이나 문제성과의 관계 속에서의 대서사시의 형식"과 2부 "소설형식의 유형론에 대한 시론"으로 구성되었다. 1부는 1. 완결된 문화, 2. 형식에 내재된 역사철학적 문제, 3. 서사시와 소설, 4. 소설의 내적 형식, 5. 소설의 역사철학적 조건과 의미로 구성되었고 2부는 1. 추상적 이상주의, 2. 환멸의 낭만주의, 3. 종합의 모색으로서의 『빌헬름 마이스터의 수업시대』, 4. 톨스토이의 삶의 사회적 형식들의 극복으로 구성되

써 소설을 새롭게 설명하는 발판을 마련할 수 있었다. 이 책에 담겨 있는 서사시 재해석론, 서사시와 소설 대비론, 소설 재해석론 등은 다음과 같이 요약된다.

① 삶의 개념과 삶의 총체성이 필연적으로 공존하는 것은 아니다. 삶은 각 개인을 넘어선 속박으로부터 스스로 벗어나려는 개인의 삶의 방식의 상대적 독립심과 그러한 속박의 상대적 불가피성과 불가결성을 동시에 함유한다. 그 때문에 삶의 총체성을 대상으로 삼지 않고, 스스로 생활을 꾸려 나갈 수 있는 현존재의 한 부분을 대상으로 하는 서사문학적 형식이 나타날 수 있다. 그러나 또 그 때문에 서사문학의 총체성 개념은 드라마에서처럼 가임적인 형식들로부터 태어난 것도 아니고 초월적인 것도 아니다. 오히려 초월성과 내재성이 스스로 하나로 용해되어 버리는 경험적이고 형이상학적인 것이 된다(p. 40).

② 총체성은 객체의 내용인 것으로만 진실한 증거로 밝혀질 수 있다. 총체성은 초주관적이고 초월적이며 하나의 묵시이자 하나의 은혜이다. 서사시의 주체는 경험적으로 살아가는 인간이다(p. 41).

③ 서사시가 그 자체로 빈틈없는 삶의 총체성을 표상해 낸 것이라면, 소설은 은폐된 삶의 총체성을 드러내려고 하고 구축하려 한다(p. 51).

④ 소설의 주인공은 찾고 있는 존재다. 찾는다는 것의 간난한 사실은 목표도 과정도 직접적으로는 주어질 수 없다는 점을 암시한다(p. 51).

⑤ 이런 의미에서 서사시와 비극은 범법도 모르고 광기도 모른

었다. 루카치는 1차 세계대전 당시의 독일을 향한 반전사상이 집필동기가 되었음을, 또 헤겔·키에르케고르·딜타이·게오르그 짐멜·막스 베버 등의 저술로부터 영향을 받았음을 밝히고 있다.

다고 할 수 있다. (중략) 왜냐하면 범법과 광기는 초월적인 고향상실의 즉물이다. 사회적 연관의 인간적 질서 속에서 하나의 행위가 겪는 고향상실에 대한 즉물이며 초개인적인 가치체계의 존재당위적인 질서 속에서 한 영혼이 겪는 고향상실성에 대한 즉물이다(p. 52).

⑥ 서사시가 규범적인 어린애의 순진성 같은 형식이라면 그와 대조적으로 소설은 성숙한 어른과 같은 형식이다. (중략) 소설은 성숙한 어른의 형식이다. 이 말은 소설세계의 완결은 객관적으로는 무엇인가 불완전하게 보이지만, 주관적으로 보면 체념을 경험했다는 것을 뜻한다(p. 61).

⑦ 소설은 다른 장르에 내포된 완성된 형식 속에서 중단된 존재와는 대조적으로 무엇인가 만들어지고 있는 것으로 보이기도 하고, 하나의 과정으로 보이기도 한다. 그렇기 때문에 소설은 예술적으로 가장 모험적일 수밖에 없는 형식이며, 문제성과 문제적 존재를 같은 것으로 보기 때문에 많은 사람들로부터 반쪽예술(Halbkunst)로 취급되기도 한다(p. 62).

⑧ 문제적 개인이 자기자신을 찾아가는 방랑의 과정이 소설의 내적 형식으로 파악된 바로 그 과정이다. 문제적 개인이 걷는 길은 단순히 현존하고 있고, 자기내부에서 이질감을 느끼고, 개인에게는 무의미한 현실 속에서 명료한 자기인식에로 찾아가는 과정이다(p. 70).

⑨ 소설은 신이 떠나가 버린 세계의 서사시다. 소설 주인공들의 심리는 악마와 같다(p. 77).

⑩ 소설의 근본성격은 성인적인 것에서 찾을 수 있고, 소설의 소재의 특징적 구조는 분리의 방식, 즉 내면성과 모험의 괴리에 있다(p. 77).

⑪ 소설은 내면성의 고유가치를 찾아내려는 모험의 형식이다. 소설의 내용은 자신을 파악하기 위해 모든 것을 드러내고 그가 시련을 겪는 것을 찾아내기 위해 모험하고, 스스로 진실임을

증명하면서 자기의 고유한 본질을 찾아내기 위해 모험하는 영혼의 이야기다(p. 78).[37]

이상에서 전반부의 서사시론(①~⑥)은 후반에 들어 소설본질론(⑦~⑪)으로 넘어가고 있다. 서사시와 소설은 총체성 형상화/총체성 발견(③), 광기와 범법에 대한 무지/광기와 범법 중점(⑤), 어린 아이의 형식/성숙한 성인의 형식(⑥), 완성성/진행성(⑦) 등으로 대비되고 있다. 루카치는 이 책에서 회심의 발견이라도 한 듯 "소설은 성인의 형식(Der Roman ist die Form der gereiften Männlichkeit)"이란 언급을 다섯 번 이상 반복제시하고 있다. "성인적인 형식"(die Form der gereiften Mäennlichkeit), 범법(das Verbrechen), 광기(der Wahnsinn), 고향상실성(die Heimatlosigkeit), 문제적 개인이 자기자신을 찾아가는 방랑의 과정(die Wanderung des problematischen Individuums zu sich selbst), 예술적으로 가장 모험적일 수 밖에 없는 형식(die künstlerischen am meisten gefährdete Form), 내면성의 고유가치를 찾아내려는 모험의 양식(die Form des Abenteuers des Eigenwertes der Innerlichkeit) 등으로 정리되는 루카치의 『소설의 이론』은 소설양식의 역사철학을 정립하여 많은 소설이론가들에게 영향을 끼쳤다. 루카치가 1962년에 쓴 머리말에서 밝히고 있는 것처럼 『소설의 이론』은 헤겔의 철학, 괴테와 쉴레겔의 문학이론, 빌헬름 딜타이와 게오르그 짐멜, 막스 베버 등의 정신과학적 저술, 괴테와 톨스토이, 도스토옙스키, 플로베르 등에서 영향을 받았고, 고대 그리스비극, 플라돈철학, 호머의 서사시, 단테의 시, 세르반테스의 『돈키호테』, 발자크의 『인간희극』, 플로베르의 『감정교육』 등에 대한 연구결과라고 할 수 있다. 『소설의 이론』은 이들 유럽철학과 유럽문학에 대한 성찰의 결과를 추상화하고 이론화한 것으로 바로 이런 점이 루카치의 특징이면서 동시에 한계로 남기도 한다. 논리를 심화하거나 확대하는 방법을 취하기보다는 일정한 주장을 반복서

37 Georg Lukács, *Die Theorie des Romans*, Luchterhand, 1971, pp. 40~78.

술한 점도 문제라고 하지 않을 수 없다.

이번에는 미하일 바흐찐의 소설장르 기원론, 소설과 서사시 비교론 등의 골자를 『장편소설과 민중언어』에서 찾아보기로 하자.

① 소설은 발전하고 있는 유일한 장르이며, 소설은 모든 장르들 중에서 아직 생성 중에 있는 새로운 세계의 경향들을 가장 잘 반영한다는 바로 그 이유 때문에 우리 시대의 문학발전이 이루어 낸 드라마의 주도적인 주인공이 되었다. 소설은 결국 이 새로운 세계에서 태어나 이 세계와 완전히 친화성을 갖는 유일한 장르가 된 것이다(p. 23).

② 소설이 지배적인 장르가 되었을 때 철학에서는 인식론이 지배적인 학문이 된다(p. 32). 서사시의 특징은 민족의 과거가 제재로 사용되며, 민족적 전통이 서사시의 원천으로 사용되는 데서 찾을 수 있다(p. 29). 서사시는 완성되고 완결된 장르로, 서사시에서의 시간개념은 가치론적인 시간적 범주들이라는 것이다(p. 32).

③ 과거에는 모든 것이 좋았다. 정말로 좋은 모든 것들은 오직 과거에서만 일어난다. 서사시적인 절대과거는 또한 전·후대에서 일어나는 모든 좋은 것들의 유일한 근원이면서 시초이다(p. 32).

④ 서사시적 세계 속에는 어떠한 미완결성, 미해결, 불확정도 자리를 차지할 수 없다. 절대적인 완결성과 폐쇄성이야말로 시간적으로 가치평가된 서사시적 과거의 뚜렷한 특징이다(p. 33).

⑤ 서사시적 주인공은 어떠한 이데올로기적 주도권도 결여하고 있다(등장인물이건 작가이건 마찬가지다). 서사시적 세계는 작가와 청중뿐만 아니라 등장인물에게도 강요되는 의심할 여지없는 진실로서의 단 하나의 통일된 세계관만을 알고 있을 따름이다(p. 55).

⑥ 소설은 서사시적 거리가 와해되고, 인간과 세계 양자가 일정한 정도로 희극적 친숙성을 띠며, 예술적 재현의 대상이 미완

성의 유동적인 당대 현실의 차원으로 낮추어지는 바로 그 순간에 형태를 갖추었다. 시초부터 소설은 거리가 먼 절대적 과거의 형상 속에서가 아니라 미완결의 현재적 현실과의 직접적인 접촉영역 속에서 축조되었다. 소설의 핵심에는 개인적인 경험과 자유롭고 창조적인 상상력이 자리잡고 있었다. 이렇게 해서 새롭고 명쾌하며 예술적 산문으로 된 소설적 형상과 새롭고 비평적인 과학적 인식이 동시에 형성되었다(p. 60).

⑦ 유동적이고 일시적인 동시대성, 저급한 현재, 즉 이러한 시작도 끝도 없는 삶은 단지 저급 장르들에서만 재현의 대상이 되었다. 바로 이러한 민중의 웃음 속에서 소설의 진정한 민속적 뿌리가 찾아져야 한다. 현재, 동시대적 삶 자체, 나 자신과 나의 동시대인들, 나의 시대 등 이 모든 개념들은 원래 유쾌하면서도 동시에 파괴적인 양가적 웃음의 대상이 되어 왔다(pp. 38~39).

⑧ 고대인들 스스로 스프더겔로이온(spoudogeloion)이라고 명명한 '진지하면서도 희극적인(serio-comical)' 분야와 같은 시기나 그 후에 나타난 유사양식들에서 소설의 선구작들을 찾을 수 있다(p. 39).

⑨ 서술하는 작가의 언어는 이제 서술되는 주인공의 언어와 동일한 차원에 놓인다. 전자는 후자와 대화적 관계를 맺고 혼종적인 결합을 이룬다(p. 46).

⑩ 소설은 그 본성에 있어서 반규범적이며 유연성 그 자체이다. 소설은 끊임없이 자기 자신을 탐구하고 검토하며 확립된 형식들을 재고하는 장르다(p. 60).[38]

인용문은 소설의 발전장르로서의 성격(①), 소설과 서사시 비교(②,

38 미하일 바흐찐, 『장편소설과 민중언어』, 전승희 외 역, 창작과비평사, 1988, pp. 23~60.

⑥), 서사시의 특징(③~⑤), 소설양식의 특질(⑥, ⑩), 소설양식의 뿌리(⑦), 소설의 선구작(⑧), 대화성(⑨) 등에 대한 설명이나 논의로 이루어져 있다. 특히 ⑥과 ⑩에서 보이는 바와 같이 "소설은 미완결의 현재적 현실과의 직접적인 접촉영역 속에서 축조되었으며" "개인적 경험과 자유롭고 창조적인 상상력이 자리잡고 있다"든가 "비평적인 과학적 인식이 동시에 형성되었다", "소설은 끊임없이 자기자신을 탐구하는 것" 등과 같은 특질은 루카치가 소설양식의 특질을 "은폐된 삶의 총체성을 드러내는 것", "소설은 문제적 개인이 자기자신을 찾아가는 과정을 기록한 것"이라고 설명한 것과 유사한 데가 있다. 미하일 바흐찐의 소설이론의 핵심을 대화성에서 찾고 있는 토도로프는 "신화가 언어의 투명성, 단어들과 사물들의 일치를 내포하는 데 비해 소설은 언어·담론·소리 등과 언어의 불가피한 인식들의 복합성에서 출발하는 만큼, 소설은 기본적으로 자기반성적 장르(self-reflexive genre)"[39]라고 새롭게 설명하였다.

발터 벤야민은 소설을 이야기와 구별 짓고 또 좁은 의미의 서사시와 구분하는 것은 소설이 근본적으로 책에 의존하고 있기 때문이라고 말했다. 벤야민은 "소설의 보급은 인쇄술의 발명과 함께 비로소 가능하게 되었다", "소설이 여타의 산문문학, 예컨대 동화, 전설, 심지어 소품소설(Novelle) 등과 구별되는 것은 그것이 구전적 전통으로부터 생겨난 것도 아니고 또 그 속에 몰입되는 것도 아니라는 점"[40]이라고 하여 오히려 구비문학과 소설양식의 단절에 무게를 두었다.

로버트 스콜즈(Robert Scholes)는 노스럽 프라이와 마찬가지로 장르발달사의 시각에서 근대 소설양식의 출현과정을 살펴보았다. "허구적 세계는 경험적 세계보다 좋을 수도 있고 나쁠 수도 있고 아니면 같을 수도 있다. 이러한 허구적 세계는 우리가 낭만적(romantic), 풍자적(satirical), 사실주의적(realistic)이라고 부르도록 배워 온 태도들을 포함한다. 허구는

---

39 Tzvetan Todorov, *Mikhail Baktin—The Dialogical Principle*, translated by Wlad Godzich, University of Minnesota Press, 1984, p. 66.

40 발터 벤야민, 『발터 벤야민의 문예이론』, 반성완 편역, 민음사, 1983, p. 170.

우리에게 풍자에서의 타락한 세계, 로망스에서의 영웅적 세계, 역사기록에서의 모방적 세계 등을 제공해 줄 수 있다"[41]와 같이 허구적 세계라는 개념의 중층구조를 파헤치는 데 힘썼다. "소설이 희극적이고 감상적인 충동의 결합(우리는 이것을 사실주의로 부른다)으로 18세기에 시작되었다면 19세기에는 피카레스크와 비극적 충동의, 보다 어렵고 강력한 결합(우리는 이것을 자연주의로 부른다)쪽으로 움직인다. 사실주의 소설이 교육(education), 개선(amelioration), 통합(integration)의 이야기로 기울어지는 것에 반해 자연주의 소설은 소외(alienation), 파괴(destruction)와 관계를 맺어 왔다"[42]와 같이 사실주의소설과 자연주의소설의 차이점을 색다른 시각에서 밝혀 놓았다. 로버트 스콜즈의 이론을 받아들이면 사실주의소설은 교양소설이나 성장소설로, 자연주의소설은 세태소설·범죄소설·악한소설 등으로 나타나기 쉽다. 사실주의는 자연주의의 상위개념이다. 사실주의는 시대라든가 사회를 가치중립적으로 보는 반면, 자연주의는 부정적으로 보는 경향이 있다. 사실주의가 대상을 주관의 '의식'의 시선으로 보는 데 반해 자연주의는 '무의식'의 시선으로 보려고 한다는 식의 대비가 가능하다.

로버트 스콜즈는 신화 → 서사시 → 로망스 → 소설의 발전도식을 받아들이지 않고 있다. 그 대신 허구 서사양식이 풍자·역사·로망스 등을 낳고, 다시 그것이 풍자소설과 낭만적 소설을 파생시키며, 풍자소설이 피카레스크와 희극으로, 낭만적 소설이 비극과 감상으로 분화되는 과정을 제시했다. 로버트 스콜즈는 상르발날사의 시각을 취하면서 복합적인 발전과정을 생각한 것이다.

노벨이 나타나게 된 배경은 여러 각도의 설명이 가능하다. 우선 넓은 의미의 사회적인 변화에서 노벨의 출현과정을 점칠 수 있는가 하면, 로망스의 양식에 대한 거부작용에서 노벨 출현의 필연성을 찾아볼 수 있다. 전자는 소설양식을 사회적·역사적·사상사적 변화의 소산으로 보는

---

41 Robert Scholes, *Struturalism in Literature*, Yale University Press, 1974, p. 132.

42 Ibid., p. 137.

태도에 근거를 둔다. 반면에 후자는 장르발달사 또는 양식발전사의 시각에 근거를 둔다. 전자가 외부적 방법이라면 후자는 내재적 방법이라고 할 수 있다.

필사문화(chirography) → 활자문화(typography) → 전자문화(electronics)와 같은 발전도식을 세워 놓고 있는 월터 옹(Walter J. Ong)은 구술성에서 문자성으로의 변천(orality-literacy shift)을 연구하는 데 내러티브가 가장 크게 참고가 된다면서 노벨의 형성에 결정적인 영향을 준 인쇄문화에 대해 다음과 같이 설명했다.

> 필사문화(manuscript culture)는 상호텍스트성을 당연한 것으로 여겨 왔다. 아직도 필사문화는 옛날 구술세계의 평범한 전통과 연결되어 있기 때문에 다른 텍스트들로부터 신중하게 새로운 텍스트를 만들어 내었다. 이때의 다른 텍스트들은 공공의 것이 되고 원래 구비의 형식이었던 형식들과 주제들을 주제들을 차용하고, 개작하고, 공동으로 삼았다. 비록 글쓰기 없이는 새로운 문학적 형식으로 만들어 내는 것이 불가능하기는 하지만 말이다. 인쇄문화는 저절로 다른 정신적 장치를 지닌다. 인쇄문화는 '닫혀진' 개별 작품이 다른 작품과 분리되어 스스로 하나의 단위가 되는 것으로 인식되는 경향이 있다. 인쇄문화는 독창성(originality)과 창조성(creativity)이라는 낭만적인 개념이 태어나는 계기가 되었는데, 작품의 기원과 의미를 적어도 이상적으로는 외부의 영향을 받지 않는 것으로 보여 주기 위해 개별 작품을 다른 작품들과 더욱 분명하게 갈라 놓았다. (중략) 인쇄술은 문학작품에서뿐만 아니라 분석적인 철학서와 과학서적에서도 닫혀졌다는 느낌을 빚어내었다. 인쇄술이 시작되면서 교리문답서(catechism)와 교과서가 나타났는데, 이것들은 주어진 학문적 주제의 대부분의 이전의 표현들보다 덜 추론적이고 덜 논쟁적이었다. 교리문답서와 교과서들은 사실들이나 그 등가물을 표현했다.[43]

월터 옹은 구술문화가 필사문화와 활자문화를 거쳐 전자문화로 나아가는 과정을 그려 내었지만, 구술문화가 필사문화·활자문화·전자문화의 모태가 되고 있음도 부정하지 않았다. 소설양식을 중심으로 보면 이러한 구술문화 모태설은 더욱 긍정적으로 받아들여진다. 월터 옹은 구비전승담(traditional oral stories), 속담(proverbs), 소원 빌기(prayers), 상투어(formulaic expressions) 등과 같은 구비문학을 가리키는 용어들 중 만족할 만한 것은 없다고 하면서도 구비문학이 오늘날 소설양식의 전개에 큰 영향을 끼쳤음은 부정하지 않았다. 월터 옹은 구비문학을 일차적인 것과 이차적인 것으로 갈랐는데, 오늘날 전화·라디오·텔레비전 등과 같은 고도의 기술문화(present-day high-technology culture)를 이차적인 구비문학으로 부르면서 이는 기록과 프린트 없이 존재할 수 없고 기능을 발휘할 수도 없어 사실상 구비문학은 존재하지 않는다고 본 것이다.[44]

월터 옹은 구술문화에 바탕을 둔 사고(orally based thought)를 이해하는 것은 필사문화(chirograph), 활자문화(typograph), 전자문화(electronics)에 바탕을 둔 사고를 심화시키는 데 도움이 된다고 하였다. 일차적인 구술문화 속에서 사고와 표현은 다음과 같은 내용으로 나타나는 경향이 있다. ① 종속적이기보다는 부가적이다(Additive rather than subordinative), ② 분석적이기보다는 종합적이다(Aggregative rather than analytic), ③ 반복적이거나 수다스럽다(Redundant or 'copious'), ④ 보수적이거나 전통주의다(Conservative or traditionalist), ⑤ 인간의 생활세계에 근접한다(Close to the human life world), ⑥ 논쟁적인 어조를 보인다(Agonistically toned), ⑦ 객관적 시선으로 거리두기보다는 감정이입적이고 관계지향적이다(Empathetic and participatory rather than objectively distanced), ⑧ 항상성을 지닌다(Homeostatic), ⑨ 추상적이기보다는 상황제시적이다(Situational rather than abstract).

각 항목의 핵심을 추리면 다음과 같다. ①은 구약성서의 천지창조

---

43 Walter J. Ong, *Orality and Literacy*, Methuen & Co. Ltd., 1982, pp. 133~134.

44 Ibid., p. 11.

이야기를 모범으로 삼는다. ②는 성질을 나타내는 형용사(epithet), 의식적인 표현(formulary), 진부한 표현 등에서 잘 발견된다. ③은 구술은 발화되는 순간 사라지기 때문에 화자가 장황하게 떠들거나 반복해서 표현하는 것을 보여 준다. 구비문화는 유창한 표현이나 달변 또는 지겨운 말투, 수다스러움 등을 돋운다. ④는 여러 세대를 걸친 구전을 통해 형성된 지식, 세계관, 신앙이 보수적인 틀을 벗어나기 어려운 것을 말한다. ⑤는 모든 지식을 인간의 생활세계에 조금이라도 접근시키는 방향으로 개념화하고 표현하려는 구술문화의 속성을 내보인다. ⑥은 속담·수수께끼·구전서사시·구전설화 등에서 볼 수 있는 논쟁적 태도, 도전적 성격, 물리적 폭력예찬 등에서 입증된다. ⑦은 글쓰기가 앎의 주체와 대상을 일단 분리해서 객관성을 취하는 것과 달리, 구술문화에서 배우는 것이나 아는 것은 대상과 가까이하고 대상에 감정이입하며 동일화를 꾀하는 것을 의미한다. ⑧은 구술사회는 더 이상 현재와 관련성이 없는 기억술을 떼어 내어 버림으로써 평형상태와 항상성에 놓여 있는 현재 속에서 자족하는 것을 의미한다. ⑨는 인간의 생활세계와 근접시키려는 의미에서 추상적이라고 할 수 있는 구술문화에서는 개념들을 상황제시적이고 조작적인 판단기준 속에서 사용하는 경향이 있음을 말한다.[45]

포스트모더니즘 소설의 주요 기법 중 하나를 고전차용을 의미하는 상호텍스트성에서 찾을 수 있는 것처럼 전자문화시대 소설의 새로움은 오히려 구술문화시대 양식의 도움을 받는 데서 확보될 수 있다. 황석영의 장편소설 『손님』(2001)은 북한에서 토지개혁령이 공포된 1946년 3월 전후에 대개 지주세력과 중복된 기독교세력이 몰락하는 과정과 1950년 9월 직후 미군과 국군에 밀려 인민군이 패주할 무렵에 기독교청년단이 공산당세력에게 살인과 만행을 일삼는 복수극을 펼치는 것을 중심사건으로 설정하였다. 20세기에 발표되었던 6·25소설이 대체로 남한을 공간적 배경으로 하여 국군과 인민군, 군경토벌대와 빨치산의 대립상을 다루

45 Ibid., pp. 37~50.

거나 기독교세력을 피해자로 그린 것과 대조적이다.

게다가 작품의 구성방법이나 서술담론도 이색적이라고 하지 않을 수 없다. 이 소설의 제목 "손님"이 서쪽병 즉 천연두를 뜻하는 "손님마마"에서 비롯된 것부터가 특이하다. 이 단어에 대해 작가는 샤머니즘에서 헤어나지 못하는 요섭의 증조할머니의 입을 빌려 설명하면서 "천연두를 서병(西病)으로 파악하고 이를 막아 내고자 했던 중세의 조선민중들이 '마마' 또는 '손님'이라 부르면서 '손님굿'이라는 무속의 한 형식을 만들어 낸 것에 착안해서 나는 이들 기독교와 맑스주의를 '손님'으로 규정했다"[46]라는 식으로 자신의 창작비결을 털어놓았다. '손님굿'에 대한 깊은 이해가 없었더라면 이 소설은 나오지 못했을 것이다.

황석영은 사회주의와 기독교를 모두 문제시한 양비론을 취했다. 이어 작가가 "황해도 진지노귀굿" 열두 마당을 기본얼개로 취했다고 밝힌 것처럼 『손님』은 "1. 부정풀이(죽은 뒤에 남는 것), 2. 신을 받음(오늘은 어제 죽은 자의 내일), 3. 저승사자(망자와 역할 바꾸기), 4. 대내림(살아남은 자), 5. 맑은 혼(화해 전에 따져 보기), 6. 베 가르기(신에게도 죄가 있다), 7. 생명 돋음(이승에는 누가 살까), 8. 시왕(심판마당), 9. 길 가르기(이별), 10. 옷 태우기(매장), 11. 넋반(무엇이 될꼬 하니), 12. 뒤풀이(너두 먹구 물러가라)"와 같이 구성되었다. '지노귀새남'이라든가 '지노귀'라고 쓰기도 한다는 '지노귀굿'은 '죽은 사람의 넋이 극락으로 가도록 베푸는 굿'이라는 사전적 의미를 지니고 있다. 소설 안에서 가장 큰 비중을 차지하고 있는 것은 '제8장 시왕' 부분이다. '시왕'이란 죽은 사람의 생전의 잘잘못을 심판하는 열 명의 대왕을 가리키는 불교용어다. 국어대사전을 펼쳐 보아야 알 수 있는 '시왕가름'은 죽은 사람의 명복을 빌기 위해 무당이 굿을 하는 것을 뜻한다. 소설의 내용을 보면 '제8장 시왕'은 가해자면서 피해자가 된 머슴 출신 이순남과 박일랑이라든가 피해자면서 가해자가 된 기독교 지주집안 출신인 류요한이 여러 차례 내레이터로 등장하여 하고 싶

---

46 황석영, 『손님』, 창작과비평사, 2001, p. 262.

은 말을 다하게 함으로써 씻김굿의 효과를 가져오게 된다. 그러니까 '시왕'이란 말은 '시왕가름'이라는 씻김굿을 의미하게 된다. 두 페이지 밖에 안 되는 "제9장 길 가르기"에서는 이순남· 박일랑·류요한을 비롯한 여러 남녀의 '헛것'들이 일시에 사이좋게 떠나가는 장면을 보여 주고, 역시 두 페이지밖에 안 되는 "제12장 뒤풀이"에서는 씻김굿의 무가를 들려준다. 결국 『손님』은 두 개의 인력의 작용을 받는다. 시비를 가리거나 역사를 재해석하려는 이데올로기소설이 그 하나요, 원한과 해한의 악순환을 덮거나 끊어 버리자는 씻김굿이 그 다른 하나다.

이상과 같이 월터 옹이 구술문화의 특징을 깊이 있게 파헤친 것은 활자문화와 전자문화의 중심에 있는 현대소설의 특징을 이해하는 데 도움을 준다. 여기서 월터 옹은 "구비성에서 문자성으로의 변천은 언어예술의 많은 장르에서 나타난다. 서정시, 내러티브, 서술담론, 수사(oratory, 필체의 형식을 지닌 수사를 거쳐 텔레비전 스타일의 대중연설에 이르는 수사), 드라마, 철학론과 과학논문, 역사서술, 전기 등이 바로 이러한 장르다", "분명히 구비—문자의 변천 이외의 다른 사회발전은 시간을 초월하여 내러티브의 발전을 도와준다. 계속 바뀌어 가는 정치조직, 종교의 발달, 상이한 문화 간의 교환 그리고 다른 언어 장르의 발달을 포함한 변화에 의해 내러티브도 발전한다", "내러티브는 도처에서 일차적인 구술문화가 고도의 문자성과 전자정보 과정에 이르는 모든 경로에서 나타나고 있는 언어예술의 주요 장르가 되어 왔다"[47] 등과 같이 내러티브 발전설을 주장하고 있거니와, 인간의 모든 활동과 경험은 서사형식을 통해 일반화·추상화·의미화 된다는 주장을 펼쳤다.

구비문학은 신화·전설·민담·민요 등을 중심으로 하지만 속담이나 격언과 같은 단형에서도 확인해 볼 수 있다. 물론 격언과 같이 교훈성만 있는 양식을 문학의 범주에 넣을 수 있을지 질문을 던질 수 있다. 중국에서 형성된 고사성어는 격언에 가까운 것과 속담에 가까운 것으로 나눌

---

47 Walter J. Ong, op. cit, pp. 139~140.

수 있다. 웃음의 철학과 비판정신을 정제되고 압축된 표현에 담은 것인 만큼 속담은 문학양식에 넣을 수 있다. 조선조에서 개화기까지의 소설가들은 앞선 시대에 형성된 관용구(idiom)를 소설작품에 적극적으로 활용함으로써 보다 매력이 있는 표현방식을 낳을 수 있었다. 관용구의 적절한 사용이 단순한 장식효과를 넘어서 인물이나 사건의 의미증대를 가져올 수 있다는 이치는 특히 김주영의 『객주』, 김원일의 『불의 제전』, 조정래의 『태백산맥』 등과 같은 대하소설에서 쉽게 확인된다.

10권으로 된 김주영의 『객주』[48]에서는 작중인물들이 입심 좋게 민담을 전달하거나 타령을 들려주는 장면들을 쉽게 볼 수 있다. 상인들은 구비문학을 보존하고 재현하는 역할을 톡톡하게 해내고 있으며, 바로 이들 상인에 의해 많은 속담들이 생기와 의미를 되찾는다. "먹기는 파발(擺撥)이 먹고 뛰기는 역마라더니, 꼴좋다. 그놈들이 애당초 노린 건 성님의 전대였소"(1권, p. 37), "제발 그리 토라지지 말게. 오뉴월 겻불도 쬐다나면 서운한 법일세"(1권, p. 55), "거 고향 생각나지 않나?" "왜 안 나. 그렇지만 말똥에 굴러도 이승이 좋더라고. 난 어찌 된 상놈인지 타관이 더 좋아. 상전 빨래에 상놈 발뒤축은 희더라고, 그런대로 세상 인심 돌아가는 꼬락서니는 대강 잘고 지내지"(1권, p. 120), "액미가 많든 문경새재 토끼 똥이 섞였든 무슨 상관이오? 굿이나 보고 떡이나 먹지", "흥, 족제비도 낯짝이 있고, 미꾸라지도 배짱이 있소"(1권, p. 171), "이놈, 근력 세찬 품이 갯가에서 놀던 왈짜로구나. 섶 지고 불로 뛰어든 격이지, 그렇다고 난데로 와서 화적질이냐?"(1권, p. 196), "그놈에게 횡액당한 난전꾼 등짐쟁이가 한둘인 줄 아시오? 사람을 관아에 넘기지 않는 건 꿩 먹고 일 먹자는 수작 때문이라오"(1권, p. 223), "뱁새가 대붕(大鵬)의 흉내를 내고 버마재비가 수레 앞을 막아서는 격일세"(1권, p. 225), "옳은 말이긴 하다. 그러나 이젠 팔자에 맡길 수밖에 없게 되었다. 뒤에서 오는 호랑이는 속여도 앞에서 오는 팔자는 못 속인다 하였다만, 어디 우리 팔자가 어떻

48 『객주』의 초판본이 출간된 것은 1981년이다. 32년 만인 2013년에 문학동네에서 출간한 개정판을 텍스트로 삼았다.

게 꼬이는지 구경 한번 해보자"(1권, p. 317), "구멍을 파는 데는 칼이 끌만 못하고 쥐 잡는 데는 천리마가 고양이보다 못하단 속언도 듣지 못했소?"(3권, p. 222), "속언에 자루 벌린 놈이나 퍼넣는 놈이나 매일반이라 하였다. 그러나 그 물화의 소종래만 대면 네 중죄가 다소나마 탕감되리라"(3권, p. 246), "미운 놈 떡 한 개 더 얹어 준다는 속언은 어디서 듣고 분수없이 부닐다가 당장 구실이 떼일 것은 물론이요"(7권, p. 298), "등잔 밑이 아무리 어둡다 하기로서니 생원님이 포청 앞에 얼씬거린다는 것은 호랑이 아가리에 손 집어넣고 기다리는 일과 같지 않습니까"(7권, p. 314), "남의 집 금송아지가 비루먹은 우리 집 개보다 못하더라고"(8권, p. 128), "물방앗간에서 고추장 찾기입죠. 진서는 고사하고 언문도 뜯어볼 줄 모르는 천격이 양명이라니, 가당찮은 말씀입죠. 자리 봐 가면서 똥 싸더라고 철든 사람이라면 분수껏 살아야지요"(8권, p. 128), "문자에 적반하장이란 글귀가 있다더니, 이런 맹랑한 놈을 보게. 굴러온 돌맹이가 박힌 돌 뽑으려 드네 그려"(8권, p. 128), "세 사람만 우겨대면 없던 호랑이도 만들어 낼 수 있다는 터수에 공연히 덧들였다가 망신만 뒤집어쓸 공산이 너무나 컸기 때문이다. 울고 싶자 따귀 때리더라고, 아니래도 내정 간섭의 빌미를 찾고자 서울에 주둔했던 청국 병정들의 훈수를 빌려 군란이 평전되고 민비가 창덕궁으로 환어한 이후, 고종은 몇 가지 놀랄 만한 윤지를 내리었다"(8권, pp. 138~139), "죽은 제갈량이 능히 살아 있는 중달(仲達)을 혼찌검 내어 쫓는다더니 죽었다던 민비가 앙숙인 흥선 대원군을 청국 깊숙이 묶어 두었으니"(8권, p. 141), "뱁새가 대붕의 걸음을 흉내하다간 가랑이가 찢어진다 하지 않았습니까"(8권, p. 165), "세상사가 대저 미련은 먼저 나고 슬기는 나중 난다 하지 않았습니까"(8권, p. 167), "뱀의 꼬리를 더듬어 오르면 용의 머리를 본다는 세간의 속언을 들어 알고 있습니다만"(8권, p. 267), "그 위인이 궁지에 몰리게 되면 또한 우리에게 빌고 들 것은 뻔한 노릇이겠으니, 그때 우린 도랑 치고 가재 잡는 격이 아니겠소?"(9권, p. 225), "어허 촌닭이 관청 닭 눈 빼먹는다더니", "초상 술에 권주가라더니, 댁의 반죽도 남 못지않네요"(10권, p. 134), "열 길 물속은 알아도 한 길 사람 속은 헤아리기 어렵다더니 딱 그 짝이군"(10권, p.

214).

김주영의 『객주』에는 이상에 예시한 것보다 몇 배 더 많은 속담이 제시되어 있다. 오늘날 한국인에게 아주 익숙한 속담들은 예시의 대상에 넣지 않았다. 작품 전체에서 속담은 거의 대부분 작중인물 사이의 대화에서 재생되고 있다.[49] 보부상들 사이의 대화나 다툼 속에서, 보부상과 술집 주모의 실랑이 속에서, 쫓는 자와 쫓기는 자의 살벌한 대면 가운데서 속담이 자주 또 쉽게 활용되곤 하였다. 속담 중에는 어린 아이도 옮길 수 있는 것이 있지만, 격언 못지 않은 교훈성을 담은 것도 있다. 작중인물의 지적 수준에 어울리지 않는 속담을 사용한 대화도 있다. 하기야 『객주』에서는 길고 긴 타령을 막히지 않고 들려주는 상인들을 여럿 등장시키고 있는 만큼, 일부 보부상들과 상인들을 구비문학의 중요한 보존자와 전달자로 평가하고 있다고 할 수 있다. 이 소설에서는 상인들이 즉석에서 불러 대는 전라도장(場)타령, 개구리타령, 담배타령, 한양타령, 맹꽁이타령, 강원도타령, 떡타령 등을 들을 수 있다. 긴 가사를 막히지 않고 불러 대는 판이니 짧디 짧은 속담을 대화 중에 살려 내는 것은 별 문제가 아닐 수 있다.

이처럼 속담은 길이가 짧으면서 교훈성을 지니고 비유적인 표현으로 잠시나마 웃음을 짓게 한다. 물론 속담 중에는 의미는 없고 그야말로 우스개소리에 지나지 않는 것도 많다. 50대 아버지와 20대 아들이 이슈에 제한을 두지 않고 때로 말장난처럼 느껴지기도 하는 대화를 중심사건으로 설정한 최인훈의 「크리스마스 캐럴 5」에서는 1959년 여름 어느날 밤을 꼬박 새워 가며 속담 경연대회라도 여는 듯한 장면을 보여 준다.

> 아무려나 지금 당장에 나는 행복하였다. 금방 포식하고서 다음 끼니 걱정을 이를 쑤시면서 하는 건 천하다. 그래서 나는 그 문제는 접어 두기로 하고 이나 쑤시기로 하였다.

---

49 이상의 예시에서 8권 pp. 138~139에서 인용한 것만 작가 또는 내레이터가 서술하는 형식을 취하였다.

"개천에 용 나겠어요?" 하고 말하였다. 아버님은 내 볼을 가볍게 욱박지르셨다. 저번에도 얘기했지만 아버님이 상대방의 몸에 손을 대실 땐 반드시 기분이 좋으실 때고 그 역은 진이 아니다.

"아니 땐 굴뚝에 연기 나랴?" 하고 익살맞은 투로 아버님이 말씀하셨다.

"콩 심은 데 콩 나고 팥 심은 데 팥 난다." 하고 내가 받았다.

"개 꼬리 삼 년에 황모 되랴." 하고 아버님.

"가는 말이 고와야 오는 말이 곱다." 하고 나.

"참새는 참새끼리, 매는 매끼리."

"과부사정은 홀아비가 안다."

"바늘 가운데 실이 간다."

"그러나 아닌 밤중에 홍두깨는?" 아버님은 알아차리셨다.

"나중 난 뿔이 우뚝하다."

"엎친 데 덮친다."

"치맛자락 잡아 보고 잤다고 한다."

"냉수 마시고 이 쑤신다."

우리는 자꾸 짝을 맞춰 갔다.

"속담이란 게 묘하구나."

"그렇군요."

"이 말 했다 저 말 했다 하지 않니?"

"패러독스의 체계라면?"

"속담이란 패러독스의 체계의 별명이다 하면 되겠군."

"그러고 보면 슬픈 일이군요."

"슬프구 말구."

우리는 속담의 기만적 성격이며 팔방미인적 위선에 대하여 얘기했다.

"속담을 정직하게 실천하면 어떻게 되겠니?" 하고 아버님이 물으셨다. 나는 곧 대답하였다.

"가만히 꼼짝 말고 있어야죠."

"이래 보나 저래 보나 별 수 없다는 이론인 것 같아."

"구관이 명관이다. 갈아 봤자 별 수 없다는 거지요?"

"속담은 민중의 지혜는커녕, 민중의 아편이다? 어디서 들은 말 같지?"

"아무렴 대숩니까? 가로 가나 모로 가나 서울만 가면 그만이다."[50]

짧은 시간에 아들 철이와 열다섯 개의 속담을 주고 받은 아버지는 속담의 성격을 패러독스의 체계, 기만성, 팔방미인적 위선, 민중의 아편 등이라고 한 끝에 "속담은 결국 이상주의와 현실주의의 불가사의한 야누스다"고 결론 짓는다. 작중에서 철이 아버지는 속담에 대해 일반인들이나 이론가들이 흔히 긍정적으로 발언하는 것과는 다른 성격론을 내놓고 있다. 속담의 모순적 성격을 지적하는 것도 예리하지만, 속담을 현실주의와 이상주의의 야누스적 결합이라고 한 것은 음미해 보아야 할 명구라고 하지 않을 수 없다.

속담처럼 길이가 짧으면서 교훈성을 지닌 것으로 격언, 금언, 잠언, 좌우명(座右銘), 경구(警句) 등이 있다. 격언은 속담보다 교훈성이나 계몽성을 직접 제시하기 때문에 웃음 대신 딱딱한 분위기를 안겨 준다. 속담과 격언은 짧은 길이의 말로 핵심을 찔러 사람의 마음을 움직이게 한다는 촌철살인(寸鐵殺人)이란 말로 대치할 수도 있다. 공자, 맹자, 장자, 순자, 소강절, 『경행록』 등에서 발췌하여 젊은이들에게 천명, 효행, 정기(正己), 안분(安分), 근학, 치가, 치정, 순례 등을 가르쳤던 『명심보감(明心寶鑑)』에서도 "교만은 손실을 불러들이고 겸손은 이익을 얻게 된다(書曰 滿招損 謙受益)"(p. 90), "은혜를 베풀면 보답을 구하지 말고 남에게 무엇인가 주었으면 나중에 후회하지 말라(施恩勿求報 與人勿追悔)"(p. 100), "미래를 알고 싶으면 먼저 과거를 살펴보아야 한다(欲知未來 先察已然)"(p. 157),

50 『최인훈 전집: 크리스마스 캐럴/가면고』, 문학과지성사, 1976, pp. 152~154.

"과거사는 맑기가 거울과 같고 미래사는 어둡기가 칠흑과 같다(過去事明如鏡 未來事暗似漆)"(p. 159) 등과 같은 경구를 읽을 수 있다.[51] 기본적으로 시는 소설보다는 잠언지향적이긴 하지만 시의 유형들 가운데는 직설법을 취하든 비유적 표현을 취하든 교훈성이나 계몽성을 최소한의 길이에 담아내려는 격언시(Spruchgedicht)와 같은 유형이 있다.

이상에 논한 바와 같이 서양소설의 발달과정은 노스럽 프라이의 양식사, 루카치의 사상사, 바흐찐과 로버트 스콜스의 장르사, 데이비드 골드노프와 이언 와트의 배경사, 월터 옹의 전파매체사 등 여러 각도에서 정리할 수 있다. 이들 이론들은 소설의 서술방식은 일정한 내레이터가 일방적으로 이야기를 끌고 가는 방식을 벗어나야 한다고 권고하고 있다. 한국소설사는 이미 1930년대부터 단일화자가 이야기를 독점하여 끌고 가는 방법을 뛰어넘는 소설을 보여 주었다.

김남천의 「장날」(『문장』, 1939. 6)은 서두성이라는 20대 농민이 미색으로 소문난 그의 아내가 수의사인 김종칠과 통정한 것으로 오해한 끝에 김종칠을 죽이려다 오히려 자기가 죽는 것을 원인적 사건으로 세우고 있다. 「장날」은 "소거간이 사법주임에게 본 대로 하는 이야기", "의사가 만든 해부검사, 진단의 보고기록 중 한두절", "서두성이와 같은 오래에 사는 송관순이의 참고심문서", "병원에 누운 채 김종칠이 사법주임에게 하는 고백담", "서두성의 아내 보비의 에누리", "무당의 입을 빌려 서두성이 하는 이야기" 등의 소제목들로 구성되어 있다. 이 소제목들은 「장날」이 증언·해부보고서·참고신문서·고백담·굿 등 다양한 서술방법이 종합된 것임을 일러준다. 소거간, 의사, 농민, 수의사 아내, 무당 등의 화자이자 초점화자가 합창형식으로 소설을 이끌어 간다. 「장날」은 단편소설임에도 '소설은 다성악적 서술양식'이라는 바흐찐류의 주장을 입증해 준다. 소설 「장날」보다 조금 앞서 평론 「현대조선소설의 이념 — 로만개조론에 대한 일 작가의 각서」(『조선일보』, 1938. 9. 10~18)에서 종합문학론으

51 김석환 역주, 『명심보감』, 학영사, 2011, pp. 90~159.

로 로만개조론의 대안을 제시한 김남천은 「장날」을 통해 실천에 옮겼다.

윤흥길의 중편소설 『산불』은 이춘영(1563~1606)의 한시 "소산행(燒山行)" 일부를 번역, 인용하는 것으로 시작하여 "작가의 말", "피의자 신문조서", "일방적 대화, 쌍방적 독백", "불이야, 불!", "다시 한 번 작가의 말" 등의 소제목들로 구성되어 있다. 한시 "소산행"은 작중작가와 주인공 김건식이 불의 상징성을 정화작용이라든가 재생능력으로 인식한다는 점을 일러주는 효과를 갖는다. "작가의 말"은 작중인물 교수가 산불을 구경하던 중 김건식과 인사를 나누게 된 과정을 보여 주고, "피의자 신문조서"에서는 방화범으로 체포된 김건식이 양 형사로부터 조사를 받으면서 자신의 전력을 드러내게 되는 과정을 보여 주고, "일방적 대화, 쌍방적 독백"은 피의자 김건식과 조사관 양 형사가 벌이는 공방전을 들려주고 있다. "피의자 신문조서"에서 주인공 김건식은 고아출신, 대학입학, 반체제운동 가담, 처벌, 대학 자퇴, 공사판 전전, 연쇄 방화 등의 파란만장한 이력을 거친 것으로 드러난다. "일방적 대화, 쌍방적 독백"의 끝부분에 가면 공방전을 벌이던 끝에 김건식은 "동지들을 헐값에 경찰에다 팔아넘기고 풀려난 과거의 나를 열 번이고 백 번이고 불구덩이 속에 처넣고는 태워 죽이고 싶었습니다"와 같이 산불구경에 열광하는 비밀을 털어놓게 된다. "불이야, 불!"에 오면 김건식은 가장 먼저 검거되어 구류처분 받는 것을 조건으로 동지들의 은신처에 대한 정보를 제공하였음을 고백한다. "다시 한 번 작가의 말"에서는 김건식이 동네를 떠난 지 2년 후에 자연스럽게 방화 혐의에서 벗어나는 결말을 만나게 된다.

이상의 두 작품은 작가와 화자가 분리되는 과정을 잘 보여 주고 있어, 포스트모더니즘 시대에 접어들면서 작가가 화자에 의존하고 화자들은 다른 화자에 의존하는 현상이 짙게 나타나고 있음을 잘 설명해 준다. 이는 소설가들이 독특한 직접체험을 근거로 하여 공감도가 높은 소설을 쓰기가 점점 어려워지는 현실을 극복하려는 데서 나온 것이기도 하다.

직접체험을 중심소재로 전지자적 관점을 행사함으로써 소설작품을 만들려는 작가지망생들에게 점점 더 불리해지는 문학환경이 조성되고 있다. 한 시대를 대표하는 작품들은 동시대의 일반독자들을 지식이나 인식론, 언어표현의 면에서 앞장서 끌고 갔던 공통점을 보여 준다. 서양 소설인식론의 역사는 작가들에게 일반독자의 눈높이에 머물지 말라고 가르쳐 왔다.

6장 내러티브의 갈래

내러티브는 설화·이야기·서사구조·서사물·서사양식 등으로 번역될 수 있다. 서사구조를 담고 있는 표현양식으로는 소설과 드라마 외에 종교 경전, 신문 및 방송기사와 논설, 판결문, 소장, 우화, 만화, 일기, 이야기 시, 진료일지, 실험보고서 등이 있다. 이처럼 서사양식은 인물이 시간과 공간의 진행에 따라 행위라든가 상황이 변하는 것을 기록한다. 이때 서사양식의 핵심은 '변화'에서 찾을 수 있다.

오스틴 워렌(Austin Warren)은 『문학의 이론』(1949)의 제16장 「내러티브 픽션의 본질과 양식」에서 소설에 대한 분석비평은 습관적으로 소설의 3대 구성요소로 플롯(plot), 인물창조(characterization), 배경(setting)을 들고 있으나 최근 이론가들 사이에서는 배경을 환경(atmosphere)이나 토운(tone)으로 바꾸는 경향이 있다고 하였다. 오스틴 워렌은 소설은 사실주의적인 데 비해 로망스는 시적이나 서사적이나 신화적이라고 대비하였다. 소설은 편지·신문·회고록·전기·연대기·역사 등과 같이 비허구적 서사형식(non-fictious narrative forms)에서 발전되고 기록물(documents)에서 발전하며 문체론상으로는 미메시스에 역점을 둔다고 하였다.[1] 오스틴 워렌이 지적한 편지·신문·회고록·전기·연대기·역사 등은 '사실기록'을 중시한다는 공통점을 지니지만, 편지의 종류가 다양하고 신문도 지면에 따라 기능이 여러 가지이며 역사기록의 방법도 무수하다.

로데릭 하르트(Roderick P. Hart)는 『현대수사학적 비평』(1997)에서 "서사는 자연스러운 시간의 선 속에서(in a natural time-line) 발생한다(서사는 변화나 결말에 관심 갖게 만든다)", "서사는 인물창조(characterization)를

---

1 René Wellek and Austin Warren, *Theory of Literature*, A Peregrine Books, 1963, p. 216.

포함한다(서사는 사람들이 한 일을 이야기로 만든 것이다)", "서사는 디테일을 표현한다(디테일이 사람들을 현혹시킨다)", "서사는 원시적인 것이다(서사 없이 존재하는 문명은 없다)", "서사는 논쟁을 벌이지 않는다(서사는 계획이 없이 진행된 논쟁이며 감추어진 바닥이 있는 논쟁이다)"와 같은 다섯 가지 속성론으로 정리했다.[2] 다섯 가지 속성 중 앞의 세 가지는 '서사'를 하위 개념인 '소설'로 바꾸어도 무방하지만, 뒤의 두 가지는 '서사'를 '소설'로 바꾸기 어렵다. 소설양식은 문명 이전의 시대에서도 존재했을 뿐 아니라 자체구도 안에 대화성이라는 형식으로 논쟁을 담고 있기 때문이다.

포스트모더니즘 시대의 이론가인 마크 커리(Mark Currie)는 『포스트모던 서사이론』(1998)에서 일상생활에서 내러티브는 영화, 음악, 비디오, 광고, 텔레비전, 신문, 신화, 그림, 노래, 연재만화, 일화, 농담, 휴일담(stories of holidays), 일상 이야기(accounts of our days) 등에서 발견된다고 하였다. 개인의 기억과 자기표상, 지역, 국가, 민족, 성 등과 같은 집단의 정체성에서 아이덴티티 표상에 내러티브가 중심이라고 하였다.[3] 마크 커리가 서사양식을 인간에 의한 각종 표현양식의 구석구석에서 찾아내고 있는 점도 주목할 만하지만, 개인이든 집단이든 사회기구든 그 정체성을 드러내는 데 서사성이 중심이라고 한 주장도 설득력이 있다.

"이야기는 목적을 가진다. 청자의 주목을 끄는 것, 즉 듣는 행위를 원하는 것이다. 이는 곧 공모적인 관계, 혹은 판단을 원하는 것이기도 하다. 그리고 필연적으로 해석과 구성을 원한다. 정신분석상의 전이와 마찬가지로, 이야기를 듣거나 텍스트를 읽는 전이적인 상황 속에서 독자는 가능한 만큼 이야기를 파악해야 하며, 내러티브 담화와 그것이 전달하는 것의 관계를 판단해야 한다. 또한 내러티브가 표면상 기술하고 있는 것만이 아니라, 암묵적으로 의도하는 것을 이해하고자 노력해야 한다"[4]는 피터 브룩스(Peter Brooks)의 말은 모든 사람의 평범한 일상대화

---

2 Roderick P. Hart, *Modern Rhetorical Criticism*, Allyn and Bacon, 1997, p. 93.

3 Mark Currie, *Postmodern Narrative Theory*, Macmillan Press Ltd, 1998, pp. 2~3.

4 피터 브룩스, 『정신분석과 이야기 행위』, 박인성 역, 문학과지성사, 2017, p. 95.

도 서사성을 내포하고 있다는 주장으로 귀결된다. 피터 브룩스는 "환자의 인생에 대한 내러티브는 모순적이고 비일관적이며 설득력을 결여하고 있다는 의미에서 취약하다. 환자가 들려주는 내러티브 형태의 설명은 빈틈, 기억의 단락, 연대기적 진행에서의 불가해한 모순, 억압된 소재를 비밀리에 보존하는 은폐된 기억으로 가득하다. 이러한 내러티브는 통사적으로도 잘못되어 있으며 수사학적인 설득력도 없다"[5]고 환자가 들려주는 내러티브의 불명확성을 지적하였다. "따라서 환자의 내러티브를 재구성하여 그 이야기에 더 나은 재현방식을 부여하는 것, 내러티브에 포함된 사건들을 시간 순으로 다시 나열하고 주된 테마를 전경화함으로써 환자의 내러티브 내부에서, 내러티브를 통해서 발화하는 욕망의 힘을 이해하는 것이 분석가의 주된 작업이 된다"[6]고 한 데서 정신과의사의 치료 행위와 소설가의 소설 쓰기 작업이 동일한 것임을 주장하였다. 불완전한 내러티브를 완성도가 높은 내러티브로 만든다는 점에서 환자 대 의사의 관계를 떠올릴 수 있고 동시에 일반인 대 소설가의 관계를 연상할 수 있다. 이청준은 「병신과 머저리」(1966), 「소문의 벽」(1971), 「비화밀교」(1985) 등을 통해 소설 쓰기의 비의를 파헤치는 수준까지 나아갔다.

이청준은 「병신과 머저리」에서 전쟁 트라우마를 안고 돌아온 의사가 자기를 치료하기 위해 번민하고 고투한다는 이야기를 들려준 이래 「소문의 벽」(1971), 「황홀한 실종」(1976), 「조만득 씨」(1980) 등과 같이 의사가 정신병 환자들을 치료하는 과정에서 치열한 신경전을 벌인다는 중심사건을 설정하였다. 「조만득 씨」는 마음씨 착하고 성미가 무던한 총각이발사 조만득이 반신불수로 누워 있는 노모를 오랫동안 보시어 동네사람들로부터 효자라는 칭송을 받게 된 것으로 이야기가 펼쳐지기 시작한다. 조만득에게는 고교생 때 가출한 후 계속 실직과 빈곤에서 허덕이며 툭하면 형을 찾아와 온갖 명목으로 돈을 뜯어가는 남동생이 있었다. 하지만 오히려 조만득은 이런 동생에게 큰 도움을 주지 못하는 것을 안타까워 했

5 같은 책, p. 77.

6 같은 책, p. 77.

다. 동생이 기어이 백만 원을 닷새 뒤에 주지 않으면 죽어 버리겠다고 하자 이발소 문도 닫고 닷새 동안 고민한 끝에 동생에게 백만 원이라는 금액과 자신의 이름을 휘갈겨 쓴 종이를 건네 주는 식으로 급변하게 된다. 조만득은 이 순간 자신을 백만장자라고 착각하는 과대망상증 환자가 되고 만 것이다. 주치의 민 박사를 가장 크게 괴롭히는 것은 조만득이 끝까지 자신을 백만장자로 여기는 태도였다.

이청준은 주치의 민 박사와 간호사 미쓰 윤이 조만득을 제대로 치료하기 위해 애쓰고 고민하는 모습을 비중 있게 그려 낸다. 퇴원 후 통원치료를 거부한 조만득은 병세가 악화되면서 어머니와 아우의 목을 졸라 죽이는 행위를 저지르고 만다. 소설은 연락을 받고 경찰서에 갔다 온 민 박사가 "동반자살을 기도했던 흔적이 남아 있는 걸로 보아서 위인이 아주 미쳐 버린 건 아니었어. 하긴 미치지 않은 쪽이 더욱 비극이었지만"[7]이라고 말하는 것으로 끝난다. 조만득을 퇴원시킨 직후에 민 박사가 간호사에게 "앓아 누운 노친네, 가난한 아우. 글쎄, 그 조만득 씨로 말하면 그를 고쳐 준다는 건 결국 그가 견디지 못해 도망쳐 나온 무거운 현실 가운데로 다시 그의 짐을 지워 쫓아 보낸다는 것인데……, 때론 이런 의사 노릇에 회의 같은 게 느껴지거든"[8]이라고 말한 것은 정신이상자를 치료하는 의사는 종종 환자를 의식의 차원을 넘어서 무의식의 차원에서도 관찰할 줄 안다는 점을 암시하고 있다.

적지 않은 고사성어가 길든 짧든 서사양식의 기원담이나 배경담을 지니고 있다. 고사성어는 서사양식으로서의 모태에서 교훈성을 지닌 관용구로 태어나게 된다. 『소설보다 재미있는 이야기 고사성어』에서 몇 가지를 추려 본다.

> 가정어맹호(苛政於猛虎)(『예기』), 각주구검(刻舟求劍)(『여씨춘추』), 강노지말(强弩之末)(『한서』 한안국전), 결초보은(結草報恩)(『춘추좌씨전』

7 이청준, 『소문의 벽』, 열림원, 2003, p. 376.

8 같은 책, p. 371.

찰금편), 계명구도(鷄鳴狗盜)(『사기』 맹상군전), 관포지교(管鮑之交)(『사기』 관안열전), 구밀복검(口蜜腹劍)(『십팔사략』), 금의야행(錦衣夜行)(『사기』 항우본기), 낙백(落魄)(『사기』 역생육가열전), 남가일몽(南柯一夢)(『태평광기』), 남귤북지(南橘北枳)(『안자춘추』), 농단(壟斷)(『맹자』 공손추), 모순(矛盾)(『한비자』 난), 배수진(背水陣)(『사기』 회음후열전), 백미(白眉)(『삼국지』 촉지마량전), 분서갱유(焚書坑儒)(『사기』 진시황기), 사족(蛇足)(『전국책』 제책), 삼인성호(三人成虎)(『전국책』 위지), 새옹지마(塞翁之馬)(『회남자』 인간훈), 수주대토(守株待兎)(『한비자』 오두편), 우공이산(愚公移山)(『열자』 탕문편), 읍참마속(泣斬馬謖)(『삼국지』 마속전), 죽마고우(竹馬故友)(『후한서』 곽급전), 천리안(千里眼)(『위서』 양일전), 천의무봉(天衣無縫)(『태평광기』), 철저마침(鐵杵磨針)(이백의 고사), 토사구팽(兎死狗烹)(『사기』 회음후열전), 퇴고(推敲)(『당서』 가도전), 호가호위(狐假虎威)(『전국책』), 회자인구(膾炙人口)(『맹자』 진심하).[9]

이런 기원담이나 배경담은 더러 부분적으로 사라지거나 변형되기는 하지만, 오랜 시간이 경과되면서 단순한 이야기의 수준을 벗어나 교훈성을 획득하게 된다. 고사성어의 배경담에는 미담의 성격을 지닌 것보다는 비판적 담론이 더 많다. 인간을 긍정하고 옹호하는 것보다는 인간을 부정하거나 비판하는 것이 더 많다. 위에 제시된 고사성어에서는 결초보은, 관포지교[10], 죽마고우 등과 같이 교훈적인 성격이 짙은 고사성어를

---

9 장기근, 『소설보다 재미있는 이야기 고사성어』, 명문당, 2005, pp. 1~1006.

10 사마천 『사기』의 "관중(管仲)·안자(晏子) 열전"에서는 다음과 같은 구절을 추려낼 수 있다(사마천, 『사기』, 장개충 편, 학영사, 2011, pp. 72~80).
"관포지교(管鮑之交)라는 고사가 있는데, 이는 관중과 포숙아(鮑淑牙)와 같은 사귐, 즉 매우 다정한 친구 사이, 또는 허물없는 교제를 일컫는 말이다." "관중은 제의 국정을 맡음으로써 부국강병을 이루었고 환공을 천하의 패자가 되도록 했다. 그리고 관중은 포숙아의 은혜를 잊지 않고 사람들에게 말했다. '내가 일찍이 가난했을 때 포숙아와 장사하여 이익을 나눌 때에 내가 더 많은 몫을 차지하였으나 포숙아는 나를 탐욕스럽다고 욕하지 않았다. 내가 가난한 것을 알았기 때문이

찾는 것이 쉬운 편은 아니다.

신화비평의 체계를 확립한 노스럽 프라이의 서사유형론은 '허구'라는 개념에 대한 반성에서 출발한다. 그는 소설은 허구이며 허구는 주로 소설을 가리킨다는 식의 통념이 잘못된 것이라고 주장하였다. 소설 중심의 허구관은 이제 코페르니쿠스적 전환을 맞이해야 한다는 프라이의 주장은 소설양식을 넓게 본 데 기인한다. 그는『비평의 해부』제1장 '역사주의 비평-양식론'에서 문학양식을 '허구적인 것'과 '주제적인 것'으로 대별하면서 노벨을 서사시, 교훈시, 신화, 전설, 민담 등과 함께 주제적인 것에 넣었다.[11] 이들 양식들은 일정한 이야기를 꾸며 내는 점에서는 허구적인 것에 속하지만, 창작의도 중 일정한 주제의 전달이 가장 큰 비중을 차지하고 있는 점에서는 주제적인 것에 속한다. 소설독자들은 '이야기가 어떻게 진행될 것인가' 하는 물음을 통해 허구적 성격에 관심을 가지면서도 '이 이야기가 말하려는 바는 무엇일까' 하는 식으로 주제 문제에도 관심을 지닌다는 것이다.

프라이는 제4장 "수사학적 비평: 장르론"의 제7절 "산문허구"에서 서사양식을 노벨, 로망스, 해부(anatomy), 고백(confession)과 같이 네 가지

다. 그리고 나는 또 포숙아를 위해 일을 획책하다가 실패하였지만 그는 나를 어리석다고 말하지 않았다. 시기에 따라 이로울 때도 불리할 때도 있음을 알기 때문이다. 또 나는 세 번 벼슬에 나아가 세 번 다 쫓겨났으나 포숙아는 나를 부덕하다고 하지 않았다. 내가 때를 만나지 못했다고 이해하였다. 그리고 전쟁에 세 번 나아가 세 번 도망했으나 그는 나를 비겁하다고 하지 않았다. 나에게 노모가 있다는 것을 알았기 때문이다. 공자 규(糾)가 패할 때 나의 친구 소홀(召忽)은 따라 죽었으나 나는 사로잡혀 부끄러움을 당했다. 그러나 포숙아는 나를 염치없는 놈이라고 욕하지 않았다. 내가 작은 의리에 벗어남을 부끄러워하지 않고 천하에 공명을 세워 떨치지 못함을 부끄럽게 여기는 그것을 이해했기 때문이다. 그래서 나를 낳아 준 것은 부모요 나를 알아 준 이는 포숙아이다.' 포숙아는 관중을 추천해 놓고 자신은 항상 그 아랫자락에 있었다. 세상사람들은 관중의 현명함을 칭찬하기보다는 오히려 포숙아의 사람 알아보는 혜안을 더욱 칭찬했다. 관중이 죽은 후에도 제나라는 제후들 중에서 최강이었다. 제나라가 관중의 정책을 계속 이어 갔기 때문이다."

11 Northrop Frye, *Anaton of Criticism*, Princeton University Press, 1973, p. 54.

로 나누어 상론했다.[12]

해부는 허구적인 성격보다는 주제적인 성격이 훨씬 강한 서사양식이다. 실제로 작가들은 '어떤 이야기를 들려줄까' 하는 데 부심하는 것 못지않게 '어떤 사상이나 이념을 전달할까' 하는 데도 큰 의욕을 보인다. 해부는 특정 사상의 그릇이거나 담지자(擔持者)의 형식으로 작중인물을 설정한다. 물론 인물 외에 사건이라든가 배경을 통로로 하여 일정한 사상이나 이데올로기가 전달될 수 있다. 해부는 작중인물이나 사건 또는 배경에 지적으로 접근하는 태도를 본질로 삼는다. 프라이는 해부의 특징을 ① 본제를 벗어난 서사(the digressing narrative), ② 목록(the catalogues) 제시, ③ 기질에 따른 인물의 형상화(the stylizing of character along "humor" lines), ④ 오만한 사람의 신비로운 여행(the marvellous journey of the great nose), ⑤ 심포지엄(the symposium discussions), ⑥ 철학자와 현학적 비평가의 끊임없는 냉소(the constant ridicule of philosophers and pedantic critics)[13] 등과 같이 제시했다. "본제를 벗어난 서사"는 스토리 전개에 오히려 방해가 될 수도 있다. "목록 제시"와 "심포지엄"은 작가가 오랫동안 탐구한 것의 결과이든 다른 서책을 인용한 것이든, 대상에 대한 기본지식을 들려주고 있는 대목에서 쉽게 찾을 수 있다. 이 경우에도 "오만한 사람의 신비로운 여행"과 마찬가지로 스토리 진행에 방해가 되는 결과를 빚어낼 수 있다. "철학자와 현학적 비평가의 끊임없는 냉소"는 사상소설이나 풍자소설에서 찾을 수 있다.

프라이가 1930년대 유럽 여러 나라에서 유행되었던 프롤레타리아소설을 해부의 대표적인 실례로 꼽은 것처럼 사상소설, 이데올로기소설, 관념소설, 주제소설이라고 부를 수 있는 것들이 해부로 들어올 가능성이 높기는 하다. 일반독자들보다 지적 우월감을 지니고 있는 작가들이 해부의 양식을 취할 가능성이 높기도 하다. 우리 소설사는 1920~1930년대에 조명희의 「낙동강」(1927), 최서해의 「홍염」(1927), 강경애의 『인간문제』

12 Ibid., pp. 303~314.

13 Ibid., p. 312.

(1934), 한설야의 『황혼』 등과 같은 많은 프롤레타리아소설을 보유하고 있고, 또 1970년대까지 빈민·농민·노동자 등을 주인공으로 한 소설을 많이 대할 수 있었던 만큼 한국작가들은 해부양식에 능한 편이라고 할 수 있다.

해부의 양식은 플롯에 민감한 단편소설의 분량으로는 담기 어렵다. 플롯의 문제에 대범한 장편소설이나 대하소설은 소재를 담아낼 수 있는 공간이 넓기에 해부의 양식을 수용할 수 있다. 최명희의 대하소설 『혼불』(1996)에서는 두레농사, 십간십이지, 살과 삼재와 팔난, 땅, 혼배, 소나무, 상복, 노비, 옷의 색과 신분, 대나무 등에 대한 전문지식을 전해 주고 있다. 이 중에서 "두레농사"에 대한 전문지식과 "노비"의 유형, 정부의 관리방법에 대한 지식을 예시해 보기로 한다.

> ① 그날 상쇠·상소고·상버꾸·상무동을 섰던 사람들도, 징과 꽹과리·장구·북을 두드리던 사람들도, 그렇게 신명나게 날라리 호적을 불던 사람들도 몸에 감았던 청홍의 띠를 벗어 놓고 지금은 오로지 모내기에 열중하고 있다.
>
> 얼마나 즐거웠던가.
>
> 논갈기를 필두로 가래질, 써래질에 못자리하기, 볍씨치기, 거름 주기, 피 고르기, 모찌기, 모심기 그리고 콩심기며 논 김매기, 풀하기, 벼 베기, 볏단 주워 묶기, 굉이기, 타작, 거기다가 흥겨운 방아 찧기, 새끼 꼬기, 가마니 치기 등을 있는 대로 흉내내며 농악대의 쾌자 자락이 휘날릴 때, 열두 발 상모가 푸른 하늘에 그리던 갖가지의 하얀 무늬는 또 얼마나 경쾌하고 절묘하였던가.
>
> 거기다가 여장을 한 무동들이 다섯이나 나와서 삼베 길쌈하는 흉내를 어찌나 앙징맞게 하는지, 그만 복장을 쥐어 잡고 웃게 하였던 것이다. 그들은 쪼개기, 삼삼기, 삼 뭉치기, 물레질 하기, 감는 돌개질 하기, 익히기, 푸는 돌개질 하기, 날기, 베매기, 짜기, 빨래하기 등등의 시늉을 감치게도 잘 해내어, 보고 있던 아낙들은 눈귀에 질금질금 눈물이 번질 지경이었다.[14]

② 조선의 노비는 칠반천역(七般賤役), 팔반사천(八般私賤)에 드는 천민으로, 칠천·팔천 중에서도 가장 낮은, 이름만 사람일 뿐 사람이라 할 수 없는 신분이었다. 이들은 다시 공노비(公奴婢)인 공천(公賤)과 사노비(私奴婢)인 사천(私賤)으로 나뉘었다.

장례원(掌隷院)에서는 이들의 호적을 철저히 조사하여 노비안(奴婢案)을 작성해 두었는데, 공노비는 장례원에서 직접하고, 사노비는 지방의 수령이 삼 년마다 속안(續案)을 만들어 변화정황을 적은 뒤에, 이십 년마다 정안(正案)을 기록하여 본조(本曹)·의정부(議政府)·장례원(掌隷院)·사섬시(司贍寺)·본사(本司)·본도(本道)·본읍(本邑)에 보관하였으니, 이렇게 숨통을 조이는 신분의 족쇄로부터 달아난다는 것은 주먹 속에서 뛰는 벼룩과 같은 일이었다.

그래도 집안에 묶인 노비로 꼼짝 못 하는 사천보다는, 밖에 나가 살면서 제 식구와 가계를 꾸려 갈 수 있었던 공천은 처지가 좀 나았다. 궁중에서 쓰는 미곡·포목·잡화와 노비들을 맡아 보는 내수사(內需司)에 속하였다 하여 내노비, 혹은 궁노비라 부르던 공노비를 비롯하여, 관아에 소속된 관노비, 역에 박힌 역노비, 그리고 향교에 딸린 교노비, 또 고려의 사찰에 있었던 노비들을 조선 초기에 나라를 세우면서 모조리 몰수하여 공노비로 만든 사노비들은 공천이었는데, 이 공노비 공천 중에서도 선상(選上) 노비와 납공(納貢) 노비는 서로 일이 달랐다.[15]

두레, 두레농사, 두렛일 등에 대해 단편적인 지식을 담은 인용문 ①을 통해서는 농사의 어려움과 농민들의 상호부조의 정신을 깨닫게 된다. 인용문 ②를 통해서는 조선조의 노비제도가 가혹할 정도로 치밀하게 운영되었음을 알게 되며, 조선조의 노비가 많은 부류로 나누어졌다는 사실에 놀라게 된다. 이문구의 장편소설 『내 몸은 너무 오래 서 있거나 걸어

14 최명희, 『혼불』 1권, 한길사, 2001, pp. 116~117.

15 최명희, 『혼불』 4권, 한길사, 2001, pp. 23~24.

왔다』는 충청도 쪽 서해바다의 갯벌을 배경으로 게, 조개 등의 생태와 나무와 풀에 대한 보고서를 실감 있게 제시하고 있다.

> ① 단오 무렵에는 동네사람들이 밤저녁에 떼지어 몰려가 화래질을 해서 반찬을 장만하는 것이 큰 행사였는데 홍은 그런 데마저도 한 번 빠져 본 적이 없었다. 화래질은 싸리빗자루나 석유를 먹인 솜방망이 횃불로 갈대밭과 갯벌을 밝히고 다니며 불빛에 기어 나온 게를 구럭이나 양동이에 주워 담는 것이었다. 갈대와 나문재가 자라는 갯둑 가까이엔 민물이 흘러드는 수멍이 여러 군데여서 꼴은 도둑게 비슷해도 깊은 구멍에서 사는 깔때기와 깔때기 비슷한 갈게가 실패고둥과 함께 널려 있었고, 조간대(潮間帶)를 이루는 갯벌에는 집게발이 크고 붉다는 데서 이름이 나온 황발이(농게)를 비롯하여, 집게발은 커도 힘을 못 쓰는 능쟁이(칠게)며 밤게들이 새까맣게 깔려 있곤 했다. 조간대 중에서도 저조선(低潮線)에 가까워지면 진흙탕에서는 껍질이 있으나마나하게 얇아서 속이 들여다보이는 민칭이가 기어다니고, 민칭이를 먹고 사는 갯지렁이가 기어다니고, 바지락과 따개비와 토굴을 먹고 사는 갯우렁이와 피뿔고등이 기어다니고, 갯우렁이와 피뿔고둥을 먹고 사는 집게와 민꽃게가 기어다니고, 등딱지에 구름무늬가 있는 금게와 박하지게가 기어다니고, 갯물이 늘 지적지적한 갯고랑의 모래바탕과 진흙바탕에는 맛조개와 피조개와 동죽조개와 백합조개에 소라며 골뱅이며 명주고둥이며가 손가락 끝으로 뒤적거리기만 해도 한 옴큼씩 튀어나올 정도로 숱하게 묻혀 있었던 것이다(pp. 51~52).
>
> ② 나중에 보면 알겠지만 개암나무는 자라고 싶은 대로 자란대도 키가 사람을 넘보지 못하는 겸손한 나무다. 그리고 밑동도 그루라고 하는 것보다 포기라고 하는 것이 걸맞을 정도로 어느 것이 줄기이고 어느 것이 가지인지 뚜렷하지 않게 떨기져서 덤불처럼 자란다. 둥치의 퉁테도 굵은 것이 작대기보다 가늘며 잎사

귀도 오리나무를 닮아서 볼품이 없어 나무 장수가 쳐주지 않고, 나무 장수가 찾지 않으니 묘목 장수도 기르지 않는다. 소위 경제성이 없는 나무인 셈이다. 그래도 그전엔 그렇지가 않았다. 가령 여름에 땔감이 떨어져서 풋장을 베어다 말려 땔감을 대었던 때만 해도, 어린 떡갈나무와 더불어 단골로 풋장 노릇을 해준 나무가 바로 개암나무였던 것이다. 장마가 그치지 않는 가운데 사나흘에 하루쯤 비가 긋고 해가 나는 것을 나무말미라고 이름 지은 것도 개암나무서껀 싸잡아서 벤 풋나무를 뒤집어 가며 생으로 말려서 조석을 끓인 까닭이었다(p. 102).

③ 은행나무도 마주 서야 한다는 속담이 있지만 동네에 수나무가 없어서 은행을 두어 되밖에 못하는 은행나무와, 심은 지가 몇 해 안 되어 먹으려면 아직도 먼 호두나무며, 올해 처음으로 꽃을 본 석류나무며, 해거리 하나는 꼭 찾아서 하는 자두나무며, 열매가 익기도 전에 다람쥐가 모두 훑어가고 마는 앵두나무와 살구나무는, 모두가 같은 마당가에 있다고 해도 앞이 트인 저수지 쪽으로 서지 않고 뒤꼍의 굴뚝에다 줄을 맞추어 뒷동산 기슭에 바투 늘어서 있었다. 볕이 하도 뜨거워서 낫을 꽂아 두고 사는 통에 감나무와 밤나무가 서로 키를 겨루는 틈바구니에 끼여 근근이 터를 지켜 나가는 자목련이며 들충나무며 구기자나무 따위는, 제멋대로 깃은 채 고개가 빠지게 꽃을 이고 있는 개망초 풀숲에 치여서 숫제 나무꼴이 아니었다.

토종두 박래품처럼 센 늠은 세여.

옹은 개망초꽃으로 뒤덮인 풀숲에서 눈을 거둬들이며 그러고 중얼거렸다. 개망초꽃 떨기 틈에서 빼어난 물건 하나가 눈에 띄어 여겨보니 저절로 나서 저만 알게 핀 백도라지꽃이었던 것이다. 도라지는 더덕이나 잔대와 달리 아무 데서나 뿌리를 내릴 뿐 아니라 드센 풀덤불 속에서도 견디는 힘이 뛰어난 것 같았다. 견딜성이 뛰어나다는 것은 도라지가 지닌 독성이나 냄새나 끈기에 견디지 못하여 싹이 트지 않거나, 싹이 터도 자라지 못하고 지레

치여 죽는 풀이 그만큼 많다는 뜻일 것이었다. 옹도 도라지를 심어 보아서 알다시피 질긴 풀로 이름난 바랭이나 쇠비름이나 닭의장풀도 도라지밭에서는 도라지에 쥐여 살아서 품이 훨씬 덜 들었던 것까지 싸잡아서 기억한 것이었다(pp. 204~205).[16]

김주영의 대하소설 『객주』(1981)는 적극적으로 해부의 양식을 취한 곳을 자주 보여 주고 있거니와, 다음과 같이 한양의 온갖 장수, 전국의 유명장터, 조선의 별미 등에 대한 해박함을 과시하고 있다.

앞에 선 젊은 사내에겐 한 사람 건너인 젓장수의 말소리가 귀에 온전치 못해 자주 발길을 늦추고 귀를 모아 잡아야 하였다. 젓동이 진 사내가 다시 묻기를, "삼개로 들어가서 생선이나 젓갈을 져다 팔려 하였수?" "시생을 두고 하는 말씀이시우?" "그렇소이다."

선머리에 선 젊은 사내가 꿀꺽 침을 삼킨 연후에 대답하기를,

"어찌 한양에 삼개 젓갈뿐이겠수. 누각골(樓閣) 쌈지장수, 자하문(彰義門) 밖 화초(花草)장수, 애오개(阿峴洞) 놋갓(鍮器)장수, 잔다리(延禧洞)로 가면 게장수, 창내(滄川洞)로 가면 마전쟁이, 홍제원(弘濟院) 문밖이면 인절미장수, 두텁골(厚岩洞) 돼지장수, 갈우리(葛月洞) 청포(青脯)장수, 물쇠골(水鐵里) 솥장수, 청파(靑坡)로 가면 콩나물장수, 이태원 복숭아장수, 숭동(東崇洞)으로 가면 앵도장수, 용머리(龍頭洞)로 가면 청근(菁根)장수, 제텃골(祭基洞) 토란장수, 왕십리 미나리장수, 홍문골(紅把洞, 杏村洞) 엿장수, 서빙고 얼음장수, 공덕동 화주(火酒)장수, 두뭇개(豆毛浦) 콩나물장수, 동촌(東村: 明倫洞)으로 가면 쇠고기장수, 다 연명할 방도야 얼마든지 있지요."

"시생도 팔도의 장판 어디 안 가본 데가 없소. 안양의 밤장,

16 이문구, 『내 몸은 너무 오래 서 있거나 걸어왔다』, 문학동네, 2000, pp. 51~205.

통영의 갓장, 병점의 옹기장, 공릉의 짚신장, 안동 삼베장, 한산·임천·정산(定山)의 모시장, 신탄진의 다듬잇돌장, 황간의 대추장, 평안도 성천(成川)·청주·미원(米院)의 담배장, 정주(定州) 납청(納淸)의 유기장, 회령·김천의 쇠장, 안성의 유기장, 양주 밤장(栗場), 옹진 멸치새우장, 보은의 대추장, 완도의 김장, 영암 참빗장, 담양 죽물장, 나주의 소반장(小盤場), 평안도 강계의 인삼장, 함안의 감장, 전라도 임실의 연죽장(煙竹場), 아산의 황조기장, 삼척의 게장, 전주의 한지(韓紙), 문경의 제기(祭器), 은진의 육날미투리, 평해(平海)의 미역장, 옥천의 면화장, 진주 진목장(晋木場), 홍원(洪原)의 명태장, 마산포 멸치장, 춘향이 울다 간 남원장, 장가 못 간 놈 섭섭한 아내장(竝川場), 삼가장(三嘉場), 장호원장, 치자꽃 많이 피는 남해장, 광양의 푼주장, 그저 팔도의 장판을 청개구리 밑에 실뱀 따라다닌 듯 굴러다며 헛손질 곤댓짓으로 타관 봉노 신세 진 지 삼십 년에 못 해본 일이 없소만 딱 한 가지 못 해본 일이 있소이다 그려."[17]

다음은 젓갈장수와 장돌뱅이가 나눈 대화를 인용한 것으로, 두 사람은 기억력이 비범함을 드러내고 있다.

주걱턱이 그 말을 되받아치며 나오기를,

"내 일찍이 팔도 저자를 무른 메주 밟듯 하면서 조선의 별미로는 맛보지 않은 것이 있었겠나? 배전의 참기름, 영변의 홍미반(紅米飯), 북청의 게장, 황주의 세하젓, 해주의 도미국수에 비빔밥, 연안(延安)의 인절미, 평양의 닭볶음(桃李湯)에 어죽, 장단(長湍)의 밤떡, 송도의 보쌈김치에 식혜, 금강산의 잣박산, 청량리의 두견술(杜鵑紅), 경우궁(景祐宮)의 된장찌개, 과천의 청참외, 자하문 밖 능금, 수원 용주사의 약과, 양주 백화암의 찹쌀튀각, 용문

17 김주영, 『객주』 2권, 문학동네, 2017, pp. 16~17.

사의 두릅회와 취쌈, 봉선사의 전골, 광주(廣州)의 속댓국, 용인의 오이지, 회덕(懷德)의 행채나물, 여주 남강(南江)의 쏘가리탕, 청주 갈비, 공주의 밀국수에 깍두기, 회암사의 간장, 서산의 뱅어, 칠갑산 고사리, 노성(魯城)의 게, 연산의 황계탕(黃鷄湯), 임실의 물감, 순창의 고추장, 법성포 굴비, 홍성의 어리굴젓, 강진의 유자청(柚子淸), 해남의 낙지회, 고흥의 고막, 광주(光州)의 애저와 무등산 푸렝이, 전주의 유과, 남원의 미나리, 금강의 송어회, 보성의 쓰레홍합, 창평(昌平)의 생강엿, 풍기의 곶감(乾柹)."[18]

두 상인이 각각 전국의 유명한 시전들과 조선의 별미에 대한 암기력을 과시하는 것으로 내레이션을 대신한 것은 조금 부자연스럽기는 하나 소중하고 값진 기록임에는 틀림없다.

노스럽 프라이는 해부양식의 원형으로 메니프스식 풍자(Menippean satire)를 제시했다. 고대 그리스의 풍자작가 메니프스의 작품은 정신적인 면에서나 물질적인 면에서 상류에 속하는 존재들을 풍자의 대상으로 삼았다. 이들은 '명예로운 철인(philosophus gloriosus)'이라는 이름으로 범주화된다. '명예로운 철인'에는 현학자(pedants), 고집쟁이(bigots), 변덕쟁이(cranks), 졸부(parvenu), 덕망인(virtuosi), 광신자(enthusiasts), 욕심쟁이(rapacious), 무능력자(incompetent) 등이 들어간다.[19] 프라이는 풍자가 제대로 이루어지려면 '백과사전적인 잡식(encyclopedic farrago)'이 마련되어야 하고 이러한 박식을 아이러니컬하게 사용할 줄 알아야 한다고 주장했다.[20]

신채호는 「꿈하늘」에서 강감찬 장군을 화자로 내세워 "나라의 적을 두는 지옥"을 일곱 개를 세워 매국노, 탐관오리, 어용 언론인, 정탐객, 가지사, 친일파, 사대주의자 등을 지옥에 처넣어야 한다고 하면서 "망국노를 두는 지옥"을 여러 가지 설치해야 한다고 제안했다.

---

18 같은 책, p. 282.

19 Northrop Frye, op. cit., p. 309.

20 Ibid., p. 311.

① 나라야 망하였건 말았건 예수나 잘 믿으면 천당에 간다 하며, 공자의 글이나 잘 읽고 산림 속에서 독선기신(獨善其身)한다 하여 조상의 역사가 결단남도 모르며, 부모나 처자는 모두 남의 종이 된지는 생각지도 않고, 오직 선과 천당을 찾는 놈들은 똥물에 튀기어 쇠가죽을 씌우나니 이는 '똥물지옥'이니라.

② 정견을 가진 당파는 있어야 하지만 오직 지방색으로 가르며, 종교로 가르며, 개인적 감정으로 가르며, 한 나라를 열 쪽을 내어 서로 해외로 다니며 싸우고 이것을 일로 아는 놈들은 맷돌에 갈아 없애야 새 싹이 날지니 이는 '맷돌지옥'이니라.

③ 말도 남의 말만 알고 풍속도 남의 풍속만 좇고 종교나 학문이나 역사 같은 것도 남의 것을 제것으로 알아 러시아에 가면 러시아인이 되고, 미국에 가면 미국인이 되는 놈들은 뱉을 빼어 게같이 만드나니 이는 '엉금지옥'이니라.

④ 동양의 아무 나라가 잘되어야 우리의 독립을 찾으리라 하며, 서양의 아무 나라가 우리 일을 보아 주어야 무엇을 하여 볼 수 있다 하여, 외교에 의뢰하여 국민의 사상을 약하게 하는 놈들은 그 몸을 주물러 댕댕이를 만들어 큰 나무에 감아 두나니, 이는 '댕댕이지옥'이니라.

⑤ 의병도 아니요, 암살도 아니요, 오직 할 일은 교육이나 실업 같은 것으로 차차 백성을 깨우치자 하여, 점점 더운 피를 차게 하고 산 넋을 죽게 하나니, 이 놈들의 살 곳은 '어둥지옥'이니라.

⑥ 황금이나 여색 같은 데에 빠져, 있던 뜻을 버리는 놈은 그 갈 곳이 '단지지옥'이니라.

⑦ 지식이 없어도 아는 체하고, 열성이 없어도 있는 체하며, 죽기는 싫으나 명예는 차지하려 하여 거짓말로 남 속이고 다니는 놈들은 불로 지져 뜨거움을 보이어야 하나니, 이느 '지짐지옥'이니라.

⑧ 머리 앓고 피 토하여 가며 나라 일을 연구하지 않고, 오직 남의 입내만 내어 마찌니의 『소년 이태리』를 본떠 회(會)의 규칙

을 만들며, 손문의『군정부 약법(約法)』을 번역하여 자가의 주의로 삼아 특유한 국민성이 없이 인쇄된 책으로나 일을 하려는 놈들이 갈 지옥은 '잔나비지옥'이니라.

⑨ 잔꾀만 가득하여 일 없는 때는 칼등에서 춤이라도 출 듯이 나서다가 일 있을 때는 싹 돌아서 누울 곳을 보는 놈은 그 기름을 빼어야 될지라. 고로 가마에 넣고 삶나니 이는 '가마지옥'이니라.

⑩ "아무래도 쓸 데 없다. 왼손으로 총을 막으며 빈 입으로 군함 깰까, 망한 판이니 망한 대로 놀자" 하는 놈은 무쇠두멍을 씌워 다시 하늘을 못 보게 하나니 이는 '쇠솥지옥'이니라.

⑪ 돈 한 푼만 있는 학생이면 요리집에 데리고 가며, 어수룩한 사람이면 영웅으로 치켜세워 저의 이용물을 만들고 이를 수단이라 하여 도덕 없는 사회를 만드는 놈의 갈 곳은 '아귀지옥'이니라.

⑫ 공자가 어떠하다, 예수가 어떠하다, 나폴레옹이 어떠하다, 와싱턴이 어떠하다 하며, 내 나라의 성현 영웅을 하나도 모르는 놈은 글을 다시 배워야 하나니, 이놈들의 갈 곳은 '종아리지옥'이니라.[21]

풍자가를 호레이스로 대표되는 인류사랑형과 주비날로 대표되는 인류증오형으로 나누어 본 길버트 하이트(Gilbert Highet)는 풍자작가들 대부분은 잔인하면서도 지저분한 말, 비속하고 우스꽝스런 표현, 비문학적인 구어체를 가져다 쓴다고 하였고, 풍자의 구체적 방안으로 아이러니, 패러독스, 대조법, 패러디, 구어체, 점강법, 외설, 폭력, 과장, 명확성 등을 들었다.[22]

---

21 신채호,『신채호 소설전: 꿈하늘』, 송재소·강명관 편, 동광출판사, 1990, pp. 35~36.

22 Gilbert Highet, *The Anatomy of Satire*, Princeton University Press, 1962, p. 18.

한국문학의 경우, 풍자소설의 골격을 취해 해부의 정신을 살린 작품으로는 「공방전」, 「국순전」, 「국선생전」, 「정시자전」 등과 같은 고려 말의 가전체소설, 조선조 박지원의 「양반전」, 「호질」, 「예덕선생전」 등과 같은 한문소설, 개화기의 안국선의 「금수회의록」, 핑소생의 「병인간친회록」, 일제강점기 채만식의 「레디메이드인생」, 「치숙」 등과 같은 단편소설, 해방 이후 이문구의 「우리 동네」 연작소설, 성석제의 『투명인간』 등을 들 수 있다.

가전체는 돈·술 등을 의인화하여 그에 관련된 인간들의 부패와 부조리를 비판적으로 기록한 것이며 박지원의 소설들은 당시의 강자, 권력자, 양반 등의 위선됨을 공격하는 데 집중한 것이다. 특히 「양반전」은 '사(士)는 하늘이 내려 준 것이며 곧 지조의 존재'라는 관념을 저버린 채 강원도 정선의 어느 양반이 가난을 이기지 못해 이웃집 돈 많은 상민에게 양반의 자리를 팔아 버리려 한다는 이야기를 들려준다. 박지원은 생활에 무능하고 학문도 깊지 못한 양반을 공격의 대상으로 삼았지만 이에 못지않게 돈이면 무엇이든지 다 취할 수 있다는 상민도 풍자의 대상으로 삼았다. 메니프스식 풍자의 대상 가운데 양반은 '무능력자'에 들어가고 상민은 '졸부'에 들어간다. 「양반전」은 두 가지의 문권을 소개하는 자리에서 사족(士族)의 당행절목 열세 개 원칙과 금지조목 스물한 개 원칙을 열거하여 해부양식의 '백과사전식 접근', '목록제시' 등의 특징을 충족시키고 있다. 당행절목은 작중의 양반을 겨냥한 것으로, 금지조목은 작중의 상민을 노린 것으로 해석할 수 있다.

박지원의 「호질(虎叱)」은 성스럽고, 싸움 잘하고, 슬기롭고, 어질고, 세차고, 사납다는 식으로 웬만한 사람보다 나은 존재로 소개된 호랑이가 짐승들에 의해 먹이감으로 추천된 의사·무당·유학자 등을 비판하는 내용과 벼슬에는 뜻이 없고 오직 저술에만 힘쓰는 고고한 선비로 소문이 나긴 했으나 과부와 통정하려다 들킨 북곽선생을 앞에 놓고 인간세상 전체를 꾸짖는 내용으로 짜여져 있다. 호랑이는 창귀들을 모아 놓고 의(醫)는 의(疑)로, 무(巫)는 무(誣)로 볼 수 있는 만큼 많은 사람들의 노여움을 사고 있어 독이 가득 차 있다는 이유로 거절한다. 육혼이란 짐승이 "어떤 고기가 저 숲속에 있는데 그는 인자한 염통과 의기로운 슬기에 충성스런 마음을 지니고 순결한 지조를 품었으며 악(樂)은 머리 위에 이다시피, 예(禮)는 신처럼 꿰고 다닌답니다. 그뿐만 아니라 그는 입으로 백가(百家)의 말들을 외며, 마음속으론 만물의 이치를 통했으니 그의 이름은 석덕지유(碩德之儒)라 하옵니다. 등살이 오붓하고 몸집이 기름져서 오미를 갖추어 지녔답니다"[23]와 같이 추천하고 이어 유학은 음양과 오행과 육기를 조화시킨다고 보충설명하자 호랑이는 그 고기가 잡되고 맛이 순하지 못할 것이라는 이유로 거절한다. 호랑이는 유학의 학문으로서의 한계를 지적하는 데까지 나아가고 있다. 과부의 다섯 아들이 들이닥치는 것을 피해 도망가다 똥구덩이에 빠진 후 겨우 기어 나온 북곽선생을 꾸짖는 자리에서 당시 인간세계를 겨냥하여 마소를 마구 부린 다음 닥치는 대로 잡아먹는 점, 강자가 약자를 착취하고 도적질하는 점, 다른 짐승이나 곤충들을 닥치는 대로 악용하는 점, 그물과 각종 병장기를 만들어 생태계를 파괴하는 점 등을 통렬하게 비판했다. 호랑이를 내세워 유교 중심의 조선조의 인간세계를 비판한 것은 풍자정신을 동력으로 한 우화소설의 방법을 취한 것이다. 노스럽 프라이가 풍자양식의 원형인 메니프스 풍자의 대상으로 꼽은 '영광의 철인'은 박지원에 의해 조선조의 유림이나 양반으로 나타나고 있다. 개화기에 발표된 안국선의 우화소설 『금수회의록』(1908)은 까마귀, 여우, 개구리, 벌, 게, 파리, 호랑이, 원앙새 등 여덟 금수들이 연사로 등장하여 당대 인간세계의 타락상을 비판함으로써 토론소설·윤리소설·풍자소설의 색채를 지니게 된다. 여우는 배외주의자, 제국주의자, 성도덕의 문란 등을 공격하였으며 개구리는 수구파·개화파·열강·탐관오리 등을 공격하였으며 무장공자로 불리는 게는 훼절과 몰주체성을 보이는 매국대신을 비판하였고 원앙새는 조강지처를 버리는 자들과 재가하는 여인들을 비판하였다. 안국선도 신채호와 마찬가지로 남녀·상하·보혁 등을 가리지 않고 비판대상으로 삼았다.

23 이가원 편역, 『이조한문소설선』, 민중서관, 1960, p. 170.

해부의 양식을 적극적으로 취한 작가들로는 종교·계몽주의·문명 등의 문제에 대한 박식을 털어 놓기 좋아했던 이광수, 1920년대와 1930년대의 농촌 문제에 집중적인 관심을 보였던 이기영, 해방 후 좌우 이데올로기 문제를 전문학자에 비견할 정도로 깊게 공부한 이병주·박경리·최인훈·현길언·김원일·조정래·이문열, 1980년대와 1990년대에 농촌에 직접 살면서 농민과 농촌에 대한 전문가적 식견을 펼쳐보였던 이문구, 장편소설 『만다라』를 통해 불교에 대한 체험적 지식을 저변에 깔아 놓았던 김성동을 들 수 있다. 오랫동안 저널리스트로 정론(正論)을 펼치면서 한국의 당대사회에 대한 남다른 통찰과 비판의 결과를 특유의 매력 있는 소설문체에 실어 놓은 최일남도 해부에 능한 작가군에 포함시킬 수 있다. 최일남류의 해부능력은 언론인으로서의 오랜 세월에 걸친 끈질긴 감각연마와 성찰의지가 없으면 가능하지 않다.

프라이는 '해부'에 이어 네 번째 서사유형으로 멀리로는 성 어거스틴의 『고백록』에서, 가까이로는 루소의 『참회록』과 몽테뉴의 『참회록』을 모델로 하여 '고백(confession)'을 제시했다. 작가들은 어느 정도 자서전이나 자전적 소설을 쓰고 있는 만큼 고백은 특별한 서사유형이나 소설유형이라고 하기는 어렵다. 허구의 외피를 쓰고 있지만 속으로는 고백의 양식을 취하고 있다는 것이다. 이 양식은 형식에 구애받지 않고 자유롭게 어떤 내용이든지 서술할 수 있다는 이점을 지닌다. 고백의 예로 이청준의 단편소설 「눈길」, 박완서의 『나목』, 이승우의 『생의 이면』, 김경욱의 「미림아트시네마」 등을 들 수 있다.

노스럽 프라이가 "노벨은 외향적(extroverted)이면서 사적인(personal) 경향이 있으며, 주된 관심사는 사회 속에서 나타난 그대로의 한 개인의 성격에 있다. 로망스는 내성적(introverted)이면서 사적인 경향을 보이는데 인물을 다루기는 하지만 보다 주관적인 방법으로 다룬다(여기서 말하는 주관적이란 말은 제재가 아니라 태도를 말한다. 로망스의 주인공들은 영웅적이고 불가사의한 면이 있다. 이에 반해 노벨의 작가들은 보다 객관적이기 때문에 그의 인물들의 내면에 보다 자유롭게 들어갈 수 있다). 고백(confession)은 내성적이나 내용의 면에서는 지적인(intellectualized) 경향이 있다. 해부는 외향적이면서 지적인 경향을 지닌다"[24]고 한 것은 외향적 양식으로 노벨과 해부를 묶고, 사적인 경향으로 노벨과 로망스를 묶고, 내성적인 경향으로 로망스와 고백을 묶고, 지적인 경향으로 고백과 해부를 묶는 식으로 정리할 수 있다.

노스럽 프라이는 이 네 가지 서사양식의 두 가지 또는 세 가지 배합이 보이는 작품을 찾는 데도 힘썼다. 로망스와 고백의 합성을 낭만적 기질의 자서전, 외향적인 조지 바로우(George Borrow)와 내향적인 드 퀸시(De Quincey)에서 찾았고 로망스와 해부의 합성의 예를 라블레(Rablelais)에서 찾은 후, 고래를 향한 거친 추적담이 고래에 대한 백과사전적인 해부로 확대된 『모비 딕(Moby Dick)』에서 찾았다. 그리고 고백과 해부의 결합을 『사르토르 리사르투스(Sartor Resartus)』에서 찾은 후 키에르케고르의 『이것이냐 저것이냐』와 같은 산문허구에서의 놀랄 만한 실험에서 찾았다. 노벨과 로망스와 고백의 결합을 『파멜라(Pamela)』에서, 노벨과 로망스와 해부의 결합을 『돈키호테(Don Quijote)』에서, 노벨과 고백과 해부의 결합을 마르셀 프루스트(Marcel Proust)에서, 로망스와 고백과 해부의 결합을 아플레이우스(Apuleius)에서 찾았다.[25]

이를 보면 소설은 단일한 서사양식으로 구성되는 경우는 거의 없다. 원칙적으로 단편소설보다는 장편소설이, 장편소설보다는 대하소설이 더 많은 서사양식을 지니고 있다. 아직도 여러 소설가들은 소설양식의 본질은 허구적인 이야기를 들려주는 것을 기본임무로 아는 단편소설에서 확인할 수 있다고 생각한다. 대하소설은 말할 것도 없고 장편소설도 소설가가 자력으로 만들어 낸 이야기로만 채우기는 어렵다.

이야기를 들려주는 문학양식들을 노벨 중심으로 몰아가는 것은 우리를 과거문화나 미래문화로부터 소외시켜 버리기 쉬운 것이라고 경고한 로버트 스콜즈(Robert Scholes)와 로버트 켈로그(Robert Kellogg)는 소설의 본질을 재래적인 양식의 종합화 과정에서 찾으려 하였다. 이들은 노벨이

---

24 Northrop Frye, op. cit., p. 308.

25 Ibid., pp. 312~313.

오늘날 지나칠 정도로 영광을 누리고 있다는 근거로 문학적 진화는 생물의 진화보다 훨씬 복잡하다는 점을 들었다. 즉 생물의 진화와 변증법적 전개과정이나 상호교대의 작용을 보이는 것이 문학적 진화라는 것이다. 이때 변증법적 전개과정은 서로 성격이 다른 것끼리 결합하는 것을, 또 옛것과 새것이 합성되는 것을 뜻한다. 『내러티브의 본질』은 이러한 문학적 진화론을 재정립하면서 새롭게 소설본질론을 전개하고 있다.

내러티브는 우선 '경험적인 것(the empirical)'과 '허구적인 것(the fictional)'으로 대별된다. 이 두 가지 양식은 소설에서 전통적인 것이 절대적으로 통용되는 것을 막아 왔다. 현실에의 충실(allegiance to reality)로 설명되는 '경험적 내러티브'는 다시 '역사적인 것(the historical)'과 '모방적인 것(the mimetic)'으로 갈라진다.[26] 역사적 내러티브는 과거사실의 재현, 사실적인 시공간의 인과성 중시, 전기(傳記)로의 발전 등과 같은 특징을 지니며 모방적 내러티브는 인생의 단면제시, 인물이나 행동의 사회적·심리적 개념중시, 플롯 부재현상, 자서전으로의 발전 등과 같은 특징을 지닌다.

전기와 자서전은 분명 둘 다 경험적 내러티브에 속하는 것인데, 전기에 있어서는 역사적 충동이, 자서전에서는 모방적 충동이 지배한다. 경험적 내러티브가 역사적인 것과 모방적인 것으로 이분되는 것처럼, 허구적인 내러티브는 낭만적인 것(the romantic)과 계몽적인 것(the didactic)으로 나누어진다. 경험적 내러티브가 한두 종류의 진리를 밝히는 것에 목표를 둔 데 비해, 허구적 내러티브는 미나 선을 추구한다. 또한 모방적 내러티브가 어떤 정신과정에 있는 심리의 재현(a psychological reproduction of mental process)에 힘을 쓰는 것이라면, 낭만적 내러티브는 수사법을 동원하여 사상을 드러내는 것이라고 할 수 있다. 낭만적 내러티브는 미적 충동, 관념적인 세계, 사랑의 감정 중시, 중세 로망스로의 현현 등과 같은 특징을 지니며 계몽적 내러티브는 지적·도덕적 충동으

26 Robert Scholes and Robert Kellogg, *The Nature of Narrative*, Oxford University Press, 1966, pp. 13~15.

로 이루어지거나 우화라든가 풍자로 나타나는 경향을 보여 준다.

소설은 로망스와 대조되는 기본성격을 지니면서 '경험적 내러티브'와 '허구적 내러티브'를 종합한 서사양식이 된다. 신화·전설·민담 등이 서사시에서 통합되었던 것처럼, 소설은 역사적·모방적·낭만적·계몽적인 것 네 가지를 다 종합한다.[27] 네 가지 서사양식을 종합하면 소설양식은 소설적인 것과 아닌 것 사이의 경계를 넘나들면서 온갖 소설유형을 빚어내기에 이른다. 노스럽 프라이의 4대 양식론과 로버트 스콜즈와 로버트 켈로그의 4대 양식론은 근대소설을 신화 → 서사시 → 로망스의 연장선에 올려 놓았던 통념을 파괴하는 효과를 갖는다.

'영국소설의 기원'이란 부제가 붙어 있는 것처럼 레너드 데이비스(Lennard Davis)는 현대소설의 기원을 어디서 어떻게 잡을 수 있을지를 묻고 있다. 그는 어떤 역사적인 순간에 내러티브가 소위 소설적(novelistic)이라고 하는 것이 될 수 있는지 묻는다. 데이비스는 이를 문지방(threshhold) 개념으로 표현했다. 문지방 개념을 살펴보는 가운데 소설담론의 본질과 한계를 파악하게 된다는 것이다. 레너드 데이비스는 소설의 문지방에 닿기 위한 세 가지 지배적인 이론을 진화론적 모델(the evolutionary model), 삼투형 모델(the osmotic model), 혼합형 모델(the convergent model)로 요약했다.[28]

레너드 데이비스는 진화론 모델의 골자를 "내러티브가 인류진화와 동의어가 될 수 있다면, 내러티브 전통에서의 형식상의 진화는 생물 진화와 유사하다. 17세기에 소설이 출현한 것은 후기 중생대에 포유류가 출현한 것과 비슷한 사건이다"와 같이 제시했다. 쇼왈터(E. Showalter)의 「프랑스 소설의 진화」를 인용하여 공룡과 포유류 사이의 싸움은 로망스와 노벨의 싸움에 비유된다고 한 것은 날카로운 통찰력을 과시한다.[29] 진

---

27 Ibid., pp. 14~15.

28 Lennard Davis, *Factual Fictions: The Origins of the English Novel*, Columbia University Press, 1983, p. 2.

29 Ibid., p. 3.

화론이 그러한 것처럼 진화론 모델은 적자생존·적응·선택 등을 중심개념으로 삼는다. 물론 어느 나라의 소설사에서도 로망스는 반복출현할 수 있는 것이라는 식으로 로망스의 개념을 정립한다면 로망스와 노벨의 싸움은 진화론의 패턴이 되기는 어렵다. 로망스와 노벨은 어느 시대에서든지 대립하거나 경쟁한다든가, 노벨은 로망스가 발전한 양식이라든가 하는 인식은 로망스와 노벨이 시대를 초월하여 공존하는 관계라는 인식으로 바뀌어야 한다.

데이비스는 삼투형 모델의 중심개념을 의도성(intentionality)에서 찾는다. 그는 삼투형 모델은 이언 와트(Ian Pierre Watt)의 『소설의 발생(The Rise of the Novel)』에서 찾을 수 있다고 하면서 '발생'이란 개념에는 건설(erection)이나 건축(construction), 승리(triumph)나 지배(dominance)와 같은 함의가 들어 있다고 한 후, 건설이나 건축에는 소설이 이름 없는, 또 이름 지을 수 없는 기초로부터 자라난다는 뜻이 들어 있고, 승리와 지배라는 개념에는 운명과 권력이라는 것이 들어 있다고 보충설명했다. 데이비스는 이언 와트 저서의 정신을 "지배적인 철학주제와 문화가 대체로 흐릿한 방법으로 서사의 구조에 침투하여 그 구조를 바꾸어 놓는 것"[30]으로 밝혔다. 레너드 데이비스는 삼투형 모델이 사회 내 심각한 변화는 소설의 심각한 변화를 유발한다고 주장하는 것으로 보았다. 이언 와트의 책에서는 영향이라든가 보편적인 변화원인 등을 찾아볼 수 있지만 궁극적으로는 사회학적 사고와 문학적·구조적 재현 사이의 미시적 관계를 제시해 주지는 못한다고 지적하였고, 삼투적 방법은 사회학적 동찰과 문학적 구조를 연결시키는 것에서 한걸음 더 나아가 인과론의 멍에를 씌울 것을 요구한다고 하였다.[31] 레너드 데이비스의 삼투적 방법은 이언 와트의 발생론의 개념을 좀 더 단단한 인과론으로 강화시키는 것이라고 할 수 있다.

레너드 데이비스는 진화론적 모델이 통시론적인 데 반해 삼투형 모

---

30 Ibid., p. 5.

31 Ibid., p. 6.

델은 공시적인 것이라고 대비하였다. 그는 혼합형 모델의 방법과 정신은 필립 스테빅(Philip Stevick)의 『소설의 이론』(1967)[32]에 잘 나타난다고 하였다. 그는 소설의 기원은 에세이, 로망스, 역사, 전기, 희극적 드라마, 감상적 드라마 등 어떠한 선행양식에서도 찾을 수 있다고 하였다. 바로 이러한 것을 혼합형 모델로 부를 수 있다고 하면서 소설을 혼합형으로 파악하는 사람들은 소설은 단선적으로 진화되는 것도 아니며, 삼투형처럼 사회적 동인으로부터 영향 받아 나오는 것도 아니라고 주장한다고 하였다.[33] 이처럼 진화론적 모델은 소설양식은 발전하는 것이라는 인식에서, 삼투형 모델은 소설양식은 상상력의 변화나 사회변화의 산물이라는 인식에서, 혼합형 모델은 소설양식은 종합문학적 양식을 취한다는 인식에서 출발한다.

그러나 이 세 가지 모델을 맹신하여 모든 소설의 출현이나 역사를 명쾌하게 설명할 수 있다고 생각하는 것은 잘못이다. 문학에서도 통용되는 '고전'이란 개념은 진화론적 모델의 한계를 보여 주게 되며, '로망스'의 존재는 삼투형 모델에 대한 신뢰감을 감소시킨다. 뛰어난 '단편소설'은 혼합형 모델의 과욕을 지적하기도 한다.

---

32 이 책은 스탕달, 헨리 제임스, 조지프 콘래드, 앙드레 지드, 웨인 부스, R. S. 크레인, E. M. 포스터, 노먼 프리드먼, 로버트 스콜즈 등의 글 50여 편을 모아 놓은 것으로 장르상의 정체성, 서사 기교, 시점, 플롯/구조/비율, 문체, 인물, 시간과 공간, 상징성, 삶과 예술 등으로 구성되었다.

33 Lennard Davis, *Factual Fictions*, Columbia University Press, 1983, pp. 6~7.

7장 리얼리즘, 모더니즘, 포스트모더니즘

문예사조 중에서 소설의 본질을 가장 잘 설명해 주는 것은 리얼리즘이다. 모든 문예사조를 일시적으로 나타났다가 사라지는 것으로 여기고 있는 일부 이론가들은 한국문학에서도 리얼리즘은 1920~1930년대, 1970~1980년대에만 집중적으로 나타났고 그 이후 보이지 않는 것으로 해석하는 경향이 있다. 21세기 소설을 논하고 평가하는 자리에서 리얼리즘이란 용어를 사용하면 낡은 태도로 여기기도 하고 리얼리즘은 모더니즘으로, 다시 모더니즘은 포스트모더니즘으로 대치된 것으로 간주하기도 한다. 물론 리얼리즘이란 용어를 쓰지 않으면서도 반영·모방·재현 등과 같은 리얼리즘의 키워드를 애용하는 이론가들은 많다. '모방'이란 말은 '저급한 것이 고급의 것을 흉내내다'라든가 '삼류가 일류를 표본으로 삼는다'는 뜻을 포함하고 있어 '수직적 반영'으로 해석될 수 있다. 작가들이 현실을 '모방한다'고 할 경우, 소설 속의 세계가 현실세계보다 질이 낮은 것으로 오해될 수도 있다. 현실·시대·사회·역사·상황 등을 있는 그대로 그린다는 말로는 모방이나 모사(模寫)라는 용어보다는 반영이나 재현이라는 용어가 적합하다고 할 수 있다.

아리스토텔레스는 『시학』에서 "모방한다는 것은 인간과 동물을 구분하는 표지로 인간은 모방한 것에 희열을 느낀다"와 같이 모방행위의 본질적 기능을 밝혔고 "찬가와 찬사는 고귀한 사람들의 행위를 모방하고 풍자시는 비열한 사람들의 행위를 모방한다"[1]와 같이 모방은 어떤 대상을 취하느냐에 따라 여러 양식으로 나타날 수 있다고 하였다. 또한 "서사시는 장대한 운율을 갖고 진지한 문제를 모방하는 한에 있어서는 비극

1 아리스토텔레스, 『시학』, 손명현 역주, 박영사, 1960, pp. 43~44.

과 일치한다"[2]와 같이 최고의 문학양식의 본질은 모방에 있다고 주장하였다. "모방의 매재·양식·대상으로 조사(措辭)와 가요(매재), 장경(양식), 플롯, 성격, 사상(대상)과 같이 비극을 여섯 개의 요소로 나눌 수 있다"고 하였다.[3]

대상을 있는 그대로 그린다는 의미의 미메시스론은 셰익스피어의 『햄릿』 제3막 2장에 나타난 것[4]처럼 '자연모방설(imitatio naturae)'을 거치고 19세기 유럽의 자연주의와 리얼리즘을 거쳐 '반영론(theory of mimesis, Widerspiegelungstheorie)'으로 나타나게 된다. 반영론은 생산론(theory of production)과 함께 창작의 본질을 잘 설명해 주었다. 똑같이 '반영'이나 '거울'이란 말을 쓰면서도 문학과 사회 사이의 자동적이면서 기계적인 관계를 떠올리면서, 작가의 주관이나 개성을 살리지 못한 기계적이며 소극적인 반영행위는 무의미한 것으로 보는 사람들도 있다.

대상을 있는 그대로 비추는 것을 기본기능으로 삼고 있는 '거울'은 위치에 따라 또 주체의 의도나 능력에 따라 대상을 왜곡하거나 변형시킬 수 있다. '거울'이 대상의 참모습을 비추게 하기 위해선 주체가 거울을 적절한 곳에 설치할 줄 알아야 한다.

반영론(theory of mimesis, theory of reflection)을 작가의 특정 목적을 살리는 쪽으로 행사하는 것 이상으로 생각했던 마르크시즘 문학이론에서는 소극적이면서 수동적인 반영론을 낮게 평가했다. 동서양의 문학사

---

2 같은 책, p. 51.

3 같은 책, pp. 54~58.

4 신정옥 편역, 『셰익스피어 4대 비극집』, 전예원, 1991, p. 82.
"햄릿: 그렇다고 너무 단조로워도 아니 된다. 그러니 각자 신중히 생각하여 스스로 연구하라. 연기는 대사에, 대사는 연기에 조화시켜야 되느니라. 특히 명심해 둘 건 자연의 절도(節度)를 벗어나지 말아야 한다. 무엇이든 지나치면 연극의 목적은 벗어나는 법, 연극의 목적은 예나 지금이나 말하자면 자연을 거울에 비치어 보이는 일이다. 옳은 건 옳은 대로, 그른 건 그른 대로 고스란히 비추어, 그 시대의 시대상과 양상을 보여 주는 것이니까. 요는 만사 지나치거나 덜 됐거나 하면 미숙한 관객을 웃길 수 있겠지만 식자에겐 불쾌감을 주게 돼. 그러한 소수관객의 비난은 꽉 찬 다른 관객들의 칭찬보다 몇 배 중요한 법이니라."

에서는 정파나 이데올로기에 절대복무한 소설보다 그를 초월하면서 리얼리즘을 견지한 작품이 오래 남는 예를 더 많이 보여 주었다. 루카치는 기계적 반영론 대신 '인식론적 반영론(epitemological theory of reflection)'을 택하였다. 즉 외부세계에 대한 파악은 모두 인간의식 내 외부세계가 반영된 것에 지나지 않는다는 것이다.[5] 이처럼 레닌이나 루카치는 반영이란 개념을 대상지향적인 것으로만 새기는 대신, 자기지향적인 것으로도 끌고 가면서 반영개념을 극단적인 쪽으로 밀고 가는 결과를 낳았다.

반영개념을 확대해석한 것과 변형론을 종합해 본 테리 이글턴(Terry Eagleton)은 반영론의 중심행위인 재현(reproduce)에 대해 다음과 같이 날카롭게 설명했다.

> 문학은 그 대상과 반영적이며 대칭적인 일대일 대응의 관계에 있는 것은 아니다. 대상은 변형되고 굴절되고 용해된다. 거울이 그 대상을 '재'현하는(비추는) 것이라는 의미보다는 연극공연이 연극대본을 재'현'하는(각색하는) 방식으로 재현된다. 또는 좀 더 모험적인 경우를 들면, 자동차가 재료들을 조립하고 모아 놓은 것과 같은 방식으로 재현된다. 연극공연은 연극대본의 '반영' 그 이상이다.[6]

테리 이글턴은 마르크시즘의 반영론을 입론으로 취하면서 생산론을 긍정하는 이론가답게 재현의 의미를 "연극공연이 연극대본을 재현하는" 방식에서 찾을 수 있다고 했다. 물론 누가 연출하든지 간에 연극공연이 연극대본을 곱게 살린다는 것은 실제로 있기 어렵다. 그런데 이때 작가나 연출가가 주관을 살린다는 점에 대한 일률적인 규정은 생각하기 어렵다.

루카치가 전통적인 반영론에서 한 걸음 더 나아가 총체성(totality), 전형성(typicality), 세계사적 시각 등의 개념들을 기본요건으로 강조

---

5 Terry Eagleton, *Marxism and Literary Criticism*, Methuen Co. Ltd., 1976, p. 50.

6 Ibid., p. 51.

했던 그 시간에 피에르 마슈레(Pierre Macherey)는 '생산모델(production model)'을 정립하고 있었다. 마슈레는 그의 저서 『문학생산론(A Theory of Literary Production)』을 통해 문학작품이 만들어지는 방법을 체계적으로 설명해 보였다. 테리 이글턴의 설명은 피에르 마슈레가 작가를 창조자(creator)로 보는 태도에 반대하는 것에서 시작한다. 그에게 작가란 이미 주어진 자료로 새로운 산물을 만들어 내는 생산자(producer)에 불과하다. 자동차 조립공장에서 이미 만들어진 부품들을 갖고 생산품을 만들어 내는 숙련공처럼 작가들은 이미 만들어진 형식·가치·신화·상징·이데올로기를 재료로 하여 하나의 작품을 만들어 낸다는 것이다.[7] 마르크시즘식의 반영론은 작가의 개성이나 주관을 인정하지 않는 것이며, 피에르 마슈레의 생산론은 작가의 개성이나 주관을 부분인정하는 것이다. 작가의 주관을 인정하는 순으로 놓으면 창조설→생산론→반영론과 같이 될 것이다. 문학에서 시인이나 소설가의 글쓰기를 신성시하여 창조행위라고 이름 붙이는 것은 이제 과장으로 들리기도 한다. 모방이나 학습이 전혀 없는 창조는 생각하기 어렵기 때문이다.

플로베르, 스탕달, 발자크 등의 작가들에게서 리얼리즘의 확립과정을 찾아내고 있는 에리히 아우에르바흐는 "일상적 현실을 진지하게 다루는 것, 보다 확대되고 사회적으로 낮은 집단의 상승을 문제적·실존적 묘사를 위한 소재로 배치하는 것을 일면으로 하고 임의로 선택한 인물과 사건을 당대역사의 일반적 과정, 즉 유동적인 역사적 배경 속에 끼워 넣는 것을 또 다른 일면으로 하는 것, 이 두 가지가 근대 리얼리즘의 기초가 된다고 믿는다"[8]와 같이 근대 리얼리즘의 기초를 일상성, 낮은 집단의 상승성, 역사적 배경의 유기화 등에 대한 묘사에서 찾았는가 하면 "제1차 세계대전과 제2차 세계대전의 중간에 있는 리얼리즘소설(realistic novel)의 특징을 여러 인물의 의식에 대한 동시묘사, 시간층, 외부사건들의 연속성 붕괴, 서사관점의 이동 등(네 가지는 상호연관되어 있어 분리하기

---

7 Ibid., p. 69.

8 Erich Auerbach, op. cit., p. 491.

가 어렵다)으로 들었다"고[9] 주장했다.

레너드 데이비스는 "소설은 현실에 대한 것이면서 동시에 현실에 대한 것이 아니기도 하다. 소설은 사실적이면서 인공적인 사실적 허구다. 그것은 세계에 대한 보고서이면서 그 보고서를 패러디한 고안이기도 하다"는[10] 식으로 반영론과 생산론을 모두 인정하는 방향으로 결론을 맺었다.

대부분의 이론가들은 리얼리즘이론이 매우 복잡하게 전개된 나머지 맥을 잡기가 어려워졌다는 데 이의를 달지 않는다. 리얼리즘이론은 19세기에는 대상지향성을 내세워 '객관성의 법칙'을 강조하는 데 초점을 맞추었지만, 20세기에 들어 '주관성', '주체', '당파성' 등을 내세운 논객들의 반론과 회의론에 의해 무너지기 시작하면서 이제는 리얼리즘의 내포와 외연이 무엇인지 헤아리기 어려울 정도가 되고 말았다. 리얼리즘에 대한 논의가 미궁에 빠져 버리지 않을 수 없게 된 이유는 여러 각도에서 생각할 수 있다. 그랜트는 리얼리즘이란 단어 자체가 "애매모호하고 유연할 뿐만 아니라 리얼리티를 결정하는 함축적인 주장을 하는 과정에서 허세를 부릴 수도 있다"는[11] 점을 들었다. 자신의 입장에 충실하거나 세계관에 근거를 두어 '현실'을 규정하는 사람은 다른 사람의 세계관에 의해 현실개념이 구성되는 것을 인정하지 않으려 하며, 대체로 다른 사람의 공증을 받지 않고 또 받지 않으려는 개인적이면서 허위적인 세계관에 의해 현상은 새로운 모습으로 조정되기 쉽다. 그랜트는 리얼리즘이란 용어에 내재된 "고질적 불안정성(the chronic instability)"을 지적하며 리얼리즘에 많은 종류가 있음을 인지하였다.[12] 이들 종류 중 우리 문학이론가들 사이

9 Ibid., p. 546.

10 Lennard Davis, *Factual Fictions*, p. 212.

11 Damian Grant, *Realism*, Methuen & Co. Ltd., 1970, p. 54.

12 Ibid., p. 1.
그랜트가 지적한 리얼리즘의 종류는 다음과 같다.
critical realism, durational realism, dynamic realism, external realism, fantastic realism, formal realism, ideal realism, infra-realism, ironic realism, militant realism, naïve realism, national realism, naturalist realism, objective realism, optimistic realism, pessimistic realism, plastic realism, poetic realism,

에서 자주 쓰였던 것은 리얼리즘과 현실비판정신이 결합된 비판적 리얼리즘(critical realism)과 풍자적 리얼리즘(satiric ralism), 작가로서의 주관이 덜 표출된 19세기의 소박한 리얼리즘(naive realism), 우리의 개화기소설처럼 제한되거나 피상적인 현실묘사의 수준을 보였던 형식적 리얼리즘(formal realism), 인간세계의 암면묘사에 치중하였던 자연주의적 리얼리즘(naturalist realism), 비판적 리얼리즘보다 공격적인 태도를 취한 전투적 리얼리즘(militant realism), 20세기 전반기에 소련공산당에서 당성·이념성·인민성 등의 창작지침을 당 소속작가들이 수행했던 사회주의 사실주의(socialist realism), 작가의 주관을 적극 살린 주관적 리얼리즘(subjective realism) 등이다. 그랜트는 통용력이 큰 용어보다는 그렇지 않은 용어들을 더 많이 제시했다.

그랜트는 리얼리즘에 관한 이론을 크게 초기의 것과 후기의 것으로 대별하면서 전자를 '양심적 리얼리즘(conscientious realism)'으로, 후자를 '의식적 리얼리즘(conscious realism)'이라고 명명하였다. 양심적 리얼리즘은 대응이론(the correspondence theory)에, 의식적 리얼리즘은 통일이론(the coherence theory)에 근거를 둔다고 하였고, 대응이론은 과학적 진리를 뜻하며 통일이론은 시적 진리를 의미한다고 하였다. 그랜트는 "대응이론은 경험적이며 인식론적이다. 대응이론은 외부세계의 리얼리티에 대한 소박하고 상식적인 리얼리스트의 믿음과 연결되어 있으며, 존슨 박사가 돌멩이가 실제로 있는지 입증하기 위해 발로 한번 걷어차 보았다는 일화에 표현된 것처럼 외부세계를 관찰과 비교를 통해 알게 되리라고 상상한다. 이러한 진리는 사실을 기록하고, 범위를 정해 주고, 본질을 규정하는 것을 목표로 삼는 실증주의자와 결정론자들의 진리이기도 하다", "통일이론에서는 인식론적 과정이 직관적 지각에 의해 촉진되거나 생략된다. 진리는 실증주의적 기록과 분석의 노고로 거두어지는 것이 아니라 '진리에의 확신(the confidence of truth)'이라는 확신에 의해 기성 합성체로 주조되

---

psycological realism, quotidian realism, romantic realism, satiric realism, socialist realism, subjective realism, super-subjective realism, visionary realism.

고 통용되는 것이다. 마치 모든 화폐처럼 증거는 자기 믿음에 의한 증거로 대치된다"[13] 등과 같은 깊이 있는 설명을 덧붙이기도 하였다. 한마디로 대응이론은 대상지향적인 진리터득방법이며 통일이론은 주관지향적인 진리터득방법이다.

이처럼 양심적 리얼리즘은 현실이나 삶을 충실하게 재현하는 것을 기본태도로 삼기는 하지만, 지나칠 경우 단순한 묘사주의로 빠지기 쉽다. 양심적 리얼리즘의 구체적 형태로는 기록극(documentary drama), 실록소설(novel of fact), 고백시(confessional poetry) 등을 들 수 있다.[14] 양심적 리얼리즘은 일단 자료나 사실에 충실하여 자료수집에 힘써야 하고, 또 표현자유가 억압된 국가나 사회에서는 위험을 감수해야 하므로 작품으로 이루어내기 쉽지 않다. 어려운 과정을 거친 것에 비한다면 소설작품으로 높은 평가를 받지 못하는 경우가 많다.

리얼리즘을 양심적 리얼리즘과 의식적 리얼리즘으로 나눈 것은 폴 레니에(Paul Regnier)가 객관적 리얼리즘과 주관적 리얼리즘을 발자크류의 소설(Balzacian novel)과 의식의 흐름 소설(stream-of-consciousness novel)로 나눈 것과 통한다. 다시 레니에는 발자크류의 소설을 사회의 본질을 설명하려 한 우주론적 리얼리즘(cosmological realism)에 넣었으며, 의식의 흐름 소설은 의식이 지시하는 길을 따라가며 그려 내는 데 치중한 재현적 리얼리즘(representational realism)에 넣었다.[15] 전자가 망원경적 리얼리즘이라면 후자는 현미경적 리얼리즘이 된다. 롤랑 바르트(Roland Barthes)가 사실주의를 "첫 번째는 실재(réel, 보이지지는 않지만 증명될 수 있는 것)를 해독하는 것이고, 현실(réalité, 증명할 수는 없지만 보이지는 것)을 말하는 것이 그것이다"[16]와 같이 이분한 것은 사실주의가 눈앞의 현실을 대

---

13 Ibid., p. 9.

14 Ibid., p. 15.

15 Paul Regnier, "The convention of realism in the novel", *Genre* vol. 10, p. 107.

16 롤랑 바르트, 『텍스트의 즐거움』, 김희영 역, 동문선, 1997, p. 93.
롤랑 바르트는 1971년에 발표된 「작품에서 텍스트로」의 주 1번에는 불어 레알리테와 레엘은 구분하기가 쉽지 않다고 하면서 라캉의 설명을 빌려 "주체의 구조화에

상으로 하기도 하지만 불가시적인 진실을 겨냥할 수도 있다는 것을 뜻한다. 리얼리즘의 대상인 '현실'의 개념은 다소 복잡하다. 시대와 사회는 현실의 배경이요 모체가 된다. 시간적 개념인 시대와 공간적 개념인 사회 속에서 한 개인은 그의 선택에 따라 저마다 편차가 있는 상황을 맞을 수 있고 다른 입장에 놓일 수도 있다. '현실'의 외연과 내포는 역사적 현실, 시대적 현실, 사회적 현실, 우리의 현실, 나의 현실, 그의 현실 등과 같이 주체와 관점에 따라 차이가 있다. 동시대인이라고 해도 사람과 위치, 관심사에 따라 현실의 대상이 다소간 달라진다. 대부분의 사람들은 '지금 내가 해야 할 일이 무엇인가' 하는 형식으로 현실을 깨닫곤 한다. 다시 말해 한 개인은 자신에게 주어진 의무사항과 이에 연결된 선택사항을 합쳐 '현실'을 구성한다. '현실직시'니 '현실파악'이니 라고 했을 때의 '현실'의 내용은 개인에 한정해서 쓸 때는 구체적이며 분명하지만, 공동체·동시대인·국민으로 확대되면 각 개인이 저마다 주체가 되면서 이질적이거나 모호해질 수 있고 심지어 모순개념으로 바뀔 수도 있다.

특히 1920~1930년대와 1970~1980년대의 작가들과 소설들이 잘 보여 주고 있는 것처럼 리얼리즘은 실로 다양한 모습으로 나타났다. 1920년대 말에는 염상섭·최서해·조명희·현진건·이기영이 보여 준 것처럼 소박한 리얼리즘, 양심적 리얼리즘, 비판적 리얼리즘이 나타났고, 1930년대 말에는 프로작가들마저도 신변소설, 세태소설, 전향소설 등의 소설유형이 일러 주고 있는 것처럼 객관적 리얼리즘, 소박한 리얼리즘으로 후퇴하고 말았다. 리얼리즘을 기준으로 삼아 보면 1920년대와 1930년대 전반기는 1980년대에, 1930년대 후반은 1970년대에 가깝다. 채만식·이기영·한설야·김남천·유진오와 같은 리얼리스트들은 1920년대 후반과 1930년대 전반에 기세를 올리다가 1930년대 후반과 1940년대 전반에 하강곡선을 그린다. 1920년대부터 1960년대까지는 자연주의, 양심

있어 현실과의 관계를 설정하는 것이 바로 실재라면, 현실이란 주체와는 무관한 완전히 외적인 세계, 사물 자체를 지칭하는 말로 이해될 수 있을 것이다"(p. 39)라고 설명했다.

적 리얼리즘, 객관적 리얼리즘이 주도했고, 1970년대에서 1990년대 초기까지는 의식적 리얼리즘, 비판적 리얼리즘, 주관적 리얼리즘이 주도했던 것으로 보는 시각도 있다. 한국에서의 리얼리즘에 대한 논의의 역사를 살펴보는 것은 한국현대소설사를 이해하는 지름길이 될 수 있다. 그런데 유형론의 형식으로 나타나는 이때의 리얼리즘론은 동시대 작가들을 향한 입법비평(立法批評)이나 계도비평(啓導批評)의 형태로 된 경우가 많다.

리얼리즘에 대한 본격적인 논의는 1920년대 말 김팔봉에 의해 시작되었다. 「변증적 사실주의」(『동아일보』, 1929. 2. 25~3. 7)에서 김팔봉은 이기영이나 최서해 같은 프로작가들을 향해 현실의 객관적 파악, 사건의 구체적 인과제시, 역동성·전체성·관계성의 논리에서의 통찰, 객관적·현실적·구체적 묘사방법, 프로계급의 전위의 위치유지 여덟 가지 사항을 요구하였다. 당시로서는 앞서가는 이론이었던 변증적 사실주의는 소박한 사실주의와 사회주의 사실주의를 연결시켜 주는 교량의 기능을 하였다.

프롤레타리아리얼리즘과 변증법적 리얼리즘을 완전히 동일한 개념으로 파악한 작가이자 평론가는 한설야였다. 특히 변증법적 리얼리즘은 김팔봉에 이어 한설야가 큰 의미를 부여하여 사용함으로써 1930년대 문단에서 하나의 중요한 문학용어로 굳어지게 되었다. 그는 고대희랍에서부터 20세기까지 리얼리즘의 형성과정을 개관한 다음, 역사와 현실의 몰이해, 협조와 타협우선론, 역사적·변증적 인식의 결여 등이 종래의 리얼리즘의 한계라고 하였다. 박영희는 1933년 심리적 사실수의틀 제장한 백철에 동조라도 하듯 「창작방법과 작가의 시야」(『중앙』, 1934. 4)에서 사회주의적 사실주의의 완성자인 막심 고리키를 거론하면서 심리적 사실주의로 사회주의적 사실주의를 완성시킬 수 있다고 주장하였다.

한효는 백철이나 박영희와는 달리 혁명적 낭만주의의 도움을 받아야 사회주의 사실주의가 완성된다고 보았다. 한효는 해방 전후에 걸쳐 혁명적 로맨티시즘을 이상적인 태도라고 반복해서 주장했다. 임화는 「사실주의의 재인식」(『동아일보』, 1937. 10. 8~14)에서 '레볼루쇼날 로맨티시즘'은 주체와 객관적 현실이 실천적으로 교섭하는 데서 일어나는 고매한 파도스라고 하면서 프롤레타리아 리얼리즘, 변증법적 사실주의, 사회주의 사실주의의 연결과정에다 '발전개념'을 부여하였다. 임화는 사회주의 사실주의에 이르는 과정은 조선 당파적 문학의 성장과정을 표시하는 단계라고 하면서 당시 여러 작가들과 평론가들이 리얼리즘이란 말을 오용하거나 남용하고 있다고 비판하였다.

김남천은 1946년 2월 8일과 9일에 있었던 전국문학자대회에서 발표한 「새로운 창작방법에 관하여」에서 당시의 문인들에게 '진보적 민주주의 건설'을 위한 투쟁에 참여할 것을 독려하는 가운데 새로운 창작방법으로 '혁명적 로맨티시즘'과 '진보적 리얼리즘'을 제시했다. 특히 진보적 리얼리즘이란 유물변증법의 논리를 토대로 하면서 혁명적 낭만주의를 계기로 삼는 리얼리즘을 말한다고 하였다.[17]

소설은 최소한 현실반영체인 이상, 리얼리즘의 부침과 방법의 다양화로부터 곧 한국현대문학사를 대변할 수 있다. 한국현대문학은 36년간의 일제 강점기와 8·15광복 이후의 부단한 좌우대립, 남북분단 상태에서 전개되었기에 작가들은 리얼리즘의 구현을 소명으로 알았고 또 이 과정에서 여러 작가들이 많은 고초를 겪기도 했다.

공동체의 현실을 거짓 없이 재현하거나 비판하고 대안을 제시하는 것은 소설가의 전유물이 아니다. 시인들이 이러한 리얼리즘 정신을 더 적극적으로 효과적으로 구현할 때도 있다. 우리 시사에서는 일제강점기인 1920년대와 1930년대에, 또 민주화운동이 한창이던 1980년대에 리얼리즘 정신과 방법의 구현을 확인해 볼 수 있다. 『발터 킬리 문학대사전』에서는 소설유형론을 제시할 때와 마찬가지로 시유형론에서도 사조이름을 따온 것을 단 한 가지도 제시하지 않았다. 대신 노동자시(Arbeiterdichtung), 농민시(Bauerndichtung), 사회시(Gesellschaftsdichtung), 경향시(Tendenzdichtung), 선동·선전시(Agitation-Propaganda Lyrik), 참여시(Engagierte Lyrik), 진보시(Fortgeschrittene Lyrik), 투쟁시(Kampflyrik), 혁

17 조남현, 「한국 리얼리즘론의 역사」, 『한국 현대문학사상 논구』, 서울대학교출판부, 1999, pp. 67~89.

명시(Revolutionslyrik) 등과 같이 리얼리즘시로 포괄할 수 있는 시유형들을 제시했다. 1920년대와 1930년대에 작가의 구속, 작품의 압수와 삭제 조치 등의 시련을 겪으며 써내었던 경향소설과 프로소설을 리얼리즘소설로 묶을 수 있는 것처럼, 위에 제시한 유형의 시를 써낸 동시대 시인들에 대해서도 리얼리즘시인이라는 포괄적인 호칭을 부여할 수 있을 것이다.[18] 김석송의 「주정군(酒酊軍)」(1922), 「수인(囚人)의 생활」(1922), 「햇빛 못 보는 사람들」(1923), 김기진의 「한 개의 불빛」(1923), 「화강석(花岡石)」(1924), 「백수의 탄식」(1924), 조명희의 「나에게」(1925), 「농촌의 시」(1926), 김창술의 「지형을 뜨는 무리」(1927), 「진전」(1927), 「전개」(1927), 정지용의 「카페 프란스」(1926), 김해강의 「농촌으로」(1926), 「도수장」(1926), 「지주망(蜘蛛網)」(1926), 「직공의 노래」(1927), 이호의 「행동의 시」(1926), 유완희의 「나의 행진곡」(1927), 「가두의 선언」(1927), 권환의 「이꼴이 되다니」(1929), 이상화의 「가장 비통한 기욕(祈慾)」(1925), 「가상(街相)」(1925), 「조선병」(1926), 박팔양의 「동지」(1924), 「공장」(1926), 임화의 「우리 오빠와 화로」(1929), 「네거리의 순이」(1929), 「병감(病監)에서 죽은 녀석」(1929) 등과 같이 리얼리즘시로 묶을 수 있는 시편들이 많이 나와 리얼리즘소설가들을 응원했는가 하면 자극을 주기도 했다.

그런데 앞서 인용한 데미언 그랜트의 리얼리즘 유형에는 심리적 사

---

18 송기한 교수는 『한국 근대 리얼리즘 시인 연구』(박문사, 2021)에서 11명의 시인, 즉 권구현, 김석송, 조명희, 유완희, 박세영, 김창술, 권환, 박아지, 박팔양, 임화, 이찬을 연구대상으로 삼았고, 이듬해 같은 출판사에서 나온 『한국 현대 현실주의 시인 연구』에서는 13명의 시인, 즉 김해강, 조벽암, 윤곤강, 조영출, 이용악, 오장환, 안룡만, 설정식, 김동석, 여상현, 김상훈, 유진오, 임화를 연구대상으로 삼았다. 송기한 교수는 후자의 저서에서 제목을 "현실주의 시인"이라고 바꾼 것에 대해 머리말에서 "이 책의 제목을 현실주의라고 붙인 것은 특별한 의미가 없다. 과거 한때 우리 문단에서는 두 용어를 구분해서 그 차이점에 대해 논의한 경우가 있었다. 그 결과 리얼리즘이란 비판적 사실주의에 가까운 개념으로 사용했고, 현실주의란 비판성을 변증적으로 초월한 그 너머의 세계를 지향하는 개념으로 구분했던 것이다. 그 너머의 세계가 낭만적 이상에 근거한 유토피아 사회임은 물론이다"(p. 5)라고 밝혔다.

실주의를 제외하고는 소박한 사실주의, 프롤레타리아 리얼리즘, 사회주의 사실주의, 변증적 사실주의, 진보적 사실주의 등이 제시되어 있지 않다. 그랜트가 리얼리즘 유형론을 제시하는 과정에서 빼놓은 것이 많은 것인지, 1920~1930년대의 문학이론가들이 주관적으로 사용했던 리얼리즘 유형이 과다했던 것인지는 판단하기는 어렵지만 최소한 변증적 사실주의는 모호한 용어임을 부정할 수 없다.

반영론은 리얼리즘에서 구현된 반면, 생산론은 모더니즘과 포스트모더니즘에서 구현된다는 통설이 있다. 포스트모더니즘 소설론을 펼치고 있는 퍼트리샤 워(Patricia Waugh)는 『메타픽션(Metafiction)』에서 모더니즘과 포스트모더니즘의 갈등과 대립에 주목했다.

> 18~19세기 소설에서 개인은 보통 가족관계, 결혼, 출생 또는 죽음이라는 최종의 결말을 통해 마지막에 이르러서는 항상 사회구조에 통합되었다. 모더니즘 소설에서는 개인의 자율성에 대한 투쟁이 늘 사회적 제도나 관습의 존재에 반대함으로써만 지탱될 수 있었다. 이 투쟁은 필연적으로 개인의 소외를 초래하였고 종종 정신적 파탄으로 종결되었다. 하지만 최근 사회의 권력구조들은 포스트모더니즘 소설가들에게 그 '반대'의 대상을 규명하고 표명함에 있어 더 큰 문제를 제기하여 보다 다양하고 보다 효과적으로 은닉되거나 신비화되는 양상을 보인다.[19]

이상의 짧은 인용문에서 모더니즘은 개인의 자율성 및 소외 등을 키워드로 삼고 있으며 포스트모더니즘은 사회구조라든가 개인보다 더 큰 문제에 관심을 갖는 것으로 비교할 수 있다. 모더니즘론이건 포스트모더니즘론이건 리얼리즘을 소설의 상수나 전통으로 인정하지 않는 데서 자파의 새로움을 확보하려 한다. 퍼트리샤 워에 따르면 사실주의 소설이

---

19 퍼트리샤 워, 『메타픽션』, 김상구 역, 열음사, 1989, p. 25.

전제로 한 물질적·실증적·경험적 세계관은 더 이상 존재하지 않는다. 그러므로 보다 많은 소설가들이 과거의 질서정연한 리얼리티(잘 짜여진 플롯, 연대기적 순서, 권위를 가진 전지적 작가, 등장인물의 '행위'와 그들의 '존재 양상' 사이의 이성적인 관계, '표면적인' 묘사와 '심층' 사이의 인과관계, 존재의 '과학적 법칙')에 부합되는 형식에 대해 의문을 제기하고 거부하는 것은 결코 놀랄 일이 아니다[20]와 같이 모더니스트나 포스트모더니스트가 리얼리즘 중심의 전통적인 노선에 반대하고 나선 현상을 잘 지적하고 있다.

이하브 하싼(Ihab Hassan)은 『패러크리티시즘(Paracriticism)』에서 모더니즘과 포스트모더니즘의 차이와 동질성을 세밀하게 파헤쳤다. 이하브 하싼은 포스트모던 비평가로 「언어로부터의 후퇴(The Retreat from the Word)」(1961)라는 논문을 쓴 조지 슈타이너(George Steiner), 「폐쇄된 분야의 예술(Art in a Closed Field)」(1964)을 쓴 휴 케너(Hugh Kenner), 「새로운 돌연변이(The New Mutants)」(1965)를 쓴 레슬리 휘들러(Leslie Fiedler), 「침묵의 미학(The Aesthetics of Silence)」(1967)을 쓴 수잔 손탁(Susan Sontag), 「황무지의 문학(The Literature of Waste)」(1967)을 쓴 리처드 포이리에(Richard Poirier), 「고갈의 문학(The Literature of Exhaustion)」(1967)을 쓴 존 바스(John Barth), 그리고 「오르페우스의 해체(The Dismemberment of Orpheus)」(1963)를 쓴 자신을 꼽았다. 포스트모더니즘을 열어 준 과거의 존재로는 미켈란젤로나 렘브란트, 괴테나 헤겔, 니체나 릴케 등을 추렸다.[21] 이어서 모던과 포스트모던이 만나는 곳으로 ① 블레이크(Blake), 사드(Sade), 로트레아몽(Lautréamont), 랭보(Rimbaud), 말라르메(Mallarmée), 휘트민(Whitman) 등 ② 다다(daDaDA) ③ 초현실주의(SURrealism) ④ 카프카(KAFKA) ⑤ Finnegans Wake ⑥ The Cantos ⑦ ??? 등을 지적했다.[22]

우선 이하브 하싼이 다음과 같이 일곱 가지 항목으로 모더니즘을 설명한 것의 골자를 추려 볼 필요가 있다.

---

20 같은 책, p. 21.

21 Ihab Hassan, *Paracriticism*, University of Illinois Press, 1984, pp. 45~47.

22 Ibid., p. 48.

① 샤를 보들레르, 프루스트, 제임스 조이스, 엘리어트, 존 도스 패소스, 윌리엄 프크너 등의 작품을 예로 한 도시주의(Urbanism)

② 인간의지의 확장·산포·소외 등의 기본의미나 원시주의, 비술, 베르그송식의 시간, 감수성의 분리 등과 같은 반작용으로 설명되는 기술주의(Technologism)

③ 엘리티즘·아이러니의 정신, 추상화, 보유 등으로 설명되는 비인간화(Dehumanization)

④ 추상의 뒤에 아이러니컬한 문명 아래 숨어 있는 원형, 의식이나 신화로서의 구조, 집단몽상의 은유 등의 의미로 설명되는 원시주의(Primitivism)

⑤ 리비도의 해방, 분노와 욕망의 새로운 언어, 사디즘과 마조히즘, 유아론, 니힐리즘, 아노미 등의 특징을 갖는 에로티시즘(Eroticism)

⑥ 패러독스, 단절, 소외, 우상 파괴주의, 교회의 분파, 과잉, 데카당스, 혁신 등을 중심 개념으로 삼는 이율배반(Antinomianism)

⑦ 혁신, 분열, 모든 미적 형상에서의 변화의 빛, 새로운 언어, 질서의 새로운 개념 등을 특징으로 한 실험주의(Experimentalism)[23]

이하브 하싼은 위의 일곱 가지 지침은 모더니즘을 규명하기보다는 포스트모더니즘에 접근하기 위한 중요한 요소라고 주장하였다.

이하브 하싼의 작업은 이상과 같은 일곱 가지 모더니즘 항목(Modernist Rubrics)을 포스트모더니즘 특징(Postmodernist Notes)으로 연결 지은 데서 빛이 난다.[24] 포스트모더니즘은 기본적으로 모더니즘의 발전현상으로 나타나는 것이기는 하나, 모더니즘과 포스트모더니즘은 중첩되거나 병치되는 결과를 보이기도 하였다. 중요한 것을 추리면 다음과

23 Ibid., pp. 49~52.

24 Ibid., pp. 54~58.

같다.

a. 모더니즘의 항목으로서의 도시주의(Urbanism)는 다음과 같은 포스트모더니즘의 특징으로 이어진다.
   맥루한(Mcluhan)식의 도시와 지구촌, 훌러(Fuller)의 지구공간론, 우주로서의 도시 등의 개념이 나타나 SF가 등장한다./세계는 블록, 국가, 종족, 당파, 언어, 섹트 등으로 세분된다./도처에서 아나키와 분열론 발생한다. 새로운 다양성이나 세계 전체주의의 서막인가 아니면 세계 통일인가./ 환경운동, 녹색혁명, 도시재생, 건강식품 등을 통해 자연이 부분적으로 재생한다./ 디오니소스가 도시에 입성한 형상이 나타난다. 죄수폭동, 도시범죄, 포르노그래피 등의 현상, 더 나쁘게는 히로시마, 드레스덴, 아우슈비츠 같은 대학살이 벌어졌다./
b. 모더니즘의 항목으로서의 기술주의(technologism)는 다음과 같은 포스트모더니즘의 특징으로 이어진다.
   유전공학과 사상통제에서 우주정복에 이르기까지의 거침없는 공업기술, 미래학자들·기술애호가들과 전원취미자들·기계화 및 자동화 반대론자들이 대립한다./ 뉴미디어와 예술이 변화하고 미디어에 의한 무한한 산포가 이루어진다./ 컴퓨터는 대체의식(substitute consciousness)이나 의식확장(extension of consciousness)인가? 그것은 기존질서에의 의존도를 더 높이는 것을 반복하는 것이 아닌가? 과연 새로운 소설형식을 만드는 데 도움이 되었나?
c. 비인간화(dehumanization)는 다음과 같은 포스트모더니즘의 특징으로 이어진다.
   안티엘리티즘과 반권위주의, 자아의 확산·관여, 예술은 점점 자치적·자의적·무정부주의적으로 변한다./ 부조리희극, 블랙유머, 광기의 패러디, 시끄러운 익살극, 부정의 정신 등이 나타난다./ 논픽션소설과 역사로서의 소설이 나타나고 개념예술

(추상예술)에서 환경예술(구체적 예술)까지 나타난다./ 휴머니즘은 하부휴머니즘이나 포스트휴머니즘에 양보한다. 그러나 SF에서 보이는 것처럼 우주적 휴머니즘에도 자리를 내준다./

부록: 모더니즘에서나 포스트모더니즘에서나 비인간화는 결국 옛날 리얼리즘의 종언을 의미한다. 환상설(illusionism)은 예술에서나 인생에서나 자기자리를 차지한다. 포스트모던 사회에서 미디어는 이 과정에 크게 기여한다. 정치의 환상설은 대중예술이나 네오리얼리즘의 환상설에 필적한다. 옛날 리얼리즘의 종언은 자아 개념을 촉진시켰다. 모더니즘과 포스트모더니즘에서의 "비인간화"는 문학과 작가의 자아(the literary and authorial Self)를 수정할 것을 요구한다.

모더니즘에서는 초현실주의(앙드레 브르통)의 법칙에 의존하고, 예술에서의 몰개성의 개념(예이츠의 가면, 엘리오트의 몰개성)의 관념에 의존하고, 하이퍼 퍼스낼리티(조이스, 프루스트, 포크너, 닌, 로렌스의 동소체적 자아)의 양식에 의존한다(로버트 랭바움의『근대의 전통』, pp. 164~184)./

포스트모더니즘에서는 자가적 자기성찰에 의존하고, 사실과 허구의 혼성(캐포트, 울프, 메일러)에 의존하며, 현상학에 의존하며(훗설, 사르트르, 메를로 퐁티), 베케트의 의식의 소설과 다양한 누보로망(사로트, 뷔에토르, 로브 그리에)에 의존하고, 텔켈의 언어학적 소설(솔레르, 티보데)에 의존한다(비비안 메르시에르의『신소설』, pp. 3~42).

d. 원시주의(Primitivism)는 다음과 같은 포스트모더니즘의 특징으로 이어진다.

신비를 떠나 실존주의로 향한다. 비트(Beat)와 히프(Hip)가 나타난다./ 후기 실존주의의 윤리, 사이키델릭(리어리), 디오니소스적 자아(브라운), 장난꾸러기(케이시), 광기(랭), 애니미즘과 매직(카스타네다)이 나타난다./ 히피문화, 록 뮤직과 시, 원시예수, 새로운 루소주의와 듀이주의, 인간 잠재능력 회복운동,

자유학습운동(굿맨, 로저스, 레오나르도)이 일어난다./

e. 에로티시즘(Eroticism)은 다음과 같이 포스트모더니즘 특징으로 이어진다.

호모소설. 페미니즘에서 레스비어니즘에의 전환. 새로운 양성성에의 접근인가./

f. 이율배반(Antinomianism)은 다음과 같이 포스트모더니즘 특징으로 이어진다.

저항문화, 자유언론운동(Free Speech Movement), 민주사회를 위한 학생연합(S. D. S), 여성해방운동(Women's Lib), 유태인 방위연맹(J. D. L) 등의 저항운동이 일어난다./ 모든 문화로부터의 소외를 넘어서 불연속과 불연결을 용인한다. 예술과 정치와 도덕성에서의 급진적 경험주의가 진보한다./ 참선, 불교, 힌두교 등과 같은 반서양적 사고가 있지만, 서양의 신비주의·초월주의·마술·신비로운 비교(occult) 등과 공존한다./때로는 혁신으로서 또는 영혼소멸론으로서의 묵시록적 예배가 유포된다.

g. 실험주의(Experimentalism)는 다음과 같이 포스트모더니즘 특징으로 이어진다.

개방적·비연속적·즉흥적·미결정적 구조들이 생긴다./ 엔드 게임 전술과 신초현실주의 방식, 복원하는 최소강령주의 형식(minimalist forms)과 호화찬란한 엑스트래버갠저(extravaganzas)가 나타난다./ 판타지, 연극, 유머, 해프닝, 패러디, "쓰레기(dreck)", 자기성찰이 증대한다./ 인디미디어, 모든 형식들의 혼성, 모든 영역들의 혼란이 일어난다./ 예술 작품의 미나 단일성에 초점을 부여하는 전통적 미학의 종언인가./ 반해석론(수잔 손탁)이 나타난다./[25]

25 Ibid., pp. 54~58.

이하브 하싼은 모더니즘과 포스트모더니즘의 차별성을 강조하는 데 억지와 과장을 벗어나지 못했다. 기본적으로 모더니즘과 포스트모더니즘은 겹치는 것들이 많다. 모더니즘이 너무 오래 지속되었다든가 포스트모더니즘을 너무 빨리 설정했다든가 하는 비판이 있을 수 있다. 모더니즘을 초기모더니즘으로 바꾸고, 포스트모더니즘은 후기모더니즘이라는 이름으로 정하여 모더니즘의 하위개념으로 정리하는 방법도 있을 것이다.

피터 니콜즈(Peter Nicholls)는 『모더니즘(Modernisms)』의 머리말에서 첫째, 보들레르와 프랑스 상징주의자들의 미학에 기원을 둔 모더니즘의 형성과정에 주목할 필요가 있다고 하였다. 둘째, 미래주의에서 초현실주의에 이르기까지의 다양한 아방가르드 운동을 근거로 한 1930년대 이전의 모더니즘의 전개과정에 관심을 두어야 한다고 했다. 그리고 서론의 첫 문장을 "모더니즘의 출발과 끝은 매우 불확실하여(largely indeterminate) 모더니즘은 분명하게 정의된 모멘트라기보다는 탐구와 추적의 대상에 가깝다"고 작성했다. 제1장 "근대의 아이러니"에서는 모더니즘의 핵심개념인 모더니티에 대해 "일시적이고 쏜살같고 우발적인 것(transient, fleeting, contingent)"이라는 규정을 거듭해 제시했다.[26]

이 책을 구성하고 있는 제2장 프랑스 상징주의, 제3장 데카당스, 제5장 이탈리아 미래주의, 제6장 프랑스 큐비즘과 러시아 미래주의, 제7장 표현주의, 제10장 다다이즘과 신고전주의, 제11장 하이 모더니즘, 제12장 쉬르리얼리즘 등의 소제목들은 '모더니즘'의 하위개념에 가깝다. 이런 사조들이 모여 모더니즘이라는 포괄적이면서 모호하고 추상적인 개념을 형성한다는 견해가 통설을 이루고 있다. 모더니즘을 인정하거나 지지하는 이론가들마저도 모더니즘의 지시범위가 너무 넓어 모호성을 면하지 못하는 것이 아니냐는 물음표를 던지고 있다.

김미지는 1930년대 한국의 모더니즘을 설명하는 자리에서 "경성의 모더니즘"과 "상하이의 현대주의"의 동시성과 동질성을 근거로 하여 "근

26 Peter Nicholls, *Modernisms*, Macmillan Press Ltd, 1995, pp. 1~5.

대의 발달정도나 부르주아 자본주의의 성숙 정도의 차이에도 불구하고 모더니즘에서는 일정 정도 대등한 수준의 문학적 실험이 가능하다"고 하면서도,[27] "사실 리얼리즘과 모더니즘이라는 문학사상의 대립구도나 모더니즘 문학이라는 유파가 이 시기에 명확히 자리 잡았다고 보는 것은 무리가 있다"고 평가한 것이라든가, "1930년대 내내 모더니즘 개념은 개인의 차원에서 또 집합적인 차원에서 다양한 양상으로 변모하고 굴절되었다고 보는 편이 정확할 것"[28]이라고 판단한 것은 통설로 이어지는 논리적 힘을 갖는다.

손유경은 일제강점기의 조선문인들을 리얼리스트와 모더니스트의 대립구도로 파악하는 것을 넘어서고자 하는 연구태도를 취했다. "카프(KAPF, 조선프롤레타리아예술동맹)가 지향한 정치적 전위되기와 구인회가 지향한 예술적 전위되기의 모델이 가시적 분화 이전뿐 아니라 그 이후에도 끊임없이 상호침투할 수밖에 없었다는 가설"[29]을 세워 소설을 포함한 여러 자료를 제시한 끝에 김남천과 박태원의 숨어 있는 상생과 공감을 입증해 내었다. 대표적 리얼리스트인 김남천과 대표적 모더니스트인 박태원을 부분적이기는 하지만 상생의 관계로 연결시킨 것은 새로운 시각의 소산이라고 할 수 있다.

한편 롤랑 바르트의 「저자의 죽음」(1977)은 독서와 문학연구에서 '저자'의 개념을 인정하지 않는 폭탄선언을 한 점에서 포스트모더니즘에 부응하는 태도를 취했다고 할 수 있다.

> 저자란 근대의 개념이며, 우리 사회의 산물인바, 그것은 영국의 경험주의와 프랑스의 합리주의 그리고 종교개혁에 대한 개인적 신념을 등에 업고 중세에 드러나기 시작한 것으로 개인의 이익을 강조하며, 좀 더 고상하게 말하면 이른바 인간으로서의 '사람'의

27 김미지, 『한국 근대문학, 횡단의 상상』, 소명출판, 2021, p. 128.

28 같은 책, pp. 158~159.

29 손유경, 『슬픈 사회주의자』, 소명출판, 2016, pp. 50~51.

우위를 강조한다. 여기서 말하는 인간이란 추상적 개념이요, 사람이란 구체적 개념이다. 따라서 문학의 경우, 저자라는 '사람'에 최대의 중요성을 두게 된 것은 이런 실증주의, 자본주의 이데올로기가 절정에 달했기 때문이라고 말하는 것이 논리적이다. 저자라는 개념은 아직도 문학사, 작가들의 전기·인터뷰·잡지를 지배하는바, 이는 마치 글을 아는 인간들이 일기와 비망록을 통해 자신과 글을 하나로 결합하려는 욕망에 들떠 있는 것과 비슷하다.

이제까지 우리가 믿어온 바에 따르면 저자는 언제나 그가 쓰는 책보다 앞서 존재하는 과거로 인식된다. 말하자면 책과 저자는 동일한 선 위에서 자동적으로 '이전'과 '이후'로 양분된다. 저자는 책을 키우는 존재, 말하자면 그는 책 이전에 존재하며, 책에 대해 생각하고, 책 때문에 괴로워하고, 책을 위해 사는 존재로 생각된다. 저자와 작품의 이런 관계는 아버지와 아들의 관계에 비교된다.

이와는 대조적으로 현대적인 의미로서의 글 쓰는 사람은 텍스트와 동시에 태어나며, 글쓰기에 앞서거나 그것을 초월하는 존재는 없으며, 이런 작가는 책에 대해 설명하는 주체가 아니다. 발언의 시간 말고 다른 시간이란 없으며, 모든 텍스트는 '지금 여기서' 영원히 쓰여진다. 따라서 글쓰기는 보고, 기호로 표시하기, 묘사 같은 조작을 의미하지 않는다. 이와는 달리 글쓰기는 옥스퍼드학파의 철학에 속하는 언어학자들이 '수행적 형식'이라고 부르는 것, 곧 전적으로 1인칭과 현재 시제로 주어지는 매우 드문 말하기의 형식을 의미한다.[30]

저자에게서 생산자의 개념을 박탈하면서 저자를 작품과 동시에 태어나는 존재로 인식해야 한다는 것은 작품연구에서 해석주의의 확대를

30 롤랑 바르트, 「저자의 죽음」, 이승훈 역, 『현대시사상』 1993. 12, pp. 65~68.

가져올 수 있으며, 실제 소설가들에게는 최소한의 소명의식이나 책임감을 빼앗아 버리는 결과를 안겨 줄 수도 있다. 그리고 문학독자가 감소하는 현상이 심화될 수 있다. 롤랑 바르트의 주장을 실천에 옮기는 독자들이나 비평가들은 소설작품을 분석하고 해석할 때 작가연구를 할 필요가 없다는 극단론에 빠질 수 있으며, 텍스트 연구를 통해 작가의 특징을 설명하는 절차를 자연스러운 것으로 받아들일 수 있다. '저자의 죽음'이라는 인식은 문학사회학, 연속적 문예관, 역사주의 등과 같이 작가연구에서 출발하는 연구방법이라든가 작가와 작품을 대상으로 한 동시적이거나 상보적인 연구방법을 낡은 것으로 돌리는 결과도 가져올 것이다.

벤 애거(Ben Agger)는『지배담론(The Discourse of Domination)』에서 "포스트모더니즘은 두 가지 버전, 즉 이데올로기는 끝났다고 확인해 주는 것과 이데올로기는 새로운 형식으로 재현할 것이라고 논쟁을 벌이는 것으로 나타나고 있다. 칸트, 헤겔, 마르크스, 프로이트, 비트겐슈타인, 후설, 보부아르, 사르트르, 아도르노, 마르쿠제 등과 맞붙어 싸우지 않고서는 현재를 이해할 수 없다"[31]와 같이 포스트모더니즘은 이데올로기 종말설과 이데올로기 재현설의 대립의 현장이 되고 있을 뿐 아니라, 신화의 형식으로 존재하면서 갈등이나 차별이 줄어든 사회를 만드는 데 기여한다고 했다.

> 포스트모더니티는 계급·종족·성·지리적인 차별 등이 끝났다는 것을 암시하기 위해 이념적으로 자세를 취한다. 포스트모던이든 포스트모더니즘이든 역사는 마찰이 없는(frictionless), 까다롭지 않은(fractiousless), 계급 없는(classless), 종족 없는(raceless), 성이 없는(genderless) 시대로 바뀌어 오지 않았다. 포스트모더니티는 신화다. 그 이름 속에서 1984년의 리오타르 같은 사람들은 마르크시즘에의 대항을 정당화했다. 리오타르 같은 포스트모더니

31 Ben Agger, *The Discourse of Domination*, Northwestern University Press, 1992, p. 279.

티의 파르티잔은 포스트모던을 다니엘 벨의 논의와 연결지어 규정한다. 1973년의 다니엘 벨이 말한 것처럼 포스트모더니티는 후기 산업사회에 의해 특화된다. 계급갈등의 종식, 무제한의 상품과 서비스에 의한 소비자의 풍요(cornucopia), 모든 사회문제의 만병통치약으로서의 고도의 기술, 이데올로기의 종말, 전 세계적 근대화 같은 특징들을 말한다. 1976년에 다니엘 벨이 나르시스적인 신좌파세력의 '적대문화'를 비난했던 반면, 리오타르와 그 동류는 개인적·문화적·정치적 스타일의 분명한 절충주의를 감쌌다. 포스트모더니티는 리오타르가 거대 메타서사라고 불렀던 것이 더 이상 중간계급의 사람들에게 맞지 않는다는 점을 이유로 개인주의를 잘 떠받들게 되었다. 1988년에 켈레너(Kellener)가 밝힌 이론에 따르면 포스트모더니티 이론은 계급·젠더·종족탄압 등을 초월하여 새로운 세계의 유토피아적 전망에 근본적으로 반대하는 것이다. 자본가·섹스주의자를 떠나서 신개인주의와 관련하여 미래를 공식화하고 민족주의 전당을 곱게 내버려둔다. 자유는 개인적 표현·취미·소비·여행·레저·의상·생활방식 등에 의해 성격화한다. 포스트모더니티 이론은 급진적인 사회사상과 행동을 훼손시키는 것이 아니고 가장 뒤늦게나마 대치물이 되고자 한다.[32]

벤 에거는 계급갈등의 종식, 소비자의 풍요, 고도의 기술, 이데올로기의 종말, 전 세계적 근대화 등과 같은 후기 산업사회의 특징으로 포스트모더니즘을 설명하면서 포스트모더니즘 이후 시대에 큰 기대를 걸었으나, 오늘날 전세계 여러 이론가들의 '이데올로기 종말론'이 무색할 정도로 자유주의와 공산주의의 대립, 종족·젠더·세대·노사 갈등이 계속되거나 격화되고 있다.

32 Ibid., pp. 282~283.

토마스 도처티(Thomas Docherty)는 『타자성(Alterities)』에서 노벨의 이념적 기반을 조심스럽게 탐색했다.[33]

① 모더니즘의 문학적 형식은 내러티브이며 모더니즘의 철학적 형식은 '이론'이다. 문화적 모더니즘은 사물을 기호로 번역하고 존재론을 인식론으로 번역하는 경향이 있다(p. 27).

② 산문서사는 18세기에 '노벨'로 알려진 특별한 형식으로 통합되었는데 18세기는 이성(reason)과 계몽(enlightenment)이라는 특수형식의 승리로서의 문화로 특징지어지는 지배적인 지적 형성으로 나타났다. 이성과 계몽 속에는 개인주의의 중요성에 방점을 찍은 자유주의 이데올로기가 들어 있다. 바로 노벨은 개인의 중요성을 인식하는 것으로 여겨진다(p. 41).

③ 산문서사에서 작중인물은 알레고리 유형으로 인식된다. 작중인물은 '개인'으로 존재할 뿐만 아니라 부르주아 민주주의 전통에서의 '대표적 존재'로 존재하기도 한다(p. 43).

④ 노벨은 부르주아의 자유적·민주적 형식으로 이해되고 부르주아적 가치의 현장으로 또 부르주아 코드의 규칙화와 합리화와 규범화로 이해되었다(p. 44).

⑤ 성격(personality)은 생물이 갖고 있는 것이라면 인물(character)은 노벨이 갖고 있는 존재다. 성격이 무목적적이면서 복합적이라면 인물은 목적적이면서 단순하다. 성격이 존재론적인 범주에 들어간다면 인물은 인식론적인 범주에 들어간다(p. 47).[34]

모더니즘에 역점을 둔 토마스 도처티는 18세기에 나타난 노벨의 특징으로 이성과 계몽의 양식, 개인의 중요성 인식, 부르주아의 자유적·민주적 형식 등을 들었다.

---

33 Thomas Docherty, *Alterities*, Clarendon Press, 1996, pp. 27~47.

34 Ibid., pp. 27~47.

존 프로우(John Frow)는 『시간과 상품문화(Time & Commodity Culture)』에서 이하브 하싼의 『포스트모던적 전회(The Postmodern Turn): Essays in Postmodern Theory and Culture』(1987)를 인용하여 서른세 개 항목으로 모더니즘과 포스트모더니즘을 비교하였는데 그중 절반만 추리기로 한다.[35]

모더니즘 / 포스트모더니즘

① 형식(Form)(접속사, 닫힌 구조)(conjunctive, closed) / 반형식(Antiform)(이접적 접속사, 열린 구조)(disjunctive, open)

② 목적(Purpose), 그리고(and) / 유희(Play), 그러나, 또는(but, or)

③ 체계(Hierarchy) / 무질서(Anarchy)

④ 지배력(Mastery) / 로고스(Logos) // 고갈(Exhaustion) / 침묵(Silence)

⑤ 창조(Creation) / 종합화(Totalization) // 비창조(Decreation) / 해체(Deconstruction)

⑥ 종합(Synthesis) / 대조(Antithesis)

⑦ 집중화(Centering) / 산포(Dispersal)

⑧ 장르(Genre) / 경계(Boundary) // 텍스트(Text) / 상호텍스트(Intertext)

⑨ 의미론(Semantics) / 수사학(Rhetoric)

⑩ 계열체(Paradigm) / 통합체(Syntagma)

⑪ 은유(Metophor) / 환유(Metonymy)

⑫ 뿌리(Root) / 깊이(Depth) // 줄기(Rhizome) / 표면(Surface)

⑬ 소기(Signified) / 능기(Signifier)

⑭ 읽기(Lisible(Readerly)) / 글쓰기(Scriptible(Writerly))

⑮ 서사(Narrative)/거대서사(Grand Histoire) // 반서사(Anti-

35 John Frow, *Time & Commodity Culture*, Oxford University Press, 1997, pp. 16~17.

narrative)/작은 서사(Petite Histoire)
⑯ 유형(Type) / 돌연변이(Mutant)
⑰ 형이상학(Metaphisics) / 아이러니(Irony)
⑱ 초월(Transcendence) / 내재(Immanence)

변별력이 비교적 분명한 것만 추려 제시하였다. 서양에서 포스트모더니즘은 나라에 따라 출발점이 불분명하고 예술가에 따라 특징도 다르게 나타난다. 그만큼 일괄한다거나 종합하기가 매우 어려운 사조다. 포스트모더니즘은 몇 년 전부터 어떤 작품에 의해 시작된 것이라고 규정할 수 없다. 포스트모더니즘은 이론상으로 모더니즘과 연결지어 논할 수 있으나, 실제 소설에서는 단순히 모더니즘의 연장선에 있는 것으로 볼 수도 있다. 위에서 열린 구조, 유희, 무질서, 산포, 상호텍스트성, 수사학, 환유, 글쓰기, 작은 역사, 돌연변이 등과 같은 포스트모더니즘의 특질들은 상당 부분 모더니즘과 겹치기도 한다.

야콥 톨핑(Jacob Torfing)은 『새로운 담론이론(New Theories of Discourse)』에서 포스트모더니즘은 관용, 자유, 평등, 공정, 친절(decency) 등과 같은 윤리적 가치를 긍정하고 인간의 고통을 제거하기 위해 계속 투쟁한다고 긍정평가하면서 "포스트모더니티는 윤리학이 없는 것이 아니다. 윤리적 기초의 부재를 인정한다. 포스트모더니티는 환상 없는 모더니티다(Postmodernity is modernity without illusions). 낡은(그리고 새롭기도 한) 윤리적 질문에 새로운 반기초적인 답을 제공하려고 목표를 세운다"[36]와 같이 포스트모더니즘에 얽힌 부정적 통념을 털어 버리려고 하였다.

필자는 20세기 말인 1998년에 『21세기 문학』에 발표한 「1990년대 문학의 풍경」이라는 평론에서 리얼리즘과 모더니즘, 또는 리얼리즘과 포스트모더니즘의 공존 또는 교체현상에 주목하면서 한국문단의 변화상을 판독해 내려고 하였다. 1990년대 한국문학은 1980년대 독재정치, 민주화운동, 경제성장 등을 겪고 난 후 포스트모더니즘에 감응된 흔적을 드

36 Jacob Torfing, *New Theories of Discourse*, Blackwell Publishers, 1999, p. 275.

러내었다. 민중문학은 1980년대 후기에 들어와 순수문학을 압도하는 기운을 보였지만, 1990년대에 들어와서 소련이 해체되고 동유럽이 무너지며 냉전체제가 막을 내리자 일시적인 허탈상태에 빠져 버리기도 하였다. 한국의 경우, 포스트모더니즘은 모더니즘을 부정하면서 동시에 모더니즘이 리얼리즘을 부정하는 것을 지지하기도 하였다. 포스트모더니즘은 문학을 이성, 형이상학, 상식성, 의미론, 형식, 집중미에서 해방시켜 주려고 한 사조였으므로 1980년대까지 대립관계를 이루었던 순수문학과 민중문학, 그 어느 뒷줄에도 서지 않았다. 1990년대 우리 문학을 외형상으로는 가장 힘 있게 이끌고 갔던 신세대 작가들은 개인에 따라 정도 차는 있어도 이러한 포스트모더니즘을 긍정적으로 실천에 옮겼다.

1990년대 신세대 작가들이 특히 소설 서술담론의 혁명을 가져오게 된 주요 요인의 하나로 포스트모더니즘의 유입을 든다. 담론의 혁명은 '담론은 인간이 아닌 언어가 만든다'는 논리에서 빚어지기 쉬운 것인데, 이러한 논리는 바로 포스트모더니즘 문학론의 한 요체를 이룬다. 포스트모더니즘은 한국문단에 새로움에의 의지와 실험정신을 가져다 주었지만, 동시에 가치관의 혼란이라는 예상된 문제점도 빚어내었다. 포스트모더니즘은 젊은 세대에게는 숭신주의(崇新主義, neophilia)를, 기성세대에게는 새 것을 꺼려하는 태도를 심어 주며 오히려 세대 간의 간극을 넓히는 결과를 가져오기도 했다.

순수문학이라고 부르는 현실초월문학과 민중문학으로 응집된 현실참여문학의 대립구도에 익숙해진 한국문인들의 시선에서 1990년대는 주조가 없는 시대였다. 이 말은 1990년대에는 다양한 사조가 혼재했다는 뜻이 되기도 한다. 실제로 1900년대는 리얼리즘과 포스트모더니즘을 양축을 하여 모더니즘, 개인주의, 허무주의, 현세주의 등 여러 사조가 엇비슷한 힘으로 공조하는 현상을 드러내었다. 변혁론을 골자로 하면서 계속 고창되어 왔던 1980년대 리얼리즘은 1990년대에 들어와 운동과 거리를 두고 문학과 가까이하면서 목소리가 낮아졌지만 설득력은 커졌다. 리얼리즘에 대한 부정적 판단의 이면에는 리얼리즘이 점차 부분화·약화·중간화되면서 문학의 사회비판기능이나 현실참여기능이 시들해진 것이 있다. 리얼리즘의 성쇠와 강약의 결정적 원인이 되는 역사적 상황, 시대상, 삶의 질은 이제 겨우 한 단계 개선되고 높아진 것에 불과하다.

1990년대 초 2~3년간 수십 종이 앞 다투어 나왔고 그 가운데 『소설 동의보감』, 『소설 토정비결』 등 몇 종이 베스트셀러가 되었던 역사소설류는 과거사실의 탐구를 적극적으로 실천에 옮긴 점에서 리얼리즘 정신을 지킨 것으로 볼 수 있다. 일찍이 1905년에서 1910년 사이 국내외의 영웅적 인물과 독립운동사를 소재로 한 역사소설이 개화기에 리얼리즘 정신을 지켜 내고 발양했던 사실을 떠올릴 필요가 있다. 1990년대에 들어와 중간소설의 성격이 강한 역사소설류보다 리얼리즘을 더 굳게 지켜 낸 것은 운동권 세계나 인물을 주요 모티프로 취한 일련의 소설들이었다. 이러한 소설들은 1990년대 후기까지도 계속 나타났다. 좁게 보면 리얼리즘은 과거의 것이라는 소리를 쉽게 하게 된다. 우리 삶이 이제 세계성에의 편입이니 주변성에의 탈피니 하는 수준으로 올라섰다는 다소 들뜬 인식도 리얼리즘 효력상실론을 자주 들먹거리게 만든다.[37]

1920년대는 카프 중심의 리얼리즘소설이 주도했고, 1930년대는 구인회 중심의 모더니즘소설이 주도했다든가 아니면 1930년대는 리얼리즘과 모더니즘으로 양분되었다든가 하는 판단은 피상적이거나 도식적인 것이 되기 쉽다. 외부묘사론/내면분석론, 저항론/적응론, 의식세계 중시/무의식세계 중시, 역사 사회적 일원/개성포회적 자아 등과 같은 이항대립은 개별 작품에 어울리는 식으로 설정하기가 결코 쉽지 않다는 것이다. 물론 모든 소설유형이나 사조가 비슷한 무게로 나타나는 것은 아니지만, 소설작품의 질과 양의 면에서 카프 작가들과 구인회 작가들이 객관적 접근을 허용하지 않을 정도로 분명한 차이를 보이고 있는 것도 사실이기 때문이다.

한국모더니즘소설을 제대로 설정하려면 작품분석과 평가가 우선되어야 한다. 모더니즘 작가는 이상, 박태원, 허준, 안회남, 최명익 정도로

---

37 조남현, 「1990년대 문학의 풍경」, 『1990년대 문학의 담론』, 문예출판사, 1998, pp. 14~16.

소수화되어 있기는 하지만, 모더니즘에 해당하는 소설을 얼마든지 추가할 수 있다는 점도 고려해야 한다. 유럽 중심의 소설이 리얼리즘→모더니즘→포스트모더니즘과 같은 이행과정으로 정리되는 것을 한국현대소설에 그대로 적용하는 것은 맞지도 않고 의미도 없다. 한국전쟁을 다룬 소설들이 양적·질적으로 주류를 이루었던 1950~1970년대 소설을 모더니즘소설이라고 규정하기 어려운 것처럼, 1990년대 소설을 포스트모더니즘이라고 단정하기도 어렵다. 오히려 1970년대 소설은 소박한 리얼리즘으로, 1980년대는 비판적 리얼리즘이 주도했던 시기로 규정해 볼 수 있다. 물론 21세기에 들어와 소설의 양적 팽창이 이루어지는 가운데 역사적 인물, 피해자, 뿌리 뽑힌 자, 투쟁적 인물 등이 주요인물로 등장하는 거대담론이 자기서사 중심의 작은 이야기로 전환하면서 새로운 이야기의 제시보다는 서사담론의 개발에 힘쓴 소설이 많아지거나 한 것은 포스트모더니즘적인 현상이라고 할 수 있다.

20세기 한국소설을 대상으로 한 연구자들은 논자에 따라 리얼리즘, 모더니즘, 포스트모더니즘 중 한 가지 사조를 선택해 왔다. 한국의 연구자들 사이에서는 리얼리즘연구자들과 모더니즘연구자들을 경계선이 분명한 대립관계로 놓고 보는 경향마저 있었다. 물론 이런 경향이 유럽에서 먼저 시작된 것임은 부정할 수 없다. 미국과 유럽에서는 모더니즘과 포스트모더니즘의 중복현상에 더 크게 주목하고 있다. 한국에서는 이런 현상에 덧붙여 리얼리즘이 모더니즘을 압도하는 현상이 최소한 1980년대까지 나타났다고 할 수 있다. 최소한 리얼리즘은 특정시대에 나타났다가 사라져 버린 사조로 보기보다는 매 시대에 경중을 달리해서 소설의 본질적 요소로 관여하는 것으로 이해해야 한다.

8장 소설의 미래

19세기에 들어와 인쇄술이 발달하면서 확보될 수 있었던 대형 독자층은 작가들의 창작욕을 크게 고무시켜 주었다. 독자층의 형성은 직업적인 작가 출현의 거의 절대적인 계기로 작용했다. 소설의 미래에 대한 불안감은 이러한 직업적인 작가가 나타나면서부터 시작되었다고 할 수 있다.

소설의 장래를 회의적으로 가늠해 본 초기 이론가로 스페인의 철학자 오르테가 이 가세트(José Ortega Y Gasset, 1883~1953)를 들 수 있다. 그는 소설이 서양에서는 대중문화의 총아로 한창 세력을 떨치고 있었던 20세기초에, 또 동양에서도 이제 막 근대소설이 자리 잡기 시작한 20세기초에 『예술의 비인간화와 소설론』(1925)이란 책에서 '소설은 새로운 인물의 자원과 새로운 제재의 자원이 고갈 직전에 놓여 있다'고 경고한 바 있다.

> 소설 — 나는 특별히 근대소설을 가리키고 싶다. — 을 계속 새로운 형식을 낳을 수 있는 무한한 영역으로 생각하는 것은 잘못이다. 차라리 그것은 거대하지만 시간이 얼마 남지 않은 채석장으로 비유할 수 있다. 소설의 가능한 주제는 제한된 숫자일 뿐이다. 최초의 기술사들은 새로운 건축용 블록, 즉 새로운 인물과 새로운 주제를 찾는 데 고생하지 않았다. 그러나 오늘날의 작가들은 한정되고 감추어진 광맥만이 남아 있다는 현실에 직면하고 있다.[1]

1 José Ortega Y Gasset, *The Dehumanization of Art and Notes on the Novel*, Princeton University Press, 1968, p. 58.

오르테가 이 가제트는 장르는 기본적으로 발전하는 것이라는 장르 진화론을 입론으로 삼아 문학장르도 언젠가 생물체처럼 소멸의 운명에 놓여 있다는 이치를 일깨워 주기도 하였다. 그는 종래 소설양식에서만 가능했던 주제와 이야기가 이제 다른 표현양식에 의해서도 얼마든지 펼쳐질 수 있다는 인식에서 출발했다. 서양에서 루카치, 바흐찐, 포스터 등의 소설이론서가 앞다투며 나오고, 한국에서는 개화기소설을 지나 리얼리즘소설이 다수 출현하면서 현대소설의 형성을 보였던 바로 그때, 이미 오르테가 이 가제트는 소설양식의 몰락을 예견하였다.

오르테가 이 가제트가 새로운 주제나 인물을 작품 속에 구현하는 것이 갈수록 어려워질 것이라고 예견한 데는 소설의 제재가 되는 개개인의 삶이 생각만큼 다르지 않다는 관념이 작용하였다. 주로 자신의 직접체험을 소재로 하여 소설을 쓰는 작가들은 이러한 제재유한론을 무겁게 받아들이지만, 주로 상상력에 의존해서 소설을 쓰는 작가들은 위기의식을 갖지 않는다.

앞의 인용문에서 가제트가 주제나 인물을 광맥에 비유한 것은 '제재'로 바꿀 수 있다. 제재유한론을 효과적으로 극복하기 위해서는 이야기를 말하는 방법, 즉 서사 담론의 실험에 힘쓰거나 상호텍스트성의 실천에 힘써야 한다. 기본적으로 포스트모더니즘의 한 방안인 상호텍스트성(intertextuality)은 고전·논설·역사서술·영화·드라마·전문서적 등을 적극 차용하여 새로운 서술방법을 확보하는 태도를 말한다. 고려 말의 이규보, 이인로, 최자 등이 제기했던 신의론(新意論)과 용사론(用事論)은 상호텍스트론의 원형이라고 할 수 있다. 이런 상호텍스트성은 소설을 쓰기 전이나 소설을 쓰는 과정에서 동서양의 고전작품, 학문, 영화 등으로부터 직접 영향을 받은 것을 드러낸 최인훈, 조성기, 성석제, 김경욱, 김연수 등의 소설에서 쉽게 확인해 볼 수 있다. 일찍이 이상(李箱)이 단편소설에서 시도했고 김연수가 「쉽게 끝나지 않을 것 같은, 농담」, 「그건 새였을까, 네즈미」, 「뿌넝쉬」, 「거짓된 마음의 역사」, 「다시 한 달을 가서 설산을 넘으면」, 「남원고사(南原古詞)에 관한 세 개의 이야기와 한 개의 주석」, 「이등박문을, 쏘지 못하다」 등의 단편소설에서 구사했던 상호텍스트성에서 이러한 주제한계론을 극복하는 방안을 찾을 수 있다.

20세기 한국소설에서 상호텍스트성을 가장 적극적으로 활용하여 독창적인 서사담론과 주제의식으로 나아간 소설가는 최인훈이었다. 공상소설 「구운몽」(『자유문학』, 1962. 4), 유학생 주인공 소설로 김소월의 「진달래꽃」을 활용한 「열하일기」(『자유문학』, 1962. 7~8), 간첩이 주인공인 전쟁소설 「금오신화」(『사상계』, 1963. 11), 논개·안톤 슈낙·신채호·이순신·조봉암·이광수 등을 거론한 장편소설 『서유기』(1977), 이몽룡과 성춘향이 애정도피하는 것으로 패러디한 소설 「춘향뎐」(『창작과 비평』, 1967. 6), 인물만 바뀐 「옹고집뎐」(『월간문학』, 1969. 8), 여러 문인들을 모델로 취하면서 단테·구약성서·아라비안나이트·샤갈·이중섭·안톤 슈낙·발자크·이상 등을 거론하고 있는 『소설가 구보씨의 일일』(1970. 2~1971) 등을 읽을 수 있다. 이들 작품은 제목에서부터 상호텍스트성을 선언하고 있거니와, 실제로 소설을 읽어 보면 동서양의 많은 작품과 역사적 사실을 활용하고 있음을 알게 된다.

『춘향전』(이민수 역주, 서문당, 2000)에는 이태백, 소동파, 백낙천, 세도대왕, 서시, 초패왕, 왕소군, 조비연, 아황, 여영 등의 인명과 중용, 대학, 논어, 맹자, 시전, 서전, 고문진보, 자치통감, 사략, 천자, 적벽부, 장한가, 순임금의 남포시 등의 서책이나 작품명이 보이기도 한다. 춘향의 7언절구 한시 여러 편, 자탄가, 장탄가 등과 이몽룡의 7언절구 한시 여러 편, '궁'자 노래·'승'자 노래·남원 하직가 등과 농부들의 농부가, 노인들의 백발가, 한 아이의 시조 사설 등이 보이기도 한다. 춘향전의 인명, 책명, 작품명, 민요, 창작 노래 등은 고려 말에 이규보·이인로·최자 등에 의해 쟁점화된 후 조선조의 각종 시가와 소설에서 계속 구현된 용사(用事)에 해당한다. 용사는 포스트모더니즘의 핵심개념의 하나인 상호텍스트성의 원형적 개념이라고 할 수 있다.

1990년대 신세대 작가 김경욱은 『바그다드 카페에는 커피가 없다』(1996)라는 소설집에 실린 「바그다드 카페에는 커피가 없다」, 「시네마천국」, 「아웃사이더」, 「이유 없는 반항」, 「택시 드라이버」, 「지존무상(至尊無常)」 등의 단편소설에서 당시 인기영화의 영향을 직접 받아 소설을 썼음을 이미 제목에서 솔직하게 털어놓고 있다. 물론 김경욱은 영화 내용을 소개하기 위해 소설을 쓴 것이 아니다. 예컨대 프란시스 코폴라 감독의 영화 〈아웃사이더〉의 내용을 구체적으로 소개하고 있는 소설 「아웃사이더」에서는 당시 대학생들의 소외감을 중심으로 한 시대고를 파헤쳐 보이는 가운데, 변해 가는 캠퍼스의 분위기를 비판적 시선으로 응시한다. 소설 「지존무상」은 영화 〈지존무상〉의 포커게임 모티프를 빌려 와 대학가의 이념대립상을 상징적으로 그려낸다. 소설 「바그다드 카페에는 커피가 없다」에서는 퍼시 애드론 감독의 영화 〈바그다드 카페〉의 내용을 빌려와 인간의 근원적인 소외감이나 고독감을 일깨워 주며, 소설 「택시 드라이버」는 영화 〈택시 드라이버〉의 포스터 내용을 소개하면서 열린다.

이때 김경욱의 소설은 동일한 제목의 영화가 없었다면 나오기 힘들었을 것이라는 추측도 해볼 수 있다. 이외에도 실제로 많은 영화의 내용과 출연배우들의 이름을 끌어들이고 있는 김경욱 소설의 특징의 하나는 영화내용이나 수법을 적극적으로 차용하여 작가 자신을 비롯한 청년들의 아픔과 고뇌를 연민과 비판을 섞어 응시하는 데서 찾을 수 있다. 당시 몇몇 인기영화들은 신세대 소설가 김경욱이 성, 욕망, 고독, 자아분열 등과 같은 청년들의 일반적 이슈를 깊이 있게 살펴볼 수 있는 계기를 활짝 열어 준다. 『바그다드 카페에는 커피가 없다』에 들어 있는 단편소설들 중 영화제목을 따와 표제로 만든 작품들은 선행소설의 제목을 끌어온 최인훈의 『구운몽』, 「열하일기」, 「금오신화」, 「춘향뎐」, 「옹고집뎐」, 『소설가 구보씨의 일일』 등을 모델로 삼은 것이라고 할 수 있다.

상호텍스트성을 적극적으로 행사하는 김경욱의 창작태도는 영화를 빌려올 때만 그런 것이 아니다. 김경욱의 장편소설 『황금 사과』(2002)는 "좀 더 엄밀하게 말하자면 『황금 사과』는 크리스테바가 말한바, '인용의 모자이크, 상호결합, 다른 텍스트의 변형' 등으로 구성된 텍스트다. 잘라 말하자면, 상호텍스트성이 강하다는 말이다. 『황금 사과』가 움베르토 에코의 『장미의 이름』에서 등장인물의 내면까지 빌려왔다는 사실은 누구라도 눈치챌 수 있다"[2]는 동료 소설가의 지적처럼 선행작품의 직접적인 영향을 받고 있다. 김경욱은 노먼 캔토의 『중세 이야기』(이종경 역), 요한 호이징거의 『중세의 가을』(최홍숙 역), 마시모 몬타나리의 『유럽의 음식 문화』(주경철 역) 등 아홉 권의 유럽중세사 관련 서적을 '도움받은 책들'로 제시함으로써 중세유럽의 수도원과 사제에 대한 '탐구적인' 태도에서 소설창작이 출발했음을 암시하고 있다.

김경욱은 일부 역사소설가들처럼 역사적 사실을 재미있게 재현하기 위해 소설적 스토리를 만들어 내는 데 목표를 두지 않는다. 김경욱은 독창적인 이야기의 제작이라는 소설가의 본분을 지키는 것을 목표로 삼는다. 소설유형 가운데 상호텍스트성에 가장 많이 의존해야 하는 것은 역사소설이다. 실존인물을 주인공으로 삼든 그렇지 않든 간에, 또 역사적 사실을 적극 활용하든 그렇지 않든 간에 역사소설은 기본적인 역사적 사실을 외면하는 순간 독자들의 공감이나 신뢰를 받기 어렵기 때문이다. 인조 때 제주도에 표류한 후 귀화하여 개명한 네덜란드인 박연과 표류 시에 생존한 선원 두 명을 주요 인물로 설정하여 병자호란 전황을 세심하게 그려 낸 장편소설 『천년의 왕국』(문학과지성사, 2007)을 통해 김경욱은 역사소설은 기본적으로 상호텍스트성에 크게 의존해야 하는 유형임을 입증하였다. 이 소설에서도 '도움받은 책들'로 헨드릭 하멜의 『하멜표류기』(김태진 역), 강준식의 『다시 읽는 하멜표류기』, 조르주 뒤크로의 『가련하고 정다운 나라 조선』(최미경 역) 등 십여 권의 책명을 제시했다. 결국 소설에서의 창조성은 온전히 작가 자신의 기억과 경험담, 상상력으로 이루어져야만 가치가 있고 선행소설이나 서적, 영화에 의존했다고 해서 가치가 떨어진다든가 하는 판단은 설득력이 없다는 것이다.

세상이 복잡해지고 빌진해 가고 있다는 인식이 오르테가 이 가제트에게는 소설양식의 미래를 비관적으로 보게 한 반면, 바흐찐에게는 긍정적이며 낙관적인 시야를 열어 주었다. 그는 소설의 발전과정이 아직 끝나지 않았다고 하면서 시대에 따라 인간의 통찰력과 성숙한 객관성, 비평능력에 대한 요구들은 비상하게 증가하여 앞으로 소설발전을 촉진시

2 김연수, 「고백록, 1인칭 소설, 내면을 빌려온 텍스트로서의 『황금 사과』」, 김경욱, 『황금 사과』, 문학동네, 2002, p. 339.

킬 것이라고 하였다.[3]

21세기 잠재적 독자들은 영화, 텔레비전 드라마, 게임의 시청자가 되면서 소설가의 전통적인 역할인 사상제시와 오락제공을 편한 방법으로 수용하고 있다. 멀티미디어의 지배력 증대는 현재로서는 활자매체에 의존하는 작가와 소설에 더 많은 그림자를 안겨 주고 있다. 컴퓨터, 영화, 텔레비전, 게임기, 방송드라마 쪽으로 가버린 잠재적 문학독자들은 도무지 되돌아올 기미를 보이지 않고 있다. 그동안 고상한 오락의 제공, 사상의 생산과 선전, 정보제공, 사회계몽 등 다양한 기능을 행사해 오며, 인간과 삶, 사회와 역사, 철학과 심리 등에 대한 지식과 통찰의 제공자로 자부해 왔던 작가들은 각종 시청각 미디어에 밀리면서 그 어느 기능에도 자신감을 갖지 못하게 되었다.

오늘날 우리 사회에서도 소설양식은 어느 기능 하나도 압도적으로 행사하지 못하는 형편이 되었다. 소설이 아무리 재미있다고 하더라도 연예나 영화, 전자오락을 따라갈 수 없고, 아무리 심오한 인식과 사상을 제공해 준다고 하더라도 인문·사회과학의 전문화된 서적보다 꼭 낫다는 보장이 없으며, 시사평론을 포함한 사회담론에의 참여는 인터넷 방송을 따라잡을 수 없게 되었다. 과학의 평이화와 보편화를 꾀한 저작이 많이 나올수록 소설의 전문지식 제공 기능도 퇴색할 수밖에 없다. 역사서술의 보조양식이라는 소설의 전통적인 기능도 공감확대의 면에서는 영화나 드라마를 따라잡지 못하고 있다.

현실을 카오스나 위기로 보는 20세기 말의 시각은 포스트모더니즘의 원인이 되기도 하고 결과가 되기도 한다. 포스트모더니즘이 현실을 진단하고 새로운 시대의 모습으로 예견한 것 중 하나는 문학의 위기요 소설의 위기였다. 소설의 본질을 이야기라고 할진대 작가는 더 이상 새로운 이야기를 하기가 어렵게 되어 있다는 것이며, 큰 서사에는 더 이상 믿을 것이 없다는 것이다. 냉전체제라든가 민족주의 시대는 역설적

3 미하일 바흐찐, 『장편소설과 민중언어』, 전승희 외 역, 창작과비평사, 1988, p. 61.

으로 큰 서사를 내보였다. 큰 서사의 붕괴와 작은 서사의 출현은 경제성장, 민주주의 정착, 대중문화 지배 등을 포괄하는 신자유주의의 물결을 타고 있는 우리 소설에서도 1990년대 이후 이미 현실로 나타나고 있다. 소설양식의 현실대응방법에 대한 논의는 소설의 위기타개라는 차원에서도 진행되어야 한다. 큰 서사란 역사철학이 화자가 되어 이야기하는 것을 받아쓰는 것으로 비유할 수 있다. 소설은 역사적 사건을 다루어야 하며, 공적 현실 그 자체나 공적 현실이 배어 있는 개인적 현실을 다루어야 한다는 오래된 문학적 통념은 이제 도전받고 있다.

소설양식의 포용성을 무한히 확대시킬 필요성을 역설한 다음의 글은 21세기 한국작가들에게 하나의 출구를 제공하는 동시에 자신감을 안겨 주게 될 것이다.

> 소설의 역사적 재산은 문학과 현실이 모두 똑같이 관대하게도 소설에 양도해 준 엄청난 특권과 분명히 관련되어 있다. 소설은 문학을 가지고 소설이 원하는 것을 면밀하게 만든다. 소설이 소설 자체의 목적을 위해 묘사·서술·드라마·에세이·평가·독백·담화를 사용하지 못하게 방해하는 것은 아무것도 없다. 소설이 우화·역사·교훈·목가·연대기·콩트·서사시가 되는 것을 어떤 것도 방해하지 않고 그것도 차례로이거나 동시에이거나 소설 마음대로인 것이다. (중략) 소설은 그것이 필요하다고 판단하면서 시작품을 내포할 수도 있고 단지 시적일 수도 있다. 소설이 다른 어떤 예술형식보다 너 밀접한 관계를 유지하고 있는 현실세계로 말할 것 같으면 그것을 충실하게 그리느냐, 변형시키느냐, 현실의 크기와 색깔을 보존하느냐, 왜곡시키느냐, 그것을 비판하느냐 하는 것은 소설의 자유이다. 소설은 현실세계의 이름으로 발언할 수도 있고, 허구세계 내부에서 소설이 현실세계를 가지고 만든 단순한 환기에 의해 삶을 변화시킨다고 주장할 수도 있다.[4]

---

4 마르트 로베르, 『기원의 소설, 소설의 기원』, 김치수·이윤옥 역, 문학과지성사,

이상의 인용문은 소설은 문학의 하위개념이 아니라 오히려 문학이 소설 안에 있다는 주장과, 소설이 현실을 처리하는 방법은 실로 다양하며 그것은 바로 소설의 자유라는 주장으로 요약된다. '소설은 종합문학이다' 라는 명제를 확인시키기도 한 이 글은 소설은 영원히 살아남을 것이라는 낙관론을 펼친 것으로 풀이된다. 종합문학의 성격을 살려 나가는 것 외에 오늘날 한국소설의 또 하나의 출구는 특정 분야에 대한 전문지식을 축적하고 활용하는 태도에서 찾을 수 있다. "소설가는 옛날에는 쾌락과 거짓말의 잘 알려진 공모를 개발함으로써 재미있게 만들 생각만 한 반면, 이제부터 그는 학자의, 사제의, 의사의, 심리학자의, 사회학자의, 판사의, 역사가의 엄격한 직책을 겸하는 것"[5]이라고 한 것처럼, 마르트 로베르(Marthe Robert)는 소설양식은 작가의 노력과 능력에 따라 의학서, 종교서, 사회학 서적, 심리학 서적, 역사서 등 그 어느 것도 될 수 있을 뿐 아니라, 때로는 이런 서적들보다 더 많은 지식과 인식을 가져다 줄 수 있다고 한다. 전문지식의 토로는 좋은 소설의 필요조건보다는 충분조건에 가까운 것이긴 하지만 소설양식의 존재이유 중 하나임도 부정할 수 없다.

1979년 6월에 발표된 이문열의 장편소설 『사람의 아들』은 종교적 상상력으로 이루어진 것인데, 황석영의 「객지」(1971), 조세희의 연작소설집 『난장이가 쏘아올린 작은 공』(1978)을 중심으로 하여 리얼리즘에의 뜨거운 관심이 비등했던 1970년대 말인지라 오히려 신선한 자극이 될 수 있었다. 이 소설은 현실적인 인물들의 행적기를 표면구조로, 아하스페르츠를 주인공으로 하는 이야기를 이면구조로 삼아 액자소설의 형태를 취했다. 이 두 구조는 상성관계에 있다. 두 구조를 결합하는 과정에서 추리소설적 기법을 구사하기도 하고, 성경에 대한 박식함을 과시하기도 하였다. 이문열은 인간·삶·육신 등을 새롭게 재조명하였다.

의사의 모습을 긍정적으로 그린 한국소설로 김동인의 「붉은 산」(1932), 이태준의 『제2의 운명』(1933), 채만식의 『탁류』(1937), 김남천의

1999, p. 13.

5 같은 책, p. 29.

「제퇴선」(1937), 이광수의 『사랑』(1939), 손창섭의 「잉여인간」(1958), 한무숙의 「정의사」(1950), 「우리 사이 모든 것이」(1971), 이청준의 「병신과 머저리」(1966), 『당신들의 천국』(1975), 박완서의 「그 가을의 사흘 동안」(1981), 정찬의 「별들의 냄새」(1994) 등을 들 수 있다. 허준의 일대기를 담은 역사소설이요 의사소설인 이은성의 대하소설 『동의보감』(1990)은 원래 네 권으로 간행될 예정이었으나, 세 권으로 그치고 만 미완성 소설이긴 하지만 완성작이나 다름없다. 이 소설은 허준을 중심으로 교사적인 의사, 조력자적인 의사, 논쟁적인 의사 등 여러 의사의 입상을 보여 주었다. 양생과 조제에서 제일인자인 김민세, 천하제일의 부술을 자랑하는 안광익, 당대 제일의 침술가인 어의 양예수가 등장하는가 하면, 양예수와 대등한 의술을 갖고 있는 것으로 평판이 나 있으면서도 허준에게 공의로서의 살신성인의 자세도 가르쳐 준 유의태가 등장한다.

『동의보감』은 허준이 온갖 고난과 시련을 겪으면서 구세제민의 정신과 신품의 경지인 의술을 인정받기까지의 과정을 보여 준다. 이 과정에서 한의학 지식을 들려주는 것은 물론, 의사가 걸어가야 할 길을 제시하기도 한다. 허준에게는 유의태와 김민세라는 두 위대한 스승이 있었다. 허준은 유의태로부터는 의(醫)의 술과 학을 배웠으며 김민세로부터는 무료시술로 구체화되는 의(義)를 배운 것으로 나타난다. 허준 자신이 감동적인 장면을 많이 열어 보이고 있기는 하지만, 스승 유의태의 시신을 유언대로 해부하여 허준이 살아 있는 의학공부를 하는 장면이라든가, 어의라는 최고의 명예와 영광의 보장을 팽개치고 김민세가 문둥병 환자치료에 전념하게 된 사연은 충분한 감동을 준다. 허준은 한국역사의 자랑거리요 소설 『동의보감』은 한국소설의 넓이를 입증해 준 존재라고 할 수 있다. 물론 제한된 작품에서이긴 하지만 김동인은 교사적인 인물에서, 채만식은 자기희생적인 사회사업가에서, 김남천은 신념형의 존재에서, 이광수는 사회적 지도자에서, 한무숙은 공익정신이 넘치는 고결한 인물에서, 손창섭은 성실한 현실극복형 인간에서 긍정적인 의사의 상을 찾아내려고 하였다.[6]

물론 한국작가들이 의사를 긍정적인 존재로만 그린 것은 아니다. 최서해의 「박돌의 죽엄」(1925), 「기아와 살육」(1925), 강경애의 「어둠」(1937), 한설야의 「술집」(1939), 「태양은 병들다」(1940) 등과 같은 해방 이전작들과 박경리의 「불신시대」(1957), 「암흑시대」(1958), 전광용의 「꺼삐딴리」(1962) 등의 해방 이후작들은 의사를 비정한 존재로 그린 공통점을 보인다. 이들 소설들은 의사의 비정성의 가장 큰 이유로 돈 욕심을 든다. 의사를 긍정적인 존재로 그리는 데 힘쓴 작가로는 단연 이청준을 들 수 있다. 이청준은 등단 직후에 「퇴원」(1965), 「소문의 벽」(1972), 『당신들의 천국』(1975), 「황홀한 실종」(1976), 「조만득 씨」(1980) 등에서 환자를 정성껏 치료하는 의사의 상을 설정하였다. 『당신들의 천국』을 제외한 나머지 작품들에서는 정신과 의사가 환자를 제 몸 돌보듯 정성껏 치료하느라 애쓰는 모습을 목격할 수 있다. 황석영의 「한씨 연대기」(1972), 조정래의 『태백산맥』(19089), 김원일의 『불의 제전』(1997) 등은 정치체제나 당국의 눈치를 보지 않고 환자의 치료라는 본연의 임무에만 충실한 의사의 상을 제시한 공통점을 보인다.

한편 패트릭 패린더(Patrick Parrinder)가 『과학소설의 비평과 교훈(Science Fiction, its criticism and teaching)』에서 "과학소설은 고급의 낭만적 소설의 틀 속에서 과학적 요소(사이비과학적인 경우가 많다)를 사용함으로써 이루어진 것으로, 가장 유명한 예인 너세니얼 호손(Nathaniel Hawthorne)의 「모반(The Birthmark)」(1843), 「라파치니의 딸(Rappaccini's Daughter)」(1844)처럼 마력을 지닌 과학자의 소름끼치는 행위로 남녀 주인공의 행복을 가로막는 이야기가 담겨 있다"[7]고 한 것처럼 너세니얼 호손의 소설에서 과학소설의 원형을 찾으려고 했다. 그리고 "문학은 사회전체에 기여하거나 특정 계급이나 집단, 문화세력에 기여하는 것"과 같이 문학의 공기능을 환기시키면서 "러시아 과학소설은 소비에트 국가의 공

6 조남현, 「한국소설에 비친 의사의 모습」, 『한국 현대작가의 시야』, 문학수첩, 2005, pp. 232~248.

7 Patrick Parrinder, *Science Fiction, its criticism and teaching*, Methuen & Co. Ltd., 1980, p. 4.

적 유토피아주의에 대한 반응을 드러내었고, 영국 과학소설은 산업과 제국의 몰락에 대한 위기의식을 드러내었으며, 독일 과학소설은 나치스가 생각했던 지배자 민족의 승리감에 대한 전망으로 충만되어 있고 미국 과학소설은 개척자 경험(frontier experience)으로부터 낙관주의와 무자비함을 획득했다"와 같이 미국·영국·독일·러시아의 과학소설을 비교하였다.[8]

과학소설은 각 나라의 목표를 잘 일러주는 지표가 되기도 한다. 그는 최근 일부 연구자들이 보다 중립적인 용어로 사용하는 병렬문학(paraliterature)이나 대중문학(popular literature)은 과학소설을 열등한 것으로 보기보다는 주변성으로 보아야 한다는 요구를 담고 있다고 하였다. '병렬문학'이라는 말 자체를 재해석할 필요가 있다는 것이다.

마르크 앙제노(Marc Angenot)는 「대중소설론(Le roman populaire)」(1975)에서 부차적 문학(paraliterature)이라는 개념을 제시했다. 부차적 문학은 금단, 타부, 저급 기록 등과 같은 문학적 울타리 밖의 공간을 차지하고 있지만, 고급문화에서 억눌려 있는 주제와 강박관념의 면에서는 자료가 풍부하다면서 부차적 문학을 저급문학으로 보는 대신 문학의 변증법적 안티테제로 보았다. "문학은 자신이 배제하는 꿈, 열망, 인식 등이 없이는 자족적인 체계로 존재할 수 없다. 만일 서부극, 스릴러, 역사소설, 연애소설 등이 로망스에 들어간다면 SF도 로망스에 들어가야 하는 것 아닌가? 리얼리스틱 소설은 로망스와 대립하는 것으로 보긴 하나 SF는 논리, 개연성, 인식론적인 지성에 충실한 것으로 볼 수 있다면 로망스에 대립하는 것으로 볼 수 있지 않을까?"[9]와 같이 SF를 기계적으로 로망스에 넣는 태도에 반대한다.

과학학과 교수인 홍성욱은 「SF, 미래 예측인가 사고 실험인가?: SF와 과학기술의 관계 정립을 위한 소고」[10]에서 SF의 내용을 소개하면서 SF가 실제로 과학의 발전에 결정적 기여를 한 사례를 드는 데 힘썼다.

---

8 Ibid., p. 30.

9 Ibid., pp. 46~50.

10 이 글은 포스텍 융합문명연구원에서 간행한 『문명과 경계』 7호(2023. 9)에 실렸다.

"사람들은 흔히 SF가 미래를 잘 예언하거나(predict), 예측한다(forecast)고 한다. 예언이나 예측 같은 용어를 피하는 사람도, SF는 과학자나 엔지니어에게 영감을 주는(inspire) 방식으로 미래를 맞힌다고 한다"고[11] 전제하면서 "SF가 과학기술 혁신에 영향을 준 사례로 항상 언급되는 것이 로켓이다. 로켓의 경우에는 쥘 베른(Jules Verne, 1828~1905)의 SF 『지구에서 달까지(De la Terre a la Lune)』(1865)에서 묘사한 달 탐험로켓이 로켓공학의 선구자 콘스탄틴 치올콥스키(Konstantin Tsiolkovsky, 1857~1935), 로버트 고다드(Robert Goddard, 1882~1945), 헤르만 오베르트(Hermann Oberth, 1894~1989), 그리고 베르너 폰 브라운(Berner von Braun, 1912~1977)에게 영향을 주었다는 이야기가 널리 회자된다"[12]고 SF가 과학자들에게 영향을 준 사례들을 들었다. "원자폭탄의 경우에는 H. G. 웰스(Herbert George Wells, 1866~1946)가 1914년에 발표한 『해방된 세계(The World Set Free)』에서 묘사한 원자무기가 레오 실라르드(Leo Szilard, 1898~1964)에게 영향을 줘서 그가 원자폭탄을 고안하는 데 기여했다는 이야기가 널리 알려져 있다. H. G. 웰스의 『해방된 세계』는 원자에너지를 이용한 원자무기와 이를 이용한 전쟁, 그리고 이를 둘러싼 강대국들의 정치적·군사적 갈등을 묘사한다"[13]고 하면서 "웰스는 『해방된 세계』에서 '원자폭탄(atomic bomb)'이라는 단어를 처음으로 사용했고, 원자폭탄의 가공할 만한 위력에 대해서 생생하게 묘사했다"[14]고 함으로써 SF의 미래 예견력을 입증했다. "미래를 잘 예측했다는 또다른 SF작가로 『2001: 스페이스 오디세이(2001: A Space Odyssey)』(1968)의 아서 클라크(Arthur C. Clarke, 1917~2008)가 있다. 클라크는 1964년에 촬영한 BBC 다큐멘터리에서 사물을 똑같이 복제할 수 있는 '복제기'와 원격으로 수술을 할 수 있는 원격수술을 예측했는데, 21세기에 사는 사람들은 클라크의 복제기

11 홍성욱, 「SF, 미래 예측인가 사고 실험인가?: SF와 과학기술의 관계 정립을 위한 소고」, 『문명과 경계』 7호, p. 195.

12 같은 글, p. 198.

13 같은 글, p. 205.

14 같은 글, p. 207.

는 3D 프린터로, 원격 수술은 인터넷을 통한 수술로 구현되었다고 해석한다"든가 "클라크는 1945년에 정지궤도 인공위성을 예견한 것으로 더 유명하다. 정지궤도 인공위성은 적도 위에 36,000킬로미터 상공에서 지구의 자전속도와 정확하게 같은 속도로 지구를 공전하기에 정지해 있는 것처럼 보이는 인공위성을 말한다"와 같이 SF가 과학발전을 유도한 보기 드문 사례를 제시하였다.[15] "많은 이들이 첫 번째 SF로 꼽는 메리 셸리(Mary Shelley, 1797~1851)의 『프랑켄슈타인(Frankensrein)』(1818)에 대해서는 흔히 신의 영역을 넘보고 생명체를 창조한 프랑켄슈타인 박사를 비판하는 해석이 일반적이다"[16]와 같은 지적은 소설이 과학발전에 자극을 주었거나 동기유발을 꾀한 것은 오래전부터였다고 주장한 것이라고 할 수 있다.

안드레제이 즈고르젤스키(Andrzej Zgorzelski)의 「환상소설의 갈래에 대하여(On differentiating fantastic fiction)」는 소설유형론뿐만 아니라 소설 양식의 미래론에 새로운 시각을 열어 주었다. 이 글은 환상문학론 또는 환상소설론이 리얼리즘문학 또는 리얼리즘소설과 대립각을 세우는 것을 기점으로 삼아 온 것임을 확인시켜 주면서 환상문학을 다음과 같이 다섯 가지로 나누었다.

① 모방문학(Mimetic Literature, ML): 허구적 세계 내의 경험적 세계 질서에 대한 인식을 전제로 한다. 소설은 경험세계의 복사(copy)다.
② 병렬모방적 문학(Paramimetic Literature, PM): 허구적 질서를 경험적인 것으로 우화적·은유적으로 번역(translation)하는 것을 전제로 한다. 허구는 경험세계의 우화적·은유적 모델이다.
③ 반모방적 문학(Antimimetic Literature, AM): 우주의 허위적 비전의 교정(corretion)을 전제로 한다. 소설은 마술적이며 초자연적 세계다.
④ 환상문학(Fantastic Literature, FL): 텍스트 내의 질서의 표상에 의

15 같은 글, pp. 215, 217.
16 같은 글, p. 223.

한 가정을 가리키는 질서와 또다른 질서의 대면(confrontation)을 전제로 한다.

⑤ 비모방적 문학(Nonmimetic Literature, NM): 몽상적 설계나 합리적 유추에 의한 가능한 모델에 대한 사유(speculation)를 전제로 한다.[17]

즈고르젤스키는 다섯 가지 환상문학의 갈래를 환상소설의 갈래로 바꾼 다음 여기서 빚어지는 소설유형을 제3그룹까지 제시했다. 모방적 소설은 악한소설(picaresque romance)(첫 번째 그룹), 모험소설(novel of adventure)·사실주의적 소설(realistic novel)·감상적 소설(sentimental)(두 번째 그룹), 풍속소설(novel of manners)·심리소설(psychological novel)(세 번째 그룹)로 연결된다. 병렬모방적 소설은 동물우화(animal fable)·알레고리 소설(allegorical romance)(첫 번째 그룹), 신고전적인 전원시(neoclassical pastoral)(두 번째 그룹), 형이상학적 산문(metaphorical prose)(세 번째 그룹)으로 연결된다. 반모방적 소설은 주술(magic)·동화(fairy-tale)(첫 번째 그룹), 신비소설(occult novel)(두 번째 그룹)로 연결된다. 환상소설은 유토피아소설(utopian novel)·고딕소설(gothic novel)·환상적 모험소설(fantastic novel of adventure)(두 번째 그룹)로 연결된다. 비모방적 소설은 영웅소설(heroic fantasy)·암흑사회소설(dystopia)·과학소설(science-fiction)(세 번째 그룹)로 연결된다.[18]

리얼리즘 소설을 이상적인 것으로 보지 않았던 포스터는 소설 안에 들어 있는 "인간(human beings)"과 "인간이 아닌 다양한 것의 한 묶음(a bundle of various things not human beings)"이라는 두 가지 힘을 조정하면서 두 가지 힘의 요구들을 화해시키는 것이 소설가의 임무임을 강조하고

---

17 Andrzej Zgorzelski, "On differentiating fantastic fiction", *Poetics today*, vol. 5, no. 2, 1984, p. 303.

18 Ibid., p. 304.

싶다고 하였다.[19] 『소설의 양상』의 목차가 이야기(the story), 인물(people), 플롯(plot), 환상(fantasy), 예언(prophecy), 패턴과 리듬 등으로 구성되어 있는 것처럼 포스터는 환상과 예언을 중시하였다. 그는 이야기는 호기심(curiosity)을, 작중인물은 인간으로서의 감정(human feelings)과 가치관(a sense of value)을, 플롯은 지능(intelligence)과 기억력(memory)을, 환상은 추가적인 적응(additional adjustment)을 요구한다고 하였고,[20] 예언은 겸손(humility)과 유머감각의 조절(the suspension of the sense of humour)을 요구한다고 하였다.[21] 포스터는 환상은 초자연적인 것의 내포라고 정의하면서 환상적인 작가가 즐겨 설정하는 존재들을 제시했다. 신, 유령, 천사, 원숭이, 괴물, 난장이, 마녀 등의 존재를 일상생활 속으로 안내한다든가, 평범한 사람들을 무인도, 미래, 과거, 지구내부, 4차원 등으로 안내한다든가 또는 인성(personality)에 침수하여 갈라 놓는다든가, 최종적으로 패러디나 개작의 고안이 있다고 하였다.[22] 포스터가 근 1세기 전에 제시한 '환상'과 '예언'의 내용은 지금도 SF를 포함한 공상소설의 특징을 밝히는 데 적절한 근거가 된다.

츠베탕 토도로프(Tzvetan Todorov)는 환상적인 것에서 문학의 중요한 속성의 하나를 찾은 대표적인 이론가다. 그는 여러 이론가의 힘을 빌려 '환상적인 것'의 성격을 평범한 삶의 맥락 속에 미스테리를 끼워 넣는 것, 불가사의한 힘에 대면하고 있는 보통인간을 그려낸 것, 평화롭고 적법한 일상성 속에 허용될 수 없는 존재의 침입을 그린 것 등으로 밝혀 놓았다.[23] 토도로프가 생각한 환상은 현실세계, 실재세계 등을 대전제로 세워 놓은 데서 특징을 찾는다. 토도로프류의 환상은 현실과 실재 속의 환상이다. 그는 앞서 포스터가 말한 것과 같은 환상적 요소 그 자체보다는

19 E. M. Forster, *Aspects of the Novel*, Penguin Books, 1972, p. 111.

20 Ibid., p. 113.

21 Ibid., p. 130.

22 Ibid., p. 118.

23 Tzvetan Todorov, *The Fantastic*, translated by Richard Howard, Cornell University Press, 1975, p. 26.

환상과 현실의 관계에 대해 더 큰 관심을 표하였다. 그리하여 토도로프는 "독자가 당혹감을 느껴야지만(the reader's hesitation)" 환상적인 것이 성공한 것으로 보았다.[24] 환상적인 것은 독자로 하여금 작중사건에 대한 자연적인 해석과 초자연적인 해석 사이에서 주저하게끔 해야지만 성공한 것이라고 할 수 있다. 독자는 자신도 모르는 사이에 작중의 한 인물이 되어 환상적 요소, 즉 초능력적인 존재나 불가사의한 힘과 맞서 방황해야 한다는 것이다. 토도로프가 말하는 환상은 실재나 현실을 전제로 한 것인 만큼 단순히 비현실적인 이야기로 부정될 수 없다. 오히려 이때의 환상은 현실과 사실을 새롭게 해석하고 재구성할 수 있는 좋은 계기이자 장치가 될 수 있다.

김태환은 환상소설의 유형화를 시도하면서 환상소설의 긍정적 측면과 부정적 측면을 두루 살펴보았다.

> 기본현실을 부정하는 환상은 소설 속에서 어떤 의의를 지니는가? 환상소설은 이 문제를 중심으로 크게 두 유형으로 나누어질 것이다. 첫 번째 유형은 분리형식이라고 부를 수 있는 것으로, 여기서 환상은 사람들이 일반적으로 알고 있는 현실에서 분리된 제2의 세계를 만들어낸다. 돌킨은 그것을 2차세계라고 명명한다. 환상소설의 두 번째 유형은 작품 속에 기본현실과 그것을 벗어난 현실이 공존하는 것으로, 평범한 현실에 속한 인물의 환상세계로 빨려 들어가거나, 환상적 존재가 평범한 현실 속에 침입하는 이야기들이 여기에 해당된다. 이런 의미에서 두 번째 유형을 혼합형식이라고 부를 수 있을 것이다.[25]

김태환은 분리형식에서 환상의 의의를 "현실의 부정으로서 유토피아적 성격을 지니는 것", "환상세계 전체가 현실에 대한 유비(類比)로서

---

24 Ibid., p. 31.

25 김태환, 『문학의 질서』, 문학과지성사, 2007, pp. 220~222.

의 의의를 지니는 경우", "질서-혼돈-질서의 도식으로 표현된 고전적 형태의 고전적 서사를 가능케 하는 배경장치로서 중요한 기능을 수행하는 것" 등으로 나누어 논했다.[26]

베르나르 베르베르(Bernard Werber)의 단편소설집 『나무』에 실린 표제작 「가능성의 나무」에는 여러 학자들과 과학소설 작가가 모여 미래의 문제를 해결하기 위해 토론을 벌이는 장면이 나온다.[27] 이 책이 발간된 것이 2002년인데, 소설에 나타난 가정이 2024년 오늘날 전 세계의 현실이 되어 가고 있음을 짐작할 수 있다. 이쯤 되면 소설은 미래학의 한몫을 톡톡하게 해내고 있는 것으로 볼 수도 있다. 소설가들은 각 방면의 전문가만큼 전문지식을 지니고 있기는 어렵지만, 여러 분야의 전문지식을 가능한 대로 터득한 바탕에서 글을 쓰면 문학적 상상력이 더욱 단단해져 소설양식의 설득력이나 공감도가 커지게 될 것이다. 이런 소설작품들은 읽고 싶은 마음은 잘 불러일으키지 못하지만 소설을 읽어야 한다는 의무감을 안겨 주게 된다.

---

26 같은 책, pp. 229~230.

27 베르나르 베르베르, 『나무』, 이세욱 역, 열린책들, 2008, pp. 130~132.
"오늘 아침에 나는 이런 일을 상상했다. 사회학자, 수학자, 역사학자, 생물학자, 철학자, 정치가, 과학소설 작가, 천문학자 등 지식의 모든 지평에서 온 남녀들이 외부의 영향력에서 완전히 벗어난 장소에 함께 모여 〈미래를 내다보는 사람들의 클럽〉을 결성한다. 그 전문가들은 갖가지 주제를 놓고 토론을 벌이면서 자기들의 지식과 직관을 결합할 것이고 그것을 바탕으로 나무 모양의 도표를 만들어 갈 것이다. 미래에 지구와 인류와 인류의 의식에 일어날 수 있는 모든 일을 표시한 수형도(樹型圖)를 말이다. (중략) 그렇게 축적된 전망들은 우리가 미래에 일어나리라고 상상할 수 있는 모든 시나리오의 데이터 뱅크가 될 것이다. 그 나무의 잎사귀에는 이런 식의 가정들이 적히게 될 것이다. 〈만약 제3차 세계대전이 발발한다면〉, 〈만약 기상에 중대한 이변이 생긴다면〉, 〈만약 지구에 우리가 마실 수 있는 물이 부족하게 된다면〉, 〈자본가들이 인건비가 전혀 들지 않는 노동력을 얻기 위해 인간 복제 기술을 이용한다면〉, 〈만약 우리가 화성에 도시를 건설한다면〉, 〈만약 어떤 고기를 먹는 사람들 모두가 그 고기 때문에 똑같은 질병에 감염된다면〉, 〈만약 우리 뇌를 컴퓨터에 직접 접속하는 것이 가능해진다면〉, 〈만약 바다에 침몰한 러시아 핵 잠수함에서 방사능 물질이 새어 나오기 시작한다면〉 등등."

9장 서사구조론

"소설과 영화의 서사구조"라는 부제를 달고 있는 『이야기와 담론(Story and Discourse)』에서 시모어 채트먼(Seymour Chatman)은 서사구조를 크게 이야기와 담론으로 나누어 제2장과 제3장에서 이야기를, 제4장과 제5장에서 담론을 논했다. 그는 서론에서 다음과 같은 표를 제시했다.[1]

이 표에서 이야기를 내용의 형식과 내용의 재료로 나누고 다시 내

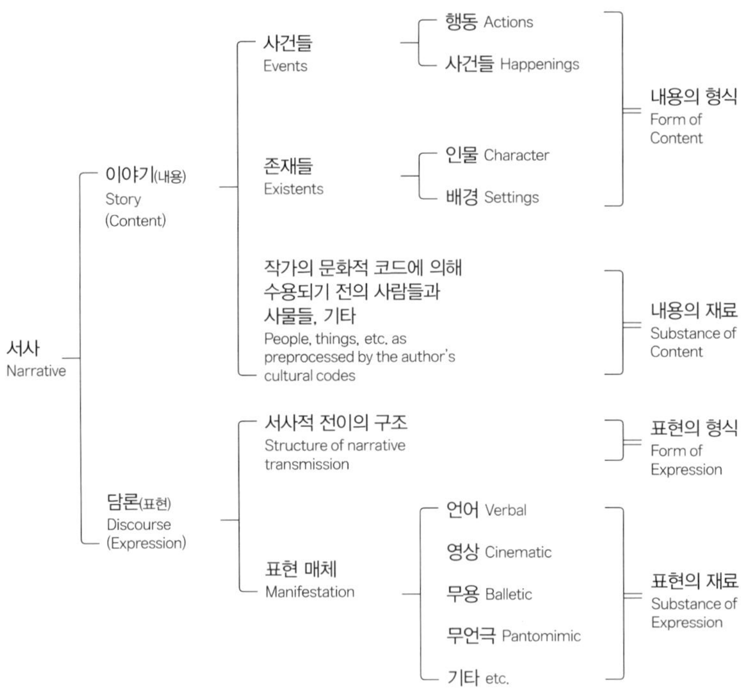

1 Seymour Chatman, *Stery and Discourse*, Cornell University Press, 1978, p. 26.

용의 형식을 사건들과 존재들로 나눈 것은 채트먼의 독특한 안목의 소산이다. 제럴드 프린스(Gerald Prince)와 같은 이론가들이 이야기를 내용으로 보고 담론을 형식으로 보는 것보다는 입체적인 시각을 지니고 있다. 채트먼은 사건들(events)의 중심개념으로 계기성(sequence), 우발성(contingency), 인과성(causality), 중심사건(kernels), 주변사건(satelites), 서스펜스, 플롯, 시간, 순서·지속·빈도 등을 제시했고, 존재들(existents)의 중심개념으로 공간·인물·배경 등을 제시했다. 이어 담론을 서술되지 않은 이야기들과 숨은 화자/드러난 화자로 양분했다. 전자는 실제 작가(real author), 상정된 작가(implied author), 상정된 독자(implied reader), 수화자(narratee), 시점, 독백, 자유직접화법 등을 중심개념으로 삼았고, 후자는 숨은 화자(covert narrators), 드러난 화법(overt narration), 에토스, 이야기 등에 대한 논평의 유형으로 나누었다.

채트먼은 결론에 가서 다음과 같은 서사구조도를 제시했다.[2] 실제 작가의 손을 떠나 실제 독자의 손에 닿기까지의 서사구조를 이처럼 세밀하면서도 투명하게 도식화해 낸 경우는 찾기 어렵다. 지금까지의 주요 서사이론을 잘 합성하여 만든 도표라고 할 수 있다.

츠베탕 토도로프는 『시학 입문(Introduction to Poetics)』(1968)에서 문학 텍스트를 크게 언표적 국면(the verbal aspect)과 통사적 국면(the syntactic aspect)으로 나눈 다음 전자에 서법(mode), 시간(time), 시각(perspective), 목소리(voice) 네 가지를 포함시켰다. 서법은 "텍스트 안에서 일어난 사건들의 현전의 정도(the degree of presence of the events evoked in the text)"를 가리킨다. 시간은 "허구적 담론과 허구적 세계라는 두 가지 시간적 계선의 관계"[3]를 가리키며 순서(order), 지속(duration), 빈도(frequency)로 나누어진다. 다시, 지속은 휴지(pause), 생략(ellipsis), 장면제시(scene), 요약(summary)으로 나누어지며, 빈도는 하나의 담론이 하나의 사건을 서술하

2 Ibid., p. 267. 해당 표는 200p에 제시했다.

3 Tzvetan Todorov, *Introduction to poetics*, translated by Richard Howard, University of Minnesota Press, 1968, p. 28.

서사구조도(Diagram of Narrative Structure)

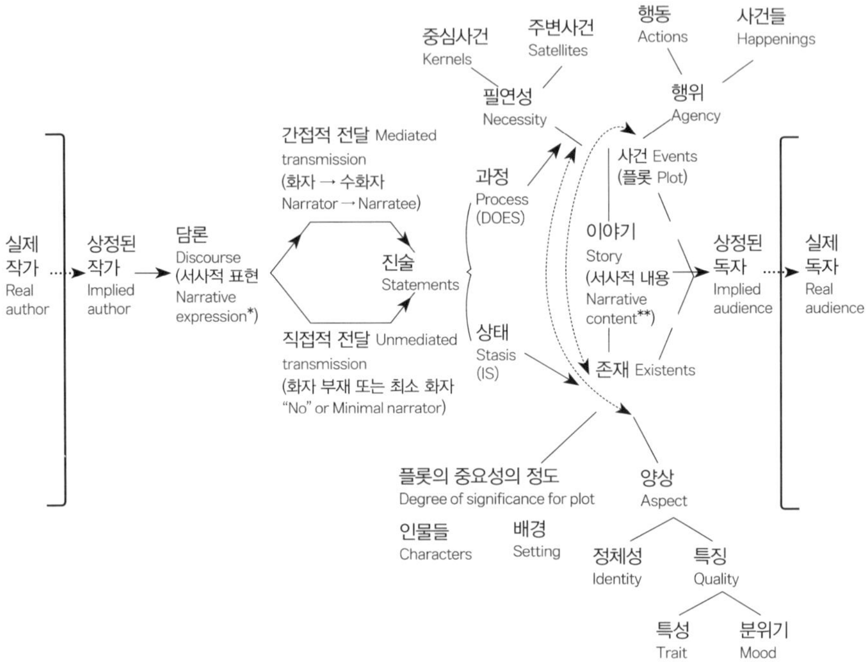

—➤ 드러난 소통
—— 하위분류
┈➤ 내포된, 추측된 소통
┈➤ 서사구조에 내재적이지는 않지만 궁극적으로 그것을 책임지는 양편의 관계

* 이것은 서사적 표현의 형식이다. 재료 또는 표현 매체는 다양한 미디어(언어 매체; 허구, 역사; 시각매체; 회화, 연재만화; 시청각 매체; 영화 등)에 나타난다.

** 이것은 내용의 재료가 아니라 내용의 형식이다.

는 단일성(singulative), 여러 담론들이 한 가지 사건을 서술하는 되풀이성(repetitive), 하나의 담론이 여러 가지 사건들을 서술하는 반복성(iterative)으로 나누어진다.[4] 시각은 우리가 대상을 보는 각도와 관찰의 질을 말한

4 Ibid., p. 31.

다.[5] 시각은 사건에 대한 주관적/객관적 서술, 대상을 안에서 보는 내적 시각(internal vision)/대상을 밖에서 보는 외적 시각, 표면적/심층적 시각 등 여러 가지로 이분할 수 있다.[6]

쉴로미스 리몬 케넌(Shlomith Rimmon-Kenan)은 『허구적 서사(Narrative Fiction)』(1980)에서 소설을 스토리, 텍스트, 내레이션의 세 가지로 분류하고 난 다음, 다시 스토리를 사건과 인물로, 텍스트를 시간과 성격창조와 초점화로, 내레이션을 수준과 목소리와 대화재현으로 나누었다. 스토리를 사건과 인물로 나눈 것보다 텍스트를 시간, 인물창조, 초점화(focalization)로 나눈 것이 특이하다.

리몬 케넌은 소설의 다른 명칭이기도 한 '허구적 서사'를 "꾸며 낸 사건들의 연속체를 서술한 것(narration of a succession of fictional events)"으로 규정했으며, 서술에 대해서는 "메시지로서의 이야기가 발화자로부터 수화자까지 전달되는 소통과정(communication process)과 메시지를 전달하기 위해 사용하는 매체의 문자의 본성(verbal nature)을 암시한다"[7]고 하여 그 뜻을 특이하게 설명하지는 않았다.

리몬 케넌이 허구적 서사를 스토리, 텍스트, 내레이션으로 삼분한 것은 주네트가 이를 역사, 이야기, 서술과 같이 나눈 것에서 암시받은 결과라고 하겠다. 리몬 케넌은 이 세 가지 요소를 다각도로 설명하였다. 리몬 케넌은 스토리에 대해 "텍스트 내에 배치된 것으로부터 추상화하고, 연대기적 순서(chronological order)에 따라 재구성되어 함께 어우러지며 서술된 사건들을 가리킨다"고 정의하면서, 스토리가 사건들을 연결시킨 것이라면 텍스트는 그 사건들의 서술을 위한 언어적·문자적 담론이라고 하였다. 리몬 케넌은 이러한 세 가지 요인의 유기적 관계를 중시하여 "스토리의 내레이션은 텍스트의 두 가지 환유로 보이는 것으로, 스토리는 서사내용을 통하여 텍스트를 불러내고, 내레이션은 그 제작과정

---

5 Ibid., p. 28.

6 Ibid., pp. 28~34.

7 Shlomith Rimmon-Kenan, *Narrative Fiction*, Methuen & Co. Ltd., 1984, p. 2.

을 통하여 텍스트를 불러낸다"고 정리하였다.[8]

오늘날 담론분석은 문화연구, 페미니즘, 심리학적 방법, 마르크시즘, 러시아 형식주의, 문학사회학 등의 방법론과 어깨를 나란히 할 만큼 비중이 커졌다. 서사학이라는 분야를 정립하는 데 크게 기여한 제럴드 프린스(Gerald Prince)는 『서사학 사전』(1987)에서 담론을 이야기의 내용(content plane)인 스토리에 대립하는 표현(expression plome), 이야기를 전달하는 방법, 픽션에 대립하는 서술(narration) 등으로 설명했다. 서사의 내용을 무엇(what)이라고 한다면 그 내용을 전달하는 방법(how)이 바로 담론이라는 것이다.[9] 그런데 여타의 인문학과 사회과학 분야에서 담론을 사회문제를 다루는 사회담론(social discourse)의 줄임말로 사용하는 것이 서사학에도 그대로 통용되는 일면이 있다. 이때의 담론은 토론, 쟁점, 이슈, 화제, 안건, 아젠다 등의 유사어를 갖는다.

담론이란 용어도 민주주의, 평등, 환경 등처럼 논자에 따라 조금씩 다른 뜻을 지니는 속성이 있다. 이레나 마카리크(Irena R. Makaryk)가 편찬한 『현대문학이론대사전』(1993)의 '담론분석이론'에서는 담론이론이 나라에 따라 조금씩 다르게 설명되고 있음을 확인시켜 주고 있다. 영미의 담론이론은 상호작용론과 인종방법론적 관점에서 일상적 대화, 화법 행위, 말하기 등과 같은 구두전달의 다양한 형태에 초점을 맞추어 권력과 권위가 어떻게 언어담론에 반영되는가를 관찰한다. 미셸 푸코, 루이 알튀세, 미셸 페세, 미하일 바흐찐 등의 저작을 추종하는 프랑스 담론이론은 내용분석, 서사학, 텍스트, 기호학, 이데올로기 비판 등과 같은 영역에서 발전된 방법들을 사용한다.[10]

『존스 홉킨스판 문학이론과 비평개론(The Johns Hopkins Guide to Literary Theory & Criticism)』(1994)의 담론 항목에서는 서양의 1970년대

8 Ibid. pp. 3~4.

9 Gerald Prince, *Dictionary of Narratology*, University of Nebraka Press, 1987, p. 21.

10 Irena R. Makaryk, *Encyclopedia of Contemporary Literary Theory*, University of Toronto Press, 1993, pp. 34~35.

담론이론은 유럽대륙의 텍스트 언어학, 체코·영국·호주에서의 체계언어학, 프랑스로부터 나온 인식언어학 그리고 비판언어학, 민족지학, 구조주의, 탈구조주의, 해체, 페미니즘 등을 모아 놓은 것이라고 하였다. 이러한 추이는 담론을 언어학, 철학, 인식론, 사회학, 인류학, 문학연구, 역사학, 정치학, 이데올로기 등 다양한 각도에서 보게 만든다.[11]

한국의 문학연구자들은 사회담론을 중시하는 영미의 담론이론보다는 프랑스 담론이론을 선호하는 경향이 있다. 시모어 채트먼이나 제럴드 프린스 같이 서사내용의 전달방법에 논의의 초점을 맞추는 것과 거리가 있다.

노르웨이 공대에서 영국현대문학을 전공하고 있는 제레미 호손(Jeremy Hawthorn)은 『현대문학이론사전(A Glossary of Contemporary Literary Theory)』에서 「사전 사용방법(Using the Glossary)」이란 서문을 통해 여러 학자들의 이론서를 참고하여 비평 유파와 연구방법을 인류학과 문화연구, 바흐찐 그룹, 해체이론, 담론분석, 페미니즘, 언어학, 마르크시즘, 미디어연구, 서사학, 신비평, 신역사주의와 문화유물론, 현상학과 제네파학파, 탈식민주의, 프라그마틱스, 프라그학파, 심리학과 정신분석, 독자반응비평, 러시아 형식주의, 기호학과 정보이론, 문학사회학, 구조주의, 후기구조주의, 문체와 문체론 등 스물두 가지로 제시했다.[12] 여기서 "담론분석(Discourse analysis)"이란 항목에는 지식의 고고학, 담론, 인식소, 발생텍스트, 현상텍스트, 복수의미론, 신역사주의와 문화유물론, 시그니파잉 프랙티스, 미끄러지기(slippage), 언설, 봉합(suture), 텍스트와 작품, 토픽, 발화 등의 키워드를 담아 놓았다.[13] 제레미 호손은 미셸 푸코, 장 프랑수아 리오타르, 제럴드 프린스, 줄리아 크리스테바, 자

11 *The Johns Hopkins Guide to Literary Theory & Criticism*, edited by Michael Groden and Martin Kreiswirth, The Johns Hopkins University Press, 1994, pp. 207~208.

12 Jeremy Hawthorn, *A Glossary of Contemporary Literary Theory*, A member of the Hodder Headline Group, 1998, pp. 12~14.

13 Ibid., p. 13.

크 라캉 등의 담론이론을 종합하려는 태도를 취했다. 이렇듯 논자에 따라 담론에 대한 정의도 다르고 사회담론의 내용도 다른 만큼 소설연구자들은 담론을 서사의 전달방법이라는 의미로 굳혀야 할 것이다.

제라르 주네트(Gérard Genette)는 저서 『서사담론(Narrative Discourse)』(1972)에서 내러티브란 용어 속에 감추어진 뜻을 세 가지로 나눌 수 있다고 하였다. "첫 번째 의미는 오늘날 가장 분명하고 중심적인 것으로, 단일사건이나 일련의 사건들을 구두담론이든 문자담론으로 말하려고 하는 것이다", "두 번째 의미는 오늘날의 서사내용의 분석가와 이론가들 사이에서 널리 통용되는 것으로, 실제로 일어난 것이든 아니든 간에 사건의 연쇄담이 담론의 주제가 된 것을 가리키며 연결(linking), 대립(opposition), 반복(repetion) 등과 같은 사건들의 여러 관계를 가리키는 것이다", "세 번째 의미는 가장 오래된 것으로, 서사는 사건을 지닌다는 것이다. 그런데 이때의 사건은 자세히 말해진 것이 아니라 어떤 사람이 어떤 것에 대해 자세히 말하는 그런 사건이다" 등으로 정의한다.[14] 첫 번째 정의에 보이는 서사는 서사적 진술(narrative statement)로 요약되어 담론으로서의 서사로 바꿀 수 있고, 두 번째 의미로서의 서사는 사건들의 연속(succession of events)으로 요약되어 스토리로서의 서사로 바꿀 수 있으며, 세 번째 의미로서의 서사는 화자가 재구성한 서사로 요약된다.

> 나에게 서사담론의 분석은 본질적으로 서사와 스토리의 관계, 서사와 서술하기(narrating)의 관계, 그리고 (그것들이 서사담론 속에서 새겨지는 한) 스토리와 서술하기의 관계에 대한 연구가 될 것이다. 이런 위치는 나의 연구영역을 새롭게 정의하도록 이끈다. 나의 연구의 출발점은 1966년 츠베탕 토도로프가 「문학적 이야기의 범주(Les catégories du récit littéraire)」에서 서사를 시제(tense), 관점(aspect), 서법(mood)으로 분류한 것에서 영향을 받았다. 시제는

---

14 Gérard Genette, *Narrative Discourse*, translated by Jane E. Lewin, Cornell University Press, 1980, pp. 25~26.

> 스토리 시간과 담론의 시간의 관계를 말하며, 관점은 화자에 의해 스토리가 인지되는 경로를 말하며, 서법은 화자에 의해 사용된 담론의 유형을 말한다.[15]

웨인 부스의 『소설수사법(The Rhetoric of Fiction)』의 영향을 받으며 츠베탕 토도로프, 제라르 주네트, 시모어 채트먼, 쉴로미스 리몬 케넌, 제럴드 프린스 등이 서사구조론을 수립한 것은 소설담론을 보다 정밀하게 파고드는 계기가 되었다. 위의 이론가들은 동일성과 통합성을 보여주려고 노력했음에도 객관적인 법칙은 제시하지 못했다. 객관지향적인 태도를 취하는 이론가들 못지 않게 주관토로를 통한 지적 과시에 힘쓰는 이론가들도 많다. 앞서 논급한 『현대문학이론사전』에서 비평유파와 연구방법을 스물두 가지로 제시한 제레미 호손은 "서사학(Narratology)"이란 비평 유파를 가장 많은 여든 가지 키워드로 구성해 놓았다. 그는 아리스토텔레스, 로만 인가르덴, 웨인 부스, 미하일 바흐찐, 미셸 푸코, 클로드 브레몽, 츠베탕 토도로프, 롤랑 바르트, 제라르 주네트, 쉴로미스 리몬 케넌, 미에케 발, 시모어 채트먼, 제럴드 프린스 등의 이론을 참고하여 말하기와 보여 주기(diegesis and mimesis), 디지털식과 아날로지식 전달(digital and analogic communication), 담론(discourse), 이중 초점화(double focalization), 생략법(ellipsis), 인물과 후경(figure and ground), 내적 대화(interior dialogue), 상호텍스트성(intertextuality), 등시성(isochrony), 시각과 목소리(perspective and voice), 스토리와 플롯, 텍스트와 작품, 주제와 주제론 등과 같은 전통적인 용어들을 포함하여 여든 가지 키워드를 제시했다.

제레미 호손은 서사학이라는 항목에서 이 용어는 1969년 츠베탕 토도로프에 의해 처음 제시되었는데, 오네가와 란다는 이 용어가 1970년대 몇 명의 구조주의자들에 의해 구조주의자의 내러티브 분석이란 뜻으로

15 Ibid., p. 29.

보편화되었다고 주장한다. 내러티브에 대한 구조주의자의 분석이라고 정의내린 제럴드 프린스의 견해, 서정시·영화·드라마·역사·광고문안과 같은 광의의 서사양식도 포함하는 것이라는 오네가와 란다의 견해, 서사 텍스트로 대상을 좁혀 사건들이 스토리를 구성하는 방법을 연구하는 것이라는 미에케 발의 견해를 종합하여 서사학의 외연을 그려 놓았다.[16] 이처럼 서사구조는 연구자에 따라 또 연구방법에 따라 서사학으로 확대되기도 했다가 담론이나 관점이나 텍스트에 대한 연구로 좁혀지기도 한다. 하기는 앞서 지적한 것처럼 담론이란 용어 자체도 다각도의 학문 분야의 이론을 종합하는 것으로 해석되는가 하면 서술방법이란 뜻으로 좁게 풀이되기도 한다.

16 Jeremy Hawthorn, op. cit., pp. 223~224.

10장 시점과 화자

작품에서 이야기를 전해 주는 존재는 화자, 발화자, 서술자, 내레이터로 일컬어진다. 화자를 설정하지 않을 수 없는 이유는 "작가가 매일 매시간 작중인물과 사건을 설명하기는 불가능하다. 작가는 좀 더 멀리서 보기 위해 내레이션을 쓴다. 그렇지 않으면 그 작품은 단일한 구조를 유지하기 어렵다"[1]는 내용으로 설명된다.

리처드 하터 포글(Richard Harter Fogle)은 소설에 있어서 시점의 주요 임무는 편집자의 착각이나 작가의 간섭을 효과적으로 이행하게끔 하는 데 있다고 주장했는데,[2] 여기서 편집자는 작가보다 내레이터에 가까운 것으로, 착각은 상상에 가까운 것으로 볼 수 있다. 포글이 훌륭한 소설의 요건으로 제시한 생동감(liveliness)과 응집력(coherence)은 작가가 보다 적극적인 서술태도를 취할 것을 요구한다. 시점이니 화자니 하는 개념은 바로 이러한 적극성이 낳은 산물이다.

작가들은 어떤 경험세계, 인식, 창작의도 등을 갖추었느냐에 따라 같은 소재를 대할 때도 다른 시각을 취하기 마련이다. 작가는 주요 인물을 그려 내고자 할 때 위·아래·정면·측면·표면·이면 등 여러 위치와 각도에서 한두 가지를 선택한다. 여기서 시각 또는 시점이 생겨난다. 크게 '예술적 순수성과 소설기법론', '소설 속에서의 작가의 목소리(voice)', '객관적인 내레이션' 등 3부로 구성된 웨인 부스(Wance Booth)의 『소설 수사학(Rhetoric of Fiction)』은 시점론에 관한 한 고전의 평가를 받고 있는 것

1 Robert C. Meredith and John D. Fitzgerald, *Structuring Your Novel*, Barnes & Noble Books, 1972, p. 95.

2 Richard Harter Fogle, "Illusion, point of view and modern novel-criticism", *Theory of the Novel*, edited by John Halperin, Oxford University Press, 1974, p. 347.

으로 '모든 소설은 사실적이어야 한다', '모든 작가들은 객관적이어야 한다', '진정한 예술은 독자를 고려하지 않는다'와 같은 원칙을 내세워 리얼리즘, 중립적 시각, 생산자 중심의 문학 등을 바람직한 것으로 생각했다. 부스는 제6장 '내레이션의 유형'에서 다음과 같은 유형을 제시했다.

① 인칭(person)
② 극화된 화자와 극화되지 않은 화자(dramatized and undramatized narrators)
③ 관찰자와 대리 화자(observers and narrator-agents)
④ 장면제시와 요약(scene and summary)
⑤ 평가(commentary)
⑥ 자의식적 화자(self-conscious narrators)
⑦ 거리의 변화(variations of distance)
⑧ 지원이나 수정의 변화(variations in support or correction)
⑨ 우선권(privilege)
⑩ 내적 관점(inside views)[3]

60년 전에 웨인 부스가 제시한 리얼리즘, 중립적 시각, 생산자 중심의 문학 등의 원칙들은 모더니즘 또는 포스트모더니즘, 주관강조의 시각, 독자 중심의 문학과 같은 소설과 소설론이 줄지어 발표되면서 깨지고 말았다. 물론 기본적으로 시점은 작가에 따라 또 작품에 따라 얼마든지 변용될 수 있다. 위의 열 가지 항목은 화자의 형태(①~③), 화법의 방법(④~⑩)으로 나누어진다.

웨인 부스와 미하일 바흐찐의 영향을 받은 제임스 펠란(James Phelan)은 목소리(voice)라는 개념을 강조하는 자리에서 "목소리는 개인 현상인 것처럼 사회현상으로 담론이 있는 곳에 반드시 보이스가 있다는 인식에

---

3 Wance C. Booth, *The Rhetoric of Fiction*, The University of Chicago Press, 1961, pp. 149~168.

서 출발한다. 목소리는 문체(style), 어조, 가치관의 혼성이다. 개성과 이데올로기적 가치를 알기 위해 문체는 충분조건이 아니라 필요조건이다. 목소리는 직접진술로 기호화하는 것이 아니라 화자의 언어상의 고안을 통해 기호화한다. 목소리는 문체와 인물 사이의 공간에 존재한다. 우리가 사회적 가치들과 개성을 목소리에 부가하는 것처럼 목소리를 스타일의 영역에서부터 캐릭터의 영역에까지 이동시키곤 한다. 결국 목소리는 문체와 마찬가지로 내러티브의 초점인 인물들과 사건들에 대한 독자의 이해를 높이기 위한 장치다"[4]와 같이 화자의 목소리는 문체를 가장 중요한 통로로 삼는다고 강조했다.

앞서 논한 웨인 부스와 제임스 펠란이 소설이론가들에게 도움이 될 만한 이론을 제시한 반면, 메레디스와 피츠제럴드는 작가들에게 도움이 될 만한 이론을 펼쳤다. 『소설작법(Structuring Your Novel)』에서 화자의 유형을 여덟 가지로 제시했다. 이 책은 소설가 지망생들을 위해 소설의 기본착상에서부터 원고완성에 이르는 길을 일러주고 있다. 각 유형의 장단점 중 중요한 것을 다음과 같이 추릴 수 있을 것이다.[5]

화자유형 1. 1인칭 주인공 화자(first-person protagonist narrator)

이 방법은 소설 습작생들이나 초심자들에게 적합하다. 예시작으로는 대니얼 디포(Daniel Defoe)의 『몰 플랜더스』와 헤밍웨이(Ernest Hemingway)의 『무기여 잘 있거라』 등이 있다.

(장점)

- 이 방법은 다른 사람들과 소통할 때 가장 많이 취하는 것이기에 젊은 작가들이 용이하게 여긴다. 이 방법은 작가가 거짓된 설명의 태도에 빠지지 않게끔 도와준다.
- 이 방법은 프로타고니스트를 관심의 중심(attraction)에 놓게

---

4 James Phelan, *Narrative as Rhetoric*, Ohio State University Press, 1996, pp. 44~48.

5 Robert C. Meredith and John D. Fitzgerald, op. cit., pp. 51~59.

하여 독자가 모든 사건에 대신 참여할 수 있게 해준다.

- 독자들은 프로타고니스트의 가장 내밀한 생각·느낌·태도를, 또 인지(recognition)와 확신(identity)을 나누어 받을 수 있다.
- 이 유형은 내레이터가 확신에 찬 목소리로 말하게 하며 또 스토리에 진실성을 준다.

(단점)

- 작가의 전지적 능력은 제한된다. 소설 전체를 통제해야 할 관점을 프로타고니스트의 생각의 틀로 국한시켜야 하기 때문이다. 이 제한은 신체적 제한일 뿐만 아니라 정신적 제한이기도 하다. 또한 이 경우의 화자는 동시에 한번에 한 장소밖에 있을 수 없다.
- 화자는 억지로나마 겸손한 척해야 한다.
- 이 관점은 독자의 관심을 일정한 곳으로만 몰아가기 때문에 독자들은 소설 속에서 단일한 인물을 대리해 살아가면서 피로나 염증을 느끼곤 한다.
- 프로타고니스트를 대상으로 한 서술은 특정시각으로 제한되기 쉽다.[6]

조세희의 단편소설 「난장이가 쏘아올린 작은 공」(『문학과지성』, 1976. 12)은 세 명의 1인칭 화자가 등장하여 1~3부를 이끈다. 제1부는 난장이의 큰아들 영수가 이끌어 가고 있다.

> "아버지는 너무 지치셨다." 어머니가 말했다.
>
> "알겠니? 이젠 아버지를 믿지 마라. 너희들이 아버지 대신 일해야 한다."
>
> 어머니가 울었다. 어머니는 인쇄소 제본공장에 나가 접지 일

6 Ibid., pp. 51~52.

을 했다. 고무골무를 끼고 인쇄물을 접었다. 나는 겁이 났다. 나는 인쇄소 공무부 조역으로 출발했다. 땀을 흘리지 않고는 아무것도 얻을 수 없다는 것을 뒤늦게 알았다. 명희는 나를 만나 주지 않았다. 아주 쌀쌀했다. 영호와 영희도 몇 달 간격을 두고 학교를 그만두었다. 마음이 차라리 편해졌다. 우리를 해치는 사람은 없었다. 우리는 보이지 않는 보호를 받고 있었다. 남아프리카의 어느 원주민들이 일정한 구역 안에서 보호를 받듯이 우리도 이질집단으로서 보호를 받았다. 나는 우리가 이 구역 안에서 한 걸음도 밖으로 나갈 수 없다는 것을 깨달았다.

나는 조역·공목·약물·해판의 과정을 거쳐 정판에서 일했다. 영호는 인쇄에서 일했다. 나는 우리가 한 공장에서 일하는 것이 싫었다. 영호도 마찬가지였다. 그래서 영호는 먼저 철공소 조수로 들어가 잔심부름을 했다. 가구공장에서도 일했다. 그 공장에서 일하는 영호를 보았다. 뽀얀 톱밥먼지와 소음 속에 서 있는 작은 영호를 보고 나는 그만두라고 했다. 인쇄공장의 소음도 무서운 것이었으나 그곳에는 톱밥먼지가 없었다. 우리는 죽어라 하고 일했다. 우리의 팔목은 공장 안에서 굵어 갔다. 영희는 그때 큰길가 슈우퍼마킷 한쪽에 자리 잡은 빵집에서 일했다. (중략)

세상은 공부를 한 자와 못 한 자로 너무나 엄격하게 나뉘어져 있었다. 끔찍할 정도로 미개한 사회였다. 우리가 학교 안에서 배운 것과는 정반대로 움직였다. 나는 무슨 책이든 손에 잡히는 대로 읽었다. 정판에서 식사로 올라간 다음에는 일을 하나 밀고 원고를 읽는 버릇까지 생겼다. 동생들에게 필요하다고 느껴지는 판을 들고 가 몇 벌씩 교정쇄를 내기도 했다.

영호와 영희는 나의 말을 잘 들었다. 내가 가져다 준 교정쇄를 동생들은 열심히 읽었다. 실제로 우리가 이 노력으로 잃은 것은 하나도 없었다. 나는 고입 검정고시를 거쳐 방송통신고교에 입학했다.[7]

제2부는 난장이의 둘째 아들 영호가 이끌어 가고 있다.

부엌에서 고기국 끓는 냄새가 났다. 고기 굽는 냄새도 났다. 어머니가 상을 내려 행주질을 했다. 동사무소 앞에 사람들이 서 있었다. 쇠망치를 든 사람들이었다. 그들이 헐어 버린 집들, 공터를 가로질러 우리 집을 향해 오고 있었다. 내가 대문을 잠갔다. 어머니가 밥상을 차렸다. 형이 상을 들어다 마루에 놓았다. 형은 나를 걱정했다. 괜한 걱정이었다. 그들이 쇠망치로 머리를 내리친다고 해도 나는 가만히 있었을 것이다. 아버지가 먼저 수저를 들었다. 그 옆자리에서 지섭이 수저를 들었다. (중략) 쇠망치를 든 사람들이 집을 쳐부수기 시작했다. 한꺼번에 달라붙어 집을 쳐부수었다. 어머니는 돌아앉아 무너지는 소리만 들었다. 북쪽 벽을 치자 지붕이 내려앉았다. 지붕이 내려앉을 때 먼지가 올랐다. 귀로 물러섰던 사람들이 나머지 벽에 달라붙었다. 아주 쉽게 끝났다.[8]

제3부는 난장이의 외딸 영희가 이끌어 가고 있다.

아주머니가 말했다.

"네가 집을 나가구 식구들이 얼마나 찾았는지 아니? 이 방 창문에서도 보이지. 어머니가 헐린 집터에 서 계셨었다. 너는 둘째 치구 이번엔 아버지가 어딜 가셨는지 모르게 됐었단다. 성남으로 가야 하는데 아버지가 안 계셨어. 길에 얘길 해 뭘 하겠니. 아버지는 돌아가셨어. 벽돌공장 굴뚝을 허는 날 알았단다. 굴뚝 속으로 떨어져 돌아가신 아버지를 철거반 사람들이 발견했어." 그런데 나는 일어날 수가 없었다. 눈을 감은 채 가만히 누워 있었다.

---

7 조세희, 『난장이가 쏘아올린 작은 공』, 문학과지성사, 1978, pp. 101~102

8 같은 책, p. 129.

다친 벌레처럼 모로 누워 있었다. 숨을 쉴 수가 없었다. 나는 두 손으로 가슴을 쳤다. 헐린 집 앞에 아버지가 서 있었다. 아버지는 키가 작았다. 어머니가 다친 아버지를 업고 골목을 돌아 들어왔다. 아버지의 몸에서 피가 뚝뚝 흘렀다. 내가 큰 소리로 오빠들을 불렀다. 오빠들이 뛰어나왔다. 우리들은 마당에 서서 하늘을 쳐다보았다. 까만 쇠공이 머리 위 하늘을 일직선으로 가르며 날아갔다. 아버지가 벽돌공장 굴뚝 위에 서서 손을 들어 보였다. 어머니가 조각마루 끝에 밥상을 올려놓았다. 의사가 대문을 들어서는 소리가 들렸다. 아주머니가 나의 손을 잡았다. 아아아아아아아 하는 울음이 느리게 나의 목을 타고 올라왔다.[9]

「난장이가 쏘아올린 작은 공」에 이어 발표된 단편소설 「은강 노동가족의 생계비」(『문학사상』, 1977. 10)는 난장이의 큰아들 영수가 다시 1인칭 화자를 맡아, 영호가 은강전기제일공장에 들어갔고 이어 영희가 은강방직공장에 들어갔으며 자신은 은강자동차공장에 들어가 그 집단 속에서도 최하위 계급인 훈련생으로 일하게 되었다고 서술하고 있다. 그런데 영수, 영호, 영희가 모두 기본적으로 단문주의를 견지하고 있어 작가가 화자들 사이의 차별성을 나타내는 데는 한계를 드러내고 말았다. 화자가 바뀌면 서사담론이 달라질 수 있는 점을 실천에 옮기기란 쉽지 않다.

이청준의 단편소설 「젖은 속옷」(1982)에는 세 명의 화자가 교대로 등장하고 있다. 이삿짐센터 임시직 운전수인 아버지가 인공신장기 치료를 받게 되면서 치료비를 감당하지 못해 의료보험카드가 발급되기를 기다리는 아들이 첫 화자로 등장하고, 돈이 없어 인공신장기 치료도 제때 하지 못하는 김기선이 두 번째 화자로 나오며, 의료보험카드를 직접 전달해 주는 이삿짐센터 사장이 세 번째 화자로 나타나고 있다.

화자유형 2. 3인칭 주인공 화자(third-person protagonist narrator)

9 같은 책, pp. 150~151.

이 유형은 1인칭 화자가 갖는 확신과 친밀함을 제외한 모든 이점을 대부분 상실하게 된다.

1인칭 주인공 화자의 유형에서는 '나'라고 했던 것이 이 유형에서는 '우리'로 바뀌어 나타나는 게 보통이다. 헨리 제임스의 『대사들(Ambassador)』을 용례로 들 수 있다.

(장점)

- 작가가 제한받거나 제한받지 않는 전지적 권능을 사용할 수 있다는 점이 두드러진 장점이다.
- 내레이터는 프로타고니스트가 알지 못하는 내용을 독자들에게 전달할 수 있다.

(단점)

- '나'라는 말이 줄 수 있는 친밀감을 상실할 수 있다.
- 1인칭 주인공 화자의 방법이 지닌 단점을 거의 그대로 갖고 있다.
- 신인작가들이 쓸 경우 허점이 노출될 위험이 있다.
- 이 경우 화자는 화자에게 동정적이든 냉담하든 프로타고니스트의 친척, 친구, 동료일 수 있다.[10]

성석제의 장편소설 『투명인간』(창비, 2014)은 주인공 김만수가 투명인간이 되기까지의 과정을 추적하기 위해 많은 화자를 설정해 놓은 특징을 갖는다. 김만수 동생 김석수가 이 소설의 맨앞과 맨끝에서 화자로 등장하고 있다. 이어 만수 어머니, 만수 할머니, 만수 할아버지, 만수 아버지, 만수 형 백수, 만수 누나이자 백수 여동생 명희, 만수의 짝, 만수 남동생 석수, 만수 담임선생, 만수의 첫째 누나 금희, 백수의 조부, 전학간 만수와 친구가 된 전학생 이동해, 이동해의 짝, 백수의 부친, 만수의 막내 여동생 옥희, 만수의 친구 최신안, 만수의 동료기술자 이장수, 석

10 Robert C. Meredith and John D. Fitzgerald, op. cit., pp. 52~53.

수의 내연녀 오영주, 옥희의 엄마, 이장수의 전처 송진주, 옥희남편 강철원, 만수의 처 송진주, 성일산업 이재성 차장 등의 순서대로 화자가 등장하고 있다. 주인공 만수는 맨 마지막에 동생 석수가 화자로 나타나기 바로 직전에 1인칭 화자로 등장하고 있다. 이 소설에서 1인칭 조역화자나 1인칭 단역화자를 설정하지 않고 모두 3인칭 인물로 설정했어도 결과는 크게 달라지지 않았을 것이다. 여러 작중인물들이 교대해서 화자로 등장하여 긴장감 넘치는 사건진행을 유도하고 있다. 모든 인물들이 생동감 있게 묘사되어 소설 읽는 재미를 안겨 주는 동시에 연민의 정을 불러일으키고 있다. 이러한 연민의 정은 인물들의 시대고와 생활고를 더욱 심각한 시선으로 보게 만든다.

화자유형 3. 1인칭 조역 화자(first-person supporting character narrator)

이 경우의 내레이터는 프로타고니스트와 친구일 수도 있고 적대관계일 수도 있다. 1인칭 주인공 화자의 유형에서는 '나'라고 했던 것이 이 유형에서는 '우리'라는 표기형태로 나타나는 게 보통이다. 예시작으로는 귀스타브 플로베르(Gustave Flaubert)의 『마담 보바리』, 스콧 피츠제럴드(Scott Fitzgerald)의 『위대한 개츠비』 등을 들 수 있다.

(장점)

- 이 방법은 프로타고니스트에 의해 서술되어 비현실적이면서 믿기 어려운 이야기를 현실적이면서 믿을 만한 것으로 바꾸는 데 도움이 될 수 있다. 이때의 화자가 프로타고니스트가 뛰어난 탐정, 용감한 군인, 출중한 연인이라고 서술할 경우 독자는 그를 믿게 될 것이다.
- 이 관점은 화자가 프로타고니스트를 마음대로 서술할 수 있게 해준다.
- 이때의 화자는 프로타고니스트에 대한 친숙하고 사적인 점을 폭로할 수도 있다.

- 이 관점은 혹시 독자가 프로타고니스트에게 염증이 날 만하면 다른 인물의 재미있고 흥분된 모습으로 시선을 돌리게 한다.
- 1인칭 주인공 화자보다 자유로운 표현을 하게 한다. 이때의 화자는 전지적 권능을 사용하는 데 제약을 덜 받는다.

(단점)

- 독자들은 화자가 이야기한 사건과 상황에만 참여하게 되는 한계를 보이기도 한다.
- 독자들은 기본적으로 프로타고니스트와 거리를 보인다.[11]

1인칭 조역화자의 한 예로 황석영의 「잡초」(『월간중앙』, 1973. 3)를 들 수 있다. 이 소설의 주인공은 어린 시절의 '나'를 보모처럼 돌보던 중 좌익의 유혹에 빠져 끝내 헤어나지 못하는 "태금이 누나"다.

> ① 그해 여름의 땡볕을 생각하면 지금도 혀뿌리에 끈끈한 침이 엉겨 붙는 듯한 느낌이 든다. 우리 집은 그 무렵게 제철 공장과 방직 공장 부근에 있는 영단주택 동네에 있었고……(p. 182).
>
> ② 어머니는 공장에 출근하고 누나들 둘은 학교로 가야 했으므로 집과 나를 돌볼 사람이 필요했던 것이다. 어머니가 어느날 키가 자그마하고 머리를 허리까지 길게 땋아 늘인 처녀와 함께 퇴근해 왔다. 몽당치마 아래 흰 버선을 신고 있던 그 여자는 나를 보자마자 번쩍 치켜올리면서 쾌활하게 말했다. 니가 수남이여? 온 지지바처럼 생겼네. '안녕하세요'라구 인살 해야지. 태금이 누나란다(p. 183).
>
> ③ 누나들 도시락을 싸주기를 잊거나, 빨래를 게을리한 탓으로 옷을 갈아입지 못하는 경우가 잦아졌으므로 드디어 식구들은

11 Ibid., pp. 53~55.

태금에게 뭔가 심상치 않은 변화가 왔다고 알아채게 되었던 것이다. 어머니는 상을 찌푸리고 말했다. 아무래도 내보내든지 해야지, 달떠가지구 꼭 혼이 빠진 년 같구나. 그러나 태금이는 여전히 내게만은 전보다 더욱 잘해 주었다(p. 186).

④ 내가 입학을 했던 날도 가랑비가 왔다. 그날은 너무나 많은 일들이 일어나서 작은 일들까지도 기억이 생생하다. 새 가방의 가죽냄새와 끝을 뾰족하게 깎은 고운 색깔의 연필과 교과서의 아름다운 그림들, 교정에 가득찬 버드나무에선 싱싱한 비린내가 났고 땅바닥에 무수한 물방울자국들이 뚫어져 있었다. 낡은 풍금소리와 여선생의 경쾌한 호각소리, 우리들 가슴에 매달린 하얀 손수건, 그리고 교실에 들어섰을 때 책상에서 풍기던 칠 냄새로 골치가 아프던 일이 생각난다(p. 192).

⑤ 나는 성장한 뒤에도 어른들이 그때의 난리 얘기가 나오면 밤새는 줄도 모르고 끊임없이 체험담을 엮어 나가는 많은 경우를 보았다. 그런데 우리 또래들은 대개는 몸이 불편할 경우 그 시절의 경험을 악몽으로 꾸는 것이다(p. 195).[12]

"기억이 생생하다", "골치가 아프던 일" 등과 같은 ④의 구절과 ⑤의 전문을 보면 「잡초」는 회상의 시점이 가미되었거나 도와주고 있는 '소년의 시점'을 취한 결과가 된다. 「잡초」는 태금이 누나가 1·4후퇴 후 마을에 미쳐서 돌아온 것으로 마무리되었다.

화자유형 4. 3인칭 조역화자(third-person supporting character narrator)

이것은 조역과 주인공이 모두 3인칭의 형태로 나타나는 것을 말하는 것으로, 사실상 이 방법은 거의 장점을 갖지 못한다.

12 황석영, 『삼포 가는 길』, 창비, 2000, pp. 182~195.

예시작으로 조지프 콘래드(Joseph Conrad)의 『로드짐』이 있다.[13]

화자유형 5. 1인칭 단역화자(first-person minor character narrator)

1인칭 조역화자가 지닌 장점과 비슷하다. 작가의 전지적 능력의 사용이 제한된다든가 독자의 반응의 폭이 좁을 수밖에 없다든가 하는 점이 단점이다. 예시작으로 코넌 도일(Conan Doyle)의 『셜록 홈즈』가 있다.[14]

화자유형 6. 3인칭 단역화자(third-person minor character narrator)

이 방법은 이론상으로는 가능하나 실제로는 거의 설정되지 않는다.[15]

화자유형 7. 관점의 이동을 보여 주는 1인칭 형태의 화자들(first-person shifting view-point narrator)

소설 속에서 1인칭 화자를 바꾸는 것은 많은 문제점을 노출한다. 소설가는 이 관점을 취하다가 지칠 수 있다. 예시작으로는 에밀리 브론테(Emily Bronte)의 『폭풍의 언덕』이 있다.[16]

황석영의 『손님』의 "제5장 맑은 혼"에서는 화자가 여덟 차례 등장하고 있는데 전지적 화자가 세 차례, 작가가 의도를 갖고 선정한 극화된 화자(dramatized narrator)가 다섯 차례 등장하고 있다. 류요한이 화자가 되어 해방 직후 북한 황해도에서 공산당과 소련군에게 기독교인들이 저항하다가 다치거나 잡혀가는 모습을 그려 내고 있고, 지주 집안인 요한의 집에서 고용살이하다가 6년 후 해방과 더불어 공산당원이 되어 돌아온

---

13 Robert C. Meredith and John D. Fitzgerald, op. cit., p. 55.

14 Ibid., pp. 56.

15 Ibid., pp. 57.

16 Ibid., pp. 57~58.

순남이 아저씨가 화자가 되어 요한의 할아버지와 아버지 같은 동척 마름 출신의 기독교 지도자들이 지주인 현실을 비판하면서 이들과 가까운 친일파, 부르주아 잔당, 관료, 선교사, 개신교 목사 등을 모조리 반동세력으로 몰아가는 식으로 이야기를 들려준다. 다시 류요한이 화자가 되어 1946년 3월 토지 개혁령에 따라 아버지 류인덕 장로가 토지를 몰수당하고 동네 머슴이었던 박일랑이 토지분배 책임위원장이 되어 유인덕 장로의 문서를 빼앗는 과정을 그린다. 다시 순남이가 화자가 되어 황해도 장연군 찬샘골 동네 머슴이었고 어린애들로부터도 반말지거리 대접을 받아 왔던 박일랑을 공산당에 입당시켰던 과정을 소개한다. 다시 류요한이 화자가 되어 기독교세력이 최고인민회의 대의원선거를 반대했던 사건을 떠올린다.

이 소설에서 가장 긴 "제8장 시왕"에는 무려 스물세 차례의 화자가 등장하는데, 이 중 전지적 화자 즉 작가와 비슷한 화자가 일곱 차례 정도, 극화된 화자가 열여섯 차례 등장한다. 이렇듯 이 소설의 주요 인물들은 모두 돌아가며 화자의 역할을 맡고 있다. 요한의 외삼촌인 안성만이 화자가 되어 해방 직후에 야소교와 사회주의를 향해 양비론을 펼치기는 했으나, 황주 철공장에 부역을 나갔을 때 독실한 기독교 신자로서 처신하려고 하여 당의 경고를 받았음을 털어놓는다. 두 번째로 류요섭이 화자로 나타나 1950년 가을에 남쪽의 반공 청년단과 연결하여 황해도 일원의 당 주요 기관을 점령하려고 했던 통일단 사건 후 조상호는 구월산으로 도망가고, 형 요한은 집 마루 밑에 숨어 있었던 상황을 기억해 낸다. 다시 화자로 등장한 안성만은 당의 강권과 순남의 권유로 기독교 연맹 신천군 위원을 맡았을 때 마침 잡혀 들어온 조상호를 순남이와 함께 당원으로 보증을 서 군징집에 응하게 하는 도움을 주었다고 고백한다. 상호는 징집된 청년들을 태우고 간 트럭에서 탈출하는 것으로 추측된다. 요한이 화자가 되어 기독교 청년들을 모아 내무서를 습격하여 내무서원들과 그 가족들을 잡아 내무서 창고와 군당청사에 가두어 놓았다고 서술한다. 안성만이 화자가 되어 자신이 교회 청년들에게 체포되어 거꾸로 상호에게 조사를 받았으나, 상호가 얼마 전에 자기 목숨을 구해 준 은

혜를 갚는 의미에서 석방시켜 주었다고 추측한다. 사흘 동안 민청여맹원들과 인민군 패잔병들이 잡혀 와 내무서 창고에 수용된 사건들을 서술한다. 다시 요한이 화자가 되어 교회 청년들이 일랑이네 집을 습격하여 잡아간 일을 증언한다. 박일랑이 화자가 되어 요한이의 부하가 철사줄을 코에다 걸고 끌고 가자 요한이 읍내로 끌고 가라고 명령했다고 말한다. 순남이 화자가 되어 기독교 청년단원들을 피해 산으로 도망갔다가 내려오지 않으면 가족들을 죽인다는 협박에 하산하여 붙잡혔다고 전말을 털어놓는다. 다시 류요한이 화자가 되어 부하들에게 명령하여 전화선을 전봇대에 걸어 순남이를 교수한 후 그의 가슴에 총을 한 방 쏘았다고 비밀을 털어놓는다. 다시 안성만이 화자가 되어 도정 공장집 맏아들 봉수가 옛날 직공장으로 동부면 토지개혁에 앞장섰던 자를 기름을 불질러 죽였다고 밝힌다. 박일랑이 화자가 되어 박일랑이 방공호에 갇혀 있던 중 불에 타 죽은 과정을 기록한다. 다시 안성만이 화자가 되어 사십오일 동안 쌍방에 의해 삼만 오천명 넘게 죽었을 거라고 추측한다. 요섭이 화자가 되어 낙오된 인민군 문화선전대원 여군 두 명에게 밤마다 밥을 날라다 주었다고 고백한다. 요한이 화자가 되어 청년단원의 강간사건이 벌어진 것 확인하고 요섭이 도움을 준 여전사를 잡아 몰래 해치웠다고 고백한다. 끝으로 요한이 화자가 되어 아내가 아들을 낳은 것을 받아 내어, 이웃 동네 발산 마을에 사는 큰누이네로 갔다가 상호가 누나를 죽였다는 것을 매부의 입을 통해 알게 되면서 우리의 편먹기는 끝났다고 생각하게 된다는 사건을 제시한다. 상호는 요한이의 두 누나들을 죽이고 대신 요한은 상호의 애인 명선이를 죽이는 복수극이 펼쳐진다. "제8장 시왕"은 요한이 나이 들어서 가끔 헛것이 보이기 시작하였다고 고백하는 것으로 끝맺음한다.

여덟 개의 부분으로 짜여진 임철우의 중편소설 「붉은 방」(1988)은 홀수 쪽의 부분에서는 아무 죄 없이 고문당하는 오기섭 교사가 내레이터를 맡고, 짝수 쪽의 부분에서는 무자비한 고문과 취조를 주도하고 있는 최달식 형사가 내레이터를 맡는다. 오기섭은 시국 관련 사범으로 수배당한 이상준이란 청년에게 보름 동안 집에서 숙식을 제공한 것 뿐인데 엄청난 혐의를 받고 "붉은 방"에서 감당할 수 없는 육체적·정신적 고통에 휩싸이게 된다.

「붉은 방」의 특징의 하나는 피해자의 내면뿐만 아니라 가해자의 무의식세계까지 열어 젖히려고 했다는 점에서 찾을 수 있다. 최달식은 집안어른들이 좌익에게 몰살당하자 아버지가 폐인이 되어 집안이 망해 버린 사연을 지니고 있다. 오기섭이 차라리 죽어 버리고 싶다는 감정에 빠져 있었던 그때 최달식은 좌익을 향한 복수심, 배운 자에 대한 반감, 약한 존재에 대한 경멸감 등을 뒤섞어 표출하였던 것이다. 임철우는 최달식을 "붉은 방"에서 쾌감마저 느끼는 동시에 자기를 지켜 달라는 기도를 서슴치 않고 올리는 정신이상자로 그려 내어 「붉은 방」의 창작의도를 감지하게 만든다.

화자유형 8. 관점의 이동을 보여 주는 3인칭 형태의 화자들(third-person shifting viewpoint narrators)

(장점)

- 작가가 제한된 전지적 권능과 무제한의 전지적 권능 사이에서 선택하도록 한다.
- 단일한 화자가 끌고 가는 것보다 넓은 시야를 열어 준다.
- 독자들은 위안과 다양성을 제공받을 수 있다. 작가가 독자의 관심을 유지시키는 것을 도와준다. 독자는 작중인물 사이의 상호작용의 양상을 파악하게 된다.
- 관점이동은 작가들로 하여금 독자들에게 보다 다양한 정서를 안겨 주게 된다.
- 화자가 자신의 오관을 이용해서 자신의 성격과 다른 작중인물의 성격을 묘사하는 과정에서 매우 넓은 영역을 제공해 준다.[17]

17 Ibid., pp. 58~60.

결국 '관점의 이동을 보여 주는 3인칭 형태의 화자들'은 초점화자를 가리키는 것이나 다름없다. 두드러진 단점이 있다고 하였지만, 구체적으로 사례를 열거하지는 않았다. 이런 시점은 신인작가들에게 엑스트라 인물을 분석할 기회를 제공한다고 하였다.

메레디스와 피츠제럴드는 이상과 같이 여덟 가지 시점의 장단점을 제시한 끝에 결론 삼아서 "소설가가 작중인물의 사상·언명·행위의 배후에서 감정과 감수성을 기록하고자 할 때 소설은 주관적 서술(subjective writing)을 포함시킨다. 작중인물들의 사상·언명·행위의 배후에서 소설가가 자신의 감정과 감수성을 독자의 상상력에 맡기고자 할 때 소설은 객관적 서술(objective writing)을 포함시킨다. 3인칭 소인물 화자는 객관적 서술을 지향하는 반면, 1인칭 주인공 시점은 주관적 서술을 지향한다. 독자는 화자의 개인적 준거기준 안에서 살고, 작가는 화자가 어떻게 하든지 간에 주관적이 될 수도 있고 객관적이 될 수도 있다"[18]와 같이 소설가가 어떤 경우에 주관적 서술과 객관적 서술을 지향하는지 지적했다. 그리고 『마담 보바리』·『지상에서 영원으로』·『앵무새 죽이기』는 주관적 서술방법을, 『톰 존스』는 객관적 서술방법을 취하였고, 『추운 곳에서 온 스파이』는 두 가지 서술방법을 다 취하고 있다고 하였다.

앞에서 제시한 성석제의 『투명인간』의 화자들은 월터 슬래토프(Walter J. Slatoff)가 "내레이터가 드러낼지 모르는 특질들의 범위와 다양성은 일반인이 드러내는 것만큼 크다. 그 특질은 도덕적·지적·기질적·성적일 수도 있다. 우리는 다음과 같은 것을 인식하고 반응을 보여야 한다"고 하면서 다음의 여러 특질을 제시한 것과 연결된다.

> 활기참(energy), 마음의 융통성(elasticity of mind), 생기(vitality), 자기속박(self-restraint), 솔직하거나 그렇지 않음(straightforwardness or deviousness), 순종성(orderliness), 진지함(earnestness), 장난기(playfulness), 자의식(self-consciousness), 견실함(firmness), 민

---

18 Ibid., pp. 61~62.

> 감함(sensitivity), 경박함(flippancy), 까다로움(sourness), 상냥함(geniality), 입심 좋음(glibness), 고상함(elegance), 괴팍함(fastidiousness), 주도면밀함(scrupulosity), 너그러움(openmindness), 현학적 태도(pedantry), 강인함(toughness), 친절함(kindness), 자기연민(self-pity), 새침데기(prudery), 화려함(flamboyance), 자기현시(exhibitionism), 수줍어함(shyness), 자기도취(smugness), 표면에 나서지 않기(self-effacement), 부주의함(slovenliness)[19]

이러한 화자의 다양한 모습은 일반적인 인간유형을 대변해 준다. 작가 자신이 화자가 될 경우에는 이러한 특질을 선택하는 게 쉽다. 작중인물 중 한 명이 화자가 될 경우에도 위의 특질들을 선택적으로 파악하는 것은 그리 어려운 편이 아니다. 위에 제시된 특질들은 화자의 특질이라기보다는 작품의 주인공의 특질이라고 하는 것이 타당하다. 월터 슬래토프는 대체로 화자는 작가의 반영체인 만큼 다양성과는 거리가 먼 존재라는 통념을 깨뜨리고 있다.

시모어 채트먼(Seymour Chatman)의 『스토리와 담론』 제4장과 제5장에서 다루어진 화자론에서 주목해야 할 것은 웨인 부스의 이론을 물려받아 상정된 작가, 상정된 독자, 수화자 등의 개념을 설정한 점이다. 그는 부스가 『소설 수사학』에서 저술가(official scribe)나 제2의 자아라고 부르는 상정된 작가 개념을 설정한 것을 인용하면서 이 개념을 "소설 안에서 독자들에 의해 재구성된 존재", "화자를 만들어 내는 존재", "독자들에게는 직접적으로 어떤 이야기도 해줄 수 없는 존재", "목소리가 없으니 직접적인 전달수단을 가지고 있지 않은 존재", "모든 목소리들을 포함시켜 전체적인 설계를 통하여 말없이 독자들을 가르치는 존재" 등과 같이 다각도로 설명했다.[20] 그는 상정된 작가의 상대개념으로 상정된 독자를 상정했다. 상정된 독자는 상정된 작가와 마찬가지로 늘 존재하며 실제 독

---

19 Walter J. Slatoff, *With Respect to Readers*, Cornell University Press, 1970, p. 126.

20 Seymour Chatman, *Story and Discourse*, Cornell University Press, 1983, p. 148.

자와 달리 "서사물 그 자체에 의해 전제되는 수용자"로 설정된다. 채트먼은 화자는 상정된 작가와 관계를 맺을 수도 있고 맺지 않을 수도 있다고 하였고, 실제 독자에 의해 제공되는 상정된 독자도 수화자와 관계를 맺을 수도, 맺지 않을 수도 있다고 하였다.[21]

채트먼이 서술자의 역할을 배경묘사, 시간적 요약, 작중인물의 한정·규정·보고 논평 등 여섯 가지로 정리한 것은 리몬 케넌의 『허구적 서사』와 마이클 툴란의 『서사론』에 거듭 인용되어 있다. 서술자에게는 작중인물이 가장 비중이 큰 대상이 되고 있다.

발(Mieke Bal)의 초점화(focalization) 개념[22]은 제라르 주네트의 초점화론을 다듬은 것이다. 이 초점화는 주체의 초점화와 객관의 초점화 사이의 차이를 발전시킨 것일 뿐 아니라 초점자에게 자동적인 역할을 위임한다. 주네트가 정리하기 전까지 이 개념은 모호하고 까다로웠다. 초점화 개념은 영화를 포함한 모든 서사에서 통용되는 것으로, 특히 영화에서는 카메라와 배우의 시선에 의해 수행된다.

> ① 우리는 파블라 시각과 대면한다. 시각은 무엇이며 어디서 왔는가. 표현된 사건과 사건들의 표현시각 사이의 관계에 주목한다. 초점화는 비전과 보여지고 느껴지는 것 사이의 관계를 말한다. 가장 보편화된 용어는 '시점'이나 '서사적 전망(narrative perspective)'이다. 그 외 비슷한 말로 서사의 상황(narrative situation), 서사적 관점(narrative viewpoint), 서사적 태도(narrative manner)가 있다(p. 116).
>
> ② 이런 용어들 중 퍼스펙티브란 말이 가장 제일 명료하다. 그러나 이 용어는 내레이터란 개념을 포함시키지 않는다. 그래서 초점화란 말을 택했다. 초점화라는 말은 전통적인 서사에서

21 Ibid., p. 150.

22 *Narratology: An Introduction*, edited by Susana Onega and José Angel Garcia Landa, Longman Group Limited, 1996, pp. 115~127.

내레이터와 비전을 다 포함시킨다(p. 117).

③ 초점화는 비전과 보여진 것 사이의 관계에 해당한다. 이런 관계는 스토리의 구성요소와 내러티브 텍스트의 구성요소 사이의 관계를 말한다. (중략) 초점화는 스토리에 속한다. 즉 언어 텍스트와 파블라 사이의 틈이다. 초점화의 정의는 따로따로 연구되어야 할 초점화의 주체와 대상의 관계를 뜻한다. 초점화의 주체, 즉 초점화라는 그 요소들이 보여지는 시각을 말한다(p. 118).

④ 인물 관련 초점화(character-bound focalization)는 관점이 한 인물에서 다른 인물로 옮겨 가는 것을 말하며, 내적 초점화(internal focalization, IF)는 초점화가 파블라에 참여하는 인물에 의해 수행되는 경우를, 외적 초점화(external focalization, EF)는 익명의 행위자가 이야기 밖에서 초점화자로 기능하는 것을 가리킨다(p. 119).[23]

임철우의 단편소설 「사평역」(『민족과문학』, 1983. 9)은 초점화자들의 이동을 잘 보여 준다. 화자는 이야기를 끌고 가는 존재요, 초점화자는 보는 존재라고 대비할 수 있는 것처럼 이곳의 작중인물들은 "약속이나 한 듯 말을 잊었다"든가 "모두들 아무 말도 하지 않았다"와 같이 묘사되고 있어 각자 생각에 골몰해 있다고 인식된다.

사람들은 약속이나 한 듯 말을 잊었다. 어쩌면 그들은 열차를 기다리고 있다는 사실조차 망각하고 있는 것인지도 모른다. 중년사내는 담배를 입에 문 채 성냥불을 당기려다 말고 멍하니 난로의 불빛을 들여다보고 있다. 노인을 안고 있는 농부도, 대학생도, 쭈그려 앉은 아낙네들도, 서울여자도, 머플러를 쓴 춘심이도 저마다 손바닥들을 불빛 속에 적셔 두고 망연한 시선을 난로 위에

23 Ibid., pp. 116~119.

모은 채 모두들 아무 말도 하지 않았다. 저만치 홀로 떨어져 앉아 있는 미친 여자도 지금은 석고상으로 고요히 정지해 있다. 이따금 노인의 기침소리가 났고, 난로 속에서 톱밥이 톡톡 튀어 올랐다.

"흐유. 산다는 게 대체 뭣인간디……."

불현듯 누군가 나직이 내뱉었다.

그러자 사람들은 그 말꼬리를 붙잡고 저마다 곰곰이 생각해 보기 시작한다. 정말이지 산다는 게 도대체 무엇일까.

중년사내에겐 산다는 일이 그저 벽돌담 같은 것이라고 여겨진다. 햇볕도 바람도 흘러들지 않는 폐쇄된 공간. 그곳엔 시간마저도 아무런 흔적을 남기지 않는다. 마치 이 작은 산골 간이역을 빠른 속도로 무심히 지나쳐 가버리는 특급열차처럼……. 사내는 그 열차를 세울 수도 탈 수도 없다는 것을 잘 알고 있다. 그러면서도 여전히 기다릴 도리밖에 없다는 것. 그것이 바로 앞으로 남겨진 자기 몫의 삶이라고 사내는 생각한다.

농부의 생각엔 삶이란 그저 누가 뭐래도 흙과 일뿐이다. 계절도 없이 쳇바퀴로 이어지는 노동. 농한기라는 겨울철마저도 융자금 상환과 농약값이며 비료값으로부터 시작하여 중학교에 보낸 큰아들놈의 학비에 이르기까지 이런저런 걱정만 하다가 보내고 마는 한숨철이 되고 만 지도 오래였다. 삶이란 필시 등뼈가 휘도록 일하고 근심하다가 끝내는 늙고 병들어 죽는 것이리라고 여겼으므로, 드디어 어려운 문제를 풀어냈다는 듯이 농부는 한숨을 길게 내쉰다.

서울여자에겐 돈이다. 그녀가 경영하고 있는 음식점 출입문을 들어서는 사람들은 모조리 그녀에겐 돈으로 뵌다. "어서 오세요." 입에 붙은 인사도 알고 보면 손님에게가 아니라 돈에게 하는 말일게다. 그래서 뚱뚱이 여자는 식사를 마치고 나가는 손님들에게 결코 "안녕히 가세요"라는 말은 쓰지 않는다. "또 오세요"다. 그녀는 가난을 안다. 미친 듯 돈을 벌어서, 가랑이를 찢어 내던 어린 시절의 배고픈 기억을 보란 듯이 보상받고 싶은 게 그녀의 욕심이다. 물론 남자 없이 혼자 지새워야 하는 밤이 그녀의 부대자루 같은 살덩이를 이따금 서럽게 만들기도 한다. 하지만 그녀는 두 아들을 끔찍이 사랑했다. 소중한 두 아들과 또 그들을 행복하게 만드는 데에 쓰여질 돈, 그 두 가지만 있으면 과부인 그녀의 삶은 그런대로 만족할 것도 같다.

춘심이는 애당초 그런 골치 아픈 얘기는 생각하기도 싫어진다. 산다는 게 뭐 별것일까. 아무리 허덕이며 몸부림을 쳐본들, 까짓것 혀 꼬부라진 소리로 불러 대는 청승맞은 유행가 가락이나 술 취해 두들기는 젓가락 장단과 매양 한가지일 걸 뭐. 그래서 춘심이는 술이 좋다. 아무것도 생각나지 않게 해주는 술님이 고맙다. 그래도 춘심이는 취하면 때로 울기도 하는데 그 까닭이야말로 춘심이는 모를 일이다.

대학생에겐 삶은 이 세상과 구별할 수 없는 그 무엇이다. 스물셋의 나이인 그에게는 세상 돌아가는 내력을 모르고, 아니 모른 척하고 산다는 것은 절대로 용서할 수 없다. 그런 삶은 잠이다. 마취상태에 빠져 흘려보내는 시간일 뿐이라고 청년은 믿고 있다. 하지만 그는 얼마 전부터 그런 확신이 조금씩 흔들리기 시작하는 걸 느끼고 있다. 유치장에서 보낸 한달 남짓한 기억과 퇴학. 끓어오르는 그들의 신념과는 아랑곳없이 이루어지고 있는 강의실 밖의 실서……. 그런 것들이 자꾸만 청년의 시야를 어지럽히고 혼란을 일으키고 있는 중이다.

행상꾼 아낙네들은 산다는 일이 이를테면 허허한 길바닥만 같다. 아니면, 꼭두새벽부터 장사치들이 때로 엉켜 아우성치는 시장에서 허겁지겁 보따리를 꾸려 나와, 때로는 시골장터로 혹은 인적 뜸한 산골마을로 돌아다니며 역시 자기네 처지보다 나을 것이라곤 눈곱만큼도 없는 시골사람들 앞에서 거짓말 참말 다 발라가며 펼쳐 놓는 그 싸구려 옷가지 같은 것인지도 모른다. 어쨌든 그녀들에겐 그따위 사치스런 문제를 따지고 말고 할 능력도 건덕지도 없다. 지금 아낙네들의 머릿속엔 아이들에게 맡겨 둔 채로 떠나온 집 생각으로 가득차 있다. 어린 것들이 밥이나 제때에 해 먹었을까. 연탄불은 꺼지지 않았을까. 며칠째 일거리가 없어 빈둥대고 있는 십년 노가다 경력의 남편이 또 술에 취해서 집구석에 법석을 피워 놓진 않았을까.[24]

만기출소한 중년사내는 사상범으로 25년째 옥살이하고 있는 감방장 허씨의 부탁으로 사평 사는 노모를 찾아뵈러 왔다가, 서울여자는 식당주인으로 주방에서 일하던 사평댁이 30만원을 갖고 도망친 것을 잡으러 왔다가, 술집색시인 춘심이는 고향을 다니러 왔다가, 대학생은 학생운동을 한 이유로 제적통고를 받고 고향에 다니러 왔다가 상경열차를 기다리고 있는 중이다.

난로불을 쪼이며 열차를 기다리고 있는 농민, 중년사내, 서울여자, 춘심이, 대학생, 행상꾼 아낙네들은 소설 안에서 공동으로 조역이나 단역을 맡고 있으면서 잠깐이기는 하지만 화자로부터 초점화자 역할을 부여받기도 한다. 인물들은 각각 단편소설의 내용으로 독립하고도 남을 사연을 안고 있어, 외형으로는 단편이지만 「사평역」을 중층구조로 만들어 낸다. 이들 초점화자들은 "삶은 고통"이란 인식을 공유하는 것으로 묶인다. "중년사내에겐 산다는 일이 그저 벽돌담 같은 것이라고 여겨진다", "농부의 생각엔 삶이란 그저 누가 뭐래도 흙과 일뿐이다", "서울여자에겐 돈이다", "춘심이는 산다는 게 뭐 별것일까", "대학생에겐 삶은 이 세상과 구별할 수 없는 그 무엇이다", "행상꾼 아낙네들은 산다는 일이 이를테면 허허한 길바닥만 같다" 등의 구절에 나타나고 있는 것처럼 기차를 기다리며 일시적으로 한곳에 모여 있는 작중인물들은 각각 병, 부자유, 노동의 고달픔, 가난의 압박, 인생허무감, 삶의 무가치 등의 늪에서 허우적거리고 있음을 털어놓는다. 작가 임철우는 초점화자들의 인생론

24 임철우, 『아버지의 땅』, 문학과지성사, 2004, pp. 144~146.

을 뒤섞으면서 삶과 인간에 대한 공감도 높은 생철학을 제시하는 데까지 나아가고 있다.

산문허구의 시점론이라는 부제가 붙어 있는 수잔 스내더 랜서(Susan Sniader Lanser)의 『서사 실행론(The Narrative Act)』은 '시점의 철학에 대하여', '시점과 문학적 실행', '시점의 시학', '이데올로기와 기교로서의 시점' 여섯 장으로 구성되어 있다. 이 중 제4장 "시점의 시학: 위치, 접촉, 태도(The poetics of point of view: status, contact, stance)"는 랜서의 시점시학론을 대표한다. 랜서는 이 책의 서론에서 제4장은 담론 중 시점의 구조 내에서 작용하는 세 관계를 기술하는 데 목표를 둔 것으로, 이때 세 가지 관계란 화자와 발화행위 사이의 관계인 위치(status), 화자와 독자의 관계인 접촉(contact), 담론내용이나 메시지 등 서술된 세계와 화자의 관계인 태도(stance)를 설명하는 것이라고 밝혔다. 랜서는 제4장에 들어가기 전에 이미 제2장 '시점과 문학적 행위'에서 이들 세 가지 개념의 개요를 제시하였다.

위치는 "발화자와 발화행위(speech act) 사이의 관계, 즉 소통행위자(communicator)에게 관습적·개인적으로 주어지는 권위, 능력, 신뢰성을 말한다"고 하면서 "공적인 소통의 경우에 발화자의 나이, 성, 사회적 지위, 종족, 계급, 직업 등이 위치정체성(identity status)의 바탕을 이루게 된다"[25]고 하였다. 랜서는 "위치는 발화자나 작가가 청자와의 사이에 만들어 놓은 접촉에 역동적으로 연결되어 있다"고 보면서 "담론은 제재에 대한 태도(attitude toward subject matter)뿐만 아니라 독자들과의 관계(some relationship to an audience)도 반영한다"[26]고 주장하였다. 랜서는 구비담론과 기록물의 접촉양태를 비교하면서 "소설에 있어 기록물에서는 작가와 청중의 접촉이 담론기록, 어조, 시각적·청각적 접촉의 다른 등가물을 통

25 Susan Sniader Lanser, *The Narrative Act*, Princeton University Press, 1981, pp. 86~87.

26 Ibid., p. 90.

하여 확립된다"[27]고 하였다.

랜서가 말한 태도는 위치나 접촉과 밀접하게 연결되어 있는 것으로, 화자가 여성이든 남성이든 자신이 말하고 있는 메시지와 맺고 있는 관계(the speaker's relationship to the message s/he is uttering)를 말한다.[28]

랜서는 위치, 접촉, 태도를 긴밀하게 연결 짓는 일을 게을리하지 않았다. "위치는 공동체가 메시지에 가치를 부여하는 정도를 가장 중심적으로 좌우하는 반면, 태도는 청중이 담론으로부터 받아들이고 또 담론에 제공할 정서적이며 이데올로기적인 반응을 공동결정한다"[29]고 비교하였다.

랜서는 화자를 1인칭 화자, 3인칭 화자와 같이 나누는 것을 반성하면서 이야기 속의 화자(동종제시), 이야기 밖의 화자(이종제시), 이야기의 주인공으로서의 화자(자동제시) 등 세 가지로 나누었다.

랜서는 주네트가 이종·동종·자동화자로 가른 것을 받아들이면서도 조금 수정을 가하여 도표 7을 제시했다.

도표 7[30]

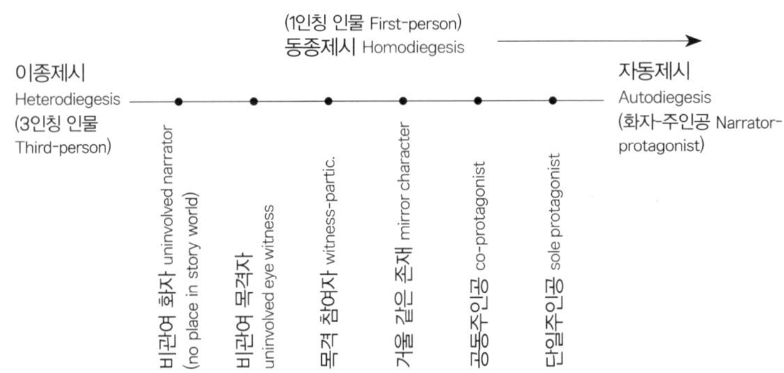

27 Ibid., p. 91.
28 Ibid., p. 92.
29 Ibid., p. 93.
30 Ibid., p. 160.

도표 21 시점의 기술적 시학(Descriptive Poetics of Point of View)[31]

- 위치 Status
  - 서술적 권위 Diegetic Authority
    - 권위부여 Authorization
      - 작가의 등가성 authorial equivalence
      - 재현 representation (이종제시/자동제시 heterodiegesis vs. autodiegesis)
      - 특권 privilege (제한성/전지성 limited vs. omniscient)
      - 지시물 reference (보고/고안 report vs. invention)
    - 사회적 정체성 Social identity
      - 성 gender
      - 종족 race
      - 계급 class
      - 기타 etc.
  - 모방적 권위 Mimetic Authority
    - 정직성 honesty
    - 신뢰성 reliability
    - 능력 competence
- 접촉 Contact
  - 방식 Mode
    - 직접/간접 direct vs. indirect
  - 자세 Attitude
    - 자의식 self-consciousness
    - 자기확신 self-confidence
    - 복종/멸시 deference vs. contempt
    - 형식성/친밀감 formality vs. intimacy
  - 수화자의 정체성 Identity of Narratee
    - 영도의 수동적 수화자/개별화된 능동적 수화자 degree zero passive narratee vs. individualized active narratee
- 태도 Stance
  - 어법적 Phraseological
    - 말하기/보여 주기 diegesis vs. mimesis
  - 시공간적 Spatial Temporal
    - 개방적 관찰/고착된 동시발생 open survey vs. fixed concurrence
    - 장면제시/요약 scene vs. summary
    - 사전적 시간성/사후적 시간성 anterior vs. posterior temporality
  - 심리적 Psychological (거리 및 친근성 distance or affinity)
    - 정보 Information
      - 정부량 quantity of information
      - 주관적/객관적 subjective vs. objective
    - 초점화 Focalization
      - 내적/외적 시각 internal vs. external vision
      - 심층적/피상적시각 deep vs. surface vision
      - 고정적/자유 초점화 fixed vs. free focalization
    - 자세 Attitude
      - 승인의/거부의 approval vs. disapproval
  - 이데올로기적 Ideological
    - 표현 Expression
      - 명시적/암시적 explicit vs. embedded
      - 직설적/비유적 literal vs. figural
      - 내적/외적 internal vs. external
    - 문화텍스트와의 관계 Relation to culture text
      - 일치/대립 coincidence vs. opposition
      - 중요한/지엽적 crucial vs. trivial
    - 권위 Authority
      - 고립된/강화된 isolated vs. reinforced
      - 지배적/종속적 dominant vs. subordinate

랜서는 자신의 「시점의 기술적 시학」의 내용을 앞선 도표 21과 같이 요약해 놓았다.

한국소설 중에서 6·25소설은 시점과 화자의 방법을 다양하게 보여 주는 소설유형이라고 할 수 있다. 6·25소설의 작가들은 기본적으로 체험세대, 참전세대, 소년기 체험세대, 미체험세대로 나눌 수 있을 만큼 실로 여러 갈래의 시점을 시도하였다. 종군작가들이 포함된 피란세대가 남긴 문제작으로는 염상섭의 「해방의 아침」(1951)과 『취우』(1953), 황순원의 「학」(1953)과 『나무들 비탈에 서다』(1960), 장용학의 『원형의 전설』(1962), 박영준의 「빨치산」(1952)과 「용초도근해」(1953), 강신재의 「눈물」(1952), 선우휘의 「보복」(1958)과 「싸릿골의 신화」(1962), 박경리의 『시장과 전장』(1964), 박완서의 『그 많던 싱아는 누가 다 먹었을까』(1992)와 『그 산이 정말 거기 있었을까』(1995), 이병주의 『지리산』(1978) 등을 꼽을 수 있다. 청소년기에 전쟁을 겪었던 세대의 문제작으로는 최인훈의 『광장』(1960), 이청준의 『흰옷』(1993), 전상국의 『아베의 가족』(1979), 김원일의 『노을』(1978)과 『마당 깊은 집』(1988), 『불의 제전』(1997), 윤흥길의 「황혼의 집」(1970)과 「장마」(1973), 「양」(1974), 조정래의 『태백산맥』(1989), 이문열의 『영웅시대』(1984), 오정희의 「유년의 뜰」(1980) 등이 있다.

미체험세대라고 해서 전쟁을 소재로 한 문제작을 남기지 말란 법은 없다. 예컨대 임철우(1954~)의 「곡두운동회」, 「그 밤 호롱불을 밝히고」(1983)는 체험세대의 작품 못지않게 생동감과 실감을 안겨 주고 있다.

소년기에 전쟁을 겪은 작가들에 의해 문제작의 수준을 보여 주는 6·25소설이 줄지어 나오면서 '소년의 시점'이 유행하기도 했다. 이들 작품은 속으로는 회상의 시점을 취하면서 표면적으로는 소년을 목격자나 화자로 설정하는 방법을 취했다. 전쟁을 겪은 지 20년이 지나면서 작가들은 우리 자신도 되도록 객관적으로 바라보기 위해 순진한 화자를 내세우는 의미에서 소년화자를 설정하게 되었다. 소년화자의 시점은 세상을

31 Ibid., p. 224.

거짓 없이 바라보는 이점을 지니고 있기는 하나, 작중인물의 내면을 깊이 파고들거나 상황을 천착할 수 있는 데는 분명한 한계가 있다. 작가들은 소년화자의 시점에 성년화자의 시점인 회상을 보태지 않으면, 전쟁이 가져다 준 엄청난 비극의 실상과 의미를 제대로 파악하지 못하고 전달하지도 못한다고 깨닫게 되었다.

김승옥의 단편소설 「건(乾)」(『산문시대』, 1962. 6)은 1952년 어느 한 지방을 배경으로 초등학교 6학년 학생이 화자가 되어 빨치산 습격으로 시내 여기저기 불이 나고 벽돌공장 공터에서 빨치산 시체를 구경하는 장면을 보여 준다. 그런데 이 소설에서는 소년화자의 시점에 추가되기 마련인 회상의 시점을 찾아볼 수 없다. 이 소설은 전시의 후방을 배경으로 한 전쟁소설로 출발하였으나, 소년의 형과 그 친구들이 어느 여고생을 범하려는 악인소설로 매듭지어질 가능성을 안고 있다. 공간배경은 분명 지방인데 작중의 어른들이고 아이들이고 간에 방언을 쓰지 않는 것으로 처리하였다. 작가 김승옥이 공간배경을 구체적으로 밝히지 않은 것은 실수인지 의도인지 불분명하다.

오정희는 「유년의 뜰」(1980)에서 '노랑눈이'라는 별명으로 불리며 아직 국민학교에 입학하지 않은 소녀를 화자로 설정하여 중학교 2학년에 중퇴한 오빠, 5학년 국민학생 언니, 밥집에 나가며 끝내 읍내 정육점 사내와 소문난 엄마, 외할아버지의 소실로 3년 전에 집에 들어온 할머니, 자살한 딸을 가진 집주인 외눈박이 목수 등을 소녀의 감정과 관찰력과 언어로 거짓 없이 그려 내고 있는 편이다. 전쟁 미체험세대나 다름없는 소녀화자의 시점에 모범적으로 충실한 결과를 남기고 있다. 아버지가 돌아와 어머니의 탈선을 알면 집에 새로운 전쟁이 일어날 테니 차라리 아버지가 돌아오지 않았으면 하는 이중감정으로 빠져든다는 끝부분 장면은 여덟 살 화자의 인지영역을 넘어선 듯하다.

이미 오정희는 「중국인 거리」(1979)에서 국민학교 3학년에서 6학년으로 올라가는 사이에 소녀화자가 목격자 혹은 관찰자로서 화자의 역할에 충실하였음을 보여 준다. "목덜미에 시퍼렇게 면도자국을 드러낸 뒷박머리에 솜이 삐져나온 노랑색 인조견 저고리를 입은, 아홉 살배기 버짐투성이 계집애인 나는 동생을 업고 이상하게 안절부절못하는 심사로 우리가 살게 될 동네를 둘러보았다"[32]는 과정이 소설의 내용을 만들어 내고 있다.

> 큰 덩치에 비해 지붕의 물매가 싸고 용마루가 밭아서 이상하게 눈에 설고 불균형해 뵈는 양식의 집들이었다. 그 집들은 일종의 적의로 냉담하고 무관심하게 언덕 아래를 내려다보며 서 있었다. 언덕을 넘어 선창으로 향하는 사람들의 발길에도 불구하고 언덕은 섬처럼 멀리 외따로 있었으며 갑각류의 동물처럼 입을 다문 집들은 대개의 오래된 건물들이 그러하듯 다소 비장하게 바다를 향해 서 있었다.[33]

아홉 살 소녀의 시선과 느낌이라고 하기에는 약간 어색하지 않은가 하고 갸우뚱하게 만드는 대목이기는 하지만, 이 소설은 기본적으로 소녀 화자의 시점을 충실하게 살려 내었다고 할 수 있다. 1950년 9월 전라도 어느 지방을 배경으로 한 윤흥길의 「장마」(『문학과지성』, 1973. 3)는 국민학교 3학년 동만이를 화자로 내세웠다. 전시에 할머니의 권유로 두 사돈이 합가하여 사이좋게 잘 살아오던 중, 좌익 부역자인 삼촌이 서울에서 내려와 숨어 지내던 외삼촌을 보호하던 끝에 인민군이 철수하는 날 덮치려고 할 때 그를 눈치 챈 외삼촌이 피신하여 장교로 국군에 입대한다. 외할머니가 윗니와 아랫니를 통틀어 일곱 개밖에 남지 않은 입에 무쇠족집게가 들어와 성한 이빨 하나를 뽑히는 흉몽을 꾼 그 이튿날, 장마 속을 뚫고 구장이 전사통지서를 전해 주는 일이 벌어진다. 그러자 외할머니는 그 이튿날 동만이의 삼촌이 입산해 있는 건지산을 향해 저주를 퍼붓고, 할머니의 분노를 사면서 사돈 사이가 급냉한다. 며칠 후 '나'는 자다가 한밤중에 빨치산 삼촌이 가족들과 이야기를 나누는 것을 듣게 된다. 이야기 속에서 삼촌은 아버지를 비롯한 가족들의 자수강권을 받아들여 대

32 오정희, 『저녁의 게임』, 문학과지성사, 2020, p. 296.

33 같은 책, p. 297.

밭 속에 숨어 지내기로 결정을 보던 중 집안에서 인기척을 느끼자 그 길로 달아나 버린다. 그 후 삼촌은 살아서도 죽어서도 돌아오지 않았다.

한편 '나'는 정체를 밝히지 않은 형사가 준 과자를 얻어 먹고는 무의식 중 삼촌에 대한 정보를 흘린 것 때문에 계속 불안감과 죄의식에 시달린다. 점쟁이가 삼촌이 돌아올 것이라고 예언한 날, 온 동리사람들이 모여 잔치를 열었으나 허사가 되고 만다. 바로 그날 집안 감나무에 올라간 구렁이를 삼촌의 현신으로 여긴 외할머니는 몇 가지 음식을 차리고, 할머니의 머리카락을 태워 연기를 올리면서 '집안일은 걱정하지 말고 그저 편안히 가라'고 축수한다. 구렁이가 감응이라도 한 듯, 나무에서 떨어져 외할머니 옆을 지나 우물 곁과 대나무 숲을 지나 사라져 버리자 외할머니가 연신 감사하다고 하는 감동적인 장면이 연출된다. 이 소설에서 '나'는 대체로 국민학교 3학년의 지능을 뛰어넘는 행동을 하지 않는다. '나'는 두 할머니, 부모, 이모와 고모의 말을 경청하고 판단력을 따르는 가운데 나름대로 생각을 정리하는 수준에 머물러 있다. 물론 다음과 같이 삼촌과 외삼촌을 비교할 수 있었던 것은 '회상의 시점'이 도와준 결과라고 하겠다.

> 두 사람의 성격은 아주 대조적이었다. 성격뿐만 아니라 모든 면이 다 그랬다. 삼촌의 부역행위가 술김에 최 주사네 담을 넘는 거와 한가지 경우로 어떤 외부적 자극이 타고난 맹목성을 부채질하여 자기도 모르게 휩쓸려 들어간 시간의 소용돌이 속에서 마냥 흥청서리 본 것이라면, 외삼촌의 우익활동이나 그 후의 장교 후보생 자원은 움직일 수 없는 주의주장 밑에 치밀한 계산과 검토를 거쳐 이루어진 결과였다. 자주 만난 건 아니지만 그래도 두 사람은 사이가 괜찮은 편이었다. 괜찮지 않고서는 그토록 서슬이 퍼런 인공 치하에서 한 달 이상의 피신생활이란 도저히 불가능했으리라. 붉은 완장을 차는 건 못 배우고 가난하게 큰 자기 같은 사람이나 할 짓이라고 말하면서 삼촌은 세 살이나 아래인 외삼촌을 존경하고 대우했다. (중략) 그러나 외삼촌은 달랐다. 아무 꾸

밈새 없는 활달한 그 성품에 은근히 호감은 가지면서도 겉으로는 철딱서니 없이 덤벙거리며 돌아가는 사돈에게 늘 싸늘한 시선을 던지는 것 같았다. 결국 외삼촌의 예감은 적중했다. 그렇게나 정이 두터운 것 같던 삼촌도 끝내는 인공 치하가 물러가던 저 광란의 날 새벽에 사람들을 시켜 땅굴을 덮치게 했다. 저녁밥을 든든히 먹고 나서 식구들 아무한테도 행방을 알리지 않은 채 외삼촌이 슬그머니 잠적해 버린 몇 시간 후의 일이었다.[34]

'나'는 국군장교로 전사한 외삼촌의 준수한 외양과 뛰어난 두뇌를 두루 갖춘 생전의 모습을 떠올리며 존경심을 가진 반면, 빨치산으로 행방불명된 삼촌이 생전에 특히 공무원과 소지주에게 저지른 가혹한 행위를 떠올리며 거리감을 갖는다. 두 삼촌을 비교하는 과정에서 외삼촌은 냉정하다는 부정적 반응을, 삼촌은 인정이 있다는 긍정적 반응을 얻기도 한다. 물론 소설이 끝나면서 '나'는 삼촌에게 일말의 연민을 갖게 된다. 작가 윤흥길은 소년화자를 설정함으로써 '우리 편은 무조건 옳고 상대 편은 무조건 나쁘다'는 식의 기계적인 안목에서 벗어난 결과를 맺게 되었다.

34 윤흥길, 『장마』, 민음사, 2003, p. 56.

11장 소설양식의 시공간론

서사는 기사를 작성할 때의 육하원칙(六何原則)을 기준으로 하여 작성된다. 소설에서는 시공간배경이 설정되지 않으면 작중행위나 사건이 성립되기 어렵고, 그에 따라 소설작품이 이루어지기 어렵다. '옛날 옛적에 어느 마을에' 하는 식으로 시작되었던 민담처럼 소설에서 시간은 인물에게 영향이 없는 단순한 배경으로 나타나는 경우, 인물과 사건에 영향을 주는 시대로 나타나는 경우, 드물기는 하지만 시간배경 자체를 연구하는 경우 등으로 나누어 볼 수 있다. 마찬가지로 공간도 단순한 배경으로 나타나는 경우, 인물의 성격이나 행동방식에 영향을 주는 경우, 공간배경 그 자체를 탐구하는 경우, 주제를 효과적으로 전달하기 위해 공간을 설정하는 경우로 나누어 볼 수 있다.

구체적인 공간묘사가 어느 정도가 되었든 간에 한 지역을 배경으로 한 한국의 명작으로는 이인직의 『귀의 성』(1907, 강원도 춘천), 『은세계』(1908, 강원도 강릉), 이인직의 『치악산』(1908, 강원도 원주), 나도향의 「뽕」(1925, 강원도 철원), 이기영의 『고향』(1934, 충청남도 천안), 심훈의 『상록수』(1935, 충청남도 당진), 김유정의 「봄·봄」(1935, 강원도 춘천)과 「동백꽃」(1936, 강원도 춘천), 이효석의 「메밀꽃 필 무렵」(1936, 강원도 평창), 최명익의 「비 오는 길」(1936, 평양), 채만식의 『탁류』(1937, 전라북도 군산), 채만식의 「상경반절기」(1939, 경기도 개성), 황순원의 「소나기」(1953, 경기도 양평), 김동리의 「밀다원시대」(1955, 부산), 임옥인의 「월남전후」(1956, 함경북도 길주), 이청준의 『당신들의 천국』(1974, 전라남도 고흥), 윤흥길의 「아홉 켤레의 구두로 남은 사내」(1977, 경기도 성남) 이문구의 『관촌수필』(1977, 충청남도 대천), 오정희의 「중국인 거리」(1978, 인천), 김원일의 『노을』(1977, 경상남도 진영), 『마당 깊은 집』(1988, 대구), 양귀자의 『원미동 사람들』(1987, 경기도 부천시), 문순태의 『타오르는 강』(1987, 전라남도 나주), 최은

미의 『아홉 번째 파도』(2017, 강원도 삼척) 등을 추릴 수 있다. 명작이라는 단서를 달아 제한성을 두기는 했지만, 지방을 배경으로 한 소설목록을 완성하는 것은 가능하지 않다. 명작의 객관적 기준을 설정하는 것 자체도 어렵고, 대상작이 무제한으로 확대될 가능성도 적지 않기 때문이다.

소설의 공간배경이 지니는 의미를 살펴보는 방법은 단순한 '배경론'의 차원을 벗어나 '지역연구'로 확대될 수 있다. 가령 이경재는 『명작의 공간을 걷다』(소명출판, 2020)라는 저서에서 시·소설·동화의 공간배경을 직접 답사하여 사진자료까지 제시함으로써 창작의도의 중층성을 확보하고, 이어 작품의 의미증대를 기획하게 된다.[1] 가장 큰 비중을 차지하고 있는 것은 소설인데, 이경재는 특히 김동리·김주영·이문열·성석제의 작품은 자신의 연고지를 공간배경으로 설정함으로써 지역연구의 수준으로 나간 것이라고 암시하고 있다.

지역연구의 수준으로 나아간 작품들은 지역소설(regional novel)이란 유형으로 묶어 볼 수 있다. 지역소설이란 단순한 지방색(local color)으로서가 아니라 작중인물들의 기질·사고방식·감정·행위에 영향을 주는 중요한 조건들로, 특정 지역의 무대·언어·관습을 강조하는 경향이 있는

1 이경재가 대상으로 잡은 소설은 이인직의 『혈의 누』(1906, 평양·일본·미국), 이광수의 『무정』(1917, 서울·평양·삼랑진), 김동인의 「감자」(1925, 평양), 현진건의 「고향」(1926, 대구), 백신애의 「나의 어머니」(1929, 경상북도 영천), 장혁주의 「아귀도」(1932, 경상북도 예천), 김동리의 「무녀도」(1936, 경주), 백신애의 「식인」(1936, 경상북도 영천), 이상의 「날개」(1936, 서울), 이효석의 「메밀꽃 필 무렵」(1936, 강원도 평창), 유진오의 「김강사와 T교수」(1939, 서울), 김동리의 「역마」(1948, 경상남도 하동), 하근찬의 「수난이대」(1957, 경상북도 영천), 김동리의 「등신불」(1961, 중국), 이문구의 『관촌수필』(1977, 충청남도 보령), 오정희의 「중국인 거리」(1979, 인천), 이문열의 『그대 다시는 고향에 가지 못하리』(1980, 경상북도 영양), 『젊은 날의 초상』(1981, 경상북도 강진·서울·창수령), 최인호의 『깊고 푸른 밤』(1982, 미국), 김주영의 『객주』(1984, 삼남지방·서울·원산·강원도 평강), 장정일의 「아담이 눈 뜰때」(1990, 대구), 현기영의 『지상에 숟가락 하나』(1999, 제주), 성석제의 「황만근은 이렇게 말했다」(2000, 경상북도 상주), 『인간의 힘』(2002, 경상북도 고령), 김연수의 「뉴욕제과점」(2002, 경상북도 김천) 등이다.

것[2]을 말한다. 지역소설에 들어갈 정도는 아니고 단순한 공간배경의 설정에 그친 것들이라고 할지라도 지방색이나 로컬리티를 추출하여 사상의 문제와 연결 짓는 작업은 가능하다. 정주아는 『서북문학과 로컬리티』라는 연구서에서 염상섭의 「표본실의 청개고리」(1921), 유진오의 「밤중에 거니는 자」(1931), 이무영의 「두 훈시」(1932), 김동인의 「감자」(1925), 김사량의 「토성랑」(1936), 김동인의 「마음이 옅은 자여」(1920)와 「배따라기」(1921), 「눈을 겨우 뜰 때」(1923), 「대동강은 속삭인다」(1934), 이광수의 『무정』(1917), 김남천의 「남매」(1937)와 「소년행」(1937), 『대하』(1939), 황순원의 『카인의 후예』(1953) 등을 서북지방의 로컬리티로 묶으면서 준비론, 실력양성론, 무실역행론 등을 골자로 한 도산 안창호의 사상과 연결 지었다.[3]

특정 지역을 공간배경으로 설정한 소설들을 모아 지역연구를 꾀한 지역소설연구의 모범을 보여 준 유인순의 편집작업[4]도 주목할 만하다. 이 책에는 김유정의 「총각과 맹꽁이」와 「봄·봄」, 「안해」(춘천군 신남면 증리), 한수산의 「대설부」(춘천 봉의산, 남춘천역), 오정희의 「옛우물」(소양강, 청평사, 후평동), 최수철의 「머릿속의 불」(소양강, 삼천동, 삼악산), 윤대녕의 「소는 여관으로 들어온다」(청평사, 남춘천, 소양댐), 박상우의 「집시의 시간」(춘천시, 공지교, 삼천리 예식장), 김도연의 「춘천 가는 배」(소양강, 화천군의 곡운구곡), 정찬의 「죽음의 질문」(청평사), 전상국의 「플라나리아」(춘천시 동산면과 홍천군 북방면의 경계인 연엽산, 춘천시 교자동의 팔호광장) 등과 같은 한국 대표작가들의 소설이 실려 있다.

공간배경의 묘사와 분석에 힘쓴 포괄적 소설유형으로 여행소설(novel of travel)을 꼽을 수 있다. 우리 소설사에서 여행소설이 유행처럼 집중적으로 나타난 것은 해외여행의 자유화를 맞은 1990년대 초였다. 윤후명은 단편소설 「여우사냥」(1993)에서 러시아 여행과 그곳에서의 여우사냥

---

2 M. H. Abrams, *A Glossary of Literary Terms*, Rinehart and Winston Inc., 1971, p. 113.

3 정주아, 『서북문학과 로컬리티』, 소명출판, 2014, pp. 9~122.

4 유인순 편, 『춘천에서 만나다』, 솔과학, 2013, pp. 1~423.

을 중심사건으로 제시하면서 크게는 러시아의 어제와 오늘을, 작게는 그동안 국내에서 이념적 인간으로 행세해 왔던 '나'의 친구 '그'가 러시아에 재빠르게 들어와 "여우 같은" 존재로 변신하여 활동하는 것을 비판적으로 그리고 있다. 「여우사냥」은 여행소설에서 출발하여 이데올로기소설로 귀착된다.

「여우사냥」과 마찬가지로 1인칭 화자를 설정하고 있는 「아으 다롱디리 1」(1995)에서는 부여 구드레 나루, 낙화암, 백마강 등과 같은 부여 일대의 여행과 독도의 여행을 중심사건으로 삼고 일본 남구주 백제촌, 영월 청령포, 거제도, 캄보디아 등을 여행한 것을 주변사건으로 다루고 있다. 「북회귀선을 넘어서」(1994)에서 윤후명은 대만에 성지순례를 가서 북회귀선을 넘는 것을 원인적 사건으로 설정하면서 여행이란 "존재의 향내"를 맡게 하는 것이라고 시적 표현을 남기고는 소설을 끝낸다. 윤후명은 2007년에 나온 소설집 『새의 말을 듣다』에 수록된 단편소설들을 여행모티프로 묶고 있는 셈이다. 「새의 말을 듣다」는 독도와 바이칼호를, 「서울, 촛불 랩소디」는 헝가리의 부다페스트를, 「나비의 소녀」는 국내의 용문산과 몽골 초원을, 「의자에 관한 사랑 철학」은 남미의 수리남과 탑골공원과 충청북도의 음성군을, 「구름의 향기」는 티베트를, 「고원으로 가다」는 강원도 일대를, 「태평양의 봄」은 연변과 강화도 전등사를 주요 공간배경으로 내세웠다.

작가들도 일반인처럼 국내외 지역의 여행체험을 통해 새로운 세계에의 개안, 해방감, 자기성찰 등을 꾀하기 마련이다. 이제는 해외여행마저 일상화되어 여행모티프를 단순한 기행소설로 꾸미는 것은 감동을 주기 어렵게 되었다. 원래 윤후명은 국내외 지역의 여행을 중심 모티프로 설정하기는 하였지만, 지역연구나 지역묘사에 중점을 두기보다는 과거와 현재의 연결, 국내와 외국 잇기, 현실과 환상의 상조, 나와 타인의 교감 등을 꾀하는 데 힘쓰고 있다. 한마디로 존재론적 물음을 던지기 위해 여행모티프를 설정한다고 풀이할 수 있다.

시간배경을 제목에 내건 소설로는 염상섭의 「만세전」(1924), 최서해의 「큰물 진 뒤」(1925)와 『호외시대』(1930), 박화성의 「추석전야」(1925),

이무영의 「먼동이 틀 때」(1935), 한설야의 『황혼』(1936), 유진오의 「가을」(1939), 이태준의 「석양」(1942), 이태준의 「해방 전후」(1946), 김남천의 『1945년 8·15』(1946), 김동리의 『해방』(1950), 최태응의 「1952년의 표정」(1952), 손창섭의 「비 오는 날」(1953), 임옥인의 「월남 전후」(1956), 최인훈의 「정오」(1966), 이병주의 「겨울밤」(1974), 박완서의 「그 가을의 사흘 동안」(1981), 이호철의 「동베를린 일별 기행, 2003년 가을」(2004) 등을 예시할 수 있다. 이때의 시간배경은 소재적 차원의 것과 주제암시적 성격을 지닌 것으로 대별된다. 그런가 하면 「만세전」, 「해방 전후」 등과 같이 특정한 시대를 명시한 것과 「먼동이 틀 때」, 「석양」, 「가을」 등과 같이 일반명사로 표기한 것으로 나눌 수도 있다. 이 두 가지는 모두 주제암시성에 관여할 수 있다. 예컨대 염상섭의 지식인소설 「만세전」은 1910년대 조선인들의 질식상태의 분위기를 개명 전의 작품제목처럼 "묘지"에 비유하고, 한설야의 노동자소설 『황혼』은 "황혼"이란 단어가 암시하고 있는 것처럼 1930년대 조선인 노동자의 암울하며 절망적인 상황을 가리킨다.

공간배경을 제목에 내건 소설로는 이인직의 『치악산』(1908)과 『모란봉』(1913), 이해조의 『소학령』(1912)과 『탄금대』(1912), 조명희의 「낙동강」(1927), 이효석의 「노령근해」(1930), 한설야의 『대륙』(1939), 최정희의 「청량리역 근경」(1947), 염상섭의 「삼팔선」(1948), 이봉구의 「명동의 에레지」(1950), 전광용의 『흑산도』(1955), 정한숙의 「미아리 근처」(1958)와 「이어도」(1960), 「성북구 성북동」(1982), 이호철의 「판문점」(1961), 한무숙의 「유수암」(1963), 박경리의 『시장과 전장』(1964), 김승옥의 「무신기행」(1964)과 「서울 1964년 겨울」(1965), 안수길의 『북간도』(1967), 선우휘의 「상원사」(1969), 이청준의 「목포행」(1971)과 「이어도」(1974), 황석영의 「삼포 가는 길」(1972), 박영한의 『머나먼 쏭바강』(1980), 임철우의 「사평역」(1983), 오정희의 「파로호」(1989), 서기원의 『광화문』(1997), 최일남의 「돈암동」(2004), 전상국의 『남이섬』(2011) 등을 예시할 수 있다.

공간배경은 어떤 시간배경과 연결되느냐에 따라 의미가 달라진다. 미하일 바흐찐은 괴테를 예로 들면서 "사건발생의 공간적 장소에 연결되지 않는 사건들, 플롯, 시간적 모티프들은 없다. 이 세상 모든 것은 시공간이며 진정한 크로노토프다"[5]와 같이 크로노토프 개념을 안출하여 이제껏 시간배경과 공간배경을 기계적으로 분리해서 보는 태도를 뛰어넘었다. 그는 "로컬리티는 지리적으로 또 역사적으로 결정된 세계의 대치불가능한 부분이 된다. 사건들은 이러한 특별한 인간역사의 시간 속에서 본질적이며 전환할 수 없는 순간이 된다. 세계(the world)와 역사(the history)는 상호적인 구체화와 해석과정의 결과로서 더 이상 빈약해지지도 작아지지도 않는다"[6]와 같이 시간과 공간 대신에 '역사'와 '세계'라는 평범하기 짝이 없는 말을 쓰기도 했다. 바흐찐은 민요, 민담, 영웅전설, 무용담 등과 같은 구비문학이 겉으로는 시간적인 요소에 관심을 갖게 하지만, 모든 민속은 좀 더 깊게 보면 크로노토프적 속성을 지니고 있다고 하면서 "지방민속(local folklore)은 공간을 시간으로 해석하고, 공간을 시간 속에 배어들게 하고, 공간을 역사 속으로 끌어들인다"[7]고 독특한 견해를 제시하였다.

제라르 주네트의 『서사담론(Discours du recit)』(1972)은 마르셀 프루스트의 대하소설 『잃어버린 시간을 찾아서』의 서술방식을 분석함으로써 서사적 특수성을 추출해 보편적 법칙으로 만들어 보고자 한 것이다. 이 책은 순서론, 시간길이론, 빈도론, 서술법론, 음성론 등 모두 다섯 장으로 구성되어 있는데, 이 중 서사시간을 논한 것은 순서(order), 시간길이(duration), 빈도(frequency)를 논한 제1장에서 제3장까지다. 제1장 '순서'에서는 서사시간(narrative time), 시간불일치(anachonies), 거리(reach)와 한도(extent), 회상(analepses), 예시(prolepses), 무시간적 사건(toward achrony) 등을 논하였고, 제2장 '시간길이'에서는 서술시간과 스토리시간의 차이(anisochronies), 요약(summary), 정지(pause), 생략(ellipsis), 장면제시(scene) 등을 논하였고, 제3장 '빈도'에서는 일회성(singulative)과 반복성

---

5 M. M. Bakhtin, *Speech Genres and Other Late Essays*, translated by Vern W. McGEE, 1986, University of Texas Press, p. 42.

6 Ibid., p. 50.

7 Ibid., p. 52.

(iterative), 기간·특정일·범위(determination·specification·extension), 내적 통시성과 외적 통시성(internal and external diachrony), 교체(alteration)와 변이(transition), 시간과의 싸움(the game with time) 등을 논하였다.[8]

제라르 주네트는 『오디세이아(Odysseia)』에서 율리시스의 전체 삶의 모습보다 그가 트로이에서 돌아온 것에 주목하면서 '회상'의 분류를 시도했다. "회상의 대상인 전체범위가 최초서사의 범위 밖에 있는 것"을 찾아내어 외적 회상(external analepsis)이라고 명명했고, 그 반대의 경우를 내적 회상(internal analepses)이라고 불렀다.[9] 주네트는 『오디세이아』의 주제를 살펴보면서 "최초서사에 재접합되지 않고 생략되어 버린 회상"을 "부분적 회상(partial analepses)이라고 이름 붙였고, 이와 반대로 "최초서사와 회상이라는 이야기의 두 부분이 빈틈 없이 잘 연결된 것은 완전한 회상(complete analepses)"[10]이라고 하였다. 부분적 회상은 부자연스러운 회상으로, 완전한 회상은 자연스러운 회상으로 바꿀 수 있을 것이다.

『오디세이아』는 "트로이전쟁이 끝나고 오디세우스가 고향인 이타케섬으로 돌아가기까지 10년 여정을 41일 동안의 이야기로 그려 낸 총 12,110행의 대서사시다. 그리스인의 지성을 대표하는 오디세우스의 '모험과 바다의 노래'이자 아내 페넬로페의 '숭고하고 지조 있는 사랑 노래'이기도 하다. 『일리아스』와 아울러 기원전 8세기 중반에 쓰인 "유럽문학에서 가장 오래된 작품"이긴 하나 "서사시라곤 하지만 『일리아스』 같은 전형적인 영웅 서사시가 아니라, 오히려 민화적인 이야기를 중심으로 많

8 Gérard Gennette, *Narrative Discourse*, translated by Jane E. Lewin, Cornell university Press, 1980.
제4장 서술법론(Mood)은 Narrative Moods, Distance, Narrative of Events, Narrative of Words, Focalizations, Altertations, Polymodality 등의 항목들로 구성되었고, 제5장 목소리(Voice)는 The Narrating Instance, Time of the Narrating, Narrative Levels, Metadiegetic Narrative, From Jean Santevil to Recherche, or The Triumph of the Pseudodiegetic, Person, Hero/Narrator, Functions of Narrator, The Narratee 등의 항목들로 구성되었다.

9 Ibid., p. 49.

10 Ibid., p. 62.

은 모험담이 섞인 바다를 둘러싼 표류기담의 성격이 짙다. 문체 또한 느긋하고 밝으며 『일리아스』 같은 비장함이나 긴장감은 없다." "『오디세이아』의 전체구성은 크게 세 부분으로 나눌 수 있다. 첫째 오디세우스의 아들 텔레마코스의 활약(제1장~제4장), 둘째 오디세우스의 표류담(제5장~제13장), 셋째 오디세우스의 아내에게 구혼한 사람들에 대한 복수(제1장 뒷부분~제24장)"와 같은 특징을 지닌다.[11]

포세이돈이 노여움을 풀지 않아 오디세우스가 고국으로 돌아가는 것을 반대함에도 오디세우스는 아테나 여신의 건의를 받은 제우스의 아들 헤르메스를 통한 전언에 따라 뗏목을 타고 고향을 향해 떠난다. 불안감 속에서 출발한 지 18일이 지났을 때 바다의 신 포세이돈에게 들켜 포세이돈이 불러온 태풍에 시달린다. 아테나 여신이 바람을 막고 파도를 막아 난파를 면한다. 다시 포세이돈이 오디세우스의 배를 화석으로 만들어 버리자 아테나 여신이 젊은 남자로 변장하고 나타나 오디세우스에게 고향에 다 왔다고 하며 보물을 동굴에 숨겨 놓도록 한다. 아테나 여신은 포세이돈이 화를 내는 이유가 그의 아들인 거인 폴리페모스를 장님으로 만든 것 때문이라고 파악한다. 아테나 여신은 오디세우스를 보호하기 위해 그를 지팡이로 건드려 노인으로 변신시키고 누더기 옷을 입힌다. 아테나 여신은 아들 텔레마코스와 만났을 오디세우스를 본래의 모습으로 바꾸어 놓는다. 이 작품은 제우스의 딸 아테나 여신이 오디세우스가 더 이상 제우스와 맞서지 않고 화해와 평화의 서약을 하도록 종용하는 것으로 끝을 맺는다.

리몬 케넌의 『내러티브 픽션: 오늘의 시학(Narrative Fiction)』[12]은 내러티브 픽션을 스토리, 텍스트, 내레이션 등 세 가지 요소로 나누고, 다시 스토리를 사건과 인물로, 텍스트를 시간과 인물, 초점화로, 내레이션을 수준과 음성, 스피치 표현으로 하위분류한다. 제4장 '시간론'은 일곱 개 장의 하나에 지나지 않는다. 리몬 케넌은 시간론에서 주네트와 마찬

11 호메로스, 『오디세이아』, 이상훈 역, 동서문화사, 2016, pp. 496~501.

12 Shlomith Rimmon-Kenan, *Narrative Fiction*, Methuen & Co. Ltd., 1983.

가지로 시간을 순서(order), 시간길이(duration), 빈도(frequency) 세 가지로 나누었다. '순서'에 대한 설명은 '언제'에 대한 답이 될 것이고 '시간길이'에 대한 설명은 '얼마 동안(how long)'에 관한 답이 될 것이며 '빈도'에 대한 설명은 '얼마나 자주(how often)'를 묻는 질문에 답이 될 것이다.[13]

주네트는 스토리 시간과 텍스트 시간의 관계에 주목했다. '순서'라는 문제에 대해 주네트는 스토리 속 사건들의 계승과 텍스트 속 사건들의 선적인 배치의 관계를 논하고, '시간길이'에서는 사건들이 일어나는 데 걸렸을 법한 시간과 사건들의 서술에 바친 텍스트의 총량을 비교했다. '빈도'에서는 사건들이 스토리 속에 나타났던 시간과 그것들이 텍스트 속에서 서술되는 데 걸린 시간의 관계를 살펴보았다. '순서'에서 스토리 순서와 텍스트 사이의 불균형의 주요 형태를 주네트는 시간불일치(anachronies)라고 불렀으며, 한편으로 전통적으로는 회상(flashback, retrospection)을, 또 다른 한편에서는 예시(foreshadowing, anticipation)의 방법을 사용했다고 했다.[14]

리몬 케넌은 주네트가 쓴 회상(analepsis)과 예시(prolepsis)를 따라 쓴다고 하였다. 회상(analepses)에 대해서는 텍스트 속에 언급된 인물, 사건, 스토리 라인 등에 대한 과거지식을 제공하는 동종소급제시(homodiegetic analepsis)와 다른 인물, 사건, 스토리 라인을 제시하는 이종소급제시(heterodiegetic analepsis)로 나누었다.[15] 그리고 순서항에서는 회상(retrospection), 소급제시(analepsis), 예시 혹은 예견(foreshdowing, anticipation), 사전제시(prolepsis), 동종소급제시(homodiegetic analepsis), 이종소급제시(heterodiegetic analepsis) 등을 논하였으며,[16] 시간길이항에서는 가속(acceleration), 감속(deceleration), 생략(ellipsis), 요약(summary), 응축 혹은 압축(condensation, compression), 장면제시(scene) 등과 같은 개념

13 Ibid., p. 46.
14 Ibid., p. 46.
15 Ibid., pp. 47.
16 Ibid., pp. 46~51.

을 살펴보았다.[17] 빈도항에서는 일어난 일을 한 번만 이야기하는 단회서술(singulative), 일어난 일을 여러 번 서술하는 중첩반복(repetitive), 일어난 일을 한번에 이야기하는 요약반복(iterative) 등을 제시했다.[18]

소설에서 흔히 복선을 깐다는 말을 쓰곤 하는데, 이는 바로 예시(豫示)의 수법을 지적한 것이다. 모든 소설이 회상과 마찬가지로 예시의 수법을 쓰고 있다는 말은 과장이 아니다. 회상과 예시의 수법 모두 독자들의 긴장 어린 관심을 끌어모으는 데 목표를 둔다. 작가들은 소설 속 사건의 진행방향을 계속 암시함으로써 독자들의 호기심과 긴장감을 고조시킨다. 그리고 회상의 수법이 작중의 현재를 가능하게 한 요인과 배경을 과거에서 찾으려 하는 것처럼, 예시의 수법은 현재가 그 배경과 요인이 되어 나타나는 결과, 즉 미래사에 의미를 부여한다. 회상의 수법이 일정한 결말에 이르기까지의 과정에 주목한다면, 예시의 수법은 '어떤 결말에 닿는가' 하는 문제에 관심을 집중시킨다.

예시의 구체적인 방법으로 크게 두 가지를 꼽아 볼 수 있다. 하나는 표제를 통해 소설내용을 암시하는 방법이다. 제목을 통해 작중사건의 진행방향이나 결말에 대해 암시할 수 있으며, 작품에 대한 독자들의 기대감과 호기심을 계속 자극할 수 있다. 예시기능이 분명하게 나타난 예로는 김기진의 「젊은 이상주의자의 사」(1925), 현진건의 「할머니의 죽음」(1923), 최서해의 「박돌의 죽음」(1925), 이광수의 「이차돈의 사」(1935) 등과 같이 제목을 '~의 죽음'과 같은 식으로 잡아 주인공이 죽는다는 결말부분을 암시한 경우를 들 수 있다.

예시의 두 번째 방법이란 작품 앞 장면에서 다음 장면의 윤곽과 방향을 암시하는 것을 말한다. 램메르트는 꿈, 신탁, 예언, 법정의 판결, 신의 명령, 음모 등이 이러한 예시방법의 좋은 자료가 될 수 있다고 하였다.[19] 법정의 판결로 문제가 해결되는 것을 나타낸 개화기소설로는 이해

17 Ibid., pp. 51~56.

18 Ibid., pp. 56~58.

19 Eberhard Lämmert, *Bauformen des Erzählens*, J. B. Metzlersche Verlag, 1955,

조의「빈상설」(1908)과「구의산」(1912),「화의 혈」(1912), 김교제의「현미경」(1912) 등이 있고, 음모의 모티프가 줄거리를 이끌어 가는 소설로는 이인직의「귀의 성」(1907)과「치악산」(1908), 이해조의「구마검」(1908)과「소양정」(1911),「소학령」(1912), 최찬식의「추월색」(1912)과「안의 성」(1914) 등이 있다.

우리 소설의 경우 고전소설에서 꿈이나 예언의 방법을 많이 취하고 개화기소설에서는 음모의 현장을 많이 드러내 보이고 있다. 꿈, 신탁, 징후, 예시, 예언 등의 모티프 제시를 통해 위기예고(katastrophen vorausdeutung)를 꾀하는 방법은 사실상 어느 나라의 것이든 로망스류에서 쉽게 찾아볼 수 있다.

로저 루크허스트(Loger Luckhurst)와 피터 마크스(Peter Marks)는 시간에 대해 객관적 또는 우주론적 시간(자연의 시간), 주관적 또는 살아 있거나 현상학적인 시간(연장 또는 개인적 시간의식), 상호주관적이거나 사회적인 시간(시간의식 형식의 역사적 복합과정으로 '역사적 시간'으로 부르기도 한다)과 같이 세 가지로 정리할 수 있다고 하면서 "첫 번째 시간관은 현재를 현재적 과거, 현재적 현재, 현재적 미래로 인식하는 삼중의 현재관(three-fold present)으로 설명할 수 있고, 두 번째 시간관은 현재의 현재에 초점을 맞춘 것으로 베르그송이나 후설의 시간관을 말하며 현재의 확대나 지속의 개념으로 설명된다. 세 번째 시간관은 역사의 복잡한 사회적 시간은 달력, 시계, 사회적 시간의식 등에 대한 역사서술적 문헌의 전통적인 대상을 제공한다"고 설명하였다.[20]

에드위나 타보르스키(Edwina Taborsky)는 "삶은 개인의 현실과 집단의 현실 사이에서 체험되는 것"이며 "개인의 현실과 집단의 현실은 사회적 텍스트를 구성한다"는 나름의 전제에서 출발하였다.[21]

---

pp. 176~177.

20 Loger Luckhurst and Peter Marks, *Literature and the Contemporary*, Pearson Education Limited, 1999, pp. 40~41.

21 Edwina Taborsky, *The Textual Society*, University of Toronto, 1997, p. 3.

개인의 현실(IR, Individual Reality)은 우리 경험 안에서 가장 즉시적이고 사라지기 쉽다. 개인현실은 현재의 시간(current time) 안에서만 존재하며 개인의 감각적(sensual)이면서 개념적(conceptual)인 경험들을 포함한다. (중략) 집단의 현실(GR, Group Reality)에는 개인의 현실의 감각적 기반이 없다. 집단현실은 사회적 규범의 패턴, 행동관습, 과거에 특별한 집단에만 존재했고 미래에도 계속 존재해야만 하는 신념 등으로 구성된다.[22]

Diagram 1: 텍스트 사회: 인식의 틀(The Textual Society: Cognitive frame)[23]

S: Sensual (Firstness)	*S *C	Individual reality
C: Conceptual (Secondness)	L	Group reality
L: Logical (Thirdness)		

① 위의 도해에서 첫 번째 범주는 현상의 본질에 대한 이성, 이해력, 인식이 결여된 즉시적이고 감각적인 경험을 말한다. 두 번째 범주는 명료하고도 개인적인 개념들로서의 활동적 사실을 포함한다. 세 번째 범주는 우리가 흔히 법이라고 부르는 것으로 구성되며 한 집단의 정신적 관습으로 이해된다(p. 4).

② 집단현실은 개인현실의 경험을 안내하는 논리요 문법이다. 개인현실은 즉시적이고 물리적이기는 하나 개념적인 것은 아닌 '감각적 경험(sensual experience)'과 이러한 경험을 합리적으로 이해하는 '개념적 경험(conceptual experience)'이라는 두 가지 형식을 갖는다. 개인감각 → 집단논리 → 개인개념이라는 통상적 통로 대신에 개인감각1 → 발생에너지 → 개인감각2와 같은 통로가 있다(pp. 20~21).

③ 문학은 한 집단의 언어표현이다. 문학은 집단현실의 논리에

---

22 Ibid., p. 3.

23 Ibid., p. 4.

의해 지도받는 개인현실에 의해 창조되며 개인현실에 의해 표현되고, 읽히고, 사용된다. 따라서 문학은 감각적인 경험과 개인적인 경험을 아우르며 개인현실과 집단현실의 대화적 상호작용이 된다. 문학은 현재의 현실의 경험 내에서 과거와 미래 집단의 논리를 표현하는 개인·집단의 상호작용으로서 존재할 수 있다(pp. 21~22).

④ 시간은 두 가지 형식으로 나누어지는데, 현재담론(current discourse)과 잠재적 담론(potential discourse)이 그것이다. 현재담론은 실존성의 한 단위 내에서 표현되는 행위며 '지금' 속에 위치한 기호를 말한다. 현재담론은 직접적이며 의식적인 실존의 느낌을 제시한다. 잠재적 담론은 과거와 미래경험에 대한 논리적-개념적 패턴이다(나는 여기서 과거와 미래를 구별하지 않는다). 잠재적 담론은 과거와 미래의 의도성을 말한다. 시간은 평면적이지도 선조적(과거, 현재, 미래)이지도 않다. 시간은 둘로 나누어지기도 하고 기능적이기도 하다. '현재'(current)라는 개념은 과거와 미래의 길고 긴 장기간의 가능성의 논리적 입장을 말한다. 잠재적 담론은 선명한 형태로는 이미지를 축적하지 않는다. 이는 현재담론 내에서 이미지를 밝히는 데 사용되는 논리적 패턴을 제공한다(p. 34).[24]

타보르스키는 시간을 현재적인 것과 잠재적인 것으로 나눈 다음, 이 대립관계와 중복현상을 현재와 과거 또는 현재와 미래의 관계로 연결시켰다. 시간의 여러 가지 속성이 과거와 미래보다는 현재에 더 혼란스럽게 나타나고 있음을 상기하면 위의 대립관계의 의미를 보다 더 잘 이해할 것이다. 이는 다음과 같이 절대적 시간/상대적 시간, 측정 가능한 시간/측정 불가능한 시간, 과거와 미래/현재 등과 같은 이항대립관계로 확대될 수 있다.

24 Ibid., pp. 3~34.

그러나 타보르스키는 시간은 '시간은 3시' 하는 식으로 선적이며 수학적이며 측정 가능한 실체를 가리키는 절대적 시간과 '세 시간 동안의 기다림, 한 시간, 장시간, 순간, 영원'과 같은 상대적 시간으로 나눌 수 있다고 하면서도 이러한 이분법만으로는 다 설명되지 않는다는 입장을 내보였다. 그는 '무한한 시간'이라는 그야말로 더 측정하기 어렵고 체험하기 어려운 시간유형을 덧붙였다. 그는 시간에 대해 "절대적이며 중립적인 규모의 측정으로서의 시간", "지속으로서의 시간이나 공간 속의 채우기", "무한한 것으로서의 시간" 등과 같이 분석하며 삼분법으로 나아갔다.[25] 에드위나 타보르스키는 이렇듯 여러 가지 개념들을 검토한 끝에 시간을 뉴턴식 시간, 동방원주민의 시간, 대화적 시간 등 세 가지로 나누었다. 그리고 개인현실, 집단현실, 과거와 현재, 미래 등 시간과 연관된 개념들을 논하면서 여러 예술양식의 시간관을 살펴본 끝에 다음과 같은 도해를 제시하였다.

Diagram 1: Newtonian Time(p. 91)[26]

*past ········➤ present ········➤ future ········➤ Relative time of the individual
* ··➤ Absolute time as infinite scale of measurement of duration
* (origin) [Biography, history, science]

Diagram 2: Eastern-Aboriginal Time(p. 91)

|Present individual life| Relative time of the individual
Generative force of life
[Epic, religious tract, anthropological monograph]

에드나 타보르스키는 "뉴턴식 시간은 필요한 생산력으로 나타나고 동방원주민 시간은 개인적 체험의 삶의 독특한 형식으로 나타난다. 뉴턴

25 Ibid., p. 76.

26 Ibid., p. 91.

식 분석에서는 절대적이며 상대적인 시간들은 직선적이고 측정 가능하다. 절대적 시간은 추상적이며 보편적인 방법으로 측정되는 반면 상대적 시간은 개인적 특질로 정의된다"고 주장하였다.[27]

Diagram 3: Dialogical Time(p. 91)[28]

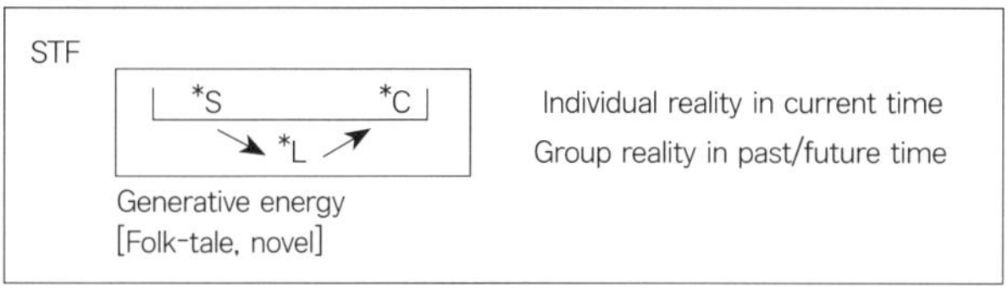

S: Sensual (Firstness)
C: Conceptual (Secondness)
L: Logical (Thirdness)
STF: Spatiotemoral frame of reality

Diagram 4: Group Reality Only(p. 92)

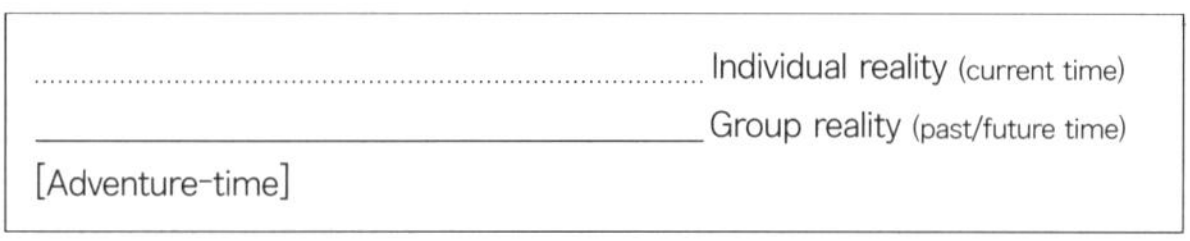

에드위나 타보르스키는 "보다 특별하고, 좁고, 복잡한 실존성의 지평들을 제공하는 상호작용 내에서만 시간과 공간은 존재하게 된다." "바흐찐은 개인의 사회적 정체성이나 집단적 정체성을 강조한다. 이 세상에 발화자에게만 배타적으로 귀속되는 발화는 없다. 모든 발화는 모든 복잡한 사회적 상황의 산물이라고 한다"와 같이 시공간의 상호작용을 강조했다.[29]

에드위나 타보르스키는 "집단현실의 크로노토프적 논리는 개인현실의 일반적인 현실들로 시작된다. 크로노토프적 논리는 개인현실의 생산이다. 나는 사회적 논리는 그 근원에 답할 수 있어야 하고 개인들의 감각

27 Ibid., p. 78.

28 Ibid., pp. 91~92.

29 Ibid., pp. 81~82.

적·개념적 현실에 답할 수 있어야 한다고 생각한다"[30]와 같이 바흐찐의 크로노토프 개념을 이어 받아 크로노토프는 개인현실에서 비롯되는 것이라고 주장하기에 이른다.

에드위나 타보르스키는 결론에서 "개인현실과 집단현실 사이에는 끊임없는 대화가 있다. 모든 현실은 다른 시간과 공간의 정체성을 갖는다. 개인현실은 오늘의 시간에 존재하여 공간에 있게 된다. 감각적 즉시성에서 개념적 인식으로 이동하기 위해서는 집단현실과 교류해야만 한다. 집단현실이 그 개방성 속에서 존재하려면 개인의 공적 현실과 상호작용해야 한다"[31]와 같이 개인현실과 집단현실에는 시간과 공간의 대화처럼 끊임없는 상호작용이 있어야 한다는 명제를 설정하였다.

가브리엘 조란(Gabriel Zoran)은 「서사양식론의 공간론(Towards a theory of space in narrative)」에서 다음과 같은 새로운 이론을 펼쳤다. "시간과 공간은 경험적 실재의 차원을 커버해 준다. 유클리드, 뉴턴, 칸트, 라이프니츠 등은 시간과 공간을 별개의 것으로 파악한 반면, 아인슈타인은 상호보완되는 것으로 보았다"[32]고 대비하면서 서사양식의 시공간의 문제에 대해 제3의 입장을 취했다. 즉 서사양식은 공간에서 시작하여 시간으로 귀결되는 것으로 파악했다. 그는 "시간에 대해서는 어떤 용어가 사용되든지 간에 텍스트의 시간과 세계 속의 시간의 기본적인 대립관계에 대한 것은 변하지 않는다. 즉 서술된 시간/서술시간, 표현의 시간/표현된 시간, 파블라/슈제뜨 등이다"[33]라는 식으로 시간적 배경의 다양한 활용방법을 일러준다.

가브리엘 조란은 "(공간) 텍스트는 시간 안에 있고 우선적으로 또한 최종적으로 시간 안에서 구조화된다. 소위 공간적 패턴은 기본구조가 시간 안에 있다는 실체의 초구조론에 지나지 않는다. 서사에서 시간요소를

30 Ibid., p. 84.
31 Ibid., p. 90.
32 Gabriel Zoran, "Towards a theory of space in narrative", *Poetics Today* vol. 5, 1984, p. 309.
33 Ibid., p. 310.

스쳐 지나가는 것은 불가능하다. 서사의 구성요소들은 시간 속에서 정리된다"든가 "대상에서 기호체계로의 변형은 공간적 배열에서 시간적 배열로 변형되는 것을 반영한다" 등과 같은 구절을 통해 서사양식에서 시간의 주도성을 주장한다.[34] 그가 "전체공간의 복잡성과 관련된 가장 큰 단위는 장면으로, 이를 공간구조의 세 수준 내에서 보았을 때 지정학적 수준에서의 장면은 장소(place)로, 시공간적 구조의 수준에서의 장면은 행동영역(zone of action)으로, 텍스트적 구조의 수준에서의 장면은 시야(a field of vision)로 나타난다"[35]고 한 것처럼 공간은 장소로 구현될 수도 있고 장면으로 보여질 수도 있다.

레너드 데이비스는 드물다고 할 정도의 공간성 주도론자다. 레너드 데이비스는 "하나의 인물과 플롯을 창조하기 전에 소설가가 해야 할 중요한 일의 하나는 인물들이 행동해야 할 하나의 장소 또는 일련의 장소들을 설정하는 것"[36]이라고 하여 공간설정의 중요성을 강조하였다. 레너드 데이비스는 중요도에 있어서 공간이 인물과 플롯을 능가한다고 주장한 것이 된다.

> 우선, 첫째로 사람들은 소설 속에서의 공간을 세 가지로 나누기를 원할 것이다. 첫째는 디킨스의 런던이나 발자크의 파리가 소설 속에 표현되었던 것처럼 지리적인 실제적 지역(actual geographical area)이다. 두 번째 장소로는 폭풍의 언덕이나 미들마치처럼 작가가 완전히 만들어 낸 허구적인 장소(fictious place)다. 세 번째 경우는 피츠제럴느의 「이스트에그와 웨스트에그」, 가스켈 여사의 「밀턴」 등과 같이 순수하게 허구화하기 위해 실제지명을 재명명한 경우(renamed, actual location)다. 이 두 작가가 제시한 지명은 맨체스터를 바꾸어 놓은 것에 지나지 않는다. 이러한 지

34 Ibid., pp. 312~313.

35 Ibid., p. 323.

36 Lennard J. Davis, *Resisting Novels*, Methuen & Co. Ltd., 1987, p. 53.

명제시 방법은 그 지명들이 사회적인 의미를 지닌다는 뜻에서 이데올로기적이다.[37]

가브리엘 조란이 서사양식에서의 시간의 주도성을 강조한 것에 반해 레너드 데이비스는 "소설에서 모든 장소들은 이데올로기적이다"[38]고 할 정도로 공간성의 중요함을 역설했다. 작중 대부분의 장소로서 공간에는 의미·사상·이념이 숨어 있다는 것이다.

에드윈 무어(Edwin Muir)는 『소설의 구조(The Structure of the Novel)』에서 소설의 주요 유형을 행동소설(novels of action), 성격소설(novels of character), 극적 소설(dramatic novel), 연대기소설(chronicle novel), 시대소설(period novel)의 다섯 가지로 분류했다. 이 중 행동소설이나 성격소설은 연대기소설이나 시대소설보다 시간을 주관적으로 활용하는 편이다. 시간성을 가장 주관적으로 활용하는 것은 극적 소설이라고 할 수 있다.

로버트 루이스 스티븐슨의 『보물섬』, 월터 스코트의 『아이반호』, 마크 트웨인의 『톰 소여의 모험』 등이 예가 되고 있는 것처럼 행동소설은 모험소설, 범죄소설, 탐정소설, 전투소설 등으로 구체화된다. 행동소설은 위험하게 살면서도 안전하기를 바라는 인간 본래의 욕망, 많은 일을 뒤죽박죽으로 만드는가 하면 범법을 하고서도 그 결과를 회피하려는 욕망을 충족시켜 주기 위해 만들어진다는 무어의 설명[39]은 행동소설은 인류와 함께 존속하는 것임을 암시한다. 현실에서 이룰 수 없는 욕망이나 꿈을 대리충족해 주는 행동소설은 모험극, 전쟁영화, 우주공상영화, 멜로드라마 등과 같은 양식에서 쉽게 확인할 수 있는 것처럼 언어매체보다는 시청각매체에 의해 더욱 효과적으로 전달된다.

무어가 『허영의 시장』, 『톰 존스』, 『로데릭 랜덤』 등을 예시한 성격소설은 인물소설로 바꿀 수 있다. 인물이 플롯에 맞게 고안된 것이 행동소

---

37 Ibid., p. 55.

38 Ibid., p. 61.

39 Edwin Muir, *The Structure of the Novel*, A Harbinger Book, 1929, p. 23.

설이라면, 인물이나 성격을 설명하기 위해 플롯을 고안한 것이 성격소설이라는 것이다.[40] 행동소설은 플롯에, 성격소설은 인물에 초점을 맞추는 것으로 대비된다. 무어는 성격소설을 쓰는 작가를 극작가보다는 안무가(choreographer)로 보았다.

『폭풍의 언덕』, 『모비 딕』, 『오만과 편견』 등을 모델로 한 극적 소설(dramatic novel)은 작중인물과 플롯이 완전에 가깝게 결합된 것을 가리킨다. 극적 소설에서 작중인물의 성격은 사건을 결정짓고, 또 반대로 일련의 사건은 인물을 변화시키게 된다. 작중인물과 사건이 서로의 원인이면서 결과가 되는 것을 '극적'이란 말로 묶은 것이다. '극적 소설 = 행동소설 + 성격소설'이라는 도식을 세울 수 있다.

무어는 성격소설과 극적 소설을 여러 각도에서 비교하였는데, 극적 소설의 상상적 세계가 시간 속에 있다면 성격소설의 상상적 세계는 공간 속에 있고, 극적 소설의 가치가 개인적이거나 보편적인 데 있다면 성격소설의 가치는 사회적인 데 있다고 했다. 그러니 두 유형은 차라리 삶을 바라보는 두 개의 판이한 양식에 지나지 않는다. 시간 속에서는 개인적인 것을 보고, 공간 속에서는 사회적인 것을 본다는 비교는 주목할 만하다.[41]

무어는 극적 소설과 연대기소설의 차이를 주로 시간사용 방법에서 찾아 "극적 소설에 있어 시간은 어디까지나 내면적이면서 본질적인 개념이 된다. 시간의 흐름은 곧 작중인물의 움직임이며, 변화·운명·성격은 모두 하나의 사건에 응축된다." "반면에 연대기소설에서의 시간은 외적이다. 그 시간은 작중인물의 내면 속에서 주관적으로 또 인간적으로 파악되지 않는다"[42]고 하였다.

무어가 끝으로 제시한 시대소설이란 유형은 사회적 변화나 시대적 인물을 그리는 데 초점을 맞춘 것으로 "시대소설은 모든 것을 특별

40 Ibid., p. 27.

41 Ibid., p. 63.

42 Ibid., pp. 103~104.

하고 상대적이고 역사적인 것으로 만든다"[43]고 설명했다. 램메르트는 이상과 같은 에드윈 무어의 5대 소설유형들 중 성격소설을 공간소설(Raumroman)로, 극적 소설을 시간소설(Zeitroman)로 불렀다.[44]

시대소설은 시간적 배경이 강조된 소설유형이다. 물론 시대소설은 공간개념에 초점이 맞추어지는 사회소설로 바꾸어 부를 수 있다. 사회소설의 중심소재인 사회상은 도시·사무실·공장·집과 같은 공간배경과 직장인·노동자·전문가·빈자·방외인과 같은 존재가 어우러지면서 만들어진다. 시대는 시간적 측면이 강조된 역사소설이나 공간적 측면에 중점을 둔 사회소설로 나타나곤 하지만, 시대소설이나 사회소설은 소설유형으로는 지나치게 포괄적인 면이 있다.

『발터 킬리 문학대사전』에 제시된 소설유형에서 시간배경을 기준으로 한 것으로는 고대소설, 헬레니즘소설, 바로크소설, 트로이소설, 혁명전소설을 추릴 수 있고, 신기형이 제시한 소설유형에서는 당대소설, 청조소설 등이 있다. 버나드 베르곤지가 제시한 것으로는 공황소설(the depression novel)이, 멘디로우가 제시한 것으로는 순차적 구성방법을 벗어난 이중구조의 소설(double plot novel), 회상의 수법으로 시간이동의 기법을 쓴 소설(the novel of the time-shift technique) 등이 있다.[45]

공간배경 소설로는 『발터 킬리 문학대사전』이 제시한 시골소설, 전원소설, 도시소설, 대도시소설, 가정소설, 고향소설, 국가소설, 궁정소설, 동양소설이 있고, 신기형이 제시한 외국소설과 중국소설, 버나드 베르곤지가 제시한 캠퍼스소설, 램메르트가 제시한 공간소설 등이 있다.

물론 대부분의 소설은 인물 중심이긴 하지만 인물을 그려 나가는 과정에서 농촌소설, 도시소설, 공장소설, 세태소설, 가정소설 등과 같이 공간배경을 설정하는 데 치중한 것도 있고, 역사소설, 가족사소설, 전시

---

43 Ibid., p. 117.

44 Eberhard Lämmert, op. cit., p. 40.

45 신기형, 『한국소설발달사』, 창문사, 1960, pp. 473~487; Bernard Bergonzi, *The situatiion of the Novel*, Penguin Book, 1972, p. 26; A. A. Mendilow, *Time and the Novel*, Humanities Press, 1952, p. 20.

소설처럼 시간배경을 중시한 것도 있다. 시공간이 상호견인하는 경우도 있다. 박경리의 『시장과 전장』은 공간배경을 명시하고 있지만, 실제작품을 보면 6·25전쟁 중의 시장과 전장으로 특화되어 있어 오히려 전시라는 시간배경을 강조한 결과가 된다. 김원일의 『마당 깊은 집』도 공간배경이 6·25전쟁이라는 시간배경을 음각하는 효과를 빚어내고 있다.

12장 동서양 소설유형론의 예시

독일의 프란츠 슈탄젤(Franz K. Stanzel)이 소설유형론은 소설 한 편의 의미구조를 엑스선으로 촬영하는 것과 같은 것, 소설 한 편의 경향과 구조와 서술상황의 본질적인 것을 가르쳐 주는 것, 다양한 형태의 작품들을 비교하게 해주는 것 등으로 일반독자와 소설연구자에게 도움을 준다고 하였다.[1] 조선조의 소설작품을 대상으로 "분류된 소설군에서 주제의 일치성이나 구조의 공통성 혹은 미학적 사실의 일원성 등에 대해 일정한 판단을 가질 수 있게 된다"[2]는 식으로 소설유형화의 기준을 제시하면서 소설유형론의 기능확대를 꾀한 견해도 있기는 하나, 한 편 한 편의 소설은 여러 요소들이 합쳐서 구성된 것이기에 여러 작품을 대상으로 하여 특정 소설유형으로 괄호 치는 작업은 사실상 쉽지 않다.

소설유형은 세계문학에서 통용되는 것과 한 나라나 민족의 문학사에서만 나타났던 것으로 나누어 볼 수 있는데, 폴 헤르나디가 『장르론(Beyond Genre)』에서 문학장르를 이론적 장르와 역사적 장르로 대별한 것에서 암시받아 소설유형을 세계문학적 통용력을 지닌 '이론적 유형'과 한 나라나 민족의 문학에서 나타났던 '역사적 장르'로 분류할 수 있다. 이론적 유형이든 역사적 유형이든 소설유형은 주제, 규모, 인물, 기법, 배경 등 여러 기준으로 나눌 수 있다. 이러한 원칙들은 한 편의 소설은 하나의 소설유형으로만 규정되지 않는다는 주장으로 귀결된다. 소설을 구성하는 주제, 인물, 사건, 서술방법, 플롯 등을 각각의 기준으로 분석하여 소설유형을 결정할 수 있는 만큼 모든 작품은 복수의 소설유형으로 짜이기

---

1 Franz K. Stanzel, *Typische Formen des Romans*, Vandenhöck & Ruprecht in Göttingen, 1964, p. 10.

2 성현경, 『한국 옛소설론』, 새문사, 1995, p. 27.

마련이다. 또한 '소설은 종합문학이다'는 명제의 본보기가 되는 장편소설이나 대하소설은 시각을 달리 해서 보면 그곳에서 여러 가지 소설유형이 계속해서 나올 수 있다. 장편소설이나 대하소설은 개별유형으로 비유되는 여러 종류의 악기가 총동원되어 이루어 내는 오케스트라로 비유할 수 있다.

국문학자 신기형(申基亨)은 고대소설을 크게 염정소설, 가정소설, 도덕소설, 기담소설, 기봉소설, 우화소설, 역안소설(譯案小說), 불교소설, 궁정소설, 군담소설 등으로 나누었으나, 구체적으로 작품을 분석하는 자리에서는 더 확대하여 근 일흔 가지나 되는 유형을 제시하였다.[3] 이 많은 소설유형은 다음과 같은 분류기준으로 재구성할 수 있다.

- 서술방법이나 형식 면에서 나누어 본 것: 강사소설(講史小說), 골계소설, 번안소설, 번역소설, 역사소설, 연의소설(演義小說), 운문소설, 장회소설(章回小說), 전기소설, 창극소설, 패사소설(稗史小說), 풍자소설
- 소재를 기준으로 한 것: 검협소설, 계모소설, 귀신지괴소설, 기연소설(奇緣小說), 도술소설, 모험소설, 복수소설, 사회소설, 심리소설, 정치소설
- 시공간적 배경이 명시된 것: 당대소설(唐代小說), 번안소설, 외국소설, 중국소설, 청조소설(淸朝小說), 한대소설(漢代小說)
- 표기방법을 기준으로 한 것: 한글소설, 한문소설

이 중 현대소설에까지 이어진 이른바 이론적 소설유형으로는 대중소설, 모험소설, 목적소설, 번역소설, 심리소설, 역사소설, 정치소설, 중편소설, 탐정소설 등을 들 수 있다. 신기형이 제시한 소설유형은 우리 소설사에서만 보였다가 사라진 소설유형과 대중소설·목적소설·심리소

3 신기형, 『한국소설발달사』, 창문사, 1960, pp. 473~487.

설·역사소설 등 시공간을 뛰어넘어 적용될 수 있는 소설유형으로 정리된다.

정길수는 소설 범주에 관한 인식은 16세기에서 17세기 전반까지 불분명했으나, 18세기 전반 이전에 확연히 달라졌다고 하며 윤두서의 아들 윤덕희(尹德熙)가 1744년과 1762년에 작성한 소설서목(小說書目)을 제시했다.

① 歷史小說: 三國志演義, 開闢演義, 列國志, 南宋衍義, 隋唐演義, 後三國志, 韓魏小史 등 열두 편

② 英雄小說: 水滸傳, 後水滸傳, 禪眞逸史, 大明英烈傳, 精忠傳, 楊六郎傳

③ 神魔小說: 封神演義, 西遊記, 東遊記, 西洋記, 後西遊記, 平妖傳, 女仙外史

④ 話本小說: 歡喜奇觀, 醒世恒言, 覺世名言, 警世通言, 今古奇觀, 人中畵, 拍案驚奇, 鴛鴦影, 西湖二集, 十二峯, 雙劍雪, 快士傳 등 스물세 편

⑤ 艶情小說: 醒世因緣, 濃情快事, 金甁梅, 肉蒲團, 浪史, 巫夢緣 등 열두 편

⑥ 才子佳人小說: 玉嬌梨, 引鳳簫, 好逑傳, 春風眼, 六才子傳, 蝴蝶媒, 飛花艶想, 兩交婚傳, 錦香亭 등 스물여덟 편

⑦ 文言小說: 商傳, 國色天香, 古列女傳, 山海經, 太平廣記, 剪燈新話, 虞初新志, 西湖志 등 열네 편

⑧ 公案小說: 龍圖神斷(龍圖公案)[4]

명칭이 바뀌지 않은 채 현대소설로 이어지는 것은 역사소설 정도다. 염정소설은 사랑소설이나 연애소설로, 공안소설은 법정소설이나 범죄소설로 이름이 바뀌어 이어지고 있다. 설화를 저본으로 한 화본소설은 역

4 정길수, 『한국 고전장편소설의 형성과정』, 돌베개, 2005, pp. 35~36.

사소설이라는 유형으로 흡수된 것으로, 문언소설은 서간체소설에 근접하는 유형으로 볼 수 있다.

임치균은 "유형분류와 역사적 장르종"이란 소제목 아래 다음과 같은 예를 제시했다.

> ① 전기소설(傳奇小說): 이들 작품은 '기이한 것을 전한다'는 뜻을 가진 '傳奇'라는 명칭에서 알 수 있듯이, 다소 비현실적이고 환상적인 내용으로 이루어진 것이 사실이다. 「만복사저포기」, 「이생규장전」, 「취유부벽정기」에서 보이는 '귀신과의 만남', 「남염부주지」와 「용궁부연록」에서 드러나는 '다른 공간으로의 여행' 등이 예가 될 수 있다. 이런 이유로 '비현실성', '환상성' 등을 전기소설의 특질로 지적하기도 한다(p. 71).
>
> ② 몽유록: 꿈속에서 보이는 주인공의 태도에 따라 주인공형(「대관재몽유록」), 참여자형(「원생몽유록」), 방관자형(「금화사몽유록」)으로, 내용에 중심을 두고 이념제시형(「대관재몽유록」)과 현실비판형(「원생몽유록」) 또는 이상형(「대관재몽유록」), 우의형(「금화사몽유록」), 비분형(「원생몽류록」), 비판형(「강도몽유록」)으로 유형분류를 할 수 있다.(p. 74)
>
> ③ 영웅군담소설: 영웅소설과 군담소설이 공유하는 작품군을 영웅군담소설이라고 할 수 있을 것이다. 「장풍운전」, 「장박전」, 「소대성전」, 「최현전」 등이 영웅군담소설이다. (중략) 처음에 남성 중심의 영웅군담이 등장하고, 이어서 점차 여성이 조금 활약하는 내용을 담았다가, 이것이 인기를 끌자 활약의 정도를 확대해 나가다가 결국은 남성을 압도하는 모습으로 형상화하는 데에까지 이르렀다고 보는 것이 타당할 것이다(pp. 76~77).
>
> ⑤ 대장편소설: 이들 작품군은 연구자에 따라 '가문소설', '연작형소설', '장편대하소설', '장편소설' 등으로 불리고 있다(pp. 78~79).

④ 판소리계소설: 판소리계 소설은 조선후기의 흥행예술이었던 판소리가 문자로 정착된 일군의 작품을 지칭한다. 본래 판소리 열두 마당은 「춘향가」, 「적벽가」를 위시한 전승 5가를 비롯하여, 신재효에 의하여 사설이 전하고 있는 「변강쇠가」와 「배비장타령」, 「옹고집타령」, 「매화타령」, 「무숙이타령」, 「장끼타령」, 「가짜신선타령」이다. 이들이 판소리로 연행되지 않고 사설로 정착된 것이 판소리계 소설이다(pp. 82~83).

⑤ 기타 소설유형: 이외에도 전(傳)이 소설화된 전계소설(「강로전」, 「남궁선생전」 등), 의인화 수법으로 동물을 주인공 삼아 인간세상을 그린 우화소설(「두껍전」, 「서대주전」 등), 가정에서 일어나는 구성원 사이의 모순과 갈등을 다룬 가정소설(「사씨남정기」, 「장화홍련전」 등), 현실의 이상적인 삶을 꿈을 통하여 펼쳐내는 몽자류 소설(「구운몽」, 「옥루몽」 등), 송사 사건의 발생과 해결이 소설작품의 발단과 결말에 대응되는 구조로 전개되는 송사소설(「서대주전」, 「장화홍련전」 등) 등의 다양한 역사적 장르종이 있다. 우리는 이상의 예에서도 연구자의 기준에 따라 동일한 작품이 다른 역사적 장르종에 속하게 되는 경우를 찾을 수 있다(p. 84).[5]

임치균은 '역사적 장르종'이란 조선조에서만 나타났다가 사라지거나 개화기소설로 이어진 것을 가리킨다고 하여 앞서 말한 '역사적 소설유형'의 유사어임을 암시하였다. 이들 역사적 소설유형은 이름만 바뀐 채 현대소설로 이어지고 있다. 전계소설은 전기소설로, 가정소설은 가정소설이나 가족사소설로, 송사소설은 법정소설로 이름만 바뀌어 이어지고 있다. 한 나라의 한 시대에만 불리어진 채 세계문학적 통용성을 갖지 못한 것은 역사적 소설유형이라고 할 수 있다. 이상에서 대장편소설이란 소

5 임치균, 「한국 고전소설의 하위 장르와 유형」, 이상택 외, 『한국 고전소설의 세계』, 돌베개, 2005, pp. 71~84.

설유형을 빼고 전기소설, 몽유록, 영웅군담소설, 판소리계소설은 모두 역사적 소설유형이다. 물론 영웅군담소설은 오늘날 전쟁영웅소설로 이어진 것으로 볼 수 있으나, 오늘날 영웅소설이란 호칭은 잘 쓰이지 않는다. 영웅도 전쟁영웅으로 국한되지 않는다. 오늘날 한국사회에서는 글로벌한 문화영웅이나 스포츠영웅이 출현하고 있다.

육소명(陸紹明)이 『월월소설(月月小說)』 발간사에서 중국소설의 기원을 탐구하는 가운데 역대소설을 유가의 소설, 도가의 소설, 법가의 소설, 명가의 소설, 음양가의 소설, 잡가의 소설, 농가의 소설, 종횡가의 소설, 묵가의 소설, 병가의 소설, 오음가의 소설 등과 같이 분류한 것이나, 중국소설의 발달과정을 이야기를 입에서 입으로 전한 구이소설(口耳小說), 이야기를 죽간에 새겼다는 죽간소설(竹簡小說), 문인들의 허리띠에 글을 써서 눈요기를 삼았다는 포백소설(布帛小說), 기이하고 새로운 이야기를 찬양하면서 전했다는 예사소설(譽寫小說), 이야기가 출판되어 일시에 많은 사람들이 싼 값에 사서 보게 되었다는 이조소설(梨棗小說)의 시대로 갈라 놓은 것[6]은 역사적 소설유형론의 대표적 사례가 된다.

만청시대에 종준문(鐘駿文, 1865~?)은 당시의 소설을 비평한 글 「소설한평」에서 소설유형으로 모험소설, 과학소설, 정탐소설, 염정소설, 유기소설(游記小說), 사정소설(寫情小說), 가정소설, 사회소설, 전기소설, 골계소설, 언정소설(言情小說), 혼인소설, 역사소설, 탄사소설(彈詐小說), 애정소설, 도덕소설, 국민소설, 정치소설, 의협소설, 입지소설(立志小說), 탐기소설(探奇小說) 등 스물두 가지를 제시하였다.[7] 분류결과가 염정소설·사정소설·언정소설·애정소설·국민소설·입지소설 등과 같이 비합리적이고 모호한 데가 있기는 하나, 중국에서만 통하는 소설유형보다 세계적으로 통용될 수 있는 소설유형이 더 많은 것도 사실이다. 모험소설, 과학소설, 정탐소설, 가정소설, 역사소설, 도덕소설, 정치소설 등이 그 좋은 예다.

---

6 방정요, 『중국소설비평사략』, 홍상훈 역, 을유문화사, 1994, pp. 559~560.

7 같은 책, p. 496.

오늘날 문학사전류에는 전체 14권으로 되어 있는『발터 킬리 문학대사전(Walther Killy Literatur Lexikon)』(Bertelsmann Lexikon Verlag, Gütersloh & München, 1988~1993)이 가장 많은 소설유형을 제시한 것으로 보인다. 이 책에서는 모험소설, 계몽소설, 발전소설, 서간체소설, 탐정소설, 가족소설, 환상소설, 역사소설, 일인칭소설, 범죄소설, 대중소설, 전후소설, 경향소설, 미래소설 등 무려 백사십 가지의 소설유형을 제시하고 있다. 이상과 같은 소설유형들은 주인공, 주제, 형식, 서술방법, 창작의도 등 여러 가지 기준에서 재분류해 볼 수 있다.

① 인물을 기준으로 한 소설유형: 의사소설, 소녀소설, 농민소설, 방랑자소설, 시민소설, 학자소설, 이민소설, 도둑소설, 귀신소설, 목사소설, 기사소설, 악한소설[8], 인디언소설, 고등사기꾼소설, 교수소설

② 형태를 기준으로 한 소설유형: 서간체소설, 영화소설, 대화소설, 신문소설, 삽화소설, 탐정소설, 에세이소설, 에피소드소설, 사태소설, 사건소설, 잡지소설, 역사소설

---

8 안삼환, 『새 독일문학사』, 세창출판사, 2016, pp. 129~132.
"바로크 시대에는 청중 앞에서 운문으로 낭송하는 이야기인 서사시가 차츰 그 기세를 잃고 이야기책으로서의 소설(Roman)이 하나의 문학장르로 등장한다. 바로크 시대의 소설로는 크게 목자소설(Schäferroman), 영웅연애소설(heroisch-galanter Roman), 악한소설(Schelmenroman) 세 종류가 있다. (중략) 악한소설의 악한(Schelm)은 정말 '나쁜 놈'을 가리키는 악한이라기보다는 '악동'처럼 뉘앙스가 다소 경감된 의미로 이해해야 한다. 그 이유는 이 '악한'이란 말이 16세기 후반 스페인에서 나온 작가 미상의 피카로소설(Picaroroman)『라자릴로 데 토르메스』(1554)에 나오는 '피카로'의 번역어이기 때문이다. '피카로소설' 또는 '악한소설'은 모험소설(Abenteuerroman)의 특별한 형식으로, 주인공이 여러 지방을 돌아다니며 거짓말과 장난으로 사람들을 농락하고 사기행각을 벌인다. (중략) 이른바 아래로부터의 시각으로 사회지도층의 치부를 드러내고 그들의 도덕적 약점을 풍자한다. 이런 의미에서 중국의『수호지』가 악한소설의 범주에서 비교대상이 되기도 하고, 토마스 만의 소설『사기사 펠릭스 크롤의 고백』이나 귄터 그라스의 소설『양철북』이 악한소설의 전통을 현대적으로 잇고 있다고 보는 견해도 있다."

③ 창작의도를 기준으로 한 소설유형: 반전소설, 계몽소설, 고백소설, 폭로소설, 진보소설, 해방소설, 행운소설, 귀향소설, 유머소설

④ 공간배경을 기준으로 한 소설유형: 시골소설, 전원소설, 도시소설, 대도시소설, 가정소설, 고향소설, 국가소설, 궁정소설, 동양소설, 아라비아소설, 베를린소설, 사회소설, 가족소설

⑤ 시간배경을 기준으로 한 소설유형: 고대소설, 헬레니즘소설, 바로크소설, 트로이소설, 혁명전소설, 시대소설, 세계대전소설

⑥ 내용을 기준으로 한 소설: 모험소설, 교양소설, 발전소설, 교육소설, 인물소설, 결혼소설, 귀양소설, 성공소설, 전쟁소설, 범죄소설, 사랑소설, 혁명소설, 미래소설

1988년부터 1993년에 나온 이 문학대사전에서는 고전주의소설, 낭만주의소설, 리얼리즘소설, 표현주의소설, 자연주의소설, 초현실주의소설, 실존주의소설, 모더니즘소설 등과 같이 사조이름이 붙은 소설유형을 찾을 수 없다. 사조이름이 붙은 소설유형은 지시범위가 너무 넓거나 모호해서 정체성을 추려내기가 어렵다는 인식을 분명하게 내보이고 있다.

로버트 스태인턴(Robert Stanton)은 『소설개론(An Introduction to Fiction)』(1965)에서 문학소사전 못지않게 다양한 소설유형들을 제시했다.[9] 그는 몇 편의 해당작을 예시함으로써 각 소설유형을 보다 쉽게 이해하게 해준다.

① 낭만주의소설(romantic novels): 에밀리 브론테의 『폭풍의 언덕』, 허먼 멜빌의 『모비 딕』

② 리얼리즘소설(realistic fiction): 19세기 사실주의 소설

9 Robert Stanton, *An Introduction to Fiction*, Holt Reinhart Winston, 1965, pp. 53~66.

③ 고딕식 소설(Gothic fiction)[10]: 에드거 앨런 포의 단편소설들, 메리 셸리의 『프랑켄슈타인』

④ 자연주의소설(naturalistic novels): 에밀 졸라의 『나나』, 테오도르 드라이저의 『아메리카의 비극』

⑤ 프롤레타리아소설(proletarian fiction): 업턴 벨 싱클레어의 『정글』, 존 스타인벡의 『분노의 포도』

⑥ 풍속소설(novel of manners): 헨리 제임스의 『테이지 밀러』

⑦ 알레고리소설(allegorical novel): 존 번얀의 『천로역정』, 조지 오웰의 『동물농장』, 골딩의 『파리대왕』

⑧ 상징적 소설(symbolic novels): 너세니엘 호손의 『주홍글씨』, 허먼 멜빌의 『모비 딕』, 프란츠 카프카의 『변신』

⑨ 풍자소설(satirical novels): 조나단 스위프트의 『걸리버 여행기』, 에이미스의 『럭키 짐』

⑩ 과학소설(science-fiction): H. G. 웰즈의 『타임머신』

⑪ 유토피아소설(utopian fiction): 벨라미의 『뒤돌아 보기』

⑫ 표현주의소설(expressionism novel): 프란츠 카프카의 『변신』, 도스토예프스키의 『죄와 벌』

⑬ 심리소설(psycological fiction): 프란츠 카프카와 제임스 조이스의 소설, 토마스 만의 『마의 산』

---

10 M. H. Abrams, 『문학용어사전』, 최상규 역, 대방출판사, 1985, p. 115.
"오늘날 고딕건축이라고 하면 12세기에서 16세기까지 서구세계에 널리 퍼져 있던, 뾰족한 아아취와 궁륭 등의 사용을 특색으로 하는 중세의 건축양식을 가리킨다. 고딕소설(Gothic novel), 또 고딕로망스는 호레이스 월폴(Horace Walpole)의 『오트란토 성』(1764)에 의해 창시되어 19세기 초반을 통하여 성행했던 소설의 한 유형을 말한다. 월포올의 예로 본다면, 그러한 소설의 작가들은 지하 감옥, 지하 통로, 함정마루 등이 많은 음산한 중세의 성을 배경으로 하여 유령, 신비한 실종, 신기하고 초자연적인 사건 따위를 많이 사용한다. (중략) 고딕이란 말은 윌리엄 고드윈의 『칼렙 윌리엄스』(1794), 메리 셸리의 『프랑켄쉬타인』, E. T. A. 호프만의 공포소설류, 심지어는 찰스 디킨즈의 『페가』, 『위대한 유산』, 에드거 앨런 포우의 단편공포소설, 윌링엄 포크너의 『성단』, 『압살롬! 압살롬!』 등에까지 붙여진다."

⑭ 의식의 흐름 소설(stream-of-consciousness novel): 제임스 조이스의 『유리시즈』
⑮ 자전적 소설(autobiographical fiction): 제임스 조이스의 『젊은 예술가의 초상』, 토마스 만의 『부덴브로크 일가』
⑯ 교양소설(Bildungsroman)
⑰ 에피소드소설(episodic fiction): 허먼 멜빌의 『모비 딕』, 존 스타인벡의 『분노의 포도』
⑱ 악한소설(picaresque fiction): 세르반테스의 『돈키호테』, 마크 트웨인의 『허클베리핀』, 존 케루악의 『노상에서』
⑲ 실존주의소설(existentialist fiction): 프란츠 카프카와 어니스트 헤밍웨이, 도스토예프스키의 소설, 사르트르의 『구역』, 알베르 카뮈의 『이방인』

이상의 유형론은 비록 스무 가지가 못 되는 소설유형을 제시한 것이기는 하지만, 소설유형의 외연을 폭넓게 그어 주고 있는 편이다. 소설유형 설정의 기준으로는 문예사조, 주인공, 소재, 서술방법 등이 제시되고 있다.

로버트 스테인턴의 소설유형론의 가장 큰 특징은 낭만주의, 리얼리즘, 고딕식, 자연주의, 표현주의, 실존주의 등과 같이 사조 중심의 시각에 크게 기대고 있는 점이다. 이러한 소설유형들은 지시하는 범위가 지나치게 넓은 나머지 그 기본성격을 간단하고 쉽게 정리할 수 없게 만든다. 다음으로 심리소설, 의식의 흐름 소설, 교양소설, 실존주의소설 등과 같은 유형은 로버트 스테인턴이 소설에서 내면묘사를 중시했음을 알게 해준다. 로버트 스테인턴이 제시한 소설유형 가운데 우리 소설사가 많은 실례를 보여 주었던 것으로 리얼리즘소설, 프롤레타리아소설, 자전적 소설, 악한소설 등을 들 수 있다.

이 책이 발간된 연도를 보면 모더니즘소설이란 유형이 나올 법한데 네 가지의 사조이름이 붙은 소설유형에 포함되지 않았다. 그 대신 도스토예프스키의 『죄와 벌』, 프란츠 카프카의 『변신』을 대표작으로 한 표현주의소설, 토마스 만의 『마의 산』을 대표작으로 한 심리소설, 제임스 조이스의 『유리시즈』를 대표작으로 한 의식의 흐름 소설을 포함시켰다. 세 가지 소설유형은 여러 이론가들에 의해 모더니즘소설의 하위개념으로 평가되어 왔다. 하지만 기본적으로 스태인턴의 유형론은 풍속소설, 상징적 소설, 에피소드소설 등과 같이 지시범위가 너무 넓거나 모호한 유형들을 포함시킨 한계가 있다.

츠베탕 토도로프는 미하일 바흐찐의 대화적 상상력 중심의 소설론을 분석하면서 소설의 하위장르 분류를 시도했다. 소설의 하위유형은 담론표현에 기초한 태도와 세계의 표상에 몰두하는 태도로 나눌 수 있다면서 이러한 두 계열은 명백하게 독립되어 있는 것으로 종국에 가서는 여러 가지 소설 하위장르를 갖게 된다고 하였다.

① '사티리콘'과 '금 당나귀'로 귀결되는 고대의 마이너 장르
② 현학적인 소설(Sophistic novels)
③ 기사담(Chivalric romances)
④ 바로크소설(the Baroque novel)
⑤ 전원소설(the Pastoral novel)
⑥ 시련소설(Pruefungsroman)
⑦ 교양소설(Bildungsroman)
⑧ 전기(자전적) 소설(the (auto)Biographical novel)
⑨ 고딕소설(the Gothic novel)
⑩ 감상소설(the Sentimental novel)
⑪ 우화와 같은 중세 마이너 장르
⑫ 피카레스크소설
⑬ 패러디소설
⑭ 19세기 혼합소설(the Syncretic novel)[11]

---

11 Tzvetan Todorov, *Mikhail Bakhtin—The Dialogical Principle*, University of Minnesota Press, 1981, p. 91.

이상의 유형들 중 전원소설, 시련소설, 교양소설, 전기소설, 감상소설 정도를 제외한 나머지는 유럽문학권에서 보편화되었다가 후대에 이어지지 못한 역사적 소설유형으로 묶을 수 있다. 시련소설과 감상소설도 어떤 내용을 지닌 것인지 설명하기 어렵다. 패러디소설은 포스트모더니즘 시대에서 권장되는 것이기는 하나, 일찍이 1930년대 채만식과 1960년대 최인훈이 긍정적 방향으로 발전시킨 여러 작품들을 내놓은 바 있다. 특히 최인훈은 패러디의 방법을 적극적으로 취함으로써 오히려 문학적 상상력이 풍부해지는 결과를 낳을 수 있었다. 그는 「구운몽」(1962), 「열하일기」(1962), 「금오신화」(1963), 「서유기」(1966), 「춘향뎐」(1967), 「온달」(1969), 「옹고집뎐」(1969), 「소설가 구보씨의 일일」(1970~1971) 등과 같이 전대소설의 제목을 따온 소설을 줄지어 발표했다.

마리안느 허쉬(Marianne Hirsch)는 「장르로서의 성장소설」에서 교양소설론을 중심으로 하여 그와 유사한 여러 소설유형론을 설명하였다. 허시는 영어의 성장소설(novel of formation)이 독일어의 교양소설(Bildungsroman)의 번역어임을 부정하지는 않았다. 교양소설을 본질적으로 초장르이면서 초유형적인 개념으로 보고 있는 허쉬는 교양소설과 그 유사개념의 차이점을 다음과 같이 밝혀 놓았다.

> 교양소설은 괴테식의 '교양' 개념을 드러내는 데 목표를 둔 소설이며, 교육소설(novel of education, Erziehungsroman)은 막연히 성장이나 발전의 문제를 다룬 것이기보다는 루소의 『에밀』과 같이 교육이나 학교의 문제를 다룬 것을 말하며, 발전소설(Entwickelungsroman)은 독일문학에서는 가장 포용력이 큰 개념으로 사용되었던 것으로, 괴테를 의식은 하지만 괴테식과는 다소 거리를 둔 소설을 말한다. 성장소설의 유사개념으로는 발전소설, 교육소설, 도제소설(novel of apprenticeship), 입사소설(novel of initiation), 청년소설(novel of youth) 등이 있다.[12]

12 Marianne Hirsch, "The Novel of Formation as genre: Between Great Expectation

교양소설, 성장소설, 발전소설 등은 지시영역이 지나치게 넓은 것이 문제다. 이런 유형들은 작중 주인공이 어려운 시대에 고난을 넘으면서 저절로 성장하거나 개선된 경우를 가리킬 수 있어 이현령비현령의 개념으로 인식되기 쉽다.

패트릭 패린더(Patrick Parrinder)는 『과학소설(Science Fiction)』에서 과학적 지식을 적극적으로 활용하여 쓴 소설을 유럽 고급문학의 범주에 넣었다.

> 사무엘 디레니(Samuel Delany)의 『아인쉬타인의 횡단(The Einstein Intersection)』(1967)과 브라이언 앨디스(Brian Aldiss)의 『멜라시아의 비단(The Malacia Tapestry)』(1976)은 과학소설의 계보의 복합성을 잘 설명해 줄 것이라고 하면서 특히 전자의 소설은 1960년대의 SF소설의 주요 작품으로 인정받았다(pp. 23~24).
>
> 첫째, 핀천·브로티건·레싱 등과 같은 작가들의 포스트모더니스트 환타지와 SF가 연결되었다. 『모비딕(Moby Dick)』은 고래와 포경에 대한 전문지식을 보여 준다. 포스트모더니스트 판타지는 SF장르에 덧붙이기보다는 부속물에 가깝다. 둘째, 최근의 성찰소설(speculative fiction) 논의는 20세기 중엽의 과학적 전망과 함께 환멸의 징후라고 할 수 있다(p. 27).
>
> 올더스 헉슬리(Aldous Huxley)의 『용감한 신세계(Brave New World)』에 의해 유토피아의 가면을 벗긴 것은 20세기 불안의 대표적인 표현이다. 헉슬리 같은 작가에 의해 풍자가들에 필요한 경멸과 냉소주의는 일찍이 유토피아를 향한 과학적 회의주의의 태도에 의해 진지하게 논의되었다. 근대 SF가 판을 치던 시대에도 과학적인 태도와 유토피아적 가치는 양립하기 어려운 것으로 인식되었다. 유토피아가 인류의 주관적 열망을 전달하는 도구로 인식된 것이라면 과학은 자연에 대한 객관적 탐구의 수단으로 여

---

and Lost Illusions", *Genre* vol. 12, 1979, p. 295.

겨진다(p. 78).

> 우화로 인식되는 SF는 인식론적 우화(epistemological fables), 지식의 우화(fables of knowledge), 권력의 우화(fables of power)로 나누어진다. 인식론적 우화의 예로는 『타임 머신』, 『솔라리스』 등이 있고 지식의 우화와 권력의 우화의 예로는 블리쉬(Blish)의 『양심의 문제(A Case of Conscience)』, 클라크(Clarke)의 『어린 시절의 끝(Childhood's End)』, 스트르가츠스키(Strugatsky)의 대부분 작품들 등이 있다. 이 두 가지 우화유형은 크게 겹치기는 한다. 권력의 우화는 반유토피아로 흐르는 경향이 있다. 밀턴의 『실낙원(Paradise lost)』이 대표적인 예다(p. 81).[13]

프랑코 모레티는 "과학이 들어온 소설유형 중의 하나가 탐정소설(detective fiction)이다. 과학은 특별한 기호학적 메카니즘을 경유하여 범죄소설(crime fiction)로 들어온다"[14]고 했다. 덧붙여서 유럽소설의 발달과정은 18세기 발생, 19세기 계승, 20세기 문제화로 정리할 수 있는데, 19세기에는 미적 자율성과 사회적 영향력의 정상에 도달하였다고 해석하면서 교육소설, 발전소설, 예술가소설, 우화소설, 서정소설, 서간체소설, 풍자소설 등은 모두 사라졌는데 교양소설(Bildungsroman)만이 살아남았다면서 교양소설이 적자생존이란 말을 가장 잘 설명해 준다고 하였다.[15]

램메르트는 에드윈 무어, 볼프강 카이저, 귄터 밀러 등의 분류를 종합하여 주요 소설유형을 사건소설, 공간소설, 발선소설, 파노라마소설, 의식의 흐름 소설, 영혼소설, 교양소설, 계몽소설 등으로 정리했다.[16] 램

---

13 Patrick Parrinder, *Science Fiction*, Methuen & Co. Ltd., 1980. pp. 23~81.

14 Franco Moretti, *Signs Taken for Wonders*, translated by Susan Fischer, David Forgacs and David Miller, Verso, 1988, p. 20.

15 Ibid., pp. 263~265.

16 Eberhard Lämmert, *Bauformen des Erzähens*, J. B. Methlersche Verlag, 1955, p. 40.

메르트의 주요 소설유형론에도 발전소설과 교양소설이 들어가 있는 것처럼 월러스 마틴의 주요 소설유형론에도 교양소설이 들어 있다. 월러스 마틴(Wallace Martin)은 『소설이론의 역사』에서 비비안 멀른(Vivienne Mylne)이 역사, 전기, 자서전, 여행보고서 등 대부분의 사실적인 서사양식들은 그 시조의 이름을 붙인 허구적 대용물을 만들어 낸다는 말을 인용하면서 그 예로 감상소설, 스캔들소설, 풍속소설, 전기소설, 역사소설, 서간체소설, 우화소설, 전원소설, 동양소설, 실화소설, 철학적 콩트, 젊은 남녀들의 성장과정을 그린 교양소설 등을 들었다.[17]

휴머니즘에 기반한 그동안의 가치관을 뿌리째 뒤흔들 정도로 과학기술이 나날이 발전해가는 세상이 된지라 과학적 지식이나 상상이 배제된 문학적 상상력은 한계가 있다는 주장이 설득력을 얻게 되었다. 자연과학에 대한 전문적 소양을 쌓는 일은 특히 신진작가들에게 필수과목처럼 여겨지게 되었다. 예컨대 김희선의 『무한의 책』(2017)은 공룡·파충류·새를 대상으로 한 고생물학, 우주론, 신학 등에 대한 전문지식을 바탕에 깔고 있으며, 최은미의 『아홉 번째 파도』(2017)는 광산·의약품·진폐증·핵발전소에 대한 전문지식을 상황에 맞게 적절하게 살려 냄으로써 실감을 더해 주는 효과를 맞고 있다. 장은수가 「SF소설에 열광하는 이유」라는 신문기사에서 SF소설의 현장을 중계한 부분을 음미할 필요가 있다.

> 그러나 좋은 반복은 반드시 대가를 얻는다. 복거일의 『비명을 찾아서』 이후 SF공동체를 중심으로 한 세대에 걸쳐 한 줌씩 던진 흙이 쌓여 푸른 바다를 뽕나무밭으로 만들었다. (중략) 무엇으로 건드리느냐에 따라 장르가 나뉘는데 SF는 상상의 도구로 과학기술을 이용한다. 구체적 방법은 무한하지만, 셋으로 크게 나뉜다. 첫째, 과학기술의 가속이다. 현재 우리가 아는 과학적 지식을 극한까지 진전시키면 미래는 어떻게 변할까. SF소설 대부분

17 Wallace Martin, *Recent Theories of Narrative*, Cornell University Press, 1986, pp. 42~43.

> 은 이 방법을 시도한다. 둘째, 대안적 분기다. 역사의 유일한 법칙인 우발성을 이용하는 것이다. 과거의 한 시점에서 인류의 역사가 다르게 전개됐다면 현재는 어떻게 바뀔까. 대체역사, 평행우주소설 등이다. 셋째, 이질성의 출현이다. 코로나19의 습격이 보여 준 것처럼 이 세계에는 언제든 다른 미래가 나타나는 것이 가능하다. (중략) 알파고 이후 인공지능의 등장이 보여 준 것처럼 오늘날 세계를 바꾸는 가장 강한 힘은 과학기술이다. 조이 이토 MIT 미디어랩 소장은 기술변화가 인간의 적응속도를 추월했다고 말한다. 우리가 살 수 없는 세계를 우리 손으로 만드는 셈이다. 이런 세계에서 종래의 모든 사유는 유효성을 잃는다.[18]

장은수는 김초엽, 정세랑, 장강명, 천성란 등의 소설이 잘 팔린다고 하며 SF가 소설의 주류의 하나가 되어 있다고 판단하지만, 'SF가 소설의 미래의 대안이 될 수 있는가' 하고 질문을 던져 볼 수 있다. 어느 시대고 어느 지역이고 로망스가 존재하여 소설양식을 이끌어 주기도 하고, 또 정통작가의 질낮은 소설이 베스트셀러가 되어 소설양식에 대한 관심을 고조시키는 경우도 있기는 하지만, 소설의 경우 소설의 질적 수준과 구매력은 상관성이 없다고 할 수 있다.

18 『중앙일보』, 2020. 9. 7.

13장 한국의 주요 소설유형

소설은 여러 각도에서 유형화가 가능하다. '길이가 얼마나 되는가', 또 '어떠한 제재를 다루었는가' 하는 기준에서 소설유형을 제시할 수 있는가 하면, '어떠한 서술방법을 취했는가'에 따라 소설유형화를 꾀할 수 있다. 소설을 이루는 요소 즉 인물, 배경, 사건, 문체 등은 모두 소설분류의 기준이 될 수 있다.

양적인 기준에서 소설의 종류를 나누는 방법은 가장 오래된 것이다. 소설은 길이에 따라 엽편(葉篇), 장편(掌篇, 꽁트), 단편, 중편, 장편, 대하소설 등으로 나누어진다. 단편소설은 대략 200자 원고지 100매 내외로, 장편소설은 한 권의 단행본으로 묶여질 수 있는 분량인 500매 이상으로, 대하소설은 장편소설집 두 권 이상으로 정해 놓고 있다.

중편소설은 단편소설과 장편소설의 중간에 있다. 중편소설은 중·단편으로 묶여지기도 하고 경장편의 형태로 간행되기도 한다. 독자들의 부담을 덜기 위해 종래의 장편소설의 하한선을 내리기로 한 것이다. 1970년대 작가들과 출판사들이 보여 준 중편 성향은 1960년대까지 계속되어 왔던 단편 중심의 성향을 극복하여, 대상을 보다 깊게 추구하고 섬세하게 그려 내자는 우리 작가들의 창작의욕을 반영한 것으로 볼 수 있다. 또한 경제성장과 문화발전에 따른 새로운 형식 개발의 결과로도 볼 수 있다. 1970년대 문제작의 대열에는 황석영의 「객지」(1971), 이청준의 「소문의 벽」(1971), 윤흥길의 「장마」(1973)와 「아홉 켤레의 구두로 남은 사내」(1977), 최인훈의 「총독의 소리」(1976), 조세희의 「난장이가 쏘아 올린 작은 공」(1976), 이문구의 「으악새 우는 사연」(1977), 김원일의 「도요새에 관한 명상」(1979), 전상국의 「아베의 가족」(1980) 등의 중편소설이 들어 있다.

개화기 이래 1970년대까지 우리 소설은 단편소설 중심으로 전개되어

오다가 1970년대 이후로 장편 쪽으로 관심이 옮겨졌다. 서양에서는 쇼트스토리와 노벨을 구별해서 쓰는 학자들도 있다. "단편소설(short story)에서의 인물들이 서정적 직관(lyrical intuition)의 산물인 반면 노벨(novel)에서의 인물은 상징(symbols)이다"[1]와 같이 비교하면서 각각 장점이 있다고 하였다. "문학적 방법은 쇼트스토리가 노벨보다는 순수하고 본질적이고 서정적이고 집중적이고 절대적이다. 반면 리얼리티의 표현 면에서 노벨은 쇼트스토리보다는 깊고 복잡하며, 변증법적(dialectical)이고 다면적(polyhedric)이며 형이상학적(metaphysical)이다. 단편소설이 서정시가 되려는 경향이 있는 반면, 노벨은 에세이나 철학적 담론과 어깨를 맞대는 경향이 있다"[2]와 같은 설명은 쇼트스토리는 문자 그대로 단편소설을, 노벨은 장편소설을 가리키는 것으로 보게 만든다.

일찍이 1930년대 영문학자 최재서는 「중편소설에 대하야: 그 양적·질적 개념에 관한 시고」(1937)라는 평론에서 영국의 노벨(장편소설), 쇼트스토리(단편소설), 꽁트(掌篇), 노벨레트, 누벨(중편소설) 등을 비교검토하였다. 영국에서는 중편소설을 명확한 장르로 취급하지 않고 있고, 프랑스에서는 누벨(nouvelle)을 꽁트와 로망스의 중간에 놓고 있다고 하였다. 그는 앙드레 지드의 『좁은 문』과 윌러 케이더의 「타락한 여자」를 중편소설의 대표작으로 꼽았다. 최재서는 당시 한국어 잡지에 발표된 소설작품을 검토한 끝에 단편소설은 200자 원고지 60매 전후, 장편소설은 120매 이상, 중편소설은 80매 정도라고 기준을 잡았다.[3] 최재서는 단편소설의 규모로는 배경묘사, 인물의 성격묘사, 사건의 설명이나 분석, 작가의 인생관의 제시 등 그 어느 것도 제대로 해낼 수가 없다고 그 한계를 지적하면서 이러한 현상은 작가의 노력부족이라는 점 외에 저널리즘의 인색한 지면제공도 작용한 것이라고 하였다. 최재서는 "단편이 작가 자신의 소

1 Alberto Morabia, "The Short Story and the Novel", *Short Story Theories*, edited by Charles E. Mary, Ohio University Press, 1969, p. 150.

2 Ibid., p. 151.

3 최재서, 『문학과 지성』, 인문사, 1938, pp. 159~163.

설이라면 장편은 독자대중의 소설"이라고 하면서 "작가가 장편의 거창스러움을 기피할 때 그는 중편으로 갈 수밖에 없을 것"이라고 하였다.[4]

제임스 쿠퍼 로렌스(James Cooper Lawrence)가 단편소설은 "소재 면에서는 사실의 소설(stories of fact)과 환상의 소설(stories of fancy)로 나누어지고, 형식 면에서는 역사적인 것(stories told historically)과 극적인 것(stories dramatically), 계몽적인 것(stories didactically)으로 분류된다"[5]고 한 것은 단편소설의 창작의도와 효능을 적절하게 지적한 것이다.

스잔느 퍼그손(Suzanne C. Ferguson)은 「쇼트스토리 정의: 인상주의와 형식」에서 "19세기 근대소설과 근대단편소설의 특징으로 시점의 제한과 전경화(limitation and foregrounding of point of view), 감각과 내적 체험의 표현 강조(emphasis on presentation of sensation and inner experience), 몇 가지 전통적 플롯의 삭제나 변용(the deletion or transformation of several elements of the trditional plot), 사건과 인물에 대한 표현에 있어 은유와 환유에 대한 기대(increasing reliance on metaphor and metonymy in the presentation of events and existents), 연대기적 시간순서 거부(rejection of chronological time ordering), 형식적이며 문체론적 경제(formal and stylistic economy), 문체의 전경화(the foregrounding of style)" 등을 들면서 "이러한 일곱 가지 특징들은 모두 인상주의와 연결된다"[6]고 하였다.

『예술과 문학의 사회사』라는 대저를 쓴 아놀드 하우저(Arnold Hauser)에 의하면 유럽에서 인상주의는 포괄적인 사조다. 아놀드 하우저는 선사시대, 고대, 중세, 르네상스·매너리즘·바로크, 로코코·고전주의·낭만주의 다음에 자연주의와 인상주의, 영화시대를 설정하고, 인상주의의 하위사조 또는 후속사조로 데카당스, 상징주의, 모더니즘, 댄디즘, 주지주

---

4 같은 책, p. 165.

5 James Cooper Lawrence, "A Theory of the Short Story", *Short Story Theories*, edited by Charles E. Mary, Ohio University Press, 1969, pp. 63~64.

6 Suzanne C. Ferguson, "Defining the Short Story: Impressionism and Form", *Essentials of the Theory of Fiction*, edited by Michael J. Hoffman, Duke University Press, 1988, p. 459.

의, 헨릭 입센, 버나드 쇼우, 프로이트, 실용주의, 베르그송, 프루스트 등을 들었다. 사조명을 제시했는가 하면 대표적인 인물명 제시하기도 했다. 지그문트 프로이트와 같은 정신과 의사의 이름이라든가 앙리 베르그송 같은 철학자의 이름이 포함되어 있는 것도 특징적이다. 영화시대의 하위사조로는 자본주의, 반인상주의, 다다이즘, 초현실주의, 심리소설, 프루스트, 제임스 조이스, 유물론 등을 들었다.

로망 롤랑의 『장 크리스토프』, 마르땡 뒤가르의 『띠보가의 사람들』, 톨스토이의 『전쟁과 평화』, 토마스 만의 『부덴부루크가』, 숄로호프의 『고요한 돈강』 등과 같은 예[7]가 있는 대하소설(roman fleuve)은 말 그대로 강물이 도도히 흐르듯 많은 인물이 등장하고 많은 사건이 전개되는 소설형태다. 앞서 인용한 임치균이 '대장편소설'로 예시한 180권 180책의 『완월회맹연』, 영웅소설 『화산기봉』, 남녀애정담이 포함된 『옥환기봉』 등은 오늘날 대하소설의 원형적 존재가 될 것이다. 대하소설이라고 해서 장편소설보다 반드시 시간적 배경이 길고 공간적 배경이 넓다고 할 수는 없다. 1932년부터 1940년까지 신문과 잡지에 연재했다가 1948년도에 세 권으로 간행된 홍명희의 『임꺽정전』이 있기는 하지만, 한국문학은 1970년대 이후에 오면서 여러 편의 대하소설을 지닐 수 있게 되었다. 이병주의 『지리산』(1972~1977년 연재), 황석영의 『장길산』(1974~1984년 연재), 박경리의 『토지』(1969~1994년 연재), 조정래의 『태백산맥』(1983~1989년 연재)과 『아리랑』(1990~1995년 연재), 김원일의 『불의 제전』(1980~1995년 연재)과 『늘 푸른 소나무』(1987~1992년 연재), 이문열의 『변경』(1986~1988년 연재), 최명희의 『혼불』(1988~1995년 연재), 김수영의 『객수』(1979~1982년 연재) 등이 있다.

단편이나 중편이 독자성을 유지하면서 동시에 장편이나 대하소설의 보다 큰 틀 속으로 편입되기도 하는 연작소설의 형태도 생각할 수 있다. 연작소설은 한 편의 소설로 읽히기도 하면서 여러 편으로 이해되기도 한다.

---

7 한용환 편, 『소설학사전』, 고려원, 1992, pp. 105~106.

- 이호철: 「닳아지는 살들」(1962), 「무너앉는 소리」(1963), 「마지막 향연」(1963)
- 최인훈 : 「총독의 소리」 1~4권(1967~1976)
- 김국태: 「우리 교실의 전설」 1~8권(1978~1988)
- 이청준: 「언어사회학 서설 1: 떠도는 말들」(1973), 「언어사회학 서설 2: 자서전들 쓰십시다」(1976), 「언어사회학 서설 3: 지배와 해방」(1979), 「언어사회학 서설 4: 가위잠꼬대」(1981)
- 서정인: 「달궁」 1~31권(1985~1989)
- 조정래: 「인간연습」(1982), 「인간의 문」(1982), 「인간의 계단」(1982), 「인간의 탑」(1982)
- 현길언: 「열전」 1~11권(1983~1987)
- 박양호: 「지방대학교수」 1~8권(1986~1987)
- 이문구: 「관촌수필」 1~8권(1972~1977)
- 이문구: 「우리 동네 김씨」(1977), 「우리 동네 조씨」(1981)
- 윤흥길: 「아홉 켤레의 구두로 남은 사내」(1977), 「직선과 곡선」(1977), 「날개 또는 수갑」(1977), 「창백한 중년」(1977)
- 박완서: 「저문 날의 삽화」 1~5권(1987~1988)
- 양귀자: 「멀고 아름다운 동네」(1986), 「한계령」(1987)
- 김향숙: 「떠나가는 노래」 1~4권(1985~1986)
- 최일남: 「한 떨기 노스탤지어」(1997), 「젖어드는 땅」(1997)

20세기 한국의 주요 작가들이 이루어 낸 소설유형은 다음과 같이 정리할 수 있다.

① 개화기(1890~1910년): 토론체소설, 단형소설, 정치소설, 가정소설, 우화소설, 풍자소설, 신문연재소설, 번역소설, 역사소설, 공안소설, 액자소설, 추리소설, 구국영웅소설, 친일소설, 이데올로그소설, 민요소설(民擾小說), 여성수난소설

② 1920년대: 경향소설, 프로레타리아소설, 주의자소설, 이데올

로기소설, 위인소설, 연애소설, 계몽소설, 이민소설, 지식인소설, 예술가소설, 종교소설, 농민소설, 노동자소설, 신문연재소설

③ 1930년대: 농민소설, 노동자소설, 주의자소설, 지식인소설, 예술가소설, 도시소설, 역사소설, 세태소설, 대중소설, 장편소설, 전향소설, 생산소설, 심리소설, 신문연재소설

④ 1940년대 전반기: 지식인소설, 농민소설, 노동자소설, 이념소설, 전향소설, 친일소설, 귀향소설, 생산소설

⑤ 1940년대 후반기: 해방소설, 이데올로기소설, 주의자소설, 노동자소설, 대사건소설, 자전적소설, 전향소설

⑥ 1950년대: 전쟁소설, 이데올로그소설, 전후소설, 전시소설, 대중소설, 심리소설, 역사소설, 반공소설, 피난민소설

⑦ 1960년대: 전쟁소설, 전후소설, 반공소설, 지식인소설, 농민소설, 역사소설, 심리소설

⑧ 1970년대: 전쟁소설, 세태소설, 이데올로기소설, 역사소설, 종교소설, 빈민소설, 노동자소설, 이데올로기소설, 중간소설, 실험소설

⑨ 1980년대: 전쟁소설, 남북분단소설, 대사건소설, 노동자소설, 농민소설, 지식인소설, 이데올로기소설, 세태소설, 대하소설, 역사소설, 세태소설

⑩ 1990년대: 도시소설, 실험소설, 예술가소설, 역사소설, 대하소설, 성찰소설, 기행소설, 포스트모더니즘소설

그런데 이러한 소설유형론은 기존의 소설사 서술에서 제시된 것과 다른 면을 보인다. 예컨대 박영희의 『현대조선문학사』에서는 1930년대 소설을 계급의식이나 민족의식이 중심이 된 의식소설과 현실도피 성격이 강한 무의식소설 또는 무의식 빈궁소설로 대별했다. 박화성의 「하수도공사」, 이무영의 「지축을 돌리는 사람들」, 김팔봉의 『해조음』 등과 같은 예시작을 보면 의식소설은 급진주의 사상운동 모티프를 공통적으로

취하고 있는 것으로 나타난다. 박영희는 빈궁소설을 중심형태로 한 무의식소설을 쓴 작가로 채만식, 강경애, 박영준 등 여러 작가를 들었다. 박영희는 1930년대 주요 소설유형으로 신변소설, 전향소설, 대중소설, 역사소설 등을 제시하면서도 전향소설과 역사소설에 주목하였다. 그는 전향소설을 이기영의 「수석(燧石)」, 한설야의 「이녕(泥濘)」 등과 같이 출옥한 주의자가 생활문제로 세속적인 인간으로 굴러 떨어진 경우를 그린 것, 이효석의 「장미 병들다」와 같이 주의자가 타락의 길을 걷는 경우를 그린 것, 주의자가 출옥 후 어려운 사람을 도와주는 인도주의자로 변한 경우를 그린 것 등으로 나누었다.[8] 임화는 「개설신문학사」(『조선일보』, 1939. 9. 1~26, 10. 5~31)에서 개화기의 문제작을 대상으로 하여 규방소설, 장회소설, 정치소설, 가정소설, 사회소설, 계모소설, 통속소설, 사실소설, 탐정소설, 객관소설, 신파극소설, 토론소설 등을 제시했다. 임화는 이인직의 『치악산』, 『귀의 성』, 『은세계』, 이해조의 『자유종』 등을 개화기의 우수작으로 평가하여 여러 가지 소설유형을 부여하는 결과를 보였다.

근대편(1947)과 현대편(1949)으로 나누어진 백철의 『조선신문학사조사』는 실화소설, 모델소설, 정치소설, 단편소설, 장편소설, 이데올로기소설, 설교문학, 계몽문학, 우울문학, 신경향파문학, 반역의 문학, 실험소설, 도시문학, 빈궁소설, 연애소설, 성욕소설, 프로문학, 통신소설, 대중소설, 통속소설, 농민문학, 역사소설, 불안문학, 고발문학, 후일담문학, 풍자문학, 심리소설, 신변소설, 사소설, 세태소설, 시정소설, 신문소설, 여류문학, 생산소설 등을 제시하였다. 한국근현대소설은 이러한 소설유형들을 거치면서 역사를 만들어 낸 것이다. 물론 백철은 전원문학, 우울문학, 순문학, 고민문학, 기분문학, 생활문학, 체험문학, 소재문학, 불안문학 등과 같이 소설유형으로 보기 어려운 명칭도 다수 제시하였다. 그럼에도 백철의 『조선신문학사조사』는 정치소설, 이데올로기소설, 장편소설, 연애소설, 통속소설, 농민소설, 역사소설, 경향소설, 풍자소설, 심리

8 김윤식, 『박영희 연구』, 열음사, 1989, pp. 285~286.

소설 등과 같이 세계문학적 통용력이 있는 이른바 '이론적인' 소설유형을 처음으로 가장 다양하게 제시한 업적을 남기고 있음은 부정할 수 없다.

이재선은 『현대 한국소설사』(홍성사, 1979)에서 개화기에서 해방 직후까지 주요 작가들이 만들어 낸 소설유형을 다음과 같이 제시하였다.

- 개화기: 견책소설, 공안류소설, 액자소설, 역사전기문학, 추리소설, 토론소설
- 1920년대: 경향소설, 빈궁문학, 액자소설, 예술가소설, 좌익문학, 프롤레타리아문학
- 1930년대: 가족사소설, 농민소설, 농민교화소설, 농촌소설, 도시소설, 바보문학, 생산소설, 생태학적 소설, 서정적 소설, 세태소설, 역사소설, 중편소설, 지식인소설, 초상소설, 총람적 소설, 통과제의적 소설, 피와 토양의 문학, 향토문학
- 해방 직후: 서정적 소설

이재선은 『현대 한국소설사』에서는 주요 소설유형으로 전쟁소설, 전후소설, 성장소설, 발전소설, 이데올로기소설, 감옥소설, 질병소설, 도시소설, 노인소설, 역사소설, 대학생소설, 노동자소설 등을 제시했다. 이 중 대학생을 주인공으로 설정한 소설들을 개별 범주로 설정하여 논의한 부분을 주목할 필요가 있다. 이재선 특유의 다독과 정독의 행위라든가 포괄적이면서도 예리한 해석의 행위가 없었더라면 이 부분은 나오기 어려웠을 것이나. 그는 이동하의 「우울한 귀향」, 김원일의 「도요새에 관한 명상」, 이청준의 「황홀한 실종」, 이문열의 『젊은 날의 초상』, 김승옥의 「생명연습」, 강석경의 『숲속의 방』, 김인숙의 『79~80』, 최일남의 「흐르는 북」, 임철우의 「볼록거울」, 최상규의 「바람 부는 양지」, 정종명의 「오월에서 사월까지」, 한승원의 『아버지와 아들』, 박양호의 『지방대학교수』, 이인성의 「낯선 시간 속으로」 등 서른다섯 편의 작품들을 거명하였다. 이재선은 작품 분석과정을 거친 후 "즉 그들은 거의가 시위에 참여하여 제적을 당하거나 추방·구속 또는 지명수배를 받고 있는 행동적 유형이 아니

면, 단순가담 또는 비참가집단으로서 시위에 대해서 회의적이지만 그러면서도 학생적인 연대로부터의 소외나 정의감 부족의 비난을 두려워하고 괴로워하는 심정적인 연대관계를 지닌 유형들이다", "그들은 기존의 정치·사회적인 제도장치나 규범가치를 전혀 기득권의 보수적 장치로 보아서 이를 인정하려 들지 않을 뿐만 아니라, 부르주아적 가족상황에 있어서 가부장적인 부친의 권위마저도 부정한다", "이 시대의 소설에서 제시되고 있는 대학의 상이 대체적으로 어느 측면에 있어서나 자유와 이성이 지배하는 '학문의 전당'으로서의 본연적인 표상기능을 상실하고 있는 것으로 인지되고 있다"[9]와 같이 이들 대학생소설의 전반적인 특질을 제시했다.

20세기 한국에서 시대를 초월하여 최소 몇십 년 동안 항수(恒數)처럼 나타나는 소설유형으로 역사소설, 6·25소설, 지식인소설, 노동자소설, 세태소설, 이데올로기소설 등을 추릴 수 있다.

이에 비해 필자가 꾀한 한국현대비평사에서는 1890년대부터 1970년대에 이르기까지 다음과 같은 소설유형론을 제시했다.

① 개화기: 신소설, 정치소설, 가정소설, 역사소설, 윤리소설, 사실소설, 실업소설, 애정소설, 풍자소설, 골계소설, 탐정소설
② 1920년대: 경향소설, 프로소설, 대중소설
③ 1930년대: 통속소설, 대중소설, 농민소설, 신변소설, 심경소설, 세태소설, 신문소설, 장편소설, 중편소설, 벽소설, 조각소설, 나열소설, 역사소설, 고발소설, 전쟁소설
④ 1940년대: 순수소설, 통속소설, 대중소설, 장편소설, 생산소설, 모델소설, 관념소설, 가족사소설, 전쟁소설, 농민소설, 민족문학, 역사소설, 신문소설, 르포문학
⑤ 1950년대: 통속소설, 순수소설, 사소설, 신변소설, 역사소설, 전쟁소설, 탐정소설, 주제소설, 단편소설, 농민소설, 외국소설

9 이재선, 『현대 한국소설사』, 민음사, 1991, pp. 401~410.

⑥ 1960년대: 순수소설, 통속소설, 신문소설, 전후소설, 전쟁소설, 역사소설, 신소설, 신변소설, 앙티로망, 심리소설, 농민소설, 공상소설

⑦ 1970년대: 농민소설, 농촌소설, 역사소설, 대중소설, 정치소설, 풍자소설, 지식인소설[10]

한 시대의 소설창작 경향과 이론가들에 의한 소설유형론의 결과가 일치되지도 않고 또 일치되어야 할 이유도 없기는 하지만, 어느 시대에 어떤 소설유형이 많이 창작되고 동시에 많이 논의되는가는 확인할 필요가 있다.

이재선은 『한국문학의 원근법』에 수록된 「한국소설의 전개」에서 한국고대소설과 현대소설을 아울러 유형분류를 시도했다. 우선 세계적인 소설이론가의 분류론을 수집하고 종합하는 방식을 취했다.

> 소설의 종류와 유형은 그 분류기준에 따라 다음과 같이 갈라진다.
> ① 길이의 장단: 장편소설/중편소설/단편소설/콩트
> ② 구성성분: 인물(성격)소설/사건소설/공간소설(볼프강 카이저)
> ③ 시점 및 서술상황: 일인칭소설/삼인칭 전지적 소설, 삼인칭 제한적 소설(E. 슈탄젤, L. 돌레첼)
> ④ 공간 또는 배경: 농촌소설/도시소설
> ⑤ 시간: 역사소실/사회소설/세태소설
> ⑥ 서술사의 변화: 난일소실/액사소실
> ⑦ 또는 여행소설/시련소설/성장소설(미하일 바흐찐)
> ⑧ 내용 기타 풍자소설/전쟁소설/심리소설/성장(교양)소설/연대기소설/가족사소설/정치소설/추리소설 및 순수소설/대중소설 등[11]

---

10 조남현, 『한국현대소설유형론 연구』(개정판), 집문당, 2004, pp. 93~266.

11 이재선, 『한국문학의 원근법』, 민음사, 1996, p. 18.

그리고는 소설의 구성요소인 인물, 사건, 공간, 서술자의 기능 등을 기준으로 하여 하위소설의 유형분류를 시도했다.

① 인물(성격) 및 형상소설
하위유형: 영웅소설, 희학소설(戱謔小說), 의인소설(擬人小說), 우화소설, 풍자소설, 농민소설, 지식인소설, 심리소설, 성장소설, 예술가소설

② 사건소설
하위유형: 애정소설, 역사소설, 가문사소설, 가족사소설, 추리소설, 기봉소설(奇逢小說)

③ 공간소설
하위유형: 가정소설, 사회소설, 농촌소설, 도시소설, 세태소설, 몽유록소설

④ 서술상황으로 본 소설
하위유형: 일인칭 소설, 액자소설[12]

이재선은 희학소설, 의인소설, 우화소설, 풍자소설, 추리소설, 기본소설, 몽유록소설, 일인칭소설, 액자소설 등과 같이 서사담론이나 서술방법을 기준으로 한 소설유형을 제시하기도 하였다.

필자의 『한국 문학잡지사상사』(서울대학교출판문화원, 2012)에서는 주요 문학잡지에서 소개한 주요 작가와 소설유형을 다음과 같이 정리했다.

① 『개벽』(1920. 6~1926. 8)에서는 현진건, 염상섭, 김기진, 박영희, 조명희, 이기영, 최서해, 나도향, 김동인 등에 의해 지식인소설, 주의자소설, 소설가소설, 노동자소설, 빈민소설, 농민소설, 기생소설, 사랑소설, 서간체소설, 일기체소설, 기독교소설, 기독교비판소설 등이 발표되었다.

12 같은 책, pp. 18~28.

② 『조선지광』(1922. 11~1932. 1)에서는 이기영, 한설야, 송영, 조명희, 유진오, 윤기정, 전무길 등의 주의자소설, 노동자소설, 농민소설, 빈민소설, 지식인소설, 간도소설, 관념소설, 서간체소설 등이 발표되었다.

③ 『신동아』(1931. 11~1936. 9)에서는 엄흥섭, 최인준, 이무영, 이태준, 강경애, 박화성, 이북명, 안회남, 한설야, 김광주, 이효석, 채만식 등의 농민소설, 노동자소설, 주의자소설, 지식인소설 등이 발표되었다.

④ 『조광』(1935. 11~1944. 12)에서는 박화성, 김유정, 한설야, 안회남, 최명익, 박노갑, 이효석, 백신애, 엄흥섭, 이태준, 이기영, 이무영, 김남천, 채만식, 유진오, 박태원, 송영, 김정한, 김동리, 정비석, 이상, 허준 등의 농민소설, 노동자소설, 빈민소설, 지식인소설, 주의자소설, 여급소설 등이 발표되었다.

⑤ 『문장』(1939. 2~1941. 4)에서는 이광수, 유진오, 박태원, 이효석, 김남천, 이기영, 채만식, 정비석, 최정희, 이무영, 허준, 한설야, 최명익, 이태준, 안회남, 김동리, 이태준 등의 지식인소설, 소설가소설, 주의자소설, 여급소설, 농민소설 등이 발표되었다.

⑥ 『인문평론』(1939. 10~1941. 4)에서는 김남천, 김동리, 백철, 안회남, 유진오, 이기영, 이무영, 이효석, 정비석 등의 지식인소설, 농민소설, 여급소설 등이 발표되었다.

⑦ 『백민』(1945. 12~1950. 6)에서는 김송의 「민세」, 「인경이 울어라」 등과 같은 시대소설, 김동인의 「반역자」, 「망국인기」 등과 같은 친일파 비판소설과 자전적 소설, 이무영의 모리배 비판소설 「굉장소전」, 김광주의 공산주의자 전향소설 「정조」, 염상섭의 북한실태소설 「그 초기」, 채만식의 자기성찰소설 「민족의 죄인」, 김동리의 대사건소설 「형제」, 안수길의 과거청산소설 「여수」, 최태응의 세태비판소설 「참새」 등이 발표되었다.

이동하는 2006년 9월에 발표한 「20세기 한국소설에 나타난 서울과 그 의미」라는 논문에서 해방 후의 서울배경소설로 김승옥의 「역사(力士)」(1963)와 「서울 1964년 겨울」(1965), 「서울의 달빛 0장」(1977), 이호철의 『서울은 만원이다』(1966), 조세희의 『난장이가 쏘아 올린 작은 공』(1978), 박완서의 『도시의 흉년』(1979), 윤후명의 「돈황의 사랑」(1982), 강석경의 「숲속의 방」(1985), 이순원의 『압구정동엔 비상구가 없다』(1992), 신경숙의 『외딴방』(1995), 정미경의 『이상한 슬픔의 원더랜드』(2005), 정이현의 『달콤한 나의 도시』(2006) 등을 예시했다.[13] 해방 이전의 소설까지 합치면 서울을 배경으로 한 소설은 훨씬 더 많아진다.

일시적이든 국지적이든 서울의 참모습을 그리고 있는 문제작으로는 다음과 같은 작품을 더할 수 있다. 조명희의 「한여름 밤에」(1927), 이효석의 「도시와 유령」(1928), 염상섭의 『삼대』(1931)와 『효풍』(1948), 『취우』(1952), 박태원의 「소설가 구보씨의 일일」(1934)과 『천변풍경』(1936), 이광수의 「육장기」(1939), 김유정의 「심청」(1935)과 「땡볕」(1937), 「따라지」(1937), 이상의 「날개」(1936), 유진오의 「창랑정기」(1938)와 「김강사와 T교수」(1935), 채만식의 「소망」(1938), 「냉동어」(1940), 김남천의 『1945년 8·15』(1945~1946), 이태준의 「해방전후」(1946), 김동리의 『해방』(1949~1950), 최정희의 「정적일순」(1955), 강신재의 「해방촌 가는 길」(1957), 박완서의 「엄마의 말뚝 1」(1979)과 『그 산이 정말 거기 있었을까』(1995).

그러나 서울은 박태원을 위시한 모더니스트들의 말대로 고현학의 시선으로만 그려 낼 수 있는 것은 아니다. 고현학을 의식했든 하지 않았든 염상섭, 김유정, 이효석, 박태원, 유진오, 이상, 이태준 등이 그려 낸 서울은 암울하고 초라한 이미지로 드러나 있었다. 사회과학적인 접근법을 취하는 도시론자들은 한반도에 단군시대의 신시(神市), 고대소시, 삼한의 성읍국가(城邑國家), 삼국시대의 수도, 고려조의 지방도시, 조선왕조 때의 한양과 지방도시(인구 5천~2만) 등과 같은 존재를 인정하고 있다.[14]

---

13 이동하, 『현대소설과 도시사회』, 보고사, 2020, p. 123.

14 손정목, 「한국에 있어서의 도시의 발달」, 한국도시연구소 편, 『도시론』, 박영사,

김주영은 대하소설『객주』에서 고종 때의 한양의 모습을 다음과 같이 그려 내고 있다.

> 양동의 성벽은 목멱산의 봉화대를 거쳐서 시구문(光熙門)에까지 연결되었다. 우수재로 넘어가는 언덕배기의 복숭아밭에서는 마침 향긋한 꽃내음이 퍼져 나오고 있었다. 이제 막 꽃망울들을 터뜨리는 참이었다. 한길가의 집들은 거의가 숫막이거나 가게들이었다. 오경의 바라로 성문이 열리고 이경의 인경으로 문이 닫히니, 숭례문 밖은 길이 막힌 행객과 장사치들이 묵을 숫막을 내거나 아니면 짚신이나 미투리를 삼아서 장안에 들여다 파는 것으로 생업을 삼고 시구문 밖처럼 갖바치들도 적잖이 살고 있었다.
>
> 장안에서는 한복판을 관류하는 개천이 흘러 천변을 이루었으니, 그 이북인 경복궁을 가까이한 백악(白岳) 아래를 북촌이라 하여 반명을 한다는 사람들 중에서도 문반에 속하는 갑족들이 고래등 같은 기와집들을 짓고 살았고, 마주 바라보는 목멱산 아래와 천변 이남까지는 남촌이라 하여 무반들이 살았다. 이와는 달리 성내의 북편지역을 우대(上垈)라 하여 이(吏)·호(戶)·예(禮)·병(兵)·형(刑)·공조(工曹)의 서리들이 살았는데, 이른바 경아리의 본류를 이루는 무리들로서 특히 문서에 능하고 성품도 깔끔하여 끈 떨어진 양반이나 시골 토반쯤 한둘을 조리를 돌리는 알짜배기들이었다. 이에 맞서 아래대(下垈)라 불리는 쇠경다리께는 장교(將校)·집사(執事)·군속(軍屬)들이, 흥인문과 시구문·왕십리에 이르러서는 군총들의 거주지였다. 창덕궁 동편의 통안에 잇따라 연지(蓮池)와 방아다리 일대는 무예청 별감(別監)들이 모여 살았다. 동소문으로 해서 성균관까지는 관노들이 살았고, 광충다리 천변을 사이하고 서편인 다방골(茶洞) 초입과 고은담골과 그 동쪽의 굽은 다리까지는 중인들의 거주지가 되었다. 이들 중인들 중에는

1998, pp. 11~24.

> 통변(通辯), 도화서(圖畵署), 전의(典醫)에 종사하여 일찍이 상리에 눈뜬 자가 많았다. 일패, 이패의 기녀들이 많이 사는 다방골과 상사골에는 시정배과 장사치들이 한데 섞여 살았다. 배우개에는 갖바치들이, 금창(禁倉) 아래 필동엔 필장(筆匠)들이, 동숭동에는 고리장이들이, 조갯골(蛤洞) 너머에는 경마잡이나 배행꾼(陪行軍)과 유기장들이 모여 살았다. 창신방(昌信坊)에는 환관들이, 연융대(鍊戎臺: 蕩春臺)에는 조지서(造紙署)가 있어 지장(紙匠)들이 모여 살았다. 경기 인근의 세궁민(細窮民) 등이 함부로 가택을 짓고 살지 못하도록 이를 엄중히 막았지만, 끈 떨어진 벼슬아치나 시세의 구차함을 보고 들을 수 없었던 결기 있는 선비들이 솔권하여 몰래 장안을 떠나 상것들에 묻혀 살며 스스로 그 반명임을 감추는 자도 없지 않았다.[15]

필자의 「한국현대작가들의 '도시'인식 방법」[16]에서는 서울을 배경으로 한 소설에 대해 다음과 같이 의미부여했다.

우리 소설사에서 도시소설이 하나의 뚜렷한 유형으로 자리 잡은 것은 장편소설, 농민소설, 지식인소설, 빈민소설, 여급소설, 역사소설, 심리소설, 세태소설, 전향소설, 주의자소설, 대중소설 등과 같은 여러 유형이 쏟아져 나온 1930년대였다. 이때의 여러 소설유형은 농민소설과 역사소설을 제외하고는 도시를 배경으로 하여 도시의 분위기를 묘사하거나 도시거주인의 삶의 모습을 그려 낸 것을 적지 않게 보여 주었다. 1920년대 소설의 주류였던 경향소설 중 이익상의 「광란」, 박영희의 「사냥개」와 「사건」, 김팔봉의 「젊은 이상주의자의 사」, 이기영의 「원보」[17], 조명희의 「땅속으로」, 현진건의 「운수 좋은 날」과 「사립정신병원장」, 이효

---

15 김주영, 『객주』 4권, 문학동네, 2013, pp. 116~117.

16 조남현, 「한국현대작가들의 '도시'인식 방법」, 『한국현대문학사상의 발견』, 신구문화사, 2008, pp. 181~209.

17 『조선지광』 1928년 5월호에 발표된 소설로, 부제가 "서울"로 되어 있다.

석의 「도시와 유령」, 유진오의 「스리」 등은 경성을 배경으로 삼고 있음을 공통점으로 취하였다. 이렇듯 경성을 배경으로 한 도시배경소설은 빈민소설, 지식인소설, 노동자소설, 이념소설, 저항소설 등과 같은 여러 유형으로 분광될 수 있음을 알게 한다. 일제치하의 소설에서 농촌과 도시는 식민통치하의 부자유라든가 빈궁을 똑같이 환기시켜 주는 공간으로 기능한다. 이렇게 보면 도시소설을 모더니즘소설로만 몰아가는 것은 단순성을 벗어나기 어렵게 된다.[18] 1930년대 작가들은 리얼리스트로 분류되었든 모더니스트로 평가되었든 경성을 배경으로 하여 지식인으로서 자의식의 저변을 솜씨 있게 파헤쳐 내었다. 채만식의 「명일」과 「소망(少妄)」, 「모색」, 이기영의 「고물철학」, 이태준의 「장마」, 최명익의 「비 오는 길」과 「무성격자」, 유진오의 「가을」, 최정희의 「흉가」 등과 같은 소설 속의 주인공들이 거주한 곳은 다르지만, 모두 경성을 절망감, 불안감, 허무감 등을 빚어내는 공간으로 본 데서는 기조를 같이 하고 있다. 그러나 이들 소설들을 공간배경에 큰 비중을 두어 도시소설로 묶어 보는 수준에서 만족하는 것은 소설의 깊이 있는 이해나 정당한 평가를 자칫 막아 버리는 것이 되기 쉽다. 기본적으로 작가들의 '도시' 인식방법은 도시의 풍경화 및 초상화, 도시적 삶의 풍속화와 도시적 가치의 추상화 등을 통해 나타났다. 제대로 된 도시소설이 아직은 농촌소설을 질량 양면에서 능가하지 못했던 1930년대 이후 지금까지 한국소설의 역사는 도시소설이 농촌소설을 양에서나 질에서나 앞질러 간 과정으로 해석할 수 있다.

18 조남현, 『한국현대문학사상의 발견』, 신구문화사, 2008, pp. 182~183.

14장 주제와 제재

인물, 배경, 사건 등으로 짜여진 소설을 읽고 일반독자들이나 이론가들은 이 소설은 '무엇을 말하려고 했는가'나 '무엇을 주장하고 있는가'와 같은 질문을 가장 먼저 던지곤 한다. 일반 이야기와 소설작품의 차이의 한 가지는 주제의 유무나 명확도에서 찾을 수 있다. 소설을 주제가 있는 이야기라고 정의할 수도 있다. 주제에 신경 쓰지 않는 단순한 이야기꾼(story-teller)은 소설가란 존재의 충분조건일 뿐이지 필수조건은 아니다.

소설에 있어서 주제의 명분과 근거는 바로 휴머니즘에서 찾을 수 있다. 휴머니즘은 너무 넓고 막연하기는 하지만, 소설의 주제는 인간다운 삶의 모습의 제시, 인간다운 삶을 쟁취하는 과정의 묘사, 인간을 비인간으로 몰아가는 원인의 통찰 등과 같은 작업으로 구체화된다. 흔히 소설의 주제는 작가의 인생관(a view of life)과 세계관(a view of world)을 반영한다고 한다. 인생관에는 나, 너, 그, 우리의 삶에 대한 해석이 있고 세계관에는 역사, 사회, 시대, 현실 등에 대한 통찰이 담겨 있다.

주제란 작가가 작중인물에 대해 가지고 있는 감정과 사상을 추상한 것이라는 견해가 있는가 하면, 사건과 인물과 배경 등 여러 구성요소를 통합시켜 주는 형이상학적 에너지가 곧 주제라는 견해도 있다.[1] 많은 소설유형들이 있는 것처럼 작중인물에 대한 작가의 접근법을 간단하게 정리할 수는 없으나, 동정·지지·비판·조소·적대감 등 여러 가지 접근법이 주제의 외연을 작성한다.

소설에 대해 아무리 진보적인 이론을 펼친다고 하더라도 소설에서

1 Marvin Mudrick, "Character and Event in Fiction", *Critical Approaches to Fiction*, edited by Shiv K. Kumar and Keith Mckean, McGraw-Hill Book Company, 1968, p. 102.

주제를 가볍게 보기는 어렵다. 프랑스 중심의 1950년대 앙티로망이나 1990년대 한국의 포스트모더니즘소설 같이 표면상으로 주제에 무관심한 경우가 있기는 하지만, 이런 소설들의 근본의도는 상상력을 최대한 가동한 서술을 통해서 주제를 새로운 방법으로 드러내는 데 있다고 하겠다.

주제추출의 지름길의 하나는 사상분석에서 찾을 수 있다. 리처드 이스트먼(Richard Eastman)은 소설작품을 대상으로 다음과 같은 일곱 가지 각도에서 사상분석을 할 수 있다고 하였다.

> ① 이 소설은 보편화된 전략을 구사하면서도 어느 정도로 사상을 강조하였는가.
>
> ② 이 소설은 어떤 종류의 행위가 인간적 가치나 인간적 낭비를 빚어내고 있는 것으로 그려 내고 있는가.
>
> ③ 작가는 어떤 사회문제를 미해결인 것으로 보고 있는가. 주요 원인은 무엇인가. 또 어떻게 되어 가고 있는가. 또 어디서부터 해결책이 마련되고 있는가.
>
> ④ 신체적 바탕, 생물학적 구성, 성숙한 관계, 사회 등과 같은 이 소설의 내용이 주는 상대적 영향을 평가해 보라. 작가가 인간 운명의 중심영역으로 어떤 것을 생각하는지 제시해 보라.
>
> ⑤ 작중인물들은 이러한 형식적 조건들을 어느 정도로 통제할 수 있는가. 어떤 형태의 인식을 통해서 뛰어난 인물이 가장 건전하게 또 성공적으로 행동할 수 있는가.
>
> ⑥ 어찌할 수 없는 힘에 의하여 도움받거나 방해받은 결과는 어느 정도인가.
>
> ⑦ 이러한 사상들은 지배적인 경향, 지배적인 힘, 정신, 신에 어느 정도 근거를 두고 있는가. 이 소설의 작가가 이런 힘을 파악했다면 그 속성은 어떤 것이며, 또 인간과의 관계는 어떤 것인가.[2]

2 Richard Eastman, *A Guide to the Novel*, Chandler Publishing Company, 1965, p.

리처드 이스트만은 사상의 검출, 긍정평가나 비판을 받고 있는 행위 찾아내기, 사회문제의 원인과 해결방안 찾아내기, 인간적 가치의 낭비를 가져오고 있는 행동, 미해결사의 원인과 해결방안 찾아내기, 휴머니즘정신·시대정신·지배이데올로기·종교 등과 작가 개인의 관계이해 등으로 주제의 내용을 찾고 있다. 주제는 주인공이 사건, 사회, 시대정신 등과 맺고 있는 관계로 압축된다.

모든 작가들은 작품의 주제의식이 사상으로 승화되기를 바란다. 사상은 구체적인 시대·상황·사회·현실을 대상으로 한 사고의 산물이다. 사상은 이즘(ism) · 설(說) · 주의(主義) · 교(敎) 등의 수준을 지향하며, 가치중립적인 것과 신앙형식의 것으로 나누어진다. 전자를 과학적 진리라 하고 후자를 이데올로기로 부른다. 사상은 보편타당성을 지향하는 이론의 형태로 나타나기도 하지만, 비범한 개인의 인생관과 세계관과 현실인식으로 구현되기도 한다. 보편타당성을 획득하여 수학공식이나 과학적 명제와 같이 절대적 진리가 되는 경우도 있기는 하지만, 다소간 논쟁을 불러 일으키지만 많은 사람이 승복하는 것으로 나타나는 종교도 있다. 그런가 하면 소수집단의 믿음의 형태로 나누어지는 경우도 있다. 이는 특정 정파나 당파를 믿는 유권자의 형태로 나타난다. 이는 깨지기 쉽다. '많은 사람이 믿으니까 진리다'고 생각하는 것은 착각일 경우가 많다. 온갖 전파매체가 앞다투어 나오고 있는 21세기에 와서 이러한 착각현상은 더욱 심하게 나타나고 있다.

노스럽 프라이는 주제를 우의성(allegorization), 사상(dianoia), 문장으로 된 성찰(sententious reflexion) 등으로 설명하면서 "주제는 요지보다는 덜 추상적이고, 우의적(寓意的) 해석보다는 직접적"이라고 하였다.[3] 우의성은 상징이나 비유를 의미하는 것으로 풍자도 포함된다. 사상은 여러 단계를 포괄한다. 단순한 생활감정이 사상의 소박한 표현방식이라면, 체계적 이론이나 이데올로기는 사상의 고차적인 표현형태라고 할 수 있다. 문장으

71.

3 Northrop Frye, *Fables of Identity*, Harcourt Brace & World Inc., 1963, p. 24.

로 되어 있다는 것은 단어 하나만으로 이루어진 것이 아님을 뜻한다고 하여 사상을 생활감정, 이론, 이데올로기 등의 형태로 구체화하였다.

우리 문학사에서 사상의 문제에 본격적인 관심을 가졌던 1920년대에 김팔봉은 당시 문예사상과 사회사상의 목록을 제시한 바 있다. 사회사상으로는 이상주의 · 공리주의 · 민본주의 · 신비주의 · 인도주의 · 공산주의 · 허무주의 · 무정부주의 등을 열거했고, 문예사상으로는 인상주의 · 사실주의 · 신낭만주의 · 데카당스 · 향락주의 · 신비주의 · 인도주의 · 표현주의 · 미래주의 등을 꼽았다.[4] 이상의 것은 1920년대 일본에 나타난 세계적인 사회사상과 문예사조로, 당시 한국소설이 감응하거나 재현한 것으로는 인도주의 · 공산주의 · 무정부주의 등의 사회사상과 사실주의 · 데카당스 등의 문예사조였다. 사회사상과 문예사조가 수직적 관계가 되든 수평적 관계가 되든 불가분의 관계를 이루는 것은 지금까지도 계속되고 있다. 한 편의 소설을 대상으로 하여 주제를 논할 경우, 자연주의니 리얼리즘이니 모더니즘이니 하는 문예사조상의 규정이나 해석은 거시적 접근법으로 그치기 쉽다. 오히려 사회사상이 미시적인 접근법과 구체적인 해석을 가져올 수 있다.

20세기에 들어와 우리 작가들과 작품들이 직간접적으로 응전했던 시대사조와 그 응전의 결과로 성취해 낸 거대사조를 추리면 다음과 같다.

① 1900년대: 개화파와 수구파, 진보주의, 애국계몽운동

② 1910년대: 식민통치, 순응주의, 계몽주의

③ 1920년대: 식민통치, 반식민주의, 사회주의, 민족주의, 점진주의, 급진주의, 아나키즘

④ 1930년대: 식민통치, 반식민주의, 점진주의, 급진주의, 중도주의, 니힐리즘

⑤ 1940년대 전기: 식민통치, 대일협력파, 적응주의, 도피주의

⑥ 1940년대 후기: 좌우대립, 분파주의, 6·25전쟁

---

4 김팔봉, 「문예사상과 사회사상」, 『조선문단』 1927. 1, pp. 5~6.

⑦ 1950년대: 반공주의, 허무주의와 현실부정, 애국심, 건설주의
⑧ 1960년대: 혁명론, 급진주의, 반공주의, 건설주의
⑨ 1970년대: 독재정치, 산업화와 근대화, 반항적 태도
⑩ 1980년대: 독재정치, 민주화운동, 탈냉전적 사고, 저항주의
⑪ 1990년대: 신자유주의, 개인주의, 점진주의, 해체론, 세계주의, 페미니즘, 녹색운동

이상의 사조는 여러 작품들이 합창의 형식으로 들려준 것을 정리한 것으로, 대표작들이나 소수의 우수작들이 보여 준 사상을 추린다면 범위가 훨씬 넓어질 것이다. 대표작들이 이루어 낸 사상을 위의 목록에 추가한다면 행동주의, 무정부주의, 반항주의, 보수주의, 유교사상, 시니시즘, 도피주의, 배타주의, 운명론, 중도주의 등이 있을 것이다.

시각에 따라 사상의 항목이 추가될 수도 있고 빠질 수도 있다. 시대마다 지배사조의 종속사조가 있기도 하고 반대사조가 있기도 하다. 시대상이 간단하든 복잡하든 단수론으로 정리하는 것은 무의미하며 가능하지도 않다. 각 시대를 이항대립으로 규정한다면 1900년대~1940년대 전기는 무력투쟁과 문화투쟁 병행, 독립운동과 현실적응 태도의 대립관계로 설명할 수 있다. 1950년대~1990년대는 보수와 진보의 대립으로 해석할 수 있다.

그런가 하면 제재는 주제의 터전이며 문제의식을 매개로 한다. 제재는 삶의 내용으로 설명되기는 하지만, 삶의 복잡성은 체계적인 설명을 허용하지 않는다. 그럼에도 인간의 삶의 법칙이나 성격은 어느 정도 설명될 수 있을 것이다. 카민스키(Alice R. Kaminsky)는 인간의 삶이 지니고 있는 보편적인 명제를 열 가지로 요약하면서 소설의 주제는 이러한 명제들의 범위 내에서 구체화되는 것으로 보았다.

① 우리 인간들은 여성의 자궁을 통해 쫓겨나듯 태어났다.
② 인간들은 언젠가 죽어야 할 존재다. 우리는 제각기 다른 방법으로 죽지만, 죽을 수밖에 없는 존재라는 점에서 누구나 마찬

가지다. 우리는 돌이킬 수 없는 우연성으로서의 죽음과 늘 함께 살고 있는 셈이다.

③ 일반적으로 우리는 삶에 집착하면서 동시에 죽음을 두려워한다. 그럼에도 어떤 사람들은 특정 상황에서 자살을 꾀하기도 하고 죽음에 대한 충동을 실천에 옮기려 한다.

④ 우리는 배고픔, 목마름, 성적 욕망, 사랑, 증오감 등을 느낀다. 이런 본능적 감정은 우리들로 하여금 이상야릇한 방법으로 행동하게끔 하며, 또한 우리를 행복하게 만들어 주기도 하고 반대로 슬프게 만들기도 한다. 그런가 하면 행불행을 동시에 느끼게 한다. 이런 현상에 대한 감정적 반응을 묘사하는 말들은 수없이 많다.

⑤ 여러 가지 이유로 우리는 폭력을 행사한다. 때때로 사람들은 개인적인 이유로 서로 죽이기도 하며, 집단이라든가 국가 사이에 싸움을 벌이기도 한다. 이러한 싸움을 우리는 전쟁이라고 부른다.

⑥ 법은 우리의 권리를 보호하기 위해 또 법을 어긴 자를 처벌하기 위해 존재한다.

⑦ 제각기 방법은 다르겠지만 우리는 모두 가족, 직업, 도시, 국가 등의 환경으로부터 많은 영향을 받는다. 우리는 그 결과로 유전적 특질과 그에 가해지는 환경의 영향에 만족할 수밖에 없다.

⑧ 우리는 평등하게 태어나지 않았다. 어떤 사람은 일반인들보다 잘생겼거나 부자거나 강하거나 아름답게 태어났다.

⑨ 때때로 우리는 인생의 의미에 대해 놀라움을 금치 못한다. 어떤 사람들은 절대자에게 믿음을 가짐으로써 불안감을 덜어내는가 하면, 어떤 사람들은 그러한 신앙을 갖기를 거부하며 신이 없는 세계에 대한 이론을 추구함으로써 위안을 삼기도 한다.

⑩ 만일 우리가 정신적으로나 신체적으로 장애자가 아니라면 우

> 리의 생각들을 전달하기 위해 언어를 사용한다.[5]

인간과 삶에 대해 카민스키가 제시한 주제는 원죄의식, 죽음에의 존재, 죽음에 대한 공포, 본능과 욕망, 폭력, 범죄, 불평등과 차별화, 인간존재의 유한성과 극복방안, 언어사용존재 등으로 요약된다. 카민스키는 소설의 주제를 이렇듯 열 가지로 정리함으로써 결과적으로 플롯제한설을 펼친 셈이 된다. 카민스키는 "인간관계는 디테일에 있어서는 아주 다양한 모습을 보여 주지만 본질적으로는 몇 가지의 반복적인 패턴을 유지하고 있을 뿐"[6]이라는 브란트의 견해를 받아들이고 있다. 원죄의식은 종교소설에서, 본능과 욕망의 문제는 남녀 사이 사랑을 다룬 소설과 역사소설에서, 폭력과 범법은 전쟁소설과 범죄소설에서, 불평등 문제는 노동소설에서 집중적으로 다루어져 왔다. 죽음에의 공포라든가 인간존재의 유한성론은 존재론의 영원한 화두인 만큼 '철학하는' 모든 소설에서 다루어져 왔다고 할 수 있다.

호세 오르테가 이 가제트는『예술, 문화, 문학론』에서 새로운 주제를 찾는 것이 어렵다고 주장하였다. 그의 이론에서 주목해야 할 것은 세르반테스와 스탕달을 예로 들어가며 '해부의 방법'을 취한 작품들이 소설양식을 살려 내었다고 주장한 점이다.

> 새로운 주제들을 찾는 것은 실제로 불가능해지고 있다. 이렇듯 큰 어려움이 오게 된 첫 번째 이유로는 개인적인 것이 아닌 객관적 이유다. 이런 발전단계에서 용인할 만한 소설을 쓰는 것의 어려움은 개인적인 어려움이 아닌 객관적 어려움에 있다. 새로운 주제를 찾아내는 어려움은 점점 커지고 있을 뿐만 아니라 더욱 새롭고 더욱 비범한 주제들은 독자에게 깊은 인식을 주는 데 필

---

5 Alice R. Kaminsky, "On Literary Realism", *The Theory of the Novel*, edited by John Halperin, Oxford University Press, 1974, p. 224.

6 Ibid., p. 225.

> 요하다. 이것이 소설장르가 오늘날 직면하는 어려움이 빚어지게 된 두 번째 이유다. 초기에 서사는 주제의 새로움을 통해 독자를 즐겁게 해주었다. 독자들은 주인공의 모험을 들으며 즐거워했다. 얼마 안 되어 모험담은 매력을 상실했다. 즐겁게 해주는 것은 인물의 행운이 아니라 인물들의 자기중립이다. 소설의 명제는 해부(autopsy)다. 책임 있는 독자들의 감상 속에서 오래 살아남은 고대소설을 분석해 보면 고대소설은 해부의 방법(autoptic method)을 쓴 공통점을 보인다. 세르반테스와 스탕달이 그 좋은 예다.[7]

오르테가 이 가제트는 현대인들을 대상으로 한 주제를 열세 가지 제시하였다.

> 법과 합법성(law and legality), 국가(the state), 민족과 국제주의(the nation and internationalism), 여론와 공권력(public opinion and public power), 좋은 정책과 나쁜 정책(good policy and bad policy), 반전론과 호전성(pacifism and belligerency), 나라와 휴머니티(country and humanity), 사회정의와 부정(social justice and social injustice), 집산주의와 자본주의(collectivism and capitalism), 사회화와 자유주의(socialization and liberalism), 권위주의(authoritarianism), 개인과 집단(the individual and the collectivity)[8]

이 중에서도 해방 후의 한국소설은 법과 합법성, 국가, 여론과 공권력, 사회정의와 부정, 사회화와 자유주의, 권위주의, 개인과 집단 등의 문제를 깊이 있게 다루었다. 한 편의 소설은 한 가지 주제만 다루지 않는다. 20세기 한국소설은 한국인들이 겪어 온 식민통치, 내란, 전쟁, 혁명,

---

7 José Ortega Y Gasset, *The Dehumanization of Art and Other Essays on Art, Culture and Literature*, Princeton University Press, 1972, pp. 59~62.

8 Ibid., p. 177.

독재, 민주화운동 등 역사적 대사건들을 재현·해석·평가하면서 이러한 역사적 대사건들이 기본적으로 여러 겹의 주제를 동시에 매개함을 확인시켜 주었다. 1950년대에서 1980년대까지 한국소설의 질량을 대변해 온 6·25전쟁소설은 이 주제를 한꺼번에 다루었다고 할 수 있다. 6·25전쟁소설만큼 질량 면에서 뚜렷한 자취를 남기지는 못했지만 4·19혁명을 소재로 하거나 배경으로 삼은 소설들도 주목할 필요가 있다. 주목할 만한 4·19소설로는 김이석의 「흐름 속에서」(1960), 이호철의 「진노」(1960), 송병수의 「담양의 권속」(1961), 이봉구의 「반해 버린 사람들」(1960), 곽학송의 「시발점」(1960), 이종환의 「파고다공원」(1960), 한무숙의 「대열 속에서」(1961), 박태순의 「무너진 극장」(1968), 신상웅의 「불타는 도시」(1970), 오탁번의 「굴뚝과 천장」(1973) 이청준의 『씌어지지 않은 자서전』(1969)과 「목포행」(1971), 황석영의 「입석부근」(1962)과 「기념사진」(1972), 최일남의 「이야기」(1983), 문순태의 「살아 있는 소문」(1984) 등이 있다.

밀란 쿤데라는 "시나 철학은 소설을 포용할 수 없지만 소설은 시나 철학을 얼마든지 수용할 수 있으며, 그렇게 하더라도 소설의 정체성을 조금도 잃어버리지 않는다. 다른 장르들을 수용하고 철학적·과학적 지식을 흡수하는 경향이 바로 소설의 특징이다"와 같이 종합문학적 성격을 강조하면서 따라서 "다주제적"이라는 말은 "인간의 존재를 비추기 위해 모든 지적 방법과 시적 형식들을 동원한다는 것을 뜻한다"[9]고 하였다.

포스터는 인간사를 출생(birth), 밥(food), 잠(sleep), 사랑(love), 죽음(death)이라는 대략 다섯 가지 문제나 제재를 중심으로 하여 빚어지는 것으로 인식하였다. 사람에 따라 휴식(breathing)을 추가할 수 있겠으나, 포스터는 결국 소설가들은 이렇듯 다섯 가지로 요약되는 삶의 문제를 세밀하게 재현했거나 과장했거나 축소했거나 무시하는 경향이 있었던 것이 아닌가 물었다.[10] 미셸 제라파는 포스터의 제재론을 검토한 끝에 현대소설은 포스터가 말한 다섯 가지 주요 제재에 '일'이라는 제재 하나를 추

9 밀란 쿤데라, 『소설의 기술』, 권오룡 역, 민음사, 2008, p. 98.
10 E. M. Forster, *Aspects of the Novel*, Penguin Books, 1972, p. 55.

가했다고 주장했다. 제라파는 포스터가 이 문제를 빠뜨린 것은 실수라고 지적하면서, 더 크게는 서구소설이 대체로 일의 가치를 경시했다고 비판하였다.

불교에서는 인생고를 생로병사(生老病死)로 말하지만, 여기에 애별리고(愛別離苦) 하나만 덧붙여 오고(五苦)라고도 하고 다시 여기에 원증회고(怨憎會苦), 구부득고(求不得苦), 오온성고(五蘊盛苦)와 같은 삼고를 추가하여 팔고라고 하기도 한다. 『동아 새국어사전』(두산동아, 2006)에서 원증회고는 불교의 팔고의 하나이며 원망하거나 미워하는 사람과 만나서 살아야 하는 고통으로, 구부득고는 구하려고 하나 구할 수 없는 고통으로 설명됐다. 오온(五蘊)에 대해서는 불교계 안팎에서 조금씩 다른 설명이 따르고 있거니와, 『한자대전(漢字大典)』에서는 "물질·정신을 오분한 색(色)·수(受)·상(想)·행(行)·식(識)의 다섯 가지 적취(積聚). 색은 육체, 수는 감각, 상은 상상, 행은 마음의 작용, 식은 의식인데 지상의 모든 중생은 이 심신의 작용인 오온으로 이루어진다"[11]고 설명한다.[12] 색온은 육체라는 데 대해서는 이견이 없고 그 외 네 가지 온에 대해서는 논자에 따라 조금씩 해석이 다르다. 다만 네 가지 온은 정신이란 말로 묶는 데 무리가 없을 것이다. 오온성고에 대해서는 반야심경(般若心經)에 있는 "오온개공(五蘊皆空)"이라든가 "색즉시공 공즉시색 수상행식 역부여시(色卽是空 空卽是色 受想行識 亦復如是)"와 연결하여 인간의 육체(색)와 정신(수상행식)은 모두 공이요 고통이라는 해석이 가능할 것이다.

『한자대전』에서는 『예기(禮記)』의 경우 칠정(七情)을 희로애락애오욕(喜怒哀樂愛惡欲)이라고 했으며, 불교의 『석씨요람(釋氏要覽)』의 경우 칠정을 희로우구애증욕(喜怒憂懼愛憎欲)이라고 하였다고 전한다. 일반인들은

---

11 이가원·장삼식 편저, 『한자대전(漢字大典)』, 유경출판사, 1972, p. 53.

12 김지견이 달아 놓은 『화엄경』 역주에서는 "흙덩어리와 같은 색온(色蘊: 물질적 요소·色如聚沫), 물거품과 같은 수온(受蘊: 인상작용·受如水泡), 아지랑이와 같은 상온(想蘊: 표상작용·想如陽炎), 파초와 같은 행온(行蘊: 의지 혹은 맹목적인 충동·行如芭蕉), 몽환과 같은 식온(識蘊: 순수감각 혹은 의식·識如夢幻)"이라고 풀이하였다(김지견 역주, 『화엄경』, 민족사, 2003, p. 540).

이러한 칠정을 사정(四情)으로 줄여 희로애락(喜怒哀樂)이란 말을 쓴다. 물론 기쁨, 성냄, 슬픔, 즐거움 등으로 복잡한 인생살이가 곡진하게 설명되지 않는다. 어쩌면 소설양식은 이러한 사정의 기본요소들 사이에 있거나 기본요소들을 에워싸고 있는 수십 가지의 미세한 감정들을 파헤쳐 들어가 삶의 현상이나 인간의 본질을 들려주려고 한 것인지 모른다.

정하영은 "죽음은 인간의 비극적 운명을 상징하는 현상이다. 죽음에 대한 공포, 죽음을 벗어나고자 하는 욕망, 죽음에 맞서 싸우는 투쟁, 그럼에도 끝내 죽음에 이르는 인간의 운명 등은 작가의 관심대상이 되었다"[13]고 말했다. 나아가 고소설 가운데 죽음의 문제를 핵심주제로 다룬 작품은 그리 많지 않으나, 죽음의 문제를 다루지 않은 작품도 별로 없다고 파악하면서 "고소설은 대부분 주인공의 일생을 다루는 전기(傳記)형식을 띄고 있다. 따라서 작품의 첫 부분에는 출생담이 나오고 마지막 부분에는 죽음에 관한 내용이 나온다. 여기에 나오는 죽음의 서술은 의례적이고 간략하게 되어 있다. 천수(天壽)를 다하고 세상을 떠난다거나 부부가 일시에 구름을 타고 하늘로 올라간다는 등의 도식적 내용으로 되어 있다. 작품의 서두를 장식하는 장황한 출생담에 비해 죽음의 서술은 너무나 소략하다"와 같이 우리 고소설이 죽음의 문제를 깊게 파헤치지 못했다고 비판했다. 죽음모티프를 자주 설정한다는 것과 죽음에 대해 탐구를 한다는 것은 별개의 문제다. 현대소설이라고 해서 고전소설과 확실히 다른 결과를 내어 놓는다고 하기는 어렵다.

역사에 대한 기본인식 면에서 게오르그 루카치와 대립한 인류학자 클로드 레비스트로스(Claude Lévi-Strauss)의 이론은 현대세계의 본질적 특징을 구성하면서 소설의 주요 주제들 중 진보(progress)와 산업화(industrialization)로 표상되는 두 가지 개념에 관심을 갖는다고 하였다.

레비스트로스는 이 두 가지 개념을 해로운 환상으로 간주하였다.

---

13 정하영, 「한국고소설에 나타난 죽음의 인식」, 『고전서사문학에 나타난 삶과 죽음』, 보고사, 2010, p. 14.

> 오랫동안 소설가는 메시아의 역할을 해왔다. 소설은 이상이 실천에 옮겨지게 하는 진보에 대한 믿음을 반영했다. 또 신화세계의 질서를 대치하는 이상을 믿을 것이다. 그 후에 소설은 '역사'의 기대 밖의 결과들 즉 산업입국주의에 의한 인간성파괴와 노예화를 고발하는 데 응용되어 왔다. 20세기 첫 30년 동안 위대한 작가들 모두 관심 가졌던 현상에 레비스트로스도 재빠르게 대면했다. 그 현상이란 기계화되고 공리적인 된 문화에 의해 개인의 정체성이 하나로 묶여진 것을 말한다.[14]

아직도 많은 소설가들은 인간의 삶이 산업화시대, 공리주의적 세계관, 물신론적 가치관 등에 의해 왜곡되고 더럽혀지는 현실을 심각하게 바라보고 있다. 인간적인 것의 타락이나 상실을 고발하고, 여기서 한 걸음 더 나아가 인간적인 것의 보호를 시도하는 것은 성실한 작가들의 공동과제가 된다. 인간이 지니고 있거나 개인의 발전의지를 고취하거나 사회유지와 정화를 위해 기능하는 가치라는 개념은 흔히 진선미성(眞善美聖)으로 표현된다. 인류의 역사는 개인의 차원이든 집단의 차원이든 바로 이러한 진선미성을 지키기 위한 과정으로 볼 수도 있고, 거꾸로 파괴한 과정으로 볼 수도 있다. 전자의 과정은 선의 세력이 도모한 것으로, 후자의 과정은 악의 세력이 꾀한 것으로 도식화할 수도 있다. 진선미성 그 자체가 긍정적인 개념이므로 진선미성을 지키려는 정신이나 행위는 긍정적인 것으로 인식된다. 가치라는 개념을 진선미성만 포괄하는 것으로 여길 경우 그때의 가치는 인간의 삶 속에서 이상을 향한 선언력도, 현실성도 약한 것으로 드러나기 쉽다. 가치의 개념이 현실적 측면과 이상적 측면을 두루 포괄하는 쪽으로 정립되려면, 이상적 측면을 강조한 진선미성 항목에 현실적 측면을 강조한 '역(力)'의 항목이 추가되어야 한다. 이때 역은 금력, 권력, 전문지식, 명예 등을 포괄하는 개념으로 파악할

14 Michel Zéraffa, *Fictions*, translated by Catherine Burns and Tom Burns, Penguin Books, 1976, pp. 93~94.

수 있다. 이러한 힘의 요소를 추구하는 것은 인간의 본능에 가까운 욕망의 표출로, 욕망 자체가 진위(眞僞), 선악(善惡), 미추(美醜), 성속(聖俗) 등의 항목에서 어느 한쪽으로 기울어져 있는 것은 아니다. '힘' 자체나 '힘'에의 추구는 그야말로 가치중립적인 개념이라고 할 수 있다. 힘을 이기적이거나 불합리한 태도와 방법으로 추구하다 보면 부정, 부패, 비리, 불법, 부도덕, 악명 등으로 평가받게 된다.

비록 풍속소설(novel of manners)이라는 단서를 달아 놓기는 했지만 기본적으로 리얼리즘을 지지하는 레비스트로스는 "풍속소설은 일차적으로 삶의 참모습과 관심거리, 패배, 일, 사람들이나 이해관계 혹은 계급 간 충돌 등에 관심을 기울인다"[15]고 했다. 이때의 열기와 관심사는 카민스키의 열 가지 제재론과 유사하다. 사람들의 갈등, 이해관계의 충돌, 계급대립은 동서고금을 뛰어넘어 소설의 핵심적인 주제가 되어 왔다.

앞서 말한 다섯 가지 문제들 중 포스터는 '사랑'을 가장 중요한 것으로 보았다. 사실 사랑의 문제는 동서고금을 막론하고 작가들이 가장 많이 다루어 온 것이다. 사랑과 증오, 협조와 경쟁, 연민과 시기심, 화해와 갈등은 바로 인간의 삶의 기본구조를 잘 떠받쳐 주고 있는 이분법적인 개념들이다. 물론 사랑을 남녀 간의 사랑으로 좁혀 볼 수 있지만, 아가페처럼 인간을 숭고라든가 존엄의 경지로 끌어올릴 수도 있다. 포스터는 지금까지 주요 소설에서 사랑의 문제가 중시되어 온 이유를 밝힌 가운데 작가에게 사랑의 본능이 있음을 역설하면서 "사랑은 죽음처럼 소설을 끝내는 데 편리한 도구"[16]라며 "대부분의 작가에게 죽음과 결혼은 작중인물과 플롯 사이의 유일한 연결방식이 된다"[17]고 지적했다.

결혼은 사랑이 성립된 것으로, 죽음은 사랑이 깨진 것으로 볼 수 있다. 결혼으로 소설의 끝을 맺는 것은 대체로 해피엔딩의 한 형태가 된다. 그리고 죽음으로 끝을 맺는 것은 주요 인물들 사이의 갈등관계가 해

15 Ibid., p. 99.

16 E. M. Forster, op. cit., p. 62.

17 Ibid., p. 103.

결된 것이거나 미해결의 상태로 남은 것으로 볼 수도 있다. 동서양을 막론하고 단편소설의 경우 죽음으로 결말처리한 것이 가장 많다. 소설의 결말을 어떻게 처리하느냐 하는 문제는 플롯론의 차원에서 검토해 볼 대상이기는 하나, 작가의 주제의식이나 문제의식과 연결 지어 논의할 수 있다. 사랑으로 끝맺으면 대중소설이고, 죽음으로 끝맺으면 고급소설이라는 따위의 이야기는 기계적인 판단이라고 할 수 있다.

장편소설이나 대하소설은 사랑의 문제나 죽음의 모티프를 외면할 수 없다. 고전소설 유형론을 보면 염정소설·연애소설·애정소설 유형에서 사랑의 문제가 다루어지고, 현대소설 유형론을 보면 결혼소설·연애소설·성애문학 등으로 나타나긴 하나, 소설이론가들 가운데는 남녀간 사랑을 다룬 작품을 소설유형으로 제시하지 않는 사람들도 있다. 미혼남녀의 연애, 부부의 사랑, 가족간의 사랑, 우정, 타자애, 향토애, 애국심 등을 부차적 사건이나 에피소드로 처리한 작품들도 많기 때문이다.

'밥'의 문제는 소설에서 사랑이나 죽음의 문제에 비하면 역사가 짧은 편이다. 밥의 문제는 빈부의 대립관계, 영혼과 물질의 모순관계 등의 문제로 구체화되어 왔다. 빈부에 대한 문제의식은 나중에 계급이론의 자료로 활용되었다. 종래 가난이란 문제를 여유 있게 다루어 온 소설에 비하면, 20세기 이후에 접어들면서 더욱 두드러지게 나타났던 리얼리즘 계통의 소설은 밥의 문제를 가장 중요한 것으로 파악한 것이 된다.

한국소설사에서는 일제강점기인 1920년대에 밥의 문제를 리얼리즘 방법으로 심각하게 다루었던 소설들이 나타나기 시작했다. 그 당시 밥의 문제는 우리의 대표적인 역사적 소설유형인 빈궁소설로 나타나면서 이론적 소설유형인 농촌소설이나 노동소설로 구현되기도 하였다. 굶주림, 가난 등을 중심모티프로 제시한 경향은 1970년대까지 지속되었다. 최서해의 「고국」(1924)과 「박돌의 죽엄」(1925), 「홍염」(1927), 조명희의 「땅속으로」(1925)와 「낙동강」(1927), 김팔봉의 「붉은 쥐」(1924), 현진건의 「운수 좋은 날」(1924)과 「사립정신병원장」(1926), 나도향의 「행랑자식」(1923)과 「전차 차장의 일기 몇 절」(1924), 주요섭의 「인력거꾼」(1925), 한설야의 「인조폭포」(1928)와 「합숙소의 밤」(1928) 등이 그 좋은 예다.

소설의 끝을 어떻게 처리하는가는 단순한 기법의 문제가 아니다. 소설의 결말처리방법은 주제로 구체화되는 작가의 인생관과 세계관을 직접 반영하는 것이기 때문이다. 작품의 결말처리방법에 있어 한국소설사는 여러 가지 특이한 사례를 제시하고 있다. 예컨대 조선후기의 한문소설들 가운데 독특한 결말처리방법을 사용한 작품들을 적지 않게 찾아볼 수 있는데, 작품의 끝부분에 가서 작가 나름의 창작의도를 드러낸 소설 작품을 많이 보게 된다.[18]

허균의 「엄처사전(嚴處士傳)」이라는 한문단편소설은 다음과 같은 내용으로 되어 있다. 엄처사는 강릉사람으로 어려서부터 홀어머니 봉양에 지극정성으로 힘썼다. 어머니의 간곡한 권고로 학문에 힘써 향시에 뽑히고 진사가 되어 어머니를 기쁘게 해드렸다. 어머니가 세상을 떠나자 3년 동안 시묘살이를 한 후, 과거를 보라는 주위의 권고도 물리치고 후학양성에 힘쓰면서 많을 시를 썼으나 모으지는 않았다. 그는 참봉을 제수받았으나 받아들이지 않았다. 그가 죽자 많은 이웃들이 와서 슬피 울며 조문했고 사대부들도 자진해서 몰려와 슬퍼하였다. 허균은 이러한 이야기를 제시한 끝에 외사씨의 입을 통해 다음과 같이 논평하였다. "처사는 집에서 효도하고 시골에서는 청렴하였으니 그는 의당히 벼슬자리를 얻어야 할 것이어늘 그는 어머니가 세상을 떠났다 해서 다시금 과거 보지 않고 마침내 궁해서 일생을 마쳐 그의 재능을 조금도 발휘치 못했으니, 아아 애석하구나. 저 깊은 바위틈에 이런 선비가 숨어 있어 이름이 묻혀 전하지 못한 자가 비단 처사 한 사람뿐이 아니었으니 아아, 슬픈 일이로

18 이가원 편역, 『이조한문소설선』, 민중서관, 1961에 수록된 62편 중 25편이 '사건제시 + 논평'의 서술형식을 취하였다. 허균의 「엄처사전」과 「손곡산인전」, 신광수의 「검승전」, 정약용의 「죽대선생전」과 「존신선전」, 유본학의 「김풍헌전」, 이옥의 「신병사전」과 「이홍전」 등과 같이 여덟 편을 차지하였다. 이가원은 "외사씨"에 대해 당시 문인들이 흔히 쓰는 별칭이라고 하였다. '사건서술 + 작가의 논평'의 가장 많은 예시를 보여 주고 있는 이옥은 매사, 매계자, 문무자, 경금자, 화서외자 등 많은 호를 갖고 있었다.

다"[19]와 같이 은둔거사의 존재를 안타까워했다.

이옥(李鈺)의 「유광억전(柳光億傳)」은 사기꾼소설이다. 영남 합천에 살고 있으면서 지체가 낮고 가난한 유광억은 과시를 팔아서 생계를 이어갔는데, 광억이 대작한 글로 진사에 급제한 젊은이의 아버지에게 말 한 필과 종 한 명을 받고 돌아온 후 글재주가 전국에 퍼졌으나 과거에 응시하지는 않았다. 돈이 많고 적음에 따라 답안의 수준을 조절한 혐의로 군수에게 잡혀가게 되자, 친척들을 모아 놓고 술을 잔뜩 마신 다음 강물에 투신자살했다. 그에 대해 재주가 아깝다고 한 사람도 있고, 그 죄를 보면 죽어 마땅하다고 하는 이도 있었다. 소설의 끝은 이렇게 꾸며졌다.

> 또 매화외사는 다음과 같이 말했다. "천하에 팔지 못할 물건이 없도다. 몸을 팔아서 남의 노예가 되는 자도 있거니와, 저 털이 지극히 가늘고 꿈이 지극히 형체가 없는 물건이언만 모두들 팔고 삼이 없지 않았다. 그러나 아지 그 마음을 끄집어내어 팔아먹은 자는 없으리라 생각된다. 그러면 물건치고서 못 팔 것이 없겠으나 오직 마음은 팔 수가 없음이었던가. 이제 유광억 같은 자는 역시 그의 마음을 팔아먹은 자가 아니겠는가. 아아, 슬프외다. 뉘라서 "천하에도 가장 야비한 팖을 글 읽은 자가 했다"고 이르겠는가. 만일 법으로써 따진다면 '뇌물을 준 놈이나 받은 놈이나 죄가 같을 것'이 아닌가.[20]

이러한 걸밀서리방법은 허균, 이옥, 이덕무, 정약용 같은 작가들이 일정한 인물이나 사건에 대한 기록을 감계의 자료로 활용하려고 했던 의도를 지닌 것으로 볼 수 있다. 이런 소설들은 주제를 적극적으로 표출하려고 했던 것으로 평가할 수 있다.

소설에서 주제를 매개하는 제재는 개인의 삶, 시대, 사회, 역사, 상

19 같은 책, p. 59.

20 같은 책, p. 429.

황 등으로 분해할 수 있거니와, 이 말들은 현실이란 말을 대명사로 취한다. 현실은 평범한 일상어임에도 개인차가 뚜렷하게 나타난다. 현실은 비유적으로 말하자면 랑그(langue)이자 빠롤(parole)이다. 사용자에 따라 다의적으로 나타나기도 하고 포괄적으로 나타나기도 하기 때문이다. 동시대에 살고 있는 작가들 사이에서도 현실은 교육 정도, 창작의도, 기질, 트라우마 등에 따라 다른 모습으로 나타난다. 같은 작가라고 하더라도 경제적 형편, 신분, 이데올로기 등에 따라 세상과 역사를 보는 눈이 달라지는 것임을 문학사에서 쉽게 확인할 수 있다. 현실파악, 현실주의자, 현실직시 등과 같은 일상어 수준의 단어를 똑같이 대하면서도 작가에 따라 다른 그림을 그리게 된다.

'현실' 하면 끊임없이 바뀌는 것, 바꿀 수 있는 것, 바꾸어야 하는 것의 대상으로 여기게 된다. 현실은 개인으로는 뛰어넘기 어려운 국가상황과 정책, 사회제도, 정치상황, 지배이데올로기 등으로 나타나기도 하고 개인이 자기성취, 자기유지, 자기실현하는 데 필요한 움직임과 여건 등을 의미하기도 한다. 생로병사의 이치, 국가, 사회, 시대, 이웃 등의 힘에 의해 개인의 삶의 과정에서 끊임없이 새로운 모습으로 나타나는 '운명'도 현실의 한 내용이 된다. 한 개인의 현실은 온전한 자기의지로만 또 예정표대로만 이루어지는 것이 아니기 때문이다.

우리 사회의 오래된 과제로는 분단상황, 이념갈등, 세대갈등, 정치문화의 혼란상, 빈부격차, 부정부패, 환경오염, 지역감정, 인구감소, 노사갈등, 젠더갈등 등을 들 수 있다. 물론 작가들이라고 해서 이런 사회문제들에 대한 해결책을 제시해야 할 의무는 없다. 그때그때 우리 사회의 고질적인 문제점을 충실하게 파헤치거나 폭로하는 것만으로도 작가의 기본역할을 다했다고 할 수 있다. 작가들이 생각하는 사회발전은 빈자, 약자, 피해자, 희생자 등이 줄어드는 것에 목표를 둔다. 작가들은 국가경제 성장, 사회제도 발전, 복지제도 확대, 상하존재 화해 등이 보다 확실하게 현실화되기를 바라면서도 문제의식을 창작의 동력으로 삼기도 한다. 외형적·물질적 발전이 개개인의 삶을 부당하게 억압하거나 왜곡시키는 경우를 지적해 내는 식으로 인간사회의 발전에 기여하고자 한다.

대다수의 소설가들은 강자에게 영합하기보다는 약자에게 동정하고 동조하는 태도를 취함으로써 창작의 동력을 마련하고자 한다.

15장 소설과 이데올로기

한국인의 삶이나 한국소설을 에워싸 때로는 강제하고 때로는 유인하는 개념의 하나로 이데올로기를 들 수 있다. 우리말로 이념이나 편견으로 옮겨지는 이데올로기는 일정한 강령이나 경전, 신적 존재를 신앙의 대상으로 삼는 태도로 정의할 수 있다. 다니엘 벨(Daniel Bell)이 『이데올로기의 종언』(1960)이란 책을 낸 후 이데올로기의 종말이란 말이 유행어 비슷하게 퍼져 나갔고, 또 1990년대 초에 소련과 동유럽 공산블럭이 해체되자 냉전시대의 종언과 함께 이데올로기의 종언이 여러 정치가들과 학자들에 의해 유행처럼 선언되기는 했지만, 21세기가 들어선 지 20년이 지난 이 시점에 이데올로기의 종말을 믿는 사람은 거의 없는 실정이다.

오늘날에도 지구상에는 자유진영과 공산진영의 대립, 종교충돌, 민족갈등, 진보진영과 보수진영의 격돌 등이 진정될 기미를 보이지 않고 있다. 인간의 특성을 잘 드러낸 말로 호모 사피엔스, 호모 화베르, 호모 에코노미크스 등이 전해져 내려오거니와, 여기에 인간의 신앙본능을 가리키는 호모 렐리기오수스가 추가되기는 했다. 그러나 오늘날에는 앞서 열거한 것처럼 이데올로기적 충돌이 시간이 갈수록 다양해지고 강화되는 현상이 나타나고 있어 이제 이데올로기로서의 인간이란 개념을 추가할 수 있을 것이다. 그러나 이데올로기는 사용자를 아군과 적군으로 갈라 놓는 속성을 지니고 있는 것처럼 자기편의 이데올로기는 합리적 사고, 사상, 정신, 신념, 신앙 등으로 부르고 반대편의 이데올로기는 허위의식, 광신, 폭력적 사고 등으로 일컫는다.

19세기 말에 시작된 우리 현대소설은 그동안 개화파와 수구파의 대립(1900년대), 계몽주의(1910년대), 민족주의와 사회주의의 대립(1920년대), 현실참여파와 초월파의 공존(1920~1930년대), 일제에의 과잉순응주의(1940년대 전반기), 좌우세력의 대립(1940년대 후반기), 반공주의(1950~

1960년대), 독재정치와 경제발전론(1970년대), 민주화운동(1980년대), 탈냉전시대(1990년대) 등의 이데올로기적 배경에서 진행되고 발전되었다.

포스트모더니즘과 이데올로기의 종말은 서로 인과관계를 이룬다고 주장하는 사람들도 있다. 레너드 데이비스는 서양에서 "구조주의가 1960년대 비평의 주요 용어가 되고, 해체(deconstruction)가 1970년대의 주요 용어가 되었던 것처럼 이데올로기는 1980년대의 주요 용어가 되었다"[1]고 명쾌하게 정리하였다. 그러나 한국의 경우, 해체와 이데올로기는 자리를 바꿀 필요가 있다.

페터 지마(Peter V. Zima)는 거대 이데올로기는 사라졌는지 몰라도 이데올로기는 어떤 형태로든지 남아 있는 것이라는 인식에서 출발하였다.

> 하버마스가『의사소통행위』에서 잘 고찰하고 있는 것처럼 이데올로기의 종언을 주장하는 사람들은 양차 대전의 중간기에 거대한 대중을 움직였던 소위 거대 이데올로기들(보수주의, 자유주의, 마르크시즘, 파시즘)에만 관심을 집중시키고 있고, 비교적 동질적인 분파집단에서 만들어 내는 "소이데올로기들(Kleinideologien)"에 대해서는 관심을 갖지 않는 편이다. 물론 환경운동가·여성운동가·평화주의자 등과 같은 동질적 분파집단의 소이데올로기들도 단기간 내에 사회의 큰 부분을 잠식할 수 있다. 비숍·녹색당원·평화주의자 등과 같은 어휘를 풍요하게 하고 있는 '체계'와 '삶의 세계'와 같이 이데올로기가 될 수 있는 개념을 안출해 낸 하버마스마저도 아무 근거 없이 이데올로기의 기능을 과소평가하고 있다.[2]

거대 이데올로기가 사라졌는지 혹은 소이데올로기로 대체되었는지는 몰라도, 이데올로기가 작게는 개인에서 크게는 국가에 이르기까지 그 주체를 보호해 주고 유지시켜 준다는 기능론은 바뀌지 않았다.

---

1 Lennard Davis, *Resisting Novels*, Methuen & Co. Ltd., 1987, p. 27.

2 Peter V. Zima, *Ideologie und Theorie*, A Francke GmbH Tuebingen, 1989, p. 266.

페터 지마는 이데올로기의 종언을 선언한 레이몽 아롱, 다니엘 벨, 위르겐 하버마스 등의 이론을 검토하면서 그들 이론은 근대산업사회에서 이데올로기적 결정이 차츰 실용적이고, 기술적이며, 가치라는 문제에 무관심한 결정에 의해 쫓겨난다는 공통점을 지닌다고 판단하였다.[3] 또한 페터 지마는 이데올로기 프로파간다에 사용된 말의 가치가 평가절하되는 현실이 왔다고 지적하면서 "민주주의", "자유", "정의", "명예" 등과 같은 단어들은 공허해지고 다른 말로 대체 가능한 언어의 껍질들이 되고 말았다고 하였고, 이러한 언어쓰레기들은 시장지향적이고 이윤추구적인 언어의 시체들과 별로 다르지 않다고 비판하였다.[4] 우리 사회에서도 정파를 달리 하는 사람들이 이슈지향적 갈등마저 구조지향적 갈등으로 몰아가려 한 나머지 개인의 삶의 목표, 역사의 목표, 국가의 목표로 정립된 민주주의·자유·사회정의·공정성·합리성 등과 같은 이상지향적인 말들마저 자기 중심적으로 사용하는 경향이 있다.

페터 지마는 가치무관심과 이데올로기 사이에서 이론가들이 양가성의 입장을 취한다고 하면서 이러한 입장은 현대시장사회에서 "자유", "정의", "민주주의", "과학성", "미적 특질" 등과 같은 언어들의 가치에 이데올로기 영역에서 서로 모순되는 경쟁적인 의미들이 달라붙고 있다는 인식에 근거를 둔다고 진단하였다.[5] 너와 나를 뛰어넘어, 정파를 초월하여, 이해(利害)를 넘어서 유지되어 왔던 이런 언어들은 심지어 반대되는 의미마저 포용하는 수준으로 떨어지고 말았다. 정의, 도덕, 양심, 상식 등과 같은 용어들마저도 자기선전의 의도를 지닌 사용자에 따라 왜곡되고 전도되는 현상마저 빚어지게 되었다.

똑같은 가치지향적 단어나 이데올로기적 용어도 사용자의 위치, 목적에 따라 원래의 내용과는 다른 것을 품게 된다. 세계 여러 나라에서 정의, 민주주의, 진보 등이 정반대의 뜻으로 사용되는 기현상을 쉽게 찾아

---

3 Ibid., p. 266.

4 Ibid., p. 341.

5 Ibid., p. 343.

볼 수 있다.

페터 지마는 녹색운동 또는 환경운동을 거대 이데올로기에서 제외했지만, 녹색운동의 대표 이론가인 존 베어리(John Barry)는 녹색운동 또는 환경운동이 거대 이데올로기 못지않게 오래되었으며 이제 이데올로기가 아니라 상식적인 사회사상이 되었다고 지적한다. 환경문제는 이데올로기의 차원을 벗어나, 개인이건 사회건 '맑은 공기'라든가 '깨끗한 물'처럼 인간의 생존을 위해 반드시 지켜야 할 사항으로 인식되고 있다.

오늘날에는 미래를 내다보고 현재의 문제점을 개선하자는 녹색사회론, 녹색정치론, 녹색도덕론 등의 용어를 쉽게 들을 수 있다. '녹색'은 이미 하나의 이데올로기가 되었다. 서양에서는 녹색사회론의 기원으로 ① 산업혁명에 대한 낭만적이며 부정적인 반응, ② 프랑스 대혁명에 대한 적극적인 반응, ③ 19세기와 20세기의 식민주의와 제국주의에 대한 부정적 반응, ④ 생태학의 출현, ⑤ 1960년대 생태학적 위기라는 대중적 인식의 성장, 1970년대의 성장한계설의 출현, 1980년대와 1990년대에 전 지구적 환경문제의 출현, ⑥ 산업주의(좌우익 연대)의 정치학에서부터 후기산업주의 정치학(좌우익 초월)에의 회의, ⑦ 동물세계와 무생물세계의 관계에 대한 도덕적 감수성의 증대[6] 등을 지적하곤 한다. 한국은 ③의 내용을 엄청난 희생을 치르는 가운데 직접 경험했으나 ⑤의 경우 특히 "1960년대 생태학적 위기라는 대중적 인식의 성장"이라는 항목은 한국과 잘 연결되지 않는다. 한국에서는 1970년대에서 1990년대까지 추진한 경제발전론과 경제성장론에 가려졌던 환경문제가 아무리 빨라도 1980년대부터 본격적으로 논의되고 실천에 옮겨졌다고 할 수 있다. ⑥번의 내용도 한국과는 거리가 있다.

환경위기는 대기오염이나 수질오염처럼 깨끗하게 유지되어야 할 것이 더럽혀지는 경우, 삼림황폐나 생물종류의 감소가 가리키는 것처럼 계속 있어야 할 것이 없어지는 경우, 기상이변이 말하고 있는 것처럼 예측

---

6 John Barry, *Environment and Social Theory*, Routledge, 1999, p. 201.

가능한 패러다임이 파괴되어 버리는 경우 등으로 나누어 볼 수 있다. 환경주의나 생태주의(ecologism)는 사회주의, 페미니즘, 포스트모더니즘 등과 함께 비판사회학에 들어간다. 비판사회론이 보다 살기 좋은 미래사회의 건설을 목표로 삼고 있는 것처럼 환경운동이나 생태주의는 미래를 쳐다보는 가운데 이념적 성격을 지니기 시작하면서 녹색사회운동이라는 별칭을 얻게 된다.[7] 존 배리는 사회이론을 주류사회이론과 비판적 사회이론으로 대별한 다음 전자에 보수주의, 신고전경제학, 사회생물학, 사회진화론 등을 포함시켰으며, 후자의 예로 마르크시즘/사회주의, 페미니즘, 생태주의(ecologism)/녹색사회이론(green social theory), 포스트모더니즘 등을 들었다.[8]

그런데 생태주의나 녹색사회론은 주류에 있든 비판적인 것에 속하든 학문분야와 이데올로기를 가리지 않고 비판대상에 넣어 왔고 반대로 친화의 길을 모색하기도 했다. 논자에 따라 의견차이가 있기는 하지만 생태론을 마르크시즘이나 다윈주의, 기독교적 존재론과 대립하는 것으로 보는 태도도 있고 도가사상, 아나키즘, 자유주의 등과 혈연관계가 있는 것으로 주장하는 입장도 있다. 결국 환경이론은 비판, 대립, 연계, 동일화 등 어떤 형태로든 다른 이론이나 사상과 적극적인 관계를 맺는 가운데 전체성을 검증받고 수정하고 확충시켜 나가는 것이라고 할 수 있다. 환경담론, 녹색사상, 생태학적 사고의 이러한 성격은 한국문학을 새롭게 보게 하는 계기가 된다.[9] 비판적 사회이론이 이데올로기로 표출되

7 조남현, 「한국소설과 환경생태학」, 『비평의 자리』, 문학사상사, 2001, pp. 62~73. 환경문제를 적극적으로 다룬 소설로 이승우의 「못」(1991), 홍성원의 「남도기행」(1994), 서정인의 「기우」(1993)와 「붕어」(1994), 은희경의 『새의 선물』(1995), 윤대녕의 「눈과 화살」(1991), 전성태의 「사육제」(1997), 이청준의 「목수의 집」(1998), 박범신의 「별똥별」(1998), 이윤기의 「구멍」(1996)과 「숨은 그림 찾기」(1997), 최인석의 「지리산에 저 바다」(1997), 최일남의 「그들은 말했네」(1999), 이순원의 『아들과 함께 걷는 길』(1996), 이문구의 「장천리 소태나무」(2000), 조경란의 「망원경」(2000) 등이 있다.

8 John Barry, op. cit., p. 10.

9 조남현, 「1930~40년대 소설의 생태론적 재해석」, 『한국현대작가의 시야』, 문학수

는 성향이 나타남에 따라 초기에는 사회운동으로 나타났던 비판적 사회이론의 중심항목들인 생태주의나 녹색사회이론은 이제 정치를 뛰어넘은 환경정책이 되어 주류사회이론으로 들어가는 현상이 빚어졌다. 경제발전 우선론자들도 환경문제에 대한 고려를 필수사항으로 여기고 있는 현실이 되었다.

구자희는 『한국 현대 생태담론과 이론 연구』에서 산업화로 인한 생태위기에의 대응양상을 세 가지로 범주화할 수 있다고 했다. "첫째는 환경과 파괴의 현실을 직접적이며 사실적으로 서술하는 경우"로, "죽어 가는 숲, 오염된 강물, 각종 공해 등의 환경문제를 분노와 걱정 그리고 두려움을 지닌 채 묘사하고 고발하는 작품들"을, 둘째로는 "생태계의 현 상황을 비판하는 것에서 벗어나 이를 극복한 미래의 생태사회를 꿈꾸고 모색하는 작품들이다. 이러한 작품은 인간의 의식적 차원뿐만 아니라 사회 제도를 바꾸어야만 현재의 위기에서 벗어날 수 있다는 사회생태론적 입장을 견지하고 있다"와 같이 분석했다. 마지막으로는 "생태페미니즘적 관점에서 생태문제를 바라보고 성찰하는 작품이다. 이들 작품들은 생태위기를 가져온 주원인은 남성 중심주의에 의한 가부장적 사회구조에 있다고 전제한다"고 말했다.[10]

구자희는 이 책의 서론에서 한국소설이 환경문제에 적극적인 관심을 가진 것은 경제성장주도론이 본격화된 1970년대부터였다고 주장한다. 환경문제를 다룬 소설을 1970년대 개발 위주 정책이 중시되던 시대에 대한 반성을 담은 소설(이문구의 「일락서산」과 「해벽」, 김용성의 「시혜 위에서」 등), 1990년대까지의 환경오염을 다룬 소설(김원일의 「도요새에 관한 명상」, 최성각의 「약사여래는 오지 않는다」, 박범신의 「별똥별」 등), 생명을 경시하는 태도에 대한 진지한 각성을 촉구한 소설(문순태의 「낯선 귀향」, 윤후명의 「하얀 배」, 이순원의 『아들과 함께 걷는 길』 등), 생태계 파괴와 혼란의 문제를 다룬 소설(김원일의 「그곳에 이르는 먼 길」 등), 환경운동을 여성운동

첩, 2005, pp. 161~162.

10 구자희, 『한국 현대 생태담론과 이론 연구』, 새미, 2004, pp. 104~105.

으로 연결한 소설(정찬의 「산다화」, 한강의 「철길을 흐르는 강」 등)으로 유별화하였다.[11]

백시종의 장편소설 『물』은 팔당호를 둘러싸고 개발론자와 환경전문가가 팽팽하게 맞서는 장면을 보여 주는 과정에서 물, 호수, 쓰레기 등에 대한 전문지식을 여러 차례 들려주었다.

> 그 많은 쓰레기를 일시에 치워 버리기에는 너무나 많은 고통이 따른다. 힘과 돈과 시간이 그만큼 소요되기 때문이다. 기중기 달린 바지선만 세 척이 필요하고, 그것을 이동시키는 다크보트는 그 두 배가 동원되어야 한다. 다크보트나 기중기 달린 바지선이 그러한데 쓰레기를 실어 나를 덤프트럭은 또 어떻겠는가. 정확한 수치는 알 수 없지만 대충 이천 대가 넘을 것이라는 손가락 계산법이다.
>
> 그러나 아무리 엄청나다 해도 물 위에 떠서 내려오는 쓰레기는 오히려 단순하다. 스티로폼 붙은 양철 같은 공사장 폐기물, 찢어진 비료부대, 페타이어, 각종 플라스틱 조각, 분해된 가전제품 부속품들, 특히 많은 컴퓨터 잔해, 이런 제품에 눈곱만한 반도체가 덕지덕지 붙어 있는 수백 개의 패널……. 정확히 30년을 한 해도 빠짐 없이 그런 것들이 반복해서 몰려왔으니, 물 밑의 찌꺼기가 정확히 서른 겹이나, 마치 찰시루떡처럼 차곡차곡 쌓였단 얘기 아닌가. 물론 우리 눈에 비치는 상식적인 생활용품이나 전자제품의 조각 찌꺼기만 쌓여 있다면 그것이 서른 겹이 아니라 그 두 곱 세 곱이라 해도 별반 문제될 것이 없다. 보다 근원적인 것은 눈에 보이지 않는 물질, 예컨대 비양심적인 공장주가 은근슬쩍 방류시킨 페놀, 황산이온, 소량만으로도 치명적인 타격을 주는 시안화수소 따위 맹독성 성분이나 반도체 칩을 만든 재료인 수은, 납, 카드뮴 등 결코 인체에 들어와서는 안 되는 독극

11 같은 책, pp. 16~18.

물 차원의 오염물질들을 아무 여과 없이 그대로 방치시키고 있다는 사실이다. 모르긴 해도 물이 용해되거나 부유 상태의 각종 유기물질이 퇴적·침전하여 호수바닥에 쌓여 일종의 거대한 오니층을 형성시켰을 터다.[12]

『물』의 한 대목은 소설가가 환경문제를 설득력 있게 다루려면 최소한의 현장답사와 보고서 정독을 거쳐야 함을 일깨워 주고 있다. 어떤 것을 대상으로 하든 환경문제를 다루는 소설은 앞으로 과학적인 데이터의 수집과 검토, 제시를 전제로 해야 독자들의 긍정적 반응을 유도할 수 있다.

어네스트 라클라우(Ernest Laclau)는 『마르크시스트이론에서의 정치학과 이데올로기(Politics and Ideology in Marxist Theory)』에서 포퓰리즘에 대해 집중적으로 분석하였다. '포퓰리즘은 운동의 유형인가 이데올로기 유형인가. 그 경계선은 무엇인가. 포퓰리즘을 사회기초로 보는 견해도 있는가'와 같은 여러 질문들을 예시한 후 마오이즘(Maoism), 나치즘(Nazism), 페르손이즘(Personism), 낫셀주의(Nasserism), 러시아 나로드니스키(Russian Narodnichestvo) 등과 같이 정치현상으로 보는 견해도 있다고 하면서 포퓰리즘은 농민 이데올로기나 지식인 중심의 운동으로 표출될 수 있다고 주장하였다.[13]

그러면서 어네스트 라클라우는 "포퓰리즘의 근본특징은 반현상적 이데올로기(anti-status quo ideology)에 물든 엘리트 안에서, 상승하는 기대의 혁명에 의해 형성된 동원군중 속에서, 광범위한 감정적 어필로 무장된 이데올로기 안에서 찾아야만 한다"는 식으로 포퓰리즘의 분출구는 여러 곳에 있다고 주장했다. 나아가 "경제가 발전할수록 포퓰리즘의 선호는 줄어들고, 발전과정의 비동시성이 극복될 때 산업사회는 포퓰리스트 현상을 벗어나게 되며, 후퇴하는 사회는 포퓰리스트를 경험하고 있

12 백시종, 『물』, 계간문예, 2007, pp. 92~93.

13 Ernest Laclau, *Politics and Ideology in Marxist Theory*, Verso, 1979, pp. 143~144.

다"[14]와 같이 경제발전 정도가 포퓰리즘의 발생 여부를 가른다고 하였다. 포퓰리즘은 '인기영합주의'나 '대중영합주의'로 번역할 수 있기는 하지만, 번역어는 원어의 뜻을 잘 전달하지 못한다는 이유로 언론에서나 학계에서나 외래어를 그대로 쓰곤 한다. 포퓰리즘도 시그니피앙과 시그니피에가 복구할 수 없을 만큼 벌어지기 쉬운 용어의 하나다.

레이먼드 윌리엄스(Raymond Williams)는 『마르크시즘과 문학(The Sociology of Culture)』에서 이데올로기의 뜻을 '첫째, 특정 집단이나 계급의 신념체계(the belief system), 둘째, 환상적인 믿음의 세계(a system of illusory beliefs), 셋째, 한 사회에 의미들과 관념들을 제공해 주는 기호체계나 기호학적 체계'로 명쾌하게 정리한 바 있다. 윌리엄스의 이러한 이데올로기 개념규정은 그 후 많은 이론가들 사이에서 자주 인용되곤 했다. 그는 이데올로기라는 말이 '조직화된 신념(organized beliefs)'이라는 뜻을 유지하는 한 이러한 신념체계야말로 모든 문화적 생산의 진정한 원천이라고 하였다.[15] 이데올로기의 개념을 긍정적으로 이해하는 데서 출발한 윌리엄스로서도 이데올로기 절대론이 빚어내기 쉬운 환원주의(reductionism)를 경계하였다. 환원주의란 공식적이거나 기계적 태도를 의미하는 것으로, '신앙화'와 비슷하다.

루카치는 마르크스의 『공산당선언』을 인용하는 가운데 프롤레타리아를 지지하고, 노동계급정당의 일부분을 지지하는 당파성을 설명하였다.

> 이러한 성격의 당파성은 '경향성'이나 '경향적'이란 표현과는 달리 현실의 재현과 묘사에 있어 객관성과 대신 충돌하지 않는다. 당파성은 이와 반대로 참된 — 변증법적 — 객관성의 전제조건이 된다. 어떤 주장을 편드는 입장일 경우, 이상주의적 숭배(idealistic glorification)에 도달하며 반대로 어떤 주장에 반대할 경우 그것을 파괴하는 성향을 지닌 '경향성'과 당파성은 좋은 대조가 된다. 또

---

14 Ibid., pp. 152~154.

15 Raymond Williams, *The Sociology of Culture*, Schocken Books, 1982, p. 28.

> 당파성은 '모든 것을 이해하는 것은 모든 것을 용서한다'는 모토(결코 실천한 적이 없는)를 지닌 '초당파적(above party)' 태도와 대조가 된다. 이러한 태도는 무의식적이며 그래서 거의 허위적인 관점을 지니게 된다. 이러한 당파성은 전체과정에 대한 가능한 지식과 묘사를 진정한 추진력을 종합적으로 파악한 총체성으로 만들며 또 전체과정의 기본이 되는 변증법적 모순들의 꾸준하며 고양된 재현을 유발하는 입장을 옹호하게 된다. 그러나 이러한 객관성은 주관성과 객관성의 관계, 주관적 요소와 객관적 발전의 관계, 이론과 실천의 변증법적 일치에 대한 정확한—변증법적—설명에 의존한다.[16]

이상의 인용문은 게오르그 루카치가 1932년에 발표한 「경향성인가 당파성인가?(Tendency or pantisanship?)」란 글의 한 대목으로 당파성의 성격을 규명하는 데 초점을 맞춘다. 루카치는 당파성을 객관성의 대립어로 보는 일반론을 거부하며 당파성은 객관성의 전제가 되는 것이라고 주장하였고, 당파성을 '경향성'이라든가 '초당파성'과 대조를 이루는 것으로 해석했다. 사회주의 사실주의를 입론으로 하는 루카치로서는 당파성이 객관성에 근접하는 것이라는 주장을 할 수도 있다. 또 경향성은 당파성에 비해 포괄적이고 온건한 개념으로 비춸 수도 있어 루카치가 이 두 개념 사이를 일부러 떼어 놓았는지도 모른다. 루카치는 당파성을 기본적으로 이론보다 이데올로기에 가까운 것으로 보아, 이데올로기가 명암을 지닌 것처럼 당파성도 명암을 지닌 것으로 파악했다.

루이 알튀세(Louis Althusser)는 『레닌과 철학(Lenin and Philosophy)』에서 이데올로기를 다각도로 설명하면서도 특히 그 지배기능과 저항기능에 주목하였다.[17]

---

16 Georg Lukács, "Tendency or Partisanship?", *Essays on Realism*, edited by Rodney Livingstone, The MIT Press, 1983, p. 42.

17 Louis Althusser, *Lenin and Philosophy*, translated Ben Brewster, Monthly Review

① 국가론을 발전시키기 위해서는 국가권력(State power)과 국가기구(SA, State Apparatus)의 차이를 고려해야 할 뿐만 아니라, 분명하게 (억압적) 국가기구(SA)의 편을 들기는 하지만 그것과 혼동해서는 안 되는 또 다른 실체도 고려해야 한다. 나는 이러한 실체를 그 개념에 의거하여 이데올로기적 국가기구(ISA, the Ideological State Apparatus)라고 부르겠다. 이데올로기적 국가기구(ISA)란 무엇인가? 이데올로기적 국가기구(ISA)를 (억압적) 국가기구(SA)와 혼동해서는 안 된다. 마르크스주의 이론에서는 내가 앞으로 억압적 국가기구(RSA, Repressive State Apparatus)라고 부를 국가기구에 정부, 행정기관, 군대, 경찰, 법정, 감옥 등이 포함된 것임을 명심해야 한다. 억압(Repressive)이란 말은 국가기구(SA)가 폭력으로 기능하는 것임을 ― 최소한으로 행사하는 것임을 암시한다(왜냐하면 일례로 행정상의 억압은 물리적 형식을 취하지 않을 수도 있기 때문이다)(pp. 142~143).

② 이데올로기적 국가기구(ISA)에는 종교ISA(서로 다른 교회들의 체계), 교육ISA(상이한 공사립학교의 체계), 가족ISA, 법ISA, 정치ISA(상이한 정당들을 포함시킨 정치체제), 노동조합ISA, 언론ISA(신문, 라디오, 텔레비전 등), 문화ISA(문학, 예술, 스포츠 등)가 있다(중요도로 순서를 잡은 것은 아니다). 나는 이데올로기적 국가기구(ISA)와 억압적 국가기구(RSA)를 혼동해서는 안 된다고 말한 바 있다(p. 143).

③ 억압적 국가기구(RSA)가 폭력에 의존해서 기능하는 데 반해 이데올로기적 국가기구(ISA)는 이데올로기에 의존해서 기능한다. 억압적 국가기구(RSA)는 억압(물리적 억압 포함)을 통해 대량으로 또 주도적으로 기능하는가 하면, 부차적으로는 이데올로기를 통해 기능하기도 한다(pp. 144~145).

Press, 1971, pp. 142~174.

④ 명제 1: 이데올로기는 개인들과 그들의 현실적인 존재조건들과의 상상적 관계를 표현한다. 우리는 보통 종교적 이데올로기, 윤리적 이데올로기, 법적 이데올로기, 정치적 이데올로기 등을 너무나 옳은 세계관(world outlooks)로 불러 왔다. (중략) 이러한 세계관은 대개는 공상적인 것(imaginary), 다시 말해 '현실에 호응하지' 않는 것임을 인정하게 된다(p. 162).
명제 2: 이데올로기는 구체적인 존재와 관계를 맺는다(Ideology has a material existence). 나는 '이념들'이나 '표현들' 등에 언급함으로써 이러한 명제를 밝힌 셈이 되었는데, 이 명제는 이상적이거나 정신적인 존재가 아닌 구체적 존재로 구성된 것으로 보인다(p. 165).
명제 3: 이데올로기는 개인을 주체로서 호명한다(Ideology Interpellates Individuals as Subjects). 주체에 의존하지 않고 주체를 위하지 않는 이데올로기는 없다(p. 170).

⑤ 나는 첫 번째 공식으로서 주체(subject)의 범주가 기능하면서 모든 이데올로기는 구체적 개인들(concrete individuals)을 구체적인 주체로서 불러내거나(hail) 말을 건다고(interpellates) 말하고 싶다. (중략) 이데올로기는 다음과 같은 식으로 작동하거나 기능한다고 암시하고 싶다. 이데올로기는 개인들 속에서 주체들을 '신입보충하거나(recruit)' 내가 지적한 말 걸기나 불러내기의 매우 정밀한 방법에 의해 개인들을 주체로 '바꾸어 놓는다(transform)'(pp. 173~174).[18]

위의 내용을 핵심으로 삼는 루이 알튀세의 이데올로기론은 카를 만하임(Karl Mannheim)의 『이데올로기와 유토피아(Ideology and Utopia)』(1929) 이래 가장 크게 주목을 받아 왔다. 알튀세의 이데올로기론은 테리

18 Ibid., pp. 142~174.

이글턴식의 포괄적 이데올로기론과는 대조적으로 선택적 안목을 과시하고 있다.

박경리의 장편소설『시장과 전장』(1964)에서는 마르크시스트와 코뮤니스트를 자처하는 인물이 그의 사상적 스승이긴 하나 바쿠닌류의 아나키스트를 표방하는 존재와 팽팽하게 맞서고 있는 장면을 제시한다.

> "안 됩니다. 선생님. 하나를 택하십시오."
>
> 떠밀고 나가듯 우악스럽게 그러나 장난기가 섞여 있다.
>
> "나는 택하지 않겠어."
>
> "………."
>
> "결코, 그들, 어느 편의 그들도 믿지 않으니까. 극단과 극단은 파괴와 멸망이 있을 뿐이야."
>
> "파괴와 멸망 속에 중간노선은 편히 있으리라 믿으십니까?" 하다가 싱거워졌는지 외면을 한다.
>
> "믿지 않지. 믿는 것은 어리석은 짓이야. 믿는다는 것은 광신, 믿기 위해서는 방편과 폭력이 따르는 법이니까."
>
> "모순이죠. 광신 없이, 방편과 폭력 없이 민중을 끌고 나갈 수 있겠습니까? 믿음이 없으시다면 차라리 모든 것에서 손을 떼십시오."
>
> "그러나 나는 할 말이 있지. 그놈의 광신과 방편과 폭력을 때려 부셔야 한다."
>
> "그것에도 또 광신과 방편과 폭력이 따라야 합니다."
>
> "아무것도 믿지 않으려는 개인의 힘이나 수가 더 크고 많다는 걸 명심하게."
>
> "그것이 뭉쳐진 일이 있습니까? 스로강 없이? 불신하는 것도 하나의 도그마가 아닌가요?"
>
> 석산선생은 바둑판을 밀어내고 성냥개비를 꺼내어 방바닥에 놓으면서 "자네 말을 일단 옳다고 해두자. 개인은 집단에 승리한 일이 없다. 승리 같은 것 생각지도 않고 살아왔는지도 모르지.

애당초, 개인에겐 역사 같은 것 없었는지도 모르지. 허나 부르주아독재, 프롤레타리아독재, 이 양극 사이에는 아무것에도 가담하고 싶지 않은 개인이 너무나 많이 있단 말이야. 자본주의 사회는 트라스트와 신지게이트를 합리화 시키기 위해 자유를 방패 삼아 사람을 모조리 임금노예로 만들었고 공산주의 사회는 미래의 행복이라는 공수표 아래 자유를 박탈했어. 하나는 자본가가, 하나는 국가권력을 타고 앉은 공산주의 이론가들이 말이야. 일찍이 어느 누구도 감행하지 못한 거대한 힘으로 민중을 징발하고 현세에서 속죄하고 살면 천당이 있다는, 그들이 아편이라 일컫는 종교 이상의 마취제를 사용하여 민중들은 노동력과 자유를 박탈당하고 있단 말이야. 그러니 개인은 역사 밖에 서 있을 수 밖에."

기훈은 가만히 있다. 그 말을 듣고 있는 것 같지도 않다. 석산 선생은 더욱 열을 올리며 "나는 한때 공산주의자로서 열광했던 일도 있었지만 그게 아니더군, 그게 아니더란 말이야. 자네는 나를 도피주의자라 하고 패배주의자라 하지만 나는 내 부실로 자네를 그들에게 팔아먹은 것 같단 말이야. 나는 자네를 잘못 길렀어. 잘못 길러. 자네 앞날이 눈앞에 보이는 것 같아서……기훈이."

"네?"

"자네는 공산주의사회에서 가장 위험한 인물이네."

"어째서 그렇습니까?"

"자네는 시인이야."

(중략)

"로맨티스트가 가는 길은 니힐이지. 시인은 모든 것을 사랑하지만 또 모든 것을 믿지 않아. 코뮤니스트는 모든 것을 사랑하지 않지만 완강한 믿음이 있지."[19]

---

19 박경리, 『시장과 전장』, 현암사, 1964, pp. 69~71.

아나키스트 석산선생은 광신과 반편, 폭력을 때려 부숴야 한다고 하고, 자본주의와 공산주의 그 어느 것에도 가담하고 싶지 않은 개인이 너무 많다고 하면서 "공산주의자들은 종교 이상의 마취제를 사용하여 민중들의 노동력과 자유를 박탈"하고 있다고 지적한다.

이문열의 장편소설 『영웅시대』의 주요 인물들은 아나키스트라는 공통점을 지닌다. 주인공 이동영도 아나키스트 조선인 단체인 흑색노동자연맹에 깊이 관여했던 박영창을 따르는 열한 명의 조선청년들 속에 포함된다. 이동영은 박영창과 함께 남로당에 입당한 후 월북해서도 그를 추종한다. 박영창은 노령아재의 소개로 이동영을 처음 만났을 때 골드윈, 슈티르너, 프르동, 바쿠닌, 크로포트킨 등을 읽으라고 하면서 순수한 이념의 아름다움을 보여 주는 크로포트킨에 특별히 유의하라고 가르친다. 이동영은 일제강점기 모플에 주력한 후 동척 농장장, 해방 후 전농관여, 서대문형무소에서 1년 복역, 당성을 인정받아 남로당 입당, 6·25전쟁 직후 S시 농대 학장취임 등의 이력을 거친다.

박영창의 젊은 제자들은 그 후 제 갈 길로 가버린다. 해방 후 연안파에 합류하여 인민군 상좌가 된 후 회의주의자로 변해 남모르게 속앓이를 하다 전사한 김철, 바쿠닌주의자를 자처한 끝에 과격한 빨치산으로 변한 강현석, 이동영의 죽마고우로 크로포트킨에 심취하였다가 박영창이 볼셰비키로 전향한 것을 맹렬하게 비판하고 1941년 일제의 검속에 걸려 전향을 서약하고 귀향하여 농사를 짓던 중 해방 후 야산대에게 집이 소실되고 처자가 다 죽자 복수심에 불타 경찰에 투신한 윤상건 등은 북에서 비극적 최후를 맞은 이동영 못지않은 영웅주의자요 시대적 희생자로 그려진다.

조정래의 『아리랑』에서는 만주에서 활동하면서 신채호, 이회영 등을 만나 아나키스트가 되는 주요 인물 송수익은 독립군을 지휘하던 중 관동군에게 잡혀 옥사당하는 것으로 그려진다. 송수익은 의병장으로 활동했음에도 왕권주의자들과 결별했고 공산주의자들과도 거리를 두었다.

페터 지마는 『이데올로기와 이론』(1989)에서 이데올로기라는 말이 경멸적인 의미로 사용되고 있는 현실을 부정하지 않았을 뿐만 아니라, 고도로 세분된 사회과학 분야에서 다양하게 사용된 나머지 기본의미가 모호해지고 말았음을 간파했다. 특히 정치가들이 이 용어를 당략적인 차원에서 오용해 온 것을 이데올로기라는 용어의 혼란의 한 원인으로 지적했다. 또 사회과학자들 사이에서 무분별한 용어사용도 이데올로기 혼란을 가져온 한 원인이라고 하였다. 이데올로기가 자주 의식, 문화, 세계관, 신화, 허위적 사고 심지어 관념과 동의어로 사용되어 버린 나머지 본래의 의미를 알기 어렵게 되고 말았다는 것이다. 페터 지마는 페루치오 로시-랑디(Ferruccio Rossi-Landi)가『이데올로기(Ideologia)』에서 신화와 민속, 환상과 자기기만, 건전한 인간이해, 거짓말, 위장, 반계몽주의, 허위적 사고일반, 철학, 세계관과 같이 열한 가지 뜻으로 정리한 것을 소개하였다.[20]

이데올로기와 비슷한 말로 신념, 이념, 관념, 신앙, 믿음, 광신 등을 들 수 있다. 수신서인 홍자성(洪自誠)의『채근담(菜根譚)』에서는 "욕심을 따라가는 병은 치료할 수 있으나 이론에 집착하는 병은 고치기 어렵고 사물이 가져다 주는 장애는 가히 제거할 수 있으나 의리가 가져다 주는 장애는 제거하기 어렵다"[21]고 하여 동서고금을 막론하고 인간은 "집리지병"이나 "의리지장"과 같은 난치병에 걸리기 쉽다고 주장하였다. 이론에 집착하거나 의리에 매달리는 것은 바로 이데올로기의 부정적인 면을 가리키는 것으로 볼 수 있다.

이렇듯 이데올로기라는 용어사용의 일대 혼란을 지적한 다음, 페터 지마는 이데올로기를 크게 사회학적인 면과 기호학적인 면에서 살펴보았다. 사회학적인 면에서 볼 때 이데올로기는 문화, 종교, 신화, 세계관 등에서 나타나고, 기호학적인 면에서는 언어, 광고, 프로파간다, 이론 등의 분야에서 나타난다고 하였다. 이렇듯 페터 지마는 이데올로기가 형성되는 바탕을 넓게 파악했다. 문화와 이데올로기의 관계에 대해 "한 사

20 Peter V. Zima, op. cit., p. 17.

21 원문은 김석환 역주『菜根譚』, 학영사, 2011, pp. 300~301에서 취하였다.
縱欲之病 可醫 而執理之病 難醫 事物之障 可除 而義理之障 難除.

회의 최소한의 공통분모를 이루고 있는 문화적 규범들과 가치들에 맞서서 헤르만 브로흐식의 의미의 부분체계(Partialsystem)도 한 이데올로기의 규범들과 가치들을 이루어 낸다"[22]고 하였다. 인간이 만들어 낸 사회제도, 인간의 생각이 빚어낸 사고체계, 신문과 방송, 언표행위에서 이데올로기가 쉽게 감득된다. 해방 이후 한국현대사를 돌아보면 이데올로그의 발생원인으로 나름대로의 정의감의 발로, 소수가 보이는 합리적 사유 끝의 선택, 공동체 유지나 개선에의 노력, 특정 정파 가입, 군중심리, 특정 존재에 대한 반감의 강화, 지식인의 자기합리화 내지 허세, 트라우마의 보상심리, 시대조류에의 맹목적 추종 등을 지적하게 된다.

페터 지마가 이데올로기와 언어의 관계에 대해 지적한 것은 이데올로기의 문제를 새롭게 접근하고자 한 의도를 반영한다. 그는 올리비에 레블(Olivier Reboul)의 『언어와 이데올로기(Language et Idéologie)』에서 언어 자체가 이데올로기적인 것이 아니라 사람들의 언어사용법이 이데올로기를 결정하는 것임을 확인하였고, 루시앙 골드만의 『정신적 구조와 문화창조』에서는 랑그 자체가 이데올로기적이 될 수 있는 것은 아니며 빠롤의 영역에서만 이데올로기적인 것이 발전된다는 말을 인용하였다. 그러면서 페터 지마는 언어 자체가 계급지배의 도구일 뿐 아니라 남성적 헤게모니의 유지수단이라는 점에 대한 반론을 외면해서는 안 된다고 충고하였다.[23]

테리 이글턴도 이데올로기란 단어의 복잡성을 인정하여 "이데올로기란 단어는 상이한 개념적 실타래의 모든 섬유로 짜여진 텍스트"라고 하면서 이데올로기의 개념을 다음과 같이 열여섯 가지로 정리했다.

① 사회생활에서의 의미들, 기호들, 가치들의 생산과정

② 특정 사회집단이나 계급 특유의 관념들의 본체

③ 지배적 정치권력을 정당화하게끔 도와주는 관념들

---

22 Peter V. Zima, op. cit., p. 24.

23 Ibid., p. 44.

④ 지배 정치권력을 정당화하게끔 도와주는 잘못된 관념들

⑤ 체계적으로 왜곡된 의사소통

⑥ 주체에 위치를 부여하는 것

⑦ 사회적 이해관계에 의해 동기화되는 사상형태

⑧ 정체성에 대한 사고

⑨ 사회적으로 필요한 환상

⑩ 담론과 권력의 결합

⑪ 의식적 사회운동가들이 자신들의 세계를 파악하게끔 하는 매체

⑫ 행동지향적 신념체계

⑬ 언표된 실제세계와 현상적 실제세계 사이의 혼동

⑭ 기호적 닫힘

⑮ 개인이 사회구조에 대한 관계를 체험하게 하는 필수적 매체

⑯ 사회생활이 자연적 현실로 전환되는 과정[24]

테리 이글턴은 이러한 정의들이 호환적이지 않다는 점에 주의해야 한다고 하면서 이들 정의를 완전히 경멸적인 것, 약간 경멸적인 것, 전혀 그렇지 않은 것 등으로 나누었다. 그런가 하면 이들 정의를 인식론적 차원에서 나온 것과 그렇지 않은 것으로 분류할 수도 있는 것처럼 암시하였다. 이데올로기에 관한 한, 테리 이글턴은 가장 많은 정의를 보여준 셈이다. 테리 이글턴의 열여섯 가지 정의들은 ④, ⑤, ⑬ 등과 같은 부정적인 것을 제외한다면 기본적으로 가치중립적인 접근법을 취한 것으로 보인다. 그러나 ②, ③, ⑥~⑪ 등은 여차하면 부정적인 쪽으로 뒤집어질 가능성을 안고 있다. 원한, 정치적 욕망, 명예욕 등과 같은 구체적인 이데올로기 발생원인론은 찾기 어렵다.

테리 이글턴은 비교적 근간인 『문화의 개념(The Idea of Culture)』에서 몇십 년 동안 글로벌 아젠다를 지배한 급진정치의 세 가지 형식으로

24 Terry Eagleton, *Ideology: An Introduction*, Verso, 1991, p. 2.

혁명적 민족주의(revolutionary nationalism), 페미니즘(feminism), 인종갈등(ethnic struggle)을 들어 진보와 보수, 좌익과 우익의 이항대립에서 벗어나게 된다.[25] 민족주의와 페미니즘, 인종갈등은 18세기에서 20세기까지 전세계를 지배해 왔던 이분법을 넘어서는 글로벌 아젠다가 된다. 이 세 가지 문제는 지역에 따라 또 국가에 따라 약화된 경향도 있기는 하지만, 21세기가 20년이 지나가는 이 시기에도 여전히 해결책을 모색하는 중이라는 점은 변함이 없다. 갈등 당사자들이 만족할 만큼의 개선은 보이지 않고 있다는 것이다.

테리 이글턴은 문학 텍스트는 이데올로기를 반영하는 것이 아니라 생산하는 것이라고 주장했다.

> 문학 텍스트는 이데올로기의 '표현(expression)'이 아니며, 이데올로기도 사회계급의 '표현'이 아니다. 차라리 텍스트는 특정 이데올로기의 '생산(production)'으로, 어떤 면에서는 연극의 생산으로 유추하는 것이 적합하다. 연극의 생산 즉 연출은 그것의 기본이 되는 대본을 표현(express), 반영(reflect) 혹은 재생(reproduce)하는 것이 아니라, 대본을 독특하면서도 바꿀 수 없는 하나의 실체로 변형시킴으로써 대본을 생산(produce)한다.[26]

대본과 연극을 연결하는 표현, 반영, 재생 등의 행위는 '생산'으로 총괄된다. 표현은 연출가 주관의 개입이 많은 것으로, 반영은 연출가가 주관을 자제하는 것을 말하며, 재생은 표현과 반영의 중간에 놓이게 된다. 루카치에게 큰 빚을 지고 있으면서 문학생산론이라는 새로운 시각을 정립한 테리 이글턴이 내린 결론에 의하면, 작가가 소설 속에서 쓰고 있는 언어들과 기법들은 이미 특정 이데올로기적 인식방법(certain ideological modes of perception)과 특정 약호화된 현실해석방식(certain codified ways of

---

25 Terry Eagleton, *The Idea of Culture*, Blackwell Publishers Inc., 2000, p. 38.

26 Terry Eagleton, *Criticism and Ideology*, NLB, 1976, p. 64.

interpreting reality)에 젖어 있다는 것이다.[27]

이러한 결론에 도달하기 전에 이글턴은 이데올로기의 기본의미를 엥겔스, 플레하노프, 에른스트 피셔, 알튀세 등의 견해들을 중심으로 하여 검토한 후 "이데올로기는 교리들의 집합체가 아니며, 사람들을 사회적 기능에 얽매이게 하면서 동시에 사회전체에 대해 올바른 인식을 갖지 못하게 하는 가치, 사상, 이미지를 뜻한다"는 식의 부정적인 인식을 표출하고, 문학과 이데올로기의 기본관계에 대한 관념을 크게 두 가지로 나누었다. "문학은 일정한 예술형식을 갖춘 이데올로기에 불과하다"는 입장이 있는가 하면 "많은 문학은 당면한 이데올로기에 도전한다"는 상반된 입장도 있다고 하였다.[28] 전자의 이데올로기는 '사상'이란 말로 바꾸어 볼 수 있으나, 후자의 이데올로기는 다른 말로 대치하는 것이 어렵다. 후자의 이데올로기라는 말 앞에는 '지배'라든가 '중심'이라든가 또는 '부정적'과 같은 한정어가 붙어야 한다. 최소한 20세기 한국소설에서는 특정 이데올로기를 구현하면서도 성공작으로 평가된 것이 적지 않지만, 소설에 있어 이데올로기의 구현은 필요조건이라기보다 충분조건에 가깝다.

이러한 상반된 주장들은 그 후에 나온 레너드 데이비스(Lennard Davis)의 저서 『반항하는 소설들(Resisting Novels)』을 함께 떠받치고 있다. 데이비스는 소설은 이데올로기를 구현하고 전달하는 것일 뿐만 아니라 끊임없이 저항하는 것이라는 논리를 입증하기 위해 이 책을 쓴 것이라고 할 수 있다. 이데올로기소설은 물론이고 반전소설, 반도시소설, 풍자소설, 정치소설 등과 같은 소설유형은 적극적으로 특정 이데올로기를 드러낸 경우가 된다. 이때 이데올로기는 기본적으로 저항이데올로기로, 테리 이글턴이 내린 네 번째 이데올로기 정의 즉 "지배적 정치권력을 정당화하게끔 도와주는 잘못된 관념들"로서의 이데올로기를 대항개념으로 삼을 수 있다.

27 Terry Eagleton, *Marxism and Literary Criticism*, Methuen & Co. Ltd., 1977, p. 27.

28 Ibid., pp. 16~17.

레너드 데이비스는 『반항하는 소설들』에서 "소설은 삶을 그리는 것이 아니라 이데올로기에 의해 표현된 그대로의 삶을 그린다", "이데올로기는 자신에 대하여 또 자신을 위하여 소설을 쓰는 문화적 형식이다", "소설은 이데올로기를 주입시키는 행위자가 되어 가고 있다" 등과 비슷한 주장을 거듭하고 있다. "소설은 이데올로기 때문에 의미를 갖게 된다. 소설들은 이데올로기들을 구현한다. 소설들은 이데올로기를 전파한다. 소설들은 이데올로기 덕분에 존재한다. 그리고 내가 주장한 것처럼 소설의 기원은 이데올로기의 근대적 개념이 막 시작된 그때에 찾을 수 있다"[29]는 주장은 새로운 소설관이라는 반응을 얻을 수 있다. 이러한 인식은 리얼리스트들의 전유물은 아니다. 이데올로기 자체에 대한 알레르기나 특정 이데올로기에 대한 조건반사적 지지나 반감을 보이는 태도는 데이비스류의 소설관을 긍정적으로 받아들이기 어렵다.

이데올로기는 보수주의, 민주주의, 사회주의 등과 같은 거대 이데올로기와 환경주의, 여성주의 등과 같은 작은 이데올로기로 나누어지는 것처럼 소설에서 이념소(理念素, Ideologeme)[30]의 형태로 나타나곤 한다. 이념소의 대표적인 예로 원한(ressentiment)을 들 수 있다. 이데올로기소설로 묶을 수 있는 김원일의 『노을』, 조정래의 『태백산맥』, 이병주의 『지리산』 등은 원한의 이념소로서의 작용과정을 잘 보여 준다. 김원일의 『노을』에서 '삼조성님'은 공산주의 이데올로기를 부자와 빈자의 차별을 없애라는 사상, 똑같이 일하고 똑같이 나누어 먹는 세상을 가져오려는 사상으로 단순하게 이해하는 태도를 보인다. 원한 못지않게 비중이 큰 것은

---

29 Lennard Davis, *Resisting Novels*, p. 25.

30 Jeremy Hawthorn, *A Glossary of Contemporary Literary Theory*, Hodder Education, 1998, p. 158.
"이데올로기소(Ideologeme)는 프레드릭 제임슨(Fredric Jameson)의 『정치적 무의식(The Political Unconscious)』(1981)에 의하면 사회계급의 근본적으로 적대적인 집단담론의 최소단위를 뜻한다. 이 용어는 음소(phoneme), 의미소(sememe), 문체소(styleme), 몸짓소(kineme), 화소(narreme) 등과 같은 단어들로부터 유추된 것이다."

사회주의를 토대로 한 정치적 욕구다.

김원일의 대하소설『불의 제전』에서 이데올로기나 이데올로그가 생성되는 과정을 그린 대목을 찾아보기로 하자.

> 경성제대 예과 시절, 둘은 문과 을반에 적을 두었다. 예과 이학년에 올라가, 허정우가 여전히 서구철학사나 정치사상사 책을 섭렵할 무렵, 심찬수는 러시아혁명 관계 서적에 심취하더니 사회주의 사상으로 빠져들었다. 그는 지주아들로서 소작농의 비참한 생활에 자책과 회의를 갖자, 차츰 계급평등의 실현에 신념을 갖게 되었다. 노동자와 빈농의 계급혁명에 실천가가 되기로 작심했다. 그 뜻을 조선독립과 연계시켜 실천하기로 결심한 그는 곧 좌파 지하조직에 뛰어들었다. 온건한 자유주의자였던 허정우와 급좌경 민족주의에 열광했던 둘은 그 문제를 두고 논쟁을 벌였으나 이미 서로의 생각이 확연하게 달라 타협점에 도달할 수 없었다. 43년 겨울, 허정우가 학도병 강제입대를 피해 고향 평양 근교에 은신하고 있을 사이, 심찬수는 불령선인(不逞鮮人)으로 일경에 피검되었다. 그의 부친이 백방으로 손을 쓴 끝에 여섯 달 만에 부산형무소에서 풀려나오긴 했지만 석방조건으로 그는 곧 학도병 강제싱십 영장을 받았다. 해방과 더불어 한 팔을 잃고 필리핀에서 귀향한 이후, 그의 사상은 급하강의 조락을 가져왔다. 외곬의 이념을 정산한 대신 뼈 없는 낙지꼴로 사고의 중심을 잃어버렸다.
>
> 허정우가 보기에 심찬수의 현재 상태는 달관이나 초월과는 상관없는, 삶 자체를 비극으로 인식하는 냉소주의자, 아니면 허무주의자로 떨어진 셈이다.[31]

김원일이 주인공 심찬수보다 더 애착하는 존재는 조역인 박도선이다.

31 김원일,『불의 제전』1권, 문학과지성사, 1997, pp. 81~82.

> 그는 일제시대 조민세와 함께 철하 쇠전마당 쪽에 흙벽돌을 찍어 야학교사를 짓고 농민을 교육하며 적색(赤色) 농민조합운동을 선도하다 두 차례, 해방 후 한 차례, 모두 세 차례에 걸쳐 다섯 해 동안을 감옥에서 보냈다. 좌우 분열의 팽팽한 대립이 극에 달하고, 몇 인사의 남북협상마저 좌절된 끝에 삼팔선으로 남과 북의 분단과 두 개 정부체제가 기정 사실화된 지금에 와서는 그의 사상도 좌우익 극단적인 노선에서 온건한 민족주의자로 돌아서고 말았지만, 해방 직후까지 그는 골수 좌익운동가였다. 그는 마르크스-레닌 이론의 실천만이 일본압제와 4천년 봉건전제체제로 일관되어 온 반도 땅을 인민의 낙원으로 만들 수 있다고 믿었다. (중략) 그는 극좌파와 갈려져 있던 좌파 중도계 여운형 직계로 자리를 옮겼다가, 그해 7월 여운형이 암살당하자, 일백수십 개로 난립하던 정당의 그 난장바닥 같은 정치로부터 결별을 작심하고 9월에 낙향하고 말았다. (중략) 그는 혁명의 실천적 행동대원으로 나서기를 포기한 대신, 오물투성이의 더러운 물을 자체 정화하는 한갓 일꾼으로서, 지역사회 민중교육의 봉사로 후계자를 양성하고 저술을 통해 뜻을 펴기로 결심했다. 그가 고향으로 돌아오자, 진영지서는 문제인물의 출현에 긴장하여 그를 곧 연행했다. 일주일여 불구속조사 끝에 혐의점을 잡아낼 수 없자, 그는 읍내에 살 수 있는 자유의 몸이 되었다.[32]

6·25전쟁을 소재로 취하면서 이데올로기의 문제를 학자들 못지않게 천착한 작가로 이병주, 김원일, 조정래, 현길언, 박경리 등이 있다. 이 중에서 열여섯 가지 정의를 제시한 테리 이글턴처럼 이데올로기를 다양하고도 섬세하게 파악한 작가는 현길언이다. 「미명」(『한국문학』, 1987. 4), 「바람과 불길」(『현대문학』, 1986. 6), 「껍질과 속살」(『문예중앙』, 1986. 4) 등이

---

32 같은 책, pp. 91~93.

좋은 실례가 되고 있는 것처럼, 현길언은 이데올로기에의 맹신과 폭력화에 의해 무너져 버리거나 온통 뒤틀려지고 마는 개인의 삶에 특별히 주목하고 있다. 그러나 현길언의 궁극적인 관심은 이데올로기의 실체를 밝혀내는 데 있지 않다. 그는 특정 이데올로기가 그에 직간접적으로 얽혀 있는 개인들의 삶을 부당하게 또 뿌리째 뒤흔들어 버리고 마는 식으로 행사되는 방법과 과정에 더 큰 관심을 두고 있는 것이다. 사상이 특수한 관점으로 한정될 때 이데올로기가 되고, 이데올로기는 처음부터 한 개인의 사고·의지·정서 따위는 아랑곳하지 않는 속성을 지니고 있으며, 또 이데올로기는 추종자의 소유욕·명예욕·권위욕 등에 의해 얼마든지 왜곡되거나 악용될 수 있는 것임을 현길언은 이제껏 그의 많은 작품들을 통해 잘 실증해 왔던 것이다. 그는 해방 직후의 몇몇 폭동이라든가 6·25전쟁 등과 같은 좌우이념대립의 현장에서 작가적 시선을 거의 떼지 않고 있으면서도 좌우이념의 본질에 대한 탐구심보다는 그 이데올로기들이 현실화되고 하나의 초개인적인 힘으로 행사되는 과정에 대한 관찰에 더 큰 비중을 두었다.

이데올로기의 기본의미를 한 개인이 자신이 살고 있는 시대와 사회에 품고 있는 인식의 체계화·도식화·신념화 정도로 정리하는 것이 용인된다면, 현길언은 이데올로기 그 자체를 부정한 것은 아니라고 할 수 있다. 현실의 모순과 허위에 맞서 싸우는 인물들과 또 그 인물들 나름대로 품고 있는 신념과 전망에 대해 긍정적 의미를 주고 있는 「그믐밤의 제의」(『소설문학』, 1987. 6), 「작은 악마」(『문학과 지성』, 1985. 12), 「밤나무꽃」(『문학사상』, 1986. 8) 등은 위의 추론을 잘 뒷받침해 준다. 이 소설들은 이데올로기의 긍정적 속성을 일구어 내려 한 점에서 이데올로기의 폭력이나 광기에로의 연결 가능성을 한껏 강조한 「미명」, 「껍질과 속살」, 「닮아지는 세월」, 「바람과 불길」, 「흔들리는 어둠」 등의 작품과는 대립의 관계를 이루고 있다.

「미명」의 주인공 백지혁과 「바람과 불길」의 주인공 백창규는 정반대의 이념적 입장에 서 있음에도 우익이든 좌익이든 특정 이데올로기에 가담하는 과정에서는 적극적 의지의 결여, 우발적 동기의 작용, 회의적인 태도 등의 공통점을 내보인다. 「미명」에서 백지혁은 학병출신의 사회주의자 송광천의 영향을 받아 좌익계통의 서적을 뒤적거리긴 했으나, 그는 철저한 우익 쪽의 인물 최선생에 대한 테러를 조종했다는, 아무 근거 없는 혐의를 받고 공산주의자로 몰리게 되면서 변명의 여지가 없는 공산주의자의 길을 걷게 된다. 주변의 오해와 양단논법이 백지혁을 좌익의 핵심세력으로 몰아가 버리는 결과를 낳은 것이다. 그러나 백지혁은 4·3폭동을 일으키고 산으로 쫓겨 들어갔을 때도 맹목적 행동주의와 폭력능사론에 대해 회의를 표시했고 "혁명이 무엇인지도 모르고 공산주의에 대해 티끌만한 의식도 없는" 행동대원들을 한 명이라도 미망 속에서 건져 내려고 하였다.

「바람과 불길」에서 구국청년단에 뛰어들어 좌익세력 토벌에 한몫을 해낸 백창규와 최종열은 우파 이데올로기의 우수성에 대한 이해와 확신에서 우익 행동대원의 길을 걸은 것은 아니다. 백창규는 해방 직후 치열한 좌우대립상을 목격하면서 그 어디에도 속하고 싶지 않으면서도 공산주의자는 될 수 없다는 천성을 확인하였다. 이런 백창규를 구국청년단으로 밀어 버린 힘은 '배운 사람으로서 끝까지 현실을 초월할 수는 없지 않은가' 하는 자의식이었다. 최종열은 중학교 5학년 때 신의주 반공투쟁대열에 뛰어들었다가, 부모형제 다 버리고 단신월남한 이력을 지니고 있다. 최종열은 집안을 몰락하게 만든 공산세력에 원한을 지니고 있었던 경우가 된다.

그러나 현길언은 「바람과 불길」을 우익 행동대인 구국청년단이 승리하는 것으로 끝내고 있지 않다. 이 작품은 구국청년단이 거물급 정치가 H씨 피격사건에 깊이 관여한 혐의로 상부로부터 활동중지 명령을 받아 단원들이 뿔뿔히 흩어지는 것으로 끝맺음되었다. 백창규와 최종열은 자신들도 결국 "바람 따라 거침없이 붙었던 불길"에 불과했음을 자각하고 구국청년단은 최장군의 정략과 계산의 조종을 받아 만들어진 것이라고 파악하게 된다. 이러한 자각과 파악을 통해 이데올로기는 소수의 힘있는 존재들의 정치적 야심에서 빚어진 것이라는 부정판단이 빚어지게 된다. 이런 형태의 이데올로기 앞에서 작가 현길언은 개인의 삶이란 "바람"따라 이리 쏠리고 저리 기울어지는 "불길"일 수밖에 없음을 웅변하고 있다.[33] 현길언은 이데올로그와 그 추종자들을 등장시킨 여러 편의 소설들을 써낸 끝에 '이데올로기의 폭력화 경향에 의해 개인의 삶은 무너지기 쉽다', '이데올로기는 추종자의 소유욕과 권위욕 등에 의해 얼마든지 왜곡될 수 있다', '이데올로기는 광기나 폭력으로 연결되기 쉽다', '이데올로기는 소수의 힘 있는 존재들의 정치적 야심에서 빚어지기 쉽다' 등과 같은 이치를 찾아내고 있다.

33 조남현, 「이념의 고체화와 삶의 진실」, 『삶과 문학적 인식』, 문학과지성사, 1988, pp. 207~216.

16장 소설과 갈등이론

소설은 부정적 감정이나 부정적 현상에 주목하는 양식이다. 부정적 감정은 시름·걱정·근심·불만·불평·불안감·초조감·불편·짜증·상실감·패배감 등과 같은 1단계, 시기심·질투심·공포심·한·홧병·냉소·거부감·반감·역겨움 등과 같은 2단계, 분노·공격·증오·복수심 등과 같은 3단계로 생각해 볼 수 있다. 1단계의 부정적 감정들은 주로 한 개인의 내면에 들어 있는 것들이며, 2단계의 부정적 감정들은 1단계의 감정이 그것들을 유발한 존재나 원인을 향해 반응을 보이는 것을 말한다. 3단계의 감정들은 2단계의 존재나 원인을 향해 반대급부로 표출한 감정들을 말한다.

부정적인 현상이나 존재에 붙는 단어들의 공통된 접두사는 '불'이나 '부'로 나타난다. '부'로 시작되는 단어로는 부실, 부정(不正), 부정(不貞), 부적당, 부적합, 부전(不全), 부족, 부정확, 부조리, 부조화, 부진 등이 있다. '불'로 시작되는 단어로는 불공정, 불공평, 불균형, 불량, 불륜, 불만, 불미, 불법, 불성실, 불순, 불신, 불안, 볼온, 불의, 불이익, 불충, 불쾌, 불편, 불효, 불합리, 불화 등이 있다. 이외에 부정의 뜻을 나타내는 접두사로 미(未), 비(非), 무(無), 반(反), 허(虛), 실(失), 위(僞) 등이 있다. '미'로 시작되는 단어로는 미개, 미거(未擧), 미달, 미련, 미비, 미성숙, 미숙, 미지, 미편 등이 있고, '비'로 시작되는 단어로는 비례, 비리, 비민주적, 비문화적, 비인간적, 비정(非情), 비정상(非正常) 등이 있고, '무'로 시작되는 단어로는 무도, 무력, 무례, 무뢰배, 무리, 무법천지, 무분별, 무상, 무의무탁(無依無托), 무익, 무정 등이 있다. '반'으로 시작되는 단어로는 반기, 반대, 반발, 반민주, 반민족, 반목, 반사회적, 반전, 반작용, 반정(反正), 반항 등이 있고, '허'로 시작되는 단어로는 허망, 허무, 허식, 허언, 허장성세(虛張聲勢) 등이 있고, '실'로 시작되는 단어로는 실격, 실권, 실망, 실성, 실수, 실심, 실업, 실인심, 실정(失政), 실지(失地), 실패 등이 있고,

'위'로 시작되는 단어로는 위선, 위작, 위장, 위조 등이 있다.

염상섭의 『삼대』(『조선일보』, 1931. 1. 1~9. 17)는 "삼대의 갈등"이라는 제목을 붙여도 좋을 정도로 할아버지와 아버지와 손자의 삶의 방식의 차이가 빚어낸 갈등을 다루었다. 물론 이 작품에는 세대갈등과 병치되거나 부수된 여러 갈등관계가 그려져 있다. 지원자 조덕기와 주의자 김병화·홍경애의 사상갈등이라든가 주의자들과 일제경찰의 대립상이 삼대의 갈등과 영향수수관계를 이루고 있다. 그런가 하면 조의관의 첩 수원댁과 덕기모친의 충돌도 비중 있게 다루어지고 있다. 이러한 여러 갈등 중에서도 주의자를 향한 일제경찰의 수사와 처벌의 과정을 거짓 없이 서술하는 것은 1930년대 조선작가에게는 크나큰 모험이었다. 단행본을 내지 않는 조건으로 연재가 허용되었다는 사실은 이를 잘 입증한다. 일제강점기 조선의 대표작으로 평가되곤 하는 『삼대』는 해방 후 1948년에야 단행본으로 출간될 수 있었다. 오케스트라처럼 나타나는 크고 작은 갈등은 다음과 같이 다양하게 부정적 태도나 감정이 표출되는 것을 통해 확인된다. 유례를 찾기 어려울 정도로 구사된 염상섭의 섬세한 촉수는 바로 『삼대』의 우수성을 보증해 준다. 이런 다양하고 섬세한 촉수는 장광설 경향의 서술방법에서 우러나온 것이기보다는 당대 사회에 대한 작가의 남다른 깊은 통찰력과 정직한 재현의 정신에서 빚어진 것이라고 할 수 있다.

> ① "얘, 누가 찾아왔나 보다. 그 누구냐? 대가리 꼴하고……. 친구를 살 사귀어야 하는 서야. 친구라고 찾아온다는 것이 모두 그따위뿐이야?" 하고 눈살을 찌푸리며 못마땅하나는 잔소리를 늘어놓다가"(p. 7).
>
> ② "여기는 오뎅하고 술뿐일세."(오뎅이란 것은 두부 종류의 것을 장물에 삶은 일본 요리다.) "기껏 온 게 여기야?" 덕기는 다소 실망도 하고 불쾌한 듯이 핀잔을 주었다"(p. 13).
>
> ③ 있는 사람을 따라다니며 얻어먹기도 싫다. 화려한 좌석에서 어울리지 않게 놀기도 싫다고 하는 병화의 말이 옳지 않은 것은 아니요, 그 기분을 아주 이해치 못하는 것은 아니나, 덕기

는 자기를 빗대 놓고서나 하는 말 같아서 듣기 싫었다. 그뿐 아니라 언제든지 빼어 먹고 쓰고 할 것은 다 하면서 게걸대고 입바른 소리를 툭툭 하는 것이 밉살맞기도 하였다(p. 14).

④ 경애가 컵에 술을 받아서 마시는 것을 보고 덕기는 외면을 했다. 처음에 소리를 치며 희희낙락하여 내닫는 그 꼴에도 가슴이 내려앉듯이 놀랐지만, 그 술 마시는 데에 한층 더 놀라고 밉고 가엾고 더럽고 한 복잡한 감정을 참을 수가 없었다(p. 23).

⑤ 그 부드러운 목소리와 급히 죄어치지 않는 느린 말투는 퍽 젊었을 때에도 그랬는지는 모르겠으나 아마 예수교 속에서 얻은 수양인가 보다고 덕기는 생각했다. 거기다가 비하면 조부의 목소리와 어투는 자기 생긴 거와 같이 몹시 신경질이요 강강하였다(p. 46).

⑥ 따라서 그만큼 사회적으로나 가정적으로나 또는 자기의 사상 내용으로나 가장 불안정한 번민기에 있는 처지인 것이 사실이다. 덕기는 부친에 대하여 다소 이러한 이해가 있으므로 가다가다 반감이 불끈 치밀다가도 한편으로는 가엾은 생각, 동정하는 마음이 나는 것이었다(p. 50).

⑦ 거기에는 물론 병화가 노골적으로 반항하는 편지를 한 탓도 있었다. 제 사상이 변했더라도 어름어름 부친의 비위를 맞춰 나갔으면 좋았겠지만 변통성 없는 어린 마음에 곧이곧대로 대들었던 것이다. 그러나 굶으며 먹으며 동경바닥에서 1년간 뒹구는 동안에는 생활이 그런 만큼 사상이나 기분이 더욱 과격해졌다. 부친과의 거리가 천리만리 떨어진 것은 말할 것도 없고, 할 수 없이 경도까지 노자를 만들어 가지고 덕기에게 귀국을 시켜 달라고 왔을 때 덕기도 자기와 사상으로 거리가 여간 멀어지지 않은 것을 보고 놀랐다(pp. 63~64).

⑧ "아니, 자네 뒷머리를 늘인 것을 보니 경도에서 만났을 제 생각이 별안간 나네 그려" 하며 덕기는 일부러 웃었다. 무어라나 들어보고 싶고 골을 개고 덤비는 것이 우스워서 짓궂이, 깐

깐히 말을 만드는 것이었다. "그래 어쨌단 말인가?" 병화는 점점 시비조다(pp. 64~65).

⑨ "오, 가끔 돈 원간 돌려주니까?" 하고 병화는 분연히 직통을 쏜다. "조그만 이용이지만 그것도 이용은 이용이지!" 하며 덕기는 또 냉소를 하다가 "자네는 아까도 곧 절교라도 할 듯이 날뛰더마는 나 같은 놈도 실상은 있어 필요한 걸세"(p. 75).

⑩ 딸이 눈짓을 하다 못해, "그런 소리는 왜 이 양반 보고 해요?" 하고 핀잔을 주려니까, 말을 멈칫하다가 그래도 분이 치미는 듯이 "어쨌든 이것을 이만치라도 키워 놓을 제야 이 늙은 년의 뼛골이 얼마나 빠졌겠는가를 좀 생각해 보라고 가서 말씀 좀 하슈" 하고 얼굴이 시뻘게진다(p. 87).

⑪ 그러던 것이 동무들의 뒷공론이 점점 노골적으로 맞대해 놓고 입을 삐죽거리며 비웃게 되었을 때 놀랍고 분한 한편에 조선생을 슬슬 피하게 되었다. 그러나 조선생에게 대한 공포심은 일어날지언정 결코 조선생이 미운 것은 아니었다. 미워졌으면 좋겠는데 밉지가 않은 자기 마음이 도리어 밉고 안타까웠다. 사실 생각하면 조선생을 미워할 아무 건더기가 없었다. 조선생은 예나 이제나 다름없는 조선생이었다. 그러나 동무들이 면대해서 쏘지도 않는 빗대 놓은 조롱은 점점 더 늘어갔다. 빗대 놓고 들큰거리는 말이니 탄할 수도 없고 변명할 길도 없다. 울분과 번민이 어린 가슴을 너시세 했나(pp. 104~105).

⑫ 아들에 대하여 학교에 돈 쓰고 제 손으로 가르친 남의 딸 유인했다는 말을 터놓고 하는 것을 들으니 아무리 부친이 홧김에 한 말이라 해도 듣기에 괴란쩍고 부자간이라도 너무 야속했다. "아버지께서는 너무 심한 말씀을 하십니다마는 어쨌든 세상에 좀 할 일이 많습니까. 교육사업, 도서관사업, 그 외 지금 조선어자전 편찬하는 데……." 상훈이는 조심도 하려니와 기를 눅여서 차근차근히 이왕지사 말이 나왔으니 할 말을 다 하겠다는 듯이 말을 이어나가려니까 또 벼락이 내린다(p. 135).

⑬ "너희 연놈들이 짜고서 나를 어서 죽으라고 기도를 하는고나? 그놈은 하느님한테 기도를 한다더니 너는 산천기도를 올리니? 너 같은 년이 내 앞에 있다가는 약에 무엇을 타서 먹일지 모르겠다"고 어린애처럼 뛰었다. 덕기모친은 무엇보다도 이 말에 가슴이 선뜩하고 정이 떨어졌다(p. 170).

⑭ 지주사는 저편이 마음을 돌린 눈치를 보고 슬금슬금 핀잔 맞은 대거리를 하려는 것이다. 찐 병아리 같은 지주사는 언제나 저편이 휘두를 때는 가만 내버려 두었다가 누그러지기를 기다려 갉죽갉죽 비위를 긁어서 앙갚음을 하는 것이다(p. 455).

⑮ 아무리 물으나 경애는 잠자코 앉아서 무엇을 골똘히 생각하는 눈치다가 눈물을 똑똑 떨어뜨린다. 지금 욕을 보던 것을 생각하고 분에 못 이겨서 쓴 눈물이 스며 나오는 것이었다. "그래 따님은 어디로 찾아 나선 것인가요?" 경애는 한참만에 목소리를 가다듬어 가지고 묻는다. "삼청동 110번지라던가!" 경애는 발딱 일어선다. 두 눈은 금시로 마르고 복수의 일념에 타는 살기가 쭉 내솟았다(p. 495).

⑯ "안 치러 드린다는 것은 아닙니다마는……." 덕기는 너무 오래 잠자코 앉았을 수 없어서 말부리만 따고 또 가만히 고개를 떨어뜨리고 앉았다. 그러나 복통이 터져서 속은 끓었다(p. 574).[1]

할아버지 조의관은 손자 덕기가 외양도 지저분한 김병화와 친구인 것이 마땅치 않다(①). 조덕기는 김병화가 자신의 물질적 지원을 받아 오면서도 평소 자존심을 굽힘 없이 특히 부유층에 대한 냉소벽에 사로잡힌 것을 보고 살짝 미움의 감정도 갖곤 한다(③). 조덕기도 틈만 나면 김병화에 대한 반감을 표출하면서 둘 사이는 화이부동(和而不同)의 관계 밖

1 염상섭, 『삼대』, 문학과지성사, 2004, pp. 7~574.

에 될 수 없다고 속으로 판단한다(②, ⑦, ⑧, ⑨). 홍경애는 조덕기 아버지 조상훈의 위선과 유혹에 빠져 그 애를 낳기까지 했으나 결국 방치되기에 이르렀고 주변 사람들에게 손가락질 당하는 신세가 되었음에도 애증이 교차하는 복잡한 감정에 빠지게 된다(④, ⑪). 기독교인으로서의 적극적 활동, 복잡한 여자관계, 전통적 가치관에 대한 반대 등의 이유로 부친 조의관으로부터 파문당하다시피 하고 상속권도 아들 덕기에게 빼앗긴 모양새가 된 조상훈에게 덕기는 반감과 연민의 이중감정을 갖는다(⑤, ⑥, ⑫, ⑯)

『삼대』에서는 이외에도 갈등을 느끼거나 드러내는 표현을 많이 찾아낼 수 있다. "손주며느리를 쏘아본다", "비꼬는 수작", "불쾌한 기색", "섭섭한 생각", "그래도 믿지는 수밖에 없는 것이 분하다", "눈을 찌푸렸다", "민망한 생각", "밉살맞은 생각", "서운하였다", "냉소를 한다", "몹시 거슬렸다", "불끈한 생각", "못마땅했다", "코웃음을 친다", "살기가 잠깐 떴다 꺼진다", "윽박지른다", "노염이 다시 머리를 든 것이다", "자괴지심(自愧之心)", "울분과 번민", "불안과 공포", "형언할 수 없이 괴로워했다", "눅진눅진 대거리를 하고 앉았다", "펄펄 뛴다", "애가 탔다", "괘씸했다", "쓸쓸하고 순편치가 못했다", "눈에 불이 나는 것이다", "해괴한 일이다", "밉둥을 부리는 것이다", "눈을 부릅뜨면 화를 내보았다", "실쭉하기도 했다", "새롱거렸다 호령을 했던 것", "앵돌아져 보인다", "불뚝심지", "눈이 뒤집힌 모양이다", "분통이 터졌다", "뾰롱뾰롱 빗나가기만 한다" 등. 이런 어구들은 우리말에 부정적인 태도나 감정을 가리키는 어휘가 많음을, 또 작가 염상섭이 남달리 이런 어휘들을 많이 알고 있으면서 적재적소에 배치할 줄 아는 능력을 지니고 있음을 짐작하게 된다. 『삼대』는 이런 표현들을 과연 외국어로 정확하게 옮길 수 있을까 하는 의문을 갖게 하는 작품의 경우가 된다.

갈등은 존재와 존재, 주체와 타인, 집단과 집단 사이에서 감지되는 거리감, 불편, 불화, 반목, 경쟁심, 대립감, 투쟁 등을 아우르는 개념이다. 갈등과 비슷한 말로는 대결, 대극, 대립, 대비, 대응, 대적, 대척(對蹠), 대치(對峙), 대칭, 대항 등이 있다. 이 단어들은 갈등이 일어나기 전의 상황을 가리킬 수도 있고 갈등이 빚어진 후의 상황을 지시할 수도 있다. 갈등은 협의와 광의로 나눌 수 있다. 협의의 갈등은 이상에 말한 부정적 감정들이 표출되거나 쌍방 간에 교환되는 것으로 볼 수 있고, 광의의 갈등은 부정적 감정이 쌍방의 내면에 있거나 일방적으로 행사되는 성향이 있다. 소설가들은 이런 부정적 감정들이 불러오는 현상이나 존재를 그려 내는 데 치중한다. 또한 이들 단어들은 주체와 타자 간에 갈등관계가 이루어지고 있음을 일러준다.

길버트 압캐리언(Gilbert Abcarian)과 몬테 팔머(Monte Palmer)는 심리학적 시각과 사회학적 접근법을 혼용하여 새로운 갈등이론을 정립하였다. 이들은 '갈등이 왜 빚어지는가' 하는 문제에 대해 인간의 본능, 원시적 충동이 그 주요 원인이 된다고 답하였다. 이들은 인간행동의 동기를 호기심(curiosity), 공격욕(aggression), 소속감(beionging), 호의(affection), 자부심(self-esteem), 창조욕(creativity), 안정희구(security), 성취감(achievement) 등으로 설명하였다.[2] 여기서 인간행동의 동기를 자부심, 창조욕, 안정희구, 성취감과 같이 자기지향적인 것과 호기심, 공격욕, 소속감과 같이 타인지향적인 것으로 나눌 수 있는 것처럼 두 이론가는 인간행동 동기론을 유전론적 차원에서 접근하기도 하고 후천적 학습론의 차원에서 바라보기도 하였다. 물론 두 가지가 섞일 수도 있다. 두 이론가는 "왜곡된 관념"이란 새로운 동기를 제시하는 결과도 보였다. 이 '왜곡된 관념'과 함께 앞서 말한 타인지향적 동기들은 인간관계를 쉽게 갈등관계로 몰아가기도 한다.

이와 더불어 압캐리언과 팔머는 좌절감-공격 이론(frustration-aggression hypothesis)을 세운 데서, 또 사회적 갈등의 원인과 형태를 체계적으로 제시한 데서 갈등론의 신국면을 열어 주었다고 할 수 있다. 두 학자는 정신분석학에서 깊게 파헤친 바 있는 공격성향(aggressive tendency)이란 말에 주의를 기울이면서 모든 인간이 공유하고 있는 공격성향이 바

2 Gilbert Abcarian and Monte Palmer, *Society in Conflict*, Canfield Press, 1974, p. 60.

로 여러 양태의 갈등을 불러일으키는 기본적인 에너지라고 하였다. 그러나 실제로 이들은 공격성향보다는 좌절감에 더 큰 의미를 부여하였다. 좌절감은 쌓이고 쌓였다가 일정한 계기를 만나면 공격욕으로 분출될 수 있으며, 폭력이나 급격한 변화에 호소하는 경향을 보이게 된다.

길버트 압케리언은 개인이 갈등에 빠지는 이유로 ① 생물학적 뼈대에 내재된 공격 성향, ② 성적 공격에 대한 자아의 무의식적 충동의 조절, ③ 사회에 적응하려는 목표, ④ 환경에 대한 왜곡된 관념, ⑤ 유전, 학습, 왜곡된 인식 등을 포함한 요소들의 복잡한 상호작용의 결과 등을 들었다.[3] ①~③은 생득적인 본능으로, ④는 대다수 인간들이 드러내는 성향으로 볼 수 있다. 그리고 많은 사람들은 주류사회가 억지로 물질주의적이고, 지나치게 탐욕적이고 지위지향적이며, 개인을 자아로부터 소외시키는 경향이 있음을 강하게 느끼고 있다고 지적한다.[4] 이러한 이론은 주류사회가 개인들을 오히려 살벌하고 비정하기 짝이 없는 경쟁사회로 몰아가는 데서 갈등이 자연발생하는 것임을 인정하고 있다.

갈등의 원인을 해명하는 자리에서 압캐리언과 팔머와 마찬가지로 공격본능을 중시한 아나톨 라포포트(Anatol Rapoport)는 사회적 갈등은 대체로 자원분배(allocation of resources), 권력투쟁(struggle for power), 자율성에의 욕구(need for autonomy) 등이 문제가 되어 발생한다고 하였다.[5] 라포포트는 다음과 같이 세 가지 각도에서 갈등을 구분하였다.

> ① 내인성 갈등(endogenous conflict): 이때의 갈등은 대체로 안정 상태를 유지하고 있는 그 한 부분에 지나지 않는다. 하위존재들 사이의 갈등을 통제하거나 조절하는 상위의 메커니즘을 가리킨다. 예를 들어, 두 도시의 시민이 심한 갈등을 보이면 국

---

3 Ibid, pp. 43~44.

4 Ibid, p. 94.

5 Anatol Rapoport, *Conflict in Man-made Environment*, Penguin Books, 1974, pp. 126~131.

가가 조정해 준다. 종교적 갈등이나 계급갈등도 이 유형의 좋은 예가 된다.

② 외인성 갈등(exogenous conflict): 통제나 조정을 해줄 상위메커니즘이 없는 갈등을 말한다. 국가 간의 분쟁, 민족적 대립 등과 같은 예가 있다.

③ 균형적 갈등(symmetric conflict): 비슷한 입장이나 수준에 있는 개인들 혹은 세력들이 보이는 갈등형태를 말한다. 이 갈등의 경우, 참가자들은 얼추 비슷한 체제에서 왔다고 느끼곤 한다. 대립 중인 개인들, 부부, 전쟁 중인 국가들이 좋은 예가 된다.

④ 균형파괴적 갈등(asymmetric conflict): 이 갈등의 경우 두 세력이 근본적으로 다르다고 느낀다. 반란이나 혁명이 이 갈등의 본보기다. 균형파괴적인 갈등은 내인성 갈등이나 외인성 갈등으로 나타날 수 있다. 반체제 정치운동은 내인성 갈등인 데 반해 후진국 국민의 식민지 전복운동은 외인성 갈등이다.

⑤ 논쟁지향적 갈등(issue-oriented conflict): 이기고 지는 것도 분명하지 않고 균형지향적이며 균형유지적인 성격이 짙은 갈등 양태다. 균형유지적 갈등은 논리지향적 갈등에 가깝다.

⑥ 구조지향적 갈등(structure-oriented conflict): 이 갈등은 체제가 변하지 않는 한, 근본적인 해소가 어렵다. 혁명은 항상 구조지향적 갈등형태라고 할 수 있다. 균형파괴적 갈등은 구조지향적 갈등에 가깝다.[6]

한국개화기소설에 나타난 동학군과 의병들의 존재와 1920~1930년대 소설에 자주 등장했던 '주의자'들은 ②, ④, ⑥의 갈등유형과 연결 짓는 가운데서 살펴보아야 한다. 한국전쟁을 다룬 소설들 중 많은 작품들이 ②, ④, ⑥의 갈등유형을 설정하는 경향을 보이고 있다. 기본적으로

6 Ibid, pp. 174~176.

일본 제국주의와 대립하고 있었던 1920년대와 1930년대의 한국작가들은 압박감과 긴장감을 직접적인 공격, 간접적인 공격, 허무주의적 대응 등 여러 가지 방법으로 해소하고자 하였다. 1990년대 이후의 한국소설에서는 ②보다는 ①을, ④보다는 ③을, ⑥보다는 ⑤를 더욱 비중 있게 다루고 있다.

최일남의 단편소설 「명필 한덕봉」에서는 염상섭의 『삼대』가 가족갈등을 다각도로 섬세하게 파헤친 것과 달리 해방 직후부터 수십 년간의 정치적 갈등을 색다른 방법으로 요약하고 있다.

> 하고 보면 어떤 집단이나 계층은 부지불식간에 자기들끼리 공유하는 특출한 언어체계를 갖추기 마련이다. 예를 들자면 한이 없다. 낱낱이 주워섬기기 벅찰 지경인데, 해방 어간에 족출하여 그 시대를 주름잡은 좌우익의 독한 말발이 유독 심했다고 볼 수 있다. 성명·선언 말고도 전신주와 담벼락과 거리에 붙이고 살포한 벽보와 삐라가, 얼추 팔할을 넘는다고 했던 문맹자들의 그렇잖아도 싱숭생숭한 감정에 불을 싸질렀다. 문자에 밝고 어둡고를 떠나 다들 갑갑증에 시달리는 터수에……. 역사를 걸고 기록을 두고, 단기간 내에 그처럼 엄청난 문자 세례에 휩싸인 예가 그 시절을 빼고 또 있을까 싶지 않다.
>
> '민족' 두 글자가 덕분에 제일 많이 곤욕을 치렀다. 한결같이 민족을 노래하는 바람에 종당엔 신물이 날 지경이었으니까. 민족의 이름으로 민족분열을 내도하고, 민족의 처지에서 성대빙을 때려잡는 민족주의의 일대 범람이 도처에 흘러넘쳤다. (중략) 전에는 전혀 듣도 보도 못한 낱말들이 무수했다. 파쇼, 루머, 간상배, 주구, 백색테러, 적색테러, 프티 부르주아, 소아병적, 좌경광자(左傾狂者), 도당, 준동 총궐기, 사대주의, 박멸, 매판자본, 맹성, 형제자매, 만만세, 계급, 항간, 결탁, 미제, 한줌, 음모, 망국배, 분쇄, 악질, 반동분자, 진보적, 잔당, 프락치, 삼상회의, 매국노, 무산자, 소탕, 배격, 프롤레타리아, 결사, 집회, 테제, 파시스트,

> 데마고그, 코뮤니케, 기회주의, 국수주의, 퇴치, 피압박, 책동, 반봉건, 평등, 인권, 역사적, 자손만대, 발악, 조국, 폭도, 영웅적, 일소, 강령, 절대적, 경거망동, 방방곡곡, 방관자, 냉소주의, 부재지주, 시녀, 광분, 모스크바, 모리배, 우리, 아!, 등등…….
>
> 이 중에서 무엇을 더 많이 택하고 버리는가에 따라 좌와 우의 자리매김이 일단 가능했다. 한데 이처럼 낯선 단어들이 노상 짜증만을 안겨 준 건 아니다. 언론기관이 도무지 시원찮아 답답한 판국에 더러는 정세판단의 매개체 구실을 했다. 병 주고 약 주는 기묘한 형국을 그때 겪었다.[7]

위의 단어들은 정부, 여야정치인, 언론인, 학자, 대학생 사이에서 거의 일상적으로 사용되었던 것들을 모아 놓은 것이다. 학술용어, 유행어, 과장된 표현, 적대적 언사, 선동선전의 표현 등이 마구 뒤섞여 있는 형국이긴 하지만, 이런 말들이 일상적으로 통용되었다는 것은 그만큼 우리 사회가 오랫동안 심한 갈등에 시달려 왔다는 것을 입증해 준다. 오랫동안 신문사에서 문화부 기자와 논설위원을 지내면서 한국사회를 깊이 있게 감지하고 통찰할 수 있었던 최일남이기에 위와 같은 대목을 남길 수 있었던 것이다. 한 달 전에 케네디 공항에서 헤어진 뉴욕시민 한국인 친구에게 서울시민 친구가 보낸 편지 형식으로 구성된 단편소설 「돈암동」에서 한국노인들이 흔히 겪기 마련인 정치적 갈등을 읽게 된다.

> 나는 아무튼 생각이 많다네. 입은 다물고 지갑만 열어야 늙은이 대접을 받는다던데, 나는 둘 다 힘들어. 머리로 지난 일을 뒤지고 눈으로는 일상의 현실을 좇아, 나분대기 바빠. 여럿이서 그런 얘기를 나누면 파한의 수작으로 괜찮으련만 그것도 수월찮다구. 의견충돌이 지나쳐 척지는 수가 적잖기 때문이야. 그중에 제일 까다롭고 고약한 것이 지역 간 불균형과 연루된 정치적 말다툼이

7 최일남, 『석류』, 현대문학, 2004, pp. 25~26.

네. 체면상 피하고, 생기는 것 없이 불화를 쌓기 싫어 말들을 아끼다가도, 한번 불이 붙으면 깊이 은닉해 두었던 생각까지 뽑어 올려 입에 거품을 물기 일쑤라네.[8]

위의 인용문은 웃음기를 잔잔하게 깔아 놓으면서 결이 다른 문장들을 쉬지 않고 이어가 긴장감을 안겨 주는 한편 이따금 웃음으로 비판정신을 살아나게 하는 최일남 특유의 문체를 보여 주기도 한다. 최일남의 문체도 선본에 해당된다.

라포포트는 『갈등(Conflict in Man-made Environment)』이란 책을 쓰기 전에 『싸움, 게임, 토론(Fights, Games, Debates)』이란 책을 쓴 바 있다. 그의 탁월성은 이 세 가지 갈등양태를 이드, 자아, 초자아의 개념에 연결시켜 싸움은 이드의 차원에서, 게임은 자아의 차원에서, 토론은 초자아의 차원에서 나타나는 것이라고 해석한 데서 찾을 수 있다. 우리 소설에서는 싸움의 문제를 메인플롯으로 삼는 6·25소설 가운데 싸움과 토론의 형식이 결합된 예를 쉽게 찾아볼 수 있다. 황순원의 『나무들 비탈에 서다』(1960), 최인훈의 「광장」(1960), 박경리의 『시장과 전장』(1964), 김원일의 『노을』(1978), 이문열의 『영웅시대』(1984), 김주영의 『천둥소리』(1985), 김원일의 『불의 제전』(1997), 이병주의 『지리산』(1985), 조정래의 『태백산맥』(1989) 등은 6·25전쟁의 근인(近因)과 원인(遠因), 좌익과 우익의 대립양상, 반공주의의 당위성 등에 대한 이해력을 높여 주는 토론장면을 비중 있게 담고 있는 공통점을 보인다.

갈등에 관해 루이스 코저(Lewis Coser)가 제시한 열여섯 가지 명제 중 중요한 것을 추리면 다음과 같다.[9] "명제 1, 갈등의 집단단결 기능들"은 "내적 균열과 외적 논쟁으로 나타나는 어느 정도의 불화는 궁극적으로 집단을 결합시키는 요소들과 근본적으로 연결되어 있다"[10]든가 "외집단

8 같은 책, p. 177.

9 Lewis Coser, *The Functions of Social Conflict*, The Free Press, 1964, pp. 33~139.

10 Ibid, p. 33.

들(out-groups)은 적대감의 타겟이 될 수도 있으나 내집단(in-group)에게는 긍정적인 기준으로 작용할 수도 있으며 외집단들은 원망이나 분노를 살 뿐만 아니라 배움이나 모방을 자극하기도 한다"[11]와 같이 갈등이 내집단과 외집단에게 다르게 기능하는 것임을 강조했다.

루이스 코저는 게오르그 짐멜의 명제를 다음과 같이 정리한다.

> 갈등은 각종 사회들과 집단들의 정체성과 경계선을 확립하고 유지하는 데 소용이 된다. 다른 집단들과의 갈등은 한 집단의 정체성을 확립하고 재긍정하는 데 기여하며(contributes to the establishment and reaffirmation of the identity of the group) 주위의 사회에 대한 경계를 유지시켜 준다. 제도화된 불화와 상호 간의 적대감은 사회분할과 사회계층체제를 유지시켜 준다. 이러한 제도화된 적대감들은 사회체계의 하위그룹들 사이의 경계가 점차 사라지는 것을 막아 주며 전체적인 체제 안에 있는 다양한 하위체계들에게 알맞은 위치를 지정해 준다.
>
> 다대한 사회이동을 제공하고 있는 사회구조 안에서 계층 간의 상호 적대감뿐만 아니라 하층민이 상류층에게 갖는 선망이 일어나기 쉽다. 이런 경우에 하층민의 적대감(hostile feelings of the lower strata)은 적대감과 선망이 뒤범벅된 원한(ressentiment)의 형식을 자주 취할 수 있다.
>
> 이러한 구조들은 갈등에 대한 많은 기회를 제공하는 경향이 있다. 나중에 논하겠지만 갈등에 대한 기회의 빈도는 관계들의 가까움에 비례하여 적극적으로 변한다. 갈등과 적대감과 반감은 구별되어야만 한다(A distinction has to be made between conflict and hostile or antagonistic attitudes). 사회갈등은 항상 사회적 상호행위들을 표시해 준다. 이에 반해 태도들이나 감정들은 행동참여의 경향을 드러낸다. 이러한 경향은 갈등에 있어 꼭 나쁜 결과만 가

11 Ibid, p. 35.

져다 주는 것은 아니다. 권력과 지위체계의 합법성 정도와 종류는 갈등의 발생을 촉발하는 결정적인 매개변수가 된다.[12]

"명제 2, 갈등의 집단유지 기능들과 안전판 제도(safety-valve institutions)들의 중요성"에서 루이스 코저는 "적대적이거나 공격적인 성향은 쌓이는 경우 본래대상(original object) 뿐만 아니라 대체존재(substitute objects)를 겨냥할 수도 있는 것으로, 본래대상을 향한 갈등행위가 가로막혔을 때 적대감이 대체존재로 옮겨갈 수도 있고, 단순한 긴장완화를 통해 대리만족에 도달할 수 있는 가능성을 파악하지 못했다"[13]고 게오르그 짐멜을 비판한다. 그리고 "갈등은 그것이 발생하는 관계를 위해 꼭 역기능적인 것만은 아니다. 오히려 이따금 갈등은 관계유지를 위해 필요하다. 한 집단 안의 성원들 사이에서 적대감을 분출하는 방법과 이의를 제기할 방법이 없어진다면 집단구성원들은 완전히 낙담하게 될 수 있으며 후퇴와 같은 반응을 보일 수도 있다"[14]와 같이 갈등은 한 주체나 집단의 유지를 보장하는 안전판으로 기능한다는 점을 강조하였다.

"명제 4, 갈등과 적대적 충동(Hostile Impulses)"은 "공격적이거나 적대적인 충동으로만 사회갈등을 설명하는 것은 충분치 않다. 사랑과 마찬가지로 증오심(hatred)도 어떤 대상을 필요로 한다. 갈등은 주체와 객체 사이의 상호작용 속에서만 발생할 수 있다(conflict can occur only in the interaction between subject and object). 갈등은 언제나 인간관계를 전제로 한다"[15]와 같이 설명된다. 기본적으로 갈등은 인간이 관계존재가 되지 않을 때는 발생하지 않는다는 논리다. 혼자 떨어져 살 때도 그 개인은 머리와 가슴이 건강한 한에 있어서는 타인을 머리와 가슴 속에 기억하거나 저장한다. 타인을 의식할 때 갈등이 시작되는 법이다.

---

12 Ibid, p. 38.

13 Ibid, p. 40.

14 Ibid, p. 47.

15 Ibid, p. 59.

"명제 6, 가까운 사이일수록 갈등은 더욱 치열해진다(The closer the relationship, the more intense the conflict)"는 "집단에 더욱 적극적으로 참여할수록 또 구성원들의 신변상의 어려움이 강할수록 격렬한 갈등행위에 뛰어들 기회가 커지고 불충성에 대한 반응은 더욱 난폭해진다. 이런 뜻에서 격렬한 갈등과 집단에의 충성은 동일한 관계의 양면이 된다", "적대감은 가까운 사이에서 터지기 쉽고, 가까운 사이에서 갈등이 빚어지면 더욱 격렬해지기 쉽다"[16]와 같이 설명된다. 가까운 사이일수록 갈등이 더욱 치열해진다는 이치는 지리적으로 가까운 국가들 사이에서 전쟁이 더 잘 일어난다든가, 돈이 많은 집안일수록 형제갈등이 심해진다든가, 형제나 친구들 사이에서 경쟁심이나 시기심이 더 크게 작용한다든가 하는 사례를 보여 준다.

"명제 9, 외집단들과의 갈등은 내부적 단결력을 강화시켜 준다(Conflict with Out-Groups Increases Internal Cohesion)"는 "다른 집단과의 갈등은 한 집단성원의 에너지 동원을 유도하면서 그 집단의 단결력의 증대를 유도한다", "중앙집권화는 전쟁과 같은 갈등의 경우와 노동계의 두드러진 분열을 요구하는 분화된 구조 속에서 더 쉽게 발생할 것이다"[17] 등과 같이 보충설명된다. 모든 개인에게는 가족, 학교, 직장, 종교단체, 각종 모임 등과 같은 내집단이 있다. 개인이 속한 내집단의 이웃에는 외집단이 있기 마련이다.

"명제 12, 이데올로기와 갈등"은 "갈등 당사자들이 한 집단이나 집합체의 대표자를 자임하면서 자신보다는 집단의 이상(the ideals of the group)을 위해 싸우고 있다고 자부하는 그때의 갈등은 개인적 이유로 벌어지는 갈등보다 과격하고 무자비한 경향이 있다"[18]와 같이 정치적 갈등을 본보기로 하는 것으로, 이러한 갈등양상은 특히 6·25소설과 같은 유형에서 잘 확인된다. 해방 이후 한국문학사는 20세기 내내 문인들 사이

---

16 Ibid, p. 72.

17 Ibid, p. 95.

18 Ibid, p. 118.

에서 이념갈등이 이어져 왔음을 보여 준다. 시인과 소설가들이 창작할 때나 평론가들이 비평행위를 할 때 특정 이념을 의식하거나 편들거나 하는 현상이 지속되고 있음은 부인할 수 없다.

"명제 13, 갈등은 반대자들을 결속하게 한다", "명제 14, 적의 통일성 여부에 대한 관심", "명제 15, 갈등은 힘의 균형을 잡아 주고 유지시켜 준다(Conflict establishes and maintains balance of power)", "명제 16, 갈등은 조합과 연립을 창출한다(Conflict creates association and coalitions)" 등은 명제 1에서 명제 12까지의 내용을 복창한 것이라고 할 수 있다.

열여섯 가지의 명제를 설명할 때마다 게오르그 짐멜의 『갈등』 한 부분을 인용하고 이에 대한 해석과 설명을 덧붙이는 것으로 구성한 점에서 루이스 코저의 갈등이론은 게오르그 짐멜의 갈등이론을 빼놓고는 생각하기 어렵다. 루이스 코저의 갈등이론은 아나톨 라포포트의 내인성 갈등, 균형적 갈등, 논쟁지향적 갈등에 중점을 두었다. 루이스 코저류의 갈등이론은 전쟁소설이나 이데올로기소설보다는 연애소설이나 가족소설의 갈등을 설명하는 데 어울린다고 할 수 있다.

명제 1과 2는 한 사회나 조직이 건전하게 유지되기 위해서 적당한 갈등은 필요한 것임을 일깨워 준다. 명제 6과 같은 내용은 결손가정을 소재로 취한 소설들에서 잘 확인할 수 있으며, 명제 9, 13, 16은 해방 이전의 한국소설들이 정도와 방법의 차이가 있기는 하지만 식민지 현실에 대한 타개의지를 공통적으로 담고 있었다는 점에 대해 좋은 논거가 될 수 있다. 한국작가들은 조국의 독립을 이루기 이루기 위해 명제 9, 13, 16의 이지를 거지면서 민족문학을 내세웠나. 일세로부터의 민족해방이 가장 긴급한 당면과제였으므로 일제강점기 한국작가들 사이 이데올로기 싸움은 그리 치열하게 전개되지 않았다. 당시 소설가들은 좌와 우, 급진주의와 점진주의로 갈라지기는 했지만, 대체로 상대방이나 반대편에 대해 적대감만 품고 있었던 것은 아니다.

길버트 압케리언과 몬테 팔머도 대부분의 사회학자들과 마찬가지로 갈등이론과 평형이론의 절충 혹은 화합을 이상적인 것으로 파악했다. 사회문제를 바라보는 사회과학의 전통적 시각으로 평형모델(the equilibrium model)과 갈등모델(the conflict model)을 지적하는 것으로 논의의 출발을 삼았다. 조화(harmony)가 사회에서 자연스러운 상태임을 인정하는 평형모델은 제도안정, 가치의 공유, 사회규범의 강화 등과 같이 사회통합의 요소를 강조한다. 평형모델은 항상성(homeostasis)이라는 생리학 용어로 대변된다. 항상성은 건강의 균형상태를 유지하려는 유기체의 경향을 의미한다. 길버트 압케리언은 범죄인을 체포하고 구금하고 처벌하는 것, 홍수나 지진 같은 천재지변이 닥쳤을 때 의료봉사하는 것, 긴급식량을 배급하고 복구사업을 펼치는 것 등을 항상성 행위라고 주장하였다. 변화에 대한 지속적인 요구를 만들어 내는 갈등의 원인을 찾아내고 기술하려는 것을 중심행위로 보는 갈등모델의 예로 조합과 법인의 충돌, 빈부불화, 인종·민족·성 차별에 대한 좌절, 사회적 가치와 사회적 행위의 차이 등을 들었다. 그리고는 대부분의 사회학자들은 사회는 평형과 갈등을 다 겪는 것으로 파악한다고 결론지었다.[19]

정하영은 조선후기소설의 특징의 하나로 소재의 가족편향성을 지적하면서 이러한 소재들은 작게는 가정소설의 형태로, 크게는 가문소설로 나타난다고 하였다. 조선시대 가족제도는 대가족제도라는 근간을 유지하기 위해 엄격한 위계질서를 중시했고, 이의 보완장치로 남녀차별 관행과 남아선호 관념을 고수하는 한편 축첩제도를 당연시하였다. 축첩은 처첩갈등, 적서갈등, 부부갈등, 부자갈등 등과 같은 온갖 갈등의 주요 원인으로 작용했다. 정하영은 가정을 중심으로 하여 빚어지는 갈등으로 혼사장애(김시습의 「만복사저포기」와 「이생규장전」, 조위한의 「최척전」, 이옥의 「심생전」), 부부갈등과 처첩갈등(「박씨부인전」, 「홍계월전」, 「정수정전」, 「김희경전」 등의 여성영웅소설, 김만중의 「사씨남정기」, 「양풍운전」, 「정을선전」, 「월영낭자전」, 「일락정기」, 「옥단빙」), 부자갈등(「보은기우록」, 허균의 「홍길동전」, 「숙영낭자전」), 고부갈등(「소현성록」, 「완월회맹연」, 「창선감의록」), 사위와 처가갈등(「소대성전」, 「완월회맹연」, 「명주기봉」), 형제갈등(「홍길동전」, 「흥부전」,

19 Abcarian Palmer and Monte Palmer, op.cit., pp. 7~8.

「적성의전」)을 제시했다. 그러면서 가족을 소재로 한 소설을 남성의 위선과 부도덕이 폭로되고 여성의 각성촉구와 정신적 해방이 이루어지는 공간과 기회로 여기게 된다고 결론지었다.[20]

한국현대소설의 문제작들이 그려 낸 갈등의 유형은 다음과 같이 정리해 볼 수 있다.

① 세대갈등: 염상섭의 『삼대』(1931), 한설야의 「귀향」(1939), 채만식의 『태평천하』(1938), 한승원의 「아버지와 아들」(1989), 선우휘의 「거울」(1957), 「화재」(1960), 「아버지」(1964)

② 남녀의 사랑갈등: 채만식의 『탁류』(1938), 현진건의 『무영탑』(1939), 허준의 「탁류」(1936)

③ 사상갈등: 유진오의 「상해의 기억」(1931), 최명익의 「심문」(1939), 이태준의 「해방전후」(1946), 염상섭의 『효풍』(1948), 『취우』(1953), 김동리의 『해방』(1950), 선우휘의 「깃발 없는 기수」(1959), 최인훈의 「광장」(1960), 박경리의 『시장과 전장』(1964), 윤흥길의 「장마」(1973), 이문열의 『영웅시대』(1984), 조정래의 『태백산맥』(1989), 『아리랑』(1995), 김원일의 『불의 제전』(1997), 황석영의 『손님』(2001)

④ 노사갈등: 한설야의 『황혼』(1936), 김남천의 「공장신문」(1931), 이북명의 「질소비료공장」(1932), 이효석의 「마작철학」(1931), 강경애의 『인간문제』(1934), 황석영의 「객지」(1971), 조세희의 『난장이가 쏘아 올린 작은 공』(1978)

⑤ 빈부갈등: 조명희의 「낙동강」(1927), 염상섭의 「밥」(1927), 최서해의 「홍염」(1927), 유진오의 「오월의 구직자」(1928), 이기영의 『고향』(1934), 조세희의 『난장이가 쏘아올린 작은 공』(1978)

⑥ 종교갈등: 김동리의 「무녀도」(1935), 이광수의 『사랑』(1938),

---

20 정하영, 「한국 고전소설과 가족」, 『고전서사문학에 나타난 가족』, 보고사, 2017, pp. 11~29.

「육장기」(1939), 김남천의 『대하』(1939), 김성동의 『만다라』 (1979), 한무숙의 『만남』(1986), 이청준의 「벌레이야기」(1985)

물론 인간사회에서 갈등이 앞선 여섯 가지 유형으로만 좁혀지는 것은 아니다. 제시한 갈등유형은 주로 한 개인을 중심으로 하여 내집단과 외집단의 대립으로 표출된 것이다. 한 명의 인간주체의 기본성격이나 위치를 가리키는 말로 세대, 남녀, 사고방식, 직업, 빈부, 종교 등을 생각할 수 있다. 같은 세대, 같은 성, 같은 사상적 경향, 같은 노동자, 같은 빈곤층, 같은 종교신자 사이에서 화음만 울려 나오는 것은 아니다. 내집단 안에서도 크고 작은 갈등이 얼마든지 일어날 수 있다. 갈등의 어원이 얽히고 설킨 인간관계를 가리키고 있는 것처럼 갈등은 모든 인간존재나 행위에 파고 들어갈 수 있다.

17장 한국소설의 주요 모티프

모티프라는 개념은 소설양식을 창작할 때보다는 분석할 때 소설작품의 최소단위이면서 핵심단위로 인식되는 것으로, 소설이론 가운데서는 늦게 부각된 편이라고 하겠다. 나이테가 나무의 수령과 건강 정도를 일러주는 것처럼 모티프도 전체로서의 부분을 가리키는 단면(斷面)의 의미를 지니는 것이기도 하다. 물론 한 편의 소설은 꼭 있어야 할 모티프들과 있어도 좋고 없어도 좋은 모티프들로 구성되나, 필수 모티프는 동시대 여러 작품들 사이에서 반복제시되는 경향이 있다.

보리스 토마셰프스키는 스토리는 논리적·인과적·시간적 순서에 따라 배치된 모티프들의 집합체이고, 플롯은 모티프들의 집합체이긴 하지만 모티프들은 작품 안에서 관련성(relevance)과 순서(order)의 법칙 아래 있다고 하였다. 그는 모티프를 작품 안에서 생략될 수 없는 구속모티프(bound motif)와 사건들의 전체적인 인과론적-연대기적 과정을 혼란에 빠뜨림 없이 생략해도 무방한 자유모티프(free motif)로 나누기도 하고, 작중의 상황을 바꾸어 버리는 동적 모티프(dynamic motif)와 그렇지 않은 정적 모티프(static motif)로 분류하기도 했다. 구속모티프가 스토리의 명령을 받는 데 반해 자유모티프는 때때로 플롯의 설정을 좌우하고 결정하기도 한다. 구속모티프나 동적 모티프는 생략되었을 경우 작품이 제대로 짜여지지 않으므로 결과적으로 주제관여도가 크다고 할 수 있다. 자연, 지방색, 가구, 소인물, 성격 등은 전형적인 정적 모티프이며 주요 인물이 관여된 사건과 행위는 전형적인 동적 모티프다. 동적 모티프는 스토리의 중심을 차지하는 모티프이기는 하나, 플롯에서는 오히려 정적 모티프가 우세할 수도 있다.[1]

1 Boris Tomashevsky, "Thematics", *Russian Formalist Criticism: Four Essays*,

윌리엄 프리드먼(William Freedman)은 「문학적 모티프의 정의와 평가」라는 글에서 "모티프는 책 전체의 분위기를 지배하고 작품구조의 중요한 올이 되는 총제적 전망의 한 부분"으로 "모티프는 상징은 아니지만 상징적이다"고 하면서 "모티프는 세 가지 중요한 범주, 즉 인식론적(cognitive)·정감적(affectiveor emotive)·구조적(structural) 양상의 어느 한 가지 범주에만 기여한다"고 하였다. 예컨대 오스틴의 『설득(Persuasion)』의 상업(commerce)과 소유(property)의 모티프는 인식론적 모티프가 된다. 이러한 모티프는 "작중인물 대다수가 수학적이며 경제적 용어로 가치를 추정한다는 사회적 사실(social fact)을 일깨워 준다"고 설명했다. 덧붙여서 "모티프는 반복되는 주제, 인물, 어구적 패턴(verbal pattern)으로 나타나기는 하지만 주어진 개념들이나 대상들(동물, 기계, 서클, 음악 등)에 대한 직설적이거나 비유적인 언급의 집합체이기도 하다"[2]와 같이 설명했다.

프랑수아 조스트(François Jost)는 모티프라는 말은 라틴어 movere에서 나온 것으로 '관념적으로 말하다', '자극하다', '박차를 가하다', '촉구하다', '어떤 일을 일으키다', '앞으로 나아가다' 등의 뜻을 지닌다고 설명했다.[3] 영어사전을 보면 모티브(motive)와 모티프(motif)를 구분하기가 쉽지 않다. 모티브는 동기나 동인, 예술작품의 주제 및 제재 등을, 모티프는 미술·문학·음악에서 주제의 주된 요소, 주지(主旨), 행동의 동기 등을 가리킨다. 모티브는 예술작품의 동기나 주제를 지시하는 것으로, 모티프는 주제의 요소를 가리키는 것으로 대비하면 될 것이다.

홀스트 댐리히(Horst S. Dämmlich)와 잉그리드 댐리히(Ingrid G. Dämmlich)는 모티프는 "대상, 원소재, 기본이념, 예술작품에 특별한 인

---

translated by Lee T. Lemon and Marion J. Reis, University of Nebraska Press, 1965, pp. 67~70.

2 William Freedman, "The Literary Motif: A Definition and Evaluation", *Essentials of the Theory of Fiction*, edited by Michael J. Hoffman and Patrick D. Murphy, Duke University Press, 1988, pp. 303~306.

3 프랑수아 조스트, 「주제와 모티프」, 『문학주제학이란 무엇인가』, 이재선 편, 민음사, 1996, p. 132.

상을 부여하는 주제적 요소 등을 가리킨다"고 하면서 모티프는 시나 소설뿐만 아니라 다른 표현양식에서도 찾을 수 있다고 하였다. 또한 "음악에 있어서 모티프는 작품에서 확인할 수 있는 최소한의 특징적·운율적 통일성과 아울러 변형을 가리킨다. 건축, 화학, 조각 등에서 모티프는 장식적이고 형체적인 특성을 표시한다"[4]고 하여 음악과 미술에서도 전문용어로 쓰인다고 하였다.

이렇듯 오늘날 다양한 분야에서 사용되는 모티프는 설화연구에서 시작되었다고 할 수 있다. 프렌첼(Elizabeth Frenzel)에 의하면 모티프는 "주제론적 구성의 보다 더 작은 단위"가 된다. 바이스슈타인은 프렌첼과 트르송 등의 견해를 요약하면서 "주제는 인물을 통해서 구체화되고 모티프는 상황들로부터 나오는 것"이라고 대비하였다.[5] 모티프는 설화연구와 소설연구를 이어 주는 매개체의 하나로 인식되는 것인 만큼 노스럽 프라이류의 원형이론과 연결된다.

홀스트 뎀리히와 잉그리드 뎀리히가 「모티프와 주제」에서 모티프의 기능을 일곱 가지로 제시한 것 중 주제조직의 원칙과 텍스트의 구성의 기능을 주목할 필요가 있다.

① 주제조직의 원칙(das Prinzip der Themenverflechtung): 모티프는 텍스트의 주제적 구성을 지원·강조·현재화·해명한다. 모티프는 개념적·추상적 정보를 수용 및 가공하고 변형(공격·제약—자유·소외)하는 데 일조하는 관계망을 형성한다. 모티프는 진입권을 기리기는 연상을 촉발시킨다.

② 텍스트의 구성(Gleiderung des Textes): 모티프는 텍스트의 구조를 견고하게 하는 과제를 부여받는다. 모티프는 의미 및 구조

4 홀스트 뎀리히·잉그리드 뎀리히, 「모티프와 주제」, 『문학주제학이란 무엇인가』, 이재선 편, 민음사, 1996, pp. 143~144.

5 테오도르 지올코우스키, 「이미지, 모티프, 그리고 상징」, 『문학주제학이란 무엇인가』, 이재선 편, 민음사, 1996, p. 186.

> 의 담지자이다. 모티프는 사건을 전개시키며 미래의 결과를 시사하는 한편, 이야기의 맥을 연결시키고 사건을 짜임새 있게 만들며 반대방향으로 해체시킨다. 모티프는 인물들의 태도양식에 논거를 부여하며, 인물들의 성격적 특징을 명백하게 노출시킨다.[6]

이재선은 『문학주제학이란 무엇인가』에서 부록의 형식으로 엘리자베스 프렌첼(Elisabeth Frenzel)의 『세계문학의 모티프』(1980), 홀스트 뎀리히와 잉그리드 뎀리히의 『문학의 주제와 모티프』(1987), 장 샤를 셰네레(Jean-Charles Seigneuret)가 편집한 『문학주제와 모티프 사전』(1988)에 수록된 모티프 항목을 140개 내외로 정리하여 제시했다.[7] 프렌첼이 인물·행위·사건 중심으로 추린 데 비해, 뎀리히는 행위·상황·인물 중심으로 추렸고, 셰네레는 의식모티프를 많이 반영하였다.[8] 세 사람이 제시한 세계문학의 주제와 모티프들 중 한국문학과 관련성이 높은 것을 추리면 다음과 같다.

- 프렌첼의 『세계문학의 모티프』: 강간, 거지, 경쟁, 경쟁자, 계집종, 고리대금업자, 귀향자, 근친상간, 기인, 노총각, 독재자, 동경, 똑똑한 바보, 매춘부, 모반, 반역자, 버림받은 여인, 복수, 부자갈등, 불평불만, 소인배, 아비찾기, 악한, 여성의 순결, 우울증 환자, 위선자, 이주민, 이중인격자, 노름꾼, 적대적인 형제, 종, 퇴폐, 형제불화, 수전노
- 뎀리히의 『문학의 주제와 모티프』: 간통, 감옥, 거지, 동냥질, 고립, 공격, 공장주, 공포, 광기, 근친상간, 사기, 길, 꿈, 노동

6 홀스트 뎀리히·잉그리드 뎀리히, 앞의 글, pp. 150~152.

7 이재선, 『현대소설의 서사주제학』, 문학과 지성사, 2007, pp. 403~424.

8 같은 책, pp. 456~470의 "에필로그: 세계화 시대의 문학연구와 문학주제학"에서 프렌첼은 350개의 모티프를, 셰네레는 143개의 모티프를 제시하였다고 밝혔다.

자, 달, 대화, 도시, 명예, 미로, 어둠, 방랑자, 병, 복수심, 아버지와 아들, 불안, 사랑, 성장, 악, 악한, 새벽, 여행, 예언, 우연, 우정, 이중역할, 자기주장, 자살, 자아실현, 자연, 적응, 죽음, 집, 탐색, 풍경, 형제갈등, 환경적응, 힘

- 세네레의 『문학주제와 모티프 사전』: 가족, 겁탈, 결혼, 공포, 대화, 도시, 돈, 등산, 반역, 바보, 방탕자, 부모와 자식, 사랑의 삼각형, 사춘기, 이성애, 농민, 소외, 시간, 내면풍경, 아비 찾기, 악, 언어, 여행, 어리석음, 행운, 웃음, 재정가, 이성, 자본주의, 자아, 자연, 불구, 죽음과 개인, 지도자, 질투, 페미니즘, 반전론, 허무주의, 희극적 인물

예컨대 일제강점기 대표작 중의 하나라고 할 수 있는 염상섭의 장편소설 『삼대』에는 프렌첼이 제시한 강간, 경쟁, 경쟁자, 매춘부, 모반, 반역자, 버림받은 여인, 부자갈등, 불평불만, 아비 찾기, 악한, 여성의 순결, 우울증 환자, 이중인격자, 노름꾼, 퇴폐 등의 모티프가 나타나고, 템리히가 제시한 공포, 광기, 아버지와 아들, 불안, 이중역할, 자기주장, 자살, 적응, 죽음 등의 모티프도 등장하고 있다. 그런가 하면 세네레가 제시한 것 중에는 가족, 돈, 반역, 방탕자, 부모와 자식, 이성애, 소외, 악, 어리석음, 재정가, 지도자, 질투 등의 모티프가 보이고 있다.

송성욱은 한국고전소설을 대상으로 하여 "예언적 모티프(謫降, 信物, 꿈), 이인(異人)과 귀신의 출현 모티프(이인, 人鬼交歡), 연애와 혼사장애 모티프(정혼, 남녀의 자발적 만남, 혼사장애), 음모 모티프(妖藥), 군담 모티프 등과 같은 비중이 큰 모티프를 제시한 후, 결론부분에 가서 송사(訟事), 요괴, 외유, 잔치, 군담(환술, 진법, 병장기), 혼사장애(鶯血, 성폭력) 등의 모티프에도 주목해야 한다"[9]고 했다. 송성욱이 제시한 모티프들 가운데는 예언적 모티프, 이인과 귀신의 출현 모티프처럼 현실성이 떨어지는

---

9 송성욱, 「한국고전소설의 모티프, 그 환상적 성격」, 이상택 외, 『한국 고전소설의 세계』, 돌베개, 2005, pp. 147~169.

것들이 들어 있다. 이렇듯 크고 작은 모티프들을 통해 고전소설이 비현실적인 사건의 설정과 전개에 비중을 두고 있음을 확인하게 된다.

소설에서 반복해서 나타나는 주요 모티프는 그 나라의 역사적 흐름을 반영한다. 가령 1920년대와 1930년대 우리 소설에는 감옥이나 옥살이 모티프를 취한 소설이 다수 나타났다. '감옥이나 옥살이 모티프가 일반화되었는가' 여부로 1920~1930년대의 소설들과 그 이후를 가려낼 수 있을 정도다. 이 시기 옥살이 모티프를 취한 소설들이 보여 준 옥살이 이유로는 3·1운동 가담, 독립운동 가담, 사회주의 활동, 노동운동 가담 등을 들 수 있다. 옥살이 모티프를 관련 모티프 또는 필수 모티프로 취했으면서 문제작으로 남은 소설로는 김동인의 「태형」(1922), 조명희의 「R군에게」(1926)와 「낙동강」(1927), 이기영의 「채색무지개」(1928)와 「김 군과 나와 그의 아내」(1933), 『신개지』(1938), 강경애의 『인간문제』(1934), 김남천의 「남편, 그의 동지」(1933)와 「물!」(1933), 「녹성당」(1939), 「경영」(1940), 박승극의 「풍진」(1935)과 「색등 밑에서」(1935), 「항간사」(1935), 「풍경」(1936), 염상섭의 『무화과』(1932), 심훈의 『영원의 미소』(1934), 이광수의 「무명」(1939), 이무영의 「노래를 잊은 사람」(1934), 이북명의 「공장가」(1935), 이효석의 「수난」(1934)과 「부록」(1938), 허준의 「야한기」(1938), 현진건의 『적도』(1934), 정비석의 「삼대」(1940), 채만식의 「치숙」(1938), 최명익의 「심문」(1939), 한설야의 「임금」(1936)과 「귀향」(1939), 「이녕」(1939) 등이 거론될 수 있을 것이다.

일제강점기에 만주이주 모티프는 실제로 만주 이주민들이 많았던 현실을 반영하고 있으며, 한국인의 빈궁, 식민지인으로의 전락, 고향상실 등의 비극을 들려준다. 만주이주 모티프를 출발점이나 도달점으로 삼았거나 문제작의 수준에 올라선 작품으로는 강경애의 「파금」(1931)과 「그 여자」(1932), 「검둥이」(1938), 김남천의 『사랑의 수족관』(1939), 박화성의 『북국의 여명』(1935), 백신애의 「꺼래이」(1934), 안회남의 「탁류를 헤치고」(1940), 이기영의 『신개지』(1938)와 『대지의 아들』(1940), 조명희의 「농촌 사람들」(1927), 채만식의 「이런 남매」(1939), 최서해의 「고국」(1924)과 「해돋이」(1926), 「저류」(1926), 「홍염」(1927), 한설야의 「합숙소의 밤」(1928)과

「인조폭포」(1928), 『대륙』(1939) 등을 들 수 있다.

1930년대 농민소설은 대부분 귀농모티프를 설정하고 있다. 이러한 귀농모티프는 이광수의 『흙』(『동아일보』, 1932. 4. 12~1933. 7. 10), 이기영의 「서화」(『조선일보』, 1935. 5. 30~7. 1), 이무영의 「노래를 잊은 사람」(『중앙』, 1934. 11), 「제일과 제일장」(『인문평론, 1939. 10), 「흙의 노예」(『인문평론』, 1940. 4), 심훈의 『영원의 미소』(『조선중앙일보』, 1933. 7. 10~1934. 1. 10), 『상록수』(『동아일보』, 1935. 9. 10~1936. 2. 15) 등과 같이 많은 문제작을 빚어내었다.

해방 이전 소설들 사이에서 자주 나타난 반복 모티프로는 금광 모티프, 만주이주 모티프, 야학 모티프, 옥살이 모티프, 폐병 모티프, 전향 모티프 등이 있다. 해방 이후의 소설에서는 이러한 모티프들은 대부분 감소되거나 거의 나타나지 않게 되었다. 하지만 이 중에서도 옥살이 모티프는 20세기 후반 내내 여러 작품들 사이에서 반복적으로 나타났다. 이재선은 1945년 8월 이후 1990년대까지 한국소설의 흐름을 정리하는 자리에서 "감옥을 그 배경공간이나 상징적인 기치로 삼거나 또는 수인의 시각을 관점으로 해서 감방경험을 다룬 작품"으로 이병주의 「소설 알렉산드리아」와 「겨울밤」, 송영의 「선생과 황태자」, 이호철의 「문」, 정연희의 「죄수와 비둘기」, 이청준의 「잔인한 도시」, 윤흥길의 「무지개는 언제 뜨는가」, 이문열의 「어둠의 그늘」, 조성기의 「가시둥지」, 임철우의 「붉은 방」, 이승우의 「구평목씨의 바퀴벌레」, 한승원의 「아버지와 아들」, 김원일의 「마음의 감옥」 등을 거명하면서[10] "자유에 대한 몽상의 장소다", "역사의 보순과 사회적인 그늘이 반영되는 곳이다", "이 시기의 소설에 나타나고 있는 인물들의 연행과 구금의 이유는 거의 전반적으로 군인일 경우에는 군무이탈 내지 명령 불복종 행위이며, 민간인의 경우에는 병역기피나 정치적인 사상범죄, 혐의자에 대한 은닉죄나 연좌제에 의한 용공혐의 등이다"[11]와 같이 해당작품을 해석할 때 기준으로 삼아야 할 것들을 제시하였

10 이재선, 『현대 한국소설사』, 민음사, 1991, p. 144.

11 같은 책, p. 196.

다. 1945년에서 1959년까지 한국소설이 보여 준 반복 모티프와 그 대표적인 예시작들은 다음과 같이 정리할 수 있다.

① 납북 모티프: 박영준의 「변노파」(1952), 염상섭의 『취우』(1953), 김동리의 「실존무」(1955), 김이석의 「파경」(1955), 최정희의 「정적일순」, 서기원의 「안락사론」(1956), 송병수의 「환원기」(1959), 황순원의 「안개구름 끼다」(1959)

② 대구 10·1폭동 모티프: 이무영의 『3년』(1946), 김정한의 「설날」(1947), 안회남의 「폭풍의 역사」(1947), 염상섭의 「재회」(1948), 김동리의 「유서방」(1949), 채만식의 「소년은 자란다」(1949)

③ 부역자 모티프: 염상섭의 「해방의 아침」(1951), 『취우』(1953), 강신재의 「눈물」(1952), 이무영의 「O형의 인간」(1953), 「영전」(1954), 최정희의 「정적일순」(1955), 곽학송의 『자유의 궤도』(1956), 최상규의 「단면」(1956), 선우휘의 「승패」(1958)

④ 빨치산 모티프: 박영준의 「빨치산」(1952), 이무영의 「젊은 사람들」(1952), 정한숙의 「준령」(1954), 황순원의 「산」(1956), 최인욱의 「대결」(1957), 오유권의 「황량한 촌락」(1959)

⑤ 상이군인 모티프: 오상원의 「증인」(1956), 강신재의 「해방촌 가는 길」(1957), 최상규의 「사각」(1958), 박경리의 『표류도』(1959), 유주현의 「장씨일가」(1959), 전광용의 「퇴색된 훈장」(1959)

⑥ 여순반란사건 모티프: 김동리의 「형제」(1949), 채만식의 「소년은 자란다」(1949), 선우휘의 「오리와 계급장」(1958)

⑦ 월남 모티프: 김송의 「정임이」(1948), 「한탄」(1948), 염상섭의 「삼팔선」(1948), 「이합」(1948), 「재회」(1948), 최태응의 「슬픔과 고난의 광영」(1949), 손창섭의 「비 오는 날」(1953), 김동리의 「실존무」(1955), 선우휘의 「테로리스트」(1956), 이호철의 「나상」(1956), 임옥인의 「월남전후」(1956), 최정희의 「찬란한 한낮」(1956)

⑧ 월북 모티프: 허준의 「임풍전씨의 일기」(1947), 염상섭의 『효

풍』(1948), 박경리의 「벽지」(1958), 손창섭의 「잡초의 의지」(1958), 조용만의 「서정가」(1958)

⑨ 자살 모티프: 최인욱의 「목숨」(1950), 박영준의 「용초도근해」(1953), 김동리의 「밀다원시대」(1955), 장용학의 「오한시집」(1955), 최정희의 「정적일순」(1955), 정한숙의 「고가」(1956), 강신재의 「옛날의 금잔디」(1959), 전광용의 「퇴색된 훈장」(1959)

⑩ 정신대 모티프: 이동규의 「돌에 풀은 울분」(1945), 엄흥섭의 「귀환일기」(1946), 손창섭의 「사선기」(1953), 박경리의 「전도(剪刀)」(1957)

⑪ 징용 모티프: 김송의 「만세」(1945), 「최만중」(1949), 박노갑의 「역사」(1946), 박영준의 「과정」(1946), 안회남의 「철쇄 끊어지다」(1946), 「섬」(1946), 「농민의 비애」(1948), 엄흥섭의 「발전」(1947), 염상섭의 「엉덩이에 남은 발자국」(1948)

⑫ 폐병 모티프: 이봉구의 「도정」(1945), 김동리의 『해방』(1950), 박경리의 「불신시대」(1957), 한무숙의 「감정이 있는 심연」(1957), 정연희의 「조롱복」(1958)

⑬ 한국전 우려 모티프: 이무영의 『3년』(1946), 허준의 「임풍전씨의 일기」(1947), 염상섭의 『효풍』(1948), 채만식의 「낙조」(1948), 김만선의 「대설」(1949)[12]

1960년대 이후에 발표된 6·25소설에서 ①, ③~⑥은 자수 나타났고 ②, ⑦, ⑧, ⑩~⑫는 별로 등장하지 않았다. ⑬은 당시의 신문이나 잡지의 논설에서는 쉽게 볼 수 있는 것이기는 하지만 소설작품에서는 드물게 나타난 것으로, 염상섭·이무영·채만식·허준 같은 중견 이상의 작가라야 보여 줄 수 있었다. 남북 모티프를 필수 모티프로 취한 소설로는 홍성원의 『남과 북』(1975)을 추가할 수 있고, 월북 모티프를 필수 모티프로 취

12 조남현, 『한국현대소설사』 3권, 문학과지성사, 2016, pp. 697~728.

한 소설로는 최인훈의 『광장』(1961), 이호철의 「닳아지는 살들」(1962), 이문열의 『영웅시대』(1984), 김원일의 『마당 깊은 집』(1988) 등을 들 수 있다. 반면에 월남 모티프를 취한 소설로는 장용학의 『원형의 전설』(1962), 전광용의 「꺼삐딴 리」(1962) 등을 들 수 있다. 빨치산을 주인공으로 설정한 소설로는 박경리의 『시장과 전장』(1964), 이병주의 『지리산』(1978), 조정래의 『태백산맥』(1989), 김원일의 『불의 제전』(1997) 등이 있다. 작중인물 한 명이 자살한다는 모티프를 취한 1960년대 이후의 소설은 수없이 많다. 대표적으로 황순원의 『나무들 비탈에 서다』(1960), 김승옥의 「서울 1964년 겨울」(1965), 황석영의 「가화」(1971), 「철길」(1976), 「한등」(1976), 이청준의 「임부」(1966), 「벌레 이야기」(1985), 강신재의 「파도」(1964) 등을 들 수 있다.

18장 상징성의 함의

한국문학에서 '소설은 종합문학이다'라는 주장은 1930년대 말 유럽문학의 영향 아래 펼쳐지긴 했지만 그 실천은 고전소설에서부터 있어 왔다. 많은 고전소설이 인물의 내면을 드러낼 때 시나 노래를 인용한다. 시인들도 자신의 생각을 극대화하기 위해 전통적인 시의 양식에 서사성을 가미하여 이야기시, 산문시, 서사시를 만들어 내기도 하였다. 시적 특질로는 최소의 단어로 많은 의미를 주는 압축미, 대상의 핵심을 최소한의 단어로 표현하는 촌철살인이나 미문, 상징적 표현 등이 있다. 특히 상징은 비유법의 한 방법으로 출발하기는 하지만, 시대와 지역을 초월하여 많은 사람들의 인정이나 공감을 받아 구체화된다. 예컨대 우리의 생활 속에서 각종 신호나 기호의 형식으로 들어와 있는 상징을 많이 만날 수 있다. 교통신호, 색채의 이미지, 산수와 같은 대자연, 동식물들, 엠블렘, 여러 조형물 등을 통해 상징의 기능을 확인하게 된다. 물론 상징적 장치는 수준 높은 소설을 만드는 데 있어 필요조건이기보다는 충분조건에 가깝다. 소설 속에서의 상징은 인물이나 사건이나 상황에 의미라는 외피를 입히려는 시도로 볼 수도 있고, 인상 깊은 형상화를 꾀하는 것으로 볼 수도 있다. 이와는 내조적으로 표현자유의 제약을 피하기 위해 우회적으로 표현하여 작가 자신의 창작의도를 살려 내려는 장치로 볼 수도 있다.

김남천의 『사랑의 수족관』(『조선일보』, 1939. 8. 1~1940. 3. 3)은 모두 스물세 개의 소제목으로 구성되어 있는데, 이 중 3분의 2가량이 주요 인물들을 물고기로 빗대어 표현하고 있다. 이경희가 니시다구미 양덕철로 공사장을 방문하여 김광호를 첫 대면한 것을 그린 "은어는 내 속에서"의 "은어"는 김광호를 표현하고 있고, "장경(長鯨)의 현실주의"에서 딸 이경희가 탁아소 사업자금을 요구하는 것을 흔쾌히 받아들이는 아버지 이신국 사장은 "고래"라는 비유를 얻는다. "미꾸라지와 용과"에서 김광호는

"용"으로 비유되기도 한다. 이 작품의 주인공인 김광호는 은어, 심해어, 담수어, 용 등과 같은 비유를 거치면서 올곧고 긍정적인 인물을 상징하는 수준으로 나아가게 된다. 양재사로 일하면서 김광호를 짝사랑하는 강현순은 "방황하는 금붕어"로 비유된다.

이신국 사장은 친일 매판자본가로 그려진 만큼 그의 "고래"라는 상징어는 긍정적이기보다는 부정적인 뜻을 지녔다고 할 수 있다. "고래는 세계, 신체, 무덤을 상징하며, 또한 사물을 내포하거나 은폐하는 기본적인 이미지로 간주되기는 하지만 오늘날 이런 의미보다는 하늘과 땅의 교차, 실존의 양극성을 포괄하는 동물로 인식된다"[1]와 같이 상반된 긍정과 부정의 이미지로 나타난다. 대신 『사랑의 수족관』의 진정한 주인공인 김광호는 경도제대 출신의 토목기사로 장차 만주를 배경으로 하여 새로운 사회를 만들어 갈 야심을 지닌 것으로 그려진다. 이신국 사장의 딸 이경희는 자신의 주식재산을 끌어오고, 아버지의 지원을 받아 직업부인들을 위한 탁아소 설립을 계획하여 긍정적 면모를 보여 준다. 그런데 김광호는 탁아소 건립이 '사회발전에 얼마나 기여하겠는가' 하고 회의적인 태도를 감추지 않는다. 김광호는 이제 사회주의자와 니힐리스트를 넘어서 공장산업의 일꾼으로 나아간다. 동시대에 소설가 채만식과 이기영이 현실 극복의 방안으로 금광학의 길을 잡은 것과 달리 김남천은 공장학을 선택한 것이다. 김광호에게 덧씌워진 용의 상징성은 사실상 그리 간단치 않다. 용은 왕위의 상징과 신격화된 일체의 것의 상징(고대종교), 강하고 아주 예리한 시선의 소유, 사원과 재보를 지켜 주는 기능, 예언과 지혜의 알레고리(성서), 제국의 힘의 상징, 빛과 비와 비옥성과 연결(중국), 인간이 극복하기 어려운 공포의 상징(현대심리학)[2] 등과 같이 인간을 능가하거나 압도하는 권능으로 풀이되고 있다.

이호철의 「닳아지는 살들」(『사상계』, 1962. 7)은 열네 차례나 "꽝당꽝당"이라는 쇳소리를 제시함으로써 20년 전 북으로 시집간 큰딸을 기다리면

---

1 이승훈 편저, 『문학상징사전』, 고려원, 1995, p. 38.

2 같은 책, pp. 389~393.

서 하루하루 무기력한 생활을 이어가는 아버지와 아들 중심의 상황을 부각시키게 된다. 작중에서 거의 유일하게 이 쇳소리를 드러내면서 이 집안의 몰락을 조용하게 예감하고 있는 막내딸 영희에 의해 "꽝당꽝당"이란 소리는 피로감, 절망감, 몰락의 조짐 등과 같은 상징성을 얻게 된다.

> 영희는 연분홍색 파자마 차림으로 까만 선글라스를 썼다 벗었다 하고 있었다. 정애는 천장을 올려다보고 단정하게 앉아 있었다.
>
> 꽝당꽝당.
>
> 그 쇠붙이 두드리는 소리도 띠글띠글하게 더욱 투명했다. 이미 간헐적으로 이어지는 것이 아니라 조급하게 계속되고 있었다. 후방에다가 든든한 것을 두고 탐색전을 벌이는 소리 같았다. 영희는 선글라스를 썼다 벗었다 하면서 말했다.
>
> "언니, 정말 저거 무슨 소리유?"
>
> "글세 무슨 소릴까."
>
> 정애가 대답했다.
>
> "근처에 철공장은 없을 텐데."
>
> "……."
>
> 정애가 대답이 없자 영희는 선글라스를 접으며 말했다.
>
> "언니 저런 소리 들으면 이상한 생각이 안 드우?"
>
> "무슨 생각?"
>
> "글세 무슨 생각이냐고 물으면 선뜻 대답할 수는 없지만, 우리와는 다른 무엇인가 싱싱한 것이 서서히 부풀어서 우릴 잡아먹을 것 같은……얘기가 우습지만……."
>
> "……."[3]

이 소설의 끝부분에 가면 이번에는 이 집안의 며느리 정애가 "쿵쿵"

3 손창섭 외, 『한국 3대문학상 수상소설집 2』, 가람기획, 1998, pp. 96~97.

하는 소리를 듣게 된다.

> 쿵쿵, 울리고 있었다. 집 속의 깊은 어느 진수(眞髓)에서 울려 나오는 소리일 것이었다. 광물질도 아니고, 흡사 식물질이 오래 묵은 나무뿌리 같은 것이 맞부딪치는 것 같은 소리였다. 쿵쿵.
>
> "난 모르겠는데, 소리가 무슨 소리유? 언니."
>
> 둘은 어느새 서로 끌어안고 볼을 맞댄 채 먼 곳에 귀를 기울이는 듯한 표정을 지었다.
>
> "집에서 무슨 소리가 나요."
>
> 정애가 급하게 속삭이는 소리로 말했다.
>
> "어마아."
>
> 영희가 대답했다.
>
> "아씨는 안 들리우?"
>
> "정애가 속삭였다.
>
> "난 모르겠어요."
>
> 영희가 말했다.[4]

이 소설에서 "꽝당꽝당"이라는 쇳소리나 "쿵쿵"이라는 식물질 소리는 무기력한 남자들이 이끌어 가는 이 집안의 몰락을 예견하는 상징적 장치로 기능하는 공통점을 갖는다.

황순원의 『나무들 비탈에 서다』(『사상계』, 1960. 1~7)에서 '나무들'은 6·25전쟁이라는 역사사회적 정황으로부터 일방적으로 영향을 받고 상처를 받으며 결국에는 피해자로 남게 되는 나약한 젊은이들을 가리키는 수준에서 멈춘 것이라고 하기 어렵다. 황순원은 비록 소설 속 젊은이들 거의 모두를 자살·살인·피살·정신병 등의 비극적 결말로 몰아가긴 했지만, 실로트(J. E. Cirlot)의 말처럼 '나무'가 상징하는 중심축으로서의 기운

---

4 이호철, 「닳아지는 살들」, 『사상계』, 1962. 7, p. 116.

과 부단한 소생력이 작중의 청년 주요 인물들에게 내재되어 있음을 결코 부정하지 않았다. '나무'에게는 수동적이며 정태적인 존재 혹은 피해자라는 상식적인 설명과 고갈될 줄 모르는 생명력이라는 상징철학적인 해석이 다 통할 수 있다.

작중의 '비탈'은 동호에게는 삶의 종말이 있었던 바로 그 현장이 되고, 현태에게는 죄를 저지르고 올라온 길이 되며, 윤구에게는 다시 태어난 곳이나 다름없는 장소가 되며, 김하사에게는 죽음을 맞은 곳이 된다. 그런가 하면 장숙에게는 산비탈이 사고와 파국의 조짐을 일러주는 곳이 되면서 동시에 어처구니없는, 그러나 꼭 무의미하다고만 볼 수는 없는 제2의 운명이 시작된 곳으로 다가오기도 한다. 소설 속 인물들은 각기 다른 이미지와 의미의 '비탈'을 만나는 것으로 그려짐으로써 이미 이들 각각의 운명이 예시된 것이나 다름없다. 결국 『나무들 비탈에 서다』에서의 '나무'는 무엇보다도 "전정(剪定)되어야 할" 필요성 앞에 놓여 있는 것이 되며 '비탈'은 죽음·파국·재생 등이 이루어진 장소로, 그러면서도 죽음과 파국을 늘 짙게 암시하는 곳으로 되어 있다. 여러 가지 시련을 겪고 난 후 나름대로 생활철학을 갖고 양계장을 꾸려 가는 윤구 앞에 친구의 애인인 장숙이가 임신한 몸을 이끌고 나타나 도움을 청하는 소설의 끝장면은 생산성과 생식력, 불모성과 허무감의 극복 등의 상징성을 지닌 것으로 해석할 수 있다.[5]

최상규는 결코 많이 쓰는 작가는 아님에도 자주 예리한 시선과 기발한 상상력을 실감하게 한다. 단편소설 「정글짐」(『문학정신』, 1988. 9)도 예외는 아니다. 이 소설은 한 40대 회기기 산책 도중 어린이 놀이터의 정글짐에 호기심 삼아 올라갔다가 경이에 가까운 발견을 한다는 내용의 '낯선' 이야기를 들려준다. 주인공 황지명은 정글짐에 이리저리 올라가는 사이에 새로운 공간이 수없이 생겨나고 있음을 발견하면서 소스라치게 놀란다. 그런데 작가 최상규는 '낯선' 이야기를 여기서 끝내지 않는다.

5 조남현, 「황순원의 〈나무들 비탈에 서다〉」, 『한국현대소설의 해부』, 문예출판사, 1993, pp. 83~95.

황명진은 집에 가기 위해 정글짐에서 빠져나오려고 발버둥 쳤으나 뚜렷한 이유도 없이 그 속에서 헤어나지 못하게 된다. 그는 마침내 살려 달라고 소리를 치고 나서는 의식을 잃고 만다. 동네사람들은 그를 정글짐에서 꺼내기 위해 소방차와 크레인차와 절단기를 동원해야 했다. 그는 정글짐에서 의도적으로 나오지 않으려 했다는 혐의를 받고, 그를 구출하기 위해 뜯어낸 정글짐을 변상해야 한다는 제소내용을 들으러 사문위원회에 불려 나간다. 그는 스스로 느끼기에 장난기도 전혀 없었고, 악의도 전혀 없었는데 의식을 잃은 사이에 그를 구제하러 온 사람들은 완전히 오해하고 만 것이다. 주인공은 고철로 변해버린 정글짐을 변상해 내라는 사문위원장의 요구를 거절했다가 크게 망신당하고 만다. 이 소설은 주인공이 주위사람들의 오해와 비난에 굴복해 버린 나머지 쓰러지고 마는 것으로 끝난다.

이 소설의 서술의도는 법이라든가 도덕의식과 같은 보편적 기준은 때로 한 개인의 특수성을 참으로 쉽게 또 무책임하게 무너뜨린다는 점을 일깨워 주려 한 것이라고 추측해 볼 수 있다. 40대 멀쩡한 심신의 소유자가 뚜렷한 이유도 없이 정글짐에서 헤어나지 못했다는 사건은 개연성이 아주 없는 것은 아니지만 현실성이 박약하기는 하다. 그런 만큼 이 소설은 상징적 자력을 넉넉히 지닌 것으로 보일 수 있다. 주인공에게 갑자기 많은 새로운 공간을 보여 준 정글짐은, 또 그 주인공을 무서운 힘으로 옥죄인 정글짐은 충분한 상징성을 지닌다. 이 정글짐은 처음에는 경이감을 안겨 주었다가 나중에는 파멸을 가져다 주는 식으로 돌변하고 만 것이다. 작가의 독특한 리얼리티 조립법이 충분히 실감되는 그런 소설을 모처럼 볼 수 있었다.[6]

최상규가 제시한 정글짐은 실제작품 속에서 구체적인 물체로 나타나고 있으면서 1980년대 우리 사회의 한 단면을 상징해 주는 것으로 추상화된다. 박완서의 '나목'도 작품 「나목」(『여성동아』, 1970. 10) 속에서 작

---

6 조남현, 「80년대 소설의 현장」, 『풀이에서 매김으로』, 1992, 고려원, pp. 283~284.

중화가가 그린 작품으로 나타나고 있거니와, 6·25전쟁기 한국인의 삶의 모습을 상징하는 촌철살인으로 기능하기도 한다.

> 나무 옆을 두 여인이, 아기를 업은 한 여인은 서성대고 짐을 인 한 여인은 총총히 지나가고 있었다.
>
> 내가 지난 날, 어두운 단간방에서 본 한발 속의 고목(枯木), 그러나 지금의 나에게 웬일인지 그게 고목이 아니라 나목(裸木)이었다. 그것은 비슷하면서도 아주 달랐다.
>
> 김장철 소스리 바람에 떠는 나목, 이제 막 마지막 낙엽을 끝낸 김장철 나목이기에 봄은 아직 멀건만 그의 수심엔 봄에의 향기가 애닯도록 절실하다.
>
> 그러나 보채지 않고 늠름하게, 여러 가지(枝)들이 빈틈없이 완전한 조화를 이룬 채 서 있는 나목, 그 옆을 지나는 춥디추운 김장철 여인들.
>
> 여인들의 눈앞엔 겨울이 있고, 나목에겐 아직 멀지만 봄에의 믿음이 있다.
>
> 봄에의 믿음 ― 나목을 저리도 의연(毅然)하게 함이 바로 봄에의 믿음이리라.
>
> 나는 홀연히 옥희도씨가 바로 저 나목이었음을 안다. 그가 불우했던 시절, 온 민족이 암담했던 시절, 그 시절을 그는 바로 저 김장철의 나목처럼 살았음을 나는 알고 있다.
>
> 나는 또한 내가 그 나목 곁을 잠깐 스쳐 간 여인이었을 뿐임을, 부질없이 피곤한 심신을 달랠 녹음을 기대하며 그 옆을 서성댄 철없는 여인이었을 뿐임을 깨닫는다.[7]

전시의 서울을 배경으로 한 박완서의 자전적 소설 『나목』(1970)에서

7 박완서, 『나목·도둑맞은 가난』, 민음사, 1981, p. 258.

작중의 '나' 이경은 작가 박완서를, 옥희도는 화가 박수근을 모델로 하였다. 옥희도가 그린 '나목'은 자화상으로 볼 수 있긴 하지만, 이경과 옥희도를 포함한 동시대인들의 죽음이나 다름없는 절망상태를 상징하는 것이라고 하겠다.

> 아버지가 돌아올 때까지 나는 경제사를 읽을 참이었다. 한 경제학자가 장차 책임범위는 없어질 것이라고 쓴 것을 그 책의 저자는 인용했다. 나는 책을 읽다가 잠이 들었고, 깨기 직전에 꿈을 꾸었다. 꿈속에서 그물을 쳤다. 나는 물안경을 쓰고 물속으로 들어가 내 그물로 오는 살찐 고기들이 그물코에 걸리는 것을 보려고 했다. 한 떼의 고기들이 내 그물을 향해 왔다. 그러나 그것은 살찐 고기들이 아니었다. 앙상한 뼈와 가시에 두 눈과 가슴 지느러미만 단 큰 가시고기들이었다. 수백수천 마리의 큰 가시고기들이 뼈와 가시소리를 내며 와 내 그물에 걸렸다. 나는 무서웠다. 밖으로 나와 그물을 걷어 올렸다. 큰 가시고기들이 수없이 걸려 올라왔다. 그것들이 그물코에서 빠져나와 수천수만 줄기의 인광을 뿜어내며 나에게 뛰어올랐다. 가시가 닿을 때마다 나의 살갗은 찢어졌다. 그렇게 가리가리 찢기는 아픔 속에서 살려 달라고 외치다 깼다.[8]

「내 그물로 오는 가시고기」(1978)라는 단편소설에서 은강그룹 창업자의 손자가 수천 마리의 큰 가시고기들의 공격을 받고 살려 달라고 외치다가 낮잠에서 깨어나는 장면이다. 부당한 대접을 받는 노동자들을 수천 마리의 가시고기에 비유하는 것은 강렬한 인상을 주는 순간의 상징성으로 나아가게 된다. 법정소설과 노동자소설과 관념소설이 결합되어 있는 「내 그물로 오는 가시고기」는 난장이의 큰아들 영수가 은강그룹 회장

8 조세희, 『난장이가 쏘아 올린 작은 공』, 문학과지성사, 1978, p. 322.

의 동생을 살해한 것을 원인적 사건으로 제시하였으며, 은강그룹 회장의 막내아들 경훈을 1인칭 화자로 설정하였다. 경훈은 할아버지와 아버지가 기업을 일으켜 많은 사람들을 먹고 살게 해준 공이 있다고 인식해 왔다. 기본적으로 경훈은 노동자들의 증오심과 불평에 따른 요구를 터무니 없는 억지라고 생각한다.

기본적으로 표현자유가 제한되어 있었던 1970년대 후반에 조세희의 연작소설집 『난장이가 쏘아 올린 작은 공』은 당시 노동자들이나 빈민들의 극한적 상황과 이를 타개하기 위한 크고 작은 몸부림들을 상징하는 표제를 내걸었다. 우르슬라 브름(Ursula Brumm)이 소설 속에서의 상징을 '인과론적 사실주의적 상징(the cause-linked realistic symbol)'과 '시적 소설의 초월적이거나 마술적 상징(the transcendent or magic symbol of the poetic novel)'으로 이분한 것[9]에 연결 지어 보면 '난장이가 작은 공을 쏘아 올린다'는 행위는 '사실적인 상징'보다는 '시적 상징'에 가깝다. 작가 조세희는 삼남매의 아버지인 난장이의 죽음의 의미를 "하늘을 향해 쏘아 올린 작은 공"이라고 시적 상징으로 처리하였다.

김원일의 『불의 제전』은 치열한 닭싸움에서 국군과 인민군의 전쟁을 떠올리게 하는 사실적 상징으로 마지막 장면을 채워 놓았다.

> 맹호가 목을 뒤로 젖히며 앞발길질로 불매를 뿌리치곤 누어발 불러난다. 볏에서 피가 흘러내린다. 이젠 섣불리 덤벼들 수 없다고 판단했는지 두 샤모가 일정한 거리를 두고 맴돈다. 구경꾼들도 열에 받쳐 편을 나누어 목청 터져라 응원한다. 버스정류장 주변사람은 맹호를 편들고, 장터마당 주변사람은 불매를 응원한다. 과녁판 주위는 열기로 끓는다.
>
> "멋들어진 한판 승부군요. 용호상박입니다. 어느 샤모가 이길는지 예측 못하겠는데요." 심찬수가 안시원에게 말한다.

---

9 Ursula Brumm, "Symbolism and the Novel", *The Theory of the Novel*, edited by Philip Stevick, The Free Press, 1967, p. 363.

"대, 대단한 투혼이야." 안시원이 묽은 눈으로 닭싸움을 보며 말한다.

"활동사진으로 권투구경하는 것 같습니다. 기술이 그만 못지 않는데요?"

"어느 도, 동물이든 본능의 야수성은 이, 인간과 같아." 안시원이 슬며시 눈을 떴다 감았다 한다. 자의가 아닌, 자율신경의 마비 같다.

"어쩜 저 투쟁과 생명력이 여태까지 종족보존해 올 수 있었던 적자생존 본능이 아닐까요?" 피투성이가 된 두 닭을 보는 심찬수도 싸우는 닭만큼 흥분되어 있다.

갑해는 두 마리 닭싸움이 국군과 인민국의 전투를 연상시킨다. 묵정동에서 동문여관으로 갈 때 보았던 을지로와 종로 길의 시가전이 떠오른다. 그때 형이 죽었고, 자기도 죽을 뻔했다. 두 닭이 피를 흘리며 맞부딪칠 때 갑해는 그 혈투를 눈뜨고 볼 수가 없어 순간적으로 눈을 감는다.

두 샤모가 다시 엉겨 붙는다. 높이 뛰지 않고 돌격자세로 달려들어 붙었기에 서로는 날개를 푸덕대며 귓불과 턱살을 쫀다. 발길질로 다시 물러서자 불매는 조금 전 성공한 공격자세로 힘차게 뛴다. 맹호도 질세라 높이 뛴다.[10]

인용문 안에는 갑해가 두 마리 닭싸움으로부터 국군과 인민군의 전투를 저절로 연상하는 장면이 들어 있다. 아무리 댓닭의 싸움이 사투의 형식을 보였다고 하더라도 사람들 사이의 처참한 전쟁을 상징하는 데는 한계가 있긴 하다. 작은 것이 큰 것을 상징하고 있는 만큼 축소상징이라고 부를 수 있을 것이다.

임철우의 단편소설 「불임기」(1985)는 사백 명에서 한 명이 모자라는

10 김원일, 『불의 제전』 7권, 문학과지성사, 1997, p. 315.

399명의 아이들이 하루아침에 사라져 버린 후 몇 년 동안 마을에서 단 한 명의 아기도 태어나지 못하는 데다 심한 가뭄이 계속되어 공포감이 엄습한다는 이야기를 들려준다. 이 소설에는 구체적인 인물명이 제시되어 있지 않고, 구체적인 시간적 배경이나 공간적 배경도 설정되어 있지 않다. 노파, 아이들, 미친 여자, 흰 제복 차림의 사나이들이라고 명명되어 있을 뿐이다. 시간적 배경을 일러주는 즉물로는 흰 제복을 입은 사나이들이 타고 왔거나, 사람들을 잡아다 태우고 가는 '하얀 앰뷸런스'가 있을 뿐이다. 또 공간배경은 '성밖 마을'이라든가 '다리 건너 마을'과 같이 모호하게 처리하였다. 이러한 인물과 시공간의 설정방법은 소설을 음산한 느낌이나 공포심을 안겨 주는 이국풍의 소설로 보게 만들기도 한다.

작가 임철우는 이런 장치와 분위기를 의도적으로 설정함으로써 상징소설의 가능성을 한껏 끌어올리는 결과를 가져왔다. 노파와 마을사람들은 흰 제복의 사나이들에게 끌려갔다가 도망쳐 나온 소년과 소녀의 혀가 잘려 나갔음을 발견하고는 비명을 지른다. 그 아이들을 자식처럼 보살피던 노파는 흰 제복의 사나이들에게 짓밟혀 죽고, 소년과 소녀는 다시 백색 앰뷸런스에 실려 간다는 사건이 덧붙혀지고 있다. 노파는 철저하게 방관자의 태도를 취하는 마을사람들을 향해 '너희들도 공범이다'고 소리 지른다. 이 소설에 등장하는 인물들 모두 비유나 상징성을 획득하고 있거니와, 임철우는 무관심과 이기심과 운명론에 절어 있는 "마을사람들"에게 가장 큰 관심을 기울이고 있다. 한마디로 「불임기」는 발표시기가 임시하고 있듯이 1980년 5월 18일의 광주라는 소재를 알레고리로 처리한 것이라고 할 수 있다.

양귀자의 단편소설 「녹」(1985)의 주인공 이필웅은 한 건의 광고라도 더 따내기 위해 몸부림치는 신문사 광고국의 사원으로 일하면서 체질에 맞지 않은 자리에 있다고 늘 불만을 삼키고, 유달리 모멸감과 패배감을 곱씹고 지낸다. 처음에는 어린이 자전거에 묻어난 녹을 닦다가 이후에는 집에 있는 날이면 집안의 그릇과 가구에 묻어 있는 녹을 닦아 내는 것을 취미로 여기는 기행을 보이게 된다. 그는 나중에는 이웃집들의 세간과 집기에 숨어 있는 녹까지도 닦아 내고 싶어하는 생각까지 하게 된다.

이필웅은 '밥' 때문에 어쩔 수 없이 광고주에게 아부하고 과잉적응하며 허세를 떠는 사이에 패배감과 모멸감과 무력증을 느끼면서 자신이 여기저기 '녹슬어 가고' 있다는 자의식을 지니게 된 것이다. 비록 정상심리의 표출이라고 보기는 어렵기는 하지만, 녹의 제거행위는 부정심리의 포로가 된 샐러리맨이 자기위안과 자기해방을 도모하는 상징적 행위라고 할 수 있다.

우리 현대소설사에는 주제를 비유적 표현으로 처리한 것이 작품전체의 배경음악처럼 구조화된 소설도 적지 않고, 작품 속 존재나 행위가 이차적인 의미를 획득하여 주제확립에 기여하게 된 소설도 적지 않다. 전자를 시적 상징으로 부른다면 후자는 사실적 상징이라고 할 수 있다. 전자의 예시작으로는 일본 유학생이 귀국하는 과정에서 온갖 수모와 절망을 느끼는 사이에 조선을 공동묘지로 깨닫게 된다고 한 염상섭의 「묘지」(1922), 한 조선인 소작인이 딸을 빼앗아 간 중국인 지주를 향해 살인·방화와 같은 복수심 행사를 그린 최서해의 「홍염」(1927), 동양의 용 미리와 서양의 용 드래곤의 충돌을 설정하면서 이에 따른 민중의 대립에도 주목해야 한다고 말한 신채호의 「용과 용의 대격전」(1928), 각각 시련을 겪으면서도 계몽운동가로서의 정신을 끝까지 살려 나가는 남녀인물의 모습을 그려 낸 심훈의 『상록수』(1936), 노사화합을 꾀했으나 실제로는 사용자 편을 든 조선지식인의 한계를 드러낸 한설야의 『황혼』(1936), 욕망충족을 절대가치로 여기는 악인들로 가득찬 세상을 탁류로 상징한 채만식의 『탁류』(1937), 한 조선인 간호사가 집안을 망하게 한 일본인 경찰과 의사에게 느끼는 피해의식을 그려 내는 데 초점을 맞춘 강경애의 「어둠」(1937), 일제강점기 말 허무주의와 자포자기의 행태를 보이는 조선문인의 자의식 세계를 드러낸 채만식의 「냉동어」(1940), 한 젊은이가 이북에서 공산당과 적극적으로 맞서 싸워야겠다는 의지를 행동으로 옮기는 것을 작품의 결말로 취한 선우휘의 「불꽃」(1957) 등을 추릴 수 있다.

후자의 예시작으로는 농민의 딸이 사이비 지식인을 보고 채색무지개라고 비판하는 것으로 끝을 낸 이기영의 「채색무지개」(1928), 만주에서 동포들로부터 기피인물이었던 한 청년이 크게 각성하여 동포를 위해 싸우다가 죽어 가며 조국의 붉은 산을 그리워한다는 이야기를 들려준 김동인의 「붉은 산」(1932), 땡볕이 한 순박한 도시빈민이 처한 극한상황을 더욱 음각시킨다는 김유정의 「땡볕」(1937), 독서회사건으로 처벌받은 의사지망생이 자신을 제퇴선으로 인식하는 과정을 그린 김남천의 「제퇴선」(1937), 굴뚝 위 전깃줄에 걸린 가오리연이 한 양심적인 지식인의 처지를 비유하는 것으로 그린 김동리의 「지연기(紙鳶記)」(1946), 작중 주인공에게 좋지 않은 일이 일어날 것을 실제로 예시하는 기능으로 작용하는 천둥소리를 여러 차례 들려주는 김주영의 『천둥소리』(1986), 시대의 변화에 따라 재빠르게 변신하는 지식인을 고발하고 있는 윤후명의 「여우사냥」(1993) 등을 꼽을 수 있다.

19장 작중인물의 존재방식

소설의 작중인물 또는 등장인물은 작품 속에서 차지하는 비중에 따라 주인공, 조연, 단역(端役) 등으로 나누어진다. 꽁트나 단편소설에서 주인공은 한두 명, 조연은 소수로 나타난다. 장편소설에서는 단역은 말할 것도 없고, 주인공이나 조연도 최소 두 명 이상으로 나타난다. 기본적으로 조연은 주인공에게 조력하는 존재로 나타나기도 하고, 타자(the other)라는 말처럼 적대자나 경쟁자로 표현되기도 한다.

소설에서는 주인공(hero)의 동의어인 프로타고니스트가 적대자(enemy)의 동의어인 안타고니스트와 갈등관계를 이루는 것으로 보고 있기는 하지만,[1] 모든 소설이 갈등관계를 보이는 것이 아닌 만큼 프로타고니스트와 안타고니스트가 반드시 대립이나 경쟁관계로 묶이는 것은 아니다. 단지 작품 내의 비중에 따라 일차적 인물(주인공), 이차적 인물(조연, 조역), 삼차적 인물(단역, 엑스트라)로 불릴 수 있다.

조역이나 단역은 연극에서 사용되며, 소설에서는 프로타고니스트, 안타고니스트, 트리타고니스트와 같은 말들이 자주 쓰인다. 프로타고니스트는 주동인물(major figure)이나 주인공(hero)으로, 안타고니스트는 반동인물, 경쟁자, 적 등으로 일컬어진다. 프로타고니스트와 안타고니스트는 적대관계에 있는 인물을 가리킨다. 원래 프로타고니스트는 작가가 긍정하는 인물이고 안타고니스트는 부정적 인물이었으나, 오늘날에는 1차적 인물, 2차적 인물이란 뜻으로 확대사용되고 있다.

소설은 갈등관계를 기록한 것이라는 명제는 프로타고니스트와 안타고니스트를 대립관계로 설정하는 경향이 있지만, 앞서 살펴보았듯이 성

1 Gerald Prince, *Dictionary of Narratology*, University of Nebraska Press, 1987, pp. 6, 78

공적인 소설이 모두 프로타고니스트와 안타고니스트의 대립관계로만 짜여지는 것은 아니다. 안타고니스트가 반드시 타인으로만 표현되는 것도 아니다. 프로타고니스트의 내면 속에 제2의 자아나 타자의 형식으로 안타고니스트가 존재할 수 있다. 복수의 주인공이 등장하는 장편소설이나 대하소설에서 프로타고니스트를 누구로 정하느냐에 따라 안타고니스트가 달라질 수 밖에 없다. 물론 대부분의 소설은 작가가 프로타고니스트로 설정한 인물을 가장 비중 있게 다루기는 하지만, 대립관계에 있는 안타고니스트를 꼭 두 번째의 비중으로 다루는 것은 아니다.

주인공 이름으로 소설이 기억되는 사례는 그리 많지 않다. 아예 『춘향전』, 『심청전』, 『흥부전』, 『홍길동전』, 『장화홍련전』, 『전우치전』, 『숙향전』, 『배비장전』, 『운영전』, 『허생전』, 『조웅전』, 『유충렬전』, 『임경업전』 등과 같은 고전소설처럼 주인공 이름이 소설제목으로 정해진 경우라면 저절로 기억될 것이다. 현대에 와서는 외형상 전기체소설이 사라졌으므로 주인공 이름을 제목으로 잡은 것도 많지 않고 또 그런 소설들 중에 명작으로 평가된 경우도 많지 않다. 심훈의 『상록수』의 주인공이 실존인물을 모델로 한 박동혁과 채영신임을, 염상섭의 『삼대』에서 프로타고니스트인 조덕기에게 김병화가 안타고니스트이자 조력자의 역할을 하고 있음을, 최인훈의 『광장』의 주인공은 유형적 존재이기보다는 일회적 존재에 가까운 이명준임을 기억하는 일반독자들은 그리 많지 않다.

로버트 스콜즈는 연극, 영화, 소설이 기본적으로 약간씩 다른 인물설정방식을 지니고 있다고 지적하면서 그중에서도 소설양식이 인물의 내면성을 가장 잘 드러낸다고 하였다.

> 연극에서는 오직 말이나 행위만이 인물을 드러낼 수 있고, 영화에서는 클로즈업 기법이 표현과 제스처만 통로로 하는 무대예술보다 인간심리를 더 잘 표현할 수 있다. 그러나 인물의 내면세계에 실제로 접근하는 양식은 오직 소설뿐이다(But in narrative only is the inward life of the characters really accessible). 포스터가 말한 바와 같이 이 점에서는 소설가가 탁월한 능력을 갖는다. 인물창조

> 에 있어 가장 본질적인 요소는 바로 이 내적인 삶(inward life)이다. 이러한 것이 모자라면 모자랄수록 플롯이나 주석, 묘사, 암시, 수사학 등과 같은 다른 요소들이 작품에 기여해야 한다.[2]

로버트 스콜즈는 소설양식이 인물창조를 가장 잘 해낸다는 점, 인물창조에서 가장 중요한 것은 내면, 영혼, 심리, 무의식 등으로 표현되는 내면세계의 제시인 점, 내면제시 다음으로 중요한 것이 플롯과 수사학이라는 점을 주장하고 있다.

작중인물의 존재방식에 대한 기본관념은 전통적인 것과 포스트모더니즘적인 것으로 나누어진다. 반영론을 핵심으로 한 리얼리즘 찬성론자들이 작중인물을 우리의 이웃이나 친구와 같은 실제인간들을 모방한 것으로 본 데 반해, 형식주의자들은 작중인물을 텍스트 내의 다른 언어적 현상과 동일한 차원으로 본다. 전자의 이론은 전통이며 상식으로 남아 있다. 후자의 견해를 적극적으로 개진한 것은 기호학자들이다.

> 기호론의 보호를 받으면서 인물들은 그들의 권위와 중심지위 그리고 정체성을 잃게 된다. 그렇다고 이들 인물들이 무생물로 변하는 것을 의미하지 않고(알랭 로브 그리에의 경우), 행위자로 귀결되는 것(토도로프의 경우)도 아니지만, 인물들은 텍스트 속으로 용해되어 버린다. 닫혀진 텍스트의 분절로서 작중인물들은 기껏해야 반복출현의 양식을 보이게 되며, 다른 모티프들 속에서 끊임없이 재맥락화되는 모티프들이 될 뿐이다. 기호학적 비평에 오면 작중인물들은 분해되어 버린다(In semiotic criticism, characters dissolve).[3]

---

2 Robert Scholes and Robert Kellogg, *The Nature of Narrative*, Oxford University Press, 1979, p. 171.

3 Shlomith Rimmon-Kenan, *Narrative Fiction: Contemporary Poetics*, Methuen & Co. Ltd., 1983, p. 32.

리몬 케넌은 작중인물을 단순한 말들(mere words)과 동일시하는 태도를 부정한 시모어 채트먼의 견해가 '텍스트화된 인물' 혹은 '인물화된 텍스트'에 대해 설명하고 있는 것이라고 하였다. "모방이론(어떤 의미에서 문학을 현실모사로 여기는 이론)에서는 인물들이 실제인물과 동일시되는 반면 기호학에서는 텍스트 속으로 용해되어 버린다"[4]는 주장은 소설 속 인물에 대한 기본인식이 20세기 전반기와 후반기에 크게 달라졌다는 것을 의미한다. 그러나 오늘날 대부분의 작가들과 작품들은 자신이 만든 인물이 실제인물과 비슷하게 존재하면서 끝까지 기억되기를 바란다.

작품을 일단 언어구조로 파악하는 형식주의자들이나 구조주의자들은 작중인물을 대체로 행위자(agent)나 수행자(performer)로 보는 경향이 있다. 츠베탕 토도로프와 리몬 케넌은 인물과 행위의 관계에 대해 질문을 던지는 식으로 인물의 본질을 알아보고자 하였다. 리몬 케넌이 작중인물과 행동을 별개의 것으로 나눌 수 있는 가능성을 제시하면서 작중인물을 행동(action)에 종속시키는 경우, 행동을 작중인물에 종속시키는 경우로 나눈 것은 토도로프가 행동이 우세한 서사물(심리결여 서사)과 작중인물이 우세한 서사물(이른바 심리적 서사)을 따로 놓고 본 것에서 영향받은 결과다.[5] 리몬 케넌이 인물을 사건의 한 요소로 파악한 데 비해 채트먼은 작중인물을 배경의 한 요소로 본다. 실제로 대부분의 소설에서 조역 이하의 인물들은 배경과 거의 구분되지 않는다.

레너드 데이비스는 작중인물을 만드는 데 성격의 단순화가 요구된다고 하면서 이는 개인의 사회적 역할에 대한 이데올로기적 진술로 구성된다고 한 후, 주인공을 단순화하는 데 필요한 세 가지 장치로 미(beauty), 수동성(passivity), 신원확인 능력(ability to invite identification)[6]을

---

4 Ibid., p. 33.
"Whereas in mimetic theories(i.e. theories which consider literature as, in some sense, an imitation of reality) characters are eqated with people, in semiotic theories they dissolve into textuality."

5 Ibid., pp. 35~36.

6 Lennard Davis, *Resisting Novels*, Methuen & Co. Ltd., 1987, p. 103.

들었다. 데이비스가 단순화를 전제로 하여 세 가지 장치를 든 것과 시모어 채트먼이 인물의 대명사인 성격과 비슷한 말로 총체성(totality), 정신적 특성(triats), 여러 사람들 사이의 독자성(uniqueness) 등을 든 것[7]은 좋은 대조가 된다.

소설이 잘 되었는가 못 되었는가를 판가름하는 기준의 하나로 성격 창조의 성패 여부를 내세운다. 이러한 태도는 '소설을 쓰는 것은 곧 새로운 성격을 창조하는 것이다'는 통념을 굳히는 것으로 볼 수 있다. 데이비스가 고전소설의 주인공을 아름다운 인물로 규정할 수 있다고 하면서 "이때의 미는 심리적·도덕적·신체적인 것 사이의 조화와 존경스럽고 본뜰 만하고 문화적 모범임을 의미한다. 남자가 용감하고 다소 반항적이고 낭만적인 데 비해 여자는 덕이 있고 다소 반항적이고 바람직한 것으로 나타난다"든가 "19세기 소설에서 신체상의 아름다움은 실제적 계급위치라기보다는 도덕적 계급위치를 가리킨다. 영혼의 아름다움은 신체의 아름다움"[8]이라고 한 것은 서양의 19세기 소설까지만 하더라도 신체의 특징과 영혼의 특징을 동일하게 처리한 것을 뜻한다. 예컨대 『춘향전』, 『심청전』, 『홍길동전』 등과 같은 고전소설의 주인공들은 비범한 능력과 뛰어난 용모를 겸비하고 있다. 비범한 능력과 뛰어난 용모를 겸비한 사람은 현실적으로 소수에 불과한 만큼 현실성이 떨어진다.

『춘향전』에서 춘향이는 "춘향은 벌써 광한루 가깝게 와 있다. 반가운 마음으로 이도령은 더욱 자세히 살펴본다. 춘향의 모습은 예쁘고도 아름다워 그 화용월태가 세상에 짝이 없을 것 같다. 얼굴이 조촐해서 맑은 강물 위에서 노는 학이 눈 위 빛에 비치는 것과도 같다. 붉은 입술과 흰 이가 반쯤 열려 보이니 별과도 같고 옥과도 같다. 연지를 품은 듯한 자하상(紫霞裳)을 입은 그 고운 태도는 어린 안개가 석양에 비치는 듯하다"[9]와

7 Seymour Chatman, *Story and Discourse*, Cornell University Press, 1978, pp. 121~123.

8 Lennard Davis, op. cit., pp. 123~124.

9 이민수 역주, 『춘향전』, 서문문고, 2000, p. 32.

같이 과장되게 미화되고 있다. 결말은 "그 뒤로 이몽룡은 이조판서·호조판서·우의정·좌의정·영의정을 다 지내고 나서 벼슬에서 물러난 뒤에 정렬부인과 백 년을 함께 즐기면서 살았다. 정렬부인에게서 세 아들과 딸 둘을 낳았는데 그들도 모두가 총명해서 오히려 그 아버지보다 높은 벼슬에 올랐다. 이렇게 대대로 계속해서 정일품 지위를 계승하면서 만세를 살아 나갔다"[10]와 같이 현실성이 떨어지는 해피엔딩으로 처리되고 있다. 이렇듯 현실성이 약한 인물창조방법은 고전소설에서 이해조, 최찬식, 이광수류의 소설까지 이어졌다.

레너드 데이비스가 "18세기 중류계급 소설독자들의 주요 관심사는 주관성, 사랑, 결혼, 계급철폐였다"고 말한 것은 인물창조의 방향과 중요성을 일깨워 준다. 데이비스에 의해 루카치와 프레데릭 제임슨은 작중 주인공을 주체로 파악한 것으로, 또 이 경우의 주체는 역사 밖에서 이해될 수 없는 것으로 설명한다. 데이비스는 루카치가 소설의 중심이 리얼리즘에서 모더니즘으로 옮겨 가면서 주체의 중심성을 포기하고 형식에 치중했다고 주장한 것에 주목한다. 그리고 모더니스트 소설의 인물의 추악함은 독자들이 그들 자신을 유토피아적이거나 희망찬 문화모델과 일치시키는 것을 막아 내는 결과를 빚어낸다고 주장하였다.[11]

권선징악 관념이나 도덕적 상상력은 동서고금을 막론하고 소설의 본질적 요소로 여겨져 왔다. 리얼리즘이 지배했던 19세기 유럽소설에서나 1920년대에서 1970년대까지의 한국소설에서는 도덕적 상상력이 견인차가 되었지만, 소설이 리얼리즘에서 벗어나면서 권선징악 관념이나 도덕적 상상력은 약화되었다. 옛날에는 소설의 주인공이 될 만한 모델이 한정되어 있었으나, 오늘날에 와서는 무한정한 상태가 되어 갑남을녀 누구나 소설의 주인공으로 등장할 수 있는 기회를 갖게 되었다.

미하일 바흐찐은 유럽에서는 이미 중세에 악한, 광대, 바보와 같은

10 같은 책, p. 212.

11 Lennard Davis, op. cit., p. 124.

인물이 뚜렷하게 나타났다고 하였다.[12] 물론 이때 지체 낮은 인물들에게는 실제 소설에서 조역이나 단역 역할이 주어진다. 비슷한 관점에서 『춘향전』에서 방자는 아주 무식한 인물로 그려지고 있지 않다. 방자는 조선의 명승지, 중국의 역사, 나무 등에 대해 유식한 면을 드러낸다. 방자는 이도령에게 춘향의 재색겸비한 모습을 설명하는 자리에서 "그녀는 장강 같은 미색을 가졌고, 태임과 태사 같은 덕행이 있으며, 이태백과 두자미 같은 문장명필을 겸했습니다. 또 그녀는 태사 같이 화평하고 순종하는 마음을 가졌고, 순임금의 두 아내 아황·여영 같은 곧은 절개를 가졌습니다. 그러니 그녀야말로 지금 천하의 절색이요 만고의 여중군자라 할 만합니다. 황공한 말씀이오나 불러오기는 어렵습니다"[13]와 같이 웬만한 선비들보다 중국의 고사를 거침없이 끌어오는 박식한 면모를 과시하고 있다.

레너드 데이비스는 서양소설에서 작중인물의 변화과정에 대해 포괄성은 떨어지지만 참신성을 살려 정리하였다. 그는 '무감정에서 감정으로(from unfeeling to feeling)', '범죄에서 도덕적 실천으로(from crime to moral realization)', '소박성에서 권태로(from naivete to world weariness)', '압박감에서 성숙한 성감으로(from repression to mature sexuality)'와 같은 변화의 사례를 제시했다.[14]

리몬 케넌은 "신의 죽음, 휴머니즘의 죽음, 비극의 죽음에 대한 선언에 덧붙여 20세기에는 작중인물의 죽음(the death of character)을 선언한 것이 들려오기도 하였다"[15]며 흥미 있는 주장을 하였다. 휴머니즘의 죽음, 비극의 죽음, 작중인물의 죽음 등과 같은 말은 프리드리히 니체의

12 미하일 바흐찐, 『장편소설과 민중언어』, 전승희 외 역, 창작과비평사, 1988, pp. 350~355.

13 이민수 역주, 앞의 책, p. 27.

14 Lennard Davis, op. cit., p. 29.
'소박성에서 권태로'의 변화과정은 대표적으로 도스토옙스키의 『죄와 벌』의 주요 인물 라스콜리니코프에게서, '압박감에서 성숙한 성감으로'의 과정은 샬럿 브론테의 『제인 에어』와 귀스타브 플로베르의 『마담 보바리』에 등장한 제인 에어와 엠마 보바리에게서 확인할 수 있다.

15 Shlomith Rimmon-Kenan, op. cit., p. 29.

"신은 죽었다"든가 다니엘 벨의 "이데올로기의 종말"이라든가 프랜시스 요시히로 후쿠야마의 "역사의 종언"과 같은 말처럼 오래지 않아 뒤집어질 말에 속한다. 인류의 역사가 지속되는 한 죽음이나 종말과 같은 말은 과장된 언사로 뒤집어지기 쉽다. "작중인물의 죽음"은 오랫동안 기억에 남는 작중인물을 만들기가 점점 힘들어진다는 뜻을 포함한다. 20세기까지의 작중인물 창조방법은 포스트모더니즘이 심화된 21세기에 와서는 더 이상 통하기가 어려워진 것이 아니냐는 우려도 들어 있다.

이어 리몬 케넌은 "엘렌 식수는 자아의 안정성뿐만 아니라 통일성에 대해서도 질문을 던졌다. 엘렌 식수에 의하면 '나'는 늘 하나 이상이고 다양한 존재가 되며, 동시에 같이 있는 무리나 함께 행동하는 집단이 될 수 있다. 만일 자아가 끊임없는 하나의 흐름이거나 '행동을 같이 하는 집단'이라면 작중인물의 개념은 변하거나 사라지게 되고 '낡고 안정된' 자아는 해체될 것이다"[16]와 같이 작중인물이 끝까지 개인의 형식으로만 존재하기 어렵다는 점을 환기시켰다. 개인은 한 집단, 한 사회, 한 시대의 유형으로 존재하기 쉽다는 것이다.

레너드 데이비스는 리몬 케넌보다 한 걸음 더 나아가 소설 속에서 인물은 더 이상 존재하지 않는다는 주장을 펼쳤다. "진정한 주체는 독자다. 인물은 존재하지 않고 단지 교훈, 기호, 주제의 모음만 남을 뿐이다(only a collection of instruction, signs, or themes). 소설은 주체의 환상을 실어 나른다. 소설은 환상을 실어 나를 뿐이다"[17]고 하면서 인물은 기호나 주제의 형식으로 존재한다고 하였다.

작중인물에 대한 오래된 원론에는 '작중인물은 작가의 자화상이다'는 주장이 포함되어 있다. 혹은 주인공을 포함한 모든 작중인물은 결국 작가의 현실적 체험세계로부터 그 모델을 구해온 것이라는 견해도 있다. 자신을 모델로 삼는 것도, 타인을 모델로 삼는 것도 아니라는 주장은 소설허구설을 강하게 뒷받침한다. 자전적 소설, 사소설, 에세이소설 등은

---

16 Ibid., p. 30.

17 Lennard Davis, op. cit., p. 108.

'작중 주인공은 작가의 자화상을 그리기 마련이다'는 관념을 뒷받침해 주며 역사소설은 '작중인물은 대개 모델이 있기 마련이다'는 인식을 강화하게 된다.

모델설의 대표작가로 선우휘를 들 수 있다. 선우휘는 월남 후 조선일보사 사회부 기자로 근무(1946~1947)한 이래 중학교 교사(1948~1949), 육군장교 근무(1949~1957), 조선일보 논설위원 및 편집국장으로 근무(1961~1971) 등의 이력을 거친 점을 소설창작에 직접 반영하고 있다. 그가 발표한 소설은 「승패」, 「보복」, 「오리와 계급장」, 「단독강화」, 「한국인」, 「싸릿골의 신화」 등과 같은 군인소설, 「십자가 없는 골고다」, 「깃발 없는 기수」, 「화재」 등과 같은 기자주인공 소설, 「불꽃」, 「승패」 등과 같은 교사소설 등으로 대별할 수 있을 정도로 직접체험과 목격담을 살리는 데 힘썼다. 선우휘의 소설은 교사, 군인, 기자, 실향민 등의 인물을 설정해 보이고 있을 뿐만 아니라 가르치는 자라든가 보호해 주는 자와 같은 교사형 인물, 맹목적 행동주의자와 같은 군인형의 인물, 방관자나 도피주의자와 같이 기자가 변형된 인물, 실향민 의식이 보다 심화된 경우라고 할 수 있는 허무주의자, 센티멘탈리스트, 한의 인물 등을 내보이기도 했다.[18]

전광용은 직접체험의 양과 질에 그리 마음을 쓰지 않는 작가가 지니고 있는 이점을 최대한으로 살린 것처럼 보인다. 그는 전형적인 교수작가임에도 소설허구설을 신봉하여 실로 다양한 직업이나 계층의 인물들과 삶을 탐사하였던 것으로 보인다. 그의 소설들은 어부(『흑산도』, 「해도초」), 광부(「지층」), 트럭운전수(「G. M. C」), 조수(「01234」), 청소부(「진개권」), 샌드위치맨(「벽력」), 술집여자(「반편들」), 밴드마스타(「크라운장」), 의사(「충매화」, 「꺼삐딴리」), 교수(「남궁박사」), 화가(「주봉씨」), 상이군인(「퇴색된 훈장」), 혼혈아(「세끼미」), 기자(「해도초」) 등 넓은 범위의 인물분포를 보여 주고 있다. 그의 소설에서는 특정 직업이나 계층의 인물에 대한 각별한 애

18 조남현, 『한국현대소설의 해부』, 문예출판사, 1993, p. 203.

착을 찾을 수 없다. 여러 계층의 인물들이 일회적으로 등장한다. 이를 보면 전광용이 1950년대 한국인의 삶의 리얼리티를 정확하게 잡아내기 위해 얼마나 부심했는지를 실감할 수 있게 된다.[19]

이동하 소설의 경우, 오십 편에 가까운 단편소설 가운데 회사 내의 갈등을 중심사건으로 설정한 「번제」, 회사원의 일상성을 그린 「밝고 따뜻한 날」 등을 포함하여 회사원이 등장하는 소설이 열세 편이나 되는 만큼 이러한 인물이 결코 작은 비중이라고 할 수 없다.

이동하는 불우하거나 가난하거나 힘이 없거나 위치가 불안한 존재의 삶을 그리는 데 힘써 온 작가다. 무능한 시인(「못질하기」), 동네 머슴(「개사냥」, 「땡볕」), 용원(「헹가레」), 농민(「저문 골짜기」), 깡패(「폭력요법」), 노점상(「물 위에 쓰는 역사」), 열차 호송원(「잠든 도시와 산하」), 아파트 경비원(「가위·가위·가위」), 대중가수(「갈채」), 부동산 중개인(「드러눕는 산」), 외판사원(「따뜻한 돌」), 환경미화원(「김씨에 관한 추측」), 사환(「일상의 그늘」), 운전수(「네 개의 배역」, 「그는 화가 났던가」), 인간과녁(「물풍선 던지기」), 폐인(「엇길」) 등과 같이 다양한 인간상을 다루었다. 이러한 소설이 스무 편을 상회하는 것을 보면 약자, 빈자, 병자, 노인 등의 존재에 대한 이동하의 연민 어린 관심이 얼마나 큰지 알 수 있다.[20] 결국 이동하도 소설허구설을 신봉하는 작가라고 할 수 있다.

조정래는 1970년대에서 1980년대의 발표작들에서 다양한 인물을 주인공으로 설정하였다. 군인(「빙판」, 「타이거 메이저」, 「누명」), 교사(「선생님 기행」, 「사랑의 벼랑」), 대학생(「어떤 선설」), 회사원(「이런 식이더이다」, 「상실의 풍경」, 「술 거절하는 사회」, 「사약」, 「껍질의 삶」), 머슴출신(「청산댁」, 「비탈진 음지」), 택시기사(「비틀거리는 혼」, 「길이 다른 강」), 화가(「어떤 솔거의 죽음」, 「모래탑」), 농민(「유형의 땅」), 여공(「동맥」), 구두닦이(「빙하기」), 도시의 중년 여성(「살풀이굿」, 「이방지대」, 「인형극」, 「검은 뿌리」, 「장님 외줄타기」), 상인(「방황하는 얼굴」), 졸부(「허깨비춤」). 수난의 여인(「황토」, 「흔들리는 고향」), 일본

---

19 같은 책, p. 231.

20 조남현, 「장삼이사의 서사, 그 프락시스」, 『비평의 자리』, 문학사상, 2001, p. 140.

순사(「황토」), 미군(「황토」), 인쇄소 사장(「자연공부」), 공산주의자(「황토」, 「유형의 땅」, 「회색의 땅」,「박토의 혼」, 「메아리 메아리」) 등을 꼽을 수 있다.

오늘날처럼 삶의 방법이 아주 다양해진 마당에서는 자신 있게 다룰 수 있는 범위가 좁아질 수밖에 없다. 작가가 직접 경험하지 못한 세계를 소설로 그려 내었을 경우 그때의 작품은 일단 독자들에게 공감을 주기 어렵기 때문이다. 주인공을 그려 내는 과정에서 작가가 자신의 직접체험을 살려 내는 방법을 취하든, 다른 사람들의 삶의 세계를 모델로 하여 인물을 만들어 내든 아니면 온전히 꾸며 내든 작가들은 직접체험의 내용이 빈약하면 할수록 인물을 만들어 내기가 어렵다. 일찍이 역사소설을 쓰는 데 주력했던 월탄(月灘) 박종화(朴鍾和)는 「작가와 풍속」이란 짧은 글에서 "작품 가운데 나타나는 인물은 그려 놓은 그 시대의 옷을 입고 그 시대의 엉킨 분위기를 잘 나타내어야 한다"고 하면서 역사소설을 쓸 때의 고증의 정신은 모든 소설가들이 필수적으로 거쳐야 할 사항이라고 했다. 더불어 「역사소설과 고증」이란 글에서는 현대의 소설가들은 모두 "풍속"에 밝아야 한다고 하면서 최소 40대가 되어야 더욱 분명해지는 "풍부한 체험", "해박한 지식", "교양"의 필요성을 강조했다.[21]

작중인물론에 대해서는 고전이라고 할 수 있는 포스터(E. M. Forster)의 이론을 중심으로 작중인물의 본질적인 의미를 알아볼 수 있다. 그는 총 아홉 장으로 짜여진 『소설의 양상(Aspects of the Novel)』에서 두 장이나 할애하면서 인물론을 펼쳐 보일 만큼 작중인물에 큰 관심을 보였다. "소설가는 많은 동료예술가들과는 달리 그 자신을 대강(대강이다. 세밀한 묘사는 나중에 할 것이다) 그려 내는 어군을 만들어 내고, 그 말들에 이름과 성(性)을 부여하고, 실감 나는 몸짓을 부여하고, 순서가 바뀐 쉼표들을 사용하여 말을 하게끔 하여 아마도 일관되게 행동하게 될 것이다. 이러한 어군이 모이면 바로 작중인물이 된다"[22]와 같이 작중인물이 만들어지는 과정을 제시한 것은 사실상 반영론에도 어울리지 않는다. 그는 역사가가

---

21 박종화, 『청태집』 중판, 박영사, 1975, pp. 195~208.

22 E. M. Forster, op. cit., p. 52.

실존인물을 다루는 방법과 소설가가 실존인물을 다루는 방법을 대비한 끝에 소설가는 실존인물의 감추어진 생활의 근원을 찾아내는 것으로 정리했다. 이처럼 감추어진 생활의 근원을 찾아서 나타내다 보면 그때의 인물은 애초의 대상인물과 달라진 모습을 드러낼 수밖에 없게 된다.

우리나라에서 도시빈민층이 형성된 것은 일제강점기 때였다. 이 시대의 농민들이 일제의 수탈정책을 견디다 못해 선택한 길의 하나가 탈향이고 도시이주였으며 만주이주였다. 1960년대부터는 산업화와 도시화가 급속하게 이루어지면서 도시빈민층과 노동자층이 구조화되기에 이르렀다. 1960년대와 1970년대에 걸쳐 활발하게 전개된 산업화가 이농현상을 심화시킴에 따라 노동자층과 도시빈민층이 더욱 두터워지게 되었다. 1920년대 소설에서 빈민층이 주인공의 주류를 이루었던 것처럼, 1970년대와 1980년대 소설에서도 가난한 노동자들과 영세민이 주인공으로 자주 등장하였다.

특히 1970년대 이후의 정치적 상황은 대다수 작가들에게 뿌리 뽑힌 자(the uprooted)에 많은 관심을 갖도록 했다. 이때 뿌리 뽑힌 자는 물질적인 측면에서뿐만 아니라 정신적인 측면에서도 소외현상을 드러내는 존재라고 할 수 있다. 이렇듯 작가들은 뿌리 뽑힌 자를 주요 인물로 다룸으로써 문학이 시대를 초월해서 표방해 왔던 휴머니즘을 실천에 옮긴다. 성실하고 진실한 작가들의 손과 가슴, 머리를 거친 소설작품에 의해 뿌리 뽑힌 자는 이른바 문제적 인물이 되어 시대적 부호나 사회적 지표를 사임하세 된다.

뿌리 뽑힌 사나 무주싱(the uprootedness)의 개념은 1970년대 우리 사회에서 부각된 것이기는 하지만 그렇다고 그 시공간에만 국한해서 논할 필요는 없다. 1970년대 한국소설가들이 당대의 육체노동자들, 산업화와 도시화의 시대적 흐름으로부터 소외된 존재들, 현실적응에 실패한 소시민들, 한국전쟁의 피해자들 등과 같은 뿌리 뽑힌 자에 대한 뜨거운 관심을 거의 소명처럼 지닌 것은 사실이기는 하지만, 휴머니즘을 뿌리로 한 이런 작가의식은 다른 시대에서도 얼마든지 일종의 경향성(傾向性)의 형식으로 표출되었기 때문이다. 필자가 『소설의 본질』에서 제시한 명제들 중 "제2장 이단과 소외의 담론", "제9장 반항의 정신과 방법", "제15장 진실탐구와 시련", "제18장 약자의 변론서" 등의 명제들은 이런 존재나 현상을 소재로 하여 소설로 만드는 것이 소설가로서의 필수행위임을 잘 뒷받침해 준다. 정직하고 선한 삶을 이끌어 가기는 하지만 약자, 피해자, 뿌리 뽑힌 자 등에 속한 존재를 옹호하거나 동정하는 관점에서 다루는 것은 소설가의 필요조건이라고 생각할 수도 있다.

20장 소설안팎의 인간유형론

작가가 작중인물을 특정 성격으로 형상화할 때나 연구자가 작중인물의 성격을 분석할 때는 실제의 인간유형론에 근거를 두고 출발해야 한다. 실제인간들을 대상으로 한 유형론은 작가와 연구자에 크게 참고가 된다. 소설의 인물을 프로타고니스트와 안타고니스트로 대별할 수 있듯이 실제인간들을 대상으로 선/악, 소극적/적극적, 비관적/낙관적, 사색적/행동적, 지적/정적 등과 같은 이항대립의 시각을 취하는 것은 가장 오래되고 상식화된 유형론이다. 소설 속 인물창조는 이러한 이분법을 출발점으로 그들 사이에 어째서 차이와 차별이 생기고 그것이 어떻게 해결되어 가느냐 하는 문제의식을 갖는다. 실제로 소설가의 인물창조 작업은 사회학·심리학·인류학 등의 인간유형화 작업과 거리를 두거나 대립한다. 때로 소설가의 인물창조 작업은 여러 방면의 학자들의 인간유형론을 수정하거나 파괴하는 결과를 빚기는 한다. 소설 속의 주인공이 어떤 인간유형론에도 적용되지 않을 수도 있다.

사회가 이루어지면서 한 개인은 나이·계급·서열·지위 등에 따른 수직적 분류와 계층·소집단·조직체 등에 따른 수평적 분류의 대상이 된다. 사람을 O, A, B, AB 등 네 가지 혈액형으로 나누고 그에 따른 성격유형을 제시하는 방법, 이제마(李濟馬, 1836~1900)가 데극설에 근거를 두어 사람을 태양, 소양, 태음, 소음의 사상(四象)으로 나누어 그에 따른 체질을 유형화한 방법 등은 우리에게 낯익은 인간유형론이다.

그리스 의학자인 히포크라테스가 인체에 혈액, 흑담즙, 황담즙, 점액 등 네 종류의 체액이 있다고 한 것을 서기 200년경 로마의 의학자인 갈렌이 각 체액의 과잉보유에 기인한 기질유형을 다혈질(sanguine), 우울질(melancholic), 담즙질(choleric), 점액질(phlegmatic)로 부른 것[1]도 낯익은 유형론이다. 이 중 활동적이고 자신감이 넘치는 성격을 일컫는 다혈질과 어둡고 비관적인 태도를 가리키는 우울질은 우리가 일상생활에서 자주 듣고 사용하는 말이다. 조급하고 화를 잘 내는 담즙질과 무감각하고 무기력한 태도를 일컫는 점액질은 다소 낯선 개념들이기는 하다. 혈액형으로 성격유형을 나누는 방법도 있기는 하지만, 혈액형, 사상론, 기질론 등을 기준으로 삼아 실제인간을 대상으로 유형화하는 것도 설득력이 부족하다. 더군다나 소설의 주인공을 이렇듯 열 가지도 되지 않는 분류기준으로 접근하는 것은 효과가 없다. 민족이나 종족을 기준으로 성격유형화를 시도하는 것도 쉽지는 않거니와 신뢰도도 떨어진다.

심리학자 레이먼드 카텔(Raymond B. Cattell)은 여러 사람을 대상으로 생애기록, 자기평가, 객관적 검사 등에서 얻어진 자료들을 요인분석하여 열여섯 개의 근원특질(source traits)을 추출하였다. 이러한 근원특질들을 성격요인으로 부르고 이들을 측정하는 16PF(Personality Factor)를 제작하였다. 열여섯 가지 성격요인은 다음과 같다.

① 내성적인(reserve)/외향적인(outgoing)
② 머리가 나쁜(less intelligent)/머리가 좋은(more intelligent)
③ 안정적이고 자아가 강한(stable, ego strength)/정서적이고 신경증적인(emotionality, neuroticism)
④ 겸손한(humble)/주장이 강한(assertive)
⑤ 근실한(sober)/태평스러운(happy-go-lucky)
⑥ 편의주의적인(expedient)/진지한(conscientious)
⑦ 수줍은(shy)/대담한(venturesome)
⑧ 마음이 강한(tough-minded)/마음이 약한(tender-minded)
⑨ 잘 믿는(trusting)/의심 많은(suspicious)
⑩ 실제적인(practical)/상상력이 풍부한(imaginative)
⑪ 솔직한(forthright)/약삭빠른(shrewd)
⑫ 차분한(placid)/걱정 많은(apprehensive)

1 민경환, 『성격심리학』, 법문사, 2002, pp. 63~64.

⑬ 보수적인(conservative)/실험적인(experimenting),

⑭ 집단의존적인(group-dependent)/자기충족적인(self-sufficient)

⑮ 제멋대로인(undisciplined)/억제된(controlled)

⑯ 이완된(relaxed)/긴장된(tense)[2]

16PF의 이론은 실제인간의 성격이나 태도뿐만 아니라 소설 작중인물의 성격을 설명하는 데 효과적인 자료가 된다. 이러한 이론은 양분법적인 유형론만으로도 인간해명을 제대로 할 수 있음을 입증해 주었다. 소설의 주인공을 범법과 광기를 특징으로 한 문제적 인물로 처음으로 규정했던 사람은 게오르그 루카치이고 루시앙 골드만이 이를 이어 받기는 했지만, 위의 열여섯 가지 성격 중 남에게 해악을 끼치는 성격을 지닌 존재로 문제적 인물을 설명할 수 있을 것이다. 또 위의 성격들 중 과잉의 행태를 보이면 문제적 인물이 될 가능성이 높아진다. 예컨대 지나치게 내성적인 것도 문제지만, 지나치게 외향적인 것도 문제다. 지나치게 잘 믿어 버린 나머지 광신도의 행태를 보이게 되는 존재들이나, 지나치게 의심이 많아 부도덕한 행위나 범법행위를 저지를 정도가 되면 문제적 인물이 된다. 지나치게 제멋대로거나 지나치게 억제되어 있는 존재도 문제적 인물이 되기 쉽다.

기본적으로 '문제적 인물'이란 개념은 법 종사자, 교육자, 윤리학자, 종교인, 소설가 등에 따라 다르게 외연이 그어지고 있다. 인간의 비윤리나 부도덕 문제에 대해서는 기본적으로 문학보다는 종교가 엄하게 대처해 온 편이나. 물론 문학은 휴머니즘을 내세워 부도덕한 존재나 비윤리적인 존재까지 포용하는 태도를 취하기는 하지만 자비, 용서, 참회 등을 실천에 옮기려고 하는 종교보다 적극적일 수는 없다. 불교의 한 경전에서 지수보살이 한 말을 음미해 보자.

불자여, 잘 들으십시오. 과거·현재·미래의 부처님은 다만 한 법

2 같은 책, p. 45.

으로는 위없는 최고의 깨달음을 완성할 수가 없습니다. 다시 말하면 여래는 중생의 성질을 잘 알아서 그때마다 적절한 법을 설하고 있습니다. 탐욕하는 중생에게는 보시(布施)를 가르치고, 바른 생활을 하지 않는 중생에게는 지계(持戒)를 가르치며, 성 잘 내는 중생에게는 인욕(忍辱)을 가르치고, 게으른 중생에게는 정진(精進)을 가르치며, 마음이 혼란하기 쉬운 중생에게는 선정(禪定)을 가르치고, 어리석은 중생에게는 지혜를 가르치며, 사랑이 없는 중생에게는 자애(慈愛)를 가르치고, 사람을 상해(傷害)하는 중생에게는 자비를 가르치며, 마음이 괴로운 중생에게는 기쁨을 가르치고, 애욕이 강한 중생에게는 버리는 마음을 가르칩니다. 이와 같이 실천을 계속해 간다면 이윽고는 모든 진리를 깨닫게 될 것입니다.[3]

지수보살이 탐욕, 분노, 게으름, 혼란, 어리석음, 미움, 상해, 번민, 강한 애욕 등과 같은 "중생의 성질"을 지적하면서 그 극복방안이나 해결방안을 제시한 데 힘썼다면, 소설가는 이런 "중생의 성질" 중에 자신과 이웃에게 해가 될 정도로 심한 것을 그려 내거나 파헤치는데 역점을 둔다. 바로 이 "중생의 성질" 중에 소설가가 관심을 갖고 창작의 충동을 일으키는 "문제적 인물"이 포함되어 있다. 소설가들은 문제적 인물을 설정하여 종교의 가르침의 역능을 부분적으로 이행한다. 바흐찐이 소설가가 취해야 할 얼굴로 판사, 형사, 보고담당 국장, 정치가, 설교자, 광대 등을 제시한 것[4]과 마르트 로베르가 소설가가 앞으로 겸해야 할 직책으로 학자, 사제, 의사, 심리학자, 사회학자, 판사, 역사가 등을 든 것[5]에서 공통적으로 나타난 존재는 바로 판사와 사제다. 판사는 시비나 선악을 가

---

3 김지견 옮김, 『화엄경』, 민족사, 2000, p. 71.

4 미하일 바흐찐, 『장편소설과 민중언어』, 전승희 외 역, 창작과비평사, 1988, p. 353.

5 마르트 로베르, 『기원의 소설, 소설의 기원』, 김치수·이윤옥 역, 문학과지성사, 1999, p. 29.

려 범법자에게 합당한 벌을 주며, 사제는 신도들에게 바르게 살라는 가르침을 전하면서 특히 약자를 향해 격려해 주고 위로해 주는 일을 원칙으로 삼는다. 이외에도 니체가 이미 시도한 것처럼 문화를 체험하는 양식에 따라 사람의 성격을 나누는 방법을 들 수 있다. 니체는 유럽문화의 두 기둥을 아폴로적인 것과 디오니소스적인 것으로 나누면서 이를 인간유형론에 적용해 볼 수 있다고 하였다.

박찬국은 니체의 『비극의 탄생』의 「음악정신으로부터의 비극의 탄생」의 첫 문장 "예술의 발전은 아폴론적인 것과 디오니소스적인 것의 이중성과 결부되어 있다"에 대한 장문의 역주에서 아폴론과 디오니소스를 비교하여 "아폴론은 태양과 지혜의 신으로 불리며 도덕이나 법률을 주관하는 신으로 알려져 있다. 또한 예언의 신이기도 하여 델포이를 중심으로 한 그의 신전에서는 무녀를 통해 신탁을 받는 일이 성행했다. 니체는 아폴론적인 것이라는 용어를 태양과 같은 밝음, 이러한 밝음 아래서 모든 사물들이 드러내는 균형, 절도, 질서, 명료한 형태, 그리고 국가의 도덕이나 법률, 아름다운 가상 및 이러한 아름다운 기상을 형성하는 예술적 능력을 상징하는 용어로 쓰고 있다"[6]고 해석하였고, 디오니소스에 대해서는 "디오니소스는 풍요와 수확을 상징하는 신이며, 생명력, 피, 포도주, 물, 정액 등을 상징한다. 따라서 디오니소스는 누구보다도 농부들에게 사랑받았다. 디오니소스는 사람들을 도취와 환각상태로 이끌었으며 극도의 환희와 고통의 극단적인 긴장상태로 끌어들였다"[7]고 보았다. 아폴론과 디오니소스는 각각 태양·지혜·도덕·법률·예언·광명·균형·질서·명료성과 풍요·수확·생명력·피·포도주·도취·환각과 같이 차이를 보이지만 이항대립이라고 하기는 어렵다.

니체는 『비극의 탄생』(1872)에서 "아폴론은 개별화의 원리를 찬란하게 변용하는 정령으로 내 앞에 서 있다. 가상에 의한 구제가 진정으로 달성되기 위해서는 아폴론에 의지할 수밖에 없다. 이에 반해 디오니소스의

6 프리드리히 니체, 『비극의 탄생』, 박찬국 역, 아카넷, 2007, pp. 47~48.

7 같은 책, p. 49.

신비적인 환호성에 의해서 개별화의 속박은 분쇄되고 존재의 어머니들에게 이르는 길, 사물의 가장 핵심에 이르는 길이 열리게 된다. 아폴론적 예술로서의 조형예술과 디오니소스적 예술로서의 음악 사이에는 거대한 대립이 존재하는바, 위대한 사상가들 중에서 오직 한 사람만이 이러한 대립을 분명하게 보았다"[8]와 같이 여러 각도에서 두 존재를 대비하였지만 명료하게 이항대립을 취한 것은 아니다.

박찬국은 언급한 역서에 장문의 역자해제를 썼는데, 이 자리에서 "니체가 '아폴론적인 것'과 '디오니소스적인 것'의 대립과 화해를 통해서 새로운 예술형식이 탄생되는 것을 남녀 간의 지속적인 투쟁과 주기적인 화해를 통해서 자식이 탄생하는 것에 비유하는 데서 알 수 있는 것처럼 '아폴론적인 것'과 '디오니소스적인 것' 각각은 남성적인 원리와 여성적인 조화와 일치 그리고 부드러움을 의미한다고 할 수 있다"[9]와 같이 남성성과 여성성의 대조로 파악했는가 하면 "인간의 자연적인 삶에서 '아폴론적인 것'에 해당하는 꿈에의 충동과 '디오니소스적인 것'에 해당하는 도취에의 충동은 이 세계의 근본원리인 질서와 절도의 원리와 근원적인 일자 각각을 자신의 꿈과 도취를 통해서 반영하는 것"[10]과 같이 꿈과 도취의 대조로 파악하기도 했다.

니체는 『권력에의 의지』에서 디오니소스적인 것의 특징으로 "통일에의 충동(ein Drang zur Einheit)", "더욱 어둡고, 풍요하고, 불안정한 상태로 열정적으로 고통스럽게 팽창하는 것(ein Hinausgreifen über Person, Alltag, Gesellschaft, Realität)", "창조와 파괴의 필연적인 일체감(Einheitsgefühl von der Notwendigkeit des Schaffens und Vernichtens)" 등을 제시했고 아폴로적인 것의 특징으로 "권력의 충만(die Fülle der Macht)", "절제(die Mäßigung)", "냉정하고 고상하고 차분한 미 속에서의 자기긍정의 최고형식(die höchste Form der Selbstbejahung in einer kühlen, vornehmen,

8 같은 책, p. 198.
9 같은 책, p. 322.
10 같은 책, p. 323.

spröden Schönheit)" 등을 들었다.[11]

이렇듯 틈만 나면 관심을 갖고 해석하고 비교했던 아폴론적인 것과 디오니소스적인 것은 시적이며 잠언적인 표현형식에 의존했기에 추상적이고 모호한 데가 있다. 아폴론적인 것과 디오니소스적인 것은 인간유형이기보다 행동유형이나 삶의 방식의 유형으로 보아야 한다. 이성과 국가의 도덕이나 법률, 질서와 절도를 중시하는 아폴론은 지성인으로 묶을 수 있지만, 디오니소스가 보이는 행태는 특정 인간유형에 귀속시키기 어렵다.

프로이트는 「정신적 기능의 두 가지 원칙」이란 논문에서 자아를 쾌락자아와 현실자아로 나눈 다음 "쾌락자아(Lust-Ich)가 '소망'만 할 뿐이며, 쾌락생산에만 매진하고 불쾌는 회피하려고 노력한다면 마찬가지로 현실자아(Real-Ich)는 '유용한 것'만을 추구하고 손상을 당하지 않으려고 스스로의 경계를 늦추지 않는다. 사실은 쾌락원칙을 현실원칙으로 대체한다고 해서 쾌락원칙을 완전히 폐기해 버리는 것을 의미하는 것은 아니다. 오히려 그와 같은 현실원칙의 대체가 쾌락원칙을 보호한다고 할 수 있다"[12]고 하였고 쾌락원칙의 극복방안으로 종교·학문·교육·예술 네 가지를 제시하였다. 인간의 삶은 쾌락자아와 현실자아가 끊임없이 갈등을 보이고 대립하는 현장이라고 할 수 있다.

> 종교는 내세의 보상을 약속하는 방법으로 현세의 쾌락을 완전히 포기하게 할 수 있었던 것이다. 그러나 그런 방법으로 '종교'가 쾌락원칙을 완전히 극복했다고는 할 수 없다. 쾌락원칙을 극복하는 일에 가장 근접해 있는 것이 바로 '학문'이다. 그러나 학문 역시 지적인 쾌락을 제공하고 궁극적으로는 실제적인 이득을 획득

---

11 Friedrich Nietsche, *Der Wille zur Macht*, Alfred Kröner Verlag in Stuttgart, 1996, p. 683.

12 프로이트, 『정신분석학의 근본 개념』 2판, 윤희기·박찬부 역, 열린책들, 2004, p. 18.

케 해준다는 점에서는 쾌락원칙을 철저히 극복하지는 못한다. 우리는 지극히 당연하게 '교육'은 쾌락원칙을 극복하고 그것을 현실원칙으로 대체하게끔 하는 동기(자극)라고 말할 수 있다. (중략) 따라서 만일 버릇없는 아이가 교육은 어떤 경우든 사랑을 소유하는 것이고, 무슨 일이 일어나더라도 사랑을 잃어서는 안 된다고 생각한다면 교육은 실패로 끝날 수가 있다. '예술'은 아주 독특한 방식으로 쾌락원칙과 현실원칙, 이 두 가지 원칙을 화해시킨다. 예술가란 본디 처음부터 스스로가 현실이 요구한 본능적 만족의 포기를 받아들일 수 없기 때문에 현실에 등을 돌린 사람이다. 따라서 그는 환상적인 삶 속에서 자신의 야심에 가득찬 소망과 성애적인 소망을 마음껏 펼쳐 보이고자 하는 사람이라고 할 수 있다.[13]

프로이트는 「쾌락원칙을 넘어서」라는 논문에서 쾌락원칙(der Lustprinzip)과 현실원칙(der Realitätsprinzip)의 상호작용에 대해 설명하면서 인간의 삶은 바로 이 쾌락원칙과 현실원칙의 갈등 내지 대립이라고 주장하는 데까지 나아갔다.

쾌락원칙이 정신기관의 일차적 작업방법에 고유한 것이기는 하나, 외부세계의 난관 가운데 처해 있는 유기체의 자기보존이라는 관점에서 볼 때 쾌락원칙은 처음부터 비효과적이고 심지어는 매우 위험스럽기까지 하다는 사실을 우리는 잘 알고 있다. 자아의 자기보존본능의 영향 하에서 쾌락원칙은 현실원칙에 대치된다. 현실원칙은 궁극적으로 쾌락을 성취하겠다는 의도를 포기하지는 않는다. 그러나 그것은 쾌락에 이르는 장구한 간접적인 여정에 대한 한 단계로서 만족의 지연, 만족을 얻을 수 있는 많은 가능성의 포기, 불쾌를 잠정적으로 참아 내는 일을 요구하고 실행한다. 그러나 쾌락원칙은 '교육시키기'가 대단힌 힘든 성적 본능에

13 같은 책, pp. 19~20.

> 의해서 구사되는 작업방법으로서 끈질기게 지속된다. 그리고 쾌락원칙은 이러한 본능에서 출발해서, 혹은 자아 그 자체 속에서 유기체 전체에 손상을 입히면서까지 현실원칙을 극복하는 데 성공하는 경우가 허다하다.[14]

프로이트는 현실원칙보다 쾌락원칙의 힘이 더 세다고 주장한 것으로 보인다. 프로이트는 「마조히즘의 경제적 문제」에서 바바라 로(Barbara Low)가 『정신분석』(1920)에서 제기한 '열반원칙'을 수용하여 "열반원칙(그리고 그것과 동일하다고 가정되는 쾌락원칙)은 전적으로 죽음본능에 봉사할 것이며 삶의 의도된 진로를 흩뜨리려는 생명본능 즉 리비도의 요구에 경고를 발하는 기능을 할 것"[15]과 같이 쾌락원칙을 강화하였지만 "열반원칙은 죽음본능의 추세를 표현하고 쾌락원칙은 리비도의 요구를 표현한다. 그리고 쾌락원칙의 변형인 현실원칙은 외부세계의 영향을 표현한다"[16]고 분명하게 구별하였다.

'방어'라는 용어는 프로이트가 『방어의 신경-정신증』(1894)에서 처음 사용하였으며, '방어기제'라는 용어는 안나 프로이트의 『자아와 방어기제』(1936)에서 처음 사용하였다.[17] 자아기능이 방어적으로 사용되는 열 가지 활동은 학자에 따라 그 수가 늘어나기도 하고 줄어들기도 하였다. "방어는 애정대상의 상실, 대상의 애정상실, 거세, 그리고 초자아의 비난과 같은 위험하고 불쾌한 정동으로부터 자신을 보호하기 위해 애쓰는 자아의 분투를 일컫는 용어"[18]라고 정의하고 있는 미국정신분석학회의 『정신분석용어사전』에서는 생각이나 감정을 억누르거나 의식 바깥으로 쫓아내거나 망각하는 기제를 가리키는 억압(repression), 꿈

---

14 같은 책, p. 273.

15 같은 책, p. 418.

16 같은 책, p. 419.

17 미국정신분석학회, 『정신분석용어사전』, 이재훈 역, 한국심리치료연구소, 2002, p. 144.

18 같은 책, p. 143.

의 내용이나 실제행동에서 문제의 초점을 다른 데로 옮기는 기제인 전치(displacement), 수용될 수 없는 것을 수용 가능한 것으로 변화시킴으로써 억압을 효과적으로 유지하고자 하는 기제를 가리키는 반동형성(reaction formation), 자아가 받아들일 수 없는 충동이나 생각을 외부세계의 다른 사람이나 신비적인 힘에 전가하고 외재화하는 기제인 투사(projection), 고통스러운 생각이나 사건을 그것과 연관된 감정에서 떼어 내 고립시킴으로써 그러한 생각이나 사건이 지닌 정서적인 영향으로부터 보호받고자 하는 기제를 가리키는 고립(isolation), 의례적인 행동을 통해서 자신의 행동에 대한 책임을 면제받고자 하는 기제를 지시하는 취소(undoing) 등을 제시하였다.[19] 여기에 승화, 합리화, 동일화 등을 덧붙일 수 있다.

국내학자로 방어기제(defense mechanism)의 문제에 정통한 정신과의사 조두영은 억압, 억제, 반동형성, 동일시, 합일화, 보상, 합리화, 대리형성, 전치, 취소, 상환, 투사, 상징화, 퇴행, 해리, 저항, 부정, 격리, 차단, 승화, 자기에게로 방향전환, 전환, 신체화, 주지화, 금욕주의, 유머, 성화, 이타주의, 분리, 투사적 동일시, 왜곡, 행동화, 건강염려증, 수동공격적 행동, 분열성 환상, 조정, 외부화, 예기 등 무려 서른여덟 가지를 제시하였다.[20]

『정신분석용어사전』에서는 소설의 인물연구에 큰 도움을 주는 분석심리학의 주요 용어로 개성화, 그림자(shadow), 아니마(anima)와 아니무스(animus), 원상(imago), 원형(archetype), 자기(self), 집단무의식(collective unconscious), 콤플렉스(complex), 페르소나(persona) 등의 용어를 소개하였다.[21] 칼 구스타브 융(Carl Gustav Jung, 1875~1961)은 스위스의 한 정신병원의 의사로 있던 중 1903년에 프로이트의『꿈의 해석』을 읽고 열렬한 추종자가 되었으나 성적인 것만이 억압된다는 프로이트의 가설에 대해서는 회의를 품게 된다. 융의 이론을 정신분석학에 접목시키면서 자신의

19 같은 책, pp. 144~146.

20 조두영,『프로이트와 한국문학』, 일조각, 1999, pp. 30~41.

21 미국정신분석학회, 앞의 책, pp. 179~188.

후계자로 생각하고는 5년간 함께 지냈던 프로이트가 융과 멀어지게 되자 융은 1912년에 분석심리학파를 창시했다.[22] 그림자(shadow)는 성격 중에서 어둡고 숨기고 싶고, 원시적이며 가치 없는 부분을 총칭한 것으로 설명된다. 아니마(anima)와 아니무스(animus)는 자신 안에 있는 반대 성적인 요소를 가리키는 말로, 남자 안에 있는 여성적인 요소를 아니마라고 하고 여성 안에 있는 남자의 요소를 아니무스라고 한다. 영혼을 나타내는 라틴어에서 유래한 아니마는 상상·공상·놀이에 비중을 두었으며, 마음이나 지성을 나타내는 라틴어에서 유래한 아니무스는 의식·권위·존경에 초점을 둔다고 하였다. 원상(image)은 주체의 내부상태와 역동에 따라서 다른 사람들에 대한 주관적인 이미지들이 생성된다는 사실을 강조하기 위해 이미지 대신 사용하는 용어이며, 페르소나는 개인이 세상에 대처하기 위해 쓰는 사회적 가면이나 얼굴을 뜻한다.[23]

『정신분석용어사전』이 소개한 주요용어들을 알아 두면 소설을 읽거나 연구할 때 큰 도움을 받게 될 것이다.

① 강박증(obsession): 개인의 사고, 감정, 행동이 생각, 상상, 소망, 유혹, 금지, 명령에 의해 지배되는 상태를 일컫는 용어다(pp. 27~28).

② 건강염려증(hypochondriasis): 주로 신체에 대한 염려를 호소하는 증상이다. 건강염려증 환자는 전형적으로 은둔적이고 자신에게 몰두한 상태로 살아가며 뚜렷한 자기애적 성향을 보인다(pp. 34~35).

③ 경계선 인격장애(borderline personality disorder): 만연된 충동성, 만성적 분노, 불안정한 대인관계, 정체감 혼란, 빈번한 권태감 및 공허감, 그리고 자기상해적 행동에의 경향성 등의 증상을 보인다(pp. 35~38).

---

22 같은 책, pp. 176~177.

23 같은 책, pp. 180~183.

④ 경쟁심(rivalry): 연관된 정서로는 경쟁자에 대한 적대감, 원하는 대상에 대한 애정과 열망 그리고 경쟁이 가져올 수 있는 결과에 대한 불안감을 들 수 있다(p. 39).

⑤ 공격성(aggression): 다른 사람을 정복하거나 이기기 위해 물리적으로 또는 언어적으로 표현되는 분투로, 전쟁이나 스포츠에서처럼 직접적으로 표현될 수 있다. 공격충동(aggressive drive)은 그 강도에 따라 비적대적이고 자기집착적이며 자기보존적인 형태에서부터 짜증과 분노를 거쳐 극단적인 격분과 살인과 같은 폭력적인 행위로도 나아가는 형태까지 다양하다(pp. 46~48).

⑥ 공포증(phobia): 객관적으로 볼 때 위험하지도 불안하지도 않은 상황이나 대상을 필사적으로 피하고자 하는 증상을 말한다. 동물 공포증, 고소 공포증, 어둠 공포증, 밀실 공포증, 광장 공포증, 천둥 공포증 등이 있다(pp. 50~52).

⑦ 대양감(oceanic feeling): 평상시 시공간의 경계를 뛰어넘어 자신이 확장되는 느낌을 갖는다는 의미로, 표현할 수 없는 경험에서 비롯된다. 자기성취감이나 자부심이 지나친 나머지 병적 상태를 보인다(pp. 114~115).

⑧ '마치 …인양' 인격('as-if' personality): 자신들의 사고와 정서에 참여하고 있지 않음에도 마치 참여하고 있는 것처럼 보이는 심각한 인격장애를 가진 사람들이 이 유형에 속한다. 이런 유형의 개인은 주로 정서경험에 깊이가 없고 타인을 모방하려는 경향을 보인다(pp. 129~130).

⑨ 본능(instinct): 유전에 기초해 있고, 학습의 영향으로부터 비교적 독립적인 종-특정적(species-specific) 행동유형을 가리킨다. 모성본능, 귀소본능 등이 대표적인 예다(pp. 153~155).

⑩ 시기심(envy): 자신이 갖고 싶은 것을 다른 사람이 가진 것에 대한 불만의 감정을 뜻한다. 시기심에는 다른 사람의 행운에 대한 불편한 감정, 그 사람에 대한 적대감, 자기자신의 결핍

에 대한 억울함과 수치심, 갖지 못한 것에 대한 갈망이 포함된다(pp. 218~219).

⑪ 수치심(shame): 거부되고, 조롱당하고, 노출되고, 다른 사람으로부터 존중받지 못한다는 고통스런 정서를 가리키는 용어로, 여기에는 당혹스러움, 굴욕감, 치욕, 불명예 등이 포함된다(pp. 237~239).

⑫ 억압(repression): 원억압(primal repression)은 후기아동기, 청소년기, 성인기 동안에 겪는 정서적 경험들이 본억압(repression proper)에 의해 쉽게 억압되게 하는 요인으로 작용한다. 본억압은 후기에 심리 내적 또는 환경적 자극의 결과로 일어난다(pp. 275~278).

⑬ 외상(trauma): 내부 또는 외부에서 오는 너무 강력한 자극으로 인해 정신기구가 갑자기 붕괴되거나 고장을 일으키는 현상을 가리키는 용어다. 외상이라는 개념은 프로이트 초기 신경증 이론에서 핵심적인 부분을 차지한다. 비록 그는 처음에는 정서적 반응들(공포, 불안, 수치심, 또는 신체적 고통)이 외상을 결정하는 것으로 보았지만, 나중에는 외상의 전제조건과 외상의 정도를 결정하는 요소들이 따로 있다고 보았다(pp. 295~296).

⑭ 외상신경증(traumatic neurosis): 심각한 신체적 또는 심리적 외상을 경험한 결과로 생기는 신경증의 한 형태를 말한다. 여러 세기 동안 수많은 이름으로 알려져 왔지만, 전쟁 후유증과의 관련에서 가장 커다란 주목을 받아 왔다(pp. 297~299).

⑮ 우울증(depression): 슬픔의 감정, 희망 없음, 무기력감, 죄책감, 자기비판적 사고, 외부활동에 대한 흥미감소 등을 보이는 주관적인 기분 또는 정동을 말한다. 이외에도 심리운동 활동이 느려지는 현상, 일반적인 권태, 피로, 성적 욕구의 감소, 식욕감퇴, 변비, 불면증 등이 수반된다(pp. 306~308).

⑯ 전쟁신경증(war neurosis): 전쟁 중에 겪었던 경험과 관련되어 발생하는 외상적 신경증을 말한다. 이것의 증후군은 외상신경

증과 비슷하다. 소외감, 사회적 철수, 성마름, 경험의 세부사항을 반영하는 반복적인 꿈과 과거장면 그리고 심한 불안 등이 일어난다(pp. 436~437).

⑰ 정신분열증(schizophrenia): 45세 이전에 시작하여 6개월 이상 지속되고, 심각한 국면 동안에는 정신증적 증상을 보이는 질병 또는 질병들의 집단을 가리킨다. 이 증상에는 현실을 심각하게 왜곡하는 망상, 환각 그리고 다른 사고나 지각의 장애들이 포함된다(pp. 462~463).

⑱ 정신증(psychosis): 정신증의 현상학적 특징들로는 기괴한 행동, 망상적 생각, 부적절하고 불안한 정서적 반응, 철수, 현실감과 현실검증능력의 심각한 장애 등을 들 수 있다. 그 외에도 지각장애, 특히 환상적 경험들, 대화에서의 어려움, 건강염려증 등이 있다(pp. 466~468).

⑲ 조증(mania): 이 상태는 과도한 활력, 과잉활동, 편집증적 과대망상에서 흔히 보이는 팽창된 자존감에 의해 특징지어진다. 이 상태에 처한 개인은 자극과 새로운 경험에 대한 갈망을 지니며, 이것은 "빠르게 말을 해야 하는 압력"과 "사고의 비약"에서 드러난다(pp. 478~479).

⑳ 동일시(identification): 개인이 한 가지 또는 몇 가지 측면에서 다른 사람을 닮게 되는 자동적이며 무의식적인 정신과정을 말한다(pp. 525~526).

㉑ 퇴행(regression): 보다 미성숙한 정신기능의 단계로 되돌아가는 것으로 방어기제의 하나다. 퇴행은 불안감, 죄책감, 우울증, 수치심, 좌절, 자기애적 굴욕감 등의 불쾌한 느낌에 의해서 또는 신체적 질병, 마약 중독, 무기력 등에 의해서 촉발될 수 있다(pp. 539~541).

㉒ 투사(projection): 받아들일 수 없는 충동이나 생각을 외부 세계로 옮겨가는 정신 과정을 말한다(pp. 541~542).

㉓ 편집증(paranoia): 편집적이라는 용어는 사회적 대의를 위해 열

> 정적이고 열광적으로 헌신하는 개인들의 집단적 현상을 가리키는 말로도 사용된다. 편집적 성격 또는 편집적 인격은 지속적으로 경직되고 부적응적인 지각, 관계형성, 사고의 유형을 보인다. 경멸과 비난에 대한 과민반응, 의심, 불신, 병적 질투, 복수심 등이 이 병리에서 흔히 나타나는 특징이다(pp. 556~560).[24]

강박증에 시달리는 존재를 그린 소설로 최상규의 「단면」(1956), 황순원의 『나무들 비탈에 서다』(1960), 이청준의 「황홀한 실종」(1976)을 들 수 있고, 경계성 인격장애를 가진 인물을 그린 소설로 최상규의 「제일장」(1957), 손창섭의 「잉여인간」(1958), 오상원의 「현실」(1959)을 들 수 있다. 이유는 제각각 다르지만 공격성을 드러낸 인물을 그린 소설로 김성한의 「폭소」(1958), 선우휘의 「사나이」(1958), 손창섭의 『낙서족』(1959), 이청준의 「황홀한 실종」(1976), 김원일의 『노을』(1978) 등을 들 수 있다. 공포증에서 헤어나지 못하는 인물을 제시한 소설로는 오상원의 「사상(思像)」(1957), 손창섭의 「잉여인간」(1958), 이청준의 「소문의 벽」(1971), 임철우의 「불임기」(1985) 등이 있고, 대양감을 드러낸 인물을 제시한 소설로는 손창섭의 「미해결의 장」(1955), 선우휘의 「불꽃」(1957), 김원일의 『노을』(1978), 이청준의 「조만득 씨」(1980) 등이 있다. '마치 …인양' 인격을 보인 인물을 그린 소설로는 손창섭의 「인간동물원초」(1955)와 『낙서족』(1959), 선우휘의 「깃발 없는 기수」(1959), 박완시의 「지문 날의 삽화」(1987) 등이 있다. 시기심을 병적으로 드러낸 인물을 그린 소설로는 전광용의 「사수」(1959)가 있고, 수치심을 심하게 느끼는 인물을 그린 소설로는 서기원의 「암사지도」(1956), 이승우의 「구평목 씨의 바퀴벌레」(1986) 등이 있다. 억압의 상태를 그린 소설로는 한무숙의 「감정이 있는 심연」(1957), 양귀자의 「밤의 일기」(1985) 등이 있고, 외상신경증을 파헤친 소

24 같은 책, pp. 27~560.

설로는 오상원의 「백지의 기록」(1957), 윤흥길의 「무지개는 언제 뜨는가」(1978), 이청준의 「겨울광장」(1979) 등이 있다. 우울증을 심하게 앓는 인물을 그린 소설로는 최상규의 「단면」(1956), 오상원의 「백지의 기록」(1957), 강신재의 「옛날의 금잔디」(1959), 이승우의 「당신의 자리」(1986) 등을 들 수 있고, 전쟁 신경증을 앓는 인물을 그린 소설로 서기원의 「암사지도」(1956), 황순원의 『나무들 비탈에 서다』(1960), 이청준의 「병신과 머저리」(1966), 황석영의 「몽환간증」(1970), 안정효의 『하얀전쟁』(1989) 등을 들 수 있다. 편집증에서 헤어나지 못하는 인물을 그린 소설로는 최상규의 「질서」(1959), 전광용의 「충매화」(1960), 이청준의 「가수」(1969) 등을 들 수 있다.

이상과 같은 이상심리는 크게 정신병의 징후에 드는 것과 그렇지 않은 것으로 나눌 수 있다. 정신건강이 좋은 사람이라도 일시적으로 하나의 성격처럼 이상심리를 드러낼 수 있다. 사회가 복잡해질수록 일시적으로나마 한두 가지 이상심리를 보이거나, 아예 이상심리의 포로가 되는 사람들이 늘어나고 있는 것이 사실이다. 소설은 문제적 인물의 기록이라는 주장이 설득력을 얻고 있다면, 문제적 인물의 외연 긋기는 소설가 각자에게 맡길 수 밖에 없다.

과대망상증 환자를 그린 이청준의 단편소설 「조만득 씨」(『세계의 문학』, 1980. 12)에서는 "정신과 병실환자들의 증세는 그 병발원인이 되는 내부갈등과 장애의 요인에 따라 여러 가지 병증의 특성을 나타냈다"고 하면서 "무슨 일을 보고 듣거나 늘상 한 가지 사물에 대한 생각에만 사로잡히고 마는 철저한 집착증 환자가 있는가 하면, 누구에게 항상 쫓기고 있거나 감시를 당하고 있는 듯한 공연한 불안감에다 이걸 먹거나 저걸 먹거나 모든 음식물에 독물이 들어 있다고 생각하는 식으로 모든 사물, 모든 사람들(혹은 특정 사물이나 특정 인물)로부터의 피해만을 생각하는 피해망상의 조울증 환자부류도 있었다. 그와는 정반대로 한 나라의 최고권력자나 이 세상의 구세주가 되어 매사에 관대하고 매사에 낙천적인 과대망상증 환자들도 있었다. 혹은 그 피해망상과 낙천적 증세가 일정기간 교대로 뒤바뀌어 나타나는 환자들도 있었다"와 같이 집착증, 불안감, 피해망상, 과대망상증의 네 가지 정신병 증세를 들어 설명을 덧붙였다. 어느덧 우리 사회도 트라우마, 우울증, 공황장애, 불안증, 대인기피증, 분노조절장애, 피해망상증, 자기도취, 공격성향 등과 같이 이상심리를 가리키는 단어들에 익숙한 지경이 되고 말았다.

포스터가 작중인물을 평면적 인물(flat character)과 입체적 인물(round character)로 나눈 것은 작중인물론의 고전으로 평가되고 있다. 평면적 인물은 17세기에는 다혈질·우울질·점액질·담즙질과 같은 기질(humours)로, 19세기에 와서는 전형(types)이나 희화(caricatures)라고 불리기도 했다. 평면적 인물은 "단일화된 생각이나 특질을 중심으로 하여(round a single idea or quality)" 나타나는 것으로 설명된다. 평면적 인물은 독자의 심안(reader's emotional eye)에 의해 쉽게 인지된다는 장점이 있다.[25] 포스터의 이분법은 인물형상화 방법을 말하는 것으로, 인물 자체가 평면적이거나 입체적이라는 말은 아니다. 대체로 주인공은 입체적 인물로 그려지는 반면, 보조적 인물은 평면적으로 표현되기 마련이다.

노스럽 프라이(Northrop Frye)는 작중인물을 소설 내부의 기준으로 유별화한 한 특징을 지닌다. 원형비평의 입안자답게 그는 고대희극과 비극에서 오늘날 소설 작중인물의 원형을 찾아내었다.

① alazons(사기꾼, imposter)

② eiron(자기비하자, self-deprecator)

③ bomolchoi(익살꾼, buffoon)

④ agroikos(야비한 사람, churl)[26]

위에서 ④번은 아리스토텔레스가 『시학』에서 제시한 인물유형으로 알려져 있다. 노스럽 프라이는 ①과 ②의 인물유형은 희극적 행위를 보여 주는 존재로, ③과 ④는 희극적 분위기를 전해 주는 존재로 대비하고

---

25 E. M. Forster, *Aspects of the Novels*, Penguin Books, 1972, pp. 75~76.

26 Northrop Frye, *Anatomy of Criticism*, Princeton University Press, 1972, p. 172.

있다. 사기꾼형(alazons)은 화를 잘 내고 남에게 협박을 잘하는 인간형이다. 이와 대립되는 인물은 늘 강박관념을 지니고 있으면서 남에게 곧잘 속아 넘어가곤 하는데, 이런 형의 인물들은 로망스의 악마적인 인물과 매우 가까운 관계를 맺는다. 사기꾼형의 인물을 등장시킨 작품으로 『파우스트』와 『햄릿』 등이 있다.[27] 순수한 우리말로 표현된 것들 중에는 안다니(아는 것이 많은 척하는 사람), 노라리(건달), 목곧이(오만한 사람), 건성꾼(이익을 바라고 아무 일에나 끼어드는 사람), 말전주꾼(여기저기 이간질하기 좋아하는 사람), 부라퀴(계산속이 매우 빠르고 영악한 사람) 등이 있다. 한국소설로는 채만식의 『탁류』에서의 사기꾼 고태수와 장형보, 박경리의 『토지』에서의 악덕양반 조준구, 조정래의 『태백산맥』에서의 악덕지주 정현동을 예시할 수 있다.

자기비하자(eiron) 유형의 인물은 주인공의 승리나 성공을 위해 음모를 꾸미는 플롯 속에서 흔히 발견된다. 로마희극에서 이런 인물은 꾀 많은 노예(dolosus servus)의 존재로 나타났으며, 교활한 하인(scheming valet)은 그 후의 드라마와 소설에서 계속 나타났다.[28] 자기비하자 유형은 조선조의 방자형소설에서 쉽게 찾을 수 있다. 예컨대 『춘향전』에서는 상전 이몽룡의 뜻을 성사시키기 위해 방자가 간지를 내는 것을 보게 된다. 이인직의 『귀의 성』과 『치악산』, 이해조의 『탄금대』와 『봉선화』, 『구의산』 등과 같은 개화기소설에서 속량(贖良)을 꾀하기 위해 악한 주인을 돕는 악비(惡婢)가 등장하는데, 바로 이러한 존재가 자기비하자 유형의 한 본보기가 된다.

대체로 익살꾼형(bomolchoi)은 작품 전체의 구성과는 별 관계없이 즐거운 분위기를 돋우어 주려 한다. 로마시대 희극과는 달리 르네상스 시대의 희극은 글자를 잘못 쓰거나 악센트를 잘못 찍거나 하는 식으로 희극적 태도를 연출하는 인물들, 즉 팔푼이, 광대, 시동, 엉터리 가수 등에

27 Ibid., p. 172.

28 Ibid., p. 173

관심을 보였다.[29]

아리스토텔레스가 고안해 낸 개념이기도 한 야비한 사람(agroikos)은 엘리자베스시대의 드라마와 보드빌(vaudeville)에서 곧잘 활용되었다. 보드빌에서 이 유형은 주로 조연급으로 나왔다. 야비한 사람 유형은 염상섭 『삼대』에서의 조의관, 채만식 『태평천하』에서의 윤장의가 보여 주고 있는 것처럼 인색하고 속되고 깐깐한 사람에게서 찾을 수 있는데, 이런 유형의 인물은 즐거운 분위기를 파괴해 버리고 재미있는 분위기에 찬물을 끼얹는 데 소질이 있다.[30]

이외에 프라이는 파르마코스(pharmakos)를 비극적인 인간형으로 설정하였다. 파르마코스는 속죄양 또는 대체우(代替牛, scapegoat)로 번역되는 것으로, 상황에 대한 무지로 말미암아 결국 희생물로 전락해 버린 존재를 의미한다. 파르마코스가 서양의 가정비극에서 많이 나타났던 것처럼 한국소설에서도 이런 속죄양의 인물형은 얼마든지 찾을 수 있다. 파르마코스의 예로 너세니엘 호손의 『주홍글씨』, 토머스 하디의 『테스』, 톨스토이의 『부활』에 나타나는 여주인공을 들 수 있다.[31]

1920~1930년대 한국소설에 자주 나타났던 인신매매 모티프는 파르마코스의 적절한 실례가 된다. 파르마코스는 민족·집단·계급으로 확대될 수 있다. 일제강점기 때의 한국인을 양심적이거나 의식적인 리얼리즘 방법으로 그린 소설은 일단 파르마코스를 설정한 것으로 볼 수 있다. 염상섭의 『삼대』의 홍경애, 강경애의 『인간문제』의 여공 선비, 채만식의 『탁류』의 큰딸 초봉, 황순원의 『나무들 비탈에 서다』의 임동호 등과 같이 장편소설에 제시된 주요 인물 가운데서 파르마코스에 해당하는 존재를 찾아볼 수 있다. 다수의 희생자를 그린 소설유형으로는 학살 모티프를 내보인 6·25전쟁소설을 특기할 수 있다.

원형이론을 실천에 옮긴 노스럽 프라이의 작중인물 유형론은 문학

29 Ibid., p. 175.

30 Ibid., p. 175~176.

31 Ibid., p. 41.

작품의 내재적 분석결과의 산물이어서 설득력이 있기는 하나, 다섯 가지 정도의 유형만 참고해야 하는 한계가 분명한 것도 사실이다. 역사적 상황이라든가 집단현실을 그린 소설이 주류를 이루어 온 20세기 한국소설이기에 웬만한 장편소설에서 넓은 의미의 사기꾼이라든가 희생자를 찾아보는 것이 어렵지 않지만, 자기비하자, 어릿광대, 구두쇠 같은 인물유형은 찾기가 어렵다고 할 수 있다. 20세기 한국소설을 연구하는 데는 노스럽 프라이류의 원형비평보다는 많은 민담이나 소설을 검토하여 추출한 기능론이나 행위론이 보다 응용도가 높을 것으로 추측된다.

『민담의 형태론(Morphology of the Folktale)』에서 많은 민담을 분석하고 난 끝에 블라디미르 프로프(Vladimir Propp)는 모든 민담이 구조적으로 동질성을 지닌다는 결론에 도달했다. 그는 작중인물의 기능이란 측면에서 민담을 서른한 가지로 나누어 볼 수 있다고 했고, 다시 이를 일곱 가지 유형의 인물로 압축했다.

① 악한(the villain)
② 기증자(the donor, provider)
③ 조력자(the helper)
④ 찾는 대상과 그녀의 아버지(the sought-for person and her father)
⑤ 발송자(the dispatcher)
⑥ 영웅(the hero)
⑦ 가짜 영웅(the false hero)[32]

설화의 인물유형론이 소설에 그대로 대입될 수 있는 것은 아니지만, 소설 주인공 유형론에 크게 참고가 될 수 있는 것임은 부인할 수 없다. 프로프도 프라이와 같이 충실하게 작품분석을 한 끝에 결론을 얻어 체계화한 과정을 거친 것이다. 프로프의 이론은 작품이라는 사실에 적용시키

---

32 Terence Hawkes, *Structuralism and Semiotics*, Methuen & Co. Ltd., 1977, p. 69.

기 어려운 것에 속한다. 법과 현실의 거리라고나 할까.

프로프가 러시아 민담을 대상으로 일곱 가지 인물유형을 추출해 낸 것처럼 고전설화의 인물유형은 현대소설의 인물유형 분석작업에서 절대적인 기준까지는 될 수 없어도 많은 참고가 되는 것임은 부정할 수 없다. 서대석이 조선조의 문헌설화를 제재별로 분류하여 인물담을 행실·성정(性情)·재예(才藝)·법술(法術)·이물(異物)로 가르고, 다시 행실은 군신·부자·부부·주노(主奴) 등으로, 성정은 인(忍)·불인(不忍)·의·불의·예·비례·지·무지·용·겁 등으로, 재예는 문·무·기·예 등으로, 법술은 유학·불교·선교·민간신앙으로, 이물은 귀신·괴물·동물·사물 등으로 하위분류한 것[33]은 현대소설의 분석과 해석에 많은 참고가 된다. 설화를 분석하여 체계화한 것은 현대소설연구에 데칼코마니가 될 수 없다. 사회가 훨씬 복잡해지면서 인물, 행실, 성정, 재예, 법술 등의 상위개념은 훨씬 더 다양한 종류를 갖기 때문이다.

오늘날 "행위자"론도 기본적인 이론과 사실 사이의 틈을 보여 준다. 행위자는 행동(action)이나 행위(act)를 실제로 해보이고 있는 인간존재 또는 의인화된 존재, 행동과 사건과정에 영향을 주는 인물을 말한다. 행동이란 일정한 기간에 걸친 행동을 말하며, 행위란 한 번의 행위를 말한다. 행위자(agent)는 영향자(influencer), 조정자(modifier), 유지자(maintainer)로 나눌 수 있다. 영향자의 영역에는 정보제공자(informer), 위선자(dissimulator), 유혹자(seducer), 위협자(intimidator), 의무부여자(obligator), 금령자(interdictor) 등이 있고, 조정자의 영역에는 개선자(improver), 타락시키는 자(degrader) 등이, 유지자의 영역에는 보호자(protector), 격파자(frustrator) 등이 있다.[34] 주인공 한두 명과 조역, 여러 명의 단역들이 등장하는 단편소설에서는 각각 하위존재들을 둔 영향자, 조정자, 유지자를 골고루 찾기란 쉽지 않다. 이들 존재들은 기본적으로

---

33 서대석, 『朝鮮文獻說話輯要』, 집문당, 1992, pp. 691~699.

34 Gerald Prince, "Agent", *A Dictionary of Narratology*, University of Nebraska Press, 1987, p. 4.

장편소설 이상의 형태에서 쉽게 찾을 수 있다. 제럴드 프린스가 영향자보다 조정자와 유지자의 영역을 좁게 파악하고 있는 것은 조정자와 유지자를 양단논법으로 본 반면, 영향자는 긍정적 존재와 부정적 존재를 통합하는 가치중립적인 존재로 보았기 때문일 수 있다. 또 행위도 한 번의 행위를 의미하는 것인 만큼 한 작품 안에서 인물 한 명의 행위는 가변적이 될 수 있음을 인정한다.

21장 인물창조의 방법

로버트 메레디스와 존 피츠제럴드는 『소설작법(Structuring your novel)』에서 작가가 인물의 성격을 드러내는 방법을 다음과 같이 제시한다.

① 프로타고니스트와 환경과의 싸움(conflict with environment) 서술
② 사건서술
③ 인물의 자기발견과 자기형상화
④ 행동의 동기 밝혀내기
⑤ 인물의 특징(신체, 외모, 습관, 기호 등) 드러내기
⑥ 소인물의 가장 두드러진 성격 드러내기
⑦ 인물들의 대비
⑧ 인물들의 명명법(names help to reveal character)
⑨ 갈등묘사(conflict reveals character)
⑩ 진실의 순간 포착
⑪ 인물의 고백
⑫ 성격을 드러내는 기회부여
⑬ 설명(exposition)에 의한 성격창조
⑭ 묘사(description)에 의한 성격창조
⑮ 서사(narration)에 의한 성격창조
⑯ 행동묘사[1]

작가들은 성격창조를 꾀함에 있어 작가가 해당 인물의 성격을 직접

1 Robert C. Meredith and John D. Fitzgerald, *Structuring Your Novel*, Barnes & Noble, 1972, pp. 113~123.

서술하는 방법을 쓰거나, 사건이라든가 행위의 묘사를 통해 간접적으로 인물의 성격을 드러내는 방법을 취하기도 한다. 전자는 말하기(telling)의 방법이나 직접적 성격묘사로 요약되며, 후자는 보여 주기(showing) 또는 간접적 성격묘사라고 한다. 전자에는 작가가 해당 인물을 직접 설명하는 방법 외에 한 인물이 다른 인물을 설명하는 방법과 등장인물이 직접 자기 자신을 드러내는 방법도 포함된다.

대체로 작가들은 주요 인물(major figure)과 소인물(minor figure)을 그리는 경우 각각 다른 방법을 취하곤 한다. 주요 인물은 대개 복합적이거나 입체적인 방법으로 그려지는 데 반해, 소인물은 주요 인물을 부각시키기 위한 보조장치에 지나지 않는다는 이유로 간단하게 평면적으로 묘사되곤 한다.

성격창조의 여러 방법 중에서 작가들이 전통으로 받아들이는 것의 하나로 전형적이거나 유형적인 인물을 제시하는 것이 있다. 19세기에 비해 오늘날 작가들이 작중인물에 개체적 특질과 단독자로서의 특징을 더 많이 부여하려고 노력하는 게 사실이긴 하지만, 유형이나 전형의 설정방법은 아직도 효력이 있다. 햄릿, 돈키호테, 놀부, 춘향이 등은 바로 전형적인 인물에 해당한다. 20세기 전부터 거론되어 왔던 용어의 하나인 전형적 인물은 일반적이거나 보편적인 사람들의 대표치로 풀이될 수 있는 것으로, 21세기에 들어선 지 20년이 지나가는 오늘날에는 정보매체와 계몽장치가 나날이 발달하여 사고방식이나 생활방식이 비슷한 사람들이 여기저기 소수집단이나 세력을 만들어 가고 있는 실정이다. 흔히 동호인이나 팬덤이란 말로 일컬어지는 소집단과 완전히 절연한 채 단독자 또는 개성존재로만 살아가는 것은 사실상 불가능하다. 모든 개인은 단독자이면서 집단의 일원으로 존재할 수 밖에 없다는 점이 바로 전형적 인물의 존립을 뒷받침해 준다. 물론 모든 작가들은 전형적 존재보다 개인에게 더 큰 관심을 쏟기는 한다.

소설에서 인물을 창조할 때는 옮겨 심기(transplantation)와 길들이기(acclimatization)라는 두 가지 원칙을 염두에 둘 필요가 있다.[2] 작가는 실제현실에서 작중인물 모델을 취해 오기는 하지만, 일단 그 모델은 작품의 분위기에 알맞게 조절되거나 변형되어야 한다는 것이다. 그리고 플롯, 주제, 다른 작중인물, 작품 전체의 분위기 등과 조화를 이루어야 한다. 이것이 바로 길들이기의 원리다. 소설가는 주제나 소설유형에 맞추어 인물을 만들어 낼 수 있고, 문제적 인물이라고 파악하여 설정할 수도 있다. 옮겨 심기와 길들이기의 원리를 잘 응용한 터전 위에서 인물창조가 성공하려면, 무엇보다 평소 작가들이 자신의 삶과 타인의 삶을 따뜻하면서도 날카롭게 통찰하는 힘을 갖추는 것이 필요하다.

소설은 작가가 자신의 삶을 거의 그대로 살려 자화상을 그린 것, 다른 사람을 모델로 하여 작가의 의도에 따라 인물을 만들어 낸 것, 현실성이 있든 없든 온전히 작가의 상상력으로만 인물을 만들어 낸 것 등으로 대별할 수 있다. 역사소설이야말로 모델소설의 대표적인 형태가 된다. 자전적 소설의 예로는 최서해의 단편소설 「전아사」(1927), 이태준의 『사상의 월야』(1941)와 「해방전후」(1946), 최인훈의 『소설가 구보 씨의 일일』(1972), 이병주의 「소설·알렉산드리아」(1965), 박완서의 『그 많던 싱아는 누가 다 먹었을까』(1992) 등이 있다.

1930년대 농촌소설인 이광수의 장편소설 『흙』(1933), 심훈의 『상록수』(1936), 이기영의 『고향』(1934)은 모델소설이라는 공통점을 지닌다. 『흙』의 주인공 허숭은 이광수가 작품연재를 끝내면서 밝힌 것처럼 "치안유지법 위반으로 신의주 형무소에서 수감 중인 채수반 군"을 모델로 한 것이며, 『상록수』의 남주인공 박동혁은 작가의 실제장질인 심재영을, 여주인공 채영신은 경성기독교연합회 소속으로 여성 농촌계몽운동가인 최용신을 모델로 하였다.[3] 이기영은 『고향』의 주인공 김희준을 표현하면서 자신의 실제친구인, 고향 천안에서 농사를 지으며 계몽운동가로 일하고 있는 변상권을 모델로 했다고 밝혔다.[4] 박완서의 자전적 소설이라고 할 수 있는 「나목」(1970)은 화가 박수근을, 이청준의 「눈길」(1977)은 가난에

2 E. M. Forster, *Aspects of the Novels*, Penguin Books, 1972, p. 73.

3 조남현, 『한국 현대소설 연구』, 민음사, 1987, pp. 177~182.

4 이상경, 『이기영: 시대와 문학』, 풀빛, 1994, pp. 137~140.

찌든 자신과 어머니를 모델로 하였으며, 이승우의 「생의 이면」(1992)은 신학도를 거쳐 작가가 된 자신의 젊은 시절을 그려 내었다. 최인훈의 『소설가 구보 씨의 일일』과 『화두』, 이병주의 『지리산』, 김원일의 『불의 제전』과 『아들의 아버지』, 이문열의 『영웅시대』 등은 실존인물이 이야기를 끌고 가거나 비중 있는 작중의 역할을 맡는 공통점을 보인다.

루카치가 『소설의 이론』에서 "소설은 문제적 개인이 자신을 찾아가는 과정(die Wanderung des problematischen Individuums zu sich selbst)"[5]이라고 주장한 이래 루시앙 골드만, 르네 지라르, 미셸 제라파 등에 의해 '문제적 개인'은 조금씩 다르게 설명되어 왔다. 루카치가 문제적 주인공의 극단적 형태를 광기와 파괴에서 찾았던 태도는 골드만에게 와서 비판적으로 수용되었다. 소설의 주인공을 문제적 개인이나 악마적 인물로 부르는 것은 이제 상식화되었다. 물론 소설론에서 말하는 문제적 개인은 법이나 윤리, 교육에서 말하는 문제적 개인과 다르다. 소설론에서 말하는 문제적 개인은 기본적으로 작가나 독자가 받아들일 법한 인물(persona grata)인 데 반해 법이나 윤리, 교육에서 말하는 문제적 개인은 일단 피하고 싶은 인물(persona non grata)에 들어간다. 소설에서 문제적 개인은 성별·직업·신분에 관계없이 진(眞)·선(善)·미(美)·성(聖)·력(力)으로 개념화되는 가치를 모색하고 지키기 위해 노력하는 존재로 인식되고 있다.

미셸 제라파는 "포스터가 『소설의 양상』에서 소설에서의 논리, 질서, 서사형식의 합치에 역점을 두었을 때 그때 프루스트, 제임스 조이스, 버지니아 울프, 알프레드 되블린과 같은 신세대 작가들은 인물에 대한 재보증의 기능을 거부하고 있었다. 왜냐하면 소설인물은 극도로 만화경과 같이 된 세계에서 실패하고(lost), 불확실하고(uncertain), 주저하고(hesitant), 당혹해하는(astonished) 존재로서 그려질 때만 진실할 수 있기 때문이다"[6]와 같이 현대소설의 주인공의 존재방식을 명쾌하게 지적했다.

---

5 Georg Lukács, *Theorie des Romans*, Luchterland, 1971, p. 70.

6 Michel Zéraffa, *Fictions*, translated by Catherine Burns and Tom Burns, Penguin Books, 1976, p. 19.

과거 로망스 형식의 소설이 현실의 인간들에게 선망의 대상이 되는 이상적 존재로서의 영웅, 교사, 지배자와 같은 인물을 제시함으로써 고유의 기능을 발휘할 수 있었다면, 일반독자들과 비슷한 수준의 인물들을 내세우는 오늘날의 소설에서는 꿈과 위안을 기대하기가 힘들어졌다. 동서양을 막론하고 로망스에서 이상적이거나 모범적인 인물들이 보여 주었던 존재방식은 근대소설의 주인공이 보여 주는 부정적이거나 모자라거나 이상심리적인 징후들로 대체되고 있다. 로망스는 주류를 빼앗기기는 했으나 사라진 것은 아니다. 인류가 존재하는 한 스트레스 해소, 꿈꾸기, 위안제시 등의 기능을 행사하는 로망스는 사라지지 않을 것이다.

한국현대소설에서 수준작을 유지하면서 본명이든 별명이든 주인공의 이름을 제목으로 취한 소설로는 전영택의 「혜선의 사」(1919), 나도향의 「벙어리 삼룡」(1925), 최서해의 「박돌의 죽엄」(1925), 김동인의 「원보부처」(1926), 염상섭의 「남충서」(1927), 이기영의 「원보」(1928), 조명희의 「춘선이」(1928), 이광수의 「삼봉이네 집」(1930)과 「가실」(1935), 이무영의 「용자소전」(1934)과 「만보노인」(1935), 「안달소전」(1940), 백신애의 「복선이」(1934), 송영의 「복순이」(1935), 유진오의 「김강사와 T교수」(1935), 「남곡선생」(1942), 「정선달」(1942), 이효석의 「분녀」(1936), 박노갑의 「춘보의 득실」(1936), 김유정의 「만무방」(1935)과 「따라지」(1937), 최태응의 「바보용칠이」(1939), 이태준의 「영월영감」(1940), 채만식의 「맹순사」(1946), 김동리의 「상철이」(1947), 허준의 「임풍전씨 일기」(1947), 김동인의 「김덕수」(1948), 김송의 「정임이」(1948), 황순원의 「황노인」(1949)과 「비바리」(1956), 한무숙의 「정의사」(1950), 박영준의 「변노파」(1952), 전영택의 「김단실과 그 아들」(1955), 김성한의 「김가성론」(1956), 전광용의 「꺼삐딴 리」(1962)와 「남궁박사」(1963), 선우휘의 「마덕창 대인」(1965), 현기영의 「순이 삼촌」(1978), 이청준의 「병신과 머저리」(1966)와 「조만득씨」(1980), 이문구의 「유자소전」(1991) 등이 있다.

위의 작품들은 주인공이 어떠한 독자반응을 불러일으키냐에 따라 삼룡·박돌·원보·남충서·춘선이·복순이·영월영감·정임이·변노파·김탄실 등과 같이 연민을 불러오는 것, 삼봉이·남곡선생·정의사·임풍전 등과 같이 긍정반응을 일으키는 것, 김강사와 T교수·분녀·김덕수·꺼삐딴리 등과 같이 비판정신을 갖게 하는 것 등으로 삼분할 수 있다.

22장 플롯의 비의

소설양식의 플롯이라고 하면 서론·본론·결론과 같은 일반적인 글의 3부 구성을 떠올리기도 하고, 기승전결(起承轉結)과 같은 한시의 구성법을 떠올리기도 하며, 3부 구성에서 본론을 전개·절정·반전으로 재구성한 연극의 5부 구성을 떠올리기도 한다. 그런가 하면 소설은 인생의 변화와 인간의 심리를 드러내거나, 계몽기능과 비판기능을 행사한 속담들을 구성요소로 수용하곤 한다. 한국민속학회가 펴낸『한국 속담집』에서 추려 보기로 한다.

① 인간사회에 대한 교훈을 제시한 점에서 격언에 가까운 것

"까마귀 날자 배 떨어진다", "개천에서 용 난다", "나이 이길 장사 없다", "나무라도 고목이 되면 오던 새도 아니 온다", "달도 차면 기운다", "닭 쫓던 개 지붕만 쳐다본다", "양지가 음지 되고 음지가 양지 된다", "될성부른 나무는 떡잎부터 알아본다", "산은 오를수록 높고 물은 건널수록 깊다", "콩 심은 데 콩 나고 팥 심은 데 팥 난다", "팔자는 독에 들어가서도 못 피한다", "평시에서 낙상을 한다", "한 번 실수는 병가의 상시다", "십 년이면 강산도 변한다", "세 살 적 버릇 여든까지 간다", "바람이 불다 불다 그친다", "낙숫물이 댓돌을 뚫는다", "사람 살 곳은 골골이 있다", "노장(老將)은 병담(兵談)을 아니 하고, 양고(良賈)는 심장(深藏)한다", "물은 건너 보아야 알고 사람은 지내 보아야 안다", "한 달이 크면 한 달이 작다", "굽은 나무가 선산을 지킨다."

② 인정의 부정적인 면을 비판한 것

"나무라도 고목이 되면 오던 새도 아니 온다", "말똥에 굴러

> 도 이승이 좋다", "바다는 메워도 사람욕심은 못 메운다", "바람 부는 대로 돛을 단다", "흉 각각 정 각각", "인정도 품앗이다", "달면 삼키고 쓰면 뱉는다", "간에 가 붙고 염통에 가 붙는다", "밤 잔 원수 없고 날 샌 은혜 없다", "머리 검은 짐승은 남의 공을 모른다", "기르던 개에게 다리를 물렸다", "앞에선 꼬리 치는 개가 후에 발뒤꿈치 문다", "남의 눈에 눈물 내면 제 눈에는 피가 난다", "돈만 있으면 귀신도 부릴 수 있다", "돈이 없으면 적막강산이요 돈이 있으면 금수강산이라", "한 부모는 열 자식을 거느려도 열 자식은 한 부모를 못 거느린다", "파리도 여윈 말에 더 붙는다."[1]

물론 속담들을 대상으로 교훈적인 것과 비판적인 것을 구분한다는 것은 쉬운 일은 아니다. 속담들 가운데는 웃음을 자아내면서 비판기능은 물론이고 교훈기능을 행사하는 것도 적지 않다. 속담들은 기본적으로 옛 사람들의 삶에 대한 철학과 사회학, 심리학이 더러 해학이 섞인 단문의 형식으로 표출되어 관용어로 굳어진 것인 만큼 여러 개가 모이면 한 편의 소설의 주제를 표현할 수도 있다. 주제가 결정되면 그를 효과적으로 드러내는 플롯이 저절로 짜여질 수 있다.

속담처럼 짧으면서 처세법이나 인생비판을 들려주는 언표형식으로 고사성어가 있다. 특히 고진감래(苦盡甘來), 인과응보(因果應報), 화무십일홍(花無十日紅), 권불십년(權不十年), 청천벽력(靑天霹靂), 전화위복(轉禍爲福), 새옹지마(塞翁之馬), 칠전팔기(七顚八起), 용두사미(龍頭蛇尾), 설상가상(雪上加霜), 호사다마(好事多魔), 화불단행(禍不單行), 권토중래(捲土重來) 등과 같이 인생은 개인의지와 별 관계없이 변화와 반전, 기복이 있음을 일깨워 주는 것도 있고, 남가일몽(南柯一夢), 일장춘몽(一場春夢) 등처럼 삶의 허무를 가르쳐 주는 것도 있으며, 감탄고토(甘呑苦吐), 악사천리(惡事千里) 등과 같이 인간의 부정적 속성을 환기시켜 주는 것도 있다. 이러

1 한국민속학회, 『한국 속담집』, 서문당, 1972, pp. 11~336.

한 고사성어들은 소설가들이 좀 더 자연스럽게 플롯을 설정하게 만들어 준다. 소설은 속담이나 고사성어가 가르쳐 주는 인생의 이치라든가 인간의 본성을 좀 더 확대된 이야기를 통해 복창하는 것이라고 할 수 있다.

플롯의 번역어로 구성, 구조, 줄거리 등이 있기는 하나 구성이 더 일반화되어 있다. 그럼에도 구성과 플롯 사이에 거리가 있어 아예 플롯을 그대로 사용하는 사람들이 많다. 플롯의 사전적 의미로는 음모, 설계도, 소구획 등이 있다. 플롯은 "전체로서의 작품과의 관계 속에서 단순한 수단, 즉 틀(framework)도 아니고 단순 메커니즘도 아니고 작품 속 모든 요소들이 직간접으로 관여하게 하는 것"[2]이라는 R. S. 크레인의 설명에서 작품 속의 모든 요소들을 통어하는 틀이나 메커니즘이라는 정의를 얻게 된다. "플롯의 목표는 독자를 일깨워 주는 정서의 연쇄를 위해 프로타고니스트에게 일어나는 완결된 변화과정을 표현하는 데(to represent some completed process of change in the protagonist) 목표를 둔다"[3]고 한 노먼 프리드만의 설명에서 플롯은 프로타고니스트의 변화과정이라는 정의를 맞게 된다. 노먼 프리드먼은 스피치, 장면, 에피소드, 플롯 등과 같은 유사 개념들을 제시하면서 "스피치는 대개 짧은 시에 나타난 행위를 말하고, 장면은 약간의 짧은 시와 많은 단편소설에 나타난 행위를 말하며, 에피소드는 단편소설과 콩트에 나타나는 행위를 가리키고, 플롯은 대부분의 희곡과 소설에 나타나는 행위를 가리킨다"[4]고 차이를 밝혀 놓았다. 길이에 관계없이 소설양식 본질의 하나로 플롯을 생각하는 사람은 당황할 만하다. 위의 비교에서 플롯은 장면이나 에피소드를 흡수하는 개념임이 암시되고 있다.

피터 브룩스(Peter Brooks)가 '서사양식의 설계와 의도'라는 부제가 붙어 있는 『플롯의 이해(Reading for the Plot)』에서 플롯을 "스토리의 개요나

---

2 R. S. Crane, "The Concept of Plot", *The Theory of Novel*, edited by Philip Stevick, The Free Press, 1967, p. 144.

3 Norman Friedman, "Forms of the Plot", *The Theory of Novel*, edited by Philip Stevick, The Free Press, 1967, p. 150.

4 Ibid., p. 150.

갑옷(the outline or armature of the story)"[5]이라고 시적으로 정의한 것은 "플롯은 유형학이나 고정된 구조의 문제가 아니라, 시간적 계승이라든가 특별한 양식의 인간이해의 도구적 논리를 통하여 발전되는 메시지의 특별한 구성기술(a structuring operation peculiar to message)이며 내러티브의 논리(logic)인 동시에 역학(dynamic)이다. 결국 내러티브는 이해와 설명의 양식이다"[6]와 같은 논의를 거친 끝에 나온 것이다. 플롯은 주제를 효과적으로 전하는 구성방법으로, 이는 한 작품의 주제와 논리를 독자들에게 잘 이해시키는 장치임을 확인하게 된다. 플롯을 어떻게 짜느냐에 따라 작품의 메시지의 내용은 달라지기 마련이다.

"플롯은 짜여지고 있는 구조일 뿐만 아니라, 의도적 구조이기도 하고 목표지향적이며 전진적인 구조들이기도 하다(Plots are not simply organizing structures, they are also intentional structures, goal-oriented and forward-moving)"든가 "플롯은 내러티브의 설계와 의도를 위한 포괄적 개념이며, 시간적 계승이나 그 이상의 것을 통해 발전되는 의미들을 위한 구조다"[7]와 같은 정의는 플롯은 창작의도, 목표지향성, 시간적 계승 등과 긴밀하게 연결된 것임을 일깨워 준다.

피터 브룩스가 "우리가 보통 알고 있는 플롯은 내러티브의 설계도(organizing line of narrative)와 내러티브의 의도(intention of narrative)"라고 하면서 플롯은 작가들이 만들어 내는 것이기보다는 독자들이 깨닫는 것으로 파악한다고 주장한 것은 플롯은 작가의 의도대로만 이해되는 것이 아님을 일깨워 준다. "텍스트적인 계승과 시간적 계승을 통해서만 발전되는 의미를 알려고 하는 독자들 속에서 도출되는 구성작업"[8]이라는 설명에서 플롯은 창작과정보다 독서행위 속에서 이루어지는 것임을 깨닫게 된다. 피터 브룩스는 『정신분석과 이야기 행위』라는 또 다른 책에서

---

5 Peter Brooks, *Reading for the Plot*, Harvard University Press, 1992, p. 11.

6 Ibid., p. 10.

7 Ibid., p. 12.

8 Ibid., p. 37.

"플롯을 폐기해 버린다면 세계란 해독을 필요로 하는 일종의 수수께끼라는, 우리에게 중요한 생각을 포기하게 됩니다"[9]와 같이 설파했다. 더불어 독자들은 소설의 플롯을 통해 소설가의 인생관과 세계관을 파악하게 된다고 하였다. 그러나 플롯의 중요한 모멘트인 결말처리방법만 갖고 그 작가의 인생관을 가늠하기 어렵다. 인생에 대해 비관적인 작가들도 막상 소설의 결말을 처리할 때는 독자들을 위무하기 위해 의도적으로 해피엔딩을 취할 수 있기 때문이다.

대다수 작가들과 이론가들이 소설에서 플롯은 꼭 필요한 것임을, 또 플롯은 미리 설계되어야 함을 인정하고 있기는 하나, 이러한 상식론에 반대를 표시하는 사람들도 없지 않다. 스토리와 비교하는 가운데 플롯에 대해 공식화된 정의를 내린 것으로 평가되는 포스터(E. M. Forster)는 "플롯은 그 논리적이며 지적인 양상에서 소설이 된다. 플롯은 신비함을 요구하나 신비성은 나중에 해결될 것이다. 독자는 비현실적인 세계 속에서 방황하고 있을지 모른다. 그러나 작가는 걱정하지 않는다. 작품 전체에서 균형을 취하고 있는 작가는 여기서 한 줄기 빛을 쏘았다가 저기서는 보이지 않는 모자 밑에 숨었다가 한다. 그리고 (플롯을 만드는 자로서) 작품의 최대효과를 올리기 위해 작중인물 공급자(character-monger)로서의 자기자신과 끊임없이 의논한다"[10]고 하였다.

작가들은 '대체로' 플롯을 미리 생각하고 나서 이 예정표에 의거해서 작중사건과 인물에 관한 이야기를 이끌어 나간다. '대체로'란 말이 가리키고 있는 것처럼 현대작가들이 전통적인 플롯론을 그대로 수용하는 것은 아니다. 포스트모더니즘을 신봉하는 사람들은 현대소설의 역사가 전통적인 플롯의 원칙과 방법에 계속해서 도전해 온 과정이라고 믿고 있다. 포스터는 플롯의 문제에 관한 한 3부 구성설과 같은 전통적인 구성방법을 그대로 따르기를 거부하는 작가들이 가질 법한 질문들을 정리했다. 포스터는 "이제 우리는 이렇게 만들어진 플롯이 소설에게 최상의 것

9 피터 브룩스, 『정신분석과 이야기 행위』, 박인성 역, 문학과지성사, 2017, p. 178.

10 E. M. Forster, *Aspects of the Novel*, Penguin Books, 1972, p. 103.

인가 자문해야만 한다. 결국 소설은 왜 계획되어야만 하는가? 그냥 만들어질 수는 없는가? 어째서 소설은 연극이 끝나는 것처럼 끝나야만 하는가? 미해결 상태로 있으면 안 되나? 작품에 군림해서 통제하는 대신 스스로 작품 속으로 들어가서 그 자신도 예견하지 못한 어떤 목표를 향해 이동할 수는 없는가? 플롯은 호기심을 불러일으키고 아름답게 보일 수 있지만, 무대라는 제한된 공간에서 만들어진 연극에서 빌려 온 미신이 아닐까? 소설은 지나치게 논리적이지 않으면서 소설의 본질에 보다 잘 어울리는 뼈대를 고안해 낼 수는 없을까?"[11]와 같은 질문들은 '소설가는 왜 연극의 구성방법을 따라야만 하는가', '소설가는 인물과 사건을 그려 나가는 현장에서 소설작품의 구성방법을 강구해야 하는 것이 아닌가' 등의 질문으로 요약할 수 있다.

포스터도 소설가가 발단 → 전개(갈등) → 절정 → 반전(파국) → 결말(대단원)과 같은 연극의 전통적인 5부 구성법을 따를 필요가 없다고 본다. 우리는 일상생활에서 '극적(dramatic)"이란 말을 자주 듣고 사용하곤 한다. '극적인 승부', '극적으로 타협이 되었다', '극적인 만남' 등이 그 예다. 그런가 하면 '극적인 반전'과 같이 연극에서 예상치 못한 변화를 가리키는 말을 그대로 옮겨 사용한 경우도 있다. 한마디로 '극적'이란 말은 '기적'이란 말과도 의미가 통하는 것으로, 연극에서의 3부 구성이나 5부 구성과 같이 반전이나 급전이란 말이 어울릴 정도로 이야기의 전개가 급격하게 변하는 것을 뜻한다.

포스터와 마찬가지로 레너드 데이비스(Lennard Davis)도 "플롯은 소설의 가장 분명한 부분이며 가장 신비로운 부분"[12]이라고 주장하였다. "대부분의 소설에서 플롯은 독자들로 하여금 과연 이 세상에 질서가 있다고 믿게 도와준다"[13]고 말한 레너드 데이비스가 "우리는 과거행위를 재해석하고(recounting) 재평가(reassesing)하면서 미래사업의 결과를 예측하

11 Ibid. p. 104.

12 Lennard Davis, *Resisting Novels*, Methuen & Co.Ltd., 1987, p. 191.

13 Ibid., p. 212.

고(anticipating) 또 우리 자신을 아직 미완성인 몇 가지 이야기들의 교차 속에 던져 버린(situating) 내러티브에 빠져 살고 있다"는 피터 브룩스의 말을 인용한 것은 플롯이 실제인간의 삶 속에서 소설과 전혀 관계없는 사람들에 의해 구현되고 있음을 긍정한 것이라고 하겠다. 그러나 레너드 데이비스는 피터 브룩스와는 달리 플롯의 존재 여부가 고급소설과 저급소설의 구분기준이 되는 것은 아니라고 하였다. 피터 브룩스가 주장했던 것처럼 "플롯은 저급예술에 속하고 시점·토운·상징·공간형식·심리학은 고급예술에 속한다고 주장한 것은 진부한 데가 있고"[14] 플롯은 우리가 헨리 제임스를 읽는 대신 「조스」를 읽는 이유가 된다고 말한 것도 진부하다고 하였다.

멘디로우(A. A. Mendilow)는 『시간과 소설(Time and the Novel)』이란 저서에서 소설의 플롯을 음악용어에 견주어 설명하였다. 멜로디를 통해서는 간단한 에피소드의 형태의 악한소설을, 하모니를 통해서는 주제와 사건과 인물이 조화롭게 어울리는 인과론적 플롯을, 다성음(polyphony)을 통해서는 여러 가지 소주제들이 하나의 목표를 향해 진행되는 것을, 이성음(diaphony)을 통해서는 서로 관계가 없는 두 개의 플롯이 병행하는 소설을 떠올리게 된다고 하였고, 우화소설에 대해서는 막간에 위 또는 아래서 흘러나오는 반주 때문에 원래의 멜로디가 갈라지는 것으로 비유했다.[15]

멘디로우는 소설의 플롯에 대해 효과적으로 설명하기 위해 영화의 구성방식과 비교하기도 히고 미술과 견주어 보기도 했지만, 음악과의 비교에 역점을 두었다. 그는 음악 전문용어인 템포의 완급이라는 기준으로 소설의 플롯을 이분했다. 그는 독자가 사건진행에 초조해 할 정도로 관심을 가질 때, 인과론적 요소가 강조될 때, 작품의 길이에 비해 사건이 다양할 때, 독자의 관심이 단선적일 때 스토리 진행의 템포가 빨라진다고 하였다. 이에 반해 작품 속에 설정된 많은 사건들이 주제와 연결되

14 Ibid., p. 222.

15 A. A. Mendilow, *Time and the Novel*, Humanities press, 1965, pp. 55~56

지 못할 때, 우연적인 요소가 강조될 때, 작가에 의해 작중사건이 아주 치밀하게 다루어질 때, 독자가 작품에 복잡한 시선을 보낼 때 스토리 진행의 템포가 느리게 된다고 하였다.[16] 멘디로우는 빠른 템포를 보여 준 소설을 쓴 작가로 세계적인 모험소설이나 추리소설을 남긴 찰스 디킨스(Charles Dickens), 로버트 스티븐슨(Robert Stevenson), 코난 도일(Arthur Conan Doyle)을 들었다. 느린 템포를 보여 준 작가로는 주로 심리소설을 쓰는 데 힘썼던 사무엘 리처드슨(Samuel Richardson), 귀스타브 플로베르(Gustave Flaubert), 헨리 제임스(Henry James) 등을 들었다. 양적인 독자반응은 빠른 템포를 구사한 작품 쪽으로, 예술적 성취에 대한 질적인 독자반응은 느린 템포를 구사한 작품 쪽으로 쏠려 있다고 구별할 수 있을 것이다.

피터 브룩스가 "오늘날 우리는 어릿광대 로망스, 텔레비전 연속극, 연재만화를 탐욕스럽게 소비하고 있는 서사플롯, 인물·뉴스·운동경기의 소개나 중계과정에서 서사양식을 만들어 내고 요구하는 서사플롯의 시대에 살고 있다"고 하면서 "19세기가 플롯에 과잉으로 기대었던 시기라면 모더니즘 시기에 오면 플롯을 의심하게(suspicion toward plot) 된다"[17]는 식으로 리얼리즘과 모더니즘의 구분기준의 하나를 플롯에 대한 기대감의 높낮이에서 찾는다. 아더 허니웰(Arthur Honeywell)은 '어떤 사건도 합리성이나 원인 없이 일어나지 않는다'는 인과론적 연쇄(causal sequence)를 플롯의 중심개념으로 보면서[18] 리얼리즘이 득세한 19세기 소설의 독자들은 인과론적 영향(causal influence)로 안내되는 반면, 20세기 소설의 독자들은 꼭 그럴 필요가 없다는 식으로 비교하였다.[19] 마찬가지로 레너드 데이비스는 서사론과 플롯론을 잘 연결시켜 보았다.

---

16 Ibid., pp. 125~126

17 Peter Brooks, op. cit., p. 7.

18 Arthur Honeywell, "Plot in the Modern Novel," *Essentials of the Theory of Fiction*, edited by Michael J. Hoffman and Patrick D. Murphy, Duke University Press, 1988, p. 241.

19 Ibid., p. 248.

> 최근에 문학이론은 플롯에 대해 질문하면서 분위기가 급변했다. 월러스 마틴이 지적한 것처럼 근대서사론은 서사를 사건의 연쇄담(a sequence of events)으로 보는 것, 화자가 만들어 낸 담론(a discourse produced by a narrator)으로 보는 것, 독자들에 의해 의미가 주어지고 의미로 조직된 문자인공물(a verbal artifact that is organized and endowed with meaning by its readers)로 보는 것으로 갈라진다. 이는 플롯을 형식적인 것, 수사학적인 것, 독자반응의 시각에서 보는 것으로 연결된다.[20]

서사를 사건의 연쇄담으로 보는 것은 소재에, 화자에 의한 담론으로 보는 것은 서술방법에, 독자들에 의한 문자인공물로 보는 것은 독자반응에 초점을 맞춘 것이라고 할 수 있다. 서양의 저명한 소설이론가들은 플롯의 중요성을 인정하는 태도를 취했다. 그러면서도 플롯의 문제에 접근하는 방식은 달리했다. 레너드 데이비스는 플롯에 대한 세 가지 접근법을 기준으로 하여 서양의 소설이론을 대별하였을 정도로 소설론에서 플롯을 중시하였다.

> 서사텍스트를 확률, 우연, 인지, 무지, 선과 악 등과 같은 서사모형(narrative modality)으로 보는 방법은 몇 가지 그룹으로 나누어진다. 우선 아리스토텔레스적인 것을 들 수 있는데, 여기에는 크레인(R. S. Crane), 프리드먼(Norman Friedman) 등이 들어간다. 두 번째로 러시아 형식주의로부터 영향을 받은 프로프(Vladimir Propp), 그레마스(A. J. Greimas), 클로드 브레몽(Claude Bremond), 츠베탕 토도로프(Tzvetan Todorov)를 들 수 있으며, 세 번째로 롤랑 바르트(Roland Barthes), 볼프강 이저(Wolfgang Iser), 스탠리 피시(Stanley Fish) 등이 포함된 독자반응 그룹을 들 수 있다. 아리스토텔레스적인 경향이 플롯의 일치라든가 개체요소들 사이의 조

---

20 Lennard Davis, op. cit., p. 192.

> 화를 강조하는 반면, 두 번째 형식주의자들은 모든 내러티브에 공통적으로 적용될 수 있는 플롯요소들의 문법을 만들어 내려고 한다. 독자반응 그룹은 플롯의 존재를 서사구성 단위들이나 표현 형식에서 찾지 않고 독자들의 계속 변하고 달라지는 기대 속에서 찾는다.[21]

아리스토텔레스식의 플롯론은 '플롯의 미학'이란 말로, 러시아 형식주의식의 플롯론은 '플롯의 문법'이란 말로 요약할 수 있다. 독자반응 그룹의 플롯론은 작가와 독자의 플롯 공동설정이란 말로 요약된다. 아리스토텔레스는 전통적 방법의 기초를 확립한 존재로, 독자반응그룹에 속하는 롤랑 바르트나 볼프강 이저는 플롯 해체론자로 평가된다.

플롯의 어원은 아리스토텔레스의 『시학』에 나와 있는 미토스(mythos)에서 찾는 게 보통이다. 미토스는 플롯이라는 의미와 더불어 이야기라는 뜻도 내포하고 있다. 따라서 플롯과 내러티브 또는 플롯과 스토리는 친족관계에 놓이게 된다. 플롯은 "비극의 생명이며 영혼"[22]이라고 파악하면서 "사건 그 자체는 독립된 상태로 남아 있으려 하는 데 비해, 독자들은 소설을 읽을 때 연속성(continuity)을 염두에 둔다"[23]는 요지의 견해를 제시한 노스럽 프라이는 플롯과 스토리를 구별하여 플롯은 차창을 통해 집중해서 보게 되는 나무와 집들로 비유되며 스토리는 앞마당에 널려 있는 잡초와 돌들로 비유된다고 하였다.[24] 이렇듯 재치 있으나 변별력은 떨어지는 플롯과 스토리의 구별을 통해 플롯은 연속성을, 스토리는 개체성을 기본원리로 삼고 있음을 알게 된다. 플롯이 동적인 구조라면 스토리는 정적 구조라고 할 수 있다. 프라이가 플롯을 "총체적인 사건들의 연속과정(sequence of gross events)"이라고 정리한 것은 스토리보다는 플롯이

21 Ibid., p. 197.

22 Northrop Frye, *Fables of Identity*, Harcourt Brace & World Inc., 1963, p. 22.

23 Ibid., p. 23.

24 Ibid., p. 22.

구성적·구조적·인위적인 것임을 인식하게 만든다.

포스터는 플롯을 정부의 고위관리(higher governmental official)[25]로 비유하면서 플롯의 가장 중요한 임무를 통제와 조절기능에서 찾았다. 일례로 플롯은 작중인물이 지나치게 오랫동안 생각에만 잠겨 있는 것을 막고 사건전개가 일탈되는 것도 막는다. 실패한 작품들은 대체로 작가나 화자가 자제력과 조절력을 유지하지 못해 일탈상을 드러내기 마련이다. 작중인물 심리의 면에서든 사건전개의 면에서든 일탈은 작품전체의 균형미가 파괴되었음을 뜻한다. 포스터가 『소설의 양상』에서 스토리를 "작품 내 시간순서에 따라 배열된 사건들의 서사(a narrative of events arranged in their time-sequence)"로, 플롯을 "인과론에 무게를 둔 사건들의 서사(a narrative of events, the emphasis falling on causality)"[26]로 구별한 것은 거의 법칙이나 공식으로 남아 있다.

그러나 오늘날 소설이 다양해지고 실험적인 것이 된 이상, 이러한 구분은 한계에 봉착할 수밖에 없다. 포스터는 스토리가 사건의 단순한 연결인 데 비해 플롯은 사건들을 주로 인과관계로 묶는 것이라는 식으로 명쾌하게 구분한 다음, 스토리는 대부분의 독자들이 파악할 수 있지만, 플롯은 누구나 다 파악할 수 있는 것은 아니라고 대비하기도 했다. "만약 스토리에서 독자들이 '그래서 그다음에(and then)'라고 한다면 또 플롯에서 독자들이 '어째서(why)'라고 한다면 그것은 소설의 두 가지 양상 사이의 근본적인 차이인 것이다. 플롯은 입을 헤벌리고 듣고 있는 동굴인이나 독재군주나 그들의 현대적 후예인 영화관객에게 전달될 수 없다. 이들은 '그래서 그다음에는 또 그래서 그다음에는(and then and then)'이라고 말하는 것만으로 깨어 있을 수 있으며 호기심을 표시할 수 있을 뿐이다. 그러나 플롯은 지능(intelligence)과 기억력(memory)도 요구한다"[27]고 하였다. 소설의 독자를 유별화하는 기준의 하나로 플롯을 제대로 이해하

---

25 E. M. Forster, op. cit., p. 93.

26 Ibid., p. 93.

27 Ibid., p. 94.

느냐 못하느냐를 제시할 수 있다. 플롯을 제대로 이해하는 독자는 전문적 독자로, 그렇지 않은 독자는 일반적 독자로 부를 수도 있을 것이다. 한국소설에서 종합문학론을 선구적으로 실천했다고 할 수 있는 최인훈과 중층적인 추리소설의 방법을 쓴 이청준처럼 이야기를 복잡다단하게 끌고 갈수록 스토리 정리가 쉽지 않은 법이다. 따라서 플롯 정리도 쉽지 않다. 물론, 플롯의 난이도아 작품의 성취도는 상관관계에 있다고 하기 어렵다. 스토리나 플롯의 정리가 용이한 작품 가운데서도 명작이 얼마든지 나올 수 있기 때문이다.

23장 플롯의 종류

일찍이 『소설의 양상』에서 포스터(E. M Forster)가 인정했던 것처럼 노벨로서 소설의 플롯은 고대희랍의 희곡이나 연극의 플롯에서 배운 것이다. 아리스토텔레스의 『시학』에 들어 있는 비극론에서도 플롯을 논의의 중심 대상으로 여겼다. 아리스토텔레스는 『시학』에서 비극의 본질, 비극의 구성요소, 플롯의 중요성, 단일한 플롯과 복잡한 플롯, 급전과 발견, 플롯의 주의사항, 필연 구성의 방법 등에 대해 논급했다.

> ① 모든 비극은 플롯, 성격, 조사, 사상, 장경(場景), 가요 등 여섯 개의 부분을 가져야 한다. 이들 부분 중 조사와 가요는 모방의 매재에 속하고, 장경은 모방의 양식에 속하고, 플롯과 성격과 사상은 모방의 대상에 속한다. 이 여섯 개 중 가장 중요한 것은 사건의 결합 즉 플롯이다. 무릇 비극은 인간을 모방하는 것이 아니라, 인간의 행동과 생활과 행복과 불행을 모방하는 것이다. 성격은 인간의 성질을 결정하나, 행불행은 행동에 의한다. 따라서 극에 있어서의 행동은 성격을 묘사하기 위한 것이 아니라 도리어 성격이 행동을 위하여 극에 포함되는 것이다(pp. 54~55).
>
> ② 플롯은 단일하거나 복잡하다. 단일한 행동이란 주인공의 운명의 변화가 급전과 발견 없이 이루어지는 것을 말한다. 복잡한 행동이란 이 변화가 발견 혹은 급전 혹은 양자를 다 상반하여 이루어지는 경우의 행동이다(p. 67).
>
> ③ 가장 우수한 비극의 플롯은 단일하지 않고 복잡하여야 한다. 그리고 그것은 공포와 애련을 환기하는 행동을 모방하지 않으면 안 된다. 이로부터 다음 세 종류의 플롯은 피하여야 하

는 것으로 귀결된다. 첫째, 유덕한 사람이 행복에서 불행으로 변이함을 보여서는 안 된다. 왜냐하면 그것은 공포도 애련도 환기하지 않고, 오직 도리에 어긋난 일로 느껴질 뿐이기 때문이다. 둘째, 악한 자가 불행에서 행복으로 변이함을 보여서도 안 된다. 왜냐하면 그것은 가장 비비극적(非悲劇的)이기 때문이다. 그것은 비극의 필요조건을 하나도 구비하고 있지 않다. 즉 그것은 인정에 호소하지도 않고, 애련과 공포를 환기하지도 않는다. 셋째, 또 극악한 자가 행복에서 불행으로 변이하는 것을 보여서는 안 된다. 이와 같은 구성이 인정에 호소하는 점은 있을지 모르나, 애련도 공포도 환기하지 않을 것이기 때문이다. 애련은 주인공이 부당히 불행에 빠지는 것을 볼 때 환기되며, 공포는 우리와 유사한 주인공이 불행에 빠짐을 볼 때 환기된다(pp. 76~77).

④ 성격에 있어서도 사건의 구성에 있어서와 같이, 언제나 필연적인 것 혹은 개연적인 것을 추구해야 한다. 따라서 어떠한 인간이 어떠한 것을 말하거나 행할 때에는, 그것은 그의 성격의 필연적 혹은 개연적 결과이어야 한다. 따라서 또 갈등의 해결도 플롯 자체로부터 유래하여야 한다. 「메데이아」에서와 같이 기계장치(機械裝置)[1]에 의한 것이어서는 안 됨은 명백한 일이

1 아리스토텔레스, 『시학』, 손명현 역주, 박영사, 1960, pp. 93~94.
손명현은 번역주에서 "기계장치라고 번역한 〈mēchanē, (machine)〉은 희랍극장의 무대도구의 하나로서 활차(滑車)가 붙은 기중기였다. 이를 사용하여 신이 하늘로부터 강하하거나(deus ex machina=God from machine이라는 말은 이에서 유래한 것이다) 혹은 주인공이 수레나 천마(天馬)를 타고 공중을 달리는 광경이 연출되었다. 에우리피데스 및 기타의 시인들은 인과관계의 추구에 의하여 사건의 실마리를 푸는 대신에 그 엉클어진 것을 끊기 위하여 이 기계장치를 사용한 것이다. 이로부터 어떤 사건이 전(前)사건의 필연적인 결과로서 생기(生起)하지 않고, 안이한 해결책으로 돌연 나타날 때, 이를 기계로부터의 신(deus ex machina)이라고 비유적으로 일컫는다"고 설명하였다.

다(p. 89).[2]

아리스토텔레스 이론 중에서 아직까지도 설득력 있는 것은 공포와 연민을 불러일으키는 플롯이 가장 잘 된 것이라고 주장한 대목이다. 이에 덧붙여 플롯이 필연적이거나 개연적이어야 한다고 주장한 것은 지금까지도 일종의 법칙으로 받아들여지고 있다. 아리스토텔레스가 당시 희곡작가들과 연출가들에게 피해야 할 플롯으로 유덕한 사람이 불행으로 빠지는 것, 악한 자가 행복하게 되는 것, 극악한 자가 불행으로 빠지는 것을 지적한 것은 오늘날 소설가들에게는 그대로 통용되기 어렵다.

첫 번째 경우는 권선징악이라는 관념을 신봉했던 우리 고전소설에서는 기피사항이기는 하지만, 리얼리즘을 기본으로 하는 현대소설에서는 비극적 플롯으로 처리하는 내용이다. 두 번째 경우는 인간세상에서 얼마든지 나타날 수 있는 것으로, 소설의 경우 로망스류에서 잘 나타나곤 한다. 세 번째 경우에서 아리스토텔레스는 연민과 공포 그 어느 것도 살 수가 없으므로 극악한 자를 불행으로 처리하는 것을 피해야 한다고 했지만, 오늘날 독자들은 그런 드라마나 소설로부터 스트레스가 해소되는 결과를 맞거나 권선징악의 행사에 따른 쾌감을 느낄 수도 있다. 또한 전범자·살인자·성폭력자와 같은 극악한 자를 불행한 종말로 처벌하는 것은 현실에서 정의와 법치가 살아 있음을 표징하는 것이므로 많은 사람들이 권하고 있다. 또 아리스토텔레스는 가급적 "기계로부터의 신"을 쓰지 말라고 충고했지만, 이렇듯 소설에서의 비현실적이거나 억지스러운 위기탈출 방법은 특히 모험소설, 전쟁소설, 희극소설 등의 로망스류에서 필요악으로 처리되어 왔다.

우연성이나 불가능성에 집착한 플롯의 방법에서 필연성이나 개연성을 기조로 한 방법으로 전환한 것이 로망스에서 노벨로의 발전계기가 된 것이라는 인식은 많은 이론가들 사이에서 일반화되고 있다. 플롯을 계획

2 같은 책, pp. 54~89.

하는 과정에서 벗어나야 할 첫 번째 유혹은 바로 '우연성의 허위(fallacy of accident)'다. 우연성은 고대소설과 대중소설에서 작품 자체나 스토리에 대한 호기심을 자극하기 위해 즐겨 썼던 수법이다. 리얼리즘소설이라고 해서 우연구성을 취하지 말란 법은 없다. 리얼리즘소설의 우연성은 실제 삶에서의 우연과 비슷한 정도로 나타난다. 김동인은 『춘원연구』에서 최대 라이벌인 이광수의 장편소설 『무정』이 드러낸 큰 약점으로 기차 속에서의 기적적인 만남과 같은 우연성의 남발을 지적하였다. 일급소설과 대중소설의 차이점 중 하나는 감상의 플롯이라든가 우연구성에서 빠져 나왔느냐의 여부에서 찾을 수 있다. 고전소설은 말할 것도 없고 개화기소설과 이광수의 초기소설, 그 후의 대중소설에서도 우연구성을 극복하지 못한 흔적이 얼마든지 많이 발견된다. 이해조는 그의 작품 『탄금대』 후기에서 고대소설의 약점 중 하나가 우연구성임을 지적하였으나, 자신의 작품 대부분에서 우연구성을 내보인 점은 지적하지 않았다. 한편 우연구성의 빈발은 작품의 실패요인으로 작용한다는 통념을 뒤엎은 박상준의 연구를 주목할 필요가 있다. 박상준은 이인직의 『혈의 누』, 이광수의 『무정』, 염상섭의 『삼대』, 최서해의 『호외시대』, 현진건의 『적도』, 이기영의 『고향』 등의 장편소설에서 분명하게 보이는 우연구성을 오히려 긍정적으로 평가하였다. 박상준은 일제강점기를 대표하는 장편소설들에서의 우연구성이 작품 전체에 미치는 영향은 미미하다고 지적하였다.[3]

소설의 구성은 우연구성과 필연구성으로 나눌 수 있지만, 이를 명쾌하게 가르는 기준은 없다. 소설의 제재인 인생사 자체가 우발적인 사건을 적지 않게 내포하고 있거니와, 소설이 인과론에 입각하여 진행되면 자연스러운 느낌을 더 많이 안겨 줄 수 있는 법이다. 물론 소설에서 우연구성은 최소화하는 것이 좋다. 이외에도 소설의 구성은 열린 구성과 닫힌 구성, 템포가 빠른 구성과 느린 구성으로 나눌 수 있다. 그런가 하면 장편소설이나 대하소설에서 일탈이 심한 구성과 그렇지 않은 구성으로

3 박상준, 『형성기 한국 근대소설 텍스트의 시학』, 소명출판, 2015, pp. 15~276.

분류될 수도 있다.

시모어 채트먼은 아리스토텔레스가 무조건 선한 인물, 무조건 악한 인물, 고귀한 인물과 같이 세 인물유형을 제시한 것에서 출발하여 플롯을 크게 비운의 플롯(fatal plot)과 행운의 플롯(fortunate plot) 두 가지로 나눈 다음, 그 아래에 각각 세 가지 경우를 설정했다. 즉 비운의 플롯에는 무조건적으로 선한 주인공(an unqualified good hero)이 실패한 경우(개연성을 깨버린 나머지 독자들은 납득하지 못한다), 사악한 주인공(a villainous protagonist)이 실패한 경우(정의가 구현되어 만족감을 느낀다), 고귀한 주인공(a noble hero)이 그의 오판 때문에 실패한 경우(독자들의 연민과 공포심을 불러일으킨다)가 있으며, 행운의 플롯은 사악한 주인공이 성공하는 경우(개연성을 깨버린 나머지 혐오감을 갖게 한다), 무조건적으로 선한 주인공이 성공한 경우(도덕적인 만족감을 준다), 고결한 주인공이 일시적으로 오판하지만 결국에는 그의 설욕이 만족감을 자아내는 경우 등으로 분류했다.[4] 비운의 플롯은 주로 비극적 리얼리즘으로 구체화되며, 행운의 플롯은 낭만주의나 소박한 리얼리즘에서 나타난다.

레너드 데이비스는 플롯을 연속적 플롯(consecutive plot)과 목적론적 플롯(teleogenic plot)으로 나누었다. 연속적인 플롯은 시간적 연속성(temporal succession)을 강조한 것으로, 그 예는 에피소드식 이야기나 연쇄담에서 찾을 수 있다.

> 목적론적 플롯에도 연속적인 플롯에서와 마찬가지로 '그래서 그 다음엔'이라는 요소가 있겠지만, 다양한 플롯 포인트에 의해 또 작품의 결말에 의해 이제까지의 정보가 뒤엎어지기 마련이며 이러한 작품들은 그들의 목표에 의해 이끌린 것이기 때문에 목적론적이라고 부른다. 내가 보기에 두 플롯은 다음과 같은 도표로 정리될 수 있을 것이다.[5]

---

4 Seymour Chatman, *Story and Discourse*, Cornell University, 1978, p. 85.

5 Lennard Davis, *Resisting Novels*, Methuen & Co. Ltd., p. 206.

이어 레너드 데이비스는 연속적인 플롯은 ⟶ ⟶ ⟶ 와 같은 형태로, 목적론적인 플롯은 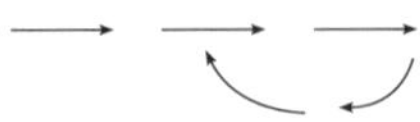 와 같은 형태로 나타나는 것으로 처리하였다.

레너드 데이비스는 목적론적 플롯에 대해 "목적론적 플롯에서는 정보의 제시가 이미 독자에게 읽힌 정보를 다시 해석하게끔 하는 그런 결말을 향해 가도록 한다. 대부분의 목적론적 플롯에서는 과거정보의 재해석은 끝에 가서 나타나는 것이 아니고 전략적인 플롯(strategic plot)의 포인트들을 따라 일어난다"[6]와 같이 그 방법을 설명했고 "목적론적 플롯의 모델은 19세기 동안 변화를 보였으며 모더니즘이 발생하면서 결말에 가 개선되고 변형되는 식의 플롯으로부터 떨어져 나간 것을 만나게 된다"[7]고 한 것처럼 소설가들로부터 부정과 반성의 시선을 받게 되었다고 지적하였다. "오늘날 목적론적인 플롯은 어릿광대형의 로망스와 매스 미디어와 같은 대중적 서사형식에서 쉽게 찾아볼 수 있다"[8]는 평가는 결국 목적론적 플롯이 부정되고 있음을 일깨워 준다.

이제 노먼 프리드먼(Norman Friedman)이 체계화한 플롯유형론을 살펴보기로 하자. 프리드먼은 크레인(R. S. Crane)이 「플롯의 개념과 톰 존스의 플롯(Concept of Plot and Plot of Tom Jones)」에서 플롯을 사건의 플롯(plot of action), 인물의 플롯(plot of character), 사상의 플롯(plot of thought)으로 삼분한 것을 받아들여 좀 더 세분하는 방향으로 발전시켰다. 사건의 플롯을 운명의 플롯으로, 인물의 플롯을 성격의 플롯으로 바꿀 수도 있다. 프리드먼은 사건의 플롯 대신 운명의 플롯(plot of fortune)이란 용어를 사용했다.[9]

6 Ibid., p. 207.

7 Ibid., p. 220.

8 Ibid., p. 222.

9 Norman Friedman, "Forms of the Plot", *The Theory of the Novel*, edited by Philip Stevick, The Free Press, 1967, p. 145.

(1) 운명(사건)의 플롯[10]

이때의 운명은 주인공의 명예, 지위, 이익, 사랑, 건강, 번영 등과 관계가 있다. 운명의 구성은 작중인물을 행복이나 불행, 성공 혹은 실패 등의 차원에서 서술한다.[11]

① 사건의 플롯(the action plot)

이 플롯은 '다음에는 어떤 일이 일어날까'에 독자들의 관심을 집중시킨다. 이 플롯은 인물이나 사상을 다음 사건을 촉진시키는 데 필요한 필연성을 제시하는 매개로 여기는 수가 많아, 인물의 성격과 사상에 대해서는 가급적 묘사하지 않는다. 따라서 이런 플롯은 진지한 도덕적 문제나 지적인 이슈를 다루는 데는 적합지 않다. 이런 플롯에 대해 독자들은 긴장감, 기대감, 경탄 등을 느끼며 즐거워한다. 모험소설, 탐정소설, 서부극, 공상과학소설 등에서 사건의 플롯을 쉽게 찾을 수 있다. 스티븐슨(R. L. Stevenson)의 모험소설과 코넌 도일(Conan Doyle)의 탐정소설, 윌키 콜린스(Wilkie Collins)의 신비소설이 그 좋은 예다.[12] 한국소설로는 선우휘의 「테러리스트」, 오상원의 「모반」, 김주영의 「천둥소리」 등의 예시작이 있다.

② 연민의 플롯(the pathetic plot)

이때의 주인공은 뚜렷한 잘못이 없어 연민을 불러일으킨다. 이 유형은 필수적으로 고난의 구소(plot of suffering)를 내포한다. 주인공의 의지는 박약한 편이며 품고 있는 생각도 소박하고 모자란 데가 있다. 토마스 하디의 『테스』, 안톤 채호프의 『세 자매』, 아서 밀러의 『세일즈맨의 죽음』, 테네시 윌리엄스의 『욕망이라는 이름의 전차』, 제임스 존스의 『지상에

10 Ibid., pp. 158~161.

11 Ibid., p. 156.

12 Ibid., p. 158.

서 영원으로』 등과 같은 예가 있다. 이런 유형의 소설은 자연주의자가 선호하는 경향이 있다.[13] 한국소설로는 현진건의 「운수 좋은 날」, 최서해의 「박돌의 죽음」과 「홍염」, 김동인의 「감자」, 강경애의 「동정」과 『인간문제』, 채만식의 「논이야기」, 이무영의 「산정삽화」, 황순원의 『나무들 비탈에 서다』, 선우휘의 「쓸쓸한 사람」, 박완서의 「저녁의 해후」 등을 들 수 있다.

③ 비극적 플롯(the tragic plot)

이때의 주인공은 어느 정도 지적 교양을 갖고 있거나 생각을 바꿀 줄 아는 능력을 갖춘 데다 굳센 의지도 갖고 있어, 불행을 겪을 때 책임지는 범위가 커지는 수가 많다. 연민의 플롯유형이 한 개인의 운명에 관한 문제로 귀납된다면 이 유형은 운명·인물·생각 사이에 관계가 복잡하게 뒤엉킨 것으로 나타날 수 있다. 소포클레스의 『오이디푸스 왕』과 『안티고네』, 셰익스피어의 『오셀로』와 『햄릿』, 『줄리어스 시저』 등과 같은 예가 있다.[14] 한국소설로는 심훈의 『상록수』, 강경애의 「파금」, 이효석의 「장미 병들다」, 조명희의 「낙동강」, 최인욱의 「목숨」, 김송의 「서울의 비극」, 최태응의 「1952년의 표정」, 박영준의 「용초도 근해」, 안수길의 「여수」, 염상섭의 「동기」, 장용학의 「요한시집」, 강신재의 「옛날의 금잔디」, 황순원의 『나무들 비탈에 서다』, 전상국의 「아베의 가족」, 황석영의 「한씨 연대기」 등을 예거할 수 있다.

④ 징벌의 플롯(the punitive plot)

이때의 주인공은 목표는 비위에 거슬리나, 의지가 굳고 지적소양도 있으며 불운에 대한 인내심도 있는 편이다. 이 플롯의 주인공은 꼭 독자들의 동정을 산다고만 할 수는 없다. 그런데 이러한 성격을 지닌 주인공이 착하고 소박한 사람들을 괴롭히게 된다. 그러다가 끝에 가서 이 주인공이 전락해 버리거나 불행을 겪게 될 때 독자들은 통쾌감을 맛보게 된다. 이

---

13 Ibid., pp. 158~159.

14 Ibid., p. 159.

런 인물들은 사탄형에 속하며, 또 마키아벨리스트에 포함되기도 한다.

징벌의 플롯은 이와 같은 악인으로서의 주인공(hero-villain)이 비도덕적인 지평 위에 있다가 마지막에 가서 회개하는 바보로 전락하는 과정을 담는다. 주인공이 선량하고 수긍할 만한 사람들을 희생물로 만들 때처럼 이런 감정들은 공포심과 분노에 자리를 내어 주다가 마침내 그가 전락할 때 독자들은 만족할 만큼의 옹호심을 느끼게 된다. 소설독자들은 주인공 자신보다 희생자들에게 더 많은 동정심을 쏟기 마련이다. 괴테의 『파우스트』, 존 웹스터의 『말피 공작부인』, 존 밀턴의 『실낙원』 등이 그 좋은 예다.[15] 한국소설로는 김성한의 「폭소」, 정비석의 「시일」, 김동리의 『해방』, 허준의 「잔등」, 이무영의 「사의 행렬」과 「O형의 인간」, 오상원의 「균열」, 염상섭의 「해방의 아침」, 황순원의 『카인의 후예』, 전광용의 「죽음의 자세」 등이 있다.

⑤ 감상적 플롯(the sentimental plot)

기본적으로 연민을 사는 주인공이 불행의 위협에도 살아남아 행복한 상태로 되는 과정을 말한다. 즉 단기간의 공포(short-range-fear)는 완화되고 이어 장기간의 희망(long-range-hope)이 구체화되어 제대로 보상 받는 즐거운 구제가 결말부분을 이룬다. 이때 주인공의 행불행은 사실상 그의 의지와는 별 관계가 없다. 권선징악을 가장 강한 창작동기로 내세우는 소설들은 대부분 이런 유형의 예가 된다. 이런 유형의 플롯을 취하는 소설들은 그 결말을 대체로 해피엔딩으로 처리한다.[16] 흥부가 부자가 되는 과정, 춘향이가 이몽룡의 힘으로 구출되기까지의 플롯, 홍길동이 율도국을 세우는 사건, 심청이가 환생하여 왕비가 된다는 모티프 등은 지은이가 단기간의 두려움을 제거하고 대신 장기간의 희망을 내세운 데서 가능했던 감상적 플롯의 산물이다. 한국소설로는 이광수의 『무정』과 『흙』, 이태준의 『청춘무성』 등을 예로 들 수 있다.

---

15 Ibid., pp. 159~160.

16 Ibid., p. 160.

⑥ 칭찬의 플롯(the admiration plot)

물질 면에서는 손해를 보았음에도 주인공이 명예와 좋은 평판을 취하게 되는 과정을 보여 주는 것을 감탄의 구성이라고 한다. 장기간의 희망이 감상적 플롯의 경우처럼 이루어지나, 독자들의 경탄과 호평을 받는다는 차이가 있다. 예로는 『그라나다의 정복』이 있다. 한국소설로는 이광수의 『무정』, 김동인의 『붉은 산』, 이기영의 『고향』, 한설야의 『황혼』, 심훈의 『상록수』, 유진오의 『화상보』, 한무숙의 「정의사」와 「허물어진 환상」, 선우휘의 「싸릿골의 신화」, 이청준의 「흐르는 산」 등을 예시할 수 있다.

(2) 인물(성격)의 플롯[17]

주인공의 동기·목표·습관·행위·의지로 표현되는가 하면 고상함과 비천함, 공감과 거부감, 완전과 불완전, 성숙과 미숙 등으로 나누어지기도 한다.

① 성장의 플롯(the maturing plot)

이는 주인공이 보다 나은 방향으로 변화되는 것을 기본으로 삼는다. 성장의 플롯은 그의 목표가 오해를 받거나 미확인되었거나, 그의 의지가 결정적으로 방향타가 없고 우유부단한 주인공과 관계가 있다. 이러한 불충분한 태도는 무경험과 소박함의 결과일 수도 있고 머리가 좋지 않아서 그렇게 될 수도 있다. 그런데 좋은 방향으로 이루어지는 주인공의 변화는 대체로 죽음의 형식을 밟으면서 더욱 극화된다. 찰스 디킨스의 『위대한 유산』, 헤르만 헤세의 『나르치스와 골드문트』, 조지프 콘래드의 『로드 짐』, 제임스 조이스 『젊은 예술가의 초상』, 헨리 제임스의 『여인의 초상』, 포크너의 『곰』 등과 같은 예가 있다.[18] 한국소설로는 조명희의 『낙동강』,

17 Ibid., pp. 161~163.

18 Ibid., p. 161.

이기영의 『인간수업』, 황순원의 『카인의 후예』, 선우휘의 「불꽃」 등을 예시할 수 있다.

② 개선의 플롯(the reform plot)

이때의 주인공은 성장의 플롯 경우와 달리 처음부터 자신이 잘못을 범하고 있다는 것은 깨달으나, 의지가 박약해서 자신이 정도라고 알고 있는 것에서 탈선하게 된다. 그는 선과 존경의 가면 아래 약점을 드러내거나 감추어 버리는 문제에 직면하지만, 나중에는 올바른 길을 찾게 된다. 성장의 플롯 주인공은 사물에 대해 오해의 관점(mistaken view of things)을 지니고 있으면서 그에 근거를 두고 행동하므로 독자들의 연민의 대상이 될 수 있으나, 개선의 플롯 주인공에게는 이런 소지가 없다. 개선의 플롯은 주인공이 위선자나 돌팔이 의사(charlatan, impostor)라는 점에서 징벌의 플롯과 비슷하나, 징벌의 플롯은 주인공이 단순히 벌을 받는 것으로 끝나는 점에서 양자의 차이가 있다. 너세니엘 호손의 『주홍글씨』가 그 대표적인 예다.[19] 한국소설로는 이광수의 『무정』과 김동리의 「지연기」, 박경리의 『시장과 전장』, 김동리의 「윤회설」, 선우휘의 「불꽃」, 전영택의 「눈 내리는 오후」, 이청준의 「병신과 머저리」, 박완서의 「그 가을의 사흘 동안」 등을 들 수 있다.

③ 시험의 플롯(the testing plot)

동정심이 많고 목적의식이 강한 인물이 타인이나 외부세계로부터 자신의 고상한 목표와 습관을 포기할 것을 강요받는 플롯을 뜻한다. 주인공은 매수되거나 참거나 한다. 어네스트 헤밍웨이의 『누구를 위하여 종을 울리나』가 좋은 예다.[20] 한국소설로는 이기영의 『인간수업』, 염상섭의 『효풍』, 황순원의 『카인의 후예』, 김성한의 「암야행」, 박경리의 『표류도』, 김향숙의 「문 없는 나라」 등을 예시할 수 있다.

19 Ibid., p. 162.

20 Ibid., p. 162.

④ 타락의 플롯(the degeneration plot)

타인에게 동정적이고 야심만만하며 훌륭했던 주인공이 나쁜 방향으로 변화하는 플롯을 말한다. 주인공은 자신이 나빠지고 있다는 것을 자각하는 순간 '새로운 삶을 시작하느냐' 아니면 '자신의 목표와 야심을 포기하느냐' 하는 갈등에 빠지게 된다. 만일 전자의 경로를 택한다면 포기의 플롯(resignation plot)이라고 부를 수도 있다. 대표적으로 안톤 체호프의 『이바노프』와 『갈매기』 등이 있다.[21] 한국소설로는 현진건의 「사립정신병원장」, 염상섭의 『삼대』, 유진오의 「김강사와 T교수」, 이무영의 「O형의 인간」, 최태응의 「자매」, 강신재의 「해방촌 가는 길」, 손창섭의 「미해결의 장」, 서기원의 「암사지도」, 황순원의 『나무들 비탈에 서다』, 전광용의 「꺼삐딴 리」, 김승옥의 「서울 1964년 겨울」, 조정래의 「모래탑」, 황석영의 「장사의 꿈」 등과 같은 예가 있다.

(3) 사상의 플롯

주인공의 정신·태도·이성·감정·믿음·관념·지식에 관심을 집중시키는 구성방법을 뜻한다.

① 교육의 플롯(the education plot)

주인공의 관념·신념·태도가 좋은 방향으로 변하는 것이 가장 보편적인 형태다. 처음에는 다소 부적합했던 사상이 점차 개선된다는 점에서 성장의 플롯과 유사하다. 지나치게 현학적이거나 괴상한 체험을 통해 시니컬해졌다든가 지나치게 소박했다든가 하는 식으로 부적절했던 주인공의 생각이 나중에 가서는 구제·만족·즐거움을 회복하게 된다는 것이다. 마크 트웨인의 『허클베리핀』, 페이터의 『쾌락주의자 마리우스』, 톨스토이의

21 Ibid., p. 163.

『전쟁과 평화』, 버지니아 울프의 『등대로』, 헤르만 헤세의 『나르치스와 골드문트』 등과 같은 예가 있다.[22] 한국소설로는 이무영의 「흙의 노예」, 심훈의 『영원의 미소』, 유진오의 『화상보』, 이태준의 「해방전후」, 김동리의 「한내마을의 전설」, 임옥인의 「월남 전후」 등과 같은 예가 있다.

② 폭로의 플롯(the revelation plot)

이 유형은 주인공이 상황의 본질에 대해 무지의 상태에 있는 것에 따라 정해진다. 이때 주인공의 이상은 태도와 신념보다 지식에 있다고 본다. 따라서 주인공은 결론에 닿기 전에 진리를 찾아야 한다. 여자가 남자를 모르다가 깨닫는 경우, 전쟁소설에서 군인이 적정을 모르다가 깨닫는 경우 등이 대표적인 예가 될 것이다.[23] 한국소설에서는 김동인의 「감자」, 황순원의 『나무들 비탈에 서다』, 염상섭의 『삼대』, 김동인의 「석방」, 박영준의 「빨치산」, 강신재의 「눈물」, 김동리의 「유서방」, 윤흥길의 「빙청과 심홍」, 조정래의 「껍질의 삶」, 양귀자의 「원미동 시인」 등과 같은 예가 있다.

③ 정감의 플롯(the affective plot)

주인공이 태도나 신념에 있어서 희망적인 방향이든 체념적인 방향이든 일단 변화되는 것을 가리킨다. 교육의 플롯을 특징지어 주는 일반적이고 철학적인 종류의 것은 아니다. 이때 플롯은 감정적인 변화와 연결된다. 변화의 근거가 되는 발전이 유쾌하든 그렇지 않든, 이러한 변화는 주인공을 행복하고 슬프며 체념적인 상태로 몰아간다. 제인 오스틴의 『오만과 편견』, 헨리 제임스의 『데이지 밀러』, 오코도이 『오이디푸스 콤플렉스』, 섬머세트 모옴의 『매킨토시』, 버나드 쇼의 『무기와 인간』 등과 같은 예가 있다.[24] 한국소설로는 염상섭의 「만세전」, 박영준의 「빨치산」, 황순원의 「학」, 이청준의 「누군들 초장부터 꾼으로 태어나랴」, 임철우의 「달빛

22 Ibid., pp. 163~164.

23 Ibid., p. 164.

24 Ibid., pp. 164~165.

밟기」 등을 예시할 수 있다.

④ 환멸의 플롯(the disillusionment plot)

교육적 플롯과 반대되는 것으로, 이 유형은 긍정적인 주인공이 확고한 신념을 지닌 상태에서 출발하였다가 상실·위협·시험을 겪고 난 뒤 신념을 저버리게 되는 것으로 끝이 나곤 한다. 예로는 스콧 피츠제럴드의 『위대한 개츠비』, 유진 오닐의 『털보 원숭이』, 제임스 조이스의 『구름 한조각』, 오코너의 『스토리텔러』 등이 있다.[25] 한국소설로는 유진오의 「김강사와 T교수」, 김동리의 「형제」, 박영준의 「빨치산」, 안수길의 「제3인간형」, 장용학의 「요한시집」, 최인훈의 「광장」, 박경리의 『시장과 전장』, 이문열의 『영웅시대』, 채만식의 「역로」, 김승옥의 「서울 1964년 겨울」, 현길언의 「바람과 불길」 등을 예시할 수 있다.

운명(사건)의 플롯은 인간은 타인과의 관계 속에 있는 존재라는 인식에 바탕을 둔다. 인물(성격)의 플롯은 인간이 개성을 지닌 존재라는 인식에서 출발하며 주로 심리소설이나 자의식소설에서 많이 보인다. 사상의 플롯은 교양소설, 발전소설, 이데올로기소설, 학자소설, 목회자소설, 불교소설 등에서 간취될 수 있는 성격의 것이다. 운명의 플롯을 객관회귀의 성격이 강한 테제라고 한다면, 인물의 플롯은 주관회귀의 성격이 강한 안티테제가 되고, 사상의 플롯은 주관과 객관을 두루 살펴보는 진테제가 된다. 내용 면에서든 형식 면에서든 포스트모더니티를 표방하는 작가들은 플롯을 속박의 장치로 여기곤 한다. 끝없이 삶의 진실을 추구한다는 명분 아래 오히려 플롯을 거추장스러운 것으로 여길 수도 있다. 그러나 소설양식은 이야기에서 출발한 것인 이상, 또 이야기는 최소한의 가독성을 확보해야 하는 이상 완전히 플롯에서 해방된(plotless) 소설작품의 존재는 생각하기 어렵다.

---

25 Ibid., p. 165.

24장 소설의 문체

문장은 감정과 사상을 담거나 전달하는 기구라고 생각하는 사람들이 더 많기는 하지만, 이에 병행하여 문장은 생각을 발전시키는 매개체나 과정이라고 판단하는 사람들도 적지 않다. 20세기 말과 21세기 초에 걸쳐 포스트모더니즘에 감응된 일부 현대문학 연구자들과 평론가들, 소설가들 사이에서 글쓰기의 실천과 이론이 유행되기도 했지만, 바로 이 글쓰기론은 문장을 생각을 발전시키는 매체나 과정으로 보는 것을 골자로 한다. 단어를 따라가고, 문장을 따라가다 보면 예상치도 못했던 새로운 생각이 솟구치게 마련이라는 주장이 글쓰기론의 한 축이 되고 있다. 이러한 글쓰기론은 문장력이나 문체에 대한 새로운 시각을 열어 주는 계기가 되었던 것임은 틀림없지만, 글쓰기가 소설내용의 생산이나 구성을 주도할 수 있는 것은 아니다. 소설가의 경우 대략 육하원칙과 같은 구상을 하지 않고 문장이 이끄는 대로만 따라가면 소설내용이 저절로 갖추어지는지 돌이켜 보아야 한다. 문장도구설이 독자지향적인 것이라면 글쓰기론은 작가지향적인 것이라고 할 수 있다.

정확한 문장, 설득력 있는 문장, 감응력이 높은 문장은 좋은 소설의 필요조건이자 충분조건이다. 아무리 작가의 상상력이나 구성능력, 현실인식력이 뛰어나다고 하더라도 문장력이 뒷받침해 주지 않으면 일류소설이 되기 어렵다. 물론 작중사건이나 인물심리를 만들어 가는 힘은 빈약한데 문장력만 좋다고 해서 좋은 소설이 되는 것도 아니다. 대중지향성이나 독자지향성이 강한 소설을 쓰려고 하는 작가들은 단어나 문장을 스토리를 전달하는 도구로 여기는 경향이 강하다. 독자들의 눈높이에만 맞추려 하고 또 일반인들의 기호에 영합하려는 식으로 단어를 선택하고 문장을 작성하면 잘 읽히기는 하지만 감명을 주기는 어렵다. '시는 언어를 목표로 하고 소설은 언어를 도구로 삼는다'는 동서고금에 통하는 속설은 이른바 난해시를 쓰는 시인들이나 가벼운 소설을 쓰는 소설가들 모두 동의할 것이다. 소설에서 언어는 재미있는 스토리를 전달하기 위한 도구라고 생각하는 작가들 사이에서는 명작이 나오기 어렵다. 정확한 언어선택과 무게 있는 표현의 제시에 힘쓸수록 우수작이나 명작이 나올 가능성이 큰 것은 사실이다.

문체(style)의 어원(stilus)은 "밀 먹인 종이에 글씨 쓰는 데 소용되는 기구"라는 뜻[1]을 지니고 있다. 문체에 대한 정의 가운데 "문체는 곧 사람"(뷔퐁), "문체는 마음의 거울"(쇼펜하우어), "문체는 언어화된 사상"(뉴먼)[2] 등과 같이 명료한 것이 있는가 하면, 프랑스 소설가인 구스타브 플로베르가 "문체는 곧 삶", "문체는 사상의 생명(the life-blood of thought)"[3] 이라고 포괄적으로 설명한 것도 있다.

이러한 몇 가지 정의들은 문체에 대한 기본인식을 기교론과 인식론으로 나눈다. 이들 정의는 문체는 표현방식이나 기교로 구현되기는 하지만, 주제나 사상을 반영하는 것이라는 인식을 공통적으로 담고 있기도 하다. 문체론의 역사는 문체는 단순한 형식이라는 인식과 문체는 주제에 본질적으로 관여하는 것이라는 관념이 계속 대립하는 가운데 진행되어 왔다. 문체는 비범한 작품과 평범한 작품, 일급의 작품과 삼급의 작품을 쉽게 판별하는 기준이 될 수도 있다.

로버트 스태인턴(Robert Stanton)은 문체를 기교 또는 형식상의 문제라고 하면서 "문체란 작가가 언어를 사용하는 태도(the author's manner of using language)"[4]라고 규정했다. 두 작가가 제 아무리 동일한 플롯, 작중인물, 배경을 설정한다고 하더라도, 결국 이야기는 하나가 아닌 두 개가 나오는 것인 만큼 문체가 결정적인 변수가 된다는 것이다. 그는 문체의

1 Joseph T. Shipley, *Dictionary of World Literature*, Littlefield Adams & Co., 1972, p. 397.

2 Ibid., p. 398.

3 Miriam Allott, *Novelists on the Novel*, Columbia University Press, 1966, p. 313.

4 Robert Stanton, *An Introduction to Fiction*, Holt, Rinehart and Winston Inc., 1965, pp. 30~31.

구성요소를 리듬, 문장길이, 명료도, 유머, 이미지, 은유의 수량 및 종류 등과 같이 복합적으로 제시하였다. 즉, 그는 문체의 주제관여적 성격보다는 서사담론의 구성적 성격에 무게를 두었다. 스잔느 퍼그손은 「쇼트 스토리의 정의(Defining the Short Story)」라는 글에서 장편소설(노벨)과 단편소설(쇼트스토리)의 공통점을 제시하는 가운데 여섯 번째와 일곱 번째 항목으로 "형식의 절제와 문체의 절제"와 "문체의 전경화"를 들었다. 시에 비한다면 소설은 언어사용에 절제미를 구사해야만 문체를 살리는 데 적극적인 모습을 보이게 된다. 실제로 한국작가들 중에는 단편소설 속에 장편소설을 쓸 때와 비슷한 문장력을 보여 주는 경우가 대부분이나, 단편소설에서 보여 주었던 문장수준을 장편소설을 쓸 때 보여 주지 못하는 경우도 있다. 이때 문장력만 문제시할 일은 아니다. 효과적인 플롯이 설정되지 않은 것이 원인이 될 수도 있다.

해석학의 개척자인 허쉬는 "문체론적 분석을 읽는 사람들은 문체의 특징이라고 일컫는 여러 언어상의 특징을 대면해야 한다"고 하면서 그 특징으로 어휘선택(lexical choices), 절의 유형(clause types), 어순(word order), 음운의 패턴(phonemic patterns), 리듬(rhythm), 단어의 길이(word length), 어원(etymology), 문장의 길이(sentence length), 규범일탈(norm deviation) 등을 들었다.[5] 한 소설작품에서 문장과 문체의 특징을 알아보려면 어휘, 문장길이, 표현기교 등을 알아야 한다는 것이다. 이는 작가가 언어와 국어를 어떻게 생각해야 하는지 주목해야 한다는 뜻이다.

리치(Geoffrey N. Leech)와 쇼트(Michael H. Short)는 문체란 "언어가 주어진 문맥 속에서 주어진 사람에 의해 주어진 목적에 따라 쓰이는 방법"이라고 하여 문체는 언어의 빠롤(parole)로서의 측면을 가리키는 것이라는 것이라고 하였다. 빠롤은 개인적인 언어사용법을 가리킨다. 리치와 쇼트는 문체를 개성과 연결시켜 "문체는 사람을 증명한다(stilus virum

---

5 E. D. Hirsch, *The Aims of Interpretation*, The University of Chicago Press, 1976, p. 56.

arguit)"고 한 오래된 경구를 신봉하는 태도를 취했다.[6]

데이비드 롯지(David Lodge)는 개인의 특이성(personal idiosyncrasy)으로서의 문체, 표현기법(technique of exposition)으로서의 문체, 최상의 문학적 성과(the highest achievement of literature)로서의 문체[7]를 제시하여 문체는 기교론과 사상연계론의 차원에서 접근할 필요가 있다고 하였다.

이스트먼(Richard M. Eastman)은 문체는 내레이터의 개성이나 작중인물의 개성의 지수가 될 수 있다는 발상에서 출발하여 "마지막 단계에 가면 문체는 인식론적인 것이 된다. 문체는 리얼리티를 조직하고 창조하는 방법이다. 문체는 소설 속에 담긴 기본적인 인생관을 반영하거나 확대한다. 그리하여 문체는 작가 자신의 가치관의 증거자료(evidence of novelist's own values)로 설명될 수 있다"[8]와 같이 문체를 사상반영론이나 사상연계론의 차원에서 접근해야 한다고 주장했다. 주제는 무거운데 문체의 지원을 받지 못해 소설이 실패하는 경우, 주제는 가벼운데 화려하고 무게 있는 문체의 지원을 받아 작품이 조금 고평되거나 읽히는 경우, 주제도 무겁고 문체도 흡인력이 있어 명작으로 형태화되는 경우 등이 있다.

루이스 밀릭(Louis T. Milic)은 문체는 랑그와 빠롤의 대립이라는 독특한 견해를 펼쳤다. "한 개인의 문체는 그의 언어권에서 유용한 표현자원들(the expressive resources)로부터 관습적으로 또 꾸준하게 선택해 낸 결과의 것들이다"[9]와 같이 일단 특정 랑그를 자원으로 삼는다고 암시했다. "한 작가의 문체는 그가 사용하는 언어의 양상과 자기를 표현하는 개성적인 요구 사이의 긴장에서 시작된다. 또는 한 작가의 문체는 그가 사용

---

6 Geoffrey N. Leech and Michael H. Short, *Style in Fiction*, Longman Group Limited, 1981, pp. 10~11.

7 David Lodge, *Language of Fiction*, Routledge and Kegan Paul Ltd., 1966, pp. 49~52.

8 Richard M. Eastman, "Style", *Critical Approaches to Fiction*, edited by Shiv K. Kumar and Keith Mckean, McGraw-Hill Inc., 1968, p. 159.

9 Louis T. Milic, "Against the Typology of Style", *Issues in Cotemporary Literary Criticism*, edited by Gregory T. Polleta, Little, Brown and Company Inc., 1973, p. 252.

하는 언어의 양상과 유행, 전통, 기존 수사학의 억제력에 맞서 싸우려는 개성적인 요구의 마찰에서 비롯되기도 한다"[10]와 같이 문체는 랑그와 빠롤의 긴장이나 대립에서 시작되는 것이라고 하였다.

밀릭은 문체가 언어의 질과 양의 측면에서 새로움에의 지향작용과 기존의 것이 주는 심리적 압박이 맞부딪치는 지점에 서 있는 것이라는 주장을 펼치게 된다. 작가는 나름대로 문체를 세우기 위해 우선 언어자원을 풍부하게 하면서 랑그와 빠롤의 갈등에 주목해야 할 필요성이 있다고 했다. 밀릭은 자신의 문체론의 끝부분에서 한 개인의 문체를 올바로 이해하기 위해서는 일차적으로 그의 작품을 많이 읽는 것이 필요하며, 이차적으로는 그의 언어자원(the linguistic resources)에 관심을 가져야 한다고 결론을 맺었다. 한국소설의 경우 염상섭, 현진건, 김유정, 채만식, 한설야, 박경리, 박완서, 이문구, 김주영, 윤흥길, 김원일, 김소진, 김연수 등과 같이 어휘량이 풍부한 작가가 문장력도 좋고 개성적인 문체미도 갖추어 보다 많은 독자들을 끌어당기는 결과를 빚어내고 있다.

로데릭 하르트는 "수사학은 인간활동의 특별한 종류이고 재능의 일종이며, 수사학을 이해하여야 세계전체에 대한 특별한 전망(a special perspective on the world itself)을 획득할 수 있다"[11]와 같이 수사학의 순기능을 밝혀 놓았다. 그는 다음과 같이 수사법의 여섯 가지 원칙을 제시했다.

① 협조의 기술(A cooperative art): 수사법은 화자와 청자의 협조의 기술이다.
② 일반인들의 기술(A people's art): 수사학은 일상적 논리에 속박되어 있다.
③ 시대의 기술(A temporery art): 수사학은 그것이 만들어진 시대에 뿌리를 둔다.
④ 제한된 기술(A limited art): 수사학은 효과를 낼 수 있을 때만

10 Ibid., p. 254.
11 Roderick P. Hart, *Modern Rhetorical Criticism*, Allyn and Bacon, 1997, p. 6.

발휘된다.

⑤ 계획이 쓸모없는 기술(A frustrating art): 수사학에는 법칙이 없다. 어림짐작이 중요하기는 하나 이도 거의 쓸모없다.

⑥ 생성의 기술(A generative art): 수사학은 다른 사람들이 생각하는 바를 우리가 배우도록 도와준다.[12]

수사법은 작가와 독자를 이어 주는 것으로 일단 어법과 문법을 지키는 자세에서 출발해야 하지만, 시대어라든가 비속어도 반영하다 보면 문법에 충실한 문장보다 작가의 개성 어린 문체가 독자에게 더 크게 어필하는 경우가 생겨날 수 있다. 어디까지나 작가는 시대에 통용되는 어법과 문법을 수호해야 한다는 점과 개성이 넘치는 표현방법을 제시할 줄 알아야 한다는 점은 랑그와 빠롤의 대립으로 나타나게 된다.

로데릭 하르트는 과학적으로는 설명적 영역, 예술적으로는 창조적 영역, 사회적으로는 집중의 영역, 철학적으로는 합리적 영역 등이 겹치는 "수사학의 영역"이란 다음과 같은 도표를 만들어 제시했다.[13]

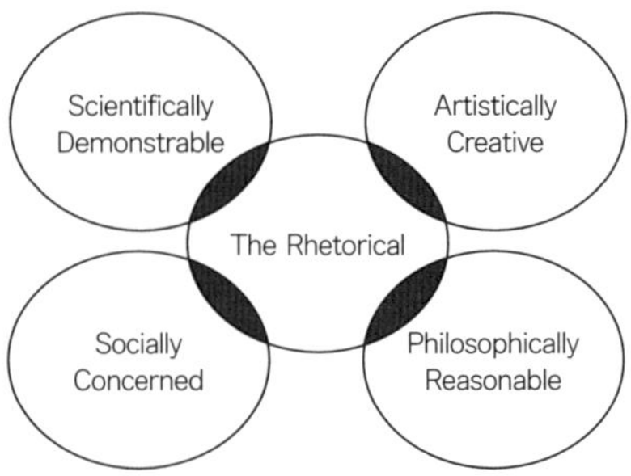

이어 로데릭 하르트는 에스피, 아놀드, 카우퍼 등의 이론을 종합하여 보편적인 주요 수사법으로 수구반복(Anaphora), 대조법(Antithesis), 과장법

12 Ibid., pp. 7~8.

13 Ibid., p. 10.

(Hyperbole), 환유(Metonymy), 모순어법(Oxymoron), 제유법(Synecdoche), 반어법(Irony), 설의법(Rhetorical Question), 병치법(Parallelism)을 제시했다.[14]

문체를 유형화하는 작업은 모순과 한계를 지닐 수밖에 없다고 지적한 루이스 밀릭은 자신이 문체유형론의 불가능성이나 불필요성을 주장할 수밖에 없는 배경을 "① 한 작가의 문체는 그 자신의 개성의 표현이다. ② 작가는 자신의 문체로 글을 써야 한다. ③ 작가는 그가 쓴 문체를 통해 인식될 수 있다. ④ 어떤 작가도 다른 작가의 문체를 흉내낼 수 없다. ⑤ 작가에게 가장 큰 공식적 영향은 '교육'과 '독서'다. ⑥ 작가의 언어는 동시대 실제 현상의 지배를 받기 마련이다. ⑦ 언어는 시간에 따라 점차 변한다"[15]와 같이 일곱 가지 항목으로 정리하였다. 이상의 일곱 가지 명제는 문체유형론의 부당함을 논리적으로 공박하기 위해 '문체는 작가개성의 반영이다'는 주장을 과도하게 펼치고 있다.

밀릭은 작가와 이론가는 문체를 어떻게 인식해야 하는가를 정리해 놓으면서 예로부터 작가나 독자들 사이에서 가장 많이 쓰여진 문체로 소박한 문체(plain style)를 들고 나서, 이 문체는 간결하고 장식미를 배제하는 구어적이고 실제적인 문제를 총칭하는 것이라고 하였다. 그러면서 오늘날 문학과 작문을 가르치는 사람들은 학생들에게 소박하고(plain) 약식이며(casual) 비공식적인(informal) 문체를 권장한다고 지적하였다.[16] 그가 소설, 넓게는 산문의 문체가 지녀야 할 요건으로 간결성(simplicity), 정확성(correctness), 명료성(lucidity), 정밀성(precision)을 든 것은 문체가 작가 개성의 반영이라는 주장과 충돌하기 쉽다.

리치와 쇼트는 『소설문체론(Style in Fiction)』에서 "문체는 모든 작가들의 지문과 같은 것"이라고 하면서 문체를 제대로 보려면 언어학자와 비평가의 시각이 어우러져야 한다고 했다. 언어학자는 '글쓴이는 특정 방법으로 자신을 표현하기 위해 어째서 이러한 방법을 선택했을까' 하는

---

14 Ibid., p. 151.

15 Louis T. Milic, op. cit., pp. 246~247.

16 Ibid., p. 253.

의문을 가질 것이고, 비평가는 '글쓴이는 언어를 통한 미적 효과를 어떻게 달성했는가' 하는 질문을 던지게 될 것이다. 말하자면 문체론은 미적 감수성에 대한 비평가의 관심과 언어서술에 대한 언어학자의 관심을 연결시킨다는 것이다.[17]

리치는 이렇듯 두 가지 접근법의 상호보완을 강조하는 가운데 문체론에 대해 문체를 단순한 표현방식으로 보는 이원론과 형식과 내용을 하나로 묶는 토대 위에서 문체를 보는 일원론으로 나누었다. 그는 의미(sense)를 기본적이고 논리적이며 개념적인 뜻으로 규정하고, 의의(significance)는 문장이나 텍스트에 의해 세계에 전달되는 총체적인 뜻으로 풀며 다음과 같은 공식을 만들어 내었다.

의미(Sense) + 문체적 가치(Stylistic value) = (전체, Total) 의의(Significance)[18]

나아가 리치는 문체의 의미를 언어가 사용되는 방법, 랑그보다는 빠롤에 속하는 것, 언어의 레퍼토리에서 선택된 결과로 구성되는 것으로 파악하였다. 또한 문체를 특정 작가·장르·텍스트와 같은 언어사용 영역에 관계하는 것, 문학적 언어와 관계있는 것이라고 설명하였다. 이러한 바탕 위에서 "문체론은 문체와 미적 기능의 관계를 설명하는 데 관심 갖는 것"이라고 원칙론을 제시하면서 문체론은 분해 가능성이 높을 수도 있고 낮을 수도 있다고 하였다.[19] 분해 가능성과 문체 우열은 직접 관계가 있는 것은 아니다. 이상의 이론들은 작가가 문체를 의도하거나 만드는 것이라는 인식을 뒷받침한다.

그렇다면 어떠한 문체가 부정적인 것일까. 또 어떠한 표현방법이 믿음직하고 단단한 문체 형성에 장애가 되는 것일까. 독자들에게 부수적인

---

17 Geoffrey N. Leech and Michael H. Short, *Style in Fiction*, Longman Group Limited, 1981, pp. 12~13.

18 Ibid., p. 23.

19 Ibid., pp. 38~39.

즐거움 대신 불쾌감과 거부감을 안겨 주는 어법으로 어떤 것들이 있을까.

블턴(Marjorie Boulton)은 '값싼 문체'라는 유형을 설정하여 소설문체의 가능성을 직간접적으로 가로막는 부정적 요인들을 제시했다. 그는 값싼 문체의 대표적인 실례를 과장법과 언어오용을 일삼는 선전문구에서 찾았다. 그가 열거한 부정적인 언어용법으로는 과장(exaggeration), 단어오용(misuse of words), 비속어(vulgarism), 곱지 못한 신조어(ugly coinage), 유치한 농담(childish joke), 싸구려 강조법(cheap ways of giving emphasis), 과학적인 척하는 표현(pseudo-scientific) 등이 있다.[20]

이런 부정적인 언어용법들은 소설에까지 파급된 나머지 오락소설이나 대중소설에서 재현되는 경우가 많다. 불턴은 저급의 스릴러에서는 감탄부호가 너무 자주 사용되고 있으며, 또 작중인물은 늘 비슷한 말만 지껄인다고 지적하였다. 그리고 저급하거나 선동적인 광고문안에서부터 고급소설에 이르기까지 '탁월한', '완벽한', '초능력적인', '혁명적인', '기적적인', '헤아릴 수 없는' 등의 과장된 수식어가 남발되는 현상도 비판하였다.

소설이든 논설이든 이렇듯 최상급 형용사를 남발하는 태도는 처음에는 깊은 인상이나 자극을 줄지는 몰라도 두세 번 이상 반복하면 언술내용이나 언술주체가 신뢰감을 얻기 어렵게 된다. 어떤 유형의 소설을 쓰든 소설가는 일단 정확하고 격조 있으며 설득력 있는 문장의 구사를 원칙으로 삼아야 한다. 독자들의 눈높이를 맞춘다는 명분 아래 과장되거나 비속하거나 자극적인 표현을 일삼는 태도는 이러한 원칙에 장애요인으로 작용할 수 있다. 모든 소설가들이 시대의 변화에 따른 새롭고도 개성적인 문체의 확립을 목표로 삼아야 하겠지만, 이 목표의 대전제로 모국어에 대한 사랑과 수호의지를 실천에 옮길 수 있어야 한다. 모국어의 보존과 계승의 정신을 바탕으로 삼으면서 정확하고 깊이 있으며 무게 있는 문장을 펼친 소설작품들이 문제작으로 많이 연결되었음을 21세기 전

20 Marjorie Boulton, *Anatomy of Novel*, Routledge & Kegan Paul Ltd., 1975, p. 83.

에 여러 작가들이 입증해 준 바 있다. 문체의 힘은 상상력의 힘이나 철학적 사유의 힘을 좌우하는 것이라는 점에 대해서는 앞으로도 신구 소설가들 사이에 이론의 여지가 없을 것이다.

25장 한국소설문체의 선본

르네 웰렉(René Welleck)은 문학작품은 언어발달사의 귀한 자료가 된다는 점과 일반언어(common speech)와 예술적 일탈(artistic deviation) 사이에는 분명한 차이가 있다는 점을 일깨워 주면서 독일의 빌헬름 쉬나이더(Wilhelm Schneider)의 「독일언어의 표현가치(Ausdruckswerte der deutchen Sprache)」(1931)를 인용하여 여러 각도에서 문체를 이분했다.

① 단어들과 대상과의 관계로 보면 문체는 개념적(conceptual)인 것과 감각적(sensuous)인 것, 간결한(succint) 것과 수다스러운(long-winded) 것, 줄여 놓은(minimizing) 것과 늘려 놓은(exaggerating) 것, 단정적(decisive)인 것과 모호한(vague) 것, 침착한(quieted) 것과 흥분상태인(excited) 것, 기운이 없는(low) 것과 기운이 넘치는(high) 것, 간결체(simple)인 것과 화려체(decorated)인 것으로 나누어진다.

② 단어들 사이의 관계로 보면 문체는 긴장된(tense) 것과 이완된(lax) 것, 조형적인(plastic) 것과 음악적인(musical) 것, 부드러운(smooth) 것과 거친(rough) 것, 무채색인(colourless) 것과 유채색인(colorful) 것으로 나누어진다.

③ 단어들과 언어 전체체계와의 관계로 보면 구어체(spoken)와 문어체(written), 상투적인(cliché) 것과 개성적인(individual) 것으로 나눌 수 있다.

④ 작가와 단어들의 관계로 보면 객관적인(objective) 것과 주관적(subjective)인 것으로 나눌 수 있다.

⑤ 문체의 분석방법은 언어체계에 의한 체계적 분석방법과 작품의 미적 목표와의 관계 속에서 특질, 즉 전체적인 의미를 찾아

내는 방법으로 나누어진다.[1]

이스트먼(Richard M. Eastman)은 소설가의 문체를 대상으로 다각도의 이분법을 취하는 태도를 보여 주었다.[2]

① 제1분류
(가) 특수한 단어들로 이루어진 문체: 시각, 청각, 후각, 미각 등의 감각에 호소하여 사실을 그려 내는 데 치중한 방법
(나) 일반적인 단어들로 이루어진 문체: 작가가 내용을 상식적인 수준에서 요약하는 태도
② 제2분류
(가) 공식적인 문체: 독자와 진지하고도 성실하게 교감을 꾀하는 문체
(나) 비공식적인 문체: 속어나 방언이 많이 사용된 문체
③ 제3분류
(가) 단순하면서도 직접적인 문장구조: 주어 + 동사의 구문에 의존한 문체
(나) 삼차어적 문장구조: 주어 + 동사 + 부사어의 구문으로 짜인 고도의 응집력을 드러내는 문체

이상의 세 가지 문체유형론은 문체의 본질·범위·목표 등에 대한 이해도를 높이는 효과를 갖는다. 제1분류는 보여 주기와 말하기 방법의 관계로 바꿀 수 있다. 제2분류에서 비공식적인 문체는 작가가 현실묘사를 꾀하기 위해 취한 것일 경우 오히려 긍정적으로 비칠 수 있다. 제3분류는

1 René Wellek and Austin Warren, *Theory of Literature*, Harcourt, Brace & World, 1942, pp. 176~180.

2 Richard M. Eastman, "Style", *Critical Approaches to Fiction*, edited by Shiv K. Kumar and Keith Mckean, McGraw-Hill Inc., 1968, p. 147.

흔히 단문주의(短文主義)와 장문주의(長文主義)의 대립으로 구체화된다.

제2분류에서 공식적인 문체는 독자들의 눈높이에 맞추어 소통에 힘쓰는 문체인 데 반해 비공식적인 문체는 자신의 개성을 드러내는 데 힘쓰면서 속어·고어·방언·속담 등을 적극적으로 활용하는 문체로 볼 수 있다. 염상섭, 한설야, 김주영, 이문구, 김원일 등이 자주 보여 주었던 것과 같은 적극적인 고유어 사용도 비공식적 문체의 범주에 들어간다. 비공식적 문체는 오히려 옛작가들이 선호했던 것으로 보인다. 속어나 방언을 많이 쓰는 대화장면을 여러 차례 설정한 박경리의 『토지』, 조정래의 『태백산맥』, 김원일의 『불의 제전』 등은 리얼리티 재현에 성공하면서 동시에 문제작으로 평가받을 수 있게 된다.

염상섭의 장편소설 『삼대』(1931)와 『무화과』(1932)에는 동시대인에게는 낯익은 편이었지만 지금은 거의 폐어가 되어 버린 고유어를 적극적으로 사용한 흔적이 나타나고 있다.

> ① 그와 마찬가지로 내게 대하여도 만일 동지애를 구한다면 자네로서는 당연히 조그만 투쟁감정을 떠나서 제2의 수단을 취할 것이 아닌가? 결코 쫓아가면서 비릿비릿하게 애걸하는 것은 아닐세마는 자네로서는 그렇다는 말일세. 나 같은 사람도 자네 옆에 있어서 해 될 것은 없네(p. 297).(*비릿비릿하게: 구차스럽게)
>
> ② 필순이는 쓰레받기와 비를 좌우 손에 들고 나오면서도 병화가 들어와서 그 편지를 꺼내 본 줄 알지나 않을까 좀 애도 쓰였다. '그러나 어째서 그건 찢다가 말고 넣어 두었누? 나를 보이려고 두었나?' 하는 생각도 들었다. "아버지께선 왜 이렇게 늦으시누?" 필순이는 모친과 마주 반짇고리를 끌어다 놓고 앉으며 혼잣말을 했다(p. 304).(*반짇고리: 바느질하는 데 필요한 물건을 담아 두는 그릇)
>
> ③ 말하자면 병화와 몇몇 동지는 회의 뒷일을 보기 위하여 빠졌던 것이나, 그 후에는 도망을 해 다니는 것도 아니니 아무려면

못 잡아서 경애를 시켜 이런 군색한 짓을 할 리가 만무한 노릇이다. 그러나 참 정말 경애가 스파이라면 꼬염꼬염하여 내막을 떠보려고 할지는 모를 일이다(p. 278). (*꼬염꼬염하여: 달콤한 말로 유혹하여)

④ 부엌 쪽에서 휘장을 밀치고 일녀가 나오면서 병화를 보고 반색을 한다. 서로 안면이 있는 눈치다. 서까래 같은 것으로 가장 운치 있게 하느라고 만든 일긋일긋하는 교의에 걸터앉으면서 덕기는 그 여자를 유심히 바라보았다. 어둠침침한 곳에서 얼굴만 하얗게 보이나 상스럽지 않은 얌전스런 삼십 전후의 아낙네였다(p. 13). (*일긋일긋하는: 사개가 맞지 않아 이리저리 일그러진)

⑤ 그러나저러나 이 속다짐이 무엇보다도 앞을 섰던 것일 것이다. 이 늙은 부인은 손에 성경책 넣은 검은 헝겊주머니를 들고 다니는 전도부인이다. 그러나 살아 나아가야 할 수단을 잊어버린 어리보기는 아니었다(p. 122). (*어리보기: 어리석은 사람)

⑥ 덕기는 혓바닥이 알알이 해어지고 머릿속에서 그저 지진이 나는 것 같은 것을 참고 물말이를 정신없이 퍼넣으며 혼자 생각을 하였다. '어머니께 여쭈워 볼까?' 이런 생각도 해보았다. 그러나 모친에게 묻기가 너무 잔인한 것 같기도 하고 알든 모르든 가엾은 생각이 나서 그만두리라고 돌려 생각하였다(p. 38). (*물말이: 물에 만 밥)[3]

① 호외는 한 달 전부터 일어난 만주사변에 관한 것이었다. "정말 만몽독립이 구체화하려는가?" 젊은 이사 하나가 마주 앉은

---

3 염상섭, 『삼대』, 문학과지성사, 2004, pp. 13~304.
염상섭의 『삼대』와 『무화과』, 김주영의 『객주』, 김원일의 『마당 깊은 집』, 박완서의 『그 산이 정말 거기 있었을까』, 이문구의 『내 몸은 너무 오래 서 있거나 걸어왔다』 등의 각 인용문 끝부분에 달려 있는 낱말풀이는 신기철·신용철 편, 『새 우리말 큰사전』(삼성출판사, 1980)과 이기문 감수, 『동아 새 국어사전』(두산동아, 2006)을 참고하여 이루어졌다.

주필을 쳐다본다. 자기는 시국에 대하여 아주 맹문이 노릇을 하기는 억울하여 한마디 해본 것이다(p. 13). (*맹문이: 어떤 일에 대해 제대로 된 지식도 없고 판단력도 없는 사람)

② 부자자식은 인생을 바로 볼 기회도 없고 인생을 즐길 수도 없는 점으로 원체 불행한 것이지만, 더욱이 이런 시대에 부모의 천량을 물려 가지고는, 언제나 그렇지 않은 게 아니지만, 쓸 일뿐이요 쓰게만 된 세상이니, 정신 바짝 차려야 자식들 공부나마 시킬 것이요, 그렇지도 못하면 사십 전에 깝살리고 말 것이니 불행하다는 예언이었다(p. 97).(*깝살리고: 재물을 다 없애고)

③ 기생영업을 언제까지 할 것도 아니요, 그런 나이 먹고 듬숙한 자국을 만나기가 쉽지 않은 줄은 알지만, 이렇게 살아도 한세상, 저렇게 살아도 한세상이면야 남다른 인연이기에 만났으니, 같은 남자면야 이 남자를 섬겨 보자는 것이다(p. 137).(*듬숙한 자국: 속이 깊은 사람)

④ 이 사람도 말하자면 순 신문사 사람이라느니 보다도 이 집 식구이다. 이 사람은 이때껏 경찰서에 가서 지키고 있다가 들어오는 길이었다. 사건은 신문사에서 특파원 명의로 중국에 보낸 원태섭이로 인연해서 생긴 모양이니 더 분명한 것은 모른다는 것이 새 정보였다. 모여들 앉아서 씩둑꺽둑해야 그게 그 소리다(p. 421).(*씩둑꺽둑해야: 지껄여야)

⑤ "그야 그렇지요. 하지만 좋을 일은 없을걸요." "무어 좋을 일 없나 말예요? 내가 당신한테나 시댁 편에 무슨 약점 잡힌 일이 있느니 걱정인가요? 무어예요? 왜 나를 가지고 들큰들큰하시는 거예요?" 문경이는 악을 쓰며 마구 나섰다. "무슨 말씀을 그렇게 하시나요? 누가 약점 잡히신 일이 있다나요"(p. 493). (*들큰들큰하시는: 불쾌한 말로 비위를 건드리는)

⑥ 모친의 병세는 의사의 말은 어쨌든지 문경이의 눈에도 새벽 등잔의 불이 깜박깜박하는 것 같았다. 정신이 돌아오면 생게망게한 옛날이야기까지 하다가도, 무어 한 꺼풀 쓰인 듯이 흐

려지면 혼자말처럼 중얼거리다가는 자기 손금이나 보듯이 손을 들어서 엎치락잦히락하며 한 식경씩 손을 들여다보곤 하는 것이었다(p. 519).(*생게망게: 생각이 잘 나지 않는)

⑦ 내가 고독하니, 누구더러나 위로해 달라고 한다면, 그것도 역시 이기주의가 아니고 무언고! 내가 배가 고프니 아무더러나 밥 먹여 달라고 지다위하는 거나 다를 것 없는 것 ― 이해와 동정을 받으려는 것도 또한 구걸이다(p. 748).(*지다위: 남에게 지나치게 의지하는 태도)[4]

『새 우리말 큰사전』 같은 큰 사전을 펼쳐야지만 정확한 뜻을 알 수 있는 "비릿비릿", "꼬염꼬염", "일긋일긋", "씩둑꺽둑", "들큰들큰", "생게망게" 등과 같은 첩어라든가 "어리보기", "맹문이", "듬숙한 자국", "지다위" 등과 같이 인간유형을 가리키는 고유어들을 대하면 지금은 폐촌이 다 되었지만 아직도 향수를 불러일으키는 고향에 다니러 온 느낌을 안겨준다. 『삼대』(1931), 『무화과』(1932), 『효풍』(1948), 『취우』(1953) 등 염상섭의 장편소설이 한국소설을 대표하는 명작으로 평가될 수 있게 된 근거의 하나로 남다른 국어 사랑과 구사력을 들 수 있다. 염상섭의 작품 속에서 활용된 고유어 중심의 어휘량은 『무화과』에서 절정을 이루다가 『취우』에 오면 눈에 띄게 줄어든다.

조선왕조 말의 고종 시절을 배경으로 한 상인소설이며 역사소설인 김주영의 『객주』(1981)는 종합문학의 형식을 취하고 있고, 고유어와 속담의 보고로서의 가치를 지니고 있다.

① 갈대가 무성한 늪지대 위로 까투리 몇 마리가 날아가고 있었다. 최가는 둑길에 펄쩍 주저앉았다. 일각이 천금 같은데 허기가 져서 허리가 휠 지경이었다. "그런 옹춘마니를 삼년이나 따라다닌 내가 백 번 죽어 혈한 놈이지……." 최가는 욕가마

4 염상섭, 『무화과』, 동아출판사, 1995, pp. 13~748.

리인 조성준이란 놈이 두고두고 이가 갈리는 것이었다(p. 61). (*옹춘마니: 속이 좁고 너그럽지 못한 사람, *욕가마리: 욕을 먹어 마땅한 사람)

② 밤중이라 인근의 입맛 까다로운 장터 왈짜나 객점에 묵고 있는 상단 패거리들이 모이지 않아 다행이지, 만약 그들이 꾀어 든다면 왕배덕배 가리기 전에 그 당장 멍석말이나 난장질당하기 천생 알맞을 지경이었다. 아무리 궁리를 터봐도 이 봉욕을 피할 길은 없었다(p. 132).(*왈짜: 왈패와 같은 말로, 언행이 바르지 못하고 수선스러운 사람, *왕배덕배: 시끄럽게 시비를 가리는 모양, *멍석말이: 사람을 짚으로 만든 자리 속에 둘둘 말아 넣고 몽둥이로 치는 행위)

③ 좌불안석은 물론이요, 책상을 엎었다가 엎은 책상을 다리 바로 놓았고 온갖 뜸베질로 기광을 다 부리매, 고을을 다스리는 원님의 체통으로는 차마 입에 올리기 여간 망측한 꼴이 아니었습니다 그려. 책방사람들이 나온 것을 본 원님은 곧장 통인놈이 갑자기 방으로 들어와서 자기의 뺨을 사정 두지 않고 때린 일과 관속배들이 영을 거역하고 코대답도 않던 일을 죄다 말하는데, 곡절이 뒤죽박죽이었고 이야기의 전후사가 갈피를 잡을 수 없을 정도로 올라가고 내려가고 가리산지리산이었습니다 그려(p. 11).(*뜸베질: 소가 뿔로 닥치는 대로 받아 버리는 행위, *책방사람들: 조선 시대에 고을 원을 보좌하던 사람들, *코대답: 건성으로 하는 대답, *가리산지리산: 갈팡질팡)

④ 그들은 섬진나루를 건너 광양 땅 내륙으로 들어가 갈미봉(葛美峯)을 돌아 백운산(白雲山)을 멀리 끼고 양전(良田) 쪽으로 작로하는 길을 버리고 사뭇 섬진강 줄기를 따라 그 상류에 있는 구례까지 닿는 노정으로 고쳐 잡았다. 구례 땅 토지골(土旨面)까지는 육십 리가 빠듯한 행보이고 내처 찬바람을 안고 성엣장을 건너고 강굽이길을 쉴 참 없이 걸어야 아침동자참에 구례 어름에 닿을까 말까였다(pp. 121~122).(*성엣장: 강물에 흘러

가는 얼음덩어리, *아침동자참: 아침밥 먹을 때 쯤)

⑤ "괜히 물덤벙술덤벙으로 물색을 모르고 들쑤시다가 봉욕 말고 둔소로 돌아가십시다요. 처소는 바로 선창 아랫머리 장터거리에 있는 버드나뭇집 보행객주라 하더이다." 어쩌면 탑삭부리가 말한 그 위인이 길소개일지도 모른다는 생각으로 조성준은 가슴이 뜨끔하였다. 술에 감긴 탑삭부리는 그냥 바람벽을 안고 곯아떨어졌다(p. 309).(*물덤벙술덤벙: 대중없이 뛰어들거나 설쳐대는 모양, *탑삭부리: 짧지만 다보록하게 난 수염 또 그런 수염이 나 난 사람)[5]

김주영은 1981년 초판본을 낸 지 22년 후에 발간된 『객주』 개정판에서 고유어를 포함하여 어려운 단어와 구절에 대한 낱말풀이를 적극적으로 보충하였다.

김원일의 『마당 깊은 집』(1988)은 기본적으로 간결성, 정확성, 절제미 등의 매력을 살리는 차원에서 고유어에 대한 남다른 애정을 보여 주고 있다.

① 한편 피난민·실업자·잡상인·지게꾼·거지·구두닦이 또한 발에 차이는 돌멩이만큼이나 널려 있었다. 그 시절 문자로 말하면 빽 있는 부유층은 잘 먹고 살며 흔전만전 돈을 썼으며, 빽 없고 가진 것 없는 서민은 수제비로 하루끼니를 잇기에도 부대꼈다. 전쟁이 난 뒤 피난민들이 몰려들어 시장규모가 몇십 배로 커져 속칭 '양키시장'으로 불린 교동시장에는 별난 외제 물건이 나돌았지만, 칠성시장 같은 서민 상대의 장거리는 생존의 아귀다툼으로 온갖 사투리가 난무했다(p. 11).(*흔전만전: 아낌없이 마구)

② 고향 장터거리의 주막에서 불목하니 노릇을 하며 어렵사리 초

5 김주영, 『객주』 2권, 문학동네, 2013, pp. 11~309.

등학교를 졸업하자, 선례누나가 나를 데리러 왔다. 나는 누나를 따라 대구시로 가는 기차를 탔다. 그때 심한 차멀미 탓도 있었겠지만, 풀 죽은 내 신세가 팔려 가는 망아지 꼴이었다(p. 9).(*불목하니: 밥을 짓거나 물 긷는 일을 하는 사람)

③ "인제사 우리 식구가 세 끼 밥은 겨우 묵을 만큼 돼서 니를 대구로 불러올린 기다. 길남이 니를 진영바닥에 그대로 놔뒀다간 니 입이사 우째 해결하겠지만 그 촌바닥에서야 꼴머슴 아니모 장돌뱅이밖에 더 되겠나. 그래도 니는 이 집안으 장잔데 소학교만 마쳐서야 장차 멀 해묵고 살겠노(p. 12)."(*꼴머슴: 땔나무나 마소 먹이는 풀을 베어 오는 머슴, *장돌뱅이: 장돌림의 속어로 여기저기 시장을 돌아다니며 물건을 파는 장수)

④ 나는 한주를 따라 법원 건너쪽 대서방과 붙어 있는 허름한 '대구일보' 중부 보급소로 갔다. 댓 평 남짓한 사무실 태반을 기다란 책상이 차지했고, 더벅머리 수금사원 셋이 도마의자에 앉아 영수증과 돈을 책상에 늘어놓고 아퀴를 짓고 있었다. 보급소장은 보이지 않았다(p. 81).(*아퀴를 짓고: 일의 매듭을 짓고)

⑤ 한 번 도끼질로 통나무 도막은 가운데까지 금이 갔다. 두 번째 내리치자 통나무 도막 중간쯤 금자리에 정확하게 도끼날이 꽂혔고 통나무 도막은 흰 속살을 보이며 두 쪽으로 쪼개졌다. 힘 자랑이 아니라 과연 기술이라 할 만한 난든집 솜씨였다(p. 140).(*난든집: 뛰어난 손재주)

⑥ 야식장수 외침이 등 뒤에서 멀어졌다. 나는 그를 뒤돌아보았다. 통행금지 사이렌이 울릴 때까지 야식장수는 추위에 떨며 다리품을 팔 터였다. 하루끼니 굶지 않고 살기가 힘든 줄 벅벅이 깨닫자 목울대로 무엇인가 울컥 복받쳤다. 목구멍을 싸하게 하는 신물이었다(p. 217).(*벅벅이: 틀림없이)

⑦ 나는 순간적으로, 이 기회에 집에서 나가 버려야 한다고 결심했다. 어머니는 나를 보고 집을 떠나라 말했고, 만약 그 말에 굴복하여 숯포대 회초리를 가지고 직수굿하게 방으로 들어

온다면 전에 없는 가혹한 매타작이 시작될 터였다. "뒈져라. 니 같은 종자는 밥마 축낼 뿐 살 필요가 다. 자슥새끼 하나 전쟁 통에 죽었다고 생각하모 그뿐, 내사 아무렇지도 않다." 어머니는 이렇게 지청구를 떨며 삿매질을 해댄 끝에 내가 입에 거품을 물고 늘어질 때서야 회초리를 거둘 게 분명했다(p. 205).(*직수굿하게: 고분고분하게, *지청구를 떨며: 꾸지람하며)

⑧ 주인아저씨의 신둥부러진 말에 아래채 누구인가가 희떱다는 듯 한마디 했다. "밥 먹기가 어디 농담인 줄 아남. 엔간히두 힘들겠수다. 공짜밥 먹기 힘든담 교제술은 또 무슨 말이다." 위채까지는 들리지 않게 정태씨가 빈정댔다(p. 62).(*신둥부러진: 주제넘은, *희떱다는 듯: 과장하고 있다는 듯)

⑨ 마침 채소전 어귀의 노점상 앞을 지나게 되어 준호엄마를 찾았으나 아기 업고 있을 그네의 모습이 보이지 않았다. 아침에 준호아버지가 순경에게 연행될 때 뒤좇아가 지금은 파출소나 경찰서 앞에서 서방을 장맞이하고 있을지도 모르겠다(p. 85).(*장맞이하고: 길목을 지켰다가 사람을 만나고)

⑩ 매질만 해도 어머니는 내게만 유독 극악을 떨었고, 어렵고 힘든 일은 여투어 두었다 내게 맡겼다. 나 혼자 진영에 떨어뜨려 둔 것도 당신이 낳은 자식이 아니라 그랬던 것 같았고, 대구로 올라왔으나 학교에도 보내 주지 않고 신문팔이를 시킨 일도 따지고 보면 서럽지 않을 수 없었다(p. 137).(*여투어 두었다: 돈이나 물건을 아껴 쓰고 남겨 두었다가)[6]

"흔전만전", "불목하니", "난든집", "벅벅이", "직수굿하게", "장맞이" 등과 같이 국어사전의 힘을 빌려야만 뜻풀이가 가능한 것도 있지만, 김원일은 일반독자나 후배작가들이 열심히 사용하면 재생될 법한 고유

6 김원일, 『마당 깊은 집』 문학과지성사, 1988, pp. 9~217.

어도 적지 않게 제시하고 있다. 외면묘사와 내면서술을 병치하면서 간결체와 우유체를 교직해 내고 있는 박완서의『그 산이 정말 거기 있었을까』(1995)는 염상섭, 김주영, 김원일, 이문구보다는 덜하지만 고유어 애용의 진경을 보여 주고 있다.

① 불길한 걸 피하듯이 그 집 앞을 지나쳐 오면서 그 백색과 꼭 닮은 또 다른 백색이 의식의 밑바닥에 늘어붙어 있다가, 오래 전에 굳어 버리고 딱지 앉은 감수성을 긁어 대는 듯한 가려움증을 느꼈다. 마침내 그건 흰 옥양목을 마전하고 또 마전하고, 들입다 방망이질하고, 또 마전하기를 원수지듯 되풀이해서 도달한, 마지막 빛깔로 해입은 청상의 소복하고 똑같은 백색이었다는 걸 깨달았다(p. 111).(*마전하고: 옷을 빨거나 삶아서 하얗게 표백시키고)

② 부엌에서 그릇 부딪히는 소리, 마당에서 펌프질하는 소리, 아이가 칭얼대는 소리, 여자들이 두런거리다가 킬킬대는 소리, 밥이 뜸 드는 냄새, 그리고 우리 집 된장만의 그 구뜰한 냄새, 이런 것들이 서로 어울려 집 안을 자욱하게 채우고 있었다. 아, 이 자욱함. 그건 음향이나 냄새가 아니라 생활이요, 평화였다. 그러나 현실일 리는 없었다. 나는 행여나 그 달디단 자욱함이 샐까 봐, 꿈에서 깰까 봐, 이불을 꼭꼭 여미고 비몽사몽간이 몽롱한 시간을 즐겼다(p. 113).(*구뜰한 냄새: 구수한 냄새)

③ 수원에서도 그녀는 먼 길을 걸으려면 당분보충이 필요하다며 꽤 많은 엿을 사다 전대원에게 나누어 준 적이 있었다. 그래 그런지 피난민이 통과하는 길가에 가장 많은 장수가 엿장수였다. 여러 사람한테 고루 베푸는 것말고도 그녀는 구메구메 나한테만 잘해 준 적도 많았다(p. 152).(*구메구메: 남모르게 틈틈이)

④ 서울은 다시 후퇴령이 내리기 직전보다 더 인구가 는 것 같았다. 날이 더워지기 시작해서인지 길에 사람도 많고 돈암시장도 푸성귀와 과일만으로도 풍성하고 활기차 보였다. 세상만

자반뒤집기를 안 하면 사람들은 어떻게든 적응하고 먹고 살게 돼 있었다(p. 160).(*자반뒤집기를 안 하면: 고통 때문에 마구 엎치락뒤치락하지 않으면)

⑤ 아무튼 관청에 빌붙어야 거들먹거릴 수 있다는 게 아직도 할머니에게 남아 있는 양반의식의 구차한 그루터기였다. 지게를 지는 아들을 보는 게 얼마나 못 할 노릇이었다는 걸 알 만했다. 주변머리도 없지 왜 하필 지게였을까. 나도 숙부가 그렇게 해서 우리를 부양했던 공은 잠시 잊고 그게 얼마나 그에게 안 어울렸는지를 떠올리고 있었다(p. 163).(*그루터기: 나무그루터기의 준말로 나무나 풀을 베고 남은 밑동)

⑥ 엄마야말로 치하받아야 했다. 우리 엄마를 마냥 양키 턱찌끼로 부양할 수는 없다는 오기가 없었더라면 올케하고 나하고 그렇게 손발이 잘 맞지는 못했을 것이다. 올케와의 우정이 흐뭇하고도 자랑스러웠다(p. 296).(*턱찌끼: 먹다가 남긴 음식)

⑦ 엄마에게나 나에게나 온몸을 내던진 울음은 앞으로 부드럽게 살기 위해 꼭 필요한 통과의례, 자신에게 가하는 무두질 같은 게 아니었을까. 그러나 엄마하고 나하고 만날 수만 있었다면 둘 다 울지 않았을 것이다. 따로따로니까, 서로 안 보니까 울 수 있는 울음이었다(p. 307).(*무두질: 죽은 짐승의 가죽을 부드럽게 다듬는 일)[7]

①에서의 "마전하기를 원수지듯 되풀이해서", ③에서의 "구메구메 나한테만 잘해 준 적도 많았다", ④에서의 "세상만 자반뒤집기를 안 하면", ⑤에서의 "양반의식의 구차한 그루터기", ⑦에서의 "자신에게 가하는 무두질" 등과 같은 어구들은 우리 고유어가 인간의 정신세계를 표현하는 데 크게 부족하다는 통념을 뒤엎는 힘을 발휘하기도 한다.

---

7 박완서, 『그 산이 정말 거기 있었을까』, 웅진출판, 1995, pp. 111~307.

이문구는 작가는 자국어를 보존하고 재생하고자 노력하는 존재임을 실천적으로 입증하였다. 특유의 재미있고 감칠맛 나며 농익은 표현은 우리말의 넓이와 깊이를 잘 보여 준다. 그는 비유법, 대조법, 풍유법, 과장법 등을 자유자재로 구사하는 가운데 단어 하나, 문장 한 줄을 치밀하게 선택하는 태도를 보인다. 연작소설집 『내 몸은 너무 오래 서 있거나 걸어왔다』(2000)는 우리 고유어와 방언을 끝까지 살려 내려는 이문구의 의지를 반영한다.

> ① 씨는 욱하는 것을 참으려고 얼른 담배를 붙여 물었다. 천지가 개벽하여 혹 갯물이 민물이 되는 수는 있을지 몰라도 아내가 은돈이 내외에게 한번 먹은 마음은 그게 아니었다. 그래서 은돈이에 대한 아내의 푸념에는 그저 모르쇠를 대는 것이 수였다. 이르집는 족족 다독거리고 나서지 않으면 의가 나도 보통으로 나지 않겠지 때문이었다(p. 16).(*모르쇠를 대는 것: 아는 것이 없다고 잡아떼는 것, *이르집는: 옛일을 들추어 내어 말썽을 일으키는)
>
> ② 어려서는 뒷간도 함께 다니면서 우애를 나눈 옴살이었으나, 각자가 짝을 만나고부터 서로 뜻이 다르고 생각이 다르고 말이 달라졌을뿐더러, 씨가 오사바사한 사내라면 누구보다도 질색하는 성미고 보니 언제 보아도 마뜩찮은 것이 은돈이였던 것이다(p. 26).(*옴살: 아주 친한 사이, *오사바사한: 사근사근하고 부드러운, *마뜩잖은: 마음에 들지 않는)
>
> ③ 그의 아내는 걱실걱실하여 흥이 때아니게 찾아가도 싫어하는 기미가 없었고 며칠씩 묵새기며 양식을 축내고 있어도 그만 가줬으면 하는 내색을 얼비치지 않았다. 또 몸이 다부져서 남편이 집에 있거나 없거나 먼저 들일을 휘어잡아 상머슴에 짝하게 추어 내었다(pp. 42~43).(*걱실걱실: 시원시원하고 너그럽고 활발한 모양, *묵새기며: 한곳에서 하는 일 없이 시간을 보내며, *추어 내었다: 들추어 내었다의 준말)

④ 그는 동살이 잡힐 때까지 오던 잠도 덧들었다. 느실께서 들린 것이 분명한 그 이름 모를 소리의 이름에 매달리는 통에 덧들은 것이 아니었다. 물새들이 여느 해보다 근 달포가량이나 앞당겨서 떠나 버린 이유를 뒤적거리는 바람에 잠을 놓았던 것도 아니었다. 달빛이 그렸던 묵란도의 정취나, 이런 때 마시지 않으면 무식한 사람이 되고 말 것 같은 기분에 뜨겁고 진하게 끓여서 마신 커피가 잠을 앗아갔던 것도 아니었다(p. 176). (*동살이 잡히다: 동이 터 환하게 밝아 오기 시작하다, *덧들다: 잠이 다시 오지 않다, *달포: 한 달 이상(月餘)의 기간)

⑤ 또 학연이나 지연에 설혹 기댈 만한 데가 있다고 해도, 천성이 물썽하면서도 꼭한 데가 있어서 주변성 있게 인사를 차린다거나, 죄임성 있게 관계를 지탱하거나, 지닐성 있게 잇속을 챙겨 나갈 인물이 아니었다. 됨됨이가 그러하니 공무를 처리하는 데에도 매사에 원리원칙을 또박또박 따지고 꼬박꼬박 지키려 들어, 수평적인 위치의 동료들뿐 아니라 직속상사에서부터 한참 후배들에 이르기까지, 하석귀란 이름은 어디로 가고 하또박이니 하꼬박이니 하는 별명이 공사석을 막론하고 통용되지 않을 수가 없었던 것이다(p. 184).(*물썽하다: 마음이 물러서 얕보일 때도 있다, *지닐성 있다: 지식이나 재산을 오래 지니고 있다)[8]

제3분류는 미국소설에서 흔히 헤밍웨이적인 문체와 포크너적인 문체의 대비로 나타나며, 한국소설에서는 단문주의와 장문주의로 바꾸어 볼 수 있다. 황순원은 단문의 예를 많이 보여 준 작가에 속한다. 1937년부터 1939년 사이에 쓰인 「피아노가 있는 가을」, 「사마귀」 등 열세 편과 함께 시적 소설에 들어가는 단편소설 「거리의 부사」(『창작』, 1937. 7)는 다음과 같이 끝맺음되고 있다.

8 이문구, 『내 몸은 너무 오래 서 있거나 걸어왔다』, 문학동네, 2000, pp. 16~184.

현관문이 또 소리를 낸다. 가슴이 두근거린다. 층층다리가 또 삐꺽거린다. 그러나 이번에는 층층다리 수가 줄어질수록 가슴이 더 뛴다.

장지문을 연다. 훈세가 없다.

전등을 켠다. 벽에 걸려 있어야 할 망토가 없다. 그리고 구석에 쌓여 있어야 할 사전 두 권도 없다. 그러나 승구는 멀지 않아 올 추위를 오직 막을 망토와 사전이 없어졌다는 아쉬움보다는 훈세가 자기에게서 떠났다는 사실이 기껍다.

승구는 전등을 다시 끄고는 밖으로 나선다. 거리는 가로등을 세워 놓기도 한다. 승구의 그림자가 승구의 앞에 선다. 새 가로등이 가까워진다. 승구가 앞선다.[9]

시집 『방가』와 『골동품』에서 체현된 시인정신과 일제 치하의 냉엄한 상황이 겹쳐지면서 황순원은 절제미를 선택하게 되었고, 이 절제미는 초기소설에서 거의 일관되게 단문주의(短文主義)로 구현되었다. 위의 예문에서는 현재형 어미의 형식으로 이어지는 짧은 문장들이 작중상황이나 행위를 긴장감과 현장감 넘치게 이끌어 가는 효과를 보이고 있음을 확인하게 된다.

황순원의 단문주의는 기본적으로 정확성을 살려 내는 것을 목표로 삼는다. 황순원은 단문주의보다 정확성을 택했다. 정확성을 위한 것이라면 과감하게 징거리 문장을 구사하기도 했다. 그리고 그는 장편소설 『카인의 후예』(1954)가 가장 좋은 실례가 되고 있는 것처럼, 정확한 묘사와 서사를 위해 개작을 서슴치 않았다. 인용문에서 비교적 긴 문장을 구사함으로써 인물의 내면으로 들어갈 수 있었던 구절은 "그러나 승구는 멀지 않아 (중략) 사실이 기껍다" 정도에서 찾을 수 있다. 단문주의는 독자들이 한 문장 한 문장 세밀하게 읽지 않으면 내용을 파악하지 못하거나

9 황순원, 『황순원 전집 1: 늪 / 기러기』, 문학과지성사, 1992, p. 53.

왜곡하기 쉽게 만드는 결과를 가져온다.

김원일의 「어둠의 혼」(『월간문학』, 1973. 1)은 중학생 화자가 해방 전부터 6·25 직전까지 빨치산 활동을 하다가 끝내 경찰서 앞마당에 시체로 누운 아버지의 몇년 간의 모습을 그려 내는 데 중점을 둔 소설이다.

> ① 굶주림이다. 배가 고프다. 지독히 고프다. 그러나 아직 어머니는 안 온다. 보리쌀을 빌러 나간 지가 벌써 언젠데. 두 시간? 그쯤은 되었을 거다. 그렇다. 내가 영어숙제를 하고 있을 때 나갔으니. 이 집 저 집 너무 많이 빌어다만 먹었는데 누가 또 빌려줄려구. 어머니는 하는 수 없이 이모네 집으로 터덜터덜 갔을 거야(pp. 105~106).
>
> ② 분선이는 떨리는 목소리로 노래를 부르기 시작한다. 나는 그만 목이 콱 메어 온다. 누나보다도 분선이가 더 불쌍하다. 이젠 나도 정말 울고 싶어진다. 분선이를 꼭 껴안고 그저 울고 싶다. 그러나 꼴깍 침을 삼키며 참는다. 목울대가 떨린다. 앉아 있을 수가 없다. 누나의 울음소리도 귀에 썩 거슬린다. 어둠에 묻혀 가는 집도 싫다. 분선이 외에는 모든 것이 싫어진다. 어머니도 누나도, 모든 세상사람도 다 싫어진다. 나는 마루에서 일어선다. 천천히 걷기 시작한다. 분선이의 노랫소리가 쓸쓸하고 곱게 퍼져 나간다. 그러나 노래가 뚝 끊어진다(pp. 113~114).[10]

조세희의 「난장이가 쏘아 올린 작은 공」(문학과지성, 1976. 12)에서는 아무래도 아버지를 제일 잘 이해하는 큰아들 영수가 화자를 맡고 있다. 다음 인용문에서 영수는 아버지의 비극적인 삶을 단문으로 서술함으로

10 김원일, 『잠시 눕는 풀』, 삼중당, 1986, pp. 105~114.

써 마치 감동을 안겨 준 명시 한 편을 읽는 것처럼 만든다.

> 영희가 기타를 쳤다. 나는 벽돌공장 굴뚝 위에 떠 있는 달을 보았다. 나의 라디오는 고장이 났다. 며칠 동안 나는 방송통신고교의 강의를 받지 못했다.
>
> 나는 명희와의 약속을 지킬 수 없었다. 중학교 3학년 초에 학교를 그만두었다. 더 이상 나갈 수 없었다. 아버지와 어머니는 내가 공부를 계속하기를 바랐다. 그러나 밀어 줄 힘이 없었다. 자세히 보면 아버지는 같은 또래의 사람들보다 많이 늙어 보였다. 우리 식구들밖에 모르는 일이었다. 아버지의 신장은 백십칠 센티미터, 체중은 삼십이 킬로그램이었다. 사람들은 이 신체적 결함이 주는 선입관에 사로잡혀 아버지가 늙는 것을 몰랐다. 아버지는 스스로 황혼기에 접어들었다는 체념과 우울에 빠졌다. 실제로 이가 망가져 잠을 못 이루는 밤이 많았다. 눈도 어두워지고 머리의 숱도 많이 빠졌다. 의욕은 물론 주의력과 판단력도 줄었다. 아버지가 평생을 통해 해온 일은 다섯 가지다. 체권매매, 칼 갈기, 고층건물 유리 닦기, 펌프 설치하기, 수도 고치기다. 이 일들만 해온 아버지가 갑자기 다른 일을 하겠다고 했다. 서어커스단의 일이었다. 아버지는 처음 보는 꼽추 한 사람을 데리고 와 여러 가지 이야기를 했다. 처음 얼마 동안은 그의 조수로 일하면 된다고 했다. 두 사람은 자기들이 무대 위에서 해야 할 연기에 대해 이야기했다. 그러자 어머니가 아버지에게 대들었다. 우리들도 아버지를 성토했다. 아버지는 힘없이 물러섰다. 꼽추는 멍하니 앉아 우리를 보았다. 꼽추는 눈물이 핑 돌아 돌아갔다. 그의 뒷모습은 아주 쓸쓸해 보였다. 아버지의 꿈은 깨어졌다. 아버지는 무거운 부대를 메고 일을 찾아 나섰다. 그날 저녁이었다.[11]

---

11 조세희, 『난장이가 쏘아 올린 작은 공』, 문학과지성사, 1978, pp. 99~100.

세 딸들이 모두 기생인 안집과 어머니가 봉투를 만들고 형수가 바느질하여 근근히 살아가는 셋집이 집세문제를 놓고 싸우는 장면을 그린 박태원의 단편소설「거리」(『신인문학』, 1936. 1)에서는 다음과 같이 장문을 만나게 된다. 두 여자에게 기대어 사는 무능한 인간인 '나'가 화자가 되어 싸움의 전말을 따져 보고, 어머니와 형수가 경우가 없는 것을 파악하게 되며, 안집 딸들이 냉정하게 나오는 것에 속으로만 흥분할 수 밖에 없는 상황을 그야말로 장거리 문장으로 제시하였다. '나'의 한심하고 답답하고 착잡한 내면이 끝없이 이어지는 문장들을 따라 굽이치고 있음을 감지하게 된다.

> 그뿐 아니라 그들의 주고받는 수작으로 보아 이 문제는 결코 어제나 오늘에 비롯한 것이 아니요 보름도 한달도 훨씬 전부터 끌어온 것으로, 내가 그것을 전연 몰랐던 것은 그러한 소동이 공교롭게도 내가 밖에 나가고 없을 낮에 한하여 일어나기 때문인 듯싶으나 물론 이러한 중대한 문제는 왼 가족이 같이 걱정하고 알려 주지 않았던 것은 내게 객쩍은 근심을 가지게 하고 싶지 않았다거나 하는 그러한 생각에서보다도 설혹 내게 이야기를 하여 본댔자 결국은 아무런 소용도 없으리라고 어디까지든 나를 무능한 사나이로 돌리고 있는 데서 나온 일에 틀림없으리라 알자, 나는 순간에 그지없는 반감을 그들에게 느꼈고 또 제 형을 도와 어느 틈엔가 문간에 나온 옥희라나 하는 계집이 반은 문간에 모여선 군중을 향하여 그들이 바깥채를 자기네들 자신이 쓰기 위하여 이미 두 달 전에 내어 달라 요구하였을 때 허다한 힐난과 논쟁 뒤에 비로소 보름 동안의 유예를 약속하였던 것이 보름은커녕 한달은 커녕 두달이 지난 오늘에 이르러서도 의연히 나가지 않고 앙탈을 하며, 물론 방세야 또 석달치나 밀리고 있으나 자기들은 그것도 모두 탕감해 주겠다는 것이요, 또 이사비용으로 십원을 줄게 방만 내어놓으래도 듣지 않고 있다고, 그리는 말을 들었을 때, 나는 잘못은 분명히 우리 가족들에게 있는 것같이 느끼고 그렇게까

지 하여 준다는데도 대체 무슨 이유를 가져 저런 욕을 당해 가며 나가지 않으려만 드는 것인지, 그야 잘못은 어떻든간에 나는 나와 이해관계가 밀접한 우리 가족편을 들어야만 옳을 것이라 생각은 하면서도, 도리어 속으로는 안집 처지에 동정을 느끼어 제 마음속의 이 모순을 나로서는 아무렇게도 하는 수 없이, 둘째아이 옥선이까지 마저 나와서, 그래 그렇게까지 해준대두 듣지 않는 이상에야 더 말할 게 무어냐고 어서 같이 파출소로 가서 시비곡직을 따지자고 서두르는 소리를 듣고는 내 자신 얼굴이 또 발개가지고 정말 순사래도 불러온다면 일이 적지 아니 난하여지겠다고 마음속에 질겁을 하여, 빌어먹을 년이 대체 누구를 협박하는 모양이냐고 가슴속에 치밀어 오르는 불덩어리를 느끼면서도 일변으로는 이러한 곤경에 있으면서도 어머니나 형수나 아무도 결국 이 경우에 내가 집이 없음을 안타깝게 생각한다든 하지는 않으리라 깨달으니, 넨장할, 부르려거든 정말 순사든 형사를 불러다가 모두들 잡아가든 말든 나는 모르겠다고, 흥하고 부지중에 코웃음까지 나왔다.[12]

박태원은 이상이라든가 최명익과 함께 1930년대의 대표적인 스타일리스트로 평가되어 왔다. 박태원의 서술기법의 하나는 흔히 장거리 문장이나 마라톤 문장으로 표현되는 길고 긴 문장을 자연스럽게 만들어 내는 데서 찾을 수 있다. 박태원은 「거리」, 「방란장 주인」, 「비량」, 「진통」, 「보고」, 「성군」, 「골목안」 등과 같은 소설에서 유례가 드물게 긴 문장을 자유자재로 만들어 내는 재주를 과시하였다. 특히 「골목안」이 잘 보여 주고 있는 것처럼 박태원은 주인공이 번민하거나 위축될 때 장문주의라는 카메라를 들이대는 경향을 보였다. 박태원의 소설에서 단문주의와 장문주의 경향은 묘사/서술, 사건의 단속/지속, 사건의 진행/정체, 인물심리의

12 박태원, 『소설가 구보 씨의 일일』, 문장사, 1938, pp. 126~128.

외면화/내면화 등과 같은 대조를 보이는 것으로 정리할 수 있다.

다음은 「방란장주인」의 속편인 「성군(星群)」(『시와소설』, 1936. 3)의 한 부분이다. 화가인 주인이 일본 동경시외의 조그만 동네에 다방을 내었으나 손님이 너무 없어 2년 만에 그만둘까 하고 전전긍긍하는 모습을 그린 것이다. 전체적으로 이 소설은 열 행이 넘는 장문 세 개와 단문들로 뒤섞여 있으며 후반부는 희곡체가 주류를 이루고 있다.

> 수경선생이 일껀 갖다준 귀한 난초도, 옹색한 집안에서는 제대로 살아간다는 수가 없었던지, 시들어 말라 죽은 지 이미 돌이 되었고, 자작의 레코오드와 축음기도 전당국 창고에 들어가 있는지 이미 오래요, 오직 사면 벽에 걸려 있는 자기의 작품들 ― 유화(油畵) 나부랭이만이 만성이가 기부한 재떨이와 함께 어떻게 단돈 얼마라도 바꾸어진다는 수가 없이 그대로 집안에 온전히 남아 있는 것이, 도리어, 이 집 주인의 마음에 애달픔을 더하여 주는 것이지만, 언제까지든 그러한 감상(感傷)만 되씹고 있을 수는 없는 것이, 장사를 그만둔다 하고, 자기는 알몸 하나로 거리로 나간다든 그러드라도 대체 '미사에'를 어떻게 처분을 하여야 옳단 말인고. 차비를 변통하여 주께스리, 우선 얼마 동안이라도 시골에 가있으라 하여도 결코 자기의 곁을 떠나려 하지 않은 여자의 마음이 가난한 화가에게는 슬프게 고마웁기보다도, 현실문제로 딱하게 걱정인 것이다.[13]

채만식의 서술방법상 특징의 하나로 장문주의와 묘사주의를 들 수 있다. 채만식은 장문주의를 지키든 묘사주의를 지키든 '뒤틀어 보기'의 방법에 자주 의지하는 버릇이 있다. 판소리체 문장이라는 말에서 잘 나타나듯이 채만식은 우리말에 대한 남다른 애정과 관심을 지니고 있었다.

---

13 박태원, 「성군」, 『박태원단편집』, 학예사, 1939, pp. 121~122.

그는 전라도 지방어를 적극적으로 구사하는 동시에 한국독자들이 '써야 하는' 말의 질량을 잘 드러내었다. 채만식 소설의 문체상의 특징이 한꺼번에 잘 나타나고 있는 서사적인 장문을 살펴보기로 하자.

> 멀리 몇 십만 년 전 우리네 사람의 조상이라던 원인(原人: 그 성상이나 별반 다를 바 없이 생긴) 하이델베르크인이나 네안데르탈인의 피가 한 방울 여태껏 인류의 혈관 속에서 지워지질 않고 처져 내려오다가 그러다가 하필 20세기의 오늘날에야 저 구석진 조선땅 장단(長湍) 고을 어떤 김 씨네 집안의 자손 가운데 그나마 남자도 아니요 한 처녀의 몸에 가 심술궂게도 그 문명치 못한 혈통이 유전되어 가지고 그만해도 야속하다 하겠거늘 다시 그 처녀가 송도 땅의 박정현이라고 하는 사람과 결혼을 하자 개개 일자로 모친의 그렇듯 원시적인 얼굴을 사진 찍은 듯이 올레줄레 오남매가 죄다 하이델베르크인이 아니면 네안데르탈인의 탈을 쓰고 출생을 했으니 ― 정말 그것이 유전의 탓이라고 한다면 유전이라고 하는 것의 죄도 이만저만하지 않은 물건이라 할 것이었었다.[14]

『금의 정열』에서 교사였다가 금광꾼으로 돌아선 박정현의 4남 1녀가 한결같이 성성이처럼 못생겼다는 것을 역설한 대목이다. 참으로 긴 문장이면서 재미와 정확성을 안겨 주는 문장이다.

채만식의 「냉동어」(『인문평론』, 1940. 4)에서도 장문이 자주 나타나고 있다.

> 大永은 그 자신이 소위, 세대의 '룸펜'으로 제 코가 석 자나 빠져 가지고는, '삐뚜러진 빈집(廢屋)에서 거주를 하고 있는' 터이매, 모든 사물에 대하여 좀처럼 흥미와 관심이 일지도 않는 형편이었지만, 우환 중 선입지감이 없지 못한 김조호가, 웬 여자를 데

14 채만식, 『채만식전집』 3권, 창작과비평사, 1987, p. 451.

리고 와서는 또 횡설수설한다는 게 여전히 부황한 소리요, 한데에 고만, 그는 (일종의 自己暗示랄 것에 걸려) 우선 초면한 객의 행색이나 상모 같은 것이라도 일단, 차근차근 음미를 해볼 나위도 없이, 덮어 놓고 긴찮은 생각과 멸시부터가 앞을 서, (부지럽슨 짓을!……) (우죽한 여잘라구!……) 이쯤, 인물까지도 통틀어, 치지도외를 해버리고 만 것이었었다.[15]

한설야의 「숙명」(『조광』, 1940. 11)은 주의자로서의 활동을 포기하고 공장에 나가 밥벌이를 하기는 하나 게으름을 피는 남편을 보고 아내가 절망감에 빠진 채 '숙명'이란 말을 떠올리게 된다는 단편이다. 사실상 남편은 오늘의 생활을 꾸려 나갈 대책을 세우기보다 내일을 향한 공상에 젖는 것에 더욱 몰두하는 태도를 보인다. 제 앞가림 하나 못하면서도 남편은 성실한 사람과 불성실한 사람 가리지 않고 또 유능자와 무능자 가림 없이 도와주고 싶어하는 공상벽에 빠져 있다.

또 그뿐인가 내게 만약 그놈의 돈이 생기기만 하면 이놈을 한번 보기 좋게스리 터억 쓰는 데, 없어서 그렇지 있기만 하면 쓰는 것이야 조만하랴, 우선 말하자면 동뜬 일을 하고 좋은 글을 쓰면서도 집이 없어 엉뎅이 붙일 자리가 없는 사람에게는 큼직한 집을 사주고, 잘 멕혀지지 않어서 맘싸게 일을 못하는 사람에게는 그렇지 않게스리 의식을 대주고 글을 읽고 싶은데 책이 없는 사람에게는 책을 사주고, 술 처먹고 싶어하는 사람에게는 얼마나 먹나 무작정하고 멕여 보고, 출판이니 잡지니 하는 문화사업하고 싶어하는 사람에게는 그것을 시켜 보고 농사나 공업을 히망하는 사람에게는 농장과 공장을 내맡기고, 만약 도깨비 감투가 필요한 사람이 있다면……. 그리고 또 옛날 삼국지에 나오는 그따위 모사와 명장의 혼을 불러오고 싶어하는 사람이 있다면 그에게는 그

15 채만식, 「냉동어」, 『인문평론』, 1940, 4, pp. 103~104.

런 재주를 주고……. 공상은 이까지 날아와서 잠시 쉬었다.[16]

주인공이 돈이 많이 생기면 주변에 있는 소설가, 노동자, 학생, 문화사업가, 농민, 공장노동자, 독자 등이 일을 제대로 할 수 있게 도와주고 싶다는 것을 구술하는 형식을 취하고 있는 바람에 자연 문장이 길어지고 말았다.

「아홉 켤레의 구두로 남은 사내」와 「직선과 곡선」(1977)에 뒤이어 발표된 연작소설 「날개 또는 수갑」(1977)에서 윤흥길은 단문이니 장문이니 가리지 않으면서 군더더기 없는 문장을 만들어 가는 작가의 태도에서 다소 벗어나 호흡이 긴 문장을 선보이기도 하였다. 이 소설은 회사 유니폼 입기를 둘러싸고 벌어진 노사갈등의 현장을 따라가 보고 있다. 이 과정에서 돌출하다시피한 장문은 독자들에게 긴장감을 안겨 주며 1970년대 우리 사회의 한 분위기를 생생하게 전해 주기도 한다.

> 처음부터 제복으로 출발했으니까 거리 곳곳에서 눈에 띄는 군인과 경찰은 그만두고라도, 각급 학교의 학생들은 그만두고라도, 자율교통지도원과 모범운전기사들은 그만두고라도, 빌딩이나 호텔 입구의 수위 아저씨들은 그만두고라도, 새마을복에 새마을모의 공무원들과 오물수거원들은 그만두고라도, 어서 옵쇼 하면서 허리를 경오지게 꺾어 난짝 길을 막는 각종 접객업소의 보이 녀석들이나 남녀종업원들은 그만두고라도, 갖가지 음료와 화상품 외판원들이나 떼뭉쳐 재재거리고 군것질을 하면서 길을 가는 요지가지 제복차림의 여행원이나 여사무원들은 다 그만두고라도……. 유명한 재벌기업체나 한다 하는 대기업체의 사원임을 과시하는 회사 고유의 제복을 차려 입고 거리를 활보하는 남자들도 상당수 눈에 띄었다.[17]

16 김외곤 편, 『한설야 단편선집 3: 숙명』, 태학사, 1989, pp. 77~78.

17 윤흥길, 『아홉 켤레의 구두로 남은 사내』, 문학과지성사, 2019, pp. 260~261.

이문구는 「장척리 으름나무」에서는 아래와 같이 새이름을 늘어 놓은 부분 외에 나무이름을 열거한 부분에서 장문을 제시하였다.

> 안팎동네에 사는 까치와 까마귀와 멧비둘기가 하루에도 열두 번씩 들렀다가 가고, 제철에 맞추어 앞서거니 뒤서거니 하고 건너온 뻐꾸기 두견이 꾀꼬리, 후투티, 찌르레기, 쏙독새, 휘파람새, 할미새, 물총새 같은 새들이 여름 내 정자로 알고 쉬면서 죄다 둥지만은 꺼리는 것도, 구새먹은 지 여러 해 된 둥치며 우죽에 자자분하게 붙어 있는 삭정이와 낭창거리는 가지가 화라지나 물거리처럼 보금자리를 틀기에는 미덥지가 않은 탓일 터이었다. 한길에서 나뉘어 밭둑과 도랑을 끼고 집으로 오는 길목의 초입에 마디게 자라서 태깔 없이 오죽잖게 서 있는 단풍나무를 비롯하여 탱자나무, 대추나무, 모과나무, 감나무 등은 회초리만할 적부터 꾸지나무의 그늘에 눌려 가장귀를 못 친데다 초복도 채 안 지나서 오갈부터 들곤 하여 마들가리마저도 눈치를 보며 자란 탓이었다.[18]

대부분의 이론가들이 문체의 유형화 작업에 있어서 머뭇거리거나 조심하는 태도를 취한 것에 반해 쉬프리(Joseph T. Shipley)는 쿠퍼(Cooper)의 『문체론(Theories of Style)』(1907), 레이니(D. W. Rannie)의 『문체의 요소(The Elements of Style)』(1915), 머리의 『문체의 문제(The Problem of Style)』(1925) 등을 참고하는 가운데 문체의 분류작업을 시도하였다. 시프리는 문체를 작가, 시대, 전달매체, 주제, 지리적 위치, 청중(독자), 목적의식 등 일곱 가지 관점에서 나눌 수 있다고 하였다.[19] 그는 작가를 기준으로 한 문체의 예로 밀턴식, 단테식, 호머식, 칼라일식 등을 들었다. 우리 소설에서는 어휘를 광범위하게 끌어오면서 만연체와 우유체를 섞어 쓴 염상섭식,

---

18 이문구, 『내 몸은 너무 오래 서 있거나 걸어 왔다』, 문학동네, 2000, p. 203.

19 Joseph T. Shipley, *Dictionary of World Literature*, pp. 398~399.

매우 제한된 어휘를 쓰면서 간결체와 우유체를 혼합한 황순원식, 관념어와 논설체를 거리낌 없이 쓴 최인훈식, 걸어 다니는 토속어 사전이라고 할 수 있을 만큼 풍부한 어휘를 구사하면서 비판과 해학을 뒤섞은 이문구식 등을 들 수 있다. 우리 근대소설에서는 고대소설 문체의 잔재가 많이 남아 있는 개화기의 문체, 한국어 자원이 풍부했던 1920~1930년대 문체, 외래어와 번역투가 많은 1950~1960년대 문체, 이문구·황석영·김주영·김소진 등을 제외한 대부분의 작가들에서 일상어와 소설어가 거의 비슷해진 1970~1980년대 문체 등으로 나누어 볼 수 있다.

쉬프리는 전달매체라는 관점을 취하여 화려체, 은유체, 비문법적인 문체, 동어반복적인 문체 등을 열거하였으며, 주제라는 관점에서 문체를 법적인 것, 역사적인 것, 과학적인 것, 철학적인 것, 희극적인 것, 비극적인 것, 애상적인 것, 계몽적인 것 등으로 나누어 보았다. 다섯 번째 기준, 즉 지리적 위치에 따른 문체의 유형으로 도시적인 것, 시골풍의 것, 법정식, 설교식 외에 각 지명을 따온 것이 제시되었다.

끝으로 쉬프리는 작가적 의도라는 기준에서 문체를 ① 감상적 문체(sentimental style), ② 풍자적 문체(sarcastic style), ③ 위무적이거나 외교적인 문체(disarming or diplomatic style), ④ 장중하거나 고상한 문체(grand or sublime style), ⑤ 지식 전달을 목표로 한 문체(informational style)와 같이 다섯 가지로 분류했다. 감상적 문체를 잘 구사했던 작가로는 1920년대의 최서해와 1930년대의 김유정과 이효석을 들 수 있으며, 풍자적 문체를 잘 구사했던 작가로는 1930~1940년대의 채만식과 한설야, 1970~1990년대의 최일남과 이문구, 1990년대의 성석제를 들 수 있다. 위무적이거나 외교적인 문체를 잘 구사했던 작가로는 해방 이전의 이광수가 있으며, 장중하거나 고상한 문체를 잘 구사했던 작가로는 이광수, 이병주, 최인훈, 이청준 등이 있다. 지식전달을 목표로 한 문체는 주로 사상소설이나 관념소설을 잘 쓴 작가들, 예컨대 이병주, 박경리, 최인훈, 김주영, 이문열, 최명희 등의 작품들에서 쉽게 찾아볼 수 있다.

26장 작가의 존재방식

소설을 생활에 꼭 필요한 존재라고 평가하든 일급 작가의 소설을 거의 읽지 않는 경우든 사람들은 소설가를 교사적 존재, 사회적 계몽가, 이야기의 창안자 등으로 여기곤 한다. 일반독자들은 소설가가 소설작품을 통해 교훈·지식·흥미·자극의 효능을 갖는 이야기를 제공하고 있다고 생각한다. 주로 어떤 유형의 소설을 읽고 또 어떤 수준의 소설을 읽느냐에 따라 독자들이 생각하는 작가의 입상은 달라질 수밖에 없다. 베스트셀러가 곧 고전이나 명작으로 등치될 수 없고, 교환가치가 사용가치를 뒷받침해 줄 수 있는 것이 아닌 것처럼 작가에 대한 올바른 평판은 독자들 사이에서만 이루어지는 것은 아니다. 광고나 입소문에 따라 소설집을 구매하는 사람들은 이른바 정통작가나 일급 작가를 가치목록에서 제외하는 결과를 빚어내는 데 본의 아니게 동참하곤 한다.

미하일 바흐찐(Mikhail Bakhtin)은 작가들이 판사, 형사, 보고담당, 국장, 정치가, 설교자, 광대 등 여러 모습을 보여 줄 수 있다고 함으로써 작가의 역할을 사법종사자와 정치가 쪽으로 몰아간 느낌을 주고 있다.[1] 설교자 정도가 작가의 전통적 역할을 강조하고 있으나, 설교자는 종교의 교역자를 가리키는 것으로 작가들의 보다 오래되고 일반화된 존재이유인 계몽가라든가 교사와는 다소 거리가 있다. 한편 마르트 로베르는 소설의 종합문학적 성격을 강조하는 「왜 소설인가?」에서 "소설가는 옛날에는 쾌락과 거짓말의 잘 알려진 공모를 개발함으로써 재미있게 만들 생각만 한 반면에 이제부터 그는 학자의, 사제의, 의사의, 심리학자의, 사회학자의, 판사의, 역사가의 엄격한 직책을 겸하는 것"이라고 하면서도 소

---

1 미하일 바흐찐, 『장편소설과 민중언어』, 전승희 외 역, 창작과비평사, 1988, p. 353.

설가는 자신의 작품 안에서만 책임을 지는 것이며 전문가들 개개인보다 더욱 우월한 존재로 보일 수도 있다고 하였다.[2] 마르트 로베르는 작가들의 이상적 모습을 제시하는 데 역점을 두었다. '이야기를 들려주는 사람'이란 과거에서 벗어나 소설가는 이제 의사, 교수, 사제, 판사, 역사기록자 등과 같은 존재들을 지향해야 할 것이라는 희망을 드러내었다.

세계적인 고전을 남겨 문호라는 명성을 누리는 외국작가들, 전문적인 독자들에 의해 명작을 내놓은 것으로 평가되는 국내작가들은 위와 같은 전문직 종사자들보다 지적으로 우월하다는 평가를 들을 수도 있다. 그러나 일반독자에게 꾸준히, 또 많이 읽히는 작품이 그리 많지 않은 데다 특히 지식층에게 읽히고 가르침을 주는 작품들이 그리 많지 않은 현실에서 이상적 작가상은 이상으로 끝날 가능성이 적지 않다.

미셸 제라파는 『픽션: 소설과 사회』의 끝부분을 "어느 누구도 소설가를 예술가로 보지 않는다는 사실에 놀랄 것도 없다. 소설가는 탐구자(observer), 경험 많은 사람(man of exprerience), 도덕가(moralist), 심리적 과정의 분석가(an analyst of mental process), 사회적 부조리의 목격자(a witness of social injustice), 저작권 수입을 받는 사람(the man who collects the rotalties)으로 보일 수도 있다"[3]와 같은 '작가얼굴론'으로 채웠다. 미셸 제라파는 특정 직업이나 전문직 종사자로 비유하는 방법을 피하는 대신 소설본질론의 연장선에서 소설가의 다양한 얼굴을 제시하였다. 세상은 갈수록 복잡해지고 한 개인에게 부과된 과제가 점점 더 많아지는 현실에서 위의 항목들 중 소설가가 가장 지키기 어려운 것은 "경험 많은 사람"이다. 물론 '경험'을 독서, 예술품 감상 등과 같은 간접경험을 포함하는 개념으로 확대해석하면 성취도에 있어 다른 항목들과 비슷한 수준을 유지할 수 있다. 하지만 직접경험을 소재로 한 소설들이 기본적으로 공감

2 마르트 로베르, 『기원의 소설, 소설의 기원』, 김치수·이윤옥 역, 문학과지성사, 1999, p. 29.

3 Michel Zéraffa, *Fictions: the Novel and Social Reality*, translated by Catherine Burns and Tom Burns, Penguin Books, 1976, p. 147.

을 더 잘 불러올 수 있다는 이치는 아직도 깨지지 않고 있다.

특정 입장이나 사조를 취하는 사람의 눈에 작가는 특정 존재로 비친다. 문학생산론의 대표 이론가인 피에르 마슈레(Pierre Macherey)가 작가와 이데올로기의 관계에 대해 엥겔스, 톨스토이, 레닌 등의 이론을 검토한 다음 "작가는 구체화(embodies)하고 표현(express)하고 해석(translates)하고 반영(reflects)하고 묘사(renders)한다"[4]고 한 것은 소설의 기본적인 서술방법을 일러준 것으로, 구체화·반영·묘사는 객관지향적인 반영론으로 묶이고 표현과 해석의 방법은 주관지향적인 생산론으로 분류된다.

염상섭의 평론 「문학상의 집단의식과 개인의식」(1929)은 집단의식에 맹종하다가 자칫하면 말살될지도 모르는 개인의식을 보호하려는 의지를 담고 있다. 비판적 리얼리즘이나 사회주의 리얼리즘 그 어느 것을 지향하든 1920년대 프로문학의 작가관을 부정하고 있다.

> 문예가의 직분은 정관(靜觀)이다. 관조(觀照)다. 비판이다. 지시다. 진정한 인간성을 포착해야 당연한 요구를 요구하고 획득할 정의감을 고취해 줄 따름이다. 비위(非違)를 광정(匡正)하고 도의소재(道義所在)를 명시할 따름이다. 군중의 열광의 와중에 휩쓸려 들어가서는 아니 된다. 민중에 동화되는 것이 아니라 민중을 자기에게까지 끌어올려야 할 것이다. 문예가는 행위자임보다는 행위의 지도자요 엄정한 비판자이어야 할 것이다. 인생의 본연한 모양을 발견하야 우리는 이렇게 되지 않으면 안 될 것을 말하고 생명의 본연한 소리를 들려주어 거기에 귀를 기울이게 하여야 할 것이다. 문예가가 가두로 나온다는 것은 민중과의 교섭을 이러한 점에서 맞는 것을 가르침이다.[5]

4 Pierre Macherey, *A Theory of Literary Production*, translated by Geoffrey Wall, Routledge & Kegan Paul, 1980, p. 119.

5 염상섭, 「문학상의 집단의식과 개인의식」, 『문예공론』 3호, p. 8.

이때의 문예가는 소설가로 좁혀 보아도 무방하다. 염상섭은 동시대 소설가에게 관찰자, 도덕교사, 민중계몽가, 비판가 등의 자리를 지킬 것을 요구하고 있다. 이러한 염상섭의 요구는 작가가 중간적 존재이어야 한다는 주장으로 이어진다. 염상섭은 부자·권력자·지식인을 향해서는 비판을 행사하고, 일반민중에 대해서는 계몽을 실현해야 한다고 주장한 셈이다. "군중의 열광의 와중에 휩쓸려 들어가서는 아니 된다. 민중에 동화되는 것이 아니다. 민중을 자기에게까지 끌어올려야 한다"는 주장에서 염상섭이 "군중"과 "민중"을 오늘날처럼 분명히 구분하려는 의도가 있었는지 모르지만 "군중"의 호응을 받는 대중소설가와 "민중"과 동화되어야 하는 프로문학을 의식하였다고 할 수 있다. 똑같이 다중(多衆), 군중(群衆), 공중(公衆)의 뜻을 지닌 것임에도 우리 사회는 1970년대와 1980년대에 대중과 민중을 대립어로 사용한 적이 있다. 대중문학은 매문문학이나 삼류문학으로, 민중문학은 의식·각성·비판력을 갖춘 문학으로 평가되었다.

개화기에 일본을 모델로 한 개화사상에 투철한 언론인이자 정치가로서 이완용의 오른팔 노릇을 했던 이인직, 모범적인 애국계몽운동가로 가장 많은 소설을 발표했던 이해조, 아나키즘을 기반으로 하는 독립운동가로서 역사서술에 힘을 기울이기도 했던 신채호 등 현대적 의미의 작가가 나타나기 시작한 이래 한 세기가 경과하는 동안 작가의 존재방식도 크게 달라졌다. 창작활동을 사상운동의 연장선에서 하거나 창작활동과 사상운동을 병행한 1920~1940년대 작가들의 존재방식은 후대작가들의 존경과 비판을 동시에 받아야 했다.

개화기 이후 지금까지 우리 소설의 역사는 다음과 같이 작가의 여러 얼굴을 보여 주었다.

① 글을 써서 생업을 도모하는 직업인
② 특정 이데올로기를 지니거나 알리는 데 힘쓴 이데올로그
③ 계몽주의자 또는 교사적 존재
④ 의미와 재미를 지닌 이야기를 만들어 낼 줄 아는 스토리텔러

⑤ 사회상(社會相)이나 개인의 삶의 양상을 충실하게 그려 내는 기록자
⑥ 역사기록지향자
⑦ 사상운동가 또는 사회운동가

이처럼 소설가는 예인(藝人)이나 장인(匠人)으로 부단히 자기를 연마하면서 도인(道人)이나 사상가를 지향하는 이중적 존재로 설명된다. 그런가 하면 흔히 베스트셀러 작가라는 형태로 입증되는 인기인이나 문화영웅의 측면을 보여 주기도 한다. 개화기에서 해방직후까지 이인직, 이해조, 신채호, 이광수, 염상섭, 조명희, 이기영, 김남천, 한설야, 강경애, 백신애, 홍명희, 김동리, 이무영, 선우휘, 이호철, 황석영 등이 행동주의적 작가(writer-activist) 또는 사상가로서의 작가(writer-thinker)로서 소설의 역사를 이끌어 온 것임을 부정하기 어렵다.

소설가로 성공했다는 것은 많은 독자들에게 작품이 읽히고 있다는 것을 의미한다. 소설가는 작품이 독자들에게 읽히는 순간 바로 그 독자들을 지배하게 된다. 소설가는 독자들을 지배하되, 권력이나 금력이 아니라 작품을 통로로 하여 지식이나 인식을 지배수단으로 삼는다. 똑같이 이야기를 들려주면서도 고상한 오락이나 휴식의 제공, 사상의 생산과 선전, 정보제공, 사회계몽 등과 같은 여러 가지 기능 중 어떠한 것을 행사하느냐에 따라 소설가의 모습도 다르게 나타난다.

작가는 사상운동도 하고, 정치활동도 하고, 대승적(大乘的) 지식인의 길도 걷는다는 고정관념이 생겨났을 정도로 20세기 전반까지 한국작가들 중 대다수는 창작활동 못지않게 사회활동에도 관심과 힘을 쏟았던 것이 사실이다. 창작활동을 아예 사상운동 또는 사회활동의 한 방안으로 자임하는 작가도 많았다. 창작에 필요한 정신적·물질적 여건이 열악하여 불가항력으로 부동적(浮動的) 지식인(die freischwebende Intelligenz)의 길을 걷게 된 작가는 실제보다 큰 작가로 보일 수 있다. 이에 반해 작품을 통해서만 영향을 주는 작가는 기능적 지식인으로 비치기 쉽다. 8·15해방 이전에는 창작활동과 사상운동을 겸업한 작가들이 부류를 형성한 데 반해, 해방 이후에는 창작활동을 그야말로 본업으로 여기는 작가들의 비중

이 점점 커지고 있다.

직업인으로서의 작가가 작은 비중을 차지하고 있던 때 작가들은 보다 다양하게 분류되었다. 문학활동은 곧 사회활동이라고 등식화할 정도로, 또 문학활동은 사회활동의 한 전략이요 실천방안이라고 할 정도로, 일제강점기 한국소설가들은 여러 가지 활동을 펼쳐 보였다. 한국현대작가들이 1920년대부터 1950년대까지 크게는 좌우익으로 나뉘어 단체활동을 많이 했던 것은 한국문학의 특질로 보아야 한다. 8·15해방 이전 소설가들은 표현자유의 봉쇄, 열악한 경제적 여건, 앞날이 불투명한 역사적 상황 등으로부터 치명적인 압박을 받지 않을 수 없었다. 소설가들은 교육기회가 적고 구습에 얽매여 있으며 가난에서 헤어나지 못하는 일반독자들을 대상으로 소설을 써야 했기에 계몽가, 정보제공자, 사상가, 엔터테이너 등을 자임하지 않을 수 없었다. 당시 소설가들 사이에서는 '소설 쓰기와 현실극복운동은 전혀 관계없다', '소설 쓰기가 곧 현실극복운동이다', '소설 쓰기와 현실극복운동은 상호보완의 관계에 있다' 등과 같은 다양한 견해들이 나오게 되었다.

1920년대에 들어 3·1운동의 여파인 조선총독부의 문화정치의 표방 아래 그야말로 부분적으로 허용되었던 언론·집회·결사·표현의 자유에 따라 조선의 많은 문인들이 집단적으로 사상운동을 전개한 것은 한국소설 또는 한국작가의 특수성을 일러주는 근거의 하나가 된다. 일제강점기 한국작가들은 소설 쓰기가 아닌 이념단체의 조직과 가담을 통해서도 사상활동이 가능함을 실증하고 실감했다.

1923년 파스큐라의 일원이었고 조선프롤레타리아예술동맹(KAPF, 이하 카프) 결성을 주도했던 김팔봉은 훗날 회고록에서 초기 카프의 구성분자들을 ML파의 전신인 서울청년회파와 북풍회파로 나누었다. 전자의 유파에는 박영희, 임화, 윤기정, 한설야, 이기영, 박팔양(후에 자진탈퇴), 이익상(후에 자진탈퇴), 최승일 등이 가담했고 후자의 유파에는 송영, 이적효, 김영팔, 이호 등이 가담했다.[6] 1926년 12월 24일에 동맹원 스물두

6 김팔봉, 「우리가 걸어온 30년」(3), 『사상계』, 1958. 10, pp. 278~279.

명과 위원 일곱 명으로 구성된 카프에는 이기영, 김영팔, 조명희, 이적효, 김기진, 최서해, 최승일, 박영희, 김동환 등이 가담했다.[7] 소설가가 근 절반을 차지하면서 주도세력 또는 공동주도세력을 차지했다. 카프는 소설가들이 조직을 통해 자신들의 이데올로기를 선전하거나 실천에 옮기고자 한 첫 사례가 된다.

애국계몽운동기(1905~1910)에 이해조가 적극 참여했던 대한협회나 기호흥학회에 당시 여러 분야의 지식인들이 두루 가담했던 것과는 대조적으로 카프는 전적으로 당시의 시인과 소설가가 이끌어 갔다. 카프결성(1925. 8), 제1차 방향전환(1927), 제2차 방향전환(1931), 검거선풍(1931, 1934) 등의 과정을 겪으면서 카프 가맹작가들이나 동반자 작가들은 사상운동이 창작활동 못지 않게 중요한 것이라고 인식하게 되었다. 창립된 지 꼭 10년 만에 해산하게 된 카프는 1945년에 해방을 맞으면서 다시 재건되기에 이르렀다. 카프는 해방 전에는 일제와 싸웠으나 해방 후에는 동족의 우익세력과 대결하였다. 1945년 12월에 결성된 좌익문인통합단체 조선문학가동맹은 1946년 2월 8일과 9일에 제1차 전국문학자대회를 개최하여 세력을 과시하였다.

해방 후 우익 쪽의 문인들은 조선문학가동맹에 맞서 전조선문필가협회(1946. 3. 13)과 조선청년문학가협회(1946. 4. 4)를 결성하였다. 특히 조선청년문학가협회는 전조선문필가협회가 좌익세력을 포용하려고 했던 것과는 달리 좌익문인들을 적대시하였다. 해방 직후의 문인들은 좌우문학단체에 지배당하거나 맞서 싸우거나 그도 저도 아니면 외면할 수밖에 없었다. 미래지향적인 정치적 야심이 이념선택의 동력으로 작용했는가 하면 해방 전의 삶의 태도에 대한 자기반성의 결과도 이념적 선택에 한몫하였다.

이때의 이데올로기 선택은 이성의 수준에서 내려진 것이라는 성격 못지않게 도생(圖生)에의 본능이 가리키는 대로 움직인 것이라는 성격도

---

7 『동아일보』, 1926. 12. 27.

드러난다. 그만큼 작가의 분류기준은 시대, 문예사조, 문학단체, 사건, 이념선택, 소설유형, 작품의 질 등에 따라 다양해질 수밖에 없다. 어떤 사조에 넣을 수 있는가, 어떤 문학단체에 가입하였는가, 어떤 이념을 품었는가, 어떤 사건에 연루되었는가 하는 기준들은 실제로는 서로 연결되어 있으면서 한국현대작가들의 아비투스를 입체적으로 보게 만든다. 이러한 기준들은 우리 작가들에게 충분히 잘 적용할 수 있는 것으로, 가장 한국적인 것이 될 수도 있다.

이청준의 소설 「지배와 해방」(1979)에서는 남의 전기를 대필하여 생계를 유지해 가는 주인공 지욱이 '소설은 왜 쓰는 것인가' 하는 문제의 답을 찾게끔 한다. 작가 이청준은 글을 쓰는 이유를 "보다 나은 세계를 위해, 보다 많은 사람들의 보다 행복한 삶을 위해, 가난한 사람들을 궁핍으로부터 구해 내기 위해, 압제받는 사람들의 자유와 생존권을 지키기 위해, 민족을 위해, 사회정의의 실현을 위해, 불의를 고발하기 위해, 진실을 증언하기 위해"[8] 등과 같이 나열해 놓았다. 그런데 이러한 여러 가지 동기들이 무엇은 옳고 무엇은 그르다는 식으로 선별적으로 다루어져는 안 된다는 것이다. 즉 여러 가지 있을 수 있는 동기를 다 합쳐서 생각해야 한다는 것이다. 복수심과 지배욕을 키워드로 삼고 있는 이 소설에서는 바로 복수심에서 글을 쓰게 된 동기를 찾아내고자 애쓰고 있다. 그리고는 복수심이 지배욕으로 발전해 가는 과정에 주목할 필요가 있다고 하면서 복수심과 지배욕의 관계를 여러 각도에서 찾았다. 작중인물 이정훈의 강연을 통해 복수심은 "우리의 삶을 부도덕하게 구속하고 파괴시키려는 부정적 정서"로 풀이되며, 지배욕은 "끊임없이 새로운 세계의 새로운 질서를 꿈꾸는 것"으로 설명된다.[9]

이청준은 "작가는 지배하기 위해서 쓴다"고 선언하기에 이른다. 복수심, 지배욕, 해방 등의 철학적 의미를 실현한 끝에 작가는 숙명적인 이상주의자가 될 수밖에 없는 점에서 "작가는 혁명가와 다르고, 사회개

8 이청준, 『자서전들 쓰십시다』, 열람원, 2000, p. 116.

9 같은 책, p. 124.

혁운동가와도 다르고, 목사와도 다르고, 정가의 야당당수와도 다를 것"[10] 이라고 했다. "한마디로 보다 더 사람다운 삶에 관계하는 것입니다. 자유롭지 못하게 하는 것을 소설로써 고발하는 것, 의롭지 못한 일을 증언하는 것, 우리의 삶을 부당하게 간섭해 오거나 병들게 하거나 불행스럽게 만드는 모든 비인간적인 제도와 억압에 대항하여 싸우고 그것들을 이겨 나갈 용기를 모색하는 것"[11]으로 작가의 할 일을 요약하였다. 「지배와 해방」에 나타난 이청준의 작가관과 소설관은 50년 전 염상섭이 「문학상의 집단의식과 개인의식」(1929)에서 표출한 것과 유사하다. 그만큼 소설가의 창작의 자유를 신장하려는 의도가 있다.

필자의 『소설의 본질』에서는 소설의 본질을 이단과 소외의 담론, 선비의 욕망과 존재론, 선비의 비판정신, 역사서술의 보조양식, 역사서술의 대체양식, 인간심리의 해부도, 고전의 활용, 사상과 형식의 실험실, 반항의 정신과 방법, 시적 특질의 내면화, 총체성의 인식, 이념선택과 초월, 기억과 상상력, 현상학적 시각, 진실탐구와 시련, 자기해방의 글쓰기, 부조리의 투시, 약자의 변론서, 대중성의 양면 등과 같이 열아홉 가지로 밝혔다. 역사서술의 보조양식과 대체양식은 역사소설에서 잘 구현되며 인간심리의 해부도는 심리소설에서 잘 구현된다. 사상과 형식의 실험실이란 명제는 실험소설과 사상소설에서 잘 구현되기 마련이며 반항의 정신과 방법이란 명제는 저항소설에서 잘 구현되기 마련이다. 총체성의 인식이란 명제는 유토피아 소설을 극상으로 삼으며, 이념선택과 초월이란 명제는 이데올로기소설에서 잘 구현된다. 현상학적 시각이란 명제는 지적 탐구소설에서 엿볼 수 있고, 진실탐구와 시련이라든가 부조리의 투시라는 명제는 적극적이거나 비판적인 리얼리즘소설에 나타나며, 약자의 변론서라는 명제는 빈민소설이나 노동자소설이나 농민소설에서 엿볼 수 있다. 대중성의 양면이란 명제는 대중소설에서 잘 확인된다. 이렇게 보면 작가는 역사학자, 심리학자, 사상가, 시인, 이상주의자, 이데

10 같은 책, p. 127.

11 같은 책, p. 130.

올로그, 철학자, 빈민연구자, 노동문제연구자, 농민문제연구자 등에게 참고자료를 제공해 주는 존재라고 할 수 있다.

27장 한국현대작가의 특징

나도향(1902~1927), 송계월(1910~1933), 김유정(1908~1937), 이상(1910~1937) 등은 30세를 넘기지 못하였고 강경애(1907~1944), 백신애(1908~1939), 심훈(1901~1936), 이효석(1907~1942), 최서해(1901~1932) 등은 30대에 세상을 떠났다. 이들 단명작가들은 일제 치하에서 작가생활을 하는 것이 얼마나 어려웠던가를 단적으로 입증해 주는 존재가 된다.

장편소설 『환희(幻戱)』(1922~1923)를 포함하여 근 서른 편의 소설을 남긴 나도향은 22세와 23세에 쓴 단편소설 「전차차장의 일기 몇 절」(1924), 「벙어리 삼룡」(1925), 「물레방아」(1925) 등으로 주목을 받았다. 김유정은 1933년부터 1937년까지 5년 동안 서른 편의 단편소설을 발표하면서 「소낙비」(1935), 「노다지」(1935), 「만무방」(1935), 「봄·봄」(1935), 「심청」(1936), 「동백꽃」(1936), 「땡볕」(1937), 「따라지」(1937) 등과 같은 문제작들을 줄지어 내놓았다. 짧은 기간에 초인적으로 많은 작품을 발표한 것도 놀라운 일이지만 발표작 중 대다수가 문제작의 수준을 보여 주었다는 것도 주목할 만한 일이다.

이상은 유고작까지 포함해서 김유정의 발표작의 절반 정도를 남겨 놓았지만, 대부분의 작품이 '난해성은 곧 의미함량이다'는 관념을 촉발시키며 뜨거운 논쟁의 대상이 되고 있다. 등단작이자 유일한 장편소설인 『십이월 십이일』(1930)은 이상의 나이 20세에 발표된 것이다. 「지주회시」(1936), 「날개」(1936), 「종생기」(1937) 등은 한국의 대표작으로 평가되고 있다.

강경애는 27세에 자신의 대표작이자 한국의 명작으로 손색이 없는 장편소설 『인간문제』(1934)를 발표한 전후에 「파금」(1931), 「원고료 이백원」(1935), 「번뇌」(1935), 「검둥이」(1938) 등과 같이 당시의 어두운 현실을 있는 그대로 담아 내고자 한 소설을 발표함으로써 문단의 주목을 받았다. 특히 「지하촌」(1936)은 비판적 리얼리즘 정신을 그로테스크한 담론으로 처리한 소설로 기록된다. 강경애는 카프에 가맹하지는 않았지만 카프의 이념에 적극 동조하여 동반자 작가의 길을 걸었다. 1929년에 등단하여 10년 동안 약 스무 편을 발표했던 백신애는 「꺼래이」(1934), 「혼명에서」(1939) 등의 문제작을 남겼다. 백신애는 이혼녀가 가족애와 일 사이에서 방황하다가 주의자로서 각오를 다지는 것으로 「혼명에서」를 끝냈는데, 이 작품을 발표한 지 두 달도 안 된 1939년 6월 세상을 떠나고 만다. 강경애와 백신애는 1930년대 대표적인 동반자 작가라는 공통점 외에 좌우합작을 표방하는 신간회의 자매단체인 근우회에 가맹한 공통점도 지니고 있다.[1]

열 편을 남긴 심훈은 영화소설 「탈춤」(1926)과 장편소설 『영원의 미소』(1934), 『상록수』(19360) 등으로 문명을 떨쳤다. 심훈은 마지막에 발표한 작품으로 절정에 오른 셈이 되었다. 이효석은 1925년에서 1943년까지 『화분』(1939), 『벽공무한』(1941) 등의 장편소설을 포함하여 구십 편에 가까운 소설을 남긴 다작의 작가다. 그를 빼놓고는 1930년대를 논할 수 없을 만큼 많은 문제작을 남겨 놓았는데 「노령근해」(1930), 「마작철학」(1930), 「성화」(1935), 「인간산문」(1936), 「모밀꽃 필 무렵」(1936), 「향수」(1939), 「일표의 공능」(1939), 「풀잎」(1942) 등이 그것이다. 이효석은 주의자소설, 농민소설, 성애소설, 지식인소설, 자전적 소설 등 실로 다양한 소설유형을 보여 주었을 정도로 사랑, 이데올로기, 양심 등의 문제를 자유롭게 넘나드는 능력을 과시하였다.

1924년부터 1930년끼지 집중적으로 활동한 최서해는 장편소설 『호외시대』(1931)를 포함하여 1920년대 한국인의 삶의 도저한 모습을 그려낸 「고국」(1924), 「탈출기」(1925), 「홍염」(1927), 「폭풍우시대」(1928), 「먼동이 틀 때」(1929) 등의 문제작을 포함하여 예순 편의 소설을 남겼다. 이러

---

1 이외에도 강경애는 평양 숭의여학교 재학 중 동맹휴학 가담 이유로 퇴학 처분, 북풍회원 장하일과 결혼 후 간도 이주 등의 이력을 보였다. 또한 백신애는 조선여성동우회와 경성여성청년동맹에 가입하여 활동했고, 시베리아 방랑 중 일경에게 잡혀 고문을 당하기도 하였다.

한 문제작들은 작가 자신의 빈민으로서의 직접체험을 반영하여 당시 독자들에게 공감과 충격을 줄 수 있었다.

20세기 말 단명작가로 김소진(1963~1997)을 들 수 있다. 김소진은 1991년 경향신문 신춘문예로 등단하여 『고아떤 뺑덕어멈』(1995), 『자전거 도둑』(1996), 『열린 사회와 그 적들』(2002) 등의 소설집을 통해 동시대인의 삶의 모습과 시대고로 얼룩진 내면세계를 정직하게 파헤치는 리얼리스트의 면모를 보여 주었다.

주목할 만한 작품들을 남겼으면서 역시 주목할 만한 이력을 보여 준 작가들이 적지 않다. 직접체험으로 나타난 이력은 작가의 창작에 소재가 되었거나 창작동기로 작용했지만, 이러한 직접체험이 해당 작가의 소설 작품의 수준을 끌어올린 동력이 되었다고 단정할 수는 없다.

그 밖에 『귀의 성』(1907), 『은세계』(1908) 등을 대표작으로 남긴 이인직(李人稙, 1862~1916)은 만세보와 대한신문 주필을 거치면서 이완용의 밀명을 받고 일본 외무성 고마츠국장과 한일합병을 적극적으로 추진했다. 『현미경』(1909), 『자유종』(1910), 『화의 혈』(1911) 등을 비롯한 신소설을 가장 많이 발표한 이해조(李海朝, 1869~1927)는 소년한반도, 대한협회, 기호흥학회 등에 적극 참여하고, 1907년에는 광무사 발기인 명단에 이름을 올리기도 했다. 우화소설 『금수회의록』(1908)으로 눈길을 끈 안국선(安國善, 1878~1926)은 정치범으로 전라남도 진도에 귀양을 갔다 온 후 탁지부에서 국고과장으로 일한 적이 있고, 애국계몽기에는 다수의 정치론과 경제론을 발표하기도 하였다.

「다정다한」이라는 문제작을 남긴 장응진(張膺震, ?~1950)은 태극학보 발행인으로 인문·사회·자연과학의 논설 다수 발표, 애국단체 신민회 가입, 105인 사건으로 징역 7년 선고, 고등법원에서 무죄선고 등과 같은 이력을 거친 후 훗날 교육자와 교육이론가로만 활동하였다. 많은 소설을 발표하는 가운데 『무정』(1910), 『흙』(1932), 「무명」(1939) 등의 문제작을 남긴 이광수(李光洙, 1892~1950)는 애국계몽운동 참여, 2·8독립선언서 기초, 수양동우회 발족, 동아일보 편집국장, 친일단체 조선문인협회회장, 해방 후 반민법 제정으로 수감, 6·25전쟁 중 납북 등의 파란만장한 일생을 보냈다.

『꿈하늘』(1916), 『용과 용의 대격전』(1928) 등 무게 있는 작품을 남긴 신채호(申采浩)(1880~1936)는 황성신문과 대한매일신보의 주필, 애국단체 신민회 참여, 러시아에서 광복회 조직, 북경에서 신한혁명당 조직, 국내에서 민족단일당 신간회 적극 참여 등과 같은 반일투쟁을 전개하면서 조선사 집필을 해오던 중 1928년 체포되어 1936년 뤼순감옥에서 옥사하였다. 그는 민족주의 사관과 급진 아나키즘에 바탕을 둔 역사학자요 소설가요 독립운동가였다.

「빈처」(1921), 『무영탑』(1938)을 대표작으로 남긴 현진건(玄鎭健, 1900~1943)은 동아일보 사회부장으로 있을 때 일장기말소 사건으로 구속되었다. 『삼대』(1931), 『무화과』(1932), 『효풍』(1948), 『취우』(1953) 등의 명작을 남겨 질량 면에서 한국의 대표작가로 평가되고 있는 염상섭(廉想涉, 1897~1963)은 일본에서 3·1운동 참가기도로 체포, 동아일보와 조선일보 등 여러 신문사 근무, 해방 후 좌우합작노선 지지, 6·25전쟁 시기 해군소령으로 임관하여 정훈장교로 근무 등의 이력을 거쳤다. 「오월의 구직자」(1929), 「가을」(1939), 『화상보』(1940) 등의 문제작을 남긴 유진오(兪鎭午, 1906~1987)는 경성제국대학 법문학부 수석졸업, 동반자 작가, 보성전문학교 법학교수, 대한민국 초대 법제처장, 고려대학교 총장, 신민당 총재 등의 화려한 이력을 보였다.

「낙동강」(1927)으로 널리 알려진 조명희(趙明熙, 1897~1938)는 카프 가담, 소련으로 망명, 소련작가동맹원 등록, 반혁명 그룹 가담자 및 이르쿠스크 프락치라는 죄목으로 총살형 신고, 스탈린 사후에 복권 등의 파란만장한 일생을 보냈다. 다작의 작가로 『고향』(1934), 『신개지』 등을 남긴 이기영(李箕永, 1895~1984)은 조선지광사 입사, 카프 가맹, 카프 제1·2차 사건으로 피검, 3년 집행유예, 해방 후 조선프롤레타리아예술연맹 창립(1945), 월북, 최고인민회의 부의장, 조선문학예술총동맹 중앙위원회 위원장 등의 이력을 거쳤다. 다작의 작가로 월북 후에도 활발하게 창작활동을 하는 가운데 『황혼』(1936), 「귀향」(1939), 「이녕」(1939) 등의 문제작을 남긴 한설야(韓雪野, 1900~1976)는 함흥법전 재학 중 동맹휴교 사건으로 제적, 카프 가맹, 카프 제2차 검거로 복역, 해방 후 북조선 예술총동맹 결성, 전쟁 후 숙청 등의 이력을 거쳤다.

다작의 작가로 『사상의 월야』(1941), 「해방전후」(1946) 등의 문제작을 남긴 이태준(李泰俊, 1904~?)은 조선중앙일보 기자, 『문장』 편집인, 해방 후 조선문학가동맹 부위원장, 월북, 6·25전쟁 중 인민군 종군, 종전 후 숙청되었다가 중앙당 전속작가 복귀 등의 이력을 거쳤다.

『대하』(1939), 『사랑의 수족관』(1940), 『1945년 8·15』(1946) 등의 문제작을 남긴 김남천(金南天, 1911~1955)은 카프 동경지부 발행 『무산자』 참여, 평양고무공장 총파업 참여, 제1차 카프사건으로 징역 2년 언도, 임화와 함께 카프 해산계 제출, 해방 후 조선문학가동맹 주도, 월북, 조선문학예술총동맹 서기장, 휴전 후 미제간첩 혐의로 사형 등과 같이 좌파 이데올로그의 길을 걸었다.

「폭풍의 역사」(1947), 「농민의 비애」(1948) 등의 문제작을 남긴 안회남(安懷南, 1909~?)은 안국선의 아들로 일제강점기 말에 북구주 탄광에 징용으로 끌려갔다가 해방을 맞아 귀국했다. 이후 조선문학가동맹에 적극 참여했으며, 월북하고는 전쟁 이후 행적 불명의 상태다. 안회남은 박태원, 이태준, 최명익, 허준 등과 마찬가지로 해방 전에는 리얼리즘과 거리가 있는 소설을 쓰다가 해방을 맞아 좌익 쪽으로 전향한 작가에 들어간다.

다작의 작가로 6·25전쟁 중 종군작가의 입장에서 「빨치산」(1952), 「용초도근해」(1953) 등의 문제작을 남긴 박영준(朴榮濬, 1911~1976)은 간도 용정촌 동흥중학교 교사로 근무 중 독서회 사건으로 체포되어 5개월 구금, 6·25전쟁 때 납북 도중 탈출 등의 극적인 이력을 지니고 있다.

「요한시집」(1955), 『원형의 전설』(1962) 등의 문제작을 남긴 장용학(張龍鶴, 1921~1989)은 일제강점기 말 학병입대, 귀국 후 월남 등의 이력을 보인다. 「불꽃」(1957), 「깃발 없는 기수」(1959) 등의 문제작을 남긴 선우휘(鮮于煇, 1922~1986)는 해방 후 월남, 대령으로 예편, 언론파동으로 구속 등의 이력을 보인다. 「닳아지는 살들」(1962), 『소시민』(1965) 등의 문제작을 남긴 이호철(李浩哲, 1932~2016)은 인민군 참전 중 포로가 되었으나 석방, 월남, 이른바 문인간첩단 사건으로 수감, 자유실천문인협의회 대표 등의 파란만장한 이력을 보인다. 『관부연락선』(1970), 『지리산』(1978) 등의 문제작을 남긴 이병주(李炳注, 1921~1992)는 와세다대학 재학 중에 학병으로 징집, 5·16 사건 때 필화사건으로 10년 선고, 복역 2년 7개월 후 석방조치 등의 이력을 보인다.

「한씨연대기」(1972), 『손님』(2001) 등의 문제작을 남긴 황석영(黃晳暎, 1943~)은 해병대원으로 베트남전 참전, 자유실천문인협의회 창설, 민중문화연구소 설립, 북한 조선문학예술총동맹 초청으로 방북, 독일예술원 초청작가로 베를린 체류, 미국 체류, 귀국하여 방북사건으로 징역 7년 형을 선고받고 5년 후에 석방되는 등 해방 후 가장 적극적인 진보문인으로 활동했다.[2]

『문예』 1950년 12월호 속표지에는 "문단은 다시 움직인다"는 제목 아래 당시 여러 문인의 소식이 담겼는데, 납북문인으로 이광수·정지용·김기림·김동환·박영희·김억 등을 거명했고 인민군과 함께 자진북행한 작가로 박태원·정인택·임서하 등을 지적했으며 인민군과 함께 서울에 나타난 작가로 이태준·이원조·안회남·김사량·이동규·임화·김남천 등을 일컬었다.

정영진은 구카프 계열 신념파를 북한 조선문학예술총동맹 발족 이전인 1946년 3월 하순에 결행한 월북 제1파와 1948년 8월 15일을 전후하여 북으로 올라간 월북 제2파로 나누었다. 제1파에는 소설가로 이기영·이동규·홍구·김학칠·이선희·유항림·윤기정·이갑기·이북만·송영 등을, 제2파에는 안회남·허준·박찬모·현덕·김소엽·조벽암 등을 넣었으며, 환상적 좌익동정파라는 범주를 설정하여 이태준과 홍명희를 포함시켰다. 그런가 하면 타의 입북문인이란 범주를 설정하여 지봉문·강형구·정

2 작가들의 전기적 사실은 필자의 『한국 현대소설사』 1~3권(문학과지성사, 2012~2016)을 참고하였다. 이호철의 전기는 이호철, 『소시민·살』, 문학사상사, 1993의 작가연보를, 이병주의 전기는 이병주, 『소설·알렉산드리아』, 한길사, 2006의 작가연보를, 황석영의 전기는 황석영, 『객지』, 창비, 2000의 작가연보를 참고하였다.

인택·이근영·엄흥섭·김영석·박노갑·임서하·김만선 등을 넣었다. 해방 후 처음부터 북한에 살고 있던 이른바 재북문인으로는 김사량·최명익·현경준·전재경·이북명 등을 들었다.[3]

1951년 5월 26일에는 육군종군작가단이 결성되었다. 단장 최독견, 부단장 김송, 상임위원 최태응·박영준·이덕진, 단원 정비석·김영수·장덕조·임긍재·조영암·김이석·박인환·이봉구·성기원·양명문 등과 같이 진용이 짜여졌다. 단원 전체가 종군할 것과 종군을 끝낸 뒤에는 보고강연 및 종군기, 작품 등으로 종군의 수확을 발표하자고 결의한 후 6개월 동안의 활동상을 소개하였다.[4]

안수길이 김성삼 제독의 부탁으로 정훈업무에 협조하고 있었고, 윤백남·염상섭·이무영이 진해 해군사관학교에서 특별교육대 훈련을 마치고 실습으로 들어가면서 부산에 나타났다. 중령 계급장을 단 윤백남은 정훈감실의 공보과장이 되고, 소령인 염상섭은 편집과장이 되었으며, 소령인 이무영은 진해에 있는 통제부 사령부 정훈실장으로 임명되었다. 소설가로는 박계주·박연희·김종길·이종환·윤고종·안수길·이선구 등이 해군종군작가단을 구성하였다.[5]

1951년 1·4후퇴 직후 대구에서 결성된 공군종군문인단에는 마해송(단장), 조지훈(부단장), 최인욱(사무국장) 등이 간부를 맡고, 소설가로는 최정희·곽하신·유주현·방기환 등이 가입했으며, 1952년 황순원·김동리·전숙희 등이 들어왔다.[6]

종군작가들의 명단에서 황순원·최태응·김이석·안수길·박연희 등 북한에 고향을 둔 작가들의 이름을 볼 수 있거니와, 이들 대부분은 전후에도 눈에 띄는 창작활동을 전개했다. 안수길(1911~1977), 황순원(1915~

---

3 정영진, 『통한의 실종문인』, 문이당, 1989, pp. 17~47.

4 『전선문학』, 1952. 4, p. 39.

5 이선구, 「해군종군작가단」, 한국문인협회 편, 『해방문학이십년』, 정음사, 1971, pp. 94~97.

6 최인욱, 「공군종군문인단」, 한국문인협회 편, 『해방문학이십년』, 정음사, 1971, pp. 97~101.

2000), 임옥인(1915~1995), 최태응(1917~1998), 전광용(1919~1988), 이범선(1920~1982), 선우휘(1921~1986), 장용학(1921~1999), 손창섭(1922~2010), 곽학송(1927~1992), 오상원(1930~1985), 이호철(1932~2016) 등과 같이 이북에 고향을 두었거나, 해방 직후 월남했던 작가들은 전후문학으로 불리는 1950~1960년대 소설계를 주도했던 것으로 평가된다.

소설가는 예술가인 이상 우선 소설작품으로 평가되어야 하는 법이지만, 지식인으로서 역사적 상황 속에서 개인적인 선택과 행위를 통해서도 평가되기 마련이다. 물론 소설작품과 행동방식이 동시에 선본이 되는 소설가의 경우가 소설작품의 수준과 행동방식의 수준에 거리가 있거나 모순되는 경우보다 많다고 하기는 어렵다.

해방 이전의 소설계를 주도했던 이인직·이해조·신채호·이광수·염상섭·현진건·채만식·한설야·이태준 등은 언론계에 오랫동안 종사했다는 공통점을 지닌다. 당대 지식인들이 갈 수 있는 직장이 별로 없었던 탓이 크다. 해방 후 언론인 출신 유명작가로는 염상섭·선우휘·오상원·서기원·이병주·최일남·김소진 등이 있다. 해방 이전에 언론인 출신 작가가 압도적으로 주류를 이루었던 현상이 해방 후에 오면 교수작가, 전업작가, 언론인작가로 삼분되는 현상이 나타나게 된다. 교수작가로는 해방 전의 유진오와 이효석의 뒤를 이은 김동리·황순원·박영준·이범선·전광용·정한숙·구인환·최상규·송기숙·최인훈·서정인·현길언·문순태·김용성·전상국·이동하·한수산·윤흥길·송하춘·오탁번·박범신·김원우·박양호·우한용·이인성·최수철·임철우·조성기·이승우·윤대녕·김경욱·최윤 등을 들 수 있다. 직업을 갖지 않은 채 창작에 진념했던 기간이 훨씬 긴 작가를 전업작가라고 한다면, 여기에는 박경리·이호철·박완서·홍성원·이청준·김주영·한승원·황석영·조세희·김원일·조정래·현기영·윤후명·오정희·이문열·성석제·신경숙·구효서·김연수 등이 들어간다.

한국작가들을 분류하는 기준의 하나로 '주로 어떤 소설을 썼는가' 하는 점을 들 수 있다. 예컨대 농민소설 하면 1930년대 이기영과 이무영, 1970~1990년대 이문구 등을 떠올리게 된다. 또한 가족사소설 하면 1930년대 염상섭·김남천·한설야·채만식과 1970~1990년대 연재되었던

『토지』의 작가 박경리, 1980~1990년대 박완서 등을 떠올리게 된다. 그런데 도시소설, 역사소설, 이데올로기소설, 전쟁소설 등과 같이 포괄성이 커서 예시작이 많은 소설유형들은 작가분류의 기준으로 적합하다고 하기 어렵다. 오늘날처럼 다양한 경향의 많은 작품을 발표하는 작가들을 대상으로 하여 특정 소설유형으로 규정하는 것은 오히려 해당 작가의 정체성을 왜곡하는 결과를 가져올 수 있다.

28장 소설독자론

소설가는 소설을 만들어 독자 앞에 내놓는다. 독자는 소설을 구매하거나 읽는 행위를 통해 소설가와 관계를 맺고 소설가의 세계로 들어간다. 소설가는 소설을 쓸 때 독자를 상정한다. 소설가와 독자의 관계는 생산자와 소비자 또는 가르치는 자와 배우는 자로 등식화할 수 있지만 소설이나 독자의 수준에 따라 이런 관계는 성립하지 않을 수도 있다.

소설가는 자신의 소설을 정독한 후 영향을 받는 독자들을 이상적인 독자로 여기거나 상정할 것이다. 이때 독자가 받는 영향은 수직적인 관계와 수평론적 관계에서 이루어지는 것으로 나누어 볼 수 있다. 수직적 관계는 교사와 학생의 관계로 비유할 수 있다. 학생으로 비유되는 독자들은 교사로 비유되는 소설가로부터 정신적으로 또한 지적으로 성장하는 기회를 맞는다. 수평적 관계는 소설독서를 직업적 행위로 삼는 동료 소설가·비평가·연구자·편집자·기자 등의 독서와 반응을 말한다. 소설작품들은 다독·남독·열독(閱讀)·정독·숙독(熟讀) 등과 같은 독서행위와 맞서게 된다. 소설가와 기본적으로 수직적 관계에 있든, 수평적 관계에 있든 독자들은 독자반응(reader-response)을 보이기 마련인데, 이러한 반응의 양상은 판매고, 비평가나 연구자의 수복도 등으로 나타난다.

독자를 단순한 수용자나 계몽대상자로 여기는 시각에서 벗어나, 독자를 평가자나 제2의 창작가로서의 위상으로 끌어올린 독자반응이론은 한국에 1970년대에 유입되었다. 그런데 독자의 권능은 이러한 이론이 들어오기 훨씬 전부터 발휘되었다. 비평가들이 좋은 평가를 내리지 않는 작품 가운데 출판사의 광고나 독자들의 유행심리에 의해 베스트셀러가 된 경우가 종종 있었다. 물론 이와 반대로 비평가들에 의해서는 높은 평가를 받았으나 독자들로부터는 냉담한 반응을 산 작품도 많다. 독자가 군중심리에 휘말려 특정 소설을 선호했을 경우 독자들의 위력을 실감하게 되지만, 반대로 분명 좋은 소설인데도 민망할 정도로 구매력이 낮을 경우에는 독자의 존재에 한계를 느끼게 된다.

오늘날 우리 소설가들은 소설을 통해 고상한 재미를 안겨 주고 정보와 지식을 제공하며 인식과 사상을 들려준다고 여전히 자부하고 있지만, 자신의 잠재독자들이 영화·스포츠·방송드라마·게임·온라인플랫폼 쪽으로 빠져나가는 것을 막아 내지 못하고 있다.

한편 월터 슬래토프(Walter J. Slatoff)는 독서 후 반응을 자세하게 파헤쳤다.

> 독서를 할 때 어떤 것에 침투하거나 관통하는 느낌을 갖게 된다. 그리고 한 개인의 내면에서 변하고, 복잡하고, 풍부한 멘털상태와 감정상태가 이어지는 것을 느끼게 된다. 이런 상태는 기대, 긴장, 이완, 불안, 공포, 발견, 슬픔, 흥분, 희망의 분출, 따뜻함, 열정, 거리감, 폐쇄감, 어떤 움직임에 대한 다수의 운동신경과 감각적 반응, 리듬, 작업의 이미지와 마찬가지로 다양한 행위와 반응(인식, 비교, 분류, 판단, 연상, 반성) 등으로 표현된다.[1]

월터 슬래토프는 독자반응을 감정변화와 새로운 지적 시도로 나누면서 바로 이 지점에서 문학평론과 문학연구가 시작된다고 하였다. 문학연구는 깊이 있는 서술(fullest description), 분류, 학설검토, 비평, 대상의 분석(dissection), 그 대상과 다른 종류와의 관계에 대한 고찰[2] 등을 목표로 한다고 하면서 독서는 개인적 행위고 작품과 단일자아의 관계를 말하나 문학연구는 본질적으로 공적 활동으로 "아주 작고 사사로운 세미나도 공적 모임이다"[3]라고 했다. 학자들, 교육기관, 대다수 평론가들은 대

1 Walter J. Slatoff, *With Respect to Readers: Dimensions of Literary Response*, Cornell University Press, 1970, pp. 6~7.

2 Ibid., p. 8.

3 Ibid., p. 9.

부분의 지식은 문학작품과 관계가 있다는 관념을 지니고 있는바, 이때의 지식은 ① 사회사·정치사·지성사에 대한 지식, ② 작품의 원천·전통에 대한 지식, ③ 작품의 발달·발생·개정 및 작품의 서지적 변수 등에 대한 지식, ④ 작가의 삶과 체험에 대한 지식 등을 포괄한다.[4] 이처럼 문학연구자가 품고 있는 지식은 ①과 같은 예비지식과 ②~④와 같은 작가·작품에 대한 지식으로 나누어진다. ①과 ②~④가 잘 교직될 때 안정된 문학연구가 이루어질 수 있다.

월터 슬래토프가 "객관적/주관적, 명백한 사고/감정적 관련, 판단/동정, 공적/사적, 예리한/인상적인, 지식/감상 등과 같이 우리 사고와 관찰을 제한하는 이분법으로부터 탈출해야 한다"[5]고 한 것은 이런 여러 개념이나 현상이 주는 정서, 감정, 관련성 등이 오히려 적절한 이해를 왜곡하는 적이 될 수 있다고 경고한 것으로 볼 수 있다.

1970년대와 1980년대는 소설의 시대라고 할 수 있을 정도로, 그 후 독자들은 일방적으로 무언가를 배우는 피동적인 위치를 벗어나 창작행위에 직간접적으로 영향을 주는 존재를 자임했다. 마침내는 독자반응비평이라는 독립된 연구방법의 성립을 유도하였다.

1970년대와 1990년대에 전체적으로 소설의 판매고가 높았고 많은 베스트셀러가 나왔으며 소설가가 대표적인 지식인으로 행세했던 것은 소설가의 힘인 동시에 독자들의 힘이었다. 1950년대 이후 이광수의 『무정』과 『사랑』, 심훈의 『상록수』, 최인훈의 『광장』, 이청준의 『당신들의 천국』과 『서편제』, 조세희의 『난장이가 쏘아 올린 작은 공』, 이문열의 『사람의 아들』과 『우리들의 일그러진 영웅』, 김성농의 『반다라』, 황석영의 『장길산』, 조정래의 『태백산맥』, 김원일의 『마당 깊은 집』, 박완서의 『그대 아직도 꿈꾸고 있는가』와 『그 많던 싱아는 누가 다 먹었을까』, 김주영의 『홍어』와 『객주』 등을 베스트셀러나 스테디셀러로 만든 것 역시 작가의 힘이면서 동시에 독자의 힘이었다.

---

4 Ibid., p. 66.

5 Ibid., p. 36.

빈센트 레이치(Vincent B. Leitch)가 소설독서를 "빠롤에서 랑그로, 사회방언(sociolect)에서 개인방언(idiolect)으로, 의미(meaning)에서 함의(significance)로, 내용에서 형식으로, 미메시스(mimesis)에서 세미오시스(semiosis)로, 비문법적인 것에서 문법적인 것에로, 통합체(syntagm)에서 계열체(paradigm)로, 변형(transformation)에서 모체(matrix)로, 표면에서 깊이로 나아가는 과정"[6]으로 해석한 것은 이상적인 독서행위 즉 일급소설을 선정하여 제대로 이해하고 평가한 독서행위에서나 볼 수 있다.

거짓은 속이려 하는 것인 데 반해 허구는 즐기려고 하는 것이라고 거짓과 허구를 구분한 불턴(Marjorie Boulton)은 사람들이 허구를 찾는 이유로 "환상의 애호(fun of fantasy)"와 "사실에의 관심(interest in reality)"의 두 가지를 들었다.[7] 문제는 전자를 추구하는 독자들과 후자를 추구하는 독자들의 숫자의 차이가 점점 벌어지는 현상에 있다. "환상의 애호"는 최근에 와 더욱 강해진 환상소설, 모험소설, 탐정소설, 환상가소설, 신비소설, 유령소설 등을 통해 충족된다. "사실에의 관심"은 계몽소설, 세태소설, 역사소설, 에세이소설, 시대소설 등을 통해 충족된다.

머조리 불턴이 무분별한 소설 읽기(indiscriminate novel-reading)나 소설 자주 읽기(frequent novel-reading)가 젊은이들에게 위험한 일이 될 수 있다고 경고한 것은 조선조 때 소설폐해론을 주장하여 당시 젊은이들에게 소설을 읽지 말라고 주장한 이덕무의 존재를 떠올리게 한다. 좋은 소설과 나쁜 소설을 가리지 않으면 다독이든 남독이든 오히려 해롭다는 주장이다. 불턴은 좋은 소설이란 "삶의 단면을 진지하고 잘 관찰된 계몽적인 그림으로 보여 주는 것"이라고 하면서 도덕적 판단을 교육시켜 주는 동시에 선·연악함·고통·욕구·관계 등을 실제 삶보다 더 실감나게 보여 주는 것이라고 하였고, 가장 좋은 소설은 양심보충, 심화된 교육, 격정

6 Vincent B. Leitch, "Reader-Response Criticism," *Readers and Reading*, edited by Andrew Bennett, Longman Publishing, 1995, p. 59.

7 Marjorie Boulton, *Anatomy of the Novel*, Routledge & Kegan Paul Ltd., 1975, p. 5.

적인 감정체험 등의 효과를 준다고 하였다.[8] 나아가 불턴은 소설독서의 목표를 즐거움(enjoyment)과 통찰(examination)이라고 하였지만, 소설의 기능을 과거와 미래, 현실과 이상 그 모든 것과도 관계가 있는 것임을 인정하였다.

불턴의 이론에 비하면 리비스(Q. D. Leavis)의 효용론은 좀 더 세밀한 편이다. 리비스는 근래 소설을 읽는 독자들은 ① 최소한 괴롭지 않은 시간을 보내기 위하여, ② 대리충족(vicarious satisfaction)하거나 대리보상을 받기 위하여, ③ 직업문제를 포함한 여러 일상적 문제를 해결해 가는 데 실제 도움을 받기 위하여, ④ 경험을 확대하고 심화하고 정화하며 조정함으로써 삶의 질을 높이기 위하여[9]와 같은 네 가지 이유 중에 대략 한두 가지에 지배되는 경향이 있다고 하였다. 고급소설, 문제작, 고전 등으로 일컬어지는 작품이라고 해서 이러한 기능을 한번에 다 수행할 수 있는 것은 아니다. 이런 이름으로 불리는 작품들은 ①의 기능을 모든 사람에게 행사하지는 않는다. 주로 문학연구자들의 관심을 받는 관념소설, 사상소설, 교양소설 따위는 일반독자들에게 ①이나 ②의 기능을 행사하기 어렵다.

소설은 독자들에게 새로운 인식이나 지식을 제공하려는 것과 독자들의 관심(reader interest)을 끌려고 하는 데 힘쓰는 경우로 대별할 수 있을 것이다. 기본적으로 독자관심이나 독자흥미라는 개념은 넓기도 하고 모호하기도 하다. 그렇다면 '어떤 소설유형의 제재가 독자들의 관심을 계속 끌 수 있을 것인기' 하는 질문을 던져 볼 수 있다. 로버트 메레디스는 독자흥미를 유발하는 소설유형으로 『마담 보바리』와 『허클베리 핀의 모험』을 예시작으로 한 논쟁적인 소설(Controversial Novels)과 화제소설(Topical Novels), 주택·가난·실업 등의 문제는 외면하고 성과 같은 자극적인 문제를 다루는 데 힘쓰는 부루주아 스타일의 소설(Bourgeois Common-Style Novels), 『차타레이 부인의 연인』을 예시작으로 한 섹스소설(Novels

8 Ibid., pp. 3~6.

9 Q. D, Leavis, *Fiction and Reading Public*, Penguin Books, 1979, p. 51.

about Sex), 『바람과 함께 사라지다』를 예시작으로 한 역사소설(Historical Novels), 『사랑의 터널』을 예시작으로 한 유머/풍자소설(Humorous and/or Satiric Novels), 성서의 실존인물을 다룬 소설과 작가가 온전히 만들어 낸 이야기로 대별되는 종교소설(Religious Novels), 『지상에서 영원으로』를 예시작으로 하면서 모험담·신비담·서부극 그리고 가볍고 낭만적인 소설 등을 포괄하는 도피주의 소설(Escapist Novels), H. G. 웰즈와 아이작 아시모프의 소설을 예시로 한 과학소설(Science-Fiction Novels), 펄벅의 『대지』와 허먼 멜빌의 『모비딕』과 어네스트 헤밍웨이의 『노인과 바다』 등을 예시작으로 한 농촌소설이나 해양소설(Novels Dealing with the Soil or the Sea), 청소년소설(Juvenile Novels), 『지킬 박사와 하이드』를 예시작으로 한 공포소설(Horror Novels), 허드슨의 『녹색 맨션』을 예시작으로 한 분위기 소설(Novels of Atmosphere), 데커레이의 『허영의 시장』을 예시작으로 한 주제소설(Thematic Novels), 도스토예프스키의 『죄와 벌』을 예시작으로 한 심리소설(Psychological Novels), 화가 빈센트 반 고흐의 생애를 다룬 어빙 스톤의 『삶에의 욕망』을 예시작으로 한 전기소설(Biographical Novels), 『지상에서 영원으로』를 예시작으로 한 자전적 소설(Autobiographical Novels) 등을 들었다.[10]

필립 프룬드(Philip Freund)는 소설이 철학적 문제나 윤리적 가치관을 시험할 수 있는 공간이라는 점에서 모든 서술양식 중 가장 넓은 무대가 될 수 있는 것[11]이라고 하였다. 나아가 소설은 우리에게 첫째로 우리가 이제까지 몰랐으나 알아야만 하는 세계를 제시하고, 둘째로 지금까지 우리가 친숙하게 여겨 왔던 세계에 대한 퍼스펙티브를 교정해 주며, 셋째로 우리에게 새로운 것을 친숙한 것으로, 낡은 것을 새롭게 해준다[12]고 하였다.

필립 프룬드의 이론은 레너드 데이비스의 이론과 통한다. 레너드 데

10 Robert C. Meredith and John D. Fitzgerald, *Structuring Your Novel*, pp. 142~145.

11 Philip Freund, *The Art of Reading the Novel*, Collier Books, 1966, p. 46.

12 Ibid., p. 30.

이비스는 독자들이 소설과 관계 맺는 것처럼 소설은 사회와 관계 맺는다는 기본인식을 다음과 같은 도식으로 표현하였다.[13]

독자 ↔ 소설 ↔ 사회

『반항하는 소설들(Resisting Novels)』이란 책 제목에 "소설의 본질은 반항"이라는 데이비스의 기본인식이 표출되어 있는 것처럼 위에서 소설과 독자의 관계나 소설과 사회의 관계가 ↔로 표시되어 있는 것은 친교보다는 경쟁이나 대립의 성격이 강한 것으로 보아야 한다. 레너드 데이비스는 "초기 근대사회에서 소설은 통제된 이념적 자리, 공동체 인식, 소속감 등을 제시한다는 의미에서 지배경향에 저항하는 것이 된다"고 하면서 "독자는 소설을 읽음으로써 사회에 저항할 뿐만 아니라, 소설구조에 저항하기도 하고 동시에 극복하기도 한다. 독자들은 사회적 삶의 현실에 대항하여 유용한 이념적 방어를 취하는 동시에 도피나 환상으로서의 유혹에 저항한다. 독자들은 소설의 방어적 구조를 통해서 사회에 저항하는 동시에 소설독서 그 자체의 동력에 저항한다"[14]고 하였다. 이처럼 소설 읽기를 기존 사회와 소설양식에 대한 저항으로 해석한 것은 새로운 이론이다. 레너드 데이비스의 저항이론은 앞서 논한 불턴, 리비스, 프룬드의 소설효능론에 비하면 적극적인 면이 있다. 소설독서가 기존 사회라는가 소설양식에 대한 저항행위라는 공식이 성립하려면, 소설독서의 대상이 고진·명작·우수작·문제작이 되어야 한다. 삼류소설은 많은 이론가들이 경고한 것처럼 많이 읽을수록 해롭다.

레너드 데이비스는 소설독서의 방어기제를 고립(isolation), 투사(projection), 동일화(identification), 거부(denial)와 같이 네 가지로 정리했다. 고립에 대해 "소설독서는 사상이나 감정의 고립을 요구한다"고 주장하면서 "소설을 읽을 때 우리 자신의 삶의 일부로서 구성이나 인물의 요

13 Lennard Davis, *Resisting Novels*, Methuen Co. Ltd., 1987, p. 16.

14 Ibid., p. 16.

소를 체험하기도 하지만, 우리는 그런 요소들과 다시 분리되고 고립되어 '아, 저건 엠마 보바리의 고통일 뿐이야'라고 말하게 된다"[15]고 설명하였다. 이때 고립의 기제는 동화작용이나 감정이입과는 대립되는 비판정신이나 거리감을 의미하는 것으로, 베르톨트 브레히트(Bertolt Brecht, 1898~1956)의 소외효과 이론을 떠올리게 한다. 영화나 드라마의 주인공을 실제인물과 동일시하는 것처럼 소설의 내용을 사실 그대로 믿어 버리는 것은 고립의 가치와 반대된다.

투사에 대해서 데이비스는 "소설을 읽으면서 내 사상과 감정을 작중인물에게 투사한다. 우리는 작중인물에게 보통 우리 스스로 허용하지 않는 감정과 행위의 범위를 허락한다. 작중인물은 실제인물보다 과장되고 크고 극적인 맛이 있다"[16]와 같이 설명하였다. 이때 투사론은 정신분석학에서 흔히 말하는 투사론과 크게 다를 바가 없다. 동일화는 "우리가 어떤 이상적인 인물(ideal figures)과 비슷하다는 점을 확신하는 것"을 말한다. 거부라는 방어기제는 "소망충족적인 환상이나 행위를 수단으로 하여 불쾌하다든가 원치 않는 조각의 외부현실을 거부하는 상태를 말한다. 소설독서는 도피나 부정적 행위다(Reading novels is an escape or denial activity). 소설은 집단적인 소망충족 환상을 준다(Novels provided a collective wish-fulfilling fantasy)"[17]와 같이 설명되고 있다. 거부라는 기제는 현실성이 탈색되었거나 약화된, 그러면서 독자들을 흥미와 긴장으로 몰아가는 모험소설·공상소설·오락소설 등에서 쉽게 확인된다. 물론 소설독서가 가져다주는 방어기제(defense mechanism)는 이상의 네 가지로 제한될 수 없다. 정신분석학에서 제시된 방어기제가 모두 동원될 수 있다. 또 소설독서가 가져다주는 방어기제는 영화가 가져다주는 방어기제보다 다양하고 또 내면화되긴 하지만 강하지는 않다.

한 개인의 균형을 잡기 위한 방어기제가 제대로 작동되려면 캐서린

---

15 Ibid., p. 20.

16 Ibid., p. 20.

17 Ibid., p. 21.

엠모트(Catherine Emmott)가 이야기한 것처럼 일반지식은 말할 것도 없고, 텍스트에 얽힌 지식(text-specific knowledge)도 예비되어야 한다. 엠모트는 "내러티브 픽션은 독자들로부터 특정 문화, 공통상황, 일상적 대상, 행위규범 등에 대한 지식이 포함된 알맹이 있는 반응을 요구한다"[18] 고 주장함으로써 소설독서의 수준향상을 기대하였다. 또한 같은 소설이라 하더라도 독서의 차이가 얼마든지 있을 수 있는 요인으로 기억력 정도(memory limits)와 개인체험을 들 수 있다고 하면서 "독자들은 개인체험을 통해 텍스트를 걸러 낸다. 독자들이 읽고 그 재료를 회상하는 것에 따라 텍스트는 재구성된다"[19]고 하였다. 그만큼 독서행위는 다양하게 나타나며 텍스트를 재구성할 수 있을 정도의 힘까지 지니고 있다는 것이다.

엠모트는 "독자들이 허구적 인물·장면·사건 등에 대해 빚어낸 이미지는 실제현실에서의 비슷한 인물·장면·사건들에 대한 체험에 부분적으로 의존한다. 독자는 자신의 이미지를 추가할 뿐만 아니라 기억 속에다가 텍스트를 재구한다"고 하면서 "독자들은 개별적인 체험에 따라 다르게 읽기도 하지만, 문화적 배경, 출생, 시기, 교육, 사회계급, 나이와 같은 요인들에 따라 다르게 읽기도 한다"[20]와 같이 소설독서는 기계적인 행위가 아니라고 하였다. 이처럼 소설독서는 작가의 창작의도나 텍스트의 기본방향과 관계없이 개별 체험, 문화적 배경, 교육, 사회계급 등과 같은 조건의 차이에 따라 그 내용과 정도가 달라진다는 것이다. 독자들의 자의성과 주관성을 한껏 살려 내고 있는 엠모트의 독서론은 열린 독서의 지향이라는 긍정적 측면을 보여 주는 동시에 창작정신의 약화라는 결과를 빚어내기 쉽다.

18 Catherine Emmott, *Narrative Comprehension*, Clarendom Press, 1997, p. 4.

19 Ibid., p. 35.

20 Ibid., pp. 66~67.

29장 독자의 층위

21세기 한국소설계의 현상의 하나로 소설독자의 감소를 들 수 있다. 물론 이때의 소설은 고전·명작·문제작에 들어가는 것을 말한다. 구매력으로 이어지는 소설독서의 행위가 일정 수준을 유지해야만 문학시장이 유지되고 작가들의 창작행위의 동력이 생기기 마련이다. 소설가들의 신작을 계속 소개하는 문예지와 출판사들도 어느 정도 팔리지 않으면 현상을 유지하기 어렵게 된다. 소설가가 좋은 소설을 쓸 수 있는 가능성도 떨어진다.

동서양을 막론하고 문호나 대가라고 하는 작가들은 고전이든 당대 작품이든 다른 작가들의 소설을 열심히 읽었다는 공통점을 지닌다. 물론 작가에 따라 자신이 놓여 있는 역사적이거나 정치적인 상황 때문에 소설이 아닌 특정 분야의 책을 많이 읽을 수도 있다. 소설창작의 방향이나 의도에 따라 많은 참고문헌을 읽는 데 주력할 수도 있다. 우리 소설가들 중에는 이병주, 이문열, 성석제, 조성기 등이 소설과 고전을 포함하여 많은 책들을 읽은 흔적을 드러내었다.

조지 딜론(George L.Dillon)은 「독서의 유형」에서 소설독서의 유형을 캠유형(CAM style), 비밀 캐는 사람 유형(digger for secrets style), 인류학자 유형(anthropologist style)과 같이 세 가지로 나누었다. 이때의 CAM은 인물·행동·도덕(Character-Action-Moral)의 약자다. 캠유형 독자들은 "주요 인물의 특징·모티브·사상·반응·선택의 흐름 속에서 사건연쇄를 정리함으로써 텍스트를 자기 것으로" 하고 "텍스트의 세계를 실제세계의 연장이나 부분으로 여김으로써 작중인물들을 실제인물을 경험하듯 한다"고 하여 "스토리를 그 자신의 믿음과 삶이란 어떻게 이루어야 하는가 하는 데 대한 실제적 가르침으로 구체화"[1]하는 식으로 소설텍스트로부터 되도록 많은 것을 배우려 한다. 따라서 캠유형 독자들은 기본적으로 역사소설과 전쟁소설에 관심을 가질 것이며, 비밀 캐는 사람유형은 심리소설에 관심을 가질 것이다. 딜론의 세 가지 독자유형은 무엇인가를 찾아내기 위해 탐색하는 공통점을 지닌다. 텍스트를 깊이 있게 천착한다는 점에서 문학연구자, 비평가, 문예지 편집자, 기자 등과 같은 전문적인 독서인으로 묶을 수 있다.

빈센트 레이치(Vincent B. Leitch)는 「독자반응비평(Reader-Response Criticism)」이란 글에서 독자의 유형으로 ① 지식이 있는 독자(informed readers), ② 이상적 독자(ideal readers), ③ 상정된 독자(implied readers), ④ 실제적 독자(actual readers), ⑤ 현실적 독자(virtual readers), ⑥ 최고독자(super-readers) 등을[2] 제시했는데 ①, ②, ③, ⑥을 하나로 묶을 수 있고 ④, ⑤를 하나로 묶을 수 있다. 특히 ③은 우리나라에서 '내포독자(implied readers)'라는 번역어가 일반화되었지만, 이 말은 작가가 글을 써가는 과정에서 '특별히 의식하는 독자', '마음속에 상정하는 독자'라는 뜻이기에 '상상의 독자'나 '상정(想定)된 독자'란 역어가 더 적합할 수 있다.

존 레이처트(John Reichert)는 비평가들의 독자론에서 자주 언급되는 것으로 이상적 독자(ideal readers), 박식한 독자들(informed readers), 17세기 퓨리턴 독자들(seventeenth-century Puritan readers), 당대의 독자들(contemporary readers), 텍스트 안에 내포된 독자들(readers implicit in the text), 우리들(us) 등을 들었는데,[3] 빈센트 레이치와 마찬가지로 이상석 독자와 박식한 독자들에 큰 기대를 걸었다.

풀캐스(A.P. Foulkes)는 『문학과 선전(Literature and Propaganda)』에서 실제작가, 상상의 작가, 텍스트, 메타텍스트와 연결지으면서 경험적 독자(empirical readers), 유능한 화자로서의 독자(competent speaker readers),

---

1 George L. Dillon, "Styles of reading", *Poetics Today* vol. 3 no. 2, pp. 80~81.

2 Vincent B. Leitch, "Reader-Response Criticism", *Readers and Reading*, edited by Andrew Bennett, Longman Group Limited, 1995, p. 34.

3 John Reichert, *Making Sense of Literature*, The University of Chicago Press, 1977, p. 76.

최상의 독자(super-readers), 상정된 독자(implied readers) 등을 제시했다.[4]

앤드류 베네트(Andrew Bennett)는 가장 많은 독자유형과 독서행위를 제시했다. 맨 앞에 실제독자(actual reader)를 제시하고 역사적 맥락이나 전기, 작가의 의도, 미학이론, 정치학보다 문면에 떠오른 단어에 집중하는 정독(close reading), 법칙들의 내적 체계와 해석전략 혹은 습관을 통해 텍스트의 의미를 알아차리는 능력을 보여 주는 유능한 독자(competence readers), 독서전략에 대한 통찰력을 허락하는 깊이 새겨진 독자(embedded readers), 독자 스스로 깨닫게 되는 발견적 독서(heuristic reading), 지식·동정·편견·전략 등을 갖춘 이상적 독자(ideal reader), 실제독자와도 다르고 수화자와도 다른 상정된 독자(implied reader), 텍스트의 함의·내포·암시 등을 적절하게 선택할 줄 아는 유식한 독자(informed reader), 의도된 독자(intended reader), 오독(misreading), 작가가 소통하기 위해 설정한 잠재적 독자나 가상의 독자를 뜻하는 모델독자(model reader), 실제독자(real reader, actual reader) 등을 제시했다. 독서행위는 텍스트에 의한 헤게모니나 권력구조에 저항하는 것을 의미하는 저항적 독자(resisting reader), 발견적 독서 다음의 단계로 해석학적 독서의 수준에 올라선 소급의 독서(retroactive reading), 텍스트에 대한 모든 가능한 지식을 지닌 가상의 독자로서 다른 독자들의 분석과 편집자적 평가와 동료들의 해석을 망라하는 최상의 독자(super-reader), 의미를 찾는 과정에서 언어자체를 초월하기 위한 독서를 가리키는 초월적 독서(transcendenting reading) 등을 제시하였다.[5]

실제독자, 발견적 독서의 독자, 상정된 독자, 의도된 독자, 오독하는 독자, 모델독자, 저항적 독자, 초월적 독서의 독자 등을 일반적인 독자라고 한다면 정독하는 독자, 유능한 독자, 깊이 새겨진 독자, 이상적 독자, 유식한 독자, 최상의 독자 등은 전문적인 독자라고 할 수 있다. 일반적인 독자와 전문적인 독자는 독서의 기본행위를 기준으로 하여 범주화할 수

---

4 A. P. Foulkes, *Literature and Propaganda*, Methuen & Co. Ltd., p. 21.

5 Andrew Bennet, "Key Concept", *Readers and Reading*, edited by Andrew Bennett, Longman Group Limited, 1995, pp. 235~240.

있기는 하지만, 소설의 구매, 비평작업, 우수소설의 선정과 심사, 소설연구, 소설교육 등으로 구체화되는 독서행위의 결과를 보면 일반적인 독자와 전문적인 독자의 수준차를 헤아리기 어려운 경우도 적지 않다.

소설의 판매고는 소설의 예술적 성취도와 상관성이 없다고 해도 과언이 아니다. 소설작품의 예술적 성취도 즉, 사용가치와 소설의 판매고 즉, 교환가치는 정상관일 경우보다 무상관이거나 역상관일 경우가 훨씬 많다. 여러 작가의 작품을 선정하여 전집을 만드는 작업은 전문독자들이 적극 참여해도 간단치가 않다. 여러 문학이론가들과 평론가들과 작가들이 모여 대상작품을 검토하고 논의하는 절차를 제대로 거치더라도, 내부적으로는 선정위원들 사이 독서력과 판단력에 차이가 있어 완전한 객관성을 유지하기 어려운 결과가 나타난다. 낯선 작가나 작품을 제시하는 선정위원은 일반독자의 기호나 자존심을 건드리면 안 된다는 반론을 만날 수도 있다.

중고등학교 학생들을 대상으로 한 교과서에 수록할 소설을 선정하는 작업은 더욱 신중하게 해나가야 한다. 소수의 작품을 선정해야 할 때는 선정위원들이 결국 유명한 작품에 집착하기가 쉬워 의견을 모으기 쉽지 않다. 이러다 보면 전문적 독자로서 독서력이나 판단력이 개입하기 어렵게 된다. 결국 새로운 일급작품들을 발굴하고 널리 알리려는 전문독자들의 노력과 의지가 약하면 명성이 높은 작가의 작품이 반복적으로 읽히고, 명작으로 명토가 박히게 될 일이 벌어진다. 명색이 문학비평가나 문학연구자라고 하더라도 국내의 소설작품을 대상으로 다독과 정독을 제대로 이행하지 않을 경우, 일정한 작가나 작품에 대한 신앙 비슷한 고정관념에서 벗어나지 못한 경우, 선행통설이나 군중심리에서 헤어나지 못한 경우 결국 일반독자보다 나은 판단을 내릴 수 있는 것은 아니다.

전문독자를 자임하는 한국현대소설 연구자들은 20세기에 발표된 소설작품을 대상으로 선행평가를 습관적으로 받아들이는 대신 재평가하고 재발견하겠다는 자세를 지녀야 한다. 명작목록을 수정해야겠다는 의욕도 가져 보고, 일급소설을 발굴해 보겠다는 의지도 가져야 한다. 명작목록은 시대를 뛰어넘어 고정될 수도 없고, 또 고정되어야 할 필요도 없다. 다음에 제시하는 작품목록(1907~1959)은 새롭게 추가되어야 할 한국 명작들이거나 최소한 각 작가의 대표작에 포함되어야 할 작품들로 짜여져 있다.

장응진, 「다정다한(多情多恨)」(『태극학보』, 1907. 1~2)
최서해, 「해돋이」(『신민』, 1926. 3)
김명순, 「손님」(『조선문단』, 1926. 4)
이량, 「세사람」(『조선지광』, 1927. 2)
유진오, 「오월의 구직자」(『조선지광』, 1929. 9)
이기영, 「고난을 뚫고」(『동아일보』, 1928. 1. 15~24)
김광주, 「상해와 그 여자」(『조선일보』, 1932. 3. 27~4. 4)
조용만, 「허희(歔欷)」(『비판』, 1932. 10)
장혁주, 『무지개』(『동아일보』, 1933. 9. 20~1934. 5. 1)
이무영, 「거미줄을 타고 세상을 건느려는 B녀의 소묘」(『신동아』, 1934. 6)
이무영, 「O형의 인간」(『신천지』, 1953. 6)
박화성, 『북국의 여명』(『조선중앙일보』, 1935. 3. 3~12. 4)
박승극, 「풍진(風塵)」(『신인문학』, 1935. 4~6)
이효석, 「성화(聖畵)」(『조선일보』, 1935. 10. 11~31)
이효석, 「향수(鄕愁」(『여성』, 1939. 9)
허 준, 「탁류」(『조광』, 1936. 2)
허 준, 「임풍전씨의 일기」(『협동』, 1949. 6)
이기영, 『인간수업(人間修業)』(『조선중앙일보』, 1936. 1. 1~7. 23)
김정한, 「항진기(抗進記)」(『조선일보』, 1937. 1. 27~2. 11)
최명익, 「무성격자」(『조광』, 1937. 9)
정비석, 「이 분위기」(『조광』, 1939. 1)
정비석, 「잡어(雜魚)」(『인문평론』, 1939. 12)
백신애, 「혼명(混冥)에서」(『조광』, 1939. 5)
채만식, 「냉동어」(『인문평론』, 1940. 4~5)

채만식, 『낙조』(잘난사람들, 1948)

한설야, 「두견」(『인문평론』, 1941. 4)

김동리, 「두꺼비」(『조광』, 1939. 8)

김동리, 「윤회설」(『서울신문』, 1946. 6. 6~6. 26)

김동리, 「지연기(紙鳶記)(『동아일보』, 1946. 12. 1~12. 11)

이봉구, 「우수(雨愁」(『민성』, 1947. 10)

이봉구, 「모사(暮詞」(『문학평론』, 1947. 4)

김동인, 「김덕수」(『대조』, 1948. 8)

김만선, 「대설(大雪)」(『신천지』, 1949. 2)

최정희, 「정적일순」(『현대문학』, 1955. 9)

강신재, 「옛날의 금잔디」(『자유문학』, 1959. 6)

염상섭, 「동기(同氣)」(『사상계』, 1959. 8)

이러한 작품들이 전문독자의 힘에 의해 한국의 대표작이나 해당작가의 주요 작품으로 재평가될 경우, 한국현대소설이 더욱 넓어지고 깊어지는 결과를 가져오게 된다. 독자의 힘은 작가의 힘으로, 또 한국문학의 힘으로 이어지게 될 것이다.

볼프강 이저(Wolfgang Iser)의 독자론을 소개하는 독문학자 차봉희는 독자반응비평에 큰 비중을 두는 독일문예학계는 대체로 독자를 창조적 독자, 이상적 독자, 함축된 독자 세 가지로 나누고 있다고 하였다. 차봉희의 설명에 의하면 창조적 독자는 작가가 생산한 텍스트가 독자의 활성화를 통해서 구체화된다는 기본논리 위에 서 있다. 텍스트를 구체화하는 작업에서 독자는 작가와 텍스트, 독자 간의 상호작용 속에서 적극적인 역할을 수행하기에 "작가와 함께 창작하는 독자(Mitautoren)"로 불리기도 한다. 작가와 그 작가가 만들어 낸 텍스트에 완전히 동화될 수 있는 독자야말로 가장 이해력이 높고 완전한 독자다. 이상적 독자는 작가와 동일한 코드를 지니고 있어야 한다는 전제를 지니고 있다. 함축된 독자는 이저가 문학텍스트는 독자반응에 의해 구체화된다는 입장에서 텍스트 구조에 내포된 독자를 제시한 것을 전제로 한다. 이것은 실재하는 독자가 아니라 텍스트가 그 수용조건으로 제시하고 있는 가능한 독자로, 텍스트 구조의 방향제시에 따라 생겨나게 될 텍스트 구조에 내포된 독자다. 즉 아직 정해져 있지 않은 텍스트 구조에 얽혀 생겨날 연루된 독자를 가리킨다.[6]

창조적 독자는 제2의 비평가이며 작가라는 통설을 떠올리게 하며, 이상적 독자는 아리스토텔레스류의 정화작용으로 구체화되는 독자를 가리킨다. 함축된 독자는 웨인 부스(Wayne Booth)의 상정된 독자(implied reader)와 유사한 개념이며, 제럴드 프린스의 피화자(narratee)와 비슷한 것으로 보아야 한다.

로버트 로저스(Robert Rogers)는 나름대로 놀랄 만한 독자(amazing reader)라는 범주를 설정하기 위한 예비작업으로 각 이론가들이 독자의 모델로서 제시한 것을 열거하였다. 스탠리 피시(Stanley Fish)의 박식한 독자(informed reader), 조나단 클러(Jonathan Culler)의 유능한 독자(competent reader), 볼프강 이저(Wolfgang Iser)의 상정된 독자(implied reader), 움베르토 에코(Umberto Eco)의 모델독자(model reader), 마이클 리파테르(Michael Riffateres)의 평균독자(average reader)와 최고독자(superreader), 헤롤드 블름(Harold Bloom)의 강한 독자(strong reader), 자크 데리다(Jacqes Derrida)의 해체 중인 독자(deconstructing reader), 롤랑 바르트(Roland Barthes)의 고집 센 독자(perverse reader), 지오프리 하르트만(Geoffrey Hartman)의 기쁨을 주는 독자(feasting reader) 등과 같이 여러 독자유형이 제시되고 있다.[7] 여기서 박식한 독자, 유능한 독자, 모델독자, 최고독자, 해체 중인 독자 등은 평론가나 국문학자, 문학전문기자, 편집자 등으로 나타난다.

로저스가 말하는 놀랄 만한 독자는 대부분의 독자유형에서 인정받지 못하는 자아·정체성·개성 등을 소유하고, 개성은 독자들에게 성에

---

6 차봉희, 「독자와 문학적 소통」, 『소설과 사상』 16호, pp. 286~291.

7 Robert Rogers, "Amazing Reader in the Labyrinth of Literature", *Poetics Today* vol. 3 no. 2, p. 31.

따른 역할, 사회적 역할, 개인사, 몸, 욕구, 공포, 요망, 갈등, 가치, 목표 등과 같은 다양한 심리적 리얼리티가 부담으로 작용하고 있다는 것을 뜻하는 것으로 설명되고 있다. 놀랄 만한 독자는 단순히 언어의 프로세스로만 인식될 필요는 없으며, 많은 코드와 미디어를 지닌 독자로서 놀랄 만한 시청자, 놀랄 만한 해석자로 여겨질 수도 있다. 일상적인 감각적 인간으로서는 텍스트가 제공하는 어떤 즐거움에도 빠질 수 있다.[8]

빈센트 레이치(Vincent B. Leitch)는 「독자반응비평」에서 다음과 같이 여러 각도에서 분류를 시도했다.

> 미국비평은 문학텍스트나 문학의 역사적·문화적인 맥락에 초점을 맞추었다가, 독서나 독자에게 관심을 갖는 쪽으로 이행하고 있다. 독자지향비평(Reader-oriented criticism)에 속하는 상승기운은 문학현상학, 해석학, 구조주의, 해체주의, 페미니즘 등과 같은 거대하고 다양한 비평작업에 드러나고 있다. 독자지향비평은 텍스트 지배적인 비평(text-dominated criticism)이나 맥락 지배적인 비평(context-dominated criticism)과 대립된다. 독자 중심 비평(reader-centered criticism)에 속하는 미국 비평가로 웨인 부스, 조나단 쿨러, 폴 드 만, 스탠리 피시, 힐리스 밀러, 제럴드 프랭스 등이 있다.[9]

빈센트 레이치는 문학현상학, 해석학, 구조주의, 해체주의 등과 같

---

8 Ibid., p. 32.

9 Vincent B. Leitch, op. cit., p. 33.
인용문의 뒤에는 다음과 같은 설명이 이어진다.
"이 중 절반 이상의 평론가는 특정 학파를 대변한다고 하였다. 웨인 부스는 시카고 형식주의와, 폴 드 만과 힐리스 밀러는 현상학이나 해체학파와, 리차드 팔머와 일리엄 스파노스는 해석학과, 제랄드 프랭스와 마이클 리파테르는 구조주의와, 조나단 쿨러는 구조주의·해체학파와, 쥬디트 홰터리는 페미니즘과, 메리 루이즈 프라트는 화행이론·마르크시즘과 연결되어 있다."

은 형식주의 비평을 모두 독자지향비평으로 묶었다. 슬레이만(Susan Suleiman)과 크로스만(Inge Crosman)이 편찬한 『텍스트 속의 독자(The Reader in the Text)』의 서론에서는 수용자 비평(receptionist criticism)의 종류로 수사학적 비평, 구조주의 기호학적 비평, 현상학적 비평, 정신분석학적 비평, 사회학적·역사적 비평, 해석학적 비평과 같이 여섯 가지를 들었다. 독자지향비평(audience-oriented criticism)은 형식주의로부터 구조주의와 현상학적 비평을 경과하여 정신분석과 후기 구조주의에 도달하는 내적 역사를 갖게 되는데, 이러한 역사는 독자지향비평에 대해 독서행위를 문학 텍스트의 이해에 닿기 위한 도구로 새기는 단계와 독자의 행위를 텍스트와 일치시키는 것으로 보는 단계로 나누어진다. 이러한 독자행위는 관심과 가치의 원천이 된다. 텍스트에서 독서에로의, 생산에서 과정에로의 혁명적 전이는 새로운 탐구영역을 열어 놓는다.[10]

이처럼 독자지향비평이 작가 중심 비평이나 텍스트비평과 대등한 위치에 올라서고 있음을 입증하듯, 테리 이글턴은 독자해방운동(Reader's Liberation Movement, RLM)이 전개되고 있다고 하였다. "독자들은 자신들을 점점 더 작가가 아닌 존재, 수준 낮은 타자, 작가의 금이 간 파생물로 비치는 것(Readers are less and less seen as mere non-writers, the subhuman 'other' or flawed derivative of the author)을 부정하고 있다"는 데서 독자해방의 골자를 찾았다. 테리 이글턴은 독서계의 큰 변화를 주목하면서 "독자해방운동은 너무 빠르게 확산된 나머지 순수하게 혁명적인 슬로건은 단순한 텍스트 개혁론이나 독서그룹의 의식을 뛰어넘어 이제 '작가들은 우리를 필요로 하지만 우리는 작가들이 필요 없다'는 구호가 나타날 정도가 되었다"고 우려를 표시했다.[11]

테리 이글턴이 걱정하고 있는 것처럼, 독자해방운동(RLM)이 디지털 시대의 분위기에 편승하여 작가무용론까지 외칠 정도가 되면 소설양식의 정체성은 근본부터 뒤흔들릴 수 있다. 그러나 소설양식이 사라지는

10 Ibid., pp. 34~35.

11 Terry Eagleton, *Against the Grain*, Verso, 1988, p. 181.

일은 벌어지지 않을 것이다. 단, 고급소설 대부분은 독자보다 전통 속에서 명맥을 유지하게 되는 일이 벌어지게 될 것이다.

30장 소설연구방법론

앞에서 논한 빈센트 레이치, 월러스 마틴, 존 레이처르트, A. P. 플케스, 볼프강 이저, 스탠리 휘시(유식한 독자) 등은 유식한 독자, 이상적 독자, 최고독자 등을 주목한 데서 공통점을 갖는다. 평론가, 문학연구자, 문화부 기자, 문예지 편집자 등이 이러한 독자의 대표적인 존재임을 부정할 수 없기는 하지만, 평론가와 문학연구자라고 해서 맞지 않는 내용을 말하지 말란 법은 없다. 문학연구자와 비평가의 차이를 여러 각도에서 한 번쯤 생각해 볼 필요가 있다.

문학연구자(학술논문) / 비평가(문학평론)

① 길이: 200자 원고지 100매 이상 / 200자 원고지 100매 이하
② 대상: 대체로 과거 작가와 작품 / 대체로 동시대 작가와 작품
③ 독자: 교수나 대학원생 중심의 동학(同學) / 문인과 편집자를 포함한 일반독자
④ 발표무대: 대학연구소나 학회에서 발간하는 논문집 / 문예지와 신문
⑤ 글쓰기 방법과 목표: 자료제시나 분석, 해석에 치중 / 해석과 평가에 치중
⑥ 소속범주: 학자 / 문인
⑦ 소극적 행위: 실증주의에의 고착, 선행연구 답습 / 유파비평, 인상비평 등

한국소설을 대상으로 한 비평이든 연구든 최소한 다음과 같은 태도

를 지켜야 한다. 첫째 대상작품의 기본의미를 제대로 파악하는 수준에서 출발하고, 그렇게 하기 위해 반드시 정독해야 한다. 둘째 연구자들은 대상작품의 텍스트가 언제 간행된 것인가 하는 점을 기본적으로 검토해야 한다. 똑같은 소설이라고 하더라도 해방 이전과 이후에 발표된 것이 다를 수 있고, 해방 후 발표작이라고 하더라도 표현자유가 보장되지 않은 시기에 나온 것과 그 후에 나온 것이 다를 수밖에 없다는 점을 인식해야 한다. 여러 작가들이 해낸 개작의 작업을 가령 문장 다듬기의 수준에서 행한다면 큰 문제가 없겠으나, 마치 작가가 어려운 시기를 모험을 무릅쓰고 정면돌파했던 것처럼 꾸몄을 경우에는 텍스트 선택에 신중을 기할 수밖에 없다. 또한 해방 이전의 발표작들 가운데서는 일제에 의해 삭제조치되었거나 복자처리된 텍스트를 대상으로 해야 해당 작가의 문학적 성취를 정확하게 파악할 수 있다. 가령 해방 이후 발표작 중에서 조세희의 연작소설집『난장이가 쏘아 올린 작은 공』의 경우 1978년에 간행된 텍스트를 대상으로 해야 조세희에 대한 평가가 제대로 이루어진다는 것이다. 셋째 명작을 선정하거나 작품심사를 할 때는 일급작가의 이름에 얽매이는 태도를 지양해야 한다. 일급 작가로 굳혀진 작가는 우수작을 쓸 가능성이 그만큼 높다는 것이지 쓰는 소설마다 모두 고평되거나 고평받아야 한다는 뜻은 아니다. 작품 선정자가 평소 작품을 많이 읽어 두지 않은 채 선정작업이나 심사에 임한다면 작가의 무게에 눌리기 쉽다.

릴로이 가르시아(Reloy Garcia)와 리오드 후벤카(Lioyd Hubenka)는『서사양식의 감각(The Narrative Sensibility)』의 제5장 "작가의 워크샵"에서 "소설독법: 소설에 대한 기본실문들"을 세시했다.[1]

① 귀하는 작품의 플롯만을 따로 떼어 낼 수 있고 해석할(paraphrase) 수 있는가? 귀하는 전환점을 도표의 정점에 놓고 작품의 삼각관계적 표현을 할 수 있나? 절정에 도달하기 전에

1 Reloy Garcia and Lioyd Hubenka, *The Narrative Sensibility*, David NcKay Company, Inc., 1976, pp. 449~451.

얼마나 많은 예비사건들이 있는가? 작가는 충분히 이러한 사건들을 활용했는가? 관계가 없는 사건들이나 에피소드들이 있는가? 작가가 잘 이행했든지 못했든지 그 과정을 설명해 보라.

② 작가는 어떤 지점에서 착수하는가? 다시 말해 사건들의 연쇄에 있어 어떤 전환점에서 출발하려고 하고 왜 그러는가? 귀하에게 어떠한 대안이 암시되고 있는가?

③ 작가는 플롯, 인물, 문맥, 시간, 구조 등 그 어느 것에 가장 큰 관심을 갖고 있는가? 반대로 어떤 것에 제일 무관심한가?

④ 작가는 어떤 시점을 취하는가? 왜 그러는가? 작가는 자신이 선택한 시점을 충분히 이용하고 있는가? 작가는 자신이 선택한 시점의 내재적 약점을 잘 덮고 있는가? 작가는 시점을 이동시키고 있는가? 왜 그러는가? 작가는 어떤 대안을 고려한 것처럼 보이는가? 이러한 대안들은 어떠한 변화를 유발하는가?

⑤ 스토리는 단편소설, 노벨라, 장편소설(novel) 중 어느 유형에 들어맞는가? 그 근거는 무엇인가?

⑥ 작품은 얼마만큼 많은 부분이나 장으로 나누어지는가? 작가는 구조와 구성의 극적 원칙을 활용하였는가? 아니면 음악적 원칙들을 활용했는가? 이러한 구조는 인물과(이나) 주제를 설명하는 데 잘 어울리는가? 구조가 파편적인 것으로 나타났다면 이때 파편화는 주제를 암시하는 것인가?

⑦ 서사적인 것과 극적인 것의 혼합은 무엇인가? 다시 말해 서사와 대화의 관계는 어떻게 설명해야 하는가? 내레이션이 강조된다면 작품은 지나치게 느리게 진행되는 것은 아닌가? 반대로 극적 모드가 지배적인 것이 되면 작가는 문맥과 사상에 충분한 디테일과 집중력을 제공하는 것이 아닌가?

⑧ 작품 속에 얼마만큼의 시간이 펼쳐져 있는가? 너무 오랜 시간이지는 않은가? 며칠 혹은 몇 년인가? 왜 그런가? 작중의 시간은 역사적으로 의미 있는 시간인가?

⑨ 무엇이 인물을 추동하는가? 평면적인 인물인가 입체적인 인물

인가? 그들의 행위는 작가가 독자에게 제시한 그림과 일치되는가? 작가는 어떤 방법으로 인물창조를 하였는가? 작가는 작중인물 중 어떤 인물과 일치되고 있는가? 한 작가의 갤러리는 시끌벅적한가?

⑩ 작가는 어떤 상황(contexts)과 무대를 사용하고 있는가? 무대는 인물이나 주제를 어떻게 구현하거나 설명해 주는가? 작품 전체를 통해 무대에 변화가 있는가? 무대의 변화는 주제적인 의미상의 변화로 이어지는가? 지리적인 이동은 상징적인가? 움직임에는 동쪽이나 서쪽이 있는가? 이는 의미 있는 것인가? 상황은 단순한 배경(backdrop)인가 아니면 역동적이고 살아 있는 배경인가?

⑪ 작가는 사상과 성찰의 내적 세계에 관심을 보이는가 아니면 사물과 사건과 같은 외부세계에 관심을 갖고 있는가? 이 두 가지는 양립할 수 없는가?

⑫ 작가는 그가 제시하는 이야기에 뛰어들고 있는가? 작가는 그가 제시한 작중인물을 편집하거나 판단하고 있는가?

⑬ 작품은 그리스 로마 신화를 차용했는가? 성경이나 역사는 차용했는가? 작가는 그 재료를 어떻게 자신의 의도에 부합시키고 있는가?

⑭ 독자들은 반복적인 단어, 구절, 이미지를 찾아내는가? 핵심적인 이미지와 상징은 무엇인가?

⑮ 작가의 문체를 어떻게 성격화할 것인가? 문장의 길이는 어느 정도인가? 작가의 언어는 지나칠 정도로 은유적인가? 작가가 즐겨 쓰는 동사를 검토해 보라. 헤밍웨이 소설이 보여 주고 있는 것처럼 강하고 박력 있는 동사들인가?

⑯ 작가의 의도나 목표는 무엇인가? 단순한 오락, 풍자, 일반적인 사회풍자 그 어느 것인가?

⑰ 한 작가의 초기작인가 후기작인가? 이때의 작품은 주제, 인물, 이미지, 상징면에서 전형적인가 무전형적인가?

⑱ 작품을 작가의 경험자료로 활용하는 것은 작가가 소설의 본질과 예술가의 역할을 어떻게 인식하고 있는지를 결정해 준다.

⑲ 독자들은 작품을 즐기고 있는가? 즐기든 그렇지 않든 그 이유를 어떻게 설명할 것인가? 어떤 점이 작품의 힘으로 느껴지고 어떤 점이 약점으로 평가되고 있는가?

⑳ 작품은 다음의 어떤 위치에 들어가는가?

모방적 양식, 역사, 자연주의, 리얼리즘, 로망스, 알레고리는 실제적이면서 구상적인 세계(a factual representational world)에 속하고, 표현주의와 초현실주의는 주관적이거나 추상적인 세계(a subjective and/or unrepresentational world)에 속한다.

①은 플롯의 중요성을, ②는 작중사건의 중요성을 강조한 것으로 볼 수 있다. ④는 시점, ⑤는 작품의 규모, ⑥은 소설의 주제구현 과정, ⑦은 내레이션, ⑧은 시간배경, ⑨는 인물창조방법, ⑩은 공간배경에 초점을 맞추라고 요구하고 있다. ⑪은 사상표현이냐 사건제시냐 하는 작가의 고민을 드러내었고, ⑬은 상호텍스트성의 중요성을 일깨워 주었다. ⑭는 작품의 표현방식에 대해, ⑮는 문체에 대해서 관심을 가져야 한다고 했다. ⑯은 작가의 창작의도를 ⑰과 ⑱은 작가연구의 기본사항을 일러주었다. ⑲는 독자의 반응을, ⑳은 작품의 사조적 위치를 문제로 삼았다.

위의 인용문은 소설을 실제로 분석하는 과정에서나 연구하는 과정에서 가질 수 있는 의문점을 적시한 특징을 보여 준다. 위의 스무 가지 질문에 일일이 답을 하는 식으로 논문이나 평론을 쓴다면 성실하다는 평가를 받을 것이다. 그러나 실제논문이나 평론은 논문작성자나 평론가가 자신의 의도나 방법론에 따라 위의 질문들 중 몇 가지를 선택하여 답하는 식으로 이루어진다. 위에서 ①, ②, ⑤~⑩, ⑬, ⑮의 질문은 작품론으로 이어질 것이고 ③, ④, ⑪, ⑫, ⑯~⑱은 작가론으로 이어질 것이며 ⑭와 ⑲는 독자론으로 이어질 것이다.

허쉬(Eric Donald Hirsch)는 일차적 의미(meaning)와 이차적 의미(significance)의 차이를 밝히는 데 힘썼다. "일차적 의미(meaning)는 텍스트에 의해 표현된다. 작가가 특별한 기호연쇄(sign sequence)를 사용하여 의미화한 것을 말한다. 일차적 의미는 기호가 표현한 것을 말하는 반면에 이차적 의미(significance)는 일차적 의미와 사람·개념·상황·상상력 등의 관계에 있는 것을 말한다"[2]와 같이 주장했는가 하면 "해석의 대상은 자립적이면서 고립된 텍스트 의미(textual meaning)이며, 비평의 대상은 가치의 기준, 현재의 관심사 등과 같은 다른 요소를 배태하고 있는 텍스트 의미다"[3]고 구분했다.

허쉬는 근 10년 후에 낸 『해석의 목표』라는 저서에서 "옛날부터 해석(interpretation)의 개념은 의미의 이해(the understanding of meaning)와 의미의 해석(the explication of meaning)의 혼동된 기능으로 묶여 있었다. 해석학에서는 이해의 기술(ars intelligendi)과 해설의 기술(ars explicandi)로 구분되어 있었다. 물론 해석하는 사람은 다른 사람에게 설명하기 전에 대상의 의미를 이해해야 한다"고 하였다.[4] 이해의 기술이란 작품과 작가를 이해하는 능력을 말하고, 해석의 기술이란 이해한 것을 바탕으로 삼아 평가하고 해석하는 능력을 뜻한다. 작품의 표층적 의미와 심층적 의미를 잘 파악하는 것도 결코 쉽지 않은 일이며 공감 가는 평가와 설득력 있는 해석은 더더욱 어려운 일이다.

윌버 스콧(Wilbur Scott)은 『문학평론의 다섯 가지 접근법(Five Approaches of Literary Criticism)』에서 주요 비평방법으로 도덕적 접근법, 심리학적 접근법, 사회학적 접근법, 형식주의적 접근법, 원형비평적 접근법을 제시하였다.

---

2 E. D. Hirsch, *Validity in Interpretation*, Yale University Press, 1967, p. 8.

3 Ibid., p. 211.

4 E. D. Hirsch, *The Aims of Interpretation*, The University Press, 1976, p. 19.
허쉬는 이 책 p. 80에서 meaning은 해석의 과정에서 불변성의 원칙(a principle of stability)을 받아들이고, significance는 변화의 원칙(a principle of change)을 수용한다고 비교했다. 그리고 significance를 "meaningfulness"로 풀이하기도 했다. 이렇게 보면 meaning은 '의미'로, significance는 '확대된 의미'로 옮길 수 있을 것이다.

도덕적 접근법은 작가나 작중인물의 선악관, 윤리의식, 가치관을 파헤치고 평가하는 데 초점을 맞추는 오래된 시각이자 방법론이다. 좁게는 선악관, 넓게는 가치관은 시대나 주체에 따라 변하기 마련이다. 심리학적 접근법은 일반 심리학에 근거를 둔 방법론과 프로이트의 정신분석학으로 나누어지는 것으로, 작중 주인공의 내면세계를 설명하고 해석하는 데 초점을 맞추곤 한다. 프로이디즘은 도식주의라든가 지나친 성애론에의 귀결이라든가 하는 비판을 받았으며, 프로이트학파의 연구방법은 주관주의에 빠진 나머지 난해하다는 비판에 직면하기에 이르렀다. 사회학적 접근법은 사회과학 여러 학문의 시각을 포괄하는 것으로, 소설을 역사·사회적 상황을 반영하거나 그에 응전하는 것으로 인식하는 데서 출발한 전통적인 방법론이기도 하다. 형식주의적 접근법은 소설의 서술기교, 언어표현방식 등을 포괄하는 형식의 탐구에 역점을 둔다. 모든 문학장르와 작품들에는 원형이 있다는 인식에서 출발한 원형비평은 새로운 비평방법이기는 하지만, 여타의 비평방법과 대등한 위치에 세우기에는 문제가 있다. 원형비평은 가장 도식적이며 귀납적인 방법론으로 자칫 한 작품의 개성을 외면해 버리는 결과를 빚어낼 수 있다.[5]

마논 마렌 그리제바흐(Manon Maren Grisebach)는 『문예학의 방법(Methoden der Literaturwissenschaft)』에서 실증주의적 방법(positivistische Methode), 정신사적 방법(geistesgeschichtliche Methode), 현상학적 방법(phänomenologische Methode), 실존주의적 방법(existentielle Methode), 형태학적 방법(morphologische Methode), 사회학적 방법(soziologische Methode), 통계학적 방법(statistische Methode)을 제시했다. 이 가운데 통용력과 객관성이 큰 것은 실증주의적 방법, 형태학적 방법, 사회학적 방법 정도다. 실증주의적 방법은 작가와 작품에 관련된 자료들을 수집하고 정리하는 것으로, 문학연구가 기본적으로 거쳐야 할 의무사항이기도 하다. 형태학적 방법은 형식주의적 접근법(formalistic approach)과 같은 말로, 작품

---

5 Wilbur Scott, *Five Approaches of Literary Criticism*, A Division of Macmillan Publishing Co., 1962.

의 형식상 특질을 분석하는 데 집중하는 것을 말한다. 사회학적 방법은 '작품은 시대나 사회를 반영하거나 해석하는 것이다'는 명제에서 출발하며, 정신사적 방법은 작품은 빌헬름 딜타이(Wilhelm Dilthey)류의 정신사를 작품에 반영하거나 이를 작품으로 만들어 내는 것을 말한다.[6]

마논 마렌 그리제바흐가 제시한 문학연구방법론 중에 가장 난해한 것은 "현상학적 방법"이다. 마르틴 하이데거(Martin Heidegger)에 의해 완성된 현상학 자체가 난해한 학문분야이기 때문이다. "현상학이라는 표제는 '사실 그 자체로!(zu den Sachen selbst!)'로 공식화될 수 있는 원칙으로 표현된다", "겉으로 보면 현상학이라는 표제는 신학·생물학·사회학과 같은 학문에 응해서 취해진 것이다. 이런 학문분야는 신·생명·공동사회에 대한 학문으로 바꿀 수 있다", "현상의 그리스어 어원은 스스로를 드러내는 것, 자기현시, 개방 등을 의미한다"[7]과 같은 설명은 현상학적 방법의 윤곽이 나타나게 해준다. 그러나 이 방법은 실존주의적 방법과 마찬가지로 초시대적인 통용력을 갖지 못했다. 연구방법이 한정적이든가 연구대상이 한정적인 문제점을 드러내고 말았다.

수용미학의 창시자인 한스 로베르트 야우쓰(Hans Robert Jauß)는 실증주의에서 정신사로, 다시 정신사에서 이념사나 개념사, 전통연구로 이어지는 과정에 주목하였는데 "주의해야 할 점으로는 그러한 사이비문학사적 총서들은 학자들의 주도 아래 이루어진 것이 드물고 대부분 근면한 출판인들의 발상에서 비롯되었다는 점이다. 진지하게 수행된 문학연구는 전문잡지에 실린 전공논문에서 저평가되이 나타났다. 문체론, 수사학, 텍스트분헌학, 의미론, 시학, 형태론, 어휘사, 모티브사, 장르사 등의 문예학적 방법의 보다 엄정한 기준들을 가정하였다"[8]와 같이 독일에서의 문학연구는 출판인의 협조 아래 촉진되어 초기 문예학의 세부적 관

6 Manon Maren Grisebach, *Methoden der Literaturwissenschaft*, A. Francke Verlag, 1970.

7 Martin Heidegger, *Sein und Zeit*, Max Niemeyer Verlag/Siebente unveraenderte Auflage, 1953, pp. 27~28.

8 Hans Robert Jauß, *Literaturgeschichte als Provokation*, suhrkamp Verlag, 1970, p. 145.

심분야를 정리했다. 실증주의는 모든 문학연구자가 기본적으로 이행해야 할 작업이다. 연구자에 따라 실증주의에 머물러 버리는 사람도 있고 실증주의를 건너뛰는 사람도 있지만, 실증주의는 일등자료에서 등외자료까지의 자료를 수집하는 방법론이라는 점을 인식하면 실증주의를 외면하기는 어렵다.

야우쓰는 실증주의(원천탐구, 영향론) → 정신사적 방법의 극복 → 이념사와 개념사 → 문학사연구(전통연구)의 이행과정을 자세하게 설명했다.

> 문학적 사실들의 선별, 감정과 평가는 계속 숙제로 남게 되었다. 실증주의에의 전회는 19세기 학문적 위기를 일차적인 원인으로 삼는다. 실증주의적인 문학사는 정밀한 자연과학을 빌려 옴으로써 전화위복이 될 수 있다고 믿었다. 그 결과는 아주 잘 알려져 있다. 순수한 인과론적 설명의 원칙을 문학사에 적용하는 것은 외적인 결정소들을 발견해 내었고, 원천탐구가 과도하게 증대하도록 했으며, 문학작품 특유의 고유성을 임의로 크게 늘려 생각할 수 있는 "영향"의 묶음 속으로 용해시켰다. 이러한 데 대한 반대운동은 금방 일어났다. 정신사가 문학을 점령했고, 인과론적인 역사해석이 비합리적인 창조의 미학과 대립하였으며, 초시대적인 이념과 모티브의 재현 속에서 문학과의 연관을 추구했다. 독일에서 정신사는 민족사회주의의 대중적 문예학의 확대와 기초확립으로 휩쓸렸다. 2차 세계대전 후에 정신사는 새로운 방법으로 바뀌었고 탈이념화의 과정을 매듭짓긴 했으나, 문학사의 고전적 과제들을 다시 취하지는 않았다. 문학사의 형식으로, 또 실용적인 역사와의 관계 속에서 문학을 기술하는 것은 발브르크 학파에 의해 개화되었던 전통탐구에서와 마찬가지로 새로운 이념사와 개념사의 관심을 받지 못했다. 전자(이념사와 개념사)는 문학의 거울 속에서 철학사의 부흥을 은밀하게 꾀했다. 후자(전통연구)는 한 문학현상의 현재와 일회성이 아닌 전통의 근원이나 초시대적 연속성 속에서 지식의 요점을 찾고 있는 가운데 역사의 생명실천

> 을 중립화하고 있다. 지속적인 변천 속에서 영속하는 것에 대한 인식은 역사적인 이해의 수고를 의무로 생각하게 하지 않았다.[9]

한국의 경우 1980년대까지 실증주의(positivism)가 문학연구의 필수 작업으로 여겨졌으며 문학연구를 촉진시키기도 했으나, 해석주의의 확대는 실증주의의 외면현상을 가져오기도 했다. 정신사적 방법은 1970년대와 1980년대에 유행하기도 했으나, 독일의 빌헬름 딜타이의 철학을 입론으로 한 정신사라는 개념이 포괄적인 탓으로 철학적인 방법에 흡수되고 말았다. 현상학적 방법이나 실존주의적 방법은 20세기 전반기의 유럽작가와 작품을 대상으로 하여 비교문학적 방법을 사용해야 하는 한계를 드러내었다. 한편 전통연구는 국학발전이 촉진시켜 줄 수 있는 것의 하나다. 한국문학 연구자들 사이에서 전통론이 비등했던 것은 아이러니하게도 한국후진국론이 일반화되었던 1960년대였다. 현재의 내 것에 자신이 생길 때 과거에 대한 자신감이 생기고 호기심이나 탐구욕도 생기기 마련이다. 물론 이때의 전통론은 쇼비니즘 쪽으로 흐를 가능성을 안고 있었다.

데이비드 롯지(David Lodge)는 여러 평론가들의 글을 모아 놓은 『20세기 문학평론(20th Century Literary Criticism)』에서 구조분석 및 수사학 분석에 중점을 두면서 신비평과 연결되고 문학적 기교와 제도에 관심을 갖는 형식주의 비평(formal criticism), 사상사와 연계된 문학사적 방법(literary history), 마르크스주의 문학비평을 대표적인 예로 삼으면서 문화사 탐구와 문화분석 작업을 연결시킬 수 있다고 한 사회적·정치적 맥락의 비평(criticism of literature in its social and political contexts), 원형이라든가 집단무의식과 같은 중요개념을 제시한 신화비평(myth criticism), 프로이트 중심의 정신분석학적 비평(psychoanalytical approaches), 원칙과 신념을 중시하는 전망주의 비평(perspective criticism) 등을 들었다. 이 중에서

9 Ibid., p. 153.

전망주의 비평은 신화비평보다 빨리 쇠락의 길을 걸었다.

데이비드 롯지는 20세기 일급 평론가들을 추려 내어 위의 유형에 귀속시켰다. 형식주의 비평에는 포스터, 클리언스 브룩스, 마크 쇼러, 이완 와트, 웨인 부스, 롤랑 바르트 등이, 문학사의 방법에는 르네 웰렉, 프랑크 커모드 등이, 사회적·정치적 비평에는 에드문드 윌슨, 조지 오웰, 장폴 사르트르, 레슬리 피들러, 게오르그 루카치, 마셜 맥루한 등이, 신화비평에는 칼 구스타브 융, 노스럽 프라이, 레슬리 피들러 등이, 정신분석학적 비평에는 지그문트 프로이트, 라이오넬 트리링 등이 들어 있다.[10]

이레나 마카리크(Irena R. Makaryk)가 편찬한 『현대문학이론 대백과사전(Encyclopedia of Contemporary Literary Theory)』에서는 원형비평, 구성주의, 문화적 유물론, 해체주의, 담론분석이론, 페미니즘 비평, 형식주의, 장르이론, 해석학, 마르크시즘 비평, 서사학, 신비평, 현상학적 비평, 탈식민주의 이론, 정신분석학적 비평, 독자반응이론, 수용미학(reception theory), 수사학적 비평, 러시아 형식주의, 기호학(semiotic poetics), 화행이론(speech act theory), 구조주의, 주제비평 등과 같은 연구방법을 제시하였다.[11]

한편 마이클 그로든(Michael Groden)과 마틴 크레이스윌스(Martin Kreiswirth)가 편찬한 『존스 홉킨스판 문학이론과 비평 개론서(The Johns Hopkins Guide to Literary Theory & Criticism)』에서 리처드 멕시(Richard Macksey)가 쓴 서론은 다음과 같은 연구방법을 제시했다. 리처드 멕시는 "비평방법의 질문"이란 표제 아래 다음과 같이 "존재론적(ontological)", "인식론적(epistemological)", "목적론적(teleological)" 등과 같은 열세 가지 항목을 제시하였는데, 열세 가지의 항목 옆에는 질문(question)이란 말을 덧붙일 수 있다.

---

10 David Lodge, *20th Century Literary Criticism*, Longman Group Limited, 1972.

11 Irena R. Makaryk, *Encyclopedia of Contemporary Literary Theory*, University of Tonronto Press, 1993.

① 존재론적 질문(ontological question): 문학작품의 본질과 존재방식은 무엇인가? 이 질문은 언어의 철학과 모방적 표현에 대한 답을 요구한다.

② 인식론적 질문(epistemological question): 우리는 어떻게 작품을 알 수 있는 것인가? 작품 속의 인식론적 내용(cognitive content)은 무엇이며, 그것의 진리의 내용 혹은 불확실성은 무엇인가?

③ 목적론적 질문(teleological question): 작품(또는 문학)의 기능과 목적은 무엇인가? 예를 들면 좋은 사회, 마르크시스트 국가, 성(gender)의 구성, 이상적인 보편성 등에 있어서 작품의 기능과 목적은 무엇인가?

④ 고고학적 질문(archeological question): 작품의 기원과 원천은 무엇인가? 개인이나 전통에 있어서 그 기원을 어떻게 기술할 것인가?

⑤ 기술론상의 질문(descriptive question): 작품 자체의 내적인 특징, 예컨대 음운적인 양상이라든가 의미론적 양상에 대하여 어떻게 말할 수 있는가? 이 질문은 기호학적·문체론적·수사학적 분석 등으로 확대할 수 있다.

⑥ 해석학적 질문(interpretive question): 작품과 외부적인 세계의 관계를 어떻게 말할 수 있는가? 즉 작품의 테마와 명제적 진술에 대하여 어떻게 말할 수 있는가?

⑦ 수행론상의 질문(performative question): 비평은 어떻게 반응하고 어떻게 작업을 수행하는가? 이 질문은 언어능력, 최신의 독법, 비평과 텍스트의 동일화 작용에 관련된 것으로 이어진다.

⑧ 규범론상의 질문(normative question): 통일성, 복합성, 기원성, 도덕적 진지함 등과 같은 노골적이거나 함축된 기준들에 의해 문학은 어떻게 판단될 것인가?

⑨ 역사론의 질문(historical question): 하나의 사건으로서의 작품은 다른 사건과 어떤 관계를 맺을 수 있을 것인가? 이런 역사적 설명에 대한 구성방법은 작품·작가·학파에 대한 연대기적

질문(annalistic), 개별 텍스트와 지배가치, 규범, 인습 등과 연결시키는 유기적(organic) 질문, 작품과 경제적·사회적·언어적·심리적 구조를 연결 짓는 변증법적(dialectical) 질문, 조리가 선 이야기의 구성방법에 대한 서사적(narrative) 질문 등으로 확대된다.

⑩ 문화론의 질문(cultural question): 문화집단, 인종의 이해관계, 성의 이해관계에 대한 이해력을 문화적 문서들은 어떻게 조명할 것인가?

⑪ 심리학적 질문(psychological question): 텍스트는 어떻게 마음(감정, 사상, 편집증, 압박감)과 관계 맺는 것일까? 이 비평방법은 작품을 만드는 데 있어 '작가의 마음은 어떻게 작용했을까'를 묻고 있는 발생론적(genetic) 방법과 '독자는 작품에 어떠한 반응을 보이고 있으며, 동시에 작품의 완성에 어떻게 기여하고 있는가'를 묻는 정서적(affective) 방법으로 나눌 수 있다.

⑫ 감상적 차원의 질문(appreciative question): 작품은 당신을 어떻게 사로잡는가?

⑬ 메타비평적 질문(metacritical question): 비평은 어떻게 비평적인 기준이라든가 형이상학적인 가설을 드러내고 있는가?[12]

이상의 열세 가지 비평방법은 시대와 지역을 초월해 늘 재생될 수 있고 또 재생되어야 할 방법이다. 한 시대나 공간에서 유행하다가 사라질 법한 방법은 찾기 어렵다. 이상의 비평방법론은 특정 시각이나 특정 인식을 내세운 것을 거의 취하지 않은 대신, 비평이나 연구를 수행할 때 기본적으로 가져야 할 질문들을 모아 놓고 있다. ①~⑤는 작품본질론이라는 말로 묶을 수 있다. ①과 ④는 텍스트 비평으로, ②와 ③, ⑧은 주제 비평으로, ③과 ⑥, ⑨는 문학사회학으로 묶을 수 있다. ⑤는 형식주

12 Richard Macksey, "Introduction", *The Johns Hopkins Guide to Literary Theory & Criticism*, The Johns Hopkins University Press, 1994, pp. 5~8.

의 비평으로, ⑦과 ⑬은 메타비평으로, ⑧은 해석학으로, ⑩은 문화연구로, ⑪은 심리학적 비평으로 바꾸어 부를 수 있다. ⑪에서 "발생론적 방법"은 창작의도론으로, "정서적 방법"은 독자반응비평으로 이어진다. 특히 "정서적 방법"은 ⑫의 감상적(鑑賞的) 차원의 질문과 마찬가지로 독자반응비평에 포함시킬 수 있다. ⑩은 한국문학 연구자들 사이에서 1990년대 이후에 문화연구로 구현되고 확대되었다.

한편 제레미 호손(Jeremy Hawthorn)이 편찬한 『현대문학이론사전(A Glossary of Contemporary Literary Theory)』은 연구방법론, 연구학파, 이념집단 등을 종합하여 세운 기준에 따라 20세기에 이어 21세기에도 통용될 비평유형을 인류학적 방법, 문화연구, 바흐찐 그룹, 해체이론, 담론분석, 페미니즘, 언어학, 마르크시즘, 미디어연구, 서사학, 신비평, 신역사주의, 문화유물론, 현상학, 제네바학파, 포스트콜로니얼리즘, 프래그마틱스, 프라그학파, 심리학과 정신분석학, 독자반응비평, 러시아 형식주의, 기호학, 정보이론, 문학사회학, 구조주의, 후기구조주의, 문체론 등으로 나누었다. 이 중에서도 문화연구, 바흐찐 그룹, 담론분석, 페미니즘, 미디어연구, 서사학, 포스트콜로니얼리즘, 정신분석학 등이 오늘날 신진연구자들 사이에서 활발하게 탐구되고 응용되고 있다.[13]

피터 브룩스는 "전통적인 정신분석비평은 무엇을 분석대상으로 선택할 것인가에 따라 일반적으로 세 가지 범주로 나뉘는 경향이 있다. 작가를 선택하는가, 텍스트에 등장하는 허구적인 인물을 선택하는가, 혹은 독자를 선택하는가. 이 중에서도 작가라는 존재는 언제나 정신분석의 오래된 관심대상이었나. 작가의 전기적 연구는 현재 가장 평판이 나쁜 것임에 분명하지만 동시에 근절하기도 어려운 범주라 할 것이다"[14]와 같이 정신분석학적 연구가 작가연구에 가장 큰 비중을 두어 온 것은 이제 진부하기는 하지만 어쩔 수 없는 일이라고 체념하고 있다.

---

13 Jeremy Hawthorn, *A Glossary of Contemporary Literary Theory*, Hodder Education, 1998.

14 피터 브룩스, 『정신분석과 이야기 행위』, 박인성 역, 문학과지성사, 2017, p. 38.

"허구적 등장인물의 것이라고 상정되는 무의식을 대상으로 하는 정신분석적인 연구 또한 평판이 떨어지고 있다. 그러나 그러한 분석방법에 대한 충동이 몇몇 페미니즘 비평가들의 동향 속에서 또다시 부상하고 있기도 하다. 이들은 여성적인 정신(그중에서도 당연히 여성작가에 의해 창조된)이 남성적인 정신분석 교리의 지배적 개념을 어떤 식으로 거부하며 문제시하는가를 재현하고자 한다"[15]와 같이 작중인물에 대한 정신분석학적 연구가 매력을 잃고 있지만, 일부 페미니즘 연구자들이 살려 나가고 있다고 지적했다. 나아가 "정신분석학적인 문학연구의 세 번째 영역인 독자는 거듭 갱신되면서 지속적으로 발전하고 있다. 이에 대한 연구가 발전하는 이유는 텍스트의 의미작용을 만들어 내는 데 있어서 독자가 수행하는 역할이 오늘날 대단히 주목받고 있기 때문이며, 또한 독자의 반응을 대상으로 하는 정신분석적 연구가 수용 가능하며 증명 가능한 방식의 독자라는 관념을 위해 저자라는 입증 불가능한 관념에 기꺼이 괄호를 쳐버리기 때문이다"[16]와 같이 정신분석학적 연구는 독자연구를 통해 활로를 찾아가고 있다고 하면서 독자연구에 큰 기대를 걸었다. 하지만 소설을 읽는 이유라든가 소설의 효능 등을 분석하는 것으로 정신분석학적 문학연구를 수행하겠다는 것은 한계가 있다. 정신분석학으로는 독자심리로 요약되는 개념을 일반화하기 어렵고 구체화하기도 어렵다.

한편으로 브룩스는 "전통적으로 정신분석에 대한 참조는 논의를 열기 위해서가 아니라 닫기 위해서, 텍스트를 열기 위해서가 아니라 닫기 위해서 사용된다. 이러한 사용법은 그다지 놀랍지 않다. 대개 정신분석을 원용하는 자는 정신분석의 존재이유가 체계와 담화의 측면에서 분석적이지 못한 문학비평적 심리학보다 훨씬 예리하고 생산적인 통찰을 설명하고 정의할 수 있는 능력이 있다는 점에 기인한다고 주장한다"[17]와 같

15 같은 책, pp. 38~39.

16 같은 책, p. 39.

17 같은 책, p. 40.

이 오래전부터 정신분석학적 비평방법에 가해진 도식주의라든가 성애론에 의한 재단 등과 같은 비판을 환기시킨다. 심리학이나 정신분석학이 제시한 심리유형은 결국 실제 인간유형을 넘어서기 어렵다.

찰스 브레슬러(Charles E. Bressler)는 『문학비평: 이론과 실제의 안내(The Literary Criticism)』에서 비평방법으로 뉴크리티시즘, 독자반응비평, 구조주의, 해체비평, 정신분석비평, 페미니즘, 마르크시즘, 문화시학(Cultural Poetics)이나 신역사주의, 문화연구 등 아홉 가지를 제시했다. 아홉 가지 중 1990년대 이후 새로 활발하게 연구되고 활용되는 것은 해체론, 페미니즘이론, 문화시학, 문화연구 등 네 가지라고 했다. 위의 아홉 가지 중 신비평, 정신분석비평, 마르크시즘, 독자반응비평 등은 한국문학 연구자들이 오랫동안 연구하고 응용해서 많은 연구성과를 올리기도 했던 분야다.

이 책은 결론부분에서 "비평유파의 개관(An Overview of the Schools of Literary Criticism)"이란 제목 아래 아홉 가지 비평방법을 "텍스트에 대한 정확한 해석의 숫자(No. of Correct Interpretations Per Text)"에서는 "뉴크리티시즘"만 빼고는 모두 "많다"고 하였다. "뉴크리티시즘"만 과학이라는 암시가 들어 있다. 그러나 이제껏 많은 연구자들에 의해 정신분석비평이나 마르크시즘도 도식적이거나 기계적인 면이 있는 것으로 지적되어 왔다.

"의미가 궁극적으로 남아 있는 곳(place where meaning ultimately resides)", "진리와 가치(truth and value)", "목표(goal)", "평가태도(evaluation of critic)" 등의 항목으로 아홉 가지 비평방법을 비교하였다.[18] 이 중 비평방법의 "의미가 궁극적으로 남아 있는 곳"은 ① 신비평: 텍스트뿐, ② 독자반응비평: 독자+텍스트, ③ 구조주의: 주로 텍스트, ④ 해체비평: 상호텍스트성, ⑤ 정신분석: 텍스트·작가·독자, ⑥ 페미니즘: 텍스트·작가·독자, ⑦ 마르크시즘: 텍스트·역사·이데올로기, ⑧ 신역사주의: 상호

---

18 Charles E. Bressler, *The Literary Criticism*, Prentice-Hall, 1994, p. 278. 브레슬러의 "비평유파의 개관" 도식은 본 도서의 p. 534에 제시하였다.

텍스트성, ⑨ 포스트콜로니얼리즘: 상호텍스트성 등과 같이 정리된다. 정신분석과 페미니즘은 "텍스트·작가·독자"와 같이 비교적 여러 곳에 의미를 남기고 있으며 해체비평과 신역사주의와 포스트컬러니얼리즘은 "상호텍스트성"에서 의미를 찾아야 할 만큼 복잡하고 까다로운 면을 드러낸다.

"진리와 가치"라는 항목 아래서는 ① 신비평: 텍스트가 진리를 드러낸다, ② 독자반응비평: 독자와 텍스트가 진리를 창조한다, ③ 구조주의: 텍스트 속에는 지시적인 진리가 없다, ④ 해체비평: 진리는 상대적이다. ⑤ 정신분석: 텍스트는 작가의 진리와 작가에 대한 진리를 드러낸다, ⑥ 페미니즘: 텍스트는 여성에 대한 작가의 관념을 드러낸다, ⑦ 마르크시즘: 텍스트는 억압과 계급갈등을 드러내고 사회주의를 촉진시킨다, ⑧ 신역사주의: 진리는 상대적이다, ⑨ 포스트콜로니얼리즘: 진리는 상대적이다 등과 같이 비교된다. 해체비평과 신역사주의와 포스트콜로니얼리즘이 "진리는 상대적인 것"이라는 인식을 공통적으로 지니고 있다.

그리고 "목표"라는 항목 아래서는 ① 신비평: 유기체적 통일, ② 독자반응비평: 독자의 반응, ③ 구조주의: 구조적 관계, ④ 해체비평: 부조화(incongruity), ⑤ 정신분석: 작가의 창작동기와 독자의 반응, ⑥ 페미니즘: 텍스트 속의 여성과 여성 속의 텍스트 발견, 여성독자의 반응, ⑦ 마르크시즘: 이데올로기의 노출과 혁명요구, ⑧ 신역사주의: 문학과 역사의 경계선 무너뜨리기, ⑨ 포스트콜로니얼리즘: 식민지인의 압박감 보여 주기 등과 같이 비교된다. "비평의 평가태도"라는 항목 아래서는 신비평을 제외한 모든 비평 유파가 "비엘리티스트"로 규정되었다. 유일하게 엘리티스트라는 평가를 받았다고 해서 신비평을 가장 수준 높은 비평방법으로 꼽으라는 것은 아니다. 신비평은 문학연구자들 사이에서도 통용력이 제한된 것으로 인식되고 있다.

마크 커리(Mark Currie)는 문학비평과 이론의 언어가 가장 추악한 개인어가 되고 있다는 점과 서사학은 가장 공격적인 용어들이 지배하고 있다는 점을 지적하면서 스물아홉 가지 용어를 예시하여 "추상명사의 철없는 남용(a puerile overuse of abstract nouns)을 문제시하였다.[19] 주관을 강조하고, 추상명사를 남용하는 비평가들이나 문학연구자의 이러한 동향은 작가연구나 작품연구에 기여하는 바가 크지 않다. 문학연구든 비평이든 작가나 작품의 실체를 객관적으로 규명함으로써 차후 작가나 작품의 출현을 유도해야 한다.

기본적으로 마크 커리는 포스트모더니즘시대의 문학이 가져온 변화를 긍정적 안목으로 소개한 편이긴 하지만, 문학이론이나 문학비평이 작가와 독자의 거리를 오히려 멀어지게 하는 현실에 대해서는 비판적인 시선을 보냈다. 물론 마크 커리가 예시한 용어들 중에는 서사성(narrativity), 역사성(historicity), 상호텍스트성(intertextuality), 주관성(subjectivity), 이종성(heterogeneity), 동종성(homogeneity) 등과 같이 낯익고 지시범위가 분명한 것들도 있기는 하지만, 추상적이고 포괄적인 용어들이 훨씬 더 많은 것이 사실이다. 21세기에 들어 한때 '표현인문학'이란 말이 유행했던 것처럼, 문학논문이나 평론이 내용보다 표현에 힘쓰는 것을 당연한 것처럼 알던 때도 있었다. 문학연구자들이나 평론가들은 내면의 허세, 자기현시욕구, 자기도취 등과 같은 문제점이 있는 것은 아닌지 돌아볼 일이다.

---

19 Mark Currie, *Postmodern Narrative Theory*, Macmillan Press Ltd., 1998, p. 33. 예시된 용어로는 텍스트성(textuality), 추론성(discursivity), 서사성(narrativity), 역사성(historicity), 언어지시성(referentiality), 상호텍스트성(intertextuality), 보조성(supplementality), 반복성(iterability), 공시성(synchronicity), 주관성(subjectivity), 특이성(specificity), 지시성(directionality), 위치성(positionality), 접근성(contiguity), 다양성(multiplicity), 의도성(intentionality), 복수(plurality), 구조성(structurality), 가해성(intelligibility), 이종성(heterogeneity), 동종성(homogeneity), 일시성(temporality), 포스트모더니티(postmodernity), 초언어성(transverbality), 선형성(linerality), 반사성(specularity), 정전성(canonicity), 과잉정전성(hypercanonicity), 초사실성(hyperreality) 등이 있다.

20 Ibid., p. 278.

An Overview of the Schools of Literary Criticism[20]

School of Criticism	No. of Correct Interpretations Per Text	Place Where Meaning Ultimately Resides	Truth and Values	Goal	Evaluation of Critic
New Criticism	one	text alone	text reveals truth	organic unity	elitist
Reader-Response	many	reader+text	reader and text create truth	reader's reaction	not elitist
Structuralism	many	mainly text	no referential truth in text	structural relationships	not elitist
Deconstruction	many	intertextuality	truth is relative	incongruity	not elitist
Psychoanalytic	many	text, author, and reader	texts reveal the author's truth and truth about the author	motivation of author and response of reader	not elitist
Feminism	many	text, author, and reader	text reveals author's views on women	discovery of woman in text and text in the woman; response of female reader	not elitist
Marxism	many	text, history, and ideology	text reveals oppression and class conflict and promótes socialism	the exposure of ideology and calls for revolution	not elitist
New Historicism	many	intertextuality	truth is relative	blurring the boundaries between literature and history	not elitist
Postcolonialism	many	intertextuality	truth is relative	shows oppression of colonized peoples	not elitist

찾아보기

이론과 용어

서양인 인명

ㅎ

한국인 인명

ㄱ

ㄴ

ㅁ

ㅂ

ㅊ

ㅎ

중국인 인명